中国古代司法文明史

（第一卷）

本卷主编　张晋藩

本卷作者（按撰写篇章顺序）

　　张晋藩　陈　煜　郭成伟　张琮军

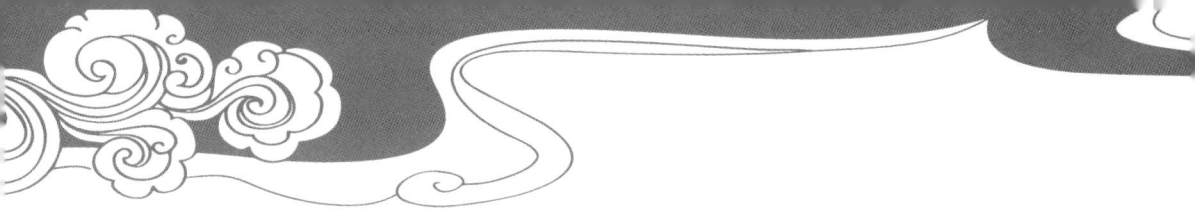

张晋藩 **主编**

中国古代司法文明史

第一卷

人民出版社

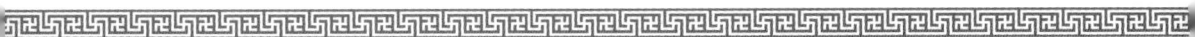

目　录

上　篇　先秦时期的司法文明

下 篇 秦汉时期的司法文明

出版说明

《中国古代司法文明史》是中国政法大学终身教授张晋藩先生主持的2014年国家社会科学基金重点项目"中国古代司法文明及其当代意义研究"（14AFX006）的最终成果。本书共四卷，185万余字，由张晋藩先生担任主编，纳入教育部哲学社会科学重点研究基地中国政法大学法律史学研究院与国家"2011计划"司法文明协同创新中心的研究计划。第一卷主要论述先秦秦汉时期的司法文明史，第二卷主要论述魏、晋、隋、唐和宋代的司法文明史，第三卷主要论述辽、西夏、金、元和明代的司法文明史，第四卷主要论述清代的司法文明史。本书的统稿工作由张京凯完成。人民出版社对本书的编校出版，给予了大力支持，深表谢忱！限于作者水平，不当之处，敬请读者和专家批评指正！

各卷作者分工如下：

总序：张晋藩

第一卷上篇：陈煜（第一章至第四章）

第一卷下篇：郭成伟（前言、第二章和第三章）、张琼军（第一章）

第二卷上篇：王宏治（第一章至第五章）

第二卷下篇：陈景良（第一章至第四章）、张本顺（第五章）、魏文超（第六章）

第三卷上篇：李鸣（第一章至第五章）

第三卷下篇：张晋藩（第一章至第三章、第六章）、张京凯（第四章、第五章、第七章和第八章）

第四卷：林乾（第一章第一节、第二章、第九章和第十章）、李乃栋（第一章第二节）、李青（第三章和第八章）、李典蓉（第四章和第七章）、张翅（第五章）、吕虹（第六章）、张晋藩（第十一章）

2019年5月16日

总　序

中国是世界著名的法制文明古国，有着五千年有文字可考的历史，而且在漫长的发展过程中始终不曾中断，其系统性、完整性、典型性，堪称世界文明古国之最。作为法制历史核心部分的司法制度，无论理论基础，制度建构，实践价值和经验积累，都达到了极高的水准，在世界司法制度史上长时期独领风骚，这和中华法文化底蕴的深厚，国力的强盛，先哲人才的辈出是密不可分的。

中国古代的司法制度留给我们的文化遗传，和具有现实意义的历史借鉴，都对当代的司法文明建设弥足珍贵。

一、中国古代司法制度的先进性

司法是由特定的国家机关行使审判权的一种活动。专门的司法机关系统的确立，与审判活动的程序化、制度化、法律化，是衡量中华法制文明发展程度的重要标志。司法结果不仅直接关系到诉讼当事人的切身利益，也影响到社会秩序与国家的治乱兴衰。正因为如此，中国古代的圣君、贤相，哲人、大儒都十分重视司法。或制造舆论，以期引起重视；或委任贤吏担任司法官，疏解冤抑；或派出皇帝耳目之司——御史进行司法监察；或由皇帝亲自断结大狱，力求做到公平公正。

（一）从皋陶作士说起

早在统一的国家——夏形成以前的虞舜时期，便出现了司法官和最早的司法活动，亦即古文献所说皋陶"作士"。皋陶，亦名咎繇，曾任舜和禹的司法官，是中国远古时期司法文明的缔造者。他在处理司法断狱的过程中还总结经验，使个别的法律调整上升为一般的法律调整，也就是史书所说的"皋陶造律"。可见，他又是中国古代最早的立法者，对后世影响深远，在中华法文化中书写了极为光彩的一页。

据《史记·五帝本纪》记载，"舜曰：'皋陶，蛮夷猾夏，寇贼奸轨，汝作士。'"①这段文献记载说明，皋陶担任司法官的环境是相当复杂和险恶的，既有蛮夷侵扰中原，抢劫杀人，又有发生在境外的作乱。在这样的政治背景下，舜任命皋陶为司法官，说明司法官对维持社会秩序和国家安定所具有的重要作用。专职司法官员的任命与司法活动的初步展开标志着统一国家形成过程中的重要发展阶段。

虞舜在任命皋陶为司法官的同时，还告诫他定罪量刑应遵循的一些原则，"五刑有服，五服三就；五流有度，五度三居"②，就是叮嘱皋陶，断罪量刑要根据罪行轻重，分别在郊野、市、朝三个不同的地方来执行；五刑减为流刑的，要按罪行轻重分别流放到四境之外、九州之外或国都之外。虞舜在最后强调"维明能信"，也就是只有彰明公正的法度，才能使百姓信服。

除此之外，皋陶在称颂舜"好生之德，洽于民心"时，特别举出舜所定的刑法原则，如"罚弗及嗣"③，即刑罚止于犯罪者一身，不得任意株连子嗣。此原则从禹不因其父鲧之罪而受株连，反而被舜选为接班人中可以得到证实。"罚弗及嗣"是一项体现理性光辉的刑法原则，对后世颇有影响。《左传·昭公二十年》引《尚书·康诰》说："父子兄弟，罪不相及"；汉儒根据《春秋公羊传·昭公二十年》中"恶恶止其身，善善及子孙"的观点，再次论证

---

① 《史记·五帝本纪》。
② 《史记·五帝本纪》。
③ 《尚书·大禹谟》。

了"罚弗及嗣"的合理性，并在司法实践中得到有效推行。

其次，皋陶还提到"与其杀不辜，宁失不经"①的刑法原则，亦即宁肯不按照常规行事，也不得妄杀无罪之人，这里表现了重视人的生命价值，是中国古代人本主义在刑法中的取向，此原则在夏文献中也多有提及，因而是可信的。

此外，《尚书·大禹谟》中涉及的"宥过无大，刑故无小""罪疑惟轻"等原则很可能是后人的附会，未必是虞舜时的发明。即便如此，也充分反映了中国古代司法文明的先进性。

皋陶受命为司法官之后，认真贯彻舜所叮嘱的司法原则，执法公平，断狱得当，受到百姓的拥护，史书说："皋陶为大理，平，民各伏得其实。"②

皋陶在执掌司法的过程中，注意分析案例，总结经验，将具有典型意义的案例，上升为具有一般调整功能的法律，这就是"皋陶造律"的实际过程。可见皋陶不仅是最早的司法官，同时也是最早的立法者。史书对此多有记载。《吕氏春秋·君守》说："皋陶作刑。"《左传·昭公十四年》引《夏书》说："昏墨贼杀，皋陶之刑也。"《竹书纪年》记有："[帝舜]三年，命咎陶作刑。"《世本·作篇》说："皋陶作刑。"《后汉书·张敏传》说："臣伏见孔子垂经典，皋陶造法律，原其本意，皆欲禁民为非也。"西汉史游《急就篇》说："远取财物主平均，皋陶造狱法律存。"《太平御览》说："律是咎繇遗训，汉命萧何广之。"根据司法经验制定为法律，符合制定法的发展规律。以清代的《大清律例》为例，乾隆五年（1740）《大清律例》修订后，律文作为成法不再修订，而以随时增补条例弥补律文的不足，条例五年一小修，十年一大修。说明乾隆五年以后，《大清律例》的变化在例而不在律，例有新者取代旧者，而新条例的修订源于地方督抚根据审理的具有典型意义的案例上报刑部，刑部认为具有充实新条例的价值，遂展开立法程序，最后上报皇帝钦准入律。可见条例源于司法案例，体现了司法者的经验在立法中的价值。由

① 《尚书·大禹谟》。
② 《史记·五帝本纪》。

此可见，皋陶造律之说不为虚妄。至于皋陶所造之律的内容，从《左传·昭公十四年》引《夏书》说："昏墨贼杀，皋陶之刑也。"可见皋陶所造之律可能就是确定了"昏、墨、贼"三种犯罪以及相应的刑罚。晋国《刑书》中也有"昏墨贼杀"的规定，晋大夫叔向认为系皋陶所制作，后为夏朝法律所沿袭。叔向进而解释说，"己恶而掠美为昏"，即自己做了坏事反而盗取他人的美名；"贪以败官为墨"，即贪污，贪得无厌，败坏官纪；贼指"杀人不忌"，即肆无忌惮地杀害他人。犯此三项罪，按晋杜预所言，"三者皆死刑"。皋陶在虞舜时代，完成的造律活动，显示了他高超的理性的法律思维和精准的立法眼光。

皋陶制作法律与孔子修订经典，被视为中国文化史上的不朽之举，所谓"孔子垂经典，皋陶造法律"。皋陶所创造的司法业绩，使得继舜为夏王的禹仍选任皋陶担任司法官，据《史记·夏本纪》记载，"帝禹立而举皋陶荐之，且授政焉"，"皋陶作士以理民。"[1]

皋陶不仅是司法官、立法者，还是一位治国理政的政治家，他所展示的政治见解令大禹深深折服。大禹在一次同皋陶谈起如何治理国家时，皋陶在应对中表现了杰出的政治见解。他说，"信其道德，谋明辅和"。也就是，按照道德行事，谋划就会高远，大臣们就会和睦共事。大禹同意他的意见，但问他如何才能做到。皋陶说，"慎其身修，思长，敦序九族，众明高翼，近可远在已"。也就是，要谨慎自身的修养，要有长久的考虑，使九族敦厚有序，使众多贤人来辅佐，统治权能否由近及远，全在自己。夏禹再次肯定了皋陶的意见。接着皋陶又提出"在知人，在安民"的治国要略。对此，大禹极为赞美说，"知人则智，能官人；能安民则惠，黎民怀之。能知能惠，何忧乎欢兜，何迁乎有苗，何畏乎巧言善色佞人？"[2]

在皋陶的政治思想中最值得称道的是他的以德佐治，德法互补的主张。

---

① 《史记·夏本纪》。

② 《史记·夏本纪》。

他的视野超出了立法、司法领域，而更关注于如何治国理政，实现国家的长治久安。皋陶以德为治国的重要方略，其根基在于重民，他的所作所为都和国家治道以及民心向背密切相关。皋陶司法的效果不仅在于"平，民各伏得其实"，也在于"维明能信"，① 即获取百姓信服，赢得民心的支持。这也说明，舜禹两位圣王，在发现和使用人才方面别具慧眼；反过来，也正因为贤吏皋陶的兢兢业业，才绘就了舜禹的赫赫宏图。

（二）召公创造的便民的审判方式

召公是周武王的弟弟，名奭。由于他参加了平定贵族内部的叛乱，受到周王的赞赏，遂将祁山以西作为他的封地。召公经常巡行乡邑，就地解决法律纠纷，形成了中国最早的便利民众就地审判的审判方式。他在巡行乡邑时，经常在一株甘棠树下搭建草屋，在那里就地办案，处理政事。《史记·燕召公世家》对此叙述如下："召公之治西方，甚得兆民和。召公巡行乡邑，有棠树，决狱政事其下，自侯伯至庶人各得其所，无失职者。召公卒，而民人思召公之政，怀棠树不敢伐，歌咏之，作《甘棠》之诗。"诗《甘棠》充满了对召公的崇敬与思念："蔽芾甘棠，勿翦勿伐，召伯所茇。蔽芾甘棠，勿翦勿败，召公所憩。蔽芾甘棠，勿翦勿拜，召伯所说。"② 诗的大意是不要砍伐甘棠树，召公曾在树下草屋里审理案件和休息。《诗经·行露》中还记载了召公审决的一件恶棍欺凌女子的案件，诗曰：

> 厌浥行露，岂不夙夜？谓行多露。谁谓雀无角？何以穿我屋？
> 谁谓女无家？何以速我狱？虽速我狱，家室不足！谁谓鼠无牙？何
> 以穿我墉？谁谓女无家？何以速我讼？虽速我讼，亦不女从！

诗的大意是一个已有妻室的恶棍向一女子逼婚，逼婚不成，反而诬告该女子。这位被欺凌的女子，怀着抗暴的决心，不畏道路难行，露水湿衣，奔

---

① 《史记·五帝本纪》。

② 《诗经·召南·甘棠》。

赴召公处申冤。在此诗的开头处特别标示："召伯听讼也，衰乱之俗微，贞信之教兴，强暴之男，不能侵凌贞女也。"[1] 说明召公不仅公正审理此案，而且还改善了不良的风俗。

召公实行的审判方式不是偶然的，是和周初周公提倡"重民"的思想分不开的。它显示了中国古代司法文明的创造性、先进性，值得后世的司法官认真体察、领悟，以改进自己的司法工作作风。

（三）"以五声听狱讼"的司法心理观察

西周初期，在摒弃商朝神断法的基础上，经过对司法经验的认真总结，形成了"五听"的审判方法。《周礼》记载："以五声听狱讼，求民情。"所谓五听"一曰辞听，二曰色听，三曰气听，四曰耳听，五曰目听"[2]。对此，东汉郑玄注释如下："观其出言，不直则烦；观其颜色，不直则赧然；观其气色，不直则喘；观其听聆，不直则惑；观其眸子视，视不直则眊然。""五听"是在总结大量司法实践经验与研究犯罪者心理变化的基础上所形成的审讯方法。根据犯罪心理学，罪犯在犯罪前的心理活动，常常是形成犯罪行为的内在动因。因此通过观察与研究犯罪者的心理活动，进而判断其行为是否属于犯罪具有一定的科学根据。在物证技术极不发达的中国古代，司法官逐渐以嫌疑人的心理状况为观察对象，借以发现案情事实的真相，而不简单地一味诉诸占卜或立誓，这种远神近人的做法为中国古代的司法打上了人文精神的鲜明印记。现代司法中所应用的测谎仪器，也不外乎是用现代的科学仪器侦测犯罪者的心理反应而已。

"以五声听狱讼"其影响甚为深广。西晋时张斐论证说："夫刑者，司理之官；理者，求情之机；情者，心神之使。心感则情动于中，而形于言，畅于四肢，发于事业。是故奸人心愧而面赤，内怖而色夺。论罪者务本其心，

---

① 《诗经·召南·行露序》。

② 《周礼·秋官·小司寇》。

审其情，精其事，近取诸身，远取诸物，然后乃可以正刑。仰手似乞，俯手似夺，捧手似谢，拟手似诉。拱臂似自首，攘臂似格斗，矜庄似威，怡悦似福，喜怒忧欢，貌在声色。奸真猛弱，候在视息。"①此论以心理学为依据对"五听"作了进一步诠释。

可见，早在公元前 11 世纪左右，司法制度已经摆脱了神断的约束，而集中到对人的观察。"五听"不是主观唯心主义的臆断，而是以充分的经验和心理观察为基础，总结出的审断办法，它与现代的司法心理学基本吻合，雄辩地说明了中国古代司法文明的先进性。

（四）民、刑诉讼区分与民事诉讼独立发展的司法理念

《周礼·地官·大司徒》提出"凡万民之不服教，而有狱讼者，与有地治者听而断之。"郑玄注曰："争罪曰狱，争财曰讼"。郑玄在对"以两造禁民讼"和"以两剂禁民狱"作注时进一步阐释说："讼，谓以财货相告者。……狱，谓相告以罪名者"。② 因此对于刑事案件审理称为"断狱"，对于民事案件的审理称为"弊讼"。作为所有权关系转移凭证的"傅别""约剂"，成为司法官审判民事案件的根据。《周礼》成书于战国时期，当时土地私有权已经确立。由此发生了一系列以土地作为交换、买卖、租赁对象的民事行为，也产生了民事侵权的司法诉讼。如果说古文献记载尚不足证，那么地下青铜器文物的发现则提供了确切的物证。著名的《曶鼎》《瑂生簋》《禹攸从鼎》《矢人盘》都在铭文中记录了属于民事案件审理的全过程，包括起诉、受理、调解、代理、判决与执行、誓审等等。尽管尚不完备，但确实是民事诉讼的原型，证明了中华司法文明不仅起源早，而且具有东方文明的典型性。

由于两周时期刑事诉讼与民事诉讼还没有严格意义上的区分，侵权与犯罪也没有明确的界定，因此民事诉讼中的民事责任是惩罚性的，败诉的一方

---

① 《晋书·刑法志》。
② 《周礼·秋官·大司寇》。

如不履行则与背誓同罪，处以刑罚。

随着社会经济的发展和不动产私有权的广泛确立，涉及田土所有权与债权的民事争讼一天天增多，从而推动了民事诉讼制度的发展。总之，两周时期民事诉讼与刑事诉讼已经从混沌中初见泾渭，于汇合中显现分流。

（五）律法断罪、罪刑法定制度的确立

中国古代的思想家、政治家对于法律的功能与价值是十分重视的，认为"法者，天下之程式也，万事之仪表也"[1]，"法律政令者，吏民规矩绳墨也"[2]，"法者，所以齐天下之动，至公大定之制也"[3]，因此"治国使众莫如法，禁淫止暴莫如刑"。[4]法律既然具有这样的价值与功能，在司法中援法断罪就成为必然的选择。

战国时期，法家都是主张"一断于法"的；儒家同样主张以法为准绳，只不过强调以礼乐为司法的主宰。孔子说："礼乐不兴，则刑罚不中；刑罚不中，则民无所措手足。"[5]

至晋代，三公尚书刘颂针对"法渐多门，令甚不一"的弊病，提出了具有划时代意义的司法改革意见。其一，主张"君臣之分，各有所司"，"监司以法举罪，狱官案劾尽实，法吏据辞守文"，[6]皇帝也不要随意干涉司法，而应使执法者恪尽职守。其二，强调法律颁布以后，皇帝必须信守于天下，不得肆意更改。他说："人君所与天下共者，法也。已令四海，不可以不信以为教，方求天下之不慢，不可绳以不信之法。"[7]其三，为了做到援法断罪，他强调："律法断罪，皆当以法律令正文。若无正文，依附名例断

---

[1] 《管子·明法》。

[2] 《管子·七主七臣》。

[3] 《慎子·逸文》。

[4] 《管子·明法解》。

[5] 《论语·子路》。

[6] 《晋书·刘颂传》。

[7] 《晋书·刑法志》。

之，其正文名例所不及，皆勿论。"① 同时建议："今限法曹郎令史，意有不同为驳，唯得论释法律，以正所断，不得援求诸外，论随时之宜，以明法官守局之分。"②

刘颂关于援法断罪的思想，是汉以来封建法治思想的继承和发展。汉宣帝时，涿郡太守郑昌便提出："律令一定，愚民知所避，奸吏无所弄矣"，③ 并把这看作"正本"之举，可以避免司法之官擅断。东汉思想家桓谭鉴于"法令决事，轻重不齐，或一事殊法，同罪异论……刑开二门"，认为"可令通义理，明习法律者，校定科比，一其法度，班下郡国，蠲除故条。如此，天下知方，而狱无冤滥矣"。④ 除传承已有的认识外，多年司法管理工作也使刘颂能够在经验的基础上，作出更加明确的理论概括，并使之上升为法律。

刘颂的主张与 17—18 世纪西方资产阶级革命时期提出的"法无明文规定不为罪"的罪刑法定相比，在基本原则上具有一致性，只是早于西方 1000 多年。

对于刘颂的主张，当时在朝中多有同意者。如，侍中太宰汝南王亮便奏请惠帝"以为宜如颂所启，为永久之制"⑤。门下属三公曰："昔先王议事以制，自中古以来，执法断事，既以立法，诚不宜复求法外小善也。若常以善夺法，则人逐善而不忌法，其害甚于无法也。"⑥

由于晋律已佚，刘颂的主张是否法律化已不得而知，但北周、隋唐律中有关援法断罪的明确规定，不仅说明其思想影响的深远，同时也反证其主张已纳入晋律。如北周宣帝在宣下州郡的"诏制九条"中，"一曰，决狱科罪，皆准律文……三曰，以杖决罚，悉令依法"。⑦

---

① 《晋书·刑法志》。
② 《晋书·刑法志》。
③ 《汉书·刑法志》。
④ 《后汉书·桓谭传》。
⑤ 《晋书·刑法志》。
⑥ 《晋书·刑法志》。
⑦ 《周书·宣帝纪》。

隋初开皇五年（585），文帝针对一件诬陷反坐案明令司法官断狱时具写律文，他说："人命之重，悬在律文，刊定科条，俾令易晓。分官命职，恒选循吏，小大之狱，理无疑舛。而因袭往代，别置律官，报判之人，推其为首。杀生之柄，常委小人，刑罚所以未清，威福所以妄作，为政之失，莫大于斯。其大理律博士、尚书刑部曹明法、州县律生，并可停废。""自是诸曹决事，皆令具写律文断之。"①

至唐朝，更将具引律令作为司法官必须履行的一项法律责任。唐律规定："诸断罪，皆须具引律令格式正文。违者，笞三十。"② 这条规定可以说是中国封建时代援法断罪、罪刑法定最简明、最典型的概括。它标志着中国古代刑法的发展和司法活动的规范化，既反映了法律所具有的权威，又严肃了司法官的司法责任，维护了法制秩序。《唐律疏议·断狱》虽然也明载"事有时宜，故人主权断制敕，量情处分"，但是"制敕断罪，临时处分，不为永格者，不得引为后比"，③ 这对于人主权断的无限适用未尝不是一种限制。

宋朝是一个重视法制的朝代，宋太宗以法律为"理国之准绳，御世之衔勒"，要求"食禄居官之士"皆为"亲民决狱之人"。④ 在援法断罪方面，《宋刑统》完全继承了唐律援法而治的精神与规定，并根据社会的发展在制度上有所补充。宋朝在刑事审理中实行的鞫谳分司就是明显的例证，由司理参军专管狱讼勘鞫，成为"鞫司"；由司法参军专掌"检法断刑"，成为"谳司"。在司法机关中设专官负责"检法断刑"以确保罚当其罪，用法准确，这是宋朝的一项创举。宋朝在中央司法机关中也设有专门检法官，负责检详法条，目的都在于准确地适用法律，提高司法效能与权威。

明清两朝基本沿袭唐制，只是略有增减而已。

---

① 《隋书·刑法志》。

② 《唐律疏议·断狱》"断罪不具引律令格式"。

③ 《唐律疏议·断狱》"辄引制敕断罪"。

④ 《宋会要·选举》一三之一一，太宗雍熙三年九月十八日诏。

二、中国传统司法文明的史鉴价值

（一）公平公正是司法的第一要义

在先秦的文献中，以"中"，来比喻司法的公平与公正。周初伟大的政治家思想家周公总结殷亡于"重刑辟"的教训，提出"明德慎罚"的国策，就是不得"滥罚无罪，杀无辜"。他还举出司寇苏公，作为执法得中的榜样："司寇苏公，式敬尔由狱，以长我王国，兹式有慎，以列用中罚。"① 所谓中罚，《尚书正义》解释说："列用中常之罚，不轻不重，当如苏公所行也。"②

孔子不仅提出兴礼乐为刑罚得中的主宰，还指出刑罚不中的社会危害，他说："礼乐不兴，则刑罚不中，刑罚不中，则民无所措手足。"③ 民手足无措，必然招致社会的动荡不安。

荀子《王制篇》以"公平"为"职之衡也"，"中和"为"听之绳也"，即以公平来衡量官吏的职守，以中和作为司法的准绳。

汉武帝时董仲舒还运用阴阳五行之说，阐明刑罚不中所带来的后果："刑罚不中，则生邪气；邪气积于下，怨恶蓄于上，上下不和，则阴阳缪盭而妖孽生矣。此灾异所缘而起也。"④ 汉宣帝元康二年（前64）五月诏书中，一方面指出司法的重要与良吏执法的价值，所谓"狱者万民之命，所以禁暴止邪，养育群生也，能使生者不怨，死者不恨，则可谓文吏矣"。⑤ 另一方面谴责贪酷之吏任意用法造成的危害："今则不然，用法或持巧心，析律贰端，深浅不平，增辞饰非，以成其罪。"⑥

唐高宗时，为了确保公正司法，建立三司推事作为权力制衡的机制。据《唐会要》记载："有大狱，即命中丞、刑部侍郎、大理卿鞫之，谓之大三司

---

① 《尚书·立政》。

② 《尚书·立政》。

③ 《论语·子路》。

④ 《汉书·董仲舒传》。

⑤ 《汉书·宣帝纪》。

⑥ 《汉书·宣帝纪》。

使；又以刑部员外郎、御史、大理寺官为之，以决疑狱，谓之三司使。"[①] 三司推事一则在司法机关系统中建立了互相制衡的机制，再则发挥监察机关司法监察的作用。唐朝实行的三司推事，为公正司法提供了一重制度保证，对后世深有影响。明清时期的会审制度即导源于此。

由于公平公正是司法最重要的价值取向，也是司法官为官的第一要义，因此，要求司法官"去私曲，就公法"，以使"民安而国治"。[②] 为了保证程序公正，还实行司法官回避制度。《唐六典·刑部》规定："凡鞫狱官与被鞫人有亲属、仇嫌者，皆听更之。"唐以后审讯回避的规定更为具体，据《大清律例》"听讼回避"条："凡官吏于诉讼人内关有服亲及婚姻之家，若受业师，（或旧为上司，与本籍官长有司，）及素有雠隙之人并听移文回避，违者，（虽罪无增减，）笞四十。若罪有增减者，以故出入人罪论。"

（二）司法官的选任与培养

由于中国古代重视司法，进而也重视对司法官的培养与选任。既重视司法知识与能力，更重视品格与德性。秦汉时，已设有专门传授法律知识、培养司法官吏的官署，称作"律学"。西汉元光元年（前134）皇帝下诏，令郡察举人才设"四科"，其三曰"明达法令"[③]，说明"明法律令"是重要的担任司法官的条件。

由魏晋至唐宋设律博士为讲授法律之官，以培训司法人才。据《三国志·魏书·卫觊》记载，魏明帝时始设律博士，以培训地方司法官吏。晋时律博士为廷尉属官执掌司法教育。

唐宋时，律学隶属国子监，仍设律博士，凡命官、举人皆得入学。

唐朝建立科举制度以后，设明法，开科取士。永徽三年（652）高宗下

① 《唐会要》卷七八《诸使杂录上》。
② 《韩非子·有度》。
③ 《续汉书·百官志》注引《汉官仪》云："……三曰明达法令，足以决疑，能按章覆问，文中御史。……"

诏指出，"律学未有定疏，每年所举明法，遂无凭准，宜广召解律人条义疏奏闻"。① 可见，定疏议的目的之一就是为明法考试提供评卷解卷的标准。

宋沿唐制，科举中仍然设明法科，而且扩大录取名额。神宗改制时，为了进一步改变"近世士大夫，多不习法"的学风，"又立新科明法，试律令、《刑统》，大义、断案"。② 科举试法起着某种导向作用，激发了士人学习法律的积极性。如同神宗时大臣彭汝砺所说："异时士人未尝知法律也，及陛下以法令进之，而无不言法令。"③ 苏轼在《戏子由》诗中说："读书万卷不读律，致君尧舜知无术。"④ 从嘉祐二年（1057）苏轼参加科举考试撰写的策论《刑赏忠厚之至论》说明他是读书读律的，此文受到主考官梅尧臣和欧阳修的赏识，拔擢为第二名。至礼部复试时，苏轼再以《春秋对义》论取为第一名。

从明朝起，废除律博士，同时科举中废明法科、刑法科，改用八股取士，致使入仕之官对法律茫然无知，而明律又规定"凡断罪皆须具引律令"⑤，如有舛错则予以处罚，因此审判时不得不倚仗幕吏，遂使幕吏擅权。这是明清司法的一大弊端。

为了弥补司法官法律知识的缺乏，防止司法权下移，《大明律·吏律·公式》中首列"讲读律令"："百司官吏务要熟读，讲明律意，剖决事务。每遇年终，在内从察院，在外从分巡御史、提刑按察司官，按治去处考校。若有不能讲解，不晓律意者，初犯罚俸钱一月，再犯笞四十附过，三犯于本衙门递降叙用。"

对于"讲读律令"之法，清代律学家吴坛在《大清律例通考》中考证说："前明成化四年（1468）旧例内开：各处有司，每遇朔望诣学行香之时，令

<hr />

① 《旧唐书·刑法志》。
② 《宋史·选举志·科目上》。
③ 《历代名臣奏议》卷一百十六《风俗》。
④ 苏轼著，王文诰辑注，孔凡礼点校：《苏轼诗集》卷七《戏子由》，中华书局1982年版，第325页。
⑤ 《大明律·刑律·断狱》"断罪引律令"条。

师生讲说律例及御制书籍，俾官吏及合属人等通晓法律伦理，违者治罪"。①

清朝建立以后，仿《大明律》制定《大清律集解附例》，仍将"讲读律令"条列于"吏律·公式"之中，并加小注"益欲人知法律而遵守也"。

雍正一朝，对"讲读律令"极为重视。史载，雍正三年（1725）议准："嗣后年底，刑部堂官传集满汉司员，将律例内酌量摘出一条，令将此条律文背写完全，考试分别上、中、下三等，开列名次奏闻。"②

乾隆初，吏部以内外官员各有本任承办事例，"律例款项繁多，难概责以通晓，奏请删除官员考校律例一条"，乾隆帝"不允"，谕曰："诚以律例关系重要，非尽人所能通晓，讲读之功，不可废也。"③乾隆七年（1742），上谕中严肃指出："若谓各部律例，未能尽行通晓则可。若于本部本司律例，茫然不知，办理事件，徒委之书吏之手，有是理乎！"④

"讲读律令"条中所谓的"国家律令"，是指"颁行天下，永为遵守"的《大明律》和《大清律例》而言。这两部法典虽以刑法为核心内容，但也是诸法合体的国家大法，涵盖十分宽广，涉及行政、民事、财经、刑法、诉讼、断狱、监狱与家庭、社会等诸多方面，故而要求"百司官吏务要熟读，讲明律意，剖决事务"。

为适应官员应付"讲读律令"的需要，清朝允许和鼓励私家注律，形成了由州县官至封疆大吏乃至刑部官员组成的律学家队伍。为便于官吏学律，编著了"便览"之类的简易读本，此外，还有便于记忆的图表、歌诀类律学著作。

明清时代对于官吏的"普法教育"和一系列规定，是很值得玩味的。其一，为官者不可不知法，故普法对象首在官不在民。其二，官员普法不限于本部门的法规，更应当熟悉国家最重要的法典。其三，官员普法的要

---

① 马建石、杨育棠主编：《大清律例通考校注》，中国政法大学出版社1992年版，第374页。
② 马建石、杨育棠主编：《大清律例通考校注》，中国政法大学出版社1992年版，第374页。
③ 沈家本：《历代刑法考》附《寄簃文存·大清例讲义序》，中华书局1985年版，第2231页。
④ 《清高宗实录》卷一百五十九，乾隆七年正月，中华书局1985年版，第11册第14页上栏。

求载于刑法典，是具有强制性的，违反者要给予制裁。其四，每年定期考试官员的法律知识形成制度而不是一时的轰轰烈烈。其五，考试结果区分优劣，按法予以奖惩。"讲读律令"条起了很好的导向作用，增加了官民的法律意识。历史的经验证明，只有执法者法律素质的提高，才有助于援法断罪，改善司法状况。改革开放以来，进行了几次全国性的普法运动，收到很好的效果。其不足之处，一是普法对象首重在民，其次才是官；二是缺乏制度化、常态化。只有官员群体明法律令，才能自觉地贯彻依法治国的方略。

改革开放前的一段时期，司法被认为无专业业务可言，只要立场坚定便可以担任司法官，以至众多的复员转业军人干部充斥司法队伍，而政法院校的毕业生却限于编制不能进入司法行列，给司法工作造成很大损失，历史的教训值得注意。

（三）司法官的责任要求

1.奉公去私

慎子说："法者，所以齐天下之动，至公大定之制也。"① 这是法的基本属性，但是，"徒法不能以自行"②，为了实现法的基本属性，要求司法官在司法实践中一定要做到奉公去私，不能以私害法，这是对司法官最基本的责任要求。历代思想家不断发出"以私害法"的警语，慎到说"法之功，莫大使私不行……今立法而行私，是私与法争，其乱甚于无法"③ 韩非认为"夫立法者，以废私也。法令行而私道废矣。私者，所以乱法也"。④ 作为司法官，务要"审是非，查案情"，⑤ 公正断案，"合于法则行，不合于法则止"，⑥

---

① 《慎子·逸文》。
② 《孟子·离娄上》。
③ 《慎子·逸文》。
④ 《韩非子·诡使》。
⑤ 《韩非子·诡使》。
⑥ 《管子·明法解》。

历代所谓清官廉吏，不外乎此。

2. 职掌司法的州县长官必须亲理狱讼

由于司法结果不仅直接关系诉讼当事人的切身利益，也影响到社会的秩序与国家的稳定。因此从秦汉时起，便要求郡（州）县长官亲理狱讼。唐宋两朝是以法制相尚的朝代。唐代县令职掌如下："敦四人之业，崇五土之利，养鳏寡，恤孤穷，审察冤屈，躬亲狱讼，务知百姓之疾苦。"①宋仁宗即位之初，即下诏"内外官司，听讼决狱，须躬自阅实"。②

《大明律》规定州县官必须亲临现场主持查勘，"如托故不即检验……及不为用心检验，移易轻重、增减尸伤不实、定执致死根因不明者，正官杖六十，首领官杖七十，吏典杖八十。"③

清朝鉴于州县长官均非明法出身，司法案件多委之幕吏，因此律法严惩幕吏擅权，如案件有违公正，对幕吏的惩罚重于长官。

3. 援法断罪

从晋朝起，引律断罪已经法律化了，如不引法而以意断罪，或虽引法但不如法，均为司法官渎职行为，要受到刑责。宋时，《名公书判清明集》中，法官断案多引"在法""如法"，以示引律文判案的依据。

4. 不得违法刑讯

在中国古代基本实行罪从供定，因此刑讯取供是不可避免的，但司法官如法外用刑，则应负刑责，《唐律疏议·断狱》："诸应议、请、减，若年七十以上，十五以下及废疾者，并不合拷讯，皆据众证定罪，违者以故失论。""若拷过三度及杖外以他法拷掠者，杖一百；杖数过者，反坐所剩，以故致死者，徒二年。"④

另按明律："但伤人不曾致死者，俱奏请，文官降级调用，武官降级于

---

① 《旧唐书·职官志·州县官员》。
② 《宋史·刑法志》。
③ 《大明律·刑律·断狱》"检验尸伤不以实"条。
④ 《唐律疏议·断狱》"议请减老小疾不合拷讯"条和"拷囚不得过三度"条。

本卫所带俸。因而致死者，文官发原籍为民，武官革职。"①

上述司法官的责任制度，对于约束司法官依法公正审理案件起到一定的作用，是司法文化中的积极内容，对于当代司法也有一定的借鉴意义。

（四）司法渎职的惩罚

中国古代不仅从正面提出了对于司法官的责任要求与道德要求，而且还以严格的法律惩治司法渎职行为。早在《睡虎地秦墓竹简》中便规定有"失刑""纵囚""不直"等罪名，用以惩治执法不直的官员。随着历代法律的不断完善，惩治司法渎职的罪名不断增多，刑罚也不断明确，大致可以分为以下几类。

1.断罪不如法

早在战国时期法家反对"临事议罪"，提出了援法断罪的主张。至西晋时，三公尚书刘颂针对司法实践中"断罪不如法"的现象提出："律法断罪，皆当以法律令正文，若无正文，依附名例断之，其正文名例所不及，皆勿论。"②至唐朝，唐律明确规定："诸断罪皆须具引律令格式正文，违者笞三十。"③

《宋刑统》也仿《唐律》："诸决罚不如法者，笞三十"，但"以故致死，徒一年"。④

《大明律》对于不如法者，笞四十，"因而致死者，杖一百"，虽轻于宋律，但须赔偿埋葬银十两，"行杖之人，各减一等"。⑤

《大清律例》关于断罪不如法的规定更为具体："凡（官司）断罪，皆须具引律例，违者，（如不具引。）笞三十；若（律有）数事共一条，（官司）

---

① 弘治《问刑条例》附《明律》凌虐罪犯条例。
② 《晋书·刑法志》。
③ 《唐律疏议·断狱》"断罪不具引律令格式"条。
④ 《宋刑统·断狱》"决罚不如法"条。
⑤ 《大明律·刑律·断狱》"决罚不如法条"。

止引所犯（本）罪者，听。（所犯之罪，止合一事，听其摘引一事以断之。）其特旨断罪，临时处治，不为定律者，不得引比为律。若辄引（比）致（断）罪有出入者，以故失论。（故行引比者，以故出入人全罪及所增减坐之，失于引比者，以失出入人罪减等坐之。）①

2. 出入人罪

此罪分失出入与故出入，前者为过失，后者为故意，是司法渎职的常见现象。唐律对于官司出入人罪的规定如下："诸官司入人罪者，（谓故增减情状足以动事者，若闻知有恩赦而故论决，及示导令失实辞之类。）若入全罪，以全罪论；（虽入罪，但本应收赎及加杖者，止从收赎、加杖之法。）"疏议曰："官司入人罪者，谓或虚立证据，或妄构异端，舍法用情，锻炼成罪。"②

唐律还规定："从轻入重，以所剩论；刑名易者：从笞入杖、从徒入流，亦以所剩论。（从徒入流者，三流同比徒一年为剩；即从近流而入远流者，同比徒半年为剩；若入加役流者，各计加役年为剩。）从笞杖入徒流、从徒流入死罪亦以全罪论。其出罪者，各如之。""即断罪失于入者，各减三等；失于出者，各减五等。"③

《大明律》在出入人罪的法律规定中，既简要剖析了犯罪的原因，又分清了官与吏各应负的刑责："凡官司故出入人罪，全出全入者，以全罪论。（谓官吏因受人财及法外用刑，将本应无罪之人而故加以罪，及应有罪之人而故出脱之者，并坐官吏以全罪。）""若增轻作重，减重作轻，以所增减论，至死者，坐以死罪。若断罪失于入者，各减三等，失于出者，各减五等。"④

3. 受赇枉法

受赇枉法是一项古老的犯罪类别，也是司法官最常见的职务犯罪。据《说文·贝部》："赇，以财物枉法相谢也。"据颜师古注："以财求事曰赇"。

---

① 《大清律例·刑律·断狱》"断罪引律令"条。
② 《唐律疏议·断狱》"官司出入人罪"条。
③ 《唐律疏议·断狱》"官司出入人罪"条。
④ 《大明律·刑律·断狱》"官司出入人罪"条。

汉律对官吏受赇枉法的处罚严厉，犯之者处以重刑。汉文帝十三年（前167）诏曰："吏受赇枉法……皆复以古刑。"① 另据《张家山汉墓竹简》："受赇以枉法，及行赇者，皆坐其臧（赃）为盗。罪重于盗者，以重者论之。"汉律除惩治受赇枉法者外，也制裁行赇者，如元朔五年（前124），临汝侯灌贤"行赇罪，国除"。②

《唐律疏议》以六赃——受财枉法、受财不枉法、受所监临财物、强盗、窃盗和坐赃，概括非法占有公私财物的犯罪。六赃之中以受财枉法列于首位，处刑极严。唐律"监主受财枉法"条规定，受绢一尺杖一百，每一匹加一等，十五匹处绞刑。即使"诸有事先不许财，事过之后而受财者，事若枉，准枉法论；事不枉者，以受所监临财物论"。③

另据唐律"监主受财不枉法"条规定："赃一尺杖九十，每二匹加一等，三十匹加役流。无禄人，各减一等：枉法者二十匹绞，不枉法者四十匹加役流。"④

4.请托枉法

请托枉法，系指以私事相托，走门路，通关节，以求曲法减免罪犯的处刑。为杜绝此种司法渎职现象，唐律规定："诸有所请求者，笞五十；（谓从主司求曲法之事。即为人请者，与自请同。）主司许者，与同罪。（主司不许及请求者，皆不坐。）已施行，各杖一百。"疏议解释曰："凡是公事，各依正理。辄有请求，规为曲法者，笞五十。即为人请求，虽非己事，与自请同，亦笞五十。'主司许者'，谓然其所请，亦笞五十，故云'与同罪'。若主司不许及请求之人，皆不坐。'已施行'，谓曲法之事已行，主司及请求之者各杖一百，本罪仍坐。"⑤

---

① 《汉书·刑法志》。
② 《史记·高祖功臣侯者年表》。
③ 《唐律疏议·职制》"监主受财枉法"条和"事后受财"条。
④ 《唐律疏议·职制》"监主受财不枉法"条。
⑤ 《唐律疏议·职制》"有所请求"条。

如受人财而为请托者，"坐赃论加二等"；如系监临势要者，"准枉法论"；"与财者，坐赃论减三等"。疏议曰："'受人财而为请求者'，谓非监临之官，'坐赃论加二等'，即一尺以上笞四十，一匹加一等，罪止流二千五百里。"①

5.挟仇枉法

因挟私仇而枉法陷人于罪，亦属司法渎职的一种。明律对"怀挟私仇故禁平人"的行为，规定了相应的罚则："凡官吏怀挟私仇故禁平人者，杖八十；因而致死者，绞。提牢官及司狱官、典狱卒知而不举首者，与同罪。至死者，减一等。不知者，不坐。若因公事，干连平人在官无招，误禁致死者，杖八十。有文案应禁者，勿论。若故勘平人者，杖八十；折伤以上，依凡斗伤论；因而致死者，斩。同僚官及狱卒知情共勘者，与同罪；至死者，减一等；不知情，及依法拷讯者，不坐。若因公事，干连平人在官，事须鞫问，及罪人赃仗证佐明白，不服招承，明立文案，依法拷讯，邂逅致死者，勿论。"②

6.滥用酷刑

中国古代司法审判重视口供，因此有些司法官急欲取得罪犯口供，往往滥施酷刑。至唐朝以法相尚，拷讯也趋于规范化。按唐律："诸应讯囚者，必先以情，审察辞理，反复参验；犹未能决，事须讯问者，立案同判，然后拷讯。违者，杖六十。"③

7.淹禁稽迟

在司法审判中承审官出于主观上的各种原因，出现应审不审、应释不释、应结不结等淹禁稽迟现象，亦属司法渎职。唐律规定："诸徒、流应送配所，而稽留不送者，一日笞三十，三日加一等；过杖一百，十日加一等，罪止徒二年。（不得过罪人之罪。）"④

---

① 《唐律疏议·职制》"受人财为请求"条。
② 《大清律·刑律·断狱》"故禁故勘平人"条。
③ 《唐律疏议·断狱》"讯囚察辞理"条。
④ 《唐律疏议·断狱》"徒流送配稽留"条。

（五）法、理、情三者统一的司法考量

法，指国家的制定法，它是司法的主要依据。先秦时期的法律渊源主要是刑、誓、命。秦汉时期的法律渊源主要是律、令、科、比。至唐朝，发展为律、令、格、式、典、敕、例七种。两宋时期，除正律外还有敕、令、条法。明清时期，以律、例为主，也包括则例、会典、敕谕等。可见，中国古代形成了悠久的制定法传统。随着法律的儒家化和司法经验的积累，在司法中法、理、情三者统一是司法官断罪量刑的重要考量。

理，主要指理由、道理、事理、理法，它具有普遍性的世俗规则的性质，因此司法审判中也要循理，不得悖理。至宋朝，理学家们又将宇宙万物之"极则"的"天理"与体现世俗规则的"理"相附会，并以之主宰司法，所谓"良法秉天理而定，司法秉天理而行"。

情，主要指情感、人情、情理，《礼记·礼运》说："何谓人情？喜、怒、哀、惧、爱、恶、欲，七者弗学而能。"这说明，人情是人类带有共同性的特征，即通常所说的"人之常情"。在中国古代，人情以深厚的血缘伦理亲情为基础，具有伦理性，而亲情又是具有社会性的，是社会关系在家庭（族）间的具体化。因此，人情也要从社会大视野的角度去认识和掌握，要把亲情扩大为世情。不从血缘伦理亲情着眼去考察人情，便脱离了宗法社会的本体；而仅仅从伦理血缘亲情着眼，又妨碍了揭示人情的社会本质。总之，人情具有伦理性、社会性、时代性，它不是个人的爱恶或少数人的趋向，而是公认的爱恶和社会绝大多数成员的趋向。人情的标准因时代、阶级、阶层而异，但也有共性，那就是人性在正常状态下的反映。《名公书判清明集》中出现的"情"，除人情外，有的也借以表达根据案情准情酌理，前者如"酌情据法，以平其事，则无厌之讼炽矣"[1]，后者如"今揆之天理，决不可容，金厅所拟，已近情理"[2]。

---

[1]　《名公书判清明集》卷七《户婚门·立继》"立继有据不为户绝"。

[2]　《名公书判清明集》卷七《户婚门·立继》"出继子破一家不可归宗"。

从汉朝起，礼主刑辅已成为国家法制的指导原则，纲常之礼被视为最重要的道理。至宋代，纲常之礼被渲染为"天理"，而在纲常入律以后，使得天理与国法相通，从而增加了法的权威性。南宋时人真德秀阐述了天理与国法的关系，说："是非之不可易者，天理也；轻重之不可逾者，国法也。以是为非，以非为是，则逆乎天理矣！以轻为重，以重为轻，则违乎国法矣！居官临民，而逆天理违国法，于心安乎？雷霆鬼神之诛，金科玉条之禁，其可忽乎？"① 显而易见，真德秀的天理国法观是务实的，是立足于司法实际的，是对于居官临民的具体要求。坚持是非就是坚持天理，这样的天理非常具体，它同国法的关系也更加相合。

明清时期，随着科学技术文化的进步，天理影响的空间缩小了，但天理的法律化却进一步加强。天理愈是法律化，政治与伦理愈协调，君权、父权、族权愈膨胀，个人的法律意识与权利观念愈淡薄。宋以后，中国法律历史就是沿着这样的轨迹发展的。

关于国法与人情的关系。首先，两者具有一致性，纲常同以血缘、伦理、亲情为内涵的人情是完全相合的。法顺人情，赋予法律一种中庸平和的亲切感，使法贴近生活，凸显古代法律"仁"的基调。执法以顺人情，不仅使国法增添了伦理色彩，还获得了社会舆论的支持，因而对判决的执行更具有广泛的约束力。因此，古代法官司法时最为常见的情形便是"上不违于法意，下不拂于人情"。

其次，两者也存在着冲突，人情所反映的亲情义务与法律规定所反映的国家义务之间存在着不同的要求。中国古代虽然宣传国之本在家，但如家族私利影响国家利益，家法干扰国法，家族成员犯上作乱，则一律依法严惩，以示国重于家，君高于父。法律要求所有社会成员恪守国法，一体承担国家义务，迫使庶民接受赋敛征发，并以强制的制裁为后盾。不仅苛法违背人情，就是在一般情况下，国法与人情也存在着不同的侧重面。要求不同，规

---

① （宋）真德秀：《西山政训》，中华书局 1985 年版，第 5 页。

范目的不同，制裁方式不同，从而构成了二者冲突的客观基础。南宋著名司法官胡石壁对于法与情的关系作了精辟的论述："法意、人情，实同一体，徇人情而违法意，不可也，守法意而拂人情，亦不可也。权衡于二者之间，使上不违于法意，下不拂于人情，则通行而无弊矣。"①

明清时期，县衙大堂一般都悬有匾额，上书"天理国法人情"，表示案件的审理既要顺应天理，又要遵守国法、合乎人情。河南内乡县衙是目前全国保存最好的一座古代县衙，大堂、二堂、三堂为县衙中轴线上的三大主体建筑，其中尤以大堂最为壮观，其上方悬挂"内乡县正堂"匾额，堂前黑漆柱子上楹联曰"欺人如欺天毋自欺也；负民即负国何忍负之"。大堂是昔日知县举行重大典礼、审理重大案件、迎接上级官员之地，既气派而又森严。二堂屏门横匾上书"天理国法人情"六个大字；堂前的楹联为"法行无亲令行无故；赏疑唯重罚疑唯轻"。二堂是县官主要的审判场所，绝大多数的案件都是在二堂审理的。从县衙的匾额、楹联中，可以看出传统的司法理念。

对于刑事案件的判决，必须根据法律，情与理只作附带考量。对于民事案件的判决，情与理的影响加强，以致出现有法者依法律、无法者依情理的现象。司法官要在天理、国法、人情之间进行权衡、协调统一，既确保司法公正，也有利于社会有序和国家稳定。

（六）调解息争以利于社会和谐

中华民族自古以来便养成了以和为贵的心理状态，无论亲族之间、邻里之间，多以和睦相处、患难相济为相处之道。同时，在孔子"必也使无讼乎"②司法理念的影响下，发生一般的民事方面的争讼，官府多以调解为主，当事人为减少讼累，也乐于接受调处。因此汉代便出现了调解息讼的一些案例。至唐代，有些善于调处的官员致仕返乡以后，民间争讼仍然奔赴其门请求调

---

① 《名公书判清明集》卷九《户婚门·取赎》"典买田业合照当来交易或见钱或钱会中半收赎"。
② 《论语·颜渊》。

解。在宋代，调解息讼累见于文献记载。至清朝，调解息讼形式多样，分为堂上调解、堂下调解，堂下调解又可分为亲族调解、邻里调解、基层组织调解。调解之后，由当事人出具甘结，以示各息，官府据此结案，不许再诉。

调解是中国古代司法一项重要的经验，在中华法文化中，是独具特色的。其所以延续千年而不衰，不是偶然的。中国古代稳定的血缘地缘关系是推动调解的客观条件，追求政简刑清是官府提倡调解的主观动机，避免讼累是民众乐于接受调解的主观原因和心理状态。

但是调解绝非不讲原则，不顾法纪，一味和事佬性质的举措，而是一种建基于情、理、法之上的"致中和"的司法艺术。调解的甘结，多是在"晓之以理，动之以情"之后做出的。调解的终极意义，在于激发争讼之人的羞恶之心、辞让之心、是非之心。当然，不论是执法原情、屈法伸情，还是调解息讼，所涉及的案件都是对社会和国家危害不大的，并且息讼甘结由官定、原情免罪由上裁。这样做，既可以起到渲染圣君仁慈的效果，又体现了重纲常、和睦相处、维护名教的宗旨。

（七）善法与良吏结合，实现司法的功能

选吏执法，是中国古代思想家、政治家为防止司法渎职，正确发挥司法功能的一项重要措施。早在春秋战国时期，管子便说："吏者，民之所悬命也。"[1] 吏的作用就是"奉主之法，行主之令，以治百姓而诛盗贼也"，[2]"选贤论才而待之以法"[3]，可见管子对于选吏执法的重视。孟子说："徒善不足以为政，徒法不能以自行。"[4] 对此，荀子更做出了恢宏的论断，他说："故法不能独立，类不能自行，得其人则存，失其人则亡。法者，治之端也；君子者，治之原也。故有君子则法虽省，足以遍矣；无君子则法虽具，失先后之施，

① 《管子·明法解》。
② 《管子·明法解》。
③ 《管子·君臣上》。
④ 《孟子·离娄上》。

不能应事之变，足以乱矣。"① 因此选吏执法便成为当政者重要的历史使命。

奉行法治的秦朝，特别提出以"明法律令"作为区分良吏与恶吏的标准。良吏明法律令，恶吏不明法律令。

唐初，谏议大夫王珪向太宗谏言："但选公直良善人，断狱允当者，增秩赐金，则奸伪自息。"② 太宗听从了王珪的谏言，慎重司法官的人选，终于缔造了法治昌明的贞观之治。唐德宗时白居易曾经发出慨叹："虽有贞观之法，苟无贞观之吏，欲其刑善，无乃难乎。"③ 贞观时期制定的《贞观律》是一部良法，而贞观朝的魏徵、房玄龄、杜如晦、戴胄等人又都是一代贤吏，故而创造了贞观之治的盛世。而白居易所面对官僚状态，却是君子少小人多，故而发出了上述的慨叹。

宋王安石和陈亮先后论证了法与吏的关系，王安石说："立善法于天下，则天下治；立善法于一国，则一国治。"④ 同时他也指出："守天下之法者吏也。吏不良，则有法而莫守。"⑤"守天下之法者，莫如吏。"⑥ 陈亮说："法当以人而行，不当使法之自行。……天下不可以无法也，法必待人而后行者也。""然尝思之：法固不可无，而人亦不可少。闻以人行法矣，未闻使法之自行也。立法于此，而非人不行，此天下之正法也。"⑦

明末清初，卓越的思想家王夫之在《读通鉴论》中，提出："任人任法，皆言治也。"但是"任人而废法……是治道之蠹也，非法何以齐之？"⑧ 任法而废人也是"治之敝也"⑨，"未足以治天下"⑩。结论就是任人与任法相结合，

---

① 《荀子·君道》。

② （唐）吴兢、谢保成集校：《贞观政要集校》卷八《论刑法》，中华书局 2003 年版，第 429 页。

③ （唐）白居易：《白氏长庆集》卷四八《策林四·论刑法之弊》。

④ （宋）王安石：《临川先生文集》卷六四《论议·周公》。

⑤ （宋）王安石：《王安石文集》卷三四《记·度支副使厅壁题名记》。

⑥ （宋）王安石：《王文公文集》卷十《制诰·翰林学士除三司使》。

⑦ （宋）陈亮：《陈亮集·人法》。

⑧ （清）王夫之撰：《读通鉴论·三国》。

⑨ （清）王夫之撰：《读通鉴论·光武》。

⑩ （清）王夫之撰：《读通鉴论·代宗》。

"择人而授之以法，使之遵焉"。①

晚清时期，魏源主张立法行法都必须得人，他说："天下有不可强者三：有其人，无其财，一难也；有其财，无其人，二难也；有其人，有其财，无其材，三难也。"② 修律大臣沈家本说："夫法之善者，仍在有用法之人，苟非其人，徒法而已。""大抵用法者得其人，法即严厉，亦能施其仁于法之中；用法者失其人，法即宽平亦能逞其暴于法之外。"③

为了使法与吏结合发挥执法之吏的作用，除严格选吏外，还需要以严法治吏。商鞅说："守法守职之吏有不行王法者，罪死不赦，刑及三族。"④ 韩非说："人臣循令而从事，案法而治官。"⑤

综观历代法典，都不乏对执法者知法犯法的处罚规定，或予以刑责，或交部议处。如《大清律例》规定："命盗案件……倘审理错谬，关系重大者，即将承审之州县，及率转之知府，一并开参，照例分别议处。"⑥

选良吏执法，使法与吏统一，是一项经过历史检验的、成熟的治国方略。二者结合好的王朝多为盛世，如汉文景之治、唐贞观之治，既有善法又有良吏，相得益彰，造就了少有的盛世。二者悖谬的王朝多为衰世，如秦任用酷吏恣意违法，隋末宪章遐弃，不以官人违法为意，结果不旋踵而亡，成为历史上著名的两个短命王朝，这反映了历史发展的规律。

（八）严格执法，提高司法权威

中国古代思想家、政治家、明君贤相都充分认识到司法不仅关系到当事人的切身利益，而且也影响到社会的稳定和国家的兴衰，因而充分论证了严格执法、公正司法的重要性。

---

① （清）王夫之撰：《读通鉴论·三国》。

② （清）魏源：《海国图志·筹海篇三·议战》。

③ （清）沈家本：《历代刑法考·刑制总考四·唐》。

④ 《商君书·赏刑》。

⑤ 《韩非子·孤愤》。

⑥ （清）薛允升：《读例存疑·刑律二十五·断狱下》"辩明冤枉"附例。

历史证明，只有严格执法，才会增强司法的权威性。例如，商鞅变法时，初期"言初令之不便者以千数。于是太子犯法。卫鞅曰：'法之不行，自上犯之。'将法太子。太子，君嗣也，不可施刑，刑其傅公子虔，黥其师公孙贾。明日，秦人皆趋令。行之十年，秦民大说，道不拾遗，山无盗贼，家给人足"。①

又如，东汉时期，湖阳公主的豪奴白日杀人，隐匿在公主家，后豪奴为公主驾车出行，洛阳令董宣乃"驻车叩马……大言数主之失，叱奴下车，因格杀之"。由于董宣严于执法，"由是搏击豪强，莫不震慄。京师号为'卧虎'"。②

蜀汉诸葛亮以公正司法治世，说，"吾心如秤，不能为人作轻重"。③《三国志》的作者陈寿充分肯定了诸葛亮执法公平的效果："亮之为政，开诚心，布公道，尽忠益时者，虽仇必赏；犯法怠慢者，虽亲必罚。"④

以公正司法、铁面无私而流芳百世的包公在知开封府时，"立朝刚毅，贵戚宦官为之敛手，闻者皆惮之。人以包拯笑比黄河清。童稚妇女，亦知其名，呼曰'包待制'。京师为之语曰：'关节不到，有阎罗包老。'"⑤ 他曾说，"法令既行，纪律自正，则无不治之国，无不化之民。"⑥

（九）司法监察的制度化，构建遏制司法腐败的可靠防线

根据史书记载，中国古代行使司法监察权的方式主要有以下三种：

1. 审录囚徒，辨明冤枉。所谓录囚就是审录在押的囚犯，如发现冤抑就便纠正。录囚制度始于汉，据《后汉书·百官志五》载："诸州常以八月巡行所部郡国，录囚徒。"⑦ 皇帝有时也亲自录囚。由于录囚制度是行使监察权

---

① 《史记·商君列传》。

② 《后汉书·酷吏列传·董宣传》。

③ 虞世南辑录，孔广陶校注：《北堂书钞》卷三七《三国蜀诸葛亮杂言》。

④ 《贞观政要·论公平》。

⑤ 《宋史·包拯传》。

⑥ （宋）包拯撰，杨国宜校注：《包拯集校注·上殿札子》。

⑦ 《后汉书·百官志五》。

的重要方式，其任务就是辨明冤枉、及时纠正，借以监督司法活动、统一法律的适用，所以自汉以后延续了一千多年。除定期举行外，遇有重大灾异，所谓天象示警，也要进行临时性的录囚，以疏通冤抑之气，纠正司法中的不法行为。

2.巡按州县，监督司法。御史受命巡按地方，既考察官吏的治绩、农业的丰歉，更重要的是进行司法监察。唐时划分天下为十五道监察区，由御史台所属监察御史定期巡按所属州县。所察内容广泛，但以司法监察为重点。此外，朝廷也不定期地派出使臣巡行天下。太宗贞观八年（634）正月，发布《遣使巡行天下诏》，派遣大臣萧瑀等"分行四方，申谕朕心，延问疾苦，观风俗之得失，察政刑之苛弊"。①

《唐六典》载："监察御史，掌分察百僚，巡按郡县，纠视刑狱，肃整朝仪。凡将帅战伐，大克杀获，数其俘馘，审其功赏，辨其真伪。若诸道屯田及铸钱，其审功纠过亦如之。"②御史巡按，一般是"持有制命"，"奉制巡按"，因而具有较高权威。监察御史韦思谦说："御史出使，不能动摇山岳，震慑州县，为不任职。"③宪宗时，元稹为监察御史出使东蜀，劾奏故节度使严砺"违制擅赋"，严砺"虽死，其属郡七州刺史，皆坐责罚"。④唐高宗在仪凤二年（677）十一月十三日颁发《申理冤屈制》，制中要求巡按地方的监察官："所有诉讼冤滞文案，见未断绝者，并令当处速为尽理勘断，务使甘服，勿使淹滞。若处断不平，所司纠察得实者，所由官人，随即科附"。⑤

元朝虽然不重视法制，但对于监察机关的作用却极为重视。世祖曾郑重宣示："中书朕左手，枢密朕右手，御史台是朕医治两手的。"⑥至元十四年（1277）七月颁布的《行台体察等例》三十条中，属于司法监察几乎占一半，

---

① 《全唐文》卷五《太宗二·遣使巡行天下诏》。

② 《唐六典》卷一三《御史台》。

③ 《新唐书·韦思谦传》。

④ 《唐会要》卷六二《御史台下·出使》。

⑤ 《唐大诏令集》卷八二《政事·刑法·申理冤屈制》。

⑥ （明）叶子奇：《草木子》。

而且在最后一条，还明确规定："其余该载不尽，应合纠弹事理，比附已降条画，斟酌彼中事宜就便施行。"这就赋予提刑按察使法律内和法律外的监察权。

终明之世，派遣巡按御史巡按地方司法，成为常态，起到了振肃的作用。明洪武十四年(1381)遣监察御史林愿、孙荣、石恒等分按各道罪囚；洪武十五年（1382）设十二道监察御史（后增加一道）共 110 人。员额的扩大，一则反映对于监察御史的倚重，再则适应了专制制度的强化，因为监察御史是皇帝的耳目之司。御史巡按州县，实质上是代表皇帝对地方司法的控制和监察。地方官吏有罪，由巡按御史按问。除此之外，地方无权管辖的案件，也由巡按御史审理。地方重案的复审权，也由巡按御史行使。从效果上看，巡案御史在依法问刑，辨明冤枉方面，确实起到了一定的作用。如嘉靖时期海瑞巡按应天府时，力摧豪强奸顽，赈抚穷弱黎民，"豪有力者，至窜他郡以避"①。又如陈选巡按四川时，"黜贪奖廉，雪死囚四十余人。"②

3."杂治"会审，决定大狱。所谓"杂治"，是指监察官与行政官、司法官共同审理案件的体制。如汉武帝时东平王云被人控告"谋弑上为逆"，此案便由廷尉、丞相长史、御史中丞共同审。汉时的"杂治"发展至唐朝，形成了三司推事的体制，也就是刑部、大理寺、御史台长官共同审理大案要案。据《唐会要》记载："有大狱，即命中丞、刑部侍郎、大理卿鞠之，谓之大三司使；又以刑部员外郎、御史、大理寺官为之，以决疑狱，谓之三司使。"③至明清两代，会审制度进一步发展，除刑部、大理寺、都察院长官的三司会审外，还有九卿会审，就是三司外加上其他六个部门的行政官员共同审判大案要案及死刑复核案件。三司会审或九卿会审是最后的司法审级，同时也为司法监察提供了平台。凡属死刑重案，多由会审审定，由皇帝勾决。在会审中，御史台和明清时期的都察院长官不仅是会审的主要成员，就便负

① 《明史·海瑞传》。
② 《明史·陈选传》。
③ 《唐会要》卷七八《诸使杂录上》。

责、监督案件的审理情况，而且还派出御史纠弹无故不参加会审的官员。

综上可见：

1. 司法监察是遏制司法渎职的一道防线

秦汉以来，对于地方司法进行定期不定期的监察，的确纠正了某些冤假错案，而汉代青州刺史隽不疑："每行县录囚徒还，其母辄问不疑：'有所平反，活几何人？'"①说明监察官握有解决命案的重大权力。唐朝是以法治相尚的朝代，有的司法官在处理案件时不惜违反君命。如贞观初年，郿县县令裴仁轨私役民夫，唐太宗欲斩之，殿中侍御史李乾祐谏曰："法令者，陛下制之于上，率土尊之于下，与天下共之，非陛下所独有也。仁轨犯轻罪而致极刑，是乖画一之理。刑罚不中，则人无所措手足。臣忝宪司，不敢奉制。"②终于使太宗折服。又如唐宪宗时，御史中丞薛存诚依法判处犯法作恶的僧人鉴虚，但是宪宗命他将鉴虚释放，存诚不奉诏。次日，宪宗又命宦官来宣旨，表示只想亲审，并无开释之意。但薛存诚依旧抗命，并说："鉴虚罪款已具，陛下若召而赦之，请先杀臣，然后可取。不然，臣期不奉诏。"③最终，宪宗也无可奈何。可见，御史的司法监察在一定程度上约束了皇帝的司法专制。

2. 制定专门的监察法

中国古代除刑典列有惩治官吏贪腐与司法渎职之法外，还专门制定了监察法，而且自汉以后自成系统，是中国古代法律体系中的重要组成部分，其规范的细密，制度建构的完整，均为世界法制史所仅见。

例如，汉武帝时期，针对地方州郡长官与地方豪强勾结、鱼肉百姓的现象，制定了《刺史六条》。这是中国历史上第一部专门的监察法。西晋时制定有"察长吏八条"，既奖廉吏，也惩贪官，特别要求司法承审官办案时清

---

① 《汉书·隽不疑传》。
② 《通典》卷一六九《刑法七·守正》，观《旧唐书·李昭德传》，另见《唐会要》卷四十《臣下守法》。
③ 《旧唐书·薛存诚传》。

正廉洁、秉持公正、洁身自律。唐朝玄宗时期制定了《监察六法》，它与汉武帝的《刺史六条》不同，面对的是所有官吏，而非仅限于二千石的高官。宋朝在地方建立监司通判监察系统，并制定了监司互监法，以充分发挥监察官行使监察职能。明朝从太祖起便重视监察立法，先后制定了《宪纲条例》"六科通掌"及各科事例、《出巡事宜》《巡抚六察》等一系列监察法规。

清朝制定的《钦定台规》是秦汉以来监察立法之大成，是中国封建时代最完备的一部监察法典。其中的《训典》和《宪纲》应为总则，其他则为分则。《钦定台规》不仅从制度层面做出了一系列规定，还从程序层面详加规范，以保证制度规定的落实。除此之外，由于监察法中详定了监察官的职掌、权责以及违法处置，这既是监察官行使监察权的依据，也是防止监察权滥用的法律约束。

3. 严格监察官的任职条件与监察责任

监察官虽然官品不高，但权重，是天子的耳目之司。由于监察官的素质直接关系到监察效能的发挥。因此历代以品、学、识作为选用监察官的条件。品指思想品质、道德品质。首要的是清正刚直、不畏权势、疾恶如仇。学指文化素养，监察官一般要求须进士出身，未经科举入仕者不得为监察官。识指基层工作的实际经验。凡未经州县官实任者，一般不得为监察官。正是对监察官品学识的要求，使得历代涌现了许多尽忠职守、奉法察吏的监察御史。还需指出，监察官如果失监虚监，玩法失职者，要加重处刑。

综上所述，中国古代的司法文化不仅源远流长，而且内容丰富，在世界司法文化史上称得上是独树一帜的、先进的司法文化。它所形成的司法理念、制度建构、经验积累都具有现实的史鉴价值。弘扬司法文化，是传承中华法文化的一个重要方面，也是当前深入开展的司法改革所亟需参考的。

张晋藩

2019 年 8 月

上　篇

先秦时期的司法文明

第一章 初民时代的规训与惩罚
（ 一前 21 世纪）

第一节 中国法律起源假说与司法活动的雏形

关于中国法律的起源，如同地球和人类的起源一样，到目前为止，学术界的研究仍旧停留在种种"假说"的阶段。这些假说都是人们按照目前流传的传世文献，结合若干考古发现，运用相应的方法，所做出的逻辑上推测，并无确切的直接证据。既然如此，我们为什么还要追踪法律的源头呢？美国法律史学家 J. M. 赞恩说得好："事实上那些代代相传的原始心智和体态特征，在今天仍以一种潜意识本能的方式控制着人。"① 这种原始心智，实际上就等同于人格心理学家荣格所谓的"集体无意识"。其在初民时代形成后，就对这个民族产生了几近神秘的、不可思议的影响。荣格称："通往无意识之路上的任何一个人，都在不自觉地对周围环境施加某种影响，随着他意识的发展、深入与拓宽，他也常常产生出一种原始人称之为'威望'的效果，这是一种对别人无意识心理不知不觉的影响，是一种无意识的'威望'，只要不受有意识动机的干扰，这种威望的影响作用将会

---

① ［美］J.M. 赞恩：《法律简史》，孙运申译，中国友谊出版公司 2005 年版，"序"。

永远持续下去。"① 这个理论似乎可以解释：世界各民族都有法律，但是彼此何以有异，甚至迥然不同？比较世界各国的法律发展史，我们会发现一个有趣的现象。很多民族的历史缺乏连续性，有的民族几经变迁，就表面上而言，其法律制度也许经过了伊斯兰、大陆、英美诸种法系的塑造，然而始终会或多或少、或显或隐地保留该民族初民的传统。而在法律意识或法律心理上，这种保留的成分或许更多。譬如就今天的中国人而言，"讼则终凶"这样的初民法律心理，依然占据着广大老百姓的心灵。② 因此，我们欲研究中国传统司法文化，必须从法律的起源谈起。这样不仅可以找到我国与世界其他各国法律或司法上的共性，更能体会出我们民族独特的法律个性。

一、中国法律起源的假说

传世文献是我们推测中国法起源的主要依据。不过因为传世文献真伪掺杂，同样存在"文献不足征"的无奈，但是即便如此，至少我们可以从中得到一个信息，即古人是如何看待法律的起源的。所以，虽然停留在"假说"的层次上，但在文化学角度而言，这些传世文献关于法律起源的假说意义甚为重大。归纳起来，大致有这么几种假说。

（一）天意说

这种假说在古代社会中极有影响力，带有较强的宗教气息。它实际上为法律起源设定了一个逻辑起点，将立法的原动力归结为"天"。天是一切的主宰，自然包括了设范立制的活动。人们对"天"的认识，最初是懵懵懂懂的，后来有意识地利用天来为人事服务，经过"神化"到"德化"的过程，形成了中国法律思想史上独具特色的"天命观"（详见第三章）。初民社会中

---

① ［瑞士］卡尔·古斯塔夫·荣格：《未发现的自我》，国际文化出版公司 2001 年版，第 73 页。
② 这可以解释，目前社会上存在的电信诈骗中，何以经常会使用"公检法"等法司的名义，就是捕捉到了老百姓"畏讼"的心理，而这个心理，恰恰是传统司法文化流传至今的明证。

自然而然地形成了系列的规则，但又无法明确地表达这些规则的来源或者规则何以具有"合法性"，于是最便捷的方法，就是归之于"天"。这种假说也就应运而生。

如《周易·系辞传》云：

天垂象，见吉凶，圣人象之；河出图，洛出书，圣人则之。①

就是说天会降下某种物象，表明凶吉，来启示人类。至于河图、洛书，也带有某种神秘主义的色彩，非人力所能为。天给这个世界提供了秩序，人们只要秉持天的意图行事就可以了。法律的根本在于天意。后世人们经常强调要则天立法，即源于此。

那么天为什么要来为群生立法呢？目的是要规范人间的秩序，表彰德行，惩罚犯罪。《尚书·皋陶谟》中对此表达得至为清晰：

天叙有典，敕我五典五惇哉！天秩有礼，自我五礼有庸哉！同寅协恭和衷哉！天命有德，五服五章哉！天讨有罪，五刑五用哉！②

通常情形下，我们援用这段文字，侧重于"天讨有罪，五刑五用"这句。这是狭隘地在司法意义上来讨论的。事实上，如果把法律理解为指导人们生活的规则，那么上述的"五典""五礼""五服"均为广义上的法律。这是文献中最早也是最为典型的关于法律起源的"天意说"。

《皋陶谟》出自今文尚书，相对比较可信。皋陶与尧舜同时，大约处于新石器时代后期。这段文字，典型地体现了新石器时代初民对法律起源的认识，对后世影响深远。

无独有偶，在《尚书·多士》篇中，周公在营建完洛邑后，对众多殷遗民如是说：

予惟率肆矜尔，非予罪，时惟天命。③

---

① 《周易·系辞传》。
② 《尚书·皋陶谟》。
③ 《尚书·多士》。

意思是说西周攻灭殷商，不是周人要加罪于殷人，实在是秉承天意而为之。类似的言论，在周初所在多有。联系到下面将提到的"大刑用甲兵"，灭人之国就是最大的刑罚，我们可以知道，即便到了西周，理性主义已经高度萌发之时，仍旧将法律的起源或者司法活动的正当性归于"天意"。

到春秋之时，"天意说"仍不少衰，最热衷于此派理论的墨子，就曾提到：

> 反天意者，别相恶，交相贼，必得罚。①

墨子将人间的惩罚归结为"反天意"，也就意味着他同样将法律的来源归结于"天"。在此基础上，他发明了一整套"天志"说，成为墨子十大主张之一。所以，就法律的起源，"天意说"可视为最早且最有影响力的一派假说。

"天意说"的形成，可以说是历史的必然。在西方世界，"天意说"同样源远流长。这最初源于初民思想能力的限制，但尽管后来人们的智慧发达，"天意说"仍旧被人们所沿袭。当然，时代越往后，天就越带有"德性"的色彩。此时的"天"，与其说是人们的"迷信"，毋宁说是人们"神道设教"使然，所以"天意说"有其内在的生命力。

（二）圣人制刑说

在宗教气氛浓厚的地域，都流行"神创"理论。在基督教世界中，上帝是创世主，是一切法律的来源。如有名的"摩西十诫"，就是上帝与以色列人立下的西奈山之约，要求他们必须遵守。② 而伊斯兰世界中，真主安拉就是人类律法的制定者。至于古印度，在佛陀诞生之前，也把法律的起源归结于伟大的先知摩奴。这些是荦荦大者，至于众多小众宗教，都莫不把法律的起源归结于彼等的创世神。

---

① 《墨子·天志》。
② 《圣经·旧约·出埃及记》。

而中华民族的初民，在不同的部落中，也各有其创世神，如天吴、毕方、据比、竖亥、烛阴、伏羲、女娲、盘古等等，林林总总，不可胜数。就不同的方位，不同的季节，也有各自的神灵，诸如勾芒、祝融、蓐收、玄冥、后土等等。这些神祇，寄托着农业时代中人们对天地四方秩序的愿望与想象，在后来的民间社会中产生了不小的影响。但是在法律的起源上，人们似乎并不将人间的法律归结于这些神灵上。最为明显者是西汉司马迁著《史记》时，径直以《五帝本纪》开篇，从轩辕黄帝开始讲起，此前的创世者均不牵涉。黄帝遂成为中华民族的人文初祖，这实在是受不语怪力乱神的人文理性传统影响所致。即便黄帝身上具有神性，也表现出神迹，但是整体的形象上，仍旧是一位睿智明达之人。所以中国没有出现类似于西方宗教世界的法律起源神创说，这是因为我们民族开化非常早，很早就进入到了理性和人文的时代。所以西方用以阐述法律起源的神创说，到了中国，就演化为了"圣人制刑说"。

我们这里曰神曰圣，并不是为了精确地辨析神人和圣人的概念。在中国语境中，两者往往连用。正如《难经》中所云："望而知之谓之神，闻而知之谓之圣。"① 此中的差异，只在程度有别而已。强要区分，大体"神"偏向于宗教，而"圣"偏向于伦理。

而中国的"圣人制刑"说，也有不同的版本，举其要者，以下的四位圣人的制刑说影响为最大。

1. 伯夷降典

此处的伯夷，不同于《史记·伯夷列传》中的那位。后者不食周粟而与其弟叔齐一起饿死于首阳山，遂成为我国历史上为坚持理想道德而献身的著名"烈士"。司马迁有感于此，遂将之列在《史记》列传之首。而我们此处所说的降典的伯夷，为尧舜时人，要早于烈士伯夷1100多年。关于伯夷降典的说法，出自《尚书·吕刑》。西周吕侯在向周王建议立法之时，追述古

① 《难经·六十一难》。

代圣人立法时曾提到：

> 乃命三后，恤功于民。伯夷降典，折民惟刑；禹平水土，主名
> 山川；稷降播种，农殖嘉谷。①

对"伯夷降典"的理解，历来存在着争议，争议主要集中在"折民惟刑"四个字上。有人从字面上，直接解释为"伯夷制定出了法典，利用刑罚来折人民之狱讼"，如果按照这种说法，那么伯夷主要是利用法典来进行司法，惩治犯罪。那么当时惩罚犯罪这一行为，其重要性，怎么可能大于大禹治水和稷降播种呢？这不得不令人怀疑。而如果我们按照《史记》中关于伯夷的记载，那么这句话的真实意思就一目了然了。《史记》是这样说的：

> 伯夷主礼，上下咸让。②

这说明伯夷主要从事的是礼方面的事务，而礼在当时又有教化作用。所以实际上伯夷主抓的是教育和引导人民走上正途的事务。《国语》中也明确地提到：

> 伯夷能礼于神以佐尧者也。③

"礼于神"同样是教化之用。因此，"折民惟刑"中的"折"，不能释为"折狱"；而"刑"也不是简单的"刑罚"；至于"典"，则应该是广义上的规范。而"折"通"哲"，取"使之哲"之意，即使老百姓睿智。"刑"通"型"，即"塑造"或"规范"之意。整句话应该解释为，伯夷制定出一系列礼义典则，来塑造和规范百姓生活，使之摆脱蒙昧状态。

由此可知，伯夷降典，侧重于制定全面规范的法律。这符合我国明刑弼教、先教后刑的法律传统或司法文化。不如此，是不足以解释伯夷何以在当时具有如此高的地位的。

2. 皋陶制刑

相比于伯夷降典，皋陶制刑在法律史上的影响似乎更大。伯夷所降之

---

① 《尚书·吕刑》。

② 《史记·五帝本纪》。

③ 《国语·郑语》。

典，是一种广义的法。但是皋陶所制之刑，则更类似于传统社会中的律，侧重于司法和强制作用方面。因为关于皋陶的历史记载和传说非常丰富，又因为皋陶此人在法律史上的地位非常特别，所以本章拟单列一节，来讨论皋陶的历史形象及其司法意义，在此仅略述一二。

皋陶主要的法律创制活动是在虞舜时期，虞舜命令皋陶：

> 汝作士，五刑有服，五服三就，五流有宅，五宅三居。惟明克允。①

此处的"士"即法官。皋陶在舜帝时，主要是以法官的形象活动的，后世遂将法律的起源归结在皋陶头上。较早的先秦时期的古籍《竹书纪年》称：

> 帝舜三年，命咎陶作刑。②

至春秋战国时，《管子》提到：

> 皋陶为李。③

"李"，即是"理"，即主管司法的官员。当然也有可能像后世的召伯甘棠树下听讼之例，皋陶曾经在李子树下听讼，故名为"李"。不得而知，暂且存疑。

到了战国末年，《吕氏春秋》中也记载：

> 皋陶作刑。④

到西汉武帝时期，司马迁著《史记》时，则提到：

> 舜命皋陶作士，定五刑。⑤

再到西汉元帝时期，史游撰《急就篇》，当中也提到：

> 皋陶造狱法律存。⑥

由此可见，从先秦到汉代，皋陶以司法官的身份制定刑法，为人们广泛

---

① 《尚书·尧典》。
② 《竹书纪年·帝舜有虞氏》。
③ 《管子·法法》。
④ 《吕氏春秋·君守》。
⑤ 《史记·五帝本纪》。
⑥ （汉）史游：《急就篇》第二十八章。

接受并流传。此后，皋陶被人奉为"狱神"，享受祭祀血食，堪称"圣人制刑"的正统。

3. 黄帝制刑（王者制刑）

这种制刑说实际上和西方的神创说最为相似，不同之处在于黄帝是神圣兼人王。既然后世将黄帝定位为中华民族的人文初祖，那么给世间制定法则的人，自然也就是这最高的王者了。

《史记》中在叙述黄帝事迹时，提到：

> 轩辕之时，神农氏世衰，诸侯相侵伐，暴虐百姓，而神农氏弗能征。于是黄帝习用干戈，以征不享，诸侯咸来宾从……诸侯咸尊轩辕为天子，代神农氏，是为黄帝。天下有不顺者，黄帝从而征之，平者去之。①

此处虽未明言黄帝制刑，但却把黄帝设范立制的背景交代清楚了。很明显，黄帝立法的过程伴随着军事征伐，这与古籍上所云的"刑起于兵"的论断颇为吻合。而明确提到黄帝制刑的，则多见于春秋之后的典籍。

《管子》云：

> 故黄帝之治也，置法而不变，使民安其法者也。②

这表明，黄帝是用法度来治理的，且法律保持高度的稳定性，这是与管子自身的主张相一致。无独有偶，同为法家之书的《商君书》中也提到：

> 神农既没，以强胜弱，以众暴寡。故黄帝作为君臣上下之义，父子兄弟之礼，夫妇妃匹之合，内行刀锯，外用甲兵。③

是明言黄帝制法，且法律很全面，君臣上下之义，父子兄弟之礼，夫妇妃（配）匹之合都在里面了。君臣、父子、夫妇为三纲之礼，出礼则入刑（刀锯、甲兵）。这应该是西周以后才陆续完善的伦教观念。这很明显是假托黄帝名义而推出先秦法家的法律起源观。

---

① 《史记·五帝本纪》。
② 《管子·任法》。
③ 《商君书·画策》。

秦以后，黄帝制刑说也有很大的市场，东汉班固的《汉书》中也提到：

> 黄帝《李法》曰："壁垒已定，穿窬不由路，是谓奸人，奸人者杀。"①

很显然，这是一条军事法律，意思是说军队的营垒已经筑好，如果此时人们穿壁墙而不从正路走的，这就是奸邪之人，是奸邪之人就应该杀掉。汉人将此条规则的著作权归属于黄帝，一方面说明黄帝制刑说有影响力，另一方面也说明刑起于兵，最早的法律恰恰诞生在军营或者军事活动中。

到了东汉儒学统一运动时，作为运动最终成果的《白虎通》中，我们同样可以看到黄帝制刑的说法：

> 古之时，未有三纲六纪……黄帝始作制度，得其中和，万世常存。②

可见，将法律起源归结于黄帝，也是专制时代惯有思路。实际上这是作者受时代风气的影响，因为专制社会中，只有王者才配"制作"，是以古代典籍中，我们也可以看到伏羲、尧③、舜、禹等都曾经立过法。只是作为法律的源头，他们不如黄帝那么突出罢了。

4.蚩尤造律说（"苗民说"）

这种说法也有一定的影响力，出现得也较早。但是因为蚩尤所作之律皆暴虐无比，不符合中华文教正统，所以逐渐变成一种"地方性说法"。《尚书》中对蚩尤造律的说法集中在《吕刑》一篇：

> 蚩尤惟始作乱，延及于平民；罔不寇贼，鸱义奸宄，夺攘矫虔。苗民弗用灵，制以刑。惟作五虐之刑曰法，杀戮无辜，爰始淫为劓刵椓黥。④

---

① 《汉书》卷六七"胡建传"。
② 《白虎通》卷二，"号"。
③ 例如汉代扬雄就曾经提到过："洪荒之世，圣人恶之，是以法始乎伏羲，而成乎尧。"见其《法言·问道》篇。当然这里的法也泛指规则，而非刑法。
④ 《尚书·吕刑》。

　　蚩尤为上古九黎部落酋长，性情暴烈，勇猛无比，曾经与黄帝逐鹿中原，后被尊为"兵主"，为苗民之祖。据说他所立之法，皆酷虐。据唐孔颖达《尚书正义》中称："蚩尤作乱，当是作重刑以乱民，以峻法酷刑，民无所措手足，困于苛虐所酷，人且苟且，故平民化之，无有不相寇贼。"①蚩尤严刑峻法，不事教化，给苗民作了恶劣的榜样，汉代孔安国在解释"苗民弗用灵"这段话时，就曾经说："三苗之君习蚩尤之恶，不用善化民，而制以重刑，自谓得法。"②

　　由《尚书》经文以及传疏者的议论来看，其显然并不认为蚩尤之法或者苗民之法为中华法律的正统，因此批评苗人制五虐之刑，只是"自谓得法"，这是站在华夏族立场上的批评。但是如果站在苗民部落立场来看，蚩尤或者三苗之君所造之法，亦不失该部落人文始祖的伟大贡献。

（三）自然或天理说

　　这种说法类似于西方所谓的"客观精神说"，即将法律的起源归结为某种不以人意志为转移的客观精神，传统上以"自然"或"天理"名之，当然，这种学说和之前我们提到的天意说和圣人制刑说有某种程度的相通之处。当人们对于某种奇怪的现象或熟悉的事物，无法解释其来源或因果之时，此时自然而然的方式就是将原因归于形象的神祇或客观的精神。最为常见的是归结于不可捉摸的抽象之天，民间则可能将之形象化为"老天爷"，其次则归结于历史传统中或者想象中的"圣人"。而在一些知识丰富的人看来，无论是天还是圣人，以上的解释不免牵强。于是产生出一种搁置传统和历史的做法，而直面现实本身的思路。这种思路就是将法律的起源理解为自然而然的结果。这派学问在春秋战国以道家的"自然"为主，而到宋代，则以理学家的"天理"为主。

---

① （唐）孔颖达：《尚书正义·吕刑》。
② 《尚书大传·吕刑》。

最能表明自然说的是老子的名言：

　　　　人法地，地法天，天法道，道法自然。①

道家眼中的"法"，并不完全是人类的行为规则，而涵盖天地间的一切规律。人类的法律作为一种规则，当然要受到自然的支配，其起源也非人力所能为，一切都是自然而然的。

后来同为道家学派的另一位大师庄子，又对老子这样的法律起源观作了诠释，他说：

　　　　天地有大美而不言，四时有明法而不议，万物有成理而不说。②

也就是说天地间有大美，不需要言语来宣扬，四时运行有明显的规律，不需要再去讨论，万物的变化具有现成的原理，不需要去说明。那么法律作为万物之一，显然也是有"成理"的，不用去人为发掘，言下之意，实际上就是论证了法律的起源是自然。到了"自然"这个层次，就已经到了逻辑的起点了，再往上推，就超出了人类的认知范畴。所以这种假说就将法律起源归结到客观存在的自然。

到了朱熹时代，更加明确地将法的来源归结到客观存在的"理"上，他说：

　　　　法者，天下之理。③

我们需要注意，这个"理"，并不是后来梁启超所谓的"公理"，而是朱熹理学意义上的"天理"，天理是人间行为的一切规定性的源头，那么天理从何而来，朱熹未加明言，大约最终也只能说是天理是自然流行的。它存在于法之上，朱熹提到：

　　　　未有天地之先，毕竟也只是理。有此理，便有此天地，若无此理，便亦无此天地。④

---

①　《道德经》第二十五章。

②　《庄子·知北游》。

③　《朱子大全·学校贡举私议》。

④　《朱子语类》卷一。

所以无论是自然说还是天理说，实质是一样的，都是将法律的起源归结于一种抽象的客观精神。从而使得在现实法律之上，还存在着一种"更高级"的"元规则"，这颇类似于中国特色的"自然法"。

（四）军事征伐说

这一假说在中国也是源远流长，影响很大。自古至今，不断有论者讨论过"刑始于兵"或"兵狱同制"的问题。这构成了中国传统法律或司法的特色。一开始也许只是一个意外，但是伴随着部落战争和军事征伐，带有法律色彩的种种措施，越来越多地出现在征战当中。

行军打仗得有规矩，这种思想出现得很早。在中国最早的传世文献之一《周易》第七卦"师"卦中，就已经将兵和刑结合在一起。该卦第一爻"初六"即说：

> 师出以律，否臧凶。①

为了实现师出以律，那么前提就是首先要有一定的规则，然后要有严格执行该规则的人。因为我们不难发现，最初的法呈现出军事征伐色彩，而最早的司法官员，同时又是军事人员，这点从其名称上就不难看出，先秦典籍上对司法官员的称呼诸如"士""士师""司寇""廷尉"等，都带有强烈的军事色彩。

军事征伐一开始是对外而不是对内的，所以最初的法律表现出来的是"甲兵""斧钺""刀锯"等极具武器色彩的内容。它们最早是在部落战争中出现和发展的。关于部落战争和刑起于兵的具体讨论，留待下节，此处不赘。

（五）治水说

洪荒时代的洪水，实为全世界人类共同的记忆。"考天下各族述其古事，

---

① 意思是说军旅出征必须遵循法律纲纪，否则，必有凶险。

莫不有洪水，巴比伦古书言洪水乃一神西苏罗斯所造……希伯来《创世纪》演耶和华鉴世人罪恶贯盈，以洪水灭之，历时五十日，不死者惟诺亚一家。最近发现云南倮倮古书，亦言洪水……观此，则知洪水位上古之实事。而此诸族者，亦必有相连之故矣。"①

中国唐虞之时，更是以治水为一大要务，禹因为治水成功，遂得由圣而兼人王。《史记》谓：

> 河菑衍溢，害中国也尤甚。唯是为务，故道河自积石，历龙门，南到华阴，东下砥柱，及孟津、雒汭，至于大邳。于是禹以为河所从来者高，水湍悍，难以行平地，数为败，乃厮二渠，以引其河，北载之高地，过降水，至于大陆，播为九河，同为逆河，入于渤海。九川既疏，九泽既洒，诸夏既安，功施于三代！②

洪水带来了人类历史的深刻变化，法律也是在治理洪水的过程中得以展开。这一派学说在西方很有影响力，马克斯·韦伯认为治水，对于中国的政治和法律，同样意义非凡：

"治水的必要性，在中国与在埃及一样，是一切合理、经济的决定性前提。回顾一下中国整个历史，便不难发现治水的这一必要性是中央政权及其世袭官僚制之所以成立的关键所在。"③

他同时还认为："在中国，如前文所述，某些根本性的命运（对我们来说则是史前的命运）也许是由治水的重要意义所决定的。"④

这个说法虽然无法得到证实，但是从逻辑上推理，则可以成立。由于治水是一个系统性的工程，为了有效地管理庞大的人力、物力，必须建立一个遍及全国或者至少及于全国人口重要中心的政治权力网，必须确立严格的纪

---

① 夏曾佑：《中国历史教科书》，转引自柳诒徵：《中国文化史》（上册），中华书局 2015 年版，第 15 页。
② 《史记·河渠书》。
③ ［德］马克斯·韦伯：《儒教与道教》，洪天富译，江苏人民出版社 1992 年版，第 31 页。
④ 前揭［德］马克斯·韦伯：《儒教与道教》，第 36 页。

律、从属关系和强有力的领导，于是必然产生集权主义。治水导致了公共权力的诞生和完善。治水的英雄赢得了人们的支持、尊重和崇拜，成为公认的权威，他们进而取得了凌驾于民众之上制定法律和规则的神圣地位。

从技术角度而言，因为治水关乎技术与魄力，有技术与魄力者，乃为民众所推举，从而形成某种崇拜。慢慢地，其权威跨过了治水的领域，乃至于能设范立制。所以此说也不失为法律起源的有力解释。

（六）定分止争说

这种假说是从法律的功用来反推法律的起源，有点"功能主义"的味道。持此说者往往从施行法律的必要性和可行性出发，来讨论法律的起源。对此说最为醉心者，是法家学派。

比如托名于春秋时期管仲的法家著作《管子》，就对法律的功效如此认定：

> 法者，所以兴功惧暴也；所以定分止争也。①

从中我们也可以看出法家逻辑：因为有了暴乱纷争，法律应运而生。暴乱纷争又从何而来，荀子将之归结为恶的人性：

> 故古者圣人以人之性恶，以为偏险而不正，悖乱而不治，故为之立君上之势以临之，明礼义以化之，起法正以治之，重刑罚以禁之，使天下皆出于治，合于善也。②

对于荀子而言，人性之恶，在于人生而有欲，一旦不得到满足，就起纷争，荀子说：

> 人生而有欲；欲而不得，则不能无求；求而无度量分界，则不能不争；争则乱，乱则穷。③

所以为扬善去恶，不得不重视两手措施：一是"隆礼"，对人从正面加以教化引导；二是"重法"，对违礼乱俗者加以制裁。

---

① 《管子·七臣七主》。
② 《荀子·性恶》。
③ 《荀子·理论》。

荀子的人性恶的观念直接为其学生之一、后来的法家集大成者韩非子所继承，且韩非子更进一步，认识到了纷争的最初根源在于经济基础，他说：

> 上古之世，人民少而禽兽众……古者丈夫不耕，草木之实足食也；妇人不织，禽兽之皮足衣也。不事力而养足，人民少而财有余，故民不争。是以厚赏不行，重罚不用，而民自治。今人有五子不为多，子又有五子，大父未死而有二十五孙。是以人民众而财货寡，事力劳而供养薄，故民争。虽倍赏累罚而不免于乱。①

所以面对这种既定的事实，单纯从道义上号召人们不争，是于事无补的，那么剩下的，只能用法律来定分止争。这样一解释，法律的起源就顺理成章了。韩非子此论，可能算先秦最为透彻，也最合理的起源学说了。只是他的规范的外延，要较其师荀子的要窄。荀子的规范，是同时包含"礼"与"法"的，而韩非子，则将规范局限在了"法"之上。

关于中国法律起源的假说，荦荦大者，即如上说。各说虽皆有其局限，但是呈现出了不同的看待法律起源的视角，这一点，对于我们今天追寻中国法的源头，体认传统司法的民族特色，至为重要。

二、司法活动的雏形——"垂裳而治"与"象以典刑"

按照马克思主义经典学说关于法的观念，法是由国家制定或认可的，并由国家强制力保证实施的行为规范的总和。那么司法就是指国家司法机关及其司法人员依照法定职权和法定程序，具体运用法律处理案件的专门活动。当一部分人出于特殊利益的需要而对统治阶级的利益及公共利益造成威胁乃至发生实际斗争时，"使得通过以国家姿态出现的虚幻的'普遍'利益来对特殊利益进行实际的干涉和约束成为必要"。② 故而司法活动需要在国家与

---

① 《韩非子·五蠹》。
② 《马克思恩格斯全集》第三卷，人民出版社 1983 年版，第 38 页。

法产生之后才可能发生。那么在不存在严格意义上的阶级和国家的原始社会，也就无所谓司法可言。所以真正意义上的司法必待国家和法产生之后才有，在我国，一般认为要到夏朝。

但是随着法律人类学和法律社会学的兴起和发展，人们思考法律和司法的视野逐渐拓宽。如果跳出阶级统治的工具这一认识框架，而将法律理解为一种规则形态，那么种种人类学的调查和社会学的研究，都表明了早在阶级国家产生之前的原始社会，就已经存在着法律和司法。[1]

在这个意义上，我国传世文献所表达出来的司法活动，也带有"国家之前"或者"史前"的味道。关于夏朝之前的法律和司法，迄今并无任何实物证据，也无文字支持。[2] 现在关于上古时期的人类生活状态的记载，都是出自后人的追忆。这段时间，又可以分两段，第一段大致处于人类创始至伏羲、神农时代，这个时代，基本上处于原始社会早期，类似于西方思想家洛克、卢梭笔下的"自然状态"时期，在这个时期中，人类懵懂自治，无所谓统治，也无所谓犯罪和惩罚。这就是文献中记载的：

> 神农之世，男耕而食，妇织而衣，刑政不用而治，甲兵不起而王。[3]

---

[1] 这方面最为著名的尝试即英国马林诺夫斯基的《原始社会的犯罪与习俗》，马林诺夫斯基根据其在较为原始的特罗布里安德岛上的调查，还原了一幅原始社会法律和司法的图景。此后最为著名的著作则属美国的霍贝尔，其成名作《原始人的法》中，他在前人所作的爱斯基摩人、北吕宋岛伊高富人、特罗布里安德群岛族群、西非黄金海岸阿散蒂人习惯调查的基础上，总结归纳出了原始社会法律和司法的状况和特点。载氏著：《原始人的法》，严存生译，法律出版社 2006 年版，第 63—633 页。但是我们应当注意，这种研究方法，仍是将某个族群视作静态的东西来研究，虽然这些族群较之现代社会要原始，但并不意味着该族群至始自终皆是如此，事实上，它们也经过了长期的发展。所以，这一研究方法属于"以今推古"，仍有其内在的局限性。

[2] 迄今发现的最早的可释读文字，已经到商代中期，为甲骨文。而甲骨文已经是一种比较成熟的文字了，其必定经过了一个长期的演变过程，柳诒徵先生认为："吾国之有文字，实分为三阶级（阶段）：一曰结绳，二曰图画，三曰书契。是三者，皆有文字之用，而书契最便，故书契独擅文字之名。"（见氏著：《中国文化史》（上册），中华书局 2015 年版，38 页。）这个观点是有道理的，这也可以解释为何甲骨文有许多都像图画。

[3] 《商君书·画策》。

及至原始社会后期，阶级逐渐出现分化，正是古史中所谓的"五帝时代"。虽然出现了"治人"与"治于人"的社会现象，但是后人，尤其是儒家，将这个黄帝至尧舜的时代，视之为黄金时代。于是出现了对这个时代世情最为经典的表述：

> 大道之行也，天下为公，选贤与能，讲信修睦。故人不独亲其亲，不独子其子，使老有所终，壮有所用，幼有所长，矜、寡、孤、独、废疾者皆有所养，男有分，女有归。货恶其弃于地也，不必藏于己；力恶其不出于身也，不必为己。是故谋闭而不兴，盗窃乱贼而不作，故外户而不闭，是谓大同。①

当然，这是为了配合儒家"德治"主张的需要，所以创造出一个上古"大同"世界。在这个大同世界中，圣人以德服人，以德化民，这就是黄帝、尧舜"垂衣裳而天下治"。②

何为"垂衣裳而天下治"？当然可以理解为圣人德性至高，可以垂拱而治。但是更合理的解释应该是用衣服来区别各个阶层，相当于后世"礼"以"别"的功效。《尚书·皋陶谟》云：

> 天命有德，五服五章哉。③

《尚书大传》释此五服五章为：

> 天子衣服，其文华虫、作缋、宗彝、藻火、山龙；诸侯作缋、宗彝、藻火、山龙；子男宗彝、藻火、山龙；大夫藻火、山龙；士山龙。④

这显然是用不同的衣服纹饰来表明身份的尊卑贵贱，相传《尚书大传》为西汉今文经学家伏胜所撰，但即便非伏胜所撰，其为今文经学观点无疑。虽然关于五服的"五章"说具体又有五章和十二章的今古文之辨，如古文家

---

① 《礼记·礼运》。

② 《周易·系辞传》。

③ 《尚书·皋陶谟》。

④ 《尚书大传·皋陶谟》。

郑玄持后说，但郑玄同样认为"尊者绘衣，卑者不绘衣"。也就是说衣服体现了尊卑。乾嘉时期的汉学大儒孙星衍在比较了种种学说之后，认为："伏生犹见先秦制度，传授其义，似较可信"。①

这样看来，这个"垂衣裳而治"，实则是早期社会的一种治理模式，对此，柳诒徵先生说得最为通达：

> 则此绘绣之法，非第为观美也。文采之多寡，实为阶级之尊卑，而政治之赏罚，即寓于其中，故衣裳为治天下之具也。

> 阶级之制虽非尽善之道，当人类未尽开明之时，少数贤哲主持一国之政俗，非有术焉辨等威而定秩序，使贤智者有所劝，而愚不肖者知愧耻而自勉，则天下脊脊大乱矣。黄帝、尧、舜之治天下，非能家喻而户说也。以劝善惩恶之心，寓于寻常日用之事，而天下为之变化焉，则执简驭繁之术也。②

如果理解了"垂衣裳而天下治"的背景，那么对于理解原始时代的司法"象以典型"或"象刑"就十分容易了。

"象刑"说最早源自《尚书》开篇《尧典》：

> 象以典刑，流宥五刑。③

关于象刑，历来有很多争论。④ 至当代，又有不少研究者试图从文献学和法学等多种学科意义上，来理解其真义。⑤ 大体而言有肯定说和否定说，肯定者认为上古时期的确存在着"象刑"，这种意见占据了绝大多数；而否

---

① （清）孙星衍：《尚书今古文注疏》，陈抗、盛冬铃点校，中华书局2004年版，第86页。

② 前揭柳诒徵：《中国文化史》（上册），第67页。

③ 《尚书·尧典》。

④ 历代关于"象刑"争论的一个简要的回顾，参见胡留元、冯卓慧：《夏商西周法制史》，商务印书馆2006年版，第16—19页。

⑤ 当代具体讨论象刑的，可参见蒋集耀：《象刑考辨》，《法学》1982年第9期；李衡梅：《"象刑"辨——兼与唐兰、程武同志商榷》，《社会科学战线》1985年第2期；王定璋：《象以典刑——论〈尚书〉中的刑罚观》，《中华文化论坛》1999年第5期；肖洪、魏东：《"象以典刑"论考》，《重庆理工大学学报》2011年第1期；盛劲松、丁银莲：《析"象以典刑"》，《兰台世界》2013年第6期。此外在论述旁题兼及象刑的研究文章，所在多有，此处不赘。

定者则认为"象刑"乃系后人的推测或捏造，上古时期根本就没有。在肯定说中，对于"象"具体作何解，主要又有两说，一说为象征之"象"，二说为画象之"象"。《尚书大传》持第一义，《白虎通》则持第二义。

《尚书大传》谓：

> 唐、虞象刑，而民不敢犯。苗民用刑，而民兴相渐。唐、虞之象刑：上刑，赭衣不纯；中刑，杂屦；下刑，墨幪。以居州里，而民耻之。①

根据《荀子》的记载，这种说法到战国时期，都很流行：

> 世俗之为说者曰："治古无肉刑，而有象刑：墨黥；慅婴；共、艾毕；菲，枲屦；杀，赭衣而不纯。治古如是。"②

"墨黥"一说为"墨幪"，指用黑布蒙在犯人头上，以代替黥刑；"慅"通"草"，"婴"通"缨"，"慅婴"是指用草编织成穗带，然后让犯人戴上有这种帽穗的帽子，以代替劓刑；"共"通"宫"，指宫刑，"艾"即"刈"，即割，"毕"通"韠"，是古人遮蔽膝盖处的那部分衣物，以割掉遮蔽膝盖处衣料来代替宫刑；"菲"即剕刑，"枲屦"，即让犯人穿麻鞋以代替剕刑；赭衣不纯，则让犯人穿着无领的赭衣来代替死刑。这都是象征性的惩罚表现。当然，荀子书中并没有交代这个说法的出处，只说"世俗为之说者"，可见应该是当时民间流行的一种说法。

而《白虎通》则谓：

> 五帝画象者，其衣服象五刑也。犯墨者蒙巾，犯劓者赭其衣，犯膑者以墨蒙其膑处而画之，犯宫者履杂屦，犯大辟者布衣无领。③

以上两说虽有不同，但都提到了"衣服"的问题。只不过象征说是让不同的犯人穿不同颜色和质地的衣服，以示区别和羞辱。而画象说则是在犯人

---

① 《尚书大传·尧典》。

② 《荀子·正论》。

③ 《白虎通·五行》。

所穿衣服上画不同的图形，以示惩罚。

到了《尚书·皋陶谟》中，对于"象刑"又有记载：

> 皋陶方祗厥叙，方施象刑，惟明。①

这里的施象刑，可理解为将五种刑罚（墨、劓、膑、宫、大辟）刻画在器物上，使人有所戒惧。这已经有点类似于立法的行为了。这和古籍上所载"皋陶造狱"的说法是一致的。但是皋陶表现出来的是一个道德治世的圣人形象，所以他的施行象刑，并不是将肉刑实际用在人民头上。对此，《尚书正义》有着权威的解释：

> 皋陶为帝所任，遍及天下，故"方"为四方也。天下蹈帝德，
> 水土既治，亦由刑法彰明，若使水害不息，皋陶法无所施，若无皋
> 陶以刑，人亦未能奉法。②

由此可知，施以象刑，有点类似于后来"悬法象魏"之义，即《周礼·大司寇》"悬刑象于象魏"的制度。后世的枭首或悬首级于城门，或谓此遗风欤？不管如何，这都体现了法律的警示作用。

而胡留元、冯卓慧两位先生在其《夏商西周法制史》中，认为"象刑"绝非象征性刑罚，而是如《尚书正义》中所云那样，是一种类似于公布刑罚的立法行为。理由第一是西周晚期的青铜器"征匜"铭文上，可见到墨刑（黜鼺）的施行，但它不是象征性的；第二是商周卜辞中看到很多刑罚的记载，唯独没有"画衣冠、异章服"的记载；第三，即便是黜之刑，也是行之极短，根本不能代表"象刑"。故古人所说的虞舜象刑，实际上不过是借用西周制度，为实现自己的主张，宣扬儒家的仁治政治，而附会的托古改制之伪说。③ 两位学者的观点诚然有其可取之处，尤其是后人之所以表彰象刑，在于为宣扬儒家仁治政治说服务，诚可谓高明之见。但是以后世的事实而反推上古，一

---

① 《尚书·皋陶谟》。

② 《尚书正义·皋陶谟》（此处所用正义，用廖明春、陈明整理之《十三经注疏·尚书正义》本，北京大学出版社 2000 年版，后文引"正义"者，均出自此版）。

③ 参见前揭胡留元、冯卓慧：《夏商西周法制史》，第 19—25 页。

概斥"象刑说"为伪说，则断无是理。象刑出自《尧典》《皋陶谟》，两篇都属今文，真实性较高，已为历代学者所证实。且尧舜时代，既无文献可征，又无出土文物可考，即便不能证实其真，又何得据之后的典章文物概行定其为伪？

综合各家论述，笔者以为"象刑"在上古应该是存在的，且既是一种司法方式，又是一种立法宣示。所谓司法方式，是通过让不同的犯罪者穿戴不同的衣服，来使其感到社会主体对之的否定性评价，以使其改过自新。这和古书中的"垂衣裳而天下治"的社会治理模式是一致的。柳诒徵先生就认为："衣服之用，有赏有罚，故古代之象刑，即以冠履衣服为刑罚。"[①] 至于如何冠履，则无论是穿不同的式样的衣服，还是在衣服上再画上相应的刑罚，都是说得通的。目的是用外在的标志来让犯罪人感到羞耻。

那让人感到羞耻真可以作为惩罚行为吗？考虑到初民时代，人类往往思维质朴，情感原始，略加谴责，即能收后世法律之效果。这在各类人类学研究中，均能得到证实。所以象刑，恰恰可以代表初民时代的惩罚方式，这也可以看成是我国司法的雏形。

而如后文所要揭示的那样，人类法律的发展，往往经过了由司法到立法，由惩罚到规训的发展过程。那么这样一来，皋陶造律，就有多种意向了。我们知道，人类要控制社会，不使社会崩溃，除了道德教化外，法律的强制在所难免。皋陶画象，正在于警示世人，若有犯者，将按所画刑罚，施之于其身。这实际上已经带有公布法律的性质在内了，公布法律，恰恰是一种立法行为。所以《尚书·尧典》中在记载了"象以典刑"之后，又有"流宥五刑，鞭作官刑，扑作教刑，金作赎刑，眚灾肆赦，怙终贼刑"的说法，可见象刑并不孤立存在，而是与五刑鞭扑流赎并行，初非专恃象刑一种。

而之所以要专门强调造律者皋陶施象刑，乃在于表彰尧舜时期，德化甚力，在上者可以以德服人，故而即便有五刑等残酷刑罚，也备而不用。《汉

---

① 前揭柳诒徵：《中国文化史》（上册），第68页。

书·刑法志》云：

> 禹承尧舜之后，自以德衰而制肉刑，汤武顺而行之者，以俗薄
> 于唐虞故也。①

由此反证出，在尧舜之时，德行丰沛，民风淳朴，不施肉刑，已可实现社会良善治理，故有皋陶方施象刑之说。而到了禹汤之世，民风浇薄，有乱政而施肉刑，实在是不得已之事。

当然，象刑更多用在族群或者氏族内部，是一种对内的惩罚活动。至于对外，据文献记载，常常出现部落战争。在战争中伴随着酷刑的产生，在这样的场合，肉刑的适用或许更加普遍。所以古人又有"刑起于兵"的著名论断。

总之，从严格意义上来说，在黄帝至尧舜时代，真正的司法还没有产生，更没有确定的程序，即便是规训与惩罚的活动，还带有很大的随意性。只是文献中记载的"象刑"，虽也是后世追忆之词，但是给我们理解上古的法律与刑罚，提供了很好的参考。从这个意义上来说，垂裳而治和象以典刑，似可理解为我国司法活动的雏形。

第二节　初民时代的部落战争与"刑始于兵"

一、初民时代的部落战争

（一）部落联盟的兴起

《史记》《国语》《大戴礼记》《逸周书》《山海经》等传世文献的记载及相关神话传说，在新石器时代中后期，在我国黄河流域与长江流域，先后形

---

① 《汉书·刑法志》。

成三大相对稳定的部落联盟：最大的部落联盟为华夏部落联盟，以黄河中上游为主要活动范围，炎帝、黄帝以及后来的尧舜禹均出自此联盟，这一部落最为强盛和发达。第二大部落联盟为东夷部落联盟，活跃在中国东部及海边地带，后来又逐渐向黄河中游地区迁徙，传说中的太皞、少皞和九黎即属于该联盟，九黎族的蚩尤是这个部落联盟最著名的首领；第三大部落为苗蛮部落联盟，以长江流域及其南面的广大地域为活动范围，包括三苗、伏羲、女娲等部落。此外，在淮河流域、四川盆地等地，尚有众多的点状的部落存在。近年考古发掘表明，这些点状的部落，虽然不属于以上三大部落联盟，但是同样有着悠久灿烂的文化，比如四川盆地中的三星堆，就有着令人震撼的发达文明。这充分说明了，中华民族的起源是多源性的。所以严格地说中国人是华夏儿女或者炎黄子孙并不确切，只是以之为代表而已。联盟兴盛的时代，即我国古史中的"五帝时代"，关于这个时代，虽然仍旧存在着不少争议，[①] 然而，说这些代表人物都是中华的人文初祖，则毋庸置疑。

（二）部落战争

与世界民族志展示的规律相同，氏族部落生成之后，为了自身生存与发展的需要，势必要和其他部落联系，于是不断出现战争和融合。同样，我国初民三大部落联盟为自身发展的需要，也不断向外扩张，就出现了民族的迁徙和战争，大体的方向是：华夏联盟向东、南发展势力，东夷联盟向西扩展，苗蛮联盟则北渡长江，向黄河流域深入。因为争夺生存空间的需要，所以部落与部落之间，势必出现联合与战争，这样的联合与战争在古史文献中不绝于书，其中最有代表性著名部落战争有如下几次。

[①]　关于这一时代一个全面概括的研究，参阅许湛顺：《五帝时代研究》，中州古籍出版社 2005 年版。关于这一时期的部落分布、部落关系、经济发展水平的研究，参阅徐旭生：《中国古史的传说时代》（增订本），广西师范大学出版社 2003 年版；以及张光直、徐萍芳：《中国文明的形成》，新世界出版社 2004 年版。

1. 阪泉之战

阪泉之战发生在炎帝和黄帝之间，关于这场战争，《史记》云：

> 轩辕之时，神农氏世衰，诸侯相侵伐，暴虐百姓，而神农氏弗能征。于是轩辕乃习用干戈，以征不享，诸侯咸来宾从……炎帝欲侵陵诸侯，诸侯咸归轩辕。轩辕乃修德振兵，治五气，蓺五种，抚万民，度四方，教熊罴貔貅貙虎，以与炎帝战于阪泉之野，三战，然后得其志。①

《列子》则曰：

> 黄帝与炎帝战于阪泉之野，帅熊、罴、狼、豹、貙、虎为前驱，雕、鹖、鹰、鸢为旗帜。②

《大戴礼记》则云：

> （黄帝）与赤帝（炎帝）战于阪泉之野，三战，然后得行其志。③

后两者基本上是在前者的基础上敷衍而成，但是却未如前者一样说明战争的原因。而根据《史记》的记载，似乎是因为神农氏控制不了中原，而黄帝武力强盛，最后胜者为王，炎帝不甘于失败，仍要追回昔日的光荣，于是发动战争，最终失败。但这样的解释不是很合逻辑，诸侯相侵伐，神农氏不能阻止，后来有一位强者出来收拾局面，将诸侯都统一在其麾下，这已经是既成事实。炎帝本身就是因为被诸侯侵伐弗能征而败退下来的，现在在诸侯找到了一个更厉害的靠山后，炎帝居然主动去侵凌诸侯，这无论如何也说不通。所以后出的文献，大概也发现了这样的问题，于是只讲结果，不谈原因。但不管如何，黄帝最后是在阪泉之地（具体位置有争议，大体在河北张家口至怀来一线）打败了炎帝部落。战争的结果巩固了黄帝的统治地位，同时促使炎黄二族的融合，使得华夏族成为最强盛的部落联盟。当然，笔者认

---

① 《史记·五帝本纪》。
② 《列子·黄帝》。
③ 《礼记·五帝德》。

为，阪泉之战表面上是一个传说，而背后的实质，乃是民族的迁徙与融合。近年有学者指出，黄帝族实质上是从西北的游牧地带迁徙而来，炎黄之战是农耕民族抗击游牧民族的保卫战。[①] 其发生地位于农耕文明和游牧文明交界线的塞上地区，似非偶然。是说虽非定论，但却有较大的解释力，历史上农耕民族与游牧民族的战争，向来是胜少败多，多采取守势。且"习用干戈"，又常常是后世游牧民族所展示出来的形象。总之，这场战争似乎可以解释为游牧民族为生存所迫，侵入中原，征服了原中原民族，并与中原民族融合，最终为中原文化所同化。其后炎黄并称，同为华夏人文初祖。如果这一推论能够成立，那么阪泉之战的意义，不在于谁成为联盟之主，而在于促成了游牧和农耕民族的融合，成就了华夏族的强盛。

2. 涿鹿之战

炎黄结合形成华夏集团之后，自西徂东，扩展生存空间。而原先居于中国东部海滨之地的东夷部落，也在向西发展。这样，两大部落联盟相遇，终于发生战争。关于这场战争，《逸周书》载：

> 昔天之初，诞作二后，乃设建典，命赤帝分正二卿，命蚩尤宇于少昊，以临四方，……蚩尤乃逐帝，争于涿鹿之阿，九隅无遗。赤帝大慑，乃说于黄帝，执蚩尤，杀之于中冀，以甲兵释怒，用大正顺天思序，纪于大帝，用名之曰绝辔之野。乃命少昊清司马鸟师，以正五帝之官，故名曰质。天用大成，至于今不乱。[②]

根据这段记载，可知这场战争是东夷九黎族的领袖蚩尤发动的，他率族人自东向西，侵入到华夏族炎帝一族的地盘，炎帝不能抵挡，于是向黄帝求救，这场战争据说非常惨烈，双方各显神通，甚至请动了各路神仙：

> 有人衣青衣，名曰黄帝女魃。蚩尤作兵伐黄帝，黄帝乃令应龙攻之冀州之野。应龙畜水，蚩尤请风伯雨师，纵大风雨。黄帝乃下

---

① 参见刘毓庆：《黄帝族的起源迁徙与炎黄之战的研究》，载《山西大学学报》（哲学社会科学版）2008 年第 5 期。

② 《逸周书·尝麦》。

天女曰魃，雨止，遂杀蚩尤。魃不得复上，所居不雨。[1]

传说固然怪诞，但是我们看最终战争的胜利，确是"土"（魃）克"水"（风伯雨师），而土为中央，水为四裔，正好说明这是一场华夷之战。当然，其中也隐然交织着民族融合，我们知道东方为青，本代表东夷，而黄帝女魃所衣者居然非青衣。而水为四裔，黄帝所令应龙，恰恰也能"蓄水"。这当中似乎可以反映初民的战争中寓融合的观念。

涿鹿之战交战的地点，应该距离炎黄之战的阪泉之野比较近，这是炎黄族群生息活动的大本营。且北魏郦道元《水经注》中提到：

涿水出涿鹿山，世谓之张公泉，东北流经涿鹿县故城南，王莽所谓虢陆也。黄帝与蚩尤战于涿鹿之野，留民于涿鹿之阿，即于是处也。其水又东北与阪泉合，水导源县之东泉。[2]

不过，关于"涿鹿"的地点究竟在哪儿，古史中仍然存在异议。除了以上涿鹿县一说外，还有"江苏彭城（今徐州）说"[3]"山西解县说"[4]"河南修武县说"[5] 等，要皆不出今中原范围，所以后世有逐鹿中原之说。

至于蚩尤的结局，《逸周书》和《史记》都云被黄帝所杀，而蚩尤所部，则就此散落，一说是辗转迁徙至长江以南广大地区，与当地土著融合，蚩尤由此也成为"苗蛮"的祖先。当然，神话传说的背后，其实寓意着民族的迁徙与融合。且蚩尤的形象，不过是华夏族群对于来自东夷族群的一个"类型化"塑造，由此解释涿鹿之战中存在多个战争地点以及蚩尤与苗民的关系，才能合乎逻辑。正因为族群在不断迁徙，为生存而征战，所以才有那么多个故事的版本。同样，先秦时代的"五刑"，也存在多种说法，这恰恰证明中

---

① 《山海经·大荒北经》。

② 《水经注》卷一二，"涿水"。

③ 唐代张守节为《史记·五帝本纪》所作"正义"中云"涿鹿，本名彭城"。

④ 唐代司马贞为《史记·五帝本纪》所作"索隐"中云"或作浊鹿，古今异字耳。"钱穆认为指的就是山西解县的浊泽，见氏著《古史地理论丛》，"黄帝故事地望考"，（台）东大图书有限公司1982年版，第136页。

⑤ （唐）李吉甫：《元和郡县图志》卷一三。

华民族起源的多元性，各个族群也有各自的规训与惩罚，与现在所谓的"法律多元"理论，有某种程度的若合符契。

3.讨三苗之战

按"五帝本纪"的世系，继黄帝之后，统治黄河流域者为华夏族的颛顼、帝喾，然后就到了尧舜禹的时代，在这个时代中，三位华夏圣人相继对处于长江流域的"三苗"发起了征伐。战争的具体地点，同样史说纷纭，但是以今天河南南阳一带最为可信，因为这块地方正好处于黄淮和长江流域的过渡地带，且考虑到古代征战的运兵规模和后勤保障的有限，加上近年在襄汾流域出土陶寺遗址文物，这个地方作为主要交战地点是相对合理的。

战争的起因，据《尚书》所载，是因为：

> 苗民弗用灵，制以刑，惟作五虐之刑曰法。杀戮无辜……民兴胥渐，泯泯棻棻，罔中于信，以覆诅盟。虐威庶戮，方告无辜于上。上帝监民，罔有馨香德，刑发闻惟腥。皇帝哀矜庶戮之不辜，报虐以威，遏绝苗民，无世在下。[①]

这显然是说苗民不尊天道，不信神灵，杀戮无辜。所以作为有德之君的尧舜禹，替天行道，恭行天罚，是以征伐苗民。

这显然带有强烈的道德主义色彩，将尧舜禹归在正义的一方，颇有点后世吊民伐罪的味道，很明显是西周之后才具备的观念。相比而言，《史记·五帝本纪》中所说的理由更为直接而可信，即"三苗在江淮、荆州数为乱"，而江淮、荆州恰恰是黄河和长江两大文明的交汇处，三苗的扩张，对华夏族的生存和发展构成了某种程度的威胁，是以华夏族要开始征苗之战。

征三苗之战旷日持久，历尧舜禹三代。文献记载"尧战于丹水之浦，以服南蛮"[②]，丹江口即在今天的河南南阳。而虞舜继位之后，继续征伐三苗。文献记载：

---

① 《尚书·吕刑》。
② 《吕氏春秋·恃君览·召类》。

> 当舜之时，有苗不服，禹将伐之。舜曰："不可，上德不厚而行武，非道也。"乃修教三年，执干戚舞，有苗乃服①

舜征三苗的故事已经较唐尧详细，且带有较强的德化色彩。至于禹征三苗的战争，似乎更加激烈，据文献载：

> 昔者三苗大乱，天命殛之，日妖宵出，雨雪三朝，龙生于庙，犬哭乎市，夏冰，地坼及泉，五谷变化，民乃大振（震）。高阳乃命（禹于）玄宫。禹亲把天之瑞令，以征有苗。四电诱祗。有神人面鸟身，若瑾以侍。搤矢有苗之祥（将），苗师大乱，后乃遂几。禹既已克有三苗，焉磨（历）为山川，别物上下，卿制大极（乡制四极），而神民不违，天下乃静。②

除了吊民伐罪的普通观念外，这段文字中还隐约可见禹利用三苗地区发生自然灾害之际而顺时讨伐，且彻底制服了三苗，解除了三苗对中原地区的威胁。当代有考古学者结合出土文物，对禹征三苗进行了考古学解释，认为禹所代表的文明是龙山文化中较后的王湾三期文化，而三苗所代表的文化是稍早的石家河文化，禹最终战胜三苗，正是先进文化取代后进文化的结果。"龙山前后期之交以王湾三期文化为主体的中原龙山文化对石家河文化的取代，正好与文献中'禹征三苗'，'而使其无世在下'的记载吻合。此前王湾三期文化对石家河文化影响的不断增强，也与尧、舜攻三苗而常占上风的情况不悖。因此我们推测，由于生产力水平的停滞不前，集团内部各种矛盾的激化，三苗集团进入龙山时代就基本开始走下坡路。到公元前二十三世纪左右，终于在内乱和天灾的背景之下，被生产力更先进、更富于生命力的华夏集团所征服。"③

以上就是中国古史中最为著名的部落战争，此外，尚有不少小规模的部落争斗和摩擦，虽然大多流于神话或传说，但无疑都反映了先民为生存而斗

---

① 《韩非子·五蠹》。

② 《墨子·非攻下》。

③ 杨新改、韩建业：《禹征三苗探索》，《中原文物》1995 年第 2 期。

争的现实。部落战争的结果，打破了原来的平衡状态，在部落间出现了纳贡宾服关系，同时在部落内部，也加速了阶层的分化，在不断征伐中出现了军功贵族，最后成为"治人"的统治阶层，而被俘者往往成为对方的奴隶，征战不力者，则有可能在同族中也成为隶役者，身份由此降低，从此"治于人"，当然，法律和司法在部落战争中也逐渐产生，最初可能带有偶然和自发的色彩，立法者和司法者还处于懵懂的地步，以个案方式解决，但随着时间的流逝，这种情况发生了根本改变，由个案到一般，由裁判到立法，从此，法律和司法得以真正产生和完善。"刑起于兵"因此也就具有了较强的解释力。

二、刑始于兵

"刑始于兵"的"刑"，可以做广义的理解，既可以做"法律"解，也可以做"惩罚"或者"司法"解。"刑始于兵"或"兵刑同制"，乃是古人对于法律和司法起源的通行解释。甚至"兵"本身就代表了一种最大的刑罚惩罚。这方面，最有影响的论述莫过于《国语》中鲁国臧文仲对鲁僖公所说的一段话：

> 大刑用甲兵，其次用斧钺，中刑用刀锯，其次用钻凿，薄刑用鞭扑，以威民也。故大者陈之原野，小者致之市朝。①

这是按照所用器具及其力度大小来界定惩罚的轻重，"甲兵""斧钺""刀锯""钻凿""鞭扑"也正好构成了"五刑"。大刑用甲兵，显然就是用军事征伐的办法来执行，对于某一个人，这显然是用不上的，所以只能解释为对一族之人，才用"甲兵"，考虑到上文所述的"部落战争"，那么一个部落消灭或者征服另一个部落，就是甲兵刑。后世灭人之族的"族诛"，如夏商时期的"劓殄"，及历代王朝的"夷三族""灭九族"等酷刑，可能即是"大刑

---

① 《国语·鲁语上》。

用甲兵"的孑遗。至于"斧钺""刀锯""钻凿"则是对个人的死刑或肉刑，"鞭扑"，则类似于后世的"笞杖"，乃薄刑示惩之意。

甲兵是对外用的，自无异议。而斧钺、刀锯等针对的固然是个人，但是这个个人的身份，也是有差异的。试看《国语》中另一段文字：

> 吾闻之，君人者刑其民，成，而后振武于外，是以内和而外威。今吾司寇之刀锯日弊，而斧钺不行。内犹有不刑，而况外乎？夫战，刑也，刑之过也。过由大，而怨由细，故以惠诛怨，以忍去过。细无怨而大不过，而后可以武，刑外之不服者。今吾刑外乎大人，而忍于小民，将谁行武？①

这段话是春秋时期，晋国大臣范文子针对内忧和外患的关系所说的著名的言论。大体是先要把内政处理好，才能去外患。而他所针砭的，恰恰是国内的司法腐败。联系上下文，范文子所说的"刀锯日弊，斧钺不行"，就是指"刑外乎大人，而忍于小民"，这样看来，斧钺针对的对象，就是大人，而刀锯针对的对象，就是小民。而本段话当中"君人者刑其民"与"内犹有不刑"当中的"刑"，不当作"刑罚"解，而应同"型"，义为"规范"。之后的"刑"，方为"刑罚"之义。而战争，则是刑罚的极端表现——"刑之过也"。范文子的意思就是说，好的治国方式，应该是由内而外，严于治吏，宽以养民，国内政治有了规范，上了轨道之后，方才能考虑对外战争。

由此可见，甲兵是大刑，针对的是外界，斧钺针对的是大臣，刀锯、钻凿、鞭扑针对的是小民，逐次由重到轻，构成了一整套刑罚规范。

至于说"兵刑同制"或"兵狱同制"，则除了讲法律和司法的起源之外，还带有功能比较的色彩，即它们的功用是一致的，对此，东汉的王充说得最为充分：

> 夫刑人用刀，伐人用兵，罪人用法，诛人用武。武、法不殊，兵、刀不异，巧论之人，不能别也。夫德劣，故用兵；犯法，故施

---

① 《国语·晋语六》。

刑。刑与兵，犹足与翼也。走用足，飞用翼，形体虽异，其行身同。刑之与兵，全众禁邪，其实一也。①

由此可以很明确地看出，武、法、兵、刑，在一定程度上是通用的。刑罚由最初的征战开始，到最后形成了一整套规范。最初是赤裸裸的否定性的规范（刑），发展到后来，则产生出了复杂且系统的规则（礼），最终出礼入刑。所以《辽史》就对此总结：

刑也者，始于兵而终于礼者也。洪荒之代，生民有兵，如蠹有螫，自卫而已。蚩尤惟始作乱，斯民鸱义，奸宄并作，刑之用岂能已乎？帝尧清问下民，乃命三后恤功于民，伯夷降典，折民惟刑。

故曰：刑也者，始于兵而终于礼者也。②

这实际上也符合人类社会发展的规律，初民时代，人类社会只有丛林法则，弱肉强食。到后来道德的进步，才有意识地"恤功于民"，所以我们更可以坚信，伯夷所降之典，更多是道德礼仪性质的"礼"，用它最终规范人民的行为。

如果我们将这类文献记载与上述部落战争相联系，我们就会发现：经过战争，获胜后的黄帝部落联盟迅速发展自身的力量，数万个部落、氏族拥戴黄帝为中原盟主，因而在黄河流域形成了以黄帝部落为核心的部落大联盟。这一较为巩固的部落大联盟在中原大地不断扩展自己的势力，并在军事上采取向外扩张的态势，东征夷族，南伐苗蛮，向长江流域发展，先后形成陶唐氏、有虞氏、有夏氏的部落联盟。作为黄帝的后代，尧、舜、禹相继成为这个中央部落联盟的首领。

而部落联盟出于对外扩张以及在相互征战中维系自身存在与发展的需要，更加注重内部秩序的建立和维持。部落联盟在职能机构的设置以及对不同类型社会关系的调整等方面，已形成大量处理争端的判决以及确定某些事

---

① 《论衡·儒增篇》。

② 《辽史·刑法志上》。

项的决定，并进而形成性质各异、功能不同的规范体系。其中相当一部分已为社会所承认和接受，具有普遍适用性和一定程度的强制性，从而已初步具备法律的特征。

首先，为共同生活及进行战争和组织生产而确立的、以承担不同公共职能为直接目的的部落联盟内部机构逐渐分化，形成各有分工、相对独立，同时又相互配合的不同职能部门。如史书记载：

> （黄帝）以师兵为营卫，官名皆以云命，为云师。置左右大监，
> 监于万国……举风后、力牧、常先、大鸿以治民。①

左右大监，风后、力牧、常先、大鸿，具体负责什么，已不可考，但他们无疑都是官职或者职业性的管理人员。

其次，部落联盟内部机构在职能上的分化直接导致机构数量的增加，逐渐衍生出一个脱离生产专职管理群体。史载：

> 黄帝乃习用干戈，以征不享。②

这就是说黄帝在其盟主地位确立后，即要求向其臣服的部落定期交纳财物，否则干戈相见。从此，人分为两类："食人"与"食于人"。"习用"一词，固然可以理解为经常性运用，但也可以理解为脱离生产，而专门统治之义。此后的尧舜禹，无不如此。

再次，随着部落联盟势力的扩大，其内部事务也逐渐繁杂。原先以成员自身对群体依靠的信念以及群体舆论的评价来维系部落秩序的习俗，已难以继续奏效。某些成员的行为对部落内部既定的社会秩序造成严重的损害。为了维持部落内部正常的社会秩序，处理那些严重侵害他人或部落群体的行为，以部落机构的名义，对于行为人施以某种报应性惩罚的做法逐渐固定化。惩罚的目的在于使行为人遭受切实的痛苦，以致不敢再次实施侵害行为；同时，也让部落其他成员了解实施侵害行为的后果，进而起到一般性威

---

① 《史记·五帝本纪》。

② 《史记·五帝本纪》。

慑作用。类似惩罚措施的多次施行，渐而形成一种具有崭新意义的新型行为规范。

这一切，都溯源于部落战争的需要，而部落战争，则根本在于生存的需要。伴随着部落战争出现的"刑"，由此也带上了强烈的部落血缘的色彩。并对此后法律和司法的发展，带来了深刻的影响："'刑'归根结底是一种血缘集团的压迫法，并且始终限制在血缘范围之内。从这个角度出发，可以说中国的国家与法是血缘组织强化的结果，这是它们日后走上伦理化，并且在自我完善的同时又趋于封闭的历史渊源。"① 所以"刑始于兵"，是认识我国初民社会的规范与惩罚的一把重要的钥匙。

第三节　皋陶的历史形象及其在司法史上的意义

上文已经提到，在"圣人制刑"的一干人物当中，以皋陶最为著名，其形象最为突出，乃至被后世广泛地奉为"狱神"，成为中国法律和司法的始祖。虽然这个形象用顾颉刚的话来说，仍旧是"层累地"造成的，但中国司法文明的流向，在源头上似乎已经被型塑。所以分析皋陶的历史形象，对于我们理解整个中国司法文明的发展，具有重大的意义。

皋陶，偃姓，又作咎陶、咎繇，亦作"皋陶""皋繇"或"皐繇"，上古时人，辅佐舜、禹两君，主管狱讼，并参与国家大政，享有德声。皋陶的事迹《史记·五帝本纪》《夏本纪》中有记载，同时，《尚书》中留下以皋陶为名的谟一篇，即《皋陶谟》，这是关于皋陶最为古老，最为权威的记载。本节主要依据司马迁的历史记载和尚书中涉及皋陶的文字，来描绘皋陶的历史形象，并阐发其在中国法律史上的意义，以求传达皋陶表现出的法律

---

① 张中秋：《中西法律文化比较研究》第四版，法律出版社 2009 年版，第 19 页。

精神。

一、《史记》"五帝本纪"和"夏本纪"中描述的皋陶形象

《史记》中关于皋陶的记载，最初出现在《五帝本纪》中。

> 舜得举用事二十年，而尧使摄政。摄政八年而尧崩。三年丧毕，让丹朱，天下归舜。而禹、皋陶、契、后稷、伯夷、夔、龙、垂、益、彭祖自尧时而皆举用，未有分职……舜曰："皋陶，蛮夷猾夏，寇贼奸轨，汝作士，五刑有服，五服三就；五流有度，五度三居：维明能信。"……此二十二人咸成厥功：皋陶为大理，平，民各伏得其实……①

唐张守节为《史记》所作"正义"中提到皋陶为"高姚"二音，而唐司马贞为《史记》所作《索隐》中对皋陶的生平解释为"皋陶，字坚庭，英、六二国是其后也"。皋陶的第一次出场，是在舜将国家事务作分配的时候。从上述《史记》引文中，我们可以推知，皋陶，在尧帝时期，已经是一个重要的大臣，排名仅列于禹之后，是以皋陶在古史中的地位极高，与尧、舜、禹并列为"上古四圣"。不过尧帝时期，国家事务的专门化程度还比较低，所以虽然皋陶为重要大臣，但是其分管的工作并未明确，这就是文中所称的"未有分职"。等到了舜帝时期，即开始分职授权。首先授禹平水土，禹谦让于稷、契与皋陶，被舜阻止。此时，皋陶排名在禹、稷、契之后，这并不意味着其地位降低，当时舜分配职务时，是按照事务的紧迫程度和个人的才能来排序的，当时最为重要的事务是治水，禹的父亲即因治水不力而遭到尧帝的惩罚，禹平水土一定程度上也是子承父业，家学渊源，所以禹是第一个被安排工作的。第二个是弃，即稷，弃是主管农业生产的，因为舜认为当时"黎民始饥"，所以让百姓能够免于饥饿，自然是头等大事，所以让弃"播时

---

① 《史记·五帝本纪》。

百谷"。第三个被安排工作的是契，契被任为司徒，主管教化。因为舜认为当时"百姓不亲，五品不驯"，百姓吃饱饭后，不够驯良，必得教育，所以契排第三。第四个出场的就是皋陶了，所谓"蛮夷猾夏"，宋代裴骃在《史记集解》中引郑玄的解释为"猾夏"，指"侵犯中国也"，也就意味着，当时华夏主体民族受到方外或者野蛮部落的侵犯或战争威胁。而"寇贼奸轨"，郑玄则释为"由内为奸，由外为轨"，这两句连在一块儿，实际上就是当时华夏族人面临着内忧外患，外部有敌人侵犯，内部还有奸细出卖，于是舜要求皋陶作"士"，也就是司法官，《史记集解》中引马融的话，称之为"狱官之长"，而《史记正义》则解释为"若大理卿也"，很明显，皋陶履行司法职责，当然"士"还不仅仅是狱讼官长，还有军事意味，对外负责抵御侵略，对内负责镇压叛乱。由此可见，舜安排职务，实际上有一个秩序，首先是安全的需要，当时就是治水，然后是基本生活的需要，即农业，然后是社会交往的需要，即礼教，这个与后来孔子的教义若合符节，即庶（安全）后，需要"富之，教之"。① 如果教化不行，又该如何处理呢？那么只能用兵、刑二法来处理，从舜交代给皋陶的任务，我们能够看出兵狱同制，刑起于兵的影子，同时也可以看出刑之辅教的味道。所以皋陶地位虽然仅次于禹，但因为工作的性质，被安排在第四个出场。这个次序，同后来《周礼》六官中的天、地、春、夏、秋、冬，亦有几分相似，皋陶负责的领域，属夏秋之官。

至于"五刑有服"，结合《集解》和"正义"中马融和孔安国的解释，五刑就是墨、劓、刖、宫、辟奴隶制五刑，有服就是"从也，言得轻重之中正也"。连起来解释就是五种刑罚的运用要轻重适中，用今天的语言就是法律的适用要公正适度。至于"五服三就"，据马融的解释，就是大罪陈诸原野，次罪于市朝，同族适甸师氏。既服五刑，当就三处。如果按照大刑用甲

---

① 《论语·子路》载：了适卫，冉有仆。子曰："庶矣哉。"冉有曰："既庶矣，又何加焉？"曰："富之。"曰："既富矣，又何加焉？"曰："教之。"人的需要首先是生存的需要，生存解决了以后是精神的需要，包括社交等，最后达到自我实现。实际上这个过程也是符合马斯洛需求层次理论的，只不过孔子没有用"层次"这个词而已。

兵的道理，那么所谓的大罪陈诸原野，实际上就是诉诸战争，在原野中列好兵阵，加以讨伐。次罪则在公开场合加以刑戮，而小罪则在偏僻的地方执行，保持一个受刑之人的体面。所以五服三就，实际上意味着行刑需要考虑到场合和犯人的尊严之意。

而"五流有度，五度三居"，据马融的看法是如果人在"八议"，即西周的"八辟"之列，君主不忍肉刑，于是五刑按照其轻重等级，改为五流，所谓"度其远近，为三等之居"（《正义》引孔安国语），这三等之居，包括大罪投四裔、次九州之外，次中国之外。所谓四裔，实际上已经不在文明圈内，这点类似于驱逐出族群的意思。而九州之外，属于文明的边缘，此中国之外，则是不在华夏族中心地带，属于华夏族的边缘。通过有等差的处罚，从而对犯罪行为进行威慑。

只有处罚公正且适度，才能让他人信服，这就是"维明能信"。这些教导，实际上是舜对于刑罚的目的、性质和执行方面的总体意见，这些意见，可能构成了中国最早的法理观念。

那么皋陶接受了舜的任命，表现如何呢？《史记》"五帝本纪"中记载得极为简略，就是"平"，"公平"，人民信服。在最初的出场中，皋陶作为第四个出场的人物，尚属配角，主角是帝舜，但是从舜的语言中，我们可以看出舜对皋陶的倚重，皋陶工作的艰巨以及皋陶人格的高尚之处。

皋陶作为主角出场，则是在《史记·夏本纪》中。

> 皋陶作士以理民。帝舜朝，禹、伯夷、皋陶相与语帝前。皋陶述其谋曰："信其道德，谋明辅和。"禹曰："然，如何？"皋陶曰："於！慎其身修，思长，敦序九族，众明高翼，近可远在已。"禹拜美言，曰："然。"皋陶曰："於！在知人，在安民。"禹曰："吁！皆若是，惟帝其难之。知人则智，能官人；能安民则惠，黎民怀之。能知能惠，何忧乎欢兜，何迁乎有苗，何畏乎巧言善色佞人？"皋陶曰："然，於！亦行有九德，亦言其有德。"乃言曰："始事事，宽而栗，柔而立，愿而共，治而敬，扰而毅，直而温，简而廉，刚而

实，强而义，章其有常，吉哉。日宣三德，蚤夜翊明有家。日严振敬六德，亮采有国。翕受普施，九德咸事，俊乂在官，百吏肃谨。毋教邪淫奇谋。非其人居其官，是谓乱天事。天讨有罪，五刑五用哉。吾言厎可行乎?"禹曰："女言致可绩行。"皋陶曰："余未有知，思赞道哉。"①

这段话，是在舜的朝廷会议时皋陶与禹的对话，主角是皋陶，皋陶重点讨论"以德化民""以德治国"的重要性。皋陶的言论很明显和《尚书·皋陶谟》文句相似，司马贞《史记索隐》就认为此取《尚书·皋陶谟》为文。所谓"谟"，就是治国之谋略，皋陶的这段话非常重要，属于战略性的言论，此中可见"德教"的重要性。我们需要注意，皋陶作为"士"，固然是以法为业，但是作为参与国家大政的，他却并没有以法为尚，而是强调慎独修身，思为长久之道。很明显符合后来儒家的理念。这段话放在皋陶身上，似乎太超前了。古代即有人怀疑此语的真实性。不过，鉴于这段话在治国方略上的重要性，所以即便是有人怀疑真伪，但是其权威性却终清之世为人承认。

在《夏本纪》这段话之后，又有两段，则是舜和禹的对话以及禹对治国之道的阐发，大体还是治国以德为本，作为国君，应该亲贤臣，远小人。而作为臣子，则应该为君主股肱耳目，尽心辅佐。接下来，则是这样的结果：

　　皋陶于是敬禹之德，令民皆则禹。不如言，刑从之。舜德大明。②

作为舜之下的仅次于禹的股肱大臣，能够尊重禹，并维护禹的权威，其中重要的原因还是禹有"德"。而皋陶在树立禹的权威过程中，亦做出了重要的贡献，因为皋陶是司法官，对于不听从禹的话，逆德之人，皋陶"刑从之"，从中亦可见到"出礼入刑"的影子，德之所去，刑之所取。德刑的关

---

① 《史记·夏本纪》。

② 《史记·夏本纪》。

系在皋陶那里得到了很好的诠释。

这段之后，皋陶的故事也接近尾声，皋陶配合舜、禹的政策：

> 皋陶拜手稽首扬言曰："念哉，率为兴事，慎乃宪，敬哉！"①

这段话很有警示意味，皋陶此时又作为风宪之官，所谓念哉，就是皋陶时刻率同群臣念帝之戒，率臣下为起治之事，慎重对待法度，各自奉公职守，兢兢业业。

皋陶的地位是如此重要，以至于最后帝禹打算荐皋陶代己，如果禅让传说能够成立，则皋陶很可能就是下一个禅让的对象，不幸的是，皋陶死在了禹之前，于是最后大禹封皋陶之后于英、六。

这就是《史记》中所载皋陶的事迹。根据李学勤先生的看法，这种古史很多流于传说的成分，难成信史。所以20世纪上半段，"古史辩"学派兴起时，连禹存不存在都成为怀疑的对象。而随着后来"古史重建"一派的兴起，人们逐渐发现，这些古史传说，即便很难说某一个人的信史，但是作为华夏先民，他们的故事往往是一个人群的记忆。所以李号召"走出疑古时代"，用更为详尽的考古资料来重建古史和解读古史。②

所以皋陶即使不是某一个具体存在的人物，也代表了一种正直、勤勉、公平、睿智且讲求道德的人文初祖的形象，尤其是他在治国以德礼和制法公正这两者间达成了一个完美的平衡，这就是《史记》所展示的皋陶的形象。

二、《尚书·皋陶谟》中所透露的皋陶形象

皋陶最主要的言论，出自《尚书·皋陶谟》，前述《史记》中皋陶部分，其叙及皋陶之言，也是折中损益《尚书》而来，所以很多文辞，在《史记》中是原文抄录的。我们将《皋陶谟》（上）部分抄录如下，这也是皋陶最为

---

① 《史记·夏本纪》。

② 相关的叙述见李学勤《〈史记·五帝本纪〉讲稿》相关部分，生活·读书·新知三联书店2012年版。

闪光的言论：

> 曰若稽古，皋陶曰："允迪厥德，谟明弼谐。"禹曰："俞，如何？"皋陶曰："都！慎厥身，修思永。惇叙九族，庶明励翼，迩可远在兹。"禹拜昌言曰："俞！"

> 皋陶曰："都！在知人，在安民。"禹曰："吁！咸若时，惟帝其难之。知人则哲，能官人。安民则惠，黎民怀之。能哲而惠，何忧乎欢兜？何迁乎有苗？何畏乎巧言令色孔壬？"

> 皋陶曰："都！亦行有九德。亦言，其人有德，乃言曰，载采采。"禹曰："何？"

> 皋陶曰："宽而栗，柔而立，愿而恭，乱而敬，扰而毅，直而温，简而廉，刚而塞，强而义。彰厥有常，吉哉！日宣三德，夙夜浚明有家；日严祗敬六德，亮采有邦。翕受敷施，九德咸事，俊乂在官。百僚师师，百工惟时，抚于五辰，庶绩其凝。无教逸欲，有邦兢兢业业，一日二日万几。无旷庶官，天工，人其代之。天叙有典，敕我五典五惇哉！天秩有礼，自我五礼有庸哉！同寅协恭和衷哉！天命有德，五服五章哉！天讨有罪，五刑五用哉！政事懋哉懋哉！""天聪明，自我民聪明。天明畏，自我民明威。达于上下，敬哉有土！"

> 皋陶曰："朕言惠可厎行？"禹曰："俞！乃言厎可绩。"皋陶曰："予未有知，思曰赞赞襄哉！"

文字比起《史记》来，更为古奥。比如"允迪厥德，谟明弼谐"到《史记》中即变为"信其道德，谋明辅和"。其意是一样的，都是强调要用道德来辅佐政事。而"知人安民""宽而栗"等"九德之行"，也为《史记》所抄录。我们需要注意的是《皋陶谟》中的早期天命观和人文色彩。关于中国早期的圣人与天命、德行的关系，容后申说，此处仅聊赘数语。

为了表明德行的重要性，表明德行之于民心和国家存亡的意义，皋陶将天人联系在一起，认为典、礼皆为天定，正所谓"天叙有典""天秩有礼"，人间的秩序要则天而行，这就是"天工，人其代之"。清人孙星衍在《尚书今古文注疏》中注释这段文字的时候，引王符《贵忠篇》的文字"王者法天而建官，故明主不敢以私授，忠臣不敢以虚受"①，"天"就成为一切秩序的终极依据，皋陶强调天的权威，实际上是为人的行为预设一个前提，重点是为了强调君主行德，更为了强调臣子忠诚王命，兢兢业业的重要性。孙星衍认为："臣之有作福威而私授者，必受违天之咎矣，故经以为戒。"②

因为这个缘故，所以后文又有"天讨有罪，五刑五用哉"这样的话，法律由此开始，这便是我们熟悉的皋陶制刑说。皋陶是如何制定法律的呢，就是秉承天意，而定五刑。这里的五刑是个广义的概念，如汉代班固认为"圣人因天秩而制五礼，因天讨而作五刑"③，无疑，这里面的制刑圣人，可以归到皋陶。五刑五用，最早也就源于《皋陶谟》。

当然，《皋陶谟》中对后世最有影响和启发意义的是这样一句话"天聪明，自我民聪明。天明畏，自我民明威"，这应该说是"天人合一"或者说是"民本主义"最早的表达。在皋陶那里，已经不满足于神道设教，而是将天象与人事相联系，认识到人类的力量，关注民心向背，这可看作高层政治人物所定的政治策略，即便用今天的眼光来看，也是非常高明的见解。至后代，思想家常常将天意与民心连在一起，宣传"天视自我民视，天听自我民听"④，"民之所欲，天必从之"⑤，从而将古人对鬼神的崇拜转移到民心向背上，这是理性的产物。由此人的地位提高了，神的价值被存而不论。而这个思想的源头，可追溯至皋陶。

所以，就《皋陶谟》所展示的历史形象，除了以上《史记》中《五帝本纪》《夏本纪》中的正直、勤勉、公平、睿智，讲求道德之外，又加上富有

① 前揭孙星衍：《尚书今古文注疏》，中华书局 2004 年版，第 84—85 页。

② 前揭孙星衍：《尚书今古文注疏》，第 85 页。

③ 《汉书·刑法志》。

④ 《孟子·万章上》。

⑤ 《左传·襄公三十一年》。

人文情怀，关注民生的"民本"色彩。并且更能凸显其理性的光芒，可能作为一个睿智的司法官，要想不偏不倚，一秉至公，必须保持理性，这也是传统上对司法官员形象的终极期待。

三、其他历史材料中所隐含的皋陶形象

直接而集中记载皋陶言行的材料也就是以上两种，但是皋陶作为"上古四圣"之一，不断为此后的人们所追忆。零散地记述到皋陶的历史材料数不胜数，我们还是通过先秦两汉时期的若干材料，来看看后人追忆中的皋陶形象。

第一个是有关"皋陶"相貌的记述。皋陶长相究竟如何，这个问题实际上是无法考证的，以上两种关于"皋陶"的直接记载中，都未提及其外貌形象。但是到了战国时期，《荀子·非相》一篇中，却明确提到了"皋陶之状，色如削瓜"。而唐代杨倞在其《荀子注》一书对此注释为"如削瓜之皮，青绿色"。也就是说，皋陶的肤色，是偏暗的，即俗话常说的"铁青着脸"，大约这样的相貌能够不怒而威。这符合后世对公正的司法官员的肤色期待，所谓"铁面无私"。这是关于脸色的。而对于脸形的记载，最早可以追溯到西汉时期的《淮南子·修务训》中，提到"皋陶马喙，是谓至信。决狱明白，察于人情"，而这段话又被东汉时期的《白虎通义·圣人》所沿用，唯一的差别就是原来的"马喙"到了这里变成了"鸟喙"，而到了东汉末年或三国初期的《牟子理惑论》中，则又有"皋陶马喙"的说法，但无论是鸟喙还是马喙，都说明了皋陶的嘴巴是向外凸，且特别明显。为什么要塑造成这个形象，史无明文，但是从《牟子理惑论》中，可以窥测到部分的缘由，在牟子的著述中，所有的圣贤外貌几乎都与常人异。[1] 这也是为了满足于人们对"神

---

[1] 牟子总结了九个圣人，都是异常人，"尧眉八彩，舜目重瞳子，皋陶马喙，文王四乳，禹耳三漏，周公背偻，伏羲龙鼻，仲尼反宇，老子日角月玄……此非异于人乎！"目的是说明佛的相貌超常，没什么好奇怪的，圣人都是天赋异禀，相貌不凡。见《牟子理惑论》，载梁僧佑编：《弘明集》，中华书局2011年版，第22页。

人"的外表期待。

而《孔子世家》中，也提到了皋陶：

> 郑人或谓子贡曰："东门有人，其颡似尧，其项类皋陶，其肩类子产，然自要以下不及禹三寸。累累若丧家之狗。"①

这里提到了孔子"其项类皋陶"，那么孔子的脖子即"项"是如何的，我们无法得知，但是从有关孔子整体的相貌中，我们知道孔子很高大，脖子很长，又联系到皋陶鸟喙和马喙，可见皋陶的脖子也应该是很长的。综合以上这些零碎材料，我们大致可以得出皋陶的外表形象，即马脸、长脖、尖嘴、铁青肤色，这样的外表一定是相当骇人的，考虑到其为司法之官，民间构想出这个相貌，目的大概是让犯人震慑而胆寒，便于审判的进行吧。

第二是有关"皋陶"作为狱神的记述。皋陶因为是最早的司法官，并且是法律的开创者，如前述西汉史游著的《急就章》说："皋陶造狱，法律存也。"所以，后世将之奉为狱神。尽管汉代的萧何等也有作为狱神被供奉的例子，但是影响最大，最为权威的狱神仍是皋陶。《后汉书·范滂传》载：

> 滂坐系黄门北寺狱。狱吏谓曰："凡坐系皆祭皋陶。"滂曰："皋陶，贤者，古之直臣。知滂无罪，将理之于帝，如其有罪，祭之何益。"②

从这段话来看，最迟到东汉时期，皋陶已经成为狱神，而被犯人祭祀。这种情况在后代发扬光大，宋代时，州县监狱普遍建有狱神庙，供奉的神灵即为皋陶。如：

> "今州、县狱皆立皋陶庙，以时祠之。……皋陶大理善用刑，故后享之。"③"今州、县皆立皋陶庙，以时祀之。盖皋陶，理官也，州、县狱所当祀者。"④

---

① 《史记·孔子世家》。
② 《后汉书·范滂传》。
③ （宋）方勺：《泊宅编》。
④ （宋）袁文：《瓮牖闲评》卷二。

而《水浒传》第40回，在江州牢，宋江和戴宗在受刑前被"驱至青面圣者神案前，各与了一碗长休饭、永别酒"。这个青面圣者，就是皋陶。到了明清，皋陶祭祀仍旧继续，保留至今的清代内乡县衙中，位于西南角的县衙监狱的正北，就有一个小小的狱神庙，供奉的正是皋陶。

第三是作为有德之士和立法者的形象的追忆。这里仅以《左传》为例，庄公八年春，郕降于齐师。

> 鲁国大臣仲庆父请伐齐师。公曰：
>
> 不可。我实不德，齐师何罪？罪我之由。《夏书》曰："皋陶迈
>
> 种德，德，乃降。"姑务修德以待时乎。
>
> 秋，师还。君子是以善鲁庄公。①

这里鲁庄公引《夏书》中的言论，当然，这个夏书，即是《尚书》中的《虞夏书》，但是我们在现今各种《尚书》版本中找不到这句话，可能是尚书的佚文，亦有可能这个是鲁庄公对尚书义理的归纳。《夏书》的话译成现代文即是"皋陶勉力培育德行，德行具备，别人自然降伏"。所以这是春秋时人对"以德服人"的经典论述，而提倡化民以德者，乃归在皋陶头上。

而文公五年秋冬，楚人灭了英（蓼）、六之国。

> 臧文仲闻六与蓼灭，曰：
>
> 皋陶庭坚不祀忽诸。德之不建，民之无援，哀哉！②

这是说鲁国的贤大夫臧文仲听说楚国灭掉了皋陶后代的封国英、六之地，感到很悲哀，因为皋陶从此没有封国祭祀，皋陶身上所蕴含的德行内涵再也得不到发扬，皋陶的后世也得不到帮助。这同样是对皋陶之德的无比感念。

更为著名的、回忆到皋陶事迹的，在昭公十四年冬。

> 晋邢侯与雍子争鄐田，久而无成。士景伯如楚，叔鱼摄理，韩

---

① 《左传·庄公八年》。

② 《左传·文公五年》。

宣子命断旧狱，罪在雍子。雍子纳其女于叔鱼，叔鱼蔽罪邢侯。邢侯怒，杀叔鱼与雍子于朝。宣子问其罪于叔向。叔向曰："三人同罪，施生戮死可也。雍子自知其罪而赂以买直，鲋也鬻狱，刑侯专杀，其罪一也。己恶而掠美为昏，贪以败官为墨，杀人不忌为贼。《夏书》曰：'昏、墨、贼，杀。'皋陶之刑也。请从之。"乃施邢侯而尸雍子与叔鱼于市。[①]

这是一个非常著名的案例，里面通过晋国贤臣叔向对一起案件的处理，回顾到了皋陶所定的法律。里面原审法官叔鱼因为收受了当事人雍子的好处（纳雍子之女），于是判另一名本应胜诉的当事人邢侯败诉，邢侯怒，将法官和叔鱼杀死。韩宣子问叔向如何处理此案。结果叔向提到了"皋陶之刑"，即犯"昏、墨、贼"三种罪的，要处死刑。而此案中，雍子己恶而掠美，为昏，法官叔鱼贪赃枉法，为墨，固然已死，但是邢侯纵然有理，却杀人无忌，为贼，所以同样应该处死。

我们需要看到的是，虽然此处的皋陶之刑表述极为简单，但是却已经超出了五刑这种单纯刑罚的范畴，而是将罪与刑联合起来，与今天的刑法条文结构是一样的。说明在皋陶时，已经创造出了完整的罪名和刑罚。这实际上代表了先人伟大的法律智慧。

所以从《左传》这部影响深远，且忠实于历史的理性之书中，可以看出，虽然提到皋陶的，就这么三处，但是却很典型地反映出春秋时期，皋陶作为德行的化身和法律智慧的代表，而被人崇敬和追忆。

四、皋陶形象在司法史上的意义

以上通过相关的材料，大致勾勒出皋陶的形象。先秦的材料，大都是一个理性的叙述，重在记述皋陶之言。从皋陶之言中，我们不难发现，在治国

---

① 《左传·昭公十四年》。

理念和策略上，皋陶主张德刑并用，且首先注重以德化民。而作为司法官员，在对待法律上，皋陶则主张则天立法，公正司法，且以身作则。这种立法的观念，颇类似于西方自然法学家的观念，里面隐含着一个预设，就是所立的法要符合自然的正义，具体而言，就是有差别层次、轻重适度，正所谓"五刑有服，五服三就；五流有度，五度三居"。而司法，则要注重民意，这也是为了符合自然正义的要求，正所谓"天工，人其代之"。

而随着时代的发展，皋陶的形象逐渐被神化，同时也更为形象具体，因为在德行传播和法律创造上的伟大贡献，皋陶遂一步一步地变成"狱神"而受到后世的广泛祭祀。为了表示其强大的威慑力和公正威严的司法态度，皋陶被塑造成青面马喙、神情凛然的外表形象，而与凡人差别甚大。后来的包青天、海青天等，民间对其形象的塑造，虽然还普遍是凡人的形象，但是在肤色上，都用青脸、黑脸来表示，正所谓"铁面无私辨忠奸"。公正合理是传统上对法律的普遍要求和大众心态，正是这一要求和心态，催生出了皋陶的狱神形象，且逐步深入人心。

而对于后世司法者而言，皋陶的做法，很大程度上成为他们的标准。这个标准就是权威和刚正，叔向引用的《夏书》那句话，现在已散佚。当时皋陶是否制定出这样的罪刑条款，也无法得到最终证实。而叔向的时代，距离皋陶，至少也有1400多年，那么叔向为什么在断案时还需要引《夏书》，并说是"皋陶之刑"呢？很大程度上还是因为皋陶代表了司法的权威，司法如果无权威，是难以震慑当事人，也难以教育国人，更别提通过司法实现社会正义了。

因此皋陶的形象，或者说皋陶的事迹、传说，对现代法制也是具有很大的启示。深入发掘皋陶所蕴含的历史文化意义，至少有这三个方面的启示：

第一，司法一定要和道德教化连在一起，而绝不能像西方纯粹法学派那样强调让法律归法律，道德归道德。恶法小法，在中国从来没有任何市场。道德评价可能代表了某种实体上的正义。皋陶为什么受人尊重，首先不在于他天才的法律创造，而是在立法、司法中始终贯彻了一种人道主义、民本的精神，甚至还有某种悲天悯人的情怀。我们这样说，并不是就要混同道德和法律，只是意在强调，皋陶并不是像历史上酷吏那样，一味以法为教。而是在法律运用中始终尝试着教化，立法时，秉持理性和人文，司法时侧重公正和民意。所以就这一点，他要比后来的李斯、张汤更贴近百姓的心灵。以德化民和以法治国必须连在一起，合则两兴，败则两败。

第二，法律必须要有层次性、简洁性。皋陶所创制的法律，即便再原始，我们也可以看出其层次感，比如五典五惇、五服五章、五刑五用、五刑有服、五服三就、五流有度、五度三居等。这里面体现了很好的层次感，而层次感换言之就是逻辑，法律只有合乎逻辑，逐次展开，法制秩序才能有效构建。所谓良法，不仅要有好的内容，更要有好的逻辑。那么立法过程中，注重法律的结构和逻辑，就是一个关键的要点了。而只有法律具有了层次感和逻辑性，对于用法者和守法者而言才能相对容易理解，也就意味着这样的法是简洁的，所以最好的法，应该是言简意赅，概括性强，疏而不失的。而不是像《大清律例》般的时时修例，导致无论是立法者还是用法者，都疲于奔命，难以彻底领会法意。

第三，司法的权威，既来自法律文本本身，更来自执法之人。文本之善，并不必然导致法制之善，作为一个秩序，始终由人来创建。而皋陶之法为何有权威，且皋陶为何被封为狱神，在于皋陶本身的清廉公正的司法形象。皋陶所言立意高远，皋陶所行正大光明，言行高度统一。这个从反面也可以得到证实，舜任用了这么多官员，且弃、契还比皋陶排名靠前，但是舜在推荐继承人时，举的是皋陶，在尚德的"禅让时代"，可以想见皋陶的德行之深厚。所以在立良法之时，更要考虑到择良吏行法，如此这个法才能真正深入民心。正如白居易所说："虽有贞观之法，苟无贞观之吏，欲其行善，毋乃难乎？"皋陶所在的舜禹时期，不正是远古的"贞观盛世"？所以有舜禹之君，有皋陶之法，有类似皋陶之吏，这样的时代，怎会不令人称颂？

以皋陶为代表的初民时代的司法形象，深刻地传达了中国传统司法文化的民族性与道德人文色彩。尽管带有强烈的传说色彩，但是等过了一千余年，时间来到西周之后，道德人文和理性主义，就正式成为了中国司法文明的主流。

小 结

我国民族传说中的黄帝、炎帝、蚩尤、太皞、少皞、帝喾、颛顼等人文初祖，其行为事迹实际上反映了各地先民在新石器时代中的生产和斗争情况。他们作为各个氏族部落的代表或者象征，其分合也恰恰表现了我国远古各地区各民族的分裂与融合。最初，这些部落都是作为一个点状的文化而存在，每一个地方都发展出了自己的早期文化，有其地域性色彩。黄帝、炎帝等最初各自代表某一部落的小文化。这些小文化正如许多小河流一样，会一区一区地合并成较大的文化系统，而较大的文化系统又会进一步合并成更大的文化系统，这样文化就成为一个由点到线、由线到面的存在。这是一个不断交汇与融合的演变过程。交汇与融合在新石器时代最典型的表现即为各部落的联盟、战争乃至吞并等。

当然，不管如何交汇与融合，始终不能泯灭某个点的固有文化特征，这当中自然包括各地的规训与惩罚。诚如学者所论："不同的生态环境，不同的内容的生产活动，不同的文化传统，这是形成不同文化系统的根本原因。而每个文化系统自身发展所形成的文化特征决定了每个文化的性质。不同文化系统的边缘地区，是新石器文化的过渡区。过渡地区的新石器文化除受相邻地区的文化影响之外，具有自身的文化特征。"[1]

因为征伐者最初依靠的力量为血缘部落，所以对于维系血缘关系的形式最为重视，这些形式逐渐发展成为一套烦琐的礼。由于部落共同体的血缘性

---

[1] 张之恒：《中国新石器时代文化》，南京大学出版社 1988 年版，第 30 页。

质，对祖先的尊崇渐而发展成在性质上具有宗教色彩、在实施范围上具有普遍性的祖先崇拜。人们把已故的祖先当作超人的英雄，当作氏族、部落、民族的保护神，希望通过对先祖的崇拜，求得先祖在天之灵对后世子孙的保护。对祖先的崇拜活动，逐渐定期化，并形成固定的祭祀仪式。伴随着经常性的祭祀活动，以确定祭祀活动的程序与方式等为主要内容的习惯，也逐渐成为更加具体、明确，且为部落社会所接受的行为规范——"礼"。这也是内部规范产生的重要原因，古书上称之为"礼起于祀"。因为与司法所涉稍远，在此就不再赘述。

总之，结合民族神话传说、古典文献，配合近年来的考古发掘和人类学调查，我们大体可以勾勒一条中国法律起源的线索：

第一，中国法律的起源，走了一条兵刑合一、刑法受到特别重视的道路。

第二，中国法律的起源，在很大程度上受到血缘、婚姻因素的影响。中国国家的起源和国家职能的完备，走了一条通过部落联盟机构的职能分化和完善内在结构的方式，使其直接转化为国家机构的特殊道路。

第三，在华夏先人中产生的祖先崇拜意识，通过一定的典礼、仪式，逐渐演化为具有宗教性质的祖先祭祀。

第四，中国法律的起源还表现出民族大融合的特征。三大部落联盟之间的相互征战，促成了不同部落之间的相互交往。不同的生活习俗，不同的管理方法，在相互接触中交流、融合。史书记载，在不同的部落，形成了不同的刑事惩罚方式。

第五，中国法律的产生，与其他文明中法律的起源一样，也体现了"由裁判到立法"的特点。

第二章 夏商时期的天罚与神判（约前21世纪—前11世纪中期）

第一节 夏商国家形态与司法权力的形成及发展

一、夏商酋邦国家形态

（一）夏禹之前的部落治理形态

根据《史记》及相关古典文献记载，我们可知夏部落最初的统治者为黄帝。以后通过"禅让制"，尧、舜、禹先后被推举为夏族的首领。尧、舜时代，氏族部落中的一些重大事务，都要大家共同商议，如氏族部落首领人选和领导治理洪水的人选问题，都要与四岳共同商议。四岳是具有军事民主制性质的氏族社会的联盟议事会议，是当时的最高权力机关。

这就是我们所熟悉的原始时代的军事民主制，原本为帝制时代正统历史观下的一般说法。此论最初的源头恰好就是《尚书·尧典》一篇，尧舜所行"禅让"，如此被视为天下为公的楷模。从先秦一直到唐代，对于禅让的制度，虽有好坏之辨，但鲜有有无之争。如墨子、孟子、老庄主张禅让，荀子则反对，孔子则承认有其事却未置可否，但无一例外以为古代实有其事。不过到了宋代，疑古之风渐行，对于禅让，已经有人表示怀疑，认为禅让不过是老聃、墨氏为推行自己的道术而杜撰的言论。① 不过宋儒考据不精，所以影响不大。但是到了清末民初，从崔述、康有为到"古史辨"学派的顾颉刚等人，又置疑"禅让"之制的存在。他们的做法，较之宋儒，似乎更为"科学"，他们从考证《尧典》的制作时代入手，试图从源头上推翻"禅让说"。康有为认为《尧典》是孔子所作，是为了论证"大同"思想，② 而顾颉刚则认为是汉武帝时期创作的。③ 因为康、顾的学术地位，他们的说法产生了很大的影响，虽然后来如郭沫若、钱穆、吕思勉等史学家反驳康、顾论调，但多数只能从逻辑上推翻后者的说法，在材料上并不占优势。

但是近年来，随着新的地下文献被发掘出土，再一次证实了古典的军事民主制，包括禅让制度，是确有其事的。④ 只是禅让的性质，又有一些新说。有的学者以为禅让制，"是一种由个人指定接班人的继位制度，属于个人独裁制的范畴"。⑤ 而有的学者则认为："禅让制度是世界上最早的民主制度，也是唯一的一种有详细记录的四五千年前的非常成熟的民主政治制度。但从周代以后，人们对这些记录作了错误的解读，导致对历史的误解。"⑥ 这是两种较有代表性的看法，都显得很极端。

据笔者研究，禅让制所体现出来的部落治理形态，绝不可能是个人的独裁制，否则《尧典》上也不必出现尧咨询"四岳群牧"或"八伯十二牧"这样的记载了。且根据张政烺先生的研究，这一时期的军务总指挥官，还是由尊长会议经过全场一致选举出来充任的。而且指挥官"常常是两个，一正一副，彼此同时存在，可以互相监督。正的出缺，便由副的继任，再由酋长

---

① 参见（宋）王应麟：《困学纪闻》，卷五。

② 此类言论在康氏的《孔子改制考》《大同书》中均能发现。

③ 顾颉刚：《〈尧典〉制作时代考》，载中华书局编辑部编：《文史》（第24辑），中华书局1985年版，第23—72页。

④ 参见梁韦弦：《郭店简、上博简中的禅让学说与中国古史上的禅让制》，《史学集刊》2006年第3期。

⑤ 唐冶泽：《略论禅让制的性质》，《史学月刊》1998年第6期。

⑥ 朱小丰：《论禅让制度》，《社会科学研究》2003年第3期。

会议重新推选一个副的。传说中关于尧舜禅让的故事便是这样一个历史内容"[①]。如《帝王世纪》记载挚和尧共同执政九年，因为挚软弱无能，酋长会议拥护尧，尧才受禅，代为帝。而尧时举舜为副手，共同执政 31 年，尧死后舜继位，又举禹为副，共同执政十七年。舜死后禹继位，又举皋陶为副，但皋陶早死，于是又举益为副，共同执政十年。直到禹死后禹的儿子启，才破坏了这一进程。即便这个规律并不足以说明禅让制的实质，但至少可以证明当时还远远达不到"独裁"的地步。

至于说禅让制表明当时已经有"非常成熟的民主制度"，则无疑是抬高了古人。当时的部落治理其实是比较粗糙的，并没有一整套完整的体制，张政烺先生对此同样举了一个例子，就是"这个时候普通酋长的任用，同样是经过酋长会议的民主选举，但他们还不知道采用多数的原则，而是要全场一致。例如他们选举一位治水的酋长共工，未获得全场一致的同意便被推翻，最后又全场一致地举鲧充任。另一方面，一位军务总指挥官尧对鲧的任命表示反对，却没有能发生效力，因为参加酋长会议的军务指挥官并没有表决权"。[②] 一旦没有达到一致同意，决议就出不来，这是比较低效的。而拥有部落联盟治理权力的最高军事指挥官却不能在部落民主会议中表决，实在难说这个制度很成熟。

综上所述，我们可以认为夏禹之前的部落治理形态，乃是一种带有朴素民主主义的军事酋长制度。此时，政治统治虽然已经出现，但是还缺乏真正意义上的一个阶级对另一阶级的阶级统治，法律和司法仍旧处于其早期形态，当然，时间越后司法活动就越趋于正规化。有学者从《尧典》中，归纳出了此时期存在的若干政治现象，并解释了此时部落治理的性质：

"（一）尧舜禹时代存在一个由部落联盟首长和'四岳'组成的联盟议事会作为'最高权力机构'。

---

① 　张政烺：《古史讲义》，中华书局 2012 年版，第 18 页。

② 　参见前揭张政烺：《古史讲义》，第 19 页。

"（二）部落联盟首长是当时的正式领袖，他负责处理日常公共事务，召集所属部落酋长们开会，领导祭祀宗庙和社稷，代表整个联盟说话，受到人民发自内心的尊敬。

"（三）惩罚'四凶'，'流共工于幽州，放欢兜于崇山，窜三苗于三危，殛鲧于羽山，四罪而天下咸服'。

"（四）'五刑有服'。服者，用也。看来是把流传的习惯法加以整理。解释成'制定五刑'，似乎不妥。

"（五）设置管理民政、农业、司法、宗法等项事务的'官职'。

因为尧舜禹时代还不存在阶级和阶级斗争，所以上述政治现象都不带有阶级斗争的性质。"[1]

当然，夏禹之前的历史和夏禹之后的历史，并不可能截然分开。夏禹本身就是一个过渡时期的圣人。或者说夏禹就代表了中国从原始社会步入阶级统治社会的特定历史。所以从史书关于夏禹的形象中，我们既可以看到作为原始时代军事酋长的特性，同样也可以看到后世专制君主的某些影子。这确实表明，至夏禹之世，部落联盟已经进至于国家形态。司法文明的曙光，也于此开始显现。

（二）大禹治水与夏酋邦国家的建立

关于上古圣人事迹中，流传最广的就是大禹治水的传说了。大禹的足迹几乎遍布了当时的疆域，现在全国许多地方都建有禹王庙来纪念大禹。古人对大禹治水的事迹应该是坚信不疑的，观先秦时代的文献，提及此事者比比皆是。[2] 当然，随着后代对禹王的神化，大禹治水过程中出现了很多神迹，

---

[1] 王汉昌：《禅让制研究——兼论原始政治的一些问题》，《北京大学学报》（哲学社会科学版）1987 年第 6 期。

[2] 如《尚书·尧典》载："禹，汝平水土，惟时懋哉"；《诗经·商颂·长发》提到："洪水茫茫，禹敷下土方"；《孟子·滕文公上》提到："当尧之时，天下犹未平，洪水横流，泛滥于天下"；《庄子·秋水》提到："禹之时，十年九潦"；《墨子·七患》提到"禹七年水"等，由此可知，大禹治水已经成为先秦文献中的历史事实。

这当然可以部分归因于后世神道设教的需要，此点留待后文详叙。不过 20 世纪随着"古史辨"学派的兴起，大禹的存在与否都成了一个问题。但是近年来随着历史学、考古学和地质学研究的深入，人们发现在新时期时代后期，的确存在着滔天的洪水，而大禹治水地域很广，涉及古兖州（今山东西北部、河北东南部），古豫州（今河南省黄河以南地区），古冀州（今山西省和河南省、河北省的北部），古荆、扬、徐三州（今湖北省及以东的长江流域和淮河流域），古雍、梁二州（今陕西、四川两省及甘肃、青海的东部），[①] 当然也有学者认为，大禹治水自然属实，但是，"在当时的生产力水平下，大禹是不可能治理黄河、长江的，所谓大禹治水不过是把济、濮流域的洪涝排泄出去而已，大禹治水的活动范围不出今天的豫东、鲁西南地区"。[②] 这是两种相对有代表性的观点，前者几乎与《尚书·禹贡》篇中所述疆域一致，而后者则采一个极为有限的版图说。两位学者各举了一些考古学上的依据。但是我们应当知道，如果单凭大禹一人，即便是采后说，也无法治理洪水，且纯粹依据现在已经发现的考古遗迹而断定文献中的"茫茫禹迹"为无稽之谈，也过于武断。如果大禹治水只限于豫东鲁南，则绝不会形成后来全国范围内的大禹信仰。所以笔者判断，即便大禹所经疆域不如上述第一种说法那么广，但绝不仅限于济、濮一域。

实际上，大禹不过是古时治水的一个典型代表，或者说他是治水的实际领导者。不管他真正亲临的地方究竟有多广，有一点毋庸置疑，就是在治水过程中，他加强了其权力，并且制定了一系列规则，按照常理，这期间伴随着司法裁判的过程。我们在第一章法律的起源部分所述的"治水"说，有其很大的合理性。大禹治水对于中国国家和法律起源的重要性是不言而喻的。

其中就权力的性质而言，原来具备"商谈"式原始民主性质的公共权力，经治水一役，逐渐转化为高居于众人之上的"王权"，诚如学者所说的那样：

---

① 杨善群：《大禹治水地域与作用探论》，《学术月刊》2002 年第 10 期。

② 侯仰军：《考古发现和大禹治水真相》，《古籍整理研究学刊》2008 年第 2 期。

"大范围、大规模的治水，需要公共权力进行统一的调度和指挥，才能形成伟大的力量，把洪水制服……禹掌握的指挥治水的公共权力，转化为高居诸侯、百姓之上的王权，完成了人类历史上由原始社会向阶级社会的质的演进。"①

禹之时已经有王权的苗头，而禹死后，禹之子启强大起来，许多部落反对益而拥护启。"禹子启贤，天下属意焉。及禹崩，益之佐禹日浅，天下未治。故诸侯皆去益而朝启"。② 此种记载中自然有史迁"道德历史观"的成分，但撇开"益衰启贤"的道德因素不谈，诸侯去益而朝启，的确表明了阶级国家的建立，表现为启即天子位，为夏后帝。这与此前原始民主制下的"禅让"做法，显然背离很远。自然有诸侯表示不服，比如史书中记载的"有扈氏"就不服，启于是发动战争，所谓"大刑用甲兵"又一次得以体现，启在"甘"这个地方大战有扈氏，最终将之击败，进一步巩固了其统治地位。此后启废除了原有的"禅让制"，确立了王位"世袭"制。禅让制的废除，王位世袭制的确立，标志着氏族公社制度基本瓦解，国家机器由此产生，这就是古史中第一个王朝——夏的开始。

因为在帝制时代乃至民国时期，关于夏的知识，都是后人的追忆，夏本身没有文字流传下来，又缺乏可靠文物。所以民国时期的疑古派甚至都怀疑夏王朝是否存在。但是随着河南二里头宫殿遗址与登封古阳城遗址的出土发现，益加证明古史所述非虚，证实了夏王朝确实存在，且的确形成了王权国家。

关于夏王朝的起讫年份，目前仍旧存在着争议。我国从 1996 年到 2000 年进行了大规模的夏商周断代工程，团队由历史学、考古学、文献学、古文字学、历史地理学、天文学和测年技术学领域内的权威专家组成。至 2000 年 11 月 9 日，作为初步成果，该工程正式公布了《夏商周年表》。《夏商周

---

① 杨善群：《大禹治水地域与作用探论》，《学术月刊》2002 年第 10 期。
② 《史记·夏本纪》。

年表》定夏朝约开始于前 2070 年。虽遭到大量质疑，然而，如果从考古的文化类型来看，这恰恰是二里头文化的开端。这个文化类型延续了大约四百年，和古史传说相仿。前已述及，历史具有延续性。谁都无法确定地断言前 2070 年与前 2071 年到底有多大差别，唯一可以肯定的是，作为第一个王朝的夏，既有此前新石器时代部落联盟的影子，更有此后殷商祭祀文化的萌芽。关于这段时期的文化编年，参看下表：

新石器时代终末期至商代的文化编年 [①]

地域 时代	河南中部	河南北部——河北南部
新石器时代	王湾 3 期文化	后岗 2 期文化
夏代	新砦文化（二里头文化 1 期） 二里头文化 2 期 二里头文化 3 期 二里头文化 4 期	先商文化
殷代前期	二里岗下层文化 1 期 二里岗下层文化 2 期 二里岗上层文化 1 期	
殷代中期	仲丁白家庄期（二里岗上层 2 期） …… 盘庚洹北商城前期 ……洹北商城后期	
殷代后期	武丁殷墟文化 1 期 殷墟文化 2 期 ……殷墟文化 3 期 纣殷墟文化 4 期	

　　夏朝的国家形态，与后世帝制王朝有很大的不同，它和继起的殷商一样，都属于"酋邦国家"，这是氏族部落联盟进化后的产物。根据谢维扬先

---

① 表格系引自 ［日］ 宫本一夫：《从神化到历史——神化时代·夏王朝》，吴非译，广西师范大学出版社 2016 年版，第 314 页。

生的研究：所谓酋邦，是带有强烈个人性质的政治权力色彩的社会，在转变到国家之后，在政治上便继承了个人统治这份遗产，并从中发展出人类最早的专制主义政治形式。在酋邦国家中，原来的个人性质的权力继续存在与发展，并缺乏必要的制衡。且酋邦发展中的征服特征促使新的国家出现专制政治的因素，在这种国家中，社会分层越发明显。① 当然，这种国家形态，远远达不到后世的帝制专制。在夏部落氏族占据统治地位的同时，存在着商、周等其他部落氏族，这些部落与夏同时存在，只是奉夏为最高的酋长。夏商的嬗递，有点类似于"轮流坐庄"的味道。

之所以说夏已经形成了酋邦的"国家"，主要是与此前的社会相比较，夏治理形态有以下明显的几个特征：

首先，夏已经开始按照地域来划分其国民，这可以视作后世行政区划的雏形。夏时，由血缘关系形成的氏族公社已变为按照地理区域划分管辖，统治臣民。《左传》记载：

芒芒禹迹，画为九州，经启九道。②

《汉书》也说：

铸九鼎，象九洲 ③。

禹、启时代已将全国划分为九个地区，并设有九个地方长官"九牧"进行管理。按照马克思主义的经典观点：国家跟旧氏族组织不同的第二个特征，"是公共权力的设立。……构成这种权力的，不仅有武装的人，而且还有物质的附属物，如监狱和各种强制机关，这些东西都是以前的氏族社会所没有的。"④

其次，内部管理系统愈益专门化，形成了类似于后世的官僚组织体系。部落联盟管理机构在职能上更多地侧重于维持"家天下"的政治格局，保护

---

① 谢维扬：《中国早期国家》，浙江人民出版社 1995 年版，第 213—215 页。
② 《左传·襄公四年》。
③ 《汉书·郊祀志上》。
④ 《马克思恩格斯选集》第四卷，人民出版社 1995 年版，第 170—171 页。

居于统治地位的社会群体的特殊利益。在这一过程中，新的管理机构不断形成，机构新的职能不断明确，"国家"的轮廓逐渐明晰。史料记载，夏有"三宅制度"，即：事宅、牧宅、准宅，掌管中央、地方和宗教事务。①军队有六卿，另有牧正管理畜牧业，车正管理车子制造业，庖正管理王室膳食，稿夫管理奴隶耕作和作物收获等。当然，史书所追记的夏官僚体制，虽只言片语，难言其详，不过，从"夏后氏官百"②"率百官若帝之初"③等言语中，我们可以知道，夏代已经形成了一个相对庞大的官僚体系。

最后，有了都城和一定规模的宫殿，由此益可见国家机器的完善。从1959 年"二里头遗址"被发现开始，经过考古工作人员长达半个世纪的发掘和研究，发现在该遗址中，存在面积不少于 12 万平方米的宫殿区，最大的宫殿建筑坐北朝南，由堂、庑、门、庭四部分组成，其面积有 10000 多平方米，其中主殿就约有 350 平方米。经碳 14 测定，二里头遗址绝对年代，在约公元前 1900 年左右，相当于夏代，距今有 4000 多年的历史。众多考古专家倾向于认为，二里头文化遗址就是夏代晚期都城遗址，即古史中所称的"斟鄩"的所在地。④参与发掘工作的许宏先生认为："二里头遗址这一当时东亚地区最大的聚落所显现出的作为国家权力中心的都邑的特征，比如都邑的庞大化与人口的高度集中，都邑布局的规划性以及大型礼仪建筑与青铜、玉礼器的独占，表现出高度的集权、社会阶层分化和行政机构内部专业分工，这正是早期国家所应有的特征。"而在 21 世纪初在河南省登封市告成镇的王城岗遗址先后发现了两座河南龙山文化晚期小城与一座大城。专家认定王城岗小城为鲧作之城与禹避舜子商均所居的"阳城"，而王城岗大城则是禹都"阳城"。⑤这样一来，无论是早期的禹都"阳城"，还是中后期的夏都"斟

---

① 《周书·立政》。

② 《左传·昭公六年》。

③ 《尚书·大禹谟》。

④ 参见中国社会科学院考古研究所二里头工作队：《河南偃师市二里头遗址中心区的考古新发现》，《考古》2005 年第 7 期。

⑤ 马世之：《登封王城岗遗址与禹都阳城》，《中原文物》2008 年第 2 期。

郖"，都得到了考古学上的验证。而都城与宫殿，都是国家权力的象征。这一切，都肇始于大禹治水。所以有学者认为："在大禹治水过程中，他按地域划分国民，社会组织与管理能力得到进一步增强，建立了国家暴力机关，完善了法律，个人权威得到增强，促进中国国家的形成，为夏商周三代的文明发展奠定了基础。"① 这一结论应属公允之论。

（三）殷商国家的形成及其统治

商族是一个古老的部落，世居东方濒海地带，《诗经》中有云：

　　天命玄鸟，降而生商。②

这当然是商人后裔祭祀祖先时想到的族群创世传说（关于创世传说与统治合法性问题，详后），但是也透露出一个信息，即此族群以鸟（凤）为图腾。对中国之后影响深远的龙凤文化，于此亦有关系。③ 一般认为，商代表东方部族，其活动与迁徙的经历，恰恰是海滨文化向中原文化融合的过程。④ 关于殷商约600年的史迹，传世文献亦多停留在"所传闻"的程度。直到清末甲骨文被关注，乃至20世纪30年代安阳殷墟的发现，才大大丰富了殷商时代的历史信息。1945年，董作宾先生的《殷历谱》一书问世，更是将殷商王位世系和年代历法清晰地呈现在了世人面前。根据传世文献和考古发现，殷商国家发展的历史大约可分这三期。

第一阶段从商汤至第十任商王太戊之世，是为商朝前期。这一时期影响

---

① 李岩：《大禹治水与中国国家起源》，《学术月刊》2011年第10期。

② 《诗经·商颂·玄鸟》。

③ 李白凤先生认为："商之先，就是在河南东部商丘一带最早聚居的以'鸟'为其图腾的氏族。"见氏著：《东夷杂考》，河南大学出版社2008年版，第8页。而闻一多认为"凤是原始殷人的图腾"，见其"龙凤"一文，载氏著：《神话与诗》，上海世纪出版集团2006年版，第58页。

④ 傅斯年先生认为商虽非夷人，但抚有东夷，是从东北海滨之地西进中原，最后成为天下之主的。详尽的论证见傅斯年："夷夏东西说"，载氏著：《民族与中国古代史》，河北教育出版社2002年版，第3—60页。

历史最大的当然是商汤伐桀以及汤之后的设范立制。《诗经》中的《长发》一篇，似乎可以看成是一部殷商立国史诗，里面提到了商族的先公"相土"："相土烈烈，海外有截"①，说明在相土之时，商族活动范围主要还是在濒海之地。到了商汤之时，殷商的王业终于得以完成。商汤是乘着夏朝末年夏桀残暴、内外交困之际②，起兵讨伐，采取的方法是先剪除枝叶再伐躯干，所谓"韦顾既伐，昆吾夏桀"③，就是说汤先消灭了夏东面的盟国韦（今河南滑县）、顾（今山东范县）、昆吾（今河南濮阳），最后灭桀，成立商朝。成立商朝之后，汤"受小球大球""受小共大共"④ 等，都可视为为天下建立制度之举。

　　第二个阶段为第十一任商王仲丁至第二十二任商王小乙之世，为中期。这一时期影响力最大的事件当然为盘庚迁殷，商唤作殷商，即源于此。《尚书》中《盘庚》三篇可信度较高，具载此事本末。从历史记载中，我们知道自商汤到盘庚之世，商朝都城凡五迁：亳（汤）——嚣（仲丁）——相（河亶甲）——耿（祖乙）——奄（南庚），要皆不出河南山东黄河两岸之域，故一般认为是要避黄河水患，这固然有道理，但从《尚书·盘庚》中，我们可知盘庚迁殷不只是自然灾害的原因，更重要的是一次内部的政治改革。所以《盘庚》一篇事实上可以当作商朝的立法文献来看。根据张政烺先生的研究，是因为自商汤伐桀后，承平日久，原有的氏族贵族凭借旧有的权势，广占田土，垄断产业，放高利贷，并把持朝政，使得贵族和平民的对立日益加剧。《史记·殷本纪》中所载的自仲丁以后到盘庚之前的"九世乱"，或即指此。"盘庚要解除贵族政治上、经济上的势力，便极力争取新兴的平民阶级，迁都便是为了平民的利益，平民自然就拥护

① 《诗经·商颂·长发》。
② 《尚书·汤誓》载："夏王率竭众力，率割夏邑，有众率怠弗协，曰时日曷丧，予及汝偕亡！"从中可以看出夏桀为政暴虐，到最后至众叛亲离的地步，老百姓都宁愿与他同归于尽。当然，这里面同样带有儒家"吊民伐罪"的征伐正义观的色彩。
③ 《诗经·商颂·长发》。
④ 《诗经·商颂·长发》。

他了。"①

盘庚迁殷带来的效果就是使得国家治理形态离原来部落的氏族贵族体制日益疏远，而越来越接近于西周式的封建体制。

第三个阶段为第二十三任商王高宗武丁至末代商王商纣之世，为商晚期。商朝自盘庚迁殷之后，政治重上轨道，国势中兴，至高宗武丁时达到极盛。《诗经·商颂》中有《殷武》一篇，就是商人后裔歌颂武丁中兴殷商的祭歌，其中提到：

> 挞彼殷武，奋伐荆楚，罙入其阻，裒荆之旅。有截其所，汤孙之绪。维女荆楚，居国南乡。昔有成汤，自彼氐羌，莫敢不来享，莫敢不来王。曰商是常！②

很显然，这是赞美武丁能克服艰难险阻征伐荆楚从而开疆拓土之举，而武丁将征伐的理由以及成功的因素，都归结在天命之上。正如后文我们所要提到的那样，商和夏一样，将"天命"奉为立法和司法的最高准则，这也使得"大刑用甲兵"的行为获得了某种正当性。

从武丁全盛到商纣失国，见之于史书和考古资料的商的主要活动，就是对外扩张和大肆征伐。武丁之后，享国最长久者，为末代商王帝辛（纣），因为亡国，所以成为"箭垛式"的罪人，"天下之恶皆归焉"，然而事实上，虽然纣王喜欢享乐，耽于田猎，但在政治上，他还是一位颇有作为的君主。董作宾先生在殷墟出土的殷代甲骨基础之上，认为帝辛对内革新政治③，对外讨伐反叛的东夷部族（人方），并且战胜了对手，证实了史书上所云"纣克东夷"的传说。④ 至于商纣的失国，董并不认为是暴虐无德所招致，他指出："我们看甲骨文中，帝辛时代的制作、征伐、田猎、祭祀，无不整齐严

---

① 前揭张政烺：《古史讲义》，中华书局 2012 年版，第 41 页。

② 《诗经·殷武》。

③ 董作宾：《甲骨学六十年》，载刘梦溪主编：《中国现代学术经典·董作宾卷》，河北教育出版社 1996 年版，第 243—253 页。

④ 董作宾：《甲骨文断代研究例》，载刘梦溪主编：《中国现代学术经典·董作宾卷》，河北教育出版社 1996 年版，第 63—70 页。

肃，可以想见时王的英明，决不像亡国之君。"①继而他提出了商纣亡国的一种新解："帝辛以耄耋之年，听到了姬发造反，可能因气愤而致病，病而危殆，于是己未日妲己先殉，辛酉日帝辛乃崩，崩四日武王来。国王新丧，人心惶惑，三军无主，一战败北，武王乃能侥幸成功。"②虽然董的论据还不够充分，却仍有很强的解释力。许倬云先生亦认为武王的成功，带有侥幸的色彩，武王结合与国，逐渐对商形成半包围态势，然后乘着纣王东征，后院不稳，用闪电战术，一举攻破殷都朝歌，从而灭亡了商朝。③

总之，撇开道德的因素不谈，商的治理形态显然要较夏发达得多，主要表现在：

第一，形成了更为系统严密的网络化等级统治制度。

商代的行政区划有"内服"和"外服"之别。《尚书·酒诰》云：

> 越在内服，侯甸男卫邦伯；越在内服，百仔庶尹惟亚惟服宗
> 工；越百姓里局，罔敢湎于酒。④

这是西周周公针对殷人好酒败德失国，而对新得政权的周人所作的告诫。从中我们可以知道，之前已有"内外"之分。

所谓内服，是指商王直接控制且经常举行大型活动的区域，包括商族故邑以及屡次所迁的"时都"周围。所谓商族故邑，大致在今天的商丘至亳州一带。当然，商原始祖先更是僻居濒海，此故邑也是经迁徙后而得。商汤立国之后，又经过多次迁徙，每次迁徙所定之都，即"时都"，这样，"商"（故邑）和"都"（时都），共同构成商的内服，此乃商族根本之地。此后虽然武王伐纣成功，但此商根本之地并不屈服，仍旧起来反抗，直到周公后来用文

---

① 董作宾：《论商人以十日为名》，载刘梦溪主编：《中国现代学术经典·董作宾卷》，河北教育出版社 1996 年版，第 580 页。

② 董作宾：《论商人以十日为名》，载刘梦溪主编：《中国现代学术经典·董作宾卷》，河北教育出版社 1996 年版，第 580 页。

③ 详细的灭商过程，见许倬云：《西周史》（增订本），生活·读书·新知三联书店 1994 年版，第 92—109 页。

④ 《尚书·酒诰》。

武两手的策略，才最终平定。而外服，则泛指商王的臣服者、依附者或臣属者，经商王认可所占有和支配的行政区域。对于外服中的经济资源，商王具有直接的占有权；但是处于"外服"中的行政长官，在其辖区内拥有极大的行政自主权。

张光直先生针对此，作了一幅图表，来表明商代国家网络的等级统治：

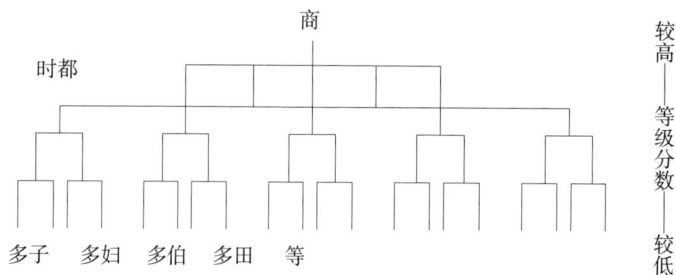

商代国家网络等级统治图①

上图最后的"多子""多妇""多伯""多田"等，虽名称有异，但要皆不外"外服"的行政首长，他们都与商王有一定的联结，或者是家族成员，或者是商王通过征服而重加任命的诸侯。由此可见，商代已经形成了相对严密的网络等级统治。

第二，形成了相对稳定的宗法制度和王位继承制度。

所谓宗法制度，是在氏族社会父系家长制基础上演化而来的，是占统治地位的贵族按血缘关系分配国家权力，以便建立世袭统治的一种制度。通常认为完备的宗法制度要到西周才建立，表现为祭祀与墓葬序列中的"左昭右穆"，而这种思想，其实在商朝就已经出现。表现为"乙—丁"制度，"乙相当于西周的'穆'，丁相当于西周的'昭'，因此，乙组的商王死后埋在西侧，而丁组的商王死后则葬在东侧。"②这说明，商朝在规范王族秩序方面，已经有比较成熟的制度了。商朝统治成熟的另外一个表现，就是王位继承的制度

---

① 张光直：《商文明》，辽宁教育出版社 2002 年版，第 211 页。

② 前揭张光直：《商文明》，第 178 页。

化。王国维先生以为殷人不立嫡无宗法，但是甲骨文专家胡厚宣先生则通过甲骨卜辞中的记载，认为商人存在着立嫡之制，他说："所以知殷代或已有立嫡之制者，卜辞中有'大子'之称，当即嫡长之意。又有称'小王'者，疑即此种嫡长继立之王也。"① 而根据《史记》的记载，帝乙长子微子启，因母亲地位低贱而不得嗣位为君；而少子辛，因为母亲为正后，而继位，这就是后来的纣王。② 这就很显然，至少到商朝末期，如果要继承，首先在嫡子中寻找继承人，嫡长子优先。庶子通常无继承之权。至于前期存在的"兄终弟及"制，那么是商王去世，子未成年，为防止"国无长君"而带来灾祸，于是出现兄终弟及的权变情形。因此，至少在商朝中期开始（目前所发现的甲骨文，都是商朝中期之后的），王位继承是嫡长继承为主，兄终弟及为辅的。王位继承的制度化，一定程度上也保证了商人统治的稳定性，对于延续国祚，发展文明，具有重大意义。

第三，出现了文书行政的萌芽。张纯民先生批评帝制中国在处理公务时，过分强调文书的地位，"把文字与行为看成一件东西，如果有事该办，我们政府的办法是一纸公文命令下级机关遵照办理，下级机关也照例一事呈覆，此时就算已经照办了。"③ 这显然是批评文牍主义的弊害。但是如果要找到商代对后世影响最大的文物，莫过于甲骨文了。但是我们应该知道，今日之所以能看到甲骨，既而窥及商朝实况，还应该感谢这样的文牍主义。而在甲骨上刻字的，都属于"贞人"集团序列，董作宾先生认为，所谓"贞人"就是"史官"，当然，当时的史官并不只是记录历史，而且是重要的行政官员，他们所刻字的甲骨，其实就是最早意义上的"官文书"，所有在甲骨上刻字的，都不是偶然为之或者出于个人兴趣，而是公务行政使然。甲骨上出现的"×贞"字样，实际上就相当于我们现在在公文上的签名。"他们（指

---

① 胡厚宣：《殷代婚姻家族宗法生育制度考》，转引自前揭胡留元、冯卓慧：《夏商西周法制史》，第 245 页。

② 《史记·殷本纪》。

③ 张纯民：《中国政治二千年》，当代中国出版社 2014 年版，第 73 页。

贞人）既能在骨臼上记事、刻辞、签名，那么骨版或龟版上的卜辞有他们书名贞问，也当然可以是他们所写的了。"①除了有史官占卜刻辞外，到商朝末年的帝乙、帝辛时期，这两位商王亲自贞卜之事，在目前已发现的甲骨中所在多有。贞卜的甲骨，犹如后世的公文，对于当时的行政活动至关重要，是各级行政官员执行的依据。20 世纪 30 年代，中央研究院历史语言研究所在安阳殷墟发现的大批甲骨，实质上就是当年存留在商都的公文档案。甲骨文所反映出来的公文行政的发达，也是商朝治理完善的又一大例证。

二、夏商司法权力的形成与发展

（一）夏代司法权力的形成

如上文所述，伴随着治水活动的展开，夏禹逐渐发展设范立制，建立国家机器，并以类似于国家的名义来行使暴力，国家层面上的"司法权力"于兹得以形成。见诸文献上的两个例子最能反映夏禹的司法权力。

第一个事例是夏禹杀防风氏之例：

> 昔，禹致群神于会稽山之山，防风氏后至，禹杀而戮之。②

这则材料见于《国语·鲁语》，是孔子之世，吴国征伐越国，在会稽山得到一节巨骨，吴人不明其来源，于是遣人问博学多才的孔子，孔子具述古史传说，其中就提到了夏禹擅杀防风氏。按照孔子的说法，防风氏是汪芒氏族部落的头领，是守封山、嵎山一带地方的，漆姓。大概是因为禹约诸侯齐聚会稽山祭祀神灵，防风氏迟到了，于是夏禹就杀掉了防风并将之戮尸，得到防风氏的骨头，最大的有一辆车那么长。这个故事的真伪自然没有办法考证，不过仅仅因为晚到，禹就能够杀人，足见禹已经具有了后世帝王生杀予夺的大权。

---

① 董作宾：《甲骨文断代研究例》，载刘梦溪主编：《中国现代学术经典·董作宾卷》，河北教育出版社 1996 年版，第 35 页。

② 《国语·鲁语下》；另见《史记·孔子世家》。

另一个事例则是夏禹杀相繇之例：

> 共工臣名曰相繇……禹湮洪水，杀相繇。①

这则材料见于《山海经》，显然是属于齐东野语，但是我们从中仍可以读出历史的端倪。关于共工的传说有很多，且不乏自相矛盾之处，但将其理解为一原始部落首领，是没有什么问题的。我们需要注意的是，即便相繇有罪，按照氏族部落习俗，也应该氏族首领共工发落，而这里禹直接越过共工，杀掉了相繇，只能看成是此时禹的司法权力，已经不是原始部落氏族的习惯权力，而是国家的司法权了。

至于说司法的依据或者说权力的来源，就是我们后面将要提到的天罚与神判。从传说中，我们可以知道，夏禹之时，已经形成了国家意义上的司法权力。从《史记》的记载中，我们还可以知道，夏禹将他的意志发展我国家意志，而其副手、也是掌管法律事务的皋陶将之用法律的形式固定下来。如果违背了这一意志，那么就用刑罚来处罚。这已经带有标准的司法权的味道：

> 皋陶于是敬禹之德，令民皆则禹。不如言，刑从之。②

此中的"德""则""言"，其实就是要百姓以禹的德为法则，并用言辞的方式记录下来，要求百姓遵守之意。当时法律发达的情形如何，已无可考。按照史迁的说法，在夏代，贡纳赋税的制度已经很完备了，且已经出现了一套考核会计的方法，"或言禹会诸侯江南，计功而崩，因葬焉，命曰会稽，会稽者，会计也。"③那么相传的"禹刑"，或有所本。

禹由此可以视为夏代法律制度的开创者，这方面在《尚书》中亦可见到例证：

> 明明我祖，万邦之君。有典有则，贻厥子孙。④

---

① 《山海经·大荒北经》。

② 《史记·夏本纪》。

③ 《史记·夏本纪》。

④ 《尚书·五子之歌》。

这是《五子之歌》中的一段话，是夏王太康的昆弟批评太康不守先王之法而导致政治混乱。虽然该篇属于伪古文尚书，并不可靠。但是从"有典有则"中，还是能够看出夏禹的确是建立了制度的，这些制度为后面的夏王所继承，里面当有不少为司法制度。

而关于夏朝司法机构和场所，《史记》中提到了著名的"夏台"：

> 帝桀之时……乃召汤而囚之夏台……桀谓人曰：吾悔不遂杀汤于夏台，使至此！①

很显然，此中的"夏台"是作为监狱用的，曾经囚禁过商汤。夏台又名钧台，后人以此作为监狱的代名词。《水经注》《竹书纪年校正》《读史方舆纪要》等古籍中均提到此台。现在河南禹州市内，还有一座"古钧台"②，气势颇盛，虽非原台，但结合二里头遗址考古所见的王城和宫殿规模来看，夏朝末年有此钧台，亦非不可能之事。由此，可推测夏朝司法的气象。

（二）商朝司法权力的发展

商朝开国规模宏大，司法权力也较之夏朝更盛。虽然商朝中期之前仍旧无任何文字记录，但是从后人的追记中，亦可一窥其情。

商汤武功赫赫，在征服天下的过程中，为被征服者立法。对此《诗经》有云：

> 受小球大球，为下国缀旒，何天之休。不竞不绿，不刚不柔。敷政优优。百禄是道。
>
> 受小共大共，为下国骏厖。何天之龙，敷奏其勇。不震不动，不戁不竦，百禄是总。③

"受"通"授"，此无异议，但是何为"小球大球"，历来释诗者存在争议，

---

① 《史记·夏本纪》。
② 此钧台为康熙十八年（1679）建，为砖石结构，略呈方形，高4.4米，阔7.4米，台下有洞，进深6.15米。南面正中有洞门，宽2.46米，高2.87米，块石拱券，上额书"古钧台"。
③ 《诗经·商颂·长发》。

《毛诗正义》解为小和大的玉珠子，缀在下国的旌旗之上。但是跟后面的"何天之休"的文句不能相连。所以朱熹《诗集传》碰到这个地方，也只能承认不知何物。而下面一段的"小共大共"中的"共"，《毛诗正义》则径直解为"法"，如此这段文义可通。如果我们将这两段连起来读，事实上可以发现两段所讲意思差不多，属于古文辞中常用的"互文见义"之法，那么整个意思就很显然了。笔者同意雒三桂、李山两位先生在《诗经新注》中的解释，"球"即是"捄"的假借，引申为"法则"之义。"诗之四章言汤受天之命制定了大小法则，作为万民的表率……诗之五章言汤奉天命制定了大小典章保护天下的各国……"①

且商汤为后世所立之法，颇值得称道。所谓的"不竞不绿，不刚不柔"和"不震不动，不戁不竦"，意思就是说所制定的法则，宽严适中，既不过分苛刻，也不流于宽纵，乃是顺天应人，所以商才得"百禄"。此处谈制定法度，自然也包括司法的情形，因为下国是在司法的过程中，才感受到商汤法度的适中的。

而商王为天下立法并施行法度的主题，在《诗经》中并不只有一件，紧接着这篇诗之后歌颂商王武丁的《殷武》一篇中，我们还看到了这样的诗句：

> 天命降监，下民有严。不僭不滥，不敢怠遑。命于下国，封建
> 厥福。②

这是在歌颂武丁南伐荆楚的战绩之后出现的词句，一方面表明征伐的正义性，这就是我们后文要论述的"代天行罚""恭行天罚"的情形，而另一方面，恰恰也表明，商王为天下立法的正当性，所谓"天命降监"，就是说商王承受天命来监察人间，用法度来规范人民，使其"不僭不滥，不敢怠遑"。

从后来西周取代了殷商，但是对殷商旧制颇为推崇的情形来看，商朝的

---

① 雒三桂、李山：《诗经新注》，齐鲁书社2007年版，第657—658页。

② 《诗经·商颂·殷武》。

典章制度已经达到了一个相当规范的境地。这点从《尚书·多士》一篇可以证明。该篇文字是周初的周公代替成王向殷遗民，特别是殷商旧臣发布的诰令。其中提到：

> 惟尔知，惟殷先人有册有典，殷革夏命。今尔又曰夏迪简在王庭，有服在百僚。予一人惟听用德，肆予敢求于天邑商，予惟率肆矜尔。非予罪，时惟天命。[①]

周公此诰意在安抚殷遗民，他是从商朝过来的，对于商朝的典章制度不会不熟悉。单从此诰中，可以看出他认为商的灭亡不在于制度的不完善，而在于两点：第一，商人自己放纵自己，不守自己的法度（这点在该篇上下文中反复提到）；第二，就是天命在周不在殷。但是在告诫时，对于商本身，周公还是特别尊重的，尤其是提到了"惟殷先人，有册有典"，可见商朝原本也是法度森然的。此外对商称"天邑商"，即"大邑商"，承认商曾经的辉煌。

可见，此中的"册""典"，不仅可以表明商朝在立法上进入了一个新的阶段，也同时可以透露出商朝司法权力的发展。无独有偶，在《尚书·康诰》中，西周统治者对即将赴卫国（殷商故地，商纣覆灭之地朝歌即在此境）首任诸侯王的康叔姬封告诫道：

> 汝陈时臬事，罚蔽殷彝，用其义刑义杀，勿庸以次汝封。[②]

就是要求康叔在自己的封国处理案件时，不要率由己意，或者机械地适用西周新法，而要参考殷商旧法，吸收其合理之处。所谓"殷彝"，确切内容已不可考，一说是刻在青铜鼎彝上的法律，一说是殷族习惯法，但无论如何，"殷彝"应能代表商朝的法律，且即便是新的征服者，也承认殷商旧法的合理性，否则就不会出现"义刑义杀"的字样了。由此反证，在商朝，司法权力是有依据和限制的，虽然目前无法确证"典""册"是否可以说明商

---

① 《尚书·多士》。
② 《尚书·康诰》。

朝国家治理进入到类似于"法典化"的阶段，但是说商朝司法权较之以前，进入到更为规范的"制度化"阶段，应该是可信的，这点从殷墟墓葬排列以及出土青铜礼器所显示出来的等级有序性上，也可以得到佐证。①

第二节　夏商司法的依据及其形态：天罚与神判

一、夏商的天罚

（一）夏朝的天罚

夏商时期，司法的依据，我们见诸文献中的，最主要的就是"天"。夏商乃至后来的周，都自承"得天命"，代天行罚。"天命"问题至为重要，所涉较广，我们这里仅在司法的意义上来谈"天罚"。

如果仔细阅读反映夏商之前事迹的古典文献，我们会发现一个有趣的现象，就是在夏启之前的王进行刑杀（司法）时，一般不会给出其判决（司法）的依据。比如舜执政之时，进行大规模的司法活动，史载：

> 流共工于幽州，放欢兜于崇山，窜三苗于三危，殛鲧于羽山，
> 四罪而天下咸服。②

《尚书》这段文字只说行为，没有说明判决的依据。当然，后人为了表示舜的刑杀具有合理性，补充了其理由，这在《世本》《大戴礼记》《史记》《山海经》等古籍记载中可以找到，但说法并不一致。最为著名的故事就是共工治水不力，还和颛顼争帝位，欢兜参与了共工之乱，三苗滥杀无辜，而鲧则偷取了上帝的"息壤"，但还是治水失败，所以都遭到了不同的处罚。这些

---

① 参见前揭张光直：《商文明》，第 194—199 页。

② 《尚书·尧典》。

故事都是神话传说，但是从中我们发现在初民时代，刑罚是相当简单的，不外流放和处死。而流放相当于将某个氏族成员（乃至族群）从部落联盟中驱逐出去，让其自绝于人类命运共同体，类似于后来史书中所说的"盟誓"刑，① 它和死刑一样，都是最为严酷的刑罚。但是我们找不到舜自己所说的判决依据。

同样的情形也发生在禹身上，从前述大禹杀防风氏、相繇之事迹，也未见禹提及判决依据。这只能说明，当时司法活动或者处刑行为，还带有相当个人化的色彩，还在向国家暴力的转化之中。

所以到了夏启之世，建立了国家之后，司法判决的情形就发生了很大的变化，表现在他们进行司法时，要为自己寻找依据，某种程度上带有"法理"的色彩。最为著名的例子就在启征有扈氏所作的《甘誓》中：

> 启与有扈战于甘之野，作《甘誓》。大战于甘，乃召六卿。王曰："嗟！六事之人，予誓告汝：有扈氏威侮五行，怠弃三正，天用剿绝其命，今予惟恭行天之罚。左不攻于左，汝不恭命；右不攻于右，汝不恭命；御非其马之正，汝不恭命。用命，赏于祖；弗用命，戮于社，予则孥戮汝。"②

夏启讨伐有扈氏提到的罪名是"威侮五行，怠弃三正"，这无疑是一个口袋罪名，缺乏实质性内容。以此理由就兴师动众，可能难以让人心服。所以必须要有一个更好的理由，以便"大刑用甲兵"。而在《史记·夏本纪》中，史迁直接就说出了夏启动武的理由：

> 有扈氏不服，启伐之，大战于甘。③

所以事实很简单，夏启上面所提的罪名，只是一个托词，但是为了表明

---

① 关于此最详尽的考证，参阅［日］滋贺秀三：《中国上古刑罚考——以盟誓为线索》，载杨一凡总主编：《中国法制史考证》（丙编第一卷），中国社会科学出版社2003年版，第193—221页。该卷收入了日本学者考证中国先秦和秦汉法制史的重要成果，该卷主编为日本学者籾山明教授，译者为徐世虹教授。

② 《尚书·甘誓》。

③ 《史记·夏本纪》。

征伐的正义性，夏启只能以"天"的名义，这就是"天用剿绝其命，今予惟恭行天之罚"，将惩罚的理由归结在"奉天罚罪"上。

无独有偶，在夏王仲康之际，同样以此理由征伐羲和氏，见于《尚书·胤征》一篇中，不过较之于夏启伐有扈氏，对羲和所犯之罪，叙述备详：

> 惟时羲和颠覆厥德，沈乱于酒，畔官离次，俶扰天纪，遐弃厥司，乃季秋月朔，辰弗集于房，瞽奏鼓，啬夫驰，庶人走，羲和尸厥官罔闻知，昏迷于天象，以干先王之诛。[①]

罪行既如此明确，那施加刑罚再正当不过了。然而仲康遣胤侯率众出征时，胤侯对众人所说的用武理由仍旧是：

> 今予以尔有众，奉将天罚。[②]

《胤征》一篇出自伪古文尚书，但是所叙征伐及其理由，在逻辑上是能够成立的。可见，在夏朝，"天罚"是征伐和司法的根本依据，即便所罚之人已经罪恶昭彰，讨伐者仍不能明言是出于己意罪及他人，一定要扯上"天"的幌子，司法方才具备正当性。

（二）商朝的天罚

商朝继承了夏朝的做法，同样用天罚来表明司法的正当性。比起夏来，商朝的天罚思想更为明确，且有条理。最著名的"天罚"，自然就是商汤伐桀了。我们来看商汤伐桀之时在鸣条之野所发布的文告：

> 王曰，格尔众庶，悉听朕言，非台小子，敢行称乱！有夏多罪，天命殛之。今尔有众，汝曰："我后不恤我众，舍我穑事而割正夏？"予惟闻汝众言，夏氏有罪，予畏上帝，不敢不正。今汝其曰："夏罪其如台？"夏王率遏众力，率割夏邑。有众率怠弗协，曰："时日曷丧？予及汝皆亡。"夏德若兹，今朕必往。尔尚辅予一人，

---

① 《尚书·胤征》。

② 《尚书·胤征》。

致天之罚，予其大赉汝！①

这段话强调自己伐夏，并非犯上作乱，而是因为"有夏多罪，天命殛之"，伐夏仍是恭行天罚。这在伪古文尚书《仲虺之诰》篇中亦可得到佐证：

夏王有罪，矫诬上天，以布命于下。帝用不臧，式商受命，用爽厥师。②

当然商汤所提到的夏王的罪行，相对是比较明确的，就是不体恤人民，乃至人民用"脚投票"的方式抛弃了夏政权，因为夏王的不堪，所以商汤起来革命，他讨伐的理由是"予畏上帝，不敢不正。"这里面又出现了一个新的词汇——"上帝"，我们千万不要以为这是西方宗教意义上的"上帝"（God），这实际上是商人对"天"的习惯性称呼。出土的甲骨卜辞中，不见"天"字，而多见"帝"字，如

帝佳（唯）癸其雨。

伐共方，帝受（授）我又（佑）？

王封邑，帝若（诺）。③

第一条是卜雨，第二条卜战争，第三条卜筑城，都是向上天祈福之举。是可见商朝将夏朝比较抽象和模糊的"天"，改造成了具有人格化色彩的"上帝"。正如我们后文讨论天命观时要提及的那样，商人的鬼神信仰比较突出，将天改造成"上帝"，实际上是对天的神化过程。上帝再加上祖宗神（是对去世的祖先的神化），构成了商人司法行政的终极依据。大约是因为人格化的天帝，更能贴近人事，从而对人间行为有更为明确的指导。可见商人对于天的利用，显然较夏有更强的主动意识。

仔细研究《尚书》中"商书"诸篇关于"天"和"帝"的用法，似乎可以得到一个规律。即在叙述一个普遍的原理或者表明天对人一般性的要求时，往往用"天"字，而在提到天对人事特定的指导或者人对天有所祈求时，

---

① 《尚书·汤誓》。

② 《尚书·仲虺之诰》。

③ 《卜辞通纂》，转引自郭沫若：《青铜时代》，中国人民大学出版社 2009 年版，第 3 页。

则往往用"帝"字。这在相对可靠的"商书"《盘庚》三篇中，可以得到部分的证明：

> 今不承于古，罔知天之断命……天其永我命于兹新邑，绍复先王之大业，底绥四方。①

> 予迓续乃命于天，予岂汝威，用奉畜汝众。②

> 肆上帝将复我高祖之德，乱越我家。朕及笃敬，恭承民命，用永地于新邑。③

当然，无论是得到"天"的命令还是受到"上帝"指引，都可说明商朝天罚观念的兴盛。

我们再从商朝一起著名的政治案件中，来看天罚观念在司法中的运用。这个案件就是"伊尹放太甲案"。伊尹为商朝开国名相，协助商汤治国理政，商汤去世之后，本该继位的汤长子太丁未及继位也去世了，于是伊尹立太丁的弟弟外丙继位（兄终弟及），外丙当国三年后去世，由外丙的弟弟中壬继位，四年后亦去世，此时伊尹立汤的嫡长孙太甲为商王。太甲在位的头三年，暴虐昏庸，不遵守汤所立下的法度，伊尹就将之流放到桐宫，令其改过自新。伊尹遂摄政，太甲居桐宫三年，改过迁善，于是伊尹将太甲迎回并归还大权，并作《太甲训》三篇，以褒奖太甲。④

史迁在叙述伊尹放太甲事时，只有寥寥数语，我们见不到司法的过程。今伪古文尚书中，倒是有《太甲训》三篇，其中上篇对于放太甲一案的决定过程相对详尽。兹录于下：

> 惟嗣王不惠于阿衡，伊尹作书曰：先王顾諟天之明命，以承上下神祇。社稷宗庙，罔不祗肃。天监厥德，用集大命，抚绥万方。惟尹躬克左右厥辟，宅师，肆嗣王丕承基绪。惟尹躬先见于西邑

---

① 《尚书·盘庚上》。
② 《尚书·盘庚中》。
③ 《尚书·盘庚下》。
④ 《史记·殷本纪》。

夏，自周有终。相亦惟终；其后嗣王罔克有终，相亦罔终，嗣王戒哉！祗尔厥辟，辟不辟，忝厥祖。

王惟庸罔念闻。伊尹乃言曰："先王昧爽丕显，坐以待旦。帝求俊彦，启迪后人，无越厥命以自覆。慎乃俭德，惟怀永图。若虞机张，往省括于度则释。钦厥止，率乃祖攸行，惟朕以怿，万世有辞。"

王未克变。伊尹曰："兹乃不义，习与性成。予弗狎于弗顺，营于桐宫，密迩先王其训，无俾世迷。王徂桐宫居忧，克终允德。"①

嗣王即新任的太甲，阿衡即伊尹。此文大意：伊尹强调商汤顺天应人，建立法制，抚绥天下，各方在商汤法度的指导之下，取得了很大成就。希望新王太甲遵守祖先法度，勤勉治国（第一段）。但是太甲对伊尹之言置若罔闻，于是伊尹继续进谏，强调先王的种种美德，比如朝乾夕惕、勤谨治国、善于谋划，请新王遵守祖训，谋定而后动（第二段）。然而太甲仍未改变其"不遵汤法，乱德"的习性，于是伊尹就认为太甲的行为乃不义。必须要改变这种习性，而不能由着太甲的性子来，因此必须将之放逐到桐宫，并用先王的法度促其改过自新（第三段）。

这篇文字因列在伪古文尚书，自非殷人所作。且在《太甲训》中、下两篇之中，大谈天命和德行的关系，并竭力阐发天命无常、惟德是亲的观念，很明显是西周以后才有的思想。但是作者在写作是篇中，却不可避免地会提到伊尹放太甲所援引的法律依据。否则，以臣放君，无疑犯上作乱。后世对这个问题，还一再置辩。比如孟子的学生公孙丑就请教孟子："其君不贤，则固可放与？"孟子回答："有伊尹之志则可，无伊尹之志则篡矣。"② 孟子是赞扬伊尹的高风亮节，其放逐太甲的行为光明正大。那么伊尹是如何行使

---

① 《尚书·太甲训上》。
② 《孟子·尽心上》。

"伊尹之志"的呢？这个又回到放太甲的理据。从上文中，伊尹对君主所作判决，援引最多的就是先王之法，而太甲的最大罪行，也是不守先王之法。先王的法为什么可以管束后王呢？追溯到最后，还得是"顾误天之明命，以承上下神祇"。也就是说这个法度是承天命而定的。所以用承天命的法来适用在违天命的人身上，本质上还是一种"天罚"的观念使然。

这个观念在《太甲训》下篇中，又一次得到了回应：

> 先王惟时懋敬厥德，克配上帝。今王嗣有令绪，尚监兹哉。①

言下之意就是说，如果一个王不克配"上帝"，是不配当王的。"上帝""天"就是行政与司法的最上位的法度。所以文虽伪作，但是其中流露出商朝天罚的司法原理却是至为明显的。

二、夏商的神判

神判法，顾名思义，就是乞灵于各种神灵，通常还须借助于一定的器具和形式，将神灵的意志表达出来，并以此为判断是非曲直理据的审判方法。如瞿同祖先生所云："神判法（ordeal）是各民族原始时代所通用的一种方法。当一嫌疑犯不能以人类的智慧断定他是否真实犯罪时，便不得不乞助于神灵。最简单的方法是测验他能否逃过一危险，出死入生。"②

征诸现代人类学调查，神判之事在比较原始一点的部族所在多有。比如"伸手捞油"以证清白这样的做法，在古代的"西南夷"地区普遍存在。如"蛮僚有事，争辩不明，则对神祠热油鼎，谓理直者探入鼎中，其手无恙。愚人不胜愤激，信以为然，往往焦溃其肤，莫能白其意者。此习土著之民皆从之，少抱微冤，动以捞油为说"③。现代也有学者提到："'捞汤神判'在新中

---

① 《尚书·太甲训下》。

② 瞿同祖：《中国法律与中国社会》，中华书局 2003 年版，第 270 页。

③ （清）沈日霖《粤西琐记》，载（清）王锡祺：《小方壶斋舆地丛钞》卷三八，光绪十七年南清河王氏铅印本，第七帙，第 185 页。

国建立前黔东南苗族侗族地区普遍存在。"①

由此反推，夏商存在着神判，乃是应有之义。然而，现在能够找到的关于此期神判的材料少之又少，瞿同祖先生甚至认为："中国人中找不到神判的痕迹，是慎重而较合于历史事实的论断。"②其理据之一，乃是"中国有史以来就以刑讯来获得口供，早就不仰赖神判法了"③。他只承认"但在使用刑讯以前，似也曾经过神判的阶段"④。比如皋陶用獬豸来断案，就类似于一种神判法。但是皋陶属于上古传说中的人物，其事之可信度依旧是存疑的。

瞿先生的论断不无道理，但稍嫌笼统。第一，虽然材料极少，但是并不意味着"痕迹"全无；第二，以刑讯获得口供，和神判并不是必然不能兼容。以上二点从流传至今的甲骨文文献中可见端倪。此前的法律史学界在讨论商朝法制的时候，通常会涉及以下三条材料⑤：

王又作辟。（《粹》487）

贞，王闻不惟辟，贞王闻惟辟。（《乙》4604）

兹人刑不。（《佚》850）

通常的理解，将"辟"解释为"法"或"处死刑"，而将"刑"则理解为"处刑"之义。但是根据考古学界的研究，这样的理解有误，此处的"辟"当作"孽"解，意为"为害"，而"刑"则是"匕丹"合写之误，以上甲骨卜辞，都没有明显的犯罪和刑罚的味道，对此，李力先生辨析甚明，无烦赘述。⑥不过李先生同样从有限的卜辞中推断出了商朝法律的痕迹，根据来源于胡厚宣先

① 徐晓光：《狩猎采集活动中早期习惯法渊源探析——以黔桂边界瑶族的几个支系为视点的研究》，《贵州民族研究》2015年第2期。

② 瞿同祖：《中国法律与中国社会》，中华书局2003年版，第272页。

③ 前揭瞿同祖：《中国法律与中国社会》，第272页。

④ 前揭瞿同祖：《中国法律与中国社会》，第272页。

⑤ 关于法律史学界利用这些材料进行商朝法律研究的情形，参见李力：《寻找商代法律的遗迹——从传世文献到殷墟甲骨文》一文，《兰州大学学报》（社会科学版）2017年第4期。

⑥ 参见李力：《寻找商代法律的遗迹——从传世文献到殷墟甲骨文》，《兰州大学学报》（社会科学版）2017年第4期。

生主编的《甲骨文合集》第一册中有关"王大令"的辞例：

00001…（1）〔王〕大令众人曰协田，其〔受〕年。十一月。

（2）〔受〕年。

00002…〔王大令众人〕曰协〔田〕，其受年。

〔十〕一〔月〕。

00003…〔王〕大令众人曰：协田…

00004…曰：协〔田〕

00005…〔卜〕，殷，贞王大令众人曰〔协田，其〕受〔年〕。①

　　这五条卜辞都不完整，很难知道占卜的场合或者背景，李先生综合考古学界各家学说，得出一个基本结论，就是这五条卜辞都是商王下达命令"协田"，协田究为何义仍待考，不过协田的过程中，需要进行占卜，这是毫无疑问的，而发出这个命令的是商王，由此，商朝存在着"令"这样一个法律的范畴。

　　遗憾的是，这样一个证据，至多也只能证明商朝已经存在着"令"这样一个法律形式，至于司法诉讼中行"神判"，只能通过因其流行占卜这种活动的逻辑而推测之。

　　商人迷信鬼神，凡事占卜，正所谓"殷人尊神，率民以事神，先鬼而后礼"。②众多甲骨卜辞的发现，也证明了传世文献记载的确切。从卜辞中可以确证，商代盛行占卜，凡事大自祭祀、征伐，小至疾病、生育，无一不求神问卜。虽然迄今并未见到直接对用刑占卜之例，但联系到"大刑用甲兵"，卜征伐过程中兼带神判，似乎也能说得通。

　　还有一些证据来自《周易》，尽管冠以"周"这个朝代名称，然而南宋时期朱熹就曾说过："窃疑卦爻之词，本为卜筮者断凶吉，而因以训诫。"③毫无疑问，《周易》卦爻辞并非一朝一夕的产物，而是经历了一个长期的历

---

① 胡厚宣主编：《甲骨文合集释文》（一），中国社会科学出版社 1999 年版。

② 《礼记·表记》。

③ （宋）朱熹：《答吕伯恭书》，转引自韦政通：《中国思想史》（上），吉林出版集团有限责任公司 2009 年版，第 18 页。

史过程。近人胡朴安先生即将《周易》六十四卦作为史书加以全面、系统的解释，形成了独特的周易古史观。按胡先生的分析，自《屯》卦到《离》卦是原始时代至商末之史。① 在不少卦爻辞中，依稀可见夏商神判痕迹。如《履》卦卦辞提到"履虎尾，不咥人，亨"，胡认为这是上古争帝位之文，以履虎尾看虎吃不吃人，来决定帝位的归属，这显然就是一种神判的方式。又如《噬嗑》一卦，为用狱之卦。胡先生认为"可观而后有所合者，以神道设教，民众有一致之趋向也。故受之以《噬嗑》者，《观》上九之志未成，受之《噬嗑》以治之也"②。"神道设教"云云，盖指卜筮以用狱也。其他如《蒙》《讼》等上经卦内，亦依稀可见商代社会神判的影子。

最能代表商代神判事例的，还是纣王时期的酷刑——炮烙，史家一般将之作为纣王暴虐的证据，《史记》对此的记载很简单：

> 百姓怨望而诸侯有畔者，于是纣乃重刑辟，有炮烙之法。③

它只说炮烙之法是纣王重刑辟一大罪状，至于如何行炮烙，太史公未明言，但到了据说是西汉刘向所编的《列女传》中，则对炮烙有了一个相对明确描述：

> 膏铜柱，下加之炭，令有罪者行焉，辄堕炭中，妲己笑，名曰炮烙之刑。④

但作者之意显然不在于阐释炮烙，而在于以此鞭挞妲己之罪恶，不过这个解释至少是将炮烙之刑形象化了。后来诸家给史记作集解和索隐时，基本上都采纳这一见解，以之彰显纣王和妲己之恶。实则这是"次第地"塑造一个暴虐的纣王的过程，顾颉刚先生对此辨之甚详，事实上炮烙的意义可能不仅仅如此。⑤

---

① 胡朴安：《周易古史观》，上海世纪出版集团 2006 年版，第 5 页。

② 前揭胡朴安：《周易古史观》，第 60 页。

③ 《史记·殷本纪》。

④ 《列女传》卷七，《孽嬖传·殷纣妲己》。

⑤ 参加顾颉刚："纣恶七十事的发生次第"，载氏著：《顾颉刚古史论文集》第二册，中华书局 1993 年版，第 211—221 页。

如果我们纯粹用司法的眼光来看待炮烙，则我们发现这种情形和上面我们说的"捞汤神判"颇有几分相似。所不同者仅在于捞汤神判是要将手伸进沸汤中来验证其清白与否，而炮烙则通过赤足走铜柱这一方式来判断有罪与否。那么所谓炮烙，很可能是将一根铜柱子上涂满油，横置于炭火之上。然后令犯罪嫌疑人赤足踩在上面，令其从铜柱的一头走到另一头，如果未坠于炭中，则可判令无罪，而坠于炭中，则是神判如此。这很可能是在一种证据不足的情形下，依靠神判而作出的司法决定。用来作为神判的铜柱，当不会太长，和捞汤一样，这种过程一般会非常短暂。当然，后世理性发达之后，人们再回过头来看这种神判，无疑是非常残酷的。

当然，因为历史久远，目前的考古发现也没有发现此类实物，所谓炮烙神判，依旧是一个可能的推测。衡诸世界法律发达的历程，商朝存在神判这一司法方式应该是可信的。

第三节　古文献和甲骨文中所载的夏商司法情形

一、古文献中的夏商司法情形

古文献中关于夏商司法的记载寥寥无几，主要载于《尚书》和《周易》中，基本上都是关于司法中出现的刑罚和刑具的记载。

首先来看《尚书》，即便将有争议的古文经中"虞夏书""商书"等篇目列入，可考的夏商司法情形也不过这么六七条的样子。

（1）……弗用命，戮于社，予则孥戮汝。①

（2）尔无不信，朕不食言。尔不从誓言，予则孥戮汝，罔有

———————
① 《尚书·甘誓》。

攸赦。①

（3）成汤放桀于南巢，惟有惭德。②

（4）惟兹三风十愆，卿士有一于身，家必丧；邦君有一于身，国必亡。臣下不匡，其刑墨，具训于蒙士。③

（5）太甲既立，不明，伊尹放诸桐。④

（6）乃有不吉不迪，颠越不恭，暂遇奸宄，我乃劓殄灭之，无遗育，无俾易种于兹新邑。⑤

（7）今商王受弗敬上天，降灾下民。沈湎冒色，敢行暴虐，罪人以族，官人以世，惟宫室、台榭、陂池、侈服，以残害于尔万姓。焚炙忠良，刳剔孕妇。⑥

其中第（1）、（2）、（6）条来自今文经，是比较可靠的文献，且其意思一致，"孥戮""劓殄"学界均作"族诛"义，合族诛灭，即"罔有攸赦"。这一点似乎是从上古时代的"盟誓"刑发展而来，不同的是孥戮或劓殄采取的是更为极端的方式将人彻底清除出氏族共同体。（3）、（4）、（5）、（7）则来自伪古文尚书，（3）中提到了一个刑罚"放"，类似于后世的流刑，商汤放桀，是一个比较有名的故事，但历来受人怀疑，战国时齐宣王似认为不可能，问博学的孟子，孟子也只能回答"于传有之"，⑦认为传说是如此。（4）被认为是商朝大臣伊尹所发的训示，其中提出了著名的"官刑"——三风十愆，如果臣子对其主有三风十愆的罪行不进行匡正，则要受"墨刑"的惩罚。（5）则是伊尹放太甲桐宫之例，和（3）一样，涉及"放"刑。虽出自古文，但鉴于史书中关于盘庚迁殷后的事迹，已经由当代甲骨文专家根据出土文字

---

① 《尚书·汤誓》。

② 《尚书·仲虺之诰》。

③ 《尚书·伊训》。

④ 《尚书·太甲上》。

⑤ 《尚书·盘庚中》。

⑥ 《尚书·泰誓》。

⑦ 《孟子·梁惠王下》。

加以确证①，是可以推测《史记·殷本纪》关于太甲的记载并非杜撰，且桐宫故址亦有所据②，故伊尹放太甲并非全是空穴来风，由此推知，夏商时期存在"放"刑，是完全有可能的。(7) 则出自伪古文的"周书"《泰誓》篇内，这篇相传是武王伐纣，于孟津渡河时的誓师之辞，辞中揭示了商王的罪恶，从语气和所示的纣王残暴之语来看，应该是后世伪作无疑，但是其提到"罪人以族"，即商朝有族刑之说，则确无疑义。至于"焚炙"和"剖剔"，可归为商纣酷刑，而非常刑。总之从文献记载来看，相对可信的，就是商朝至少存在族刑和流放刑这样的刑罚措施。

其次，我们再来看《周易》，如上文所述，《周易》的制作年代殊难判断，伏羲说、文王说、周公说、春秋战国说都能见到。通说以为伏羲画八卦，文王演六十四卦，孔子作"十翼"，但这也是经过汉儒演绎过的说法。不过我们姑且按照上述胡朴安先生的说法，将周易的《上经》看成是原始时代至商末的历史，原始时代蒙昧不可述，将之统括为夏商时期先民的活动也能说得通，那么综合"乾"至"离"的上经三十卦，我们看到与司法用语相关的则有这么几处：

(1) 初六，发蒙，利用刑人，用说桎梏，以往吝。③

(2) 上六，拘系之，乃从维之，王用亨于西山。④

(3) 初九，屦校灭趾，无咎。⑤

---

① 最著名的例子即董作宾《殷历谱》一书，该书主要利用殷墟出土的甲骨文材料，配合传世文献，缀合出盘庚迁殷直至帝辛（商纣）亡国的两百多年间的商代历谱与商王事迹，高度印证了史记的记载。《殷历谱》载《董作宾先生全集》(乙编)(第一册、第二册)，(台湾) 艺文印书馆 1977 年版。

② 考古学家邹衡先生从文献和考古资料两个方面论证并提出了偃师商城并非汤都西亳，而是太甲流放的桐宫，即早商离宫，虽然这一说法在此后的数十年间频遭质疑，但却也表明"桐宫"也并非纯为传说。见邹衡：《偃师商城即太甲桐宫说》，《北京大学学报》(哲社版) 1984 年第 4 期。

③ 《周易·蒙》。

④ 《周易·随》。

⑤ 《周易·噬嗑》。

（4）上九，何校灭耳，凶。①

（5）上六，系用徽纆，寘于丛棘，三岁不得，凶。②

解易作品汗牛充栋，很多存在牵强附会之嫌，有学者单纯根据卦爻辞中的字词，用其现代义来解释，比如看到以上（1）中有"刑人""桎梏"字样，再联系到蒙卦具有发蒙教育的意思，遂认为这是对受刑之人进行发蒙、教育，帮助他们从桎梏中解脱出来。实则这样的理解是不了解卦和象之间的联系所致。这方面胡适先生说得浅显明白："一切变迁进化，都只是一个'象'的作用……'象'是原本的模型，物是仿效着模型而成的……先有一种法象，然后有仿效这个法象而成的物类，人类历史上种种文物制度的起源都由于'象'，都起于效仿种种法象，这些法象，大约可以分为两种，一种是自然界的种种'现象'；一种是物象所引起的'意象'，又名'观念'。"③显然，这个卦象的"象"，并非实相。袁庭栋先生解释是："由于迷信活动的特点，对所卜问的事物必须要有多侧面的，乃至由某种理论联系着的完全不同的解释，所以，这些占卜的文字纪录不可能是详尽而确切的，而只能是既十分简单又有着多种理解的文字。"④所以如果一个卦中谈到"刑"，谈到"桎梏"，未必讲的就是"刑""桎梏"行为或者实体本身，而有可能是以之作为"意象"，而阐发一定的道理。我们且来看上述爻辞。

（1）为蒙卦的初六爻。蒙主要有启蒙、发蒙之义。利用行人，用说桎梏。"说"通"脱"。大概意思应该解释为教育或者启蒙，应当像用刑那样果断而坚决，从而使得受教育者从桎梏中解脱出来。爻辞本身并非讲司法，而只是借用了司法活动中的"刑"和"桎梏"的物象，引起"发蒙"的意向。不过由此可知，至少在作辞爻辞时，现实生活中已经有"刑"和"桎梏"的存在。桎梏，《说文解字》云："木在足曰桎，在手曰梏。"其他《广雅·释诂》

---

① 《周易·噬嗑》。

② 《周易·坎》。

③ 胡适：《中国哲学史大纲》（上），商务印书馆 2011 年版。

④ 袁庭栋：《周易初阶》，巴蜀书社 1990 年版，第 3 页。

等解释与此大同小异。桎梏因此也就是木制的脚镣手铐，用以束缚人，是一种械具或刑具，夏商时已经用于司法活动中。上文（2）中的"拘系"亦有限制人身自由义。（3）、（4）两项的"校"，亦解为桎梏义，具体到（3）指出木制的脚镣，而（4）则指木制的枷锁。至于（5），可解为将人用绳索捆住，拘禁起来。拘禁的地点为"丛棘"，古时为了防止犯人逃跑，在拘禁地四周用荆棘堵塞，这就是最初的监狱，后世遂常常用"丛棘"指代监狱。

由上述《易经》中不多的材料，我们可知夏商时已经出现了桎梏等司法用械具或刑具，并且出现了监狱这样的国家机器。

此外《史记》中的《夏本纪》《殷本纪》中，亦提到不少的刑罚和刑具，至纣王，更是酷刑繁多，对此前已提及，不再赘述。

二、甲骨文中的商中后期司法情形

目前的出土材料中，仍未见到有任何关于夏朝司法的东西。而关于商的考古发现，最著名也是最有价值的就是殷墟甲骨文字了。从 1899 年甲骨文被发现，迄今共出土了约 15 万片甲骨，累计约有 15 万字，共 5000 多个单字，其中考释成功的单字约 1300—1500 个，但是考释出来的单字部分依旧存在争议。

我们下面就以胡厚宣先生主编的《甲骨文合集释文》① 为据，来看看其中可能涉及的夏商司法的情形，需要注意的是，到目前为止，有字的甲骨几乎都来自盘庚迁殷之后，所以即便甲骨文释读无误，最多也只能反映商中后期的司法情形，当然，因为甲骨文记载极为简略且存在不少脱漏，只能从一些字形上来推测文字所记载的内容，主要涉及刑罚方面。

首先来看拘禁刑的执行场所，即监狱。我们可以发现下列卜辞：

---

① 以下卜辞均来自该书，见前揭胡厚宣主编：《甲骨文合集释文》，中国社会科学出版社1999 年版，其编号为原编者所加。

05974

······〔令〕卓······ 莫······ 止······ 圉 ······

05977

⑴頁〔勿〕圉。

⑶丁丑卜，亙．貞圉。

05978

⑴壬口卜，般。

⑵貞圉。

⑶貞勿圉。

⑷貞賓五牛。

05979

⑴貞勿圉。

⑵丁丑卜，亙．貞執。

20770

⑴癸······夏······自入至囧門。 一 二

⑵不往，雀．十一月。 二 三

以上圉字，经文字专家考释，疑与"囹圄"的"圄"字同义，如此，则表监狱义，而𡇪字，方框内含一"执"字，更为形象地表明将人拘执在某地。而囧字，则带有有人监视的大门之义，同样可表监狱。是故可见，商朝的监狱系统应该是比较发达的。

06025

⑴辛酉卜，争．貞圉用于西。 二

⑵······隹······雨〔小〕。 一

⑶貞······ 一

06026

⑴癸口〔卜〕．貞······〔小臣〕······

⑵口口卜．口．〔貞〕······𡙇

06027

勿······圉······

其次来看相关的刑罚，我们从上古最著名的"五刑"开始。首先是"墨刑"，又称"黥刑"，即刺面的耻辱刑。在《甲骨文全集释文》中未看到"墨"或"黥"的字眼。不过胡留元、冯卓慧两位先生提出一个比较合理的说法，就是"黥刑很难用象形办法表现于简单字形中，故卜辞便借黥刑刑具锜、剧以表示之，此乃甲骨文有黥刑之佐证"[1]。当然，因为甲骨文本就是用图形来说明问题，既然无确切文字，所以这个结论仍旧是一个推论。

其次我们来看"劓"刑，《甲骨文全集释文》中，明确地把"劓"这个字给释出来了，来看下面两片甲骨的释文：

05994

　　业劓．

05995 正

　　⑴贞亡舌于𝌺迺复值．　　一　　二　　三
　　　　二 告　四

　　⑵贞亡舌舌于妣庚由羊用．　　一　　二
　　　　三　不玄冥　四　五

　　⑶贞乎劓（若）．　　一　小告　二　　三
　　　　四　五　不玄冥　六

　　⑷不若．　　一　二告　二　三　四　五
　　　　六　不玄冥

由上述释文可知，虽然在什么情况下运用以及如何运用还不是特别明确，但是劓作为割鼻这一刑罚还是存在的。

再次来看"刖"刑，"刖"字义是砍脚，但根据文献记载，历史上处刖刑，有单纯砍掉脚掌、砍整个下肢、仅砍膝盖以下部分下肢或者仅仅挖掉膝盖骨（最著名者如战国时期的孙膑所受的膑刑）等做法，刖刑具体在商朝时期如何执行，这一点同样我们不得而知。不过"刖"这个字在《甲骨文全集释文》中出现的频率还比较高，仅举数例如下：

---

[1]　前揭胡留元、冯卓慧：《夏商西周法制史》，第 74 页。

06000 反

  ⑴戊辰卜，囚。

  ⑵贞留斗五十。

  ⑶贞其刖。

  ⑷贞黄尹帝。

06001 正

  ⑴贞〔勿〕……弗方。

  ⑵丁巳卜，亘，贞刖若。 一

06002 正

  ⑴乙酉卜，〔設〕，贞刖〔冀〕。

  ⑵勿业于多介父犬。

  ⑶戊寅卜，争，贞于羌甲…… 小告

06003

    口寅卜，設，贞其业刖。

06004

    ……其刖……死。

06005

    口口〔卜〕，亘，贞〔刖〕其死。

06006

    ……刖……

06007

  ⑴辛卯卜，設，贞刖……

  ⑵丁酉卜，囚，贞卷王。

  ⑶贞不卷。

06008

    刖。

06009

    刖。

06010

    刖。

不仅仅有以上文字记载，在20世纪70年代之后，在殷商墓葬的考古中，曾经发现过被砍掉下肢或者小腿的尸骨，是可以证明刖刑在商朝中后期时，已经普遍存在了，而且可以推测，这应该是司法活动中的常刑。

接着我们来看宫刑，宫刑也称"腐刑""椓刑""阴刑"等，甲骨文中亦有反映：如

05996

(1)……豊……

(2)□寅（卜），贞剢。

(3)……犬……

05997

□剢。 二

05998

剢。

05999

(1)甲□（卜），□，贞……

(2)（贞）……剢……

以上的"剢"，通"椓"，"剢"有阉割公猪之义，后来应用到人身上，则成为宫刑的前身。至于宫刑的执行方法，在商代，到底是男子去势，女子幽闭，还是男子摘除睾丸，女子拍打脱落子宫，同样无从考证。

最后是死刑，死刑种类繁多，甲骨文中最为常见的做法如下：

06011

(1)子（滴）业从。

(2)子滴业从。

(3)庚申卜，宁，贞戠。

(4)贞于工……

06012

□□卜。□。（贞）戠。 二

06013

……戠（多）……

06014

贞……戠。

06015

……戠……

　　上面的**䜣**字，大概就是用斧钺之类的东西砍人头颅的做法，后来的斩刑当由此发展而来，其他如火烧、活埋、剐剔、射杀等等一系列做法，在甲骨文中也有反映。至于"隶""众"等字，在甲骨文中所在多有，是可以推断商朝时劳役刑也很盛行，所谓"傅说举于版筑之间"，说的就是傅说从徒刑犯中被提拔上来，虽是后世的追记，但在商朝时，还是可能存在的。

　　当然，甲骨文的优点是它直接用字形来证实了某种事物在商朝的实际存在，但是缺点是它无法证明何物在商朝不存在。而且，用甲骨文来推断商朝司法的情形，本身就具有较大的风险。这是因为：第一，甲骨文当中关于司法的记载极为有限，限于生活所需以及技术条件，当时在甲骨上刻字比较困难，所刻的内容，也一定是于生产生活关系至大的，这些优先需要向上帝卜问，并非所有的生活都要占卜。据罗振玉先生在《殷墟书契考释》一书中对占卜内容所作的统计来看，卜祭祀 306 次，卜告 15，卜享 4，卜出入 128，卜田猎渔鱼 130，卜征伐 35，卜年 22，卜风雨 77。[①] 可见关于司法的卜筮，在当时的生活中所占比重微乎其微，故而甲骨虽多，可用的至少。第二，甲骨文本身也是支离破碎的，因为是卜筮之辞，带有迷信或者神秘的色彩，只会记载一些关键的信息，诸如人名、时间、所卜的事件等，无法将事物之间的联系或者事件的前因后果等信息一一记录完整。且在出土过程中，不可避免会在一定程度上破坏原有的完整性，所以单靠甲骨文只字片语，想要复原殷商社会，绝无可能，更不要提本来记载就少的司法活动了。第三，目前利用甲骨文进行的商朝法制史研究，基本上还是从字形上来推断刑罚和事件，而字形的揣摩和文字的解释，虽然在甲骨文专家的努力之下，已经取得了很大的突破，但是商朝的语法具体规则，还有字词字义在特定语境下的意义，依然是一个难解的问题。且限于甲骨文支离破碎故，靠字形辨认和字义揣测去推断商朝法制，风险很大。如考古专家张光直批判有学者关于商朝的陈述"是建立在一二个字不确切的解释之上"，并

---

① 　具体内容参见罗振玉：《殷墟书契考释》全二册，中华书局 2006 年版。

认为这样做"显然不妥"。① 而我们这里所论的甲骨文中所见商朝中后期司法情形，也是建立在几个字的解释之上，有的字比较确切，但有的字仍旧需进一步证实，因此，甲骨文材料，充其量只能说是对商朝司法存在情形的一个佐证，详细的论证仍俟来日。

小　结

从出土的青铜器和甲骨文等材料中，我们可以证实，至晚到商朝中期，文明已经进入到一个非常发达的阶段。而司法文明，亦臻至一个新的高度。从传世文献中，更是可以看到典章制度的发达。《尚书》"五子之歌"中，殷商贵族在哀叹世风日下时，回忆祖先荣耀时，提到：

　　明明我祖，万邦之君。有典有则，贻厥子孙。②

可见商朝一开国就制定了一整套规模宏大的制度，为后世所宝用。即便在西周取代了商朝的统治后，也没有否认殷商的制度之美，反而强调商人原本是有一套很好的制度的，只是到了末期，商王悖法，商民涣散，所以天命才转向"小邦周"，这是人的问题，而非制度的不善，所以在向殷遗民发布文诰时，西周统治者提到：

　　惟尔知，惟殷先人有册有典，殷革夏命。③

这"有册有典"和前面提到的"有典有则"相通，都是指制度的成熟。更能反衬这个有册有典的事实是，西周统治者在派子弟往殷商故地去当诸侯时，谆谆告诫司法活动中的注意事项：

　　王曰："外事，汝陈时臬司师兹殷罚有伦"。又曰："要囚，服念

① 参见前揭张光直：《商文明》，第 192 页。
② 《尚书·五子之歌》。
③ 《尚书·多士》。

五、六日至于旬时，丕蔽要囚。"……"汝陈时臬事，罚蔽殷彝，用
其义刑义杀，勿庸以次汝封。乃汝尽逊曰时叙，惟曰未有逊事。"①

这就要求该诸侯王要照顾到此地人民的遗民特色，不要用西周法制强加于
他们头上，而要按照"殷彝"用"殷罚"，因为"殷彝"是"有伦有要""义刑义杀"
的，具有很强的先进性。"殷彝"可能就是殷商旧法，至于到底是刻在青铜器
上的法令还是殷商的习惯法，不得而知，衡诸法律发展的阶段，后者的可能性
要大一点。不管如何，这都说明殷商创造的法制文明是可观的。其司法活动，
虽带有强烈的天罚神判色彩，但比之以前的时代，应该是有很大的进步的。
绝不能用传说中纣王妲己的暴虐，来涵盖这一时期的司法活动整体。

遗憾的是，夏商历史距今实在久远，确切可考的文献实属凤毛麟角。夏
商文献不足征之苦，孔子在世就已经感慨：文献不足征。很可能孔子从来就
没有见到过甲骨文。即便在材料已经相对丰富的商朝，关于法律的大体情
形，也只能如张光直先生所云："法律所体现的权利和义务的平衡式有两部
分组成，即商王对仁慈统治的许诺和对臣民服命的期冀。"② 他还说："我们
认为，要想对商王朝的法律制度有一个较好的认识，只能通过发现一些有关
汇编法律制度的文献，并从中发现有益的资料……甲骨卜辞可能是册的一部
分，但是，目前为止还没有发现有关商典的任何痕迹。"③

总之，这段时间的司法文明，可以确定的线索则是，较之于原始时代末
期，已有很大进化，司法活动的确定性大大增强。到了商朝时期，可能还出
现过"典""册""则"之类的法律渊源。司法活动一开始以"天罚"展开，
最初纯粹是无意识的天，之后，人们将自己的主观情感和判断，融入进"天"
这个命题当中，于是在"天罚"之外，加上"神判"的色彩，同时，在这个
过程中，还建立了一整套司法设施和司法技术。这些都给后来西周时期的司
法，留下了一笔宝贵的文明财富。

---

① 《尚书·康诰》。
② 前揭张光直：《商文明》，第192页。
③ 前揭张光直：《商文明》，第192页。

第三章　理性司法的开端

——西周司法文明（约前 11 世纪中期—前 770 年）

第一节　西周司法文明的思想文化与制度背景

王国维先生在阐述商周嬗递的历史进程时，有一段经典的论述："中国政治与文化之变革，莫剧于殷周之际……殷周间之大变革，自其表言之，不过一姓一家之兴亡与都邑之移转；自其里言之，则旧制度废而新制度兴，旧文化废而新文化兴。又自其表言之，则古圣人所以取天下及所以守之者，若无以异于后世之帝王；而自其里言之，则其制度文物与立制之本意，乃出于万世治安之大计，其心术与规摹，迥非后世帝王所能梦见也。欲观周之所以定天下，必自其制度始矣！"[①]

历来这段话被人反复征引，作为商周分野，王氏的判断诚为卓论，但是这一变化却不是一蹴而就的，西周的文化，是在继承商朝文化遗产的基础上，批判吸收，不断"扬弃"而逐渐形成的，西周时期的司法文明的发展同样如此。在继承了夏商天命神权司法观的基础上，结合历史和现实，逐渐远

---

① 王国维：《观堂集林》卷一〇"史林二"，中华书局 1959 年版，第 451—452 页。

神近人，最终确立了一种理性和人文的形态。欲理解西周司法文明，必得由其文化与制度背景入手，方能了解何以王氏称西周制度文物与立制本意是出于"万世治安之大计"，也才能深入理解西周的司法文明样态。关于西周兴亡的整体历史，学界成果颇丰①，不再赘述，本节仅取其与法律制度相关者做一个概述。

一、西周法律文化的历史背景

钱穆先生曾说："除却历史无从谈文化。"② 要了解法律文化，需要先简单交代西周法律文化的历史背景。

（一）周人的起源

古代思想文化的世界都崇尚一个神圣的起源，这个起源多半具有神话色彩。周人的来源与商人相似。商部落的简狄吞了天边玄鸟产下的五彩的卵，于是受孕生了契，是为商人的始祖。而周则是姜嫄因为有德行而被上帝所赏识，她诚心祭祀，祈求上帝赐给她一个儿子，有一天她在野地里走路，看到大地上有个很大的脚印，一时的好奇心驱使她将自己的脚放在这个脚印里去，不想因此怀孕产下一子。这个男孩长成以后，会种各种植物，后人尊之为后稷，此人便为周人的祖先。从商周祖先的起源中，可以看出他们的出现均未经过人类正常的生育过程，是神话传说，所以也可以说商周都是神带来的产物，得到神灵的庇佑。但是细细比较其中的差异可以发现：商是简狄吞了一个有形的物体——鸟卵所生，这个故事还是鸟与人的结合，还是比较形

---

① 关于西周兴衰历史叙述，主要参见以下研究成果：李峰：《西周的政体》，吴敏娜等译，生活·读书·新知三联书店 2010 年版；李峰：《西周的灭亡》，徐峰、汤惠生译，上海古籍出版社 2007 年版；杨宽：《西周史》，上海人民出版社 2003 年版；许倬云：《西周史》，生活·读书·新知三联书店 2001 年版。

② 钱穆：《中国文化史导论》，商务印书馆 1994 年版，封三。

而下的；而周是姜嫄偶然踏进一个脚印里产下一子，没有任何物质注入其体内，比起商，已更为抽象，这反映人类的思维的某种进化观。而且商简狄吞卵时，是和妹妹建疵争夺之后取得胜利从而才食到鸟卵，而姜嫄则是因为有德行，偶尔踩入脚印，上帝才赐予其子孙。从这个细微的区别中，我们似乎可以看到德行观念的萌发。"天命靡常""惟德是亲"等周代德行观念似乎在周人起源的传说中，已经奠定基础。

(二) 迁徙与开拓

周人在先周的阶段，不窋时代在山西汾水，承袭了当地的光社文化（农业文化）以及若干草原文化，而北方有强大的戎族环伺，这就使得周人时时有忧患意识，从而较之黄河下游土地肥沃的商部落更加关注现实世界。到了公刘时代，他们开始向东北地方迁徙，因为原住地方太过局促。公刘的儿子庆节迁到陕北泾水流域，那边土地广阔丰茂。九传到了太王，周国势更盛，不想碰到了一个意外的打击，因陕西东北住着一个强大的游牧部落，名鬼方。太王为了避开鬼方这股压力，又迁徙到渭河流域的岐下，之后一直在此发展。到了王季时代，周实力大增，王季不仅有很好的德行，又有显赫的武功，四周部落开始臣服于周。此时商王文丁看到周势力增大，就把王季杀害。王季有一个聪明睿智的儿子，此人德行高尚、富有野心又韬光养晦，此人便是后来名垂青史的一代圣人——周文王姬昌。在不停的战争与迁徙的历史进程中，周人在保持对天的敬畏的同时，更多的则是对人世的关注，他们注重现实，生活认真、严谨、勤劳。我们看《尚书》"周书"中《酒诰》与《梓材》两篇，就能发觉周人善于从历史中吸取教训。如《酒诰》中就讲到商人因奢靡无度而获罪于天的情况，所以周人在总结他们自己迁徙与开拓这段历史时，有意识地将生活细节与德行、与天地联系在一起，所谓"以德配天""与天地合其德"，即以生活小事看出了天道，这一点成为后来细致的周"礼"的最初的源头。由此似可明白"礼"原本源于生活，但又服务于江山社稷，这是一个必然的过程。

（三）武王克商

文王继承了太王、王季的事业，号西伯，俨然商西部的霸主。他第一步在西北两方戎狄中求发展，第二步灭了密须氏，又和西南面部落小邦联盟。但是诚如许倬云所说："周人以蕞尔小邦，人力物力及文化水平远逊于商，其能克商而建立新的政治权威，由于周人善于运用战略，能结合与国，一步一步的构成对商人的大包抄。"[1] 与此同时，商朝也面临着巨大的危机。一方面，周人在北边已循山西南部拊殷都朝歌之背，而山西高地可俯视商人王畿，中路一线，已克服崇部进入中原，南路一线，江汉已成为周人疆土。另一方面，纣王还在忙于讨伐东夷，商纣的实力被大大消耗。武王在克商时并没有把握，即使到牧野，举行"牧誓"时，他还在强调纣王失德，天必败之。与其说这是一种个人自信，倒不如说是精神激励更为恰当。但在牧野，许多从东夷俘虏的商战士临阵倒戈，这一事件很具有偶然性，使得在这一仗中周人决定性地打败了商王国。这一历史进程，使得周人对此有不可思议的感觉，"必须以上帝所命为解，另一方面又必须说明商人独有的上帝居然会放弃对商的护佑，势需另据血缘及族群关系以外的理由，说明周之膺受天命。于是上帝赐周以天命，是由于商人失德，而周人的行为却使周人中选了。"[2]

（四）周公的宗法封建

武王克商后，发觉自己初入中原，和商的人民没有什么关系，而且商的土地辽阔，民人众多，要立即成为商的主人同样很困难。所以武王在取得了商朝的许多宝物之后，觉得还不如享有东方宗主权来得好，他就命令纣王的儿子武庚仍做商王，另外派两个弟弟管叔鲜和蔡叔度帮着商王管理政事，称为"三监"，要他们监视商原住民，不许叛乱。所以武王刚克商后，并没有

---

① 许倬云：《西周史》，生活·读书·新知三联书店2001年版，第11页。
② 前揭许倬云：《西周史》，第103页。

发展出一套新的政治制度，依旧是两个独立的部落国家，现代意义上的"华夏国家"还没有形成。武王早逝，其子尚幼，政权交给周公，武庚乘机叛乱，周公平定三监。这是第二次克商，不但克商而且连带克了商的很多属国，周人的势力才开始真正渗透到了东方。周公做长治久安的打算，将西周王族族人和姻亲分封到新征服的地方，在其他商王势力所及的地方，比如燕齐，也都分封给了周王室内的重要人物，这种以家族血缘为纽带联系，封邦建国的方法，即为封建。所谓：

> 惟王建国，辨方正位，体国经野，设官分职，以为民极。①

建国克邦过程中所作的最伟大的制度设计。这一设计对周代法文化乃至整个传统社会影响至深，所以表面看宗法封建只是周公对偶然事件作出的回应，而实质是周人在长久地为深远谋虑。

二、封建与宗法：精巧的国家制度设计

（一）封建宗法制度

西周国家到了成康之世，已经基本定型。其国家结构形式，横为封建制，分封诸侯，建立家国；纵为宗法制，亲亲尊尊，嫡长继承。一横一纵，完成了国家建制。从现存的《周礼》中，我们似可看到这样一个制度模式如何发挥作用。尽管它叙述的制度令人怀疑是周公之制，但是我们将之与其他资料相印证，其中仍有许多却为周代国家制度。《周礼》极其详细地分立各种职位和官职，且都关乎国家总的政治生活和治理模式，将之比拟成古代封建国家的"宪法"也不为过。总之，作为一个最伟大的制度设计，周人对中国法制文明贡献是难以估量的。后来春秋时一个贤人师服论及封建的好处时提到：

> 吾闻国家之立也，本大而末小，故天子建国，诸侯立家，卿置

---

① 《周礼·天官·大冢宰》。

侧室，大夫有贰宗，士有隶子弟，庶人工商各有分亲，皆有等衰，

是以民服事其上，而下无觊觎。①

所以封建制度首先是划分等级，在国族内部设立一个秩序，"以政治制度而言，周初才举行大规模的封建。原有的部落，有的依然存在，多数则不免于周民族的窥觎裂割，成了分封的局面。"②上述师服所谈的是土地民人的分配问题，明晰的产权界定依然莫如《诗经》中的那句明言：

溥天之下，莫非王土；率土之滨，莫非王臣。③

至于职业分化，也有层层分封以相统属的关系，这就是所谓的：

公食贡，大夫食邑，士食田，庶人食力，工商食官，皂隶食职。④

从天子到士，均属于贵族阶级，是役使百姓、食于百姓的特权阶级。宗法源于氏族社会末期的父系家长制，依血缘区分大宗和小宗（嫡庶之分），强调大宗对小宗的支配，卑幼对尊长的服从。宗法组织也是应封建制度所需而生的，或者说正是血缘上的宗法关系引发到政治上的封建关系。为了维持封邑或土地的完整，为了维持封邑主或国君行政上的完整，便只有宗族一系相传。没有宗子，才能旁及其他嫡子或庶子。后来它与国家君主制、官僚制相结合，家国一体，君父合一，构成了中国传统社会政治结构，数千年间一脉相沿。西周封建除了上述作用外，还是武装集团的向外垦殖。钱穆因而说道："因此西周封建，同时具有两种作用，一是便于对付殷朝之反动，一是防御四围游牧人的侵扰，所以周代封建是当时以军事与政治相配合，而又能不断地动进的一种建国规模。"⑤

---

① 《左传·桓公二年》。

② 瞿同祖：《中国封建社会》，上海世纪出版集团 2003 年版，第 259 页。

③ 《诗经·小雅·北山》。

④ 《国语·晋语四》。

⑤ 钱穆：《国史新论》，生活·读书·新知三联书店 2004 年版，第 2—3 页。

（二）宗法封建制度的文化意义

一种制度可以说是文化的一个组成部分，又可以说其背后必有一种深厚文化的支持，那么这种"封建主义"说明了什么？如同美国学者本杰明·史华兹先生所认为的："中国'封建主义'的效力可能也反映了统治者权威背后的宗教基础相对强大"①。这里面所说的"宗教基础"，其实是与夏商传下来的祖先崇拜和祭祀息息相关。他又说："如果周代的建立者们在他们的亲属中'分配统治权'，那么他们的确是依赖根植于祖先崇拜的亲缘纽带的深厚的宗教方面。从这种观点看来王室的'诸侯'成员在帝国的某些要害地区建立了'周之屏藩'。如果周王将土地赐给非亲属的盟友和各地的掌权者，那么他们或许信赖诸侯们将其自身物质与精神利益很好地认同于该制度的意识。此外君王权威的宗教性基础——他声称与上天有特殊关系，可能会赢得普遍的接受。"②就封建而言，周王是最高的主宰。他分封天下，谁给予他权力？追问到最后只能是天的旨意，但天高高在上，太过玄虚，怎么才能知道天意？商代是靠巫卜神谶，巫谶的作用就是沟通神意与天意，如同张光直先生所论述的"萨满教"内的萨满。③他们通过巫术仪式来表现天的权力。到了西周，虽然也信神，但更关注于道德之"天"。由于更加关注现实世界，又得对种种现实找出区别于夏商简单的"神造"观念的解释，于是他们找出了一个解决方案，就是祖先崇拜。通过祖先来得知天的意图，这样祭祀祖先就更加深化了王权，顺应了天意。"祖先崇拜，固如学者所说，以祈求本宗亲属的繁殖与福祉为目的，但其更重要的一项功能是借仪式的手段，以增强与维持同一亲团的团结性，加重亲团成员对本亲团之来源与团结的信念。"④这个慎终追远的情节，又是宗法制度的来源。在之后的帝制中国，有良好的

① ［美］本杰明·史华兹：《古代中国的思想世界》，程钢译，江苏人民出版社 2004 年版，第 44 页。

② 前揭本杰明·史华兹：《古代中国的思想世界》，第 44 页。

③ 张光直：《中国考古学论文集》，生活·读书·新知三联书店 1999 年版，第 115—135 页。

④ 前揭张光直：《中国考古学论文集》，第 133 页。

法律传统。"祖宗之法不可变"，中国法律的发展，千百年来即使屡有变易但仍不绝如缕，与周代封建宗法观念的深入人心莫不相关，即沿着"天——祖先——王道（封建/宗法）"的次序等级发展着。总之在传统法律体系中，我们始终可以看到血缘宗法的烙印。①

三、从神祇到人事：西周法律文化的人本主义特色

（一）民心与理性的自觉显扬

张晋藩先生认为：人本主义是中国古代法文化的哲学基础，这个传统是从西周开始的。② 在殷商时代，"殷人尊神，率民以事鬼，先鬼而后礼"③。但是鬼神天帝并没有保护延续商朝的统治，相反终究因为其奢侈无度、压榨百姓、穷兵黩武，使得民众叛逃，阵前倒戈，而被小邦周推翻。这一历史事实使继起的西周统治者在认识上发生了新的转向，他们发现：

> 天命棐忱，民情大可观。④

即民众对于维持统治政权的重要作用，因此提出"敬天保民"，将天意与民心连在一起，宣传：

> 天视自我民视，天听自我民听。⑤
>
> 民之所欲，天必从之。⑥

从而将殷商时代对鬼神的崇拜转，移到民心的向背上。这是人理性的产物。由此人的地位提高了，神的价值被存而不论。又将民心的向背与天的赐福与否联系在一起，是人心之于天道，具有先决决定性。

---

① 相应原理与具体例证，参见［日］滋贺秀三：《中国家族法原理》，张建国、李力译，法律出版社 2003 年版。

② 参见张晋藩：《综论独树一帜的中华法文化》，《法商研究》2005 年第 1 期。

③ 《礼记·表记》。

④ 《尚书·康诰》。

⑤ 《孟子·万章上》。

⑥ 《左传·襄公三十一年》。

（二）人本主义在刑罚领域中的影响

西周人本主义在刑罚领域内的影响便是"重视人命""克明德慎罚"（《尚书·康诰》），后来流行于百姓口耳的"人命关天"一说，颇能说明此一问题。由第二章我们已经知道夏商存在着"天罚"，统治者动辄以天的名义行残酷的刑罚。但至西周时，施行刑罚时就较为慎重了，不轻易处死。比如在武王和周公的弟弟康叔封即将赴卫国担任始封君时，统治者谆谆教导他要：

> 若保赤子，惟民其康乂。非汝封刑杀人，无或刑人杀人，非汝
> 封又曰劓刵人，无或劓刵人。[1]

又告诫狱讼判决既要谨慎，又要及时，所谓：

> 要囚，服念五六日，至于旬时，丕蔽要囚。[2]

这些都表明，到了周代，法官普遍表现了对刑罚的慎重，刑罚是圣人不得已而为之。其后的文化根本正是"以人为本"，表现出对于个人生命的敬畏。

（三）从神判到理性审判

人本主义表现于司法审判方面，我们更加清楚地看到从鬼神到人事的演变脉络。在第二章中，我们述及殷商时代，占卜之风盛行，大事小事都赖于神示。司法活动中采取"神判"，也是借此为人事行为取得神的支持，似乎有不自信感，需要借助外部力量来加强确定性。但是到了西周时期，在长期的实践过程中，人们发觉人的理性更可靠，于是逐渐开始摆脱审判法束缚，便有了"以五声听狱讼，求民情"的神判方法。这是一种早期审判心理学的典型运用，表明人的主观思考与判断不再依赖神的力量。另外，周人在审判中又发明了"三刺"（讯群臣、群吏、万民）、"三宥"（宥不识、过失、遗忘）、"三赦"（赦幼弱、老旄、愚蠢），表明了周人在审判中发挥理性的作用，区别不同情况，进行司法。理性审判在民事诉讼中，表现为重视物证的价值，所谓：

---

[1]　《尚书·康诰》。

[2]　《尚书·康诰》。

> 凡民讼，以地比正之；地讼，以图正之。①
>
> 凡以财狱讼者，正之以傅别、约剂。②

以上这些规定都表达了科学的进步和对人价值的重视，具体的西周司法思想和司法制度，详见本章第二、第三节。

（四）祭祀——人性的彰显

现在再比较一下商周祭祀的异同。关于祭祀的作用，上文已有所提及，这里所讲的是殷商后期，关于祭祀出现了新旧两派。旧派祭祀的对象极其复杂，卜问的问题无所不包。而新派祭祀的对象仅仅限于先王，世系遥远的先公也排除在整齐划一的祭祀礼仪之外。新派占上风的时候，问卜的问题大都为例行公事。占卜事的稀少表明鬼神的影响力减少，而与之相对应则人事较受重视，祀典只剩下井然有序、轮流奉祀先王先妣。礼仪性的增加毋宁反映了巫术性的减低，若干先公先臣的隐退，则划分了人鬼与神灵的界限，可见重人事的态度取代了对鬼神畏惧而起的崇拜，这是新派祭祀代表的一种人道精神。当然新旧两派免不了激烈斗争，最后妥协的产物是发觉人实在有限，那么将祖先神话也是不可避免，只不过不再毫无保留地崇拜图腾和自然神。这种合流开启了新的神道设教的新传统，不仅安定了当时的世道人心，而且为后世的儒家政治法律哲学开了先河，为中国的政治权威设下了民意人心的规则与约束。③

四、天命与德行：西周法律文化的内涵

（一）天命与德行的结合

关于天命与德行结合的详细论证，留待下章。简言之，则是西周统治者

---

① 《周礼·地官·小司徒》。
② 《周礼·秋官·士师》。
③ 参见前揭许倬云：《西周史》，第11页。

从商亡周兴的长期历史中，总结出一个规律：单凭天命无法说明周人取代商人统治的合法性，而单凭德行又无法构筑统治的权威性，最好的做法是将两者相结合。作为一个佐证，我们比较一下商周青铜器，就会发觉相比而言，殷商的青铜器器物精美，上面多为图案，内容大抵为兽鸟虫鱼，多为祭神的礼器。而西周青铜器则相对质朴，上面刻着许多铭文，内容或为宣示天的旨意，或为发布的行政命令，或为一项严肃的记事。其原则在于要求人民则天而行，注意德行。"德"的观念的生发，确乎是西周异于殷商的一个重要方面。

（二）礼——德的外在形式

《礼记》有云：

> 故圣人耐以天下为一家，以中国为一人者，非意之也，必知其情，辟于其义，明于其利，达于其患，然后能为之。何为人情？喜、怒、哀、惧、爱、恶、欲，七者弗学而能。何为人义？父慈子孝，兄良弟弟，夫义妇听，长惠幼顺，君仁臣忠，十者谓之人义。讲信修睦谓之人利，争夺相杀，谓之人患。故圣人之所以治人七情，修十义，讲信修睦，尚辞让，去争夺。舍礼，何以治之？①

此语将"礼"的作用，表达得至为明白。"礼"是一种规范，它的作用正在于实现"德"。

《周礼》中篇章亦可作为佐证，如"地官·大司徒"中讲大司徒"乡三物"教万民而宾兴之：

> 一曰六德：知、仁、圣、义、忠、和；二曰六行：孝、友、睦、姻、任、恤；三曰六艺：礼、乐、射、御、书、数。②

这是总体上讲德行，先述德行本体，次述德行表现，再述发扬德行需要

---

① 《礼记·礼运》。
② 《周礼·地官·大司徒》。

具备的能力，最后又说：

以王礼防万民之伪而教之中，以乐防万民之情而教之和。①

是可知礼所以指导人的行为，使其归于德，乐所以陶冶人的性情，使其善于行。这一点开启了后世"礼、乐、政、刑"综合为治、而以德礼为政教之本的治术传统。

（三）礼——从宗教到世俗

礼原来是氏族社会敬神祈福的一种宗教仪式，东汉许慎在《说文解字》中解释"礼"时说，"礼，履也，所以事神致服也。"说的就是这个意思。早先的五礼：凶、吉、军、宾、嘉各自在不同的领域内行事以符合社会对德行的需求。以"吉礼"事邦国之鬼神示，范围主要是祭祀活动，对象为昊天上帝、日月星辰、风云雷电、三山五岳及先王；凶礼主要是丧吊到抚恤之礼；军礼是与外邦打交道的礼节，嘉礼亲万民，宾礼主朝聘。当时最为重大的礼，主要是吉礼、祭祀之礼，带有极强的宗教神圣性。但是到了西周以至于春秋时期，尽管五礼依然兴盛，但已经渐渐趋向于人事，趋向于现实生活，所谓的周公九礼：婚、冠、朝、聘、丧、祭、乡饮酒、宾、军旅，则主要是面向世俗生活的，展现的是不同的人生阶段需要具备的嘉言懿行。正如张晋藩先生所指出的：阶级社会越发展，作为氏族社会祀神祈福仪式的礼，顺应社会发展的需要，成为一种统治的手段。有关礼的概念和学说构成国家的一种精神，礼的着眼点已经由神转向人，由天上到地下，由帝廷到社会，最后礼法竟然与纯粹世俗的法合在一起，共同规范人们的行为。② 这个过程自然不能一蹴而就，但毫无疑问的是，这个过程在西周得到了特别明显的印证。

总之，比较系统的典章文物、法律制度的确是到西周才开始的，诚如许

---

① 《周礼·地官·大司徒》。

② 参见张晋藩：《综论独树一帜的中华法文化》，《法商研究》2005年第1期。

倬云所述:"西周以蕞尔小国取代商崛起于渭上,开八百年基业,肇华夏意识端倪,创华夏文化本体,成华夏社会基石,是中国古代史上的一个重要的历史阶段。"①西周上承之前殷商灿烂的祭祀礼乐文化,下开之后礼乐政刑综合为治的法文化先河,为一代典章制度之始。虽然,目前讨论西周法制的材料,有许多仍属"传疑"的性质,但较之讨论夏商乃至更早历史阶段的材料而言,已经堪为信史了。

第二节　西周时期的司法思想

西周时期的司法思想,是西周法律文化思想中的重要组成部分,在以上第一节中已有概括。本节我们所要讨论的,限于"狭义"的司法思想。

在以人为本、明德慎罚这一西周整体法律原则的指导之下,司法思想也主要强调先教后刑,反对不教而诛,而且必须刑罚得中,罚当其罪。具体来看,主要有以下三个方面。

一、敬明乃罚,哀矜折狱

"敬明乃罚",即执行刑罚必须严明而谨慎。《说文解字》云:"敬者,肃也。"所谓"在貌为恭,在心为敬"②,敬明乃罚要求司法者在内心中要对司法活动真正加以慎重的对待,不怠慢不苟且。此语见于周王在对卫国始封君康叔封的告诫中:

　　王曰:"呜呼!封,敬明乃罚!"③

---

① 前揭许倬云:《西周史》,"封底"。

② 《礼记·曲礼》。

③ 《尚书·康诰》。

为了表明什么才算是"敬明乃罚"，周王举例加以说明：

> 人有小罪，非眚，乃惟终，自作不典，式尔；有罪厥小，乃不可不杀。乃有大罪，非终，乃惟眚灾，适尔，既道极厥辜，时乃不可杀。[1]

意思是有人犯了小罪，但仍旧怙恶不悛，是一种故意的惯犯，那么即便罪小，也要杀；反之，如果有人偶犯，且是过失，能真心悔过，即便罪大，只需要对之进行适当的惩罚，而不一定要杀掉。一般的法律史学著作中，通常将之作为惯犯和偶犯的区别对待原则。实则更关键的是，这是周王对什么叫"敬明乃罚"所举的一个事例，通过详细区分犯罪者的主观方面，到底是故意还是过失，到底是惯犯还是偶犯，来决定最后的处理方式，这一细致的过程，就能体现"敬"这个字的内涵，目的是实现司法的公平。

除了区分犯罪者的主观方面，司法的程序和时间保障，也能体现出司法的严明和谨慎。周王在告诫康叔封时，又提到：

> 要囚，服念五六日，至于旬时，丕蔽要囚。[2]

即要求对于囚犯，要仔细审理五六天，甚至于十天到一个季度，直到审理得没有冤屈的时候，才能判定他们的刑罚，到这个时候，才算达到"明"的地步。如此审慎的做法，在《周礼》中表现得更加明显，如"三刺""三赦""三宥"之法等，此点在下节讨论具体制度时再涉及。《礼记》很明显地受到了《周礼》的影响，在《王制》一篇中，同样强化了敬明乃罚的做法：

> 司寇正刑明辟以听狱讼。必三刺。有旨无简不听。[3]

它要求作为司法主官的司寇，须公正审判，法度严明。对于疑难案件，要多方质证。当事人如果口说无凭，"有旨无简"的，不能采信。"旨"即陈述或者请求，而"简"，字面上表示"简册"，引申义为证据。审判活动中注

---

[1] 《尚书·康诰》。

[2] 《尚书·康诰》。

[3] 《礼记·王制》。

重证据，就是一种谨慎的表现。《王制》一篇，虽非西周制度实录①，但是当中反映的司法思想，结合其他西周材料来看，是若合符节的。《尚书》"周书"《吕刑》一篇，同样谈到了要重视证据，严明司法：

> 五刑之疑有赦，五罚之疑有赦，其审克之！简孚有众，惟貌有稽。无简不听，具严天威。②

"其审克之"一语，可见统治者对司法慎重的强调，而"无简不听"，似乎已经成为周穆王时期的司法常态。

当然，与"敬明乃罚"相应的，则是西周"哀矜折狱"思想的萌发。"敬明"也可以说是"哀矜"的一种表现。《吕刑》云：

> 察辞于差，非从惟从。哀敬折狱，明启刑书胥占，咸庶中正。③

是说对待犯罪者的前后参差之词，司法者应该秉承"非从口供，惟从实情"的原则。务必以哀怜矜惜之心来处理刑狱之事，包括明察其口供在内。司法者还需要明白无误地开读刑书，与众人共同参究拈准，诸狱官取得共识后，再做决定。这样，司法才能得中正而无冤滥过误。

哀矜折狱思想是西周统治者"以德配天，敬天保民"思想在司法领域内的贯彻。与第二章中所述的夏商"天罚"相似，西周统治者在取代了殷商之后，反复地强调，灭商并非周人私心作祟，实乃"恭行天罚，吊民伐罪"。且放低姿态，强调周本小邦，商为大邑，之所以天命在周不在商，实乃因商人丧德，天命由商转移到周所致，正所谓：

> 予一人惟听用德，肆予敢求于天邑商，予惟率肆矜尔。非予

---

① 《礼记》一书的作者和各篇制作年代同样存在着争议。但通说认为编定者是西汉学者戴德和他的侄子戴圣。戴德选编的 85 篇本叫《大戴礼记》，后来部分散佚，至唐代只剩下 39 篇。戴圣选编的 49 篇本叫《小戴礼记》，即今本《礼记》。一般认为，《礼记》是战国至秦汉年间儒家学者解释说明经书《仪礼》的文章选集，是一部儒家思想的资料汇编。但其中保留了许多西周以来的社会思想和礼仪制度。

② 《尚书·吕刑》。

③ 《尚书·吕刑》。

罪，时惟天命。①

殷商统治者不恤人民，残暴统治，导致商人离心离德，人民临阵倒戈等历史教训，深深刺激了后来的周统治者，所谓"殷鉴不远"，故而周统治者一上台，就鲜明地提出"保民"的观念，作为"以德配天""敬天"的落实，认为只有这样，才能保证国祚的绵延，正所谓：

若保赤子，惟民其康乂。②

也就是说对待人民要像小孩子一样加以呵护，这样人民就会拥护你，天下才能太平。是故周统治者在殷遗民前不以征服者面目自居，反而一直强调商人的祖先是道德的典范，自己也要效法他们：

自成汤至于帝乙，罔不明德恤祀。亦惟天丕建，保乂有殷，殷王亦罔敢失帝，罔不配天其泽。③

我时其惟殷先哲王德，用康乂民作求。④

在这一思想的支配下，司法领域中的"矜恤主义"也就水到渠成了。西周统治者在一篇文诰中对此说得很明白：

其惟王勿以小民淫用非彝，亦敢殄戮用乂民，若有功。⑤

意思就是说不要为了小民可用，就非法地尽量使用他们；就是他们犯了罪行，也不要用过度的刑罚去惩罚他们，只有这样才能发生功效。这段话传统上一般理解为召公之诰，但据刘起釪先生的研究，当为摄政的周公对在洛阳的召公及其他周室高级官僚所作的训诰⑥，是可见这是西周正统思想无疑。上述论断中不要用过度的刑罚去惩罚，实质上就是"哀矜折狱"的另一种表述。

"哀矜折狱"表现在刑事处罚上，在文献中多有体现，例如：

----

① 《尚书·多士》。
② 《尚书·康诰》。
③ 《尚书·多士》。
④ 《尚书·康诰》。
⑤ 《尚书·召诰》。
⑥ 参见顾颉刚、刘起釪：《尚书校释译论》第三册，中华书局2005年版，第1448—1449页。

司圜掌收教罢民。凡害人者，弗使冠饰，而加明刑焉。任之以事，而收教之。能改者，上罪三年而舍，中罪二年而舍，下罪一年而舍，其不能改而出圜土者，杀。虽出，二年不齿。凡圜土之刑人也，不亏体，其罚人也，不亏财。①

虽然《周礼》的说法多带有理想主义色彩，但作为思想史材料，这段对囚犯分层改造的措施，其实直观地表达了西周哀矜折狱的观念。

对受刑者，心存哀矜，古文献中最为著名的一段话谓：

与其杀不辜，宁失不经。②

此话出自伪古文尚书《大禹谟》中，而衡诸历史，宁可触犯大经大法也不杀掉无辜之人，这样强烈的矜恤主义的思想，似乎只有到西周才能实现。《周礼》中的赦宥之法，《吕刑》中的赎罪之条，都可以看成是哀矜折狱思想在制度上的体现。为了表示对罪人的矜恤，《吕刑》中出现一个词，称为"祥刑"。"刑"本为不祥之物，何以要和"祥"连称？实则表达良善用刑，宽以待民之意，即便对待罪人，也要如此。刑罚乃阴性之物，矜恤宽容乃阳性之物，在司法过程中给予罪人罪行适当的矜恤，乃阴阳相调和之法，"祥刑"的提法，符合传统古代最为正统的"中和"观。致中和，天地位，万物育。这恰恰是西周司法理性的典型体现。③

这一哀矜折狱思想，至春秋时，孔子又将之发挥，流传下一句名言：

上失其道，民散久矣。如得其情，则哀矜而勿喜。④

这可以理解为人民的犯罪其来有自，即便是自作自受，也得对之怀有同情之心。此一肇端于西周的司法思想，对后世影响至为深远，所谓：

司寇行刑，君为之不举乐，哀矜之心至也。⑤

————

① 《周礼·秋官·司圜》。

② 《尚书·大禹谟》。

③ 关于"祥刑"一词的演变与司法理性主义的联系，参见包振宇：《"祥刑"思想中的司法理性》，《扬州大学学报》（人文社会科学版）2016 年第 5 期。

④ 《论语·子张》。

⑤ （晋）傅玄：《傅子·法刑》。

几乎已经成为后世官僚士大夫对待司法的常态。后世每每有以"祥刑"作为律学著作名称的事例，也可证实此点。[①]

敬明乃罚、哀矜折狱，体现出自商到周，法律思想由神祇到人事的转变，散发出强烈的人文理性精神。

二、义刑义杀，刑兹无赦

在敬明乃罚、哀矜折狱的司法思想的统率下，对待刑罚问题，西周统治者强调"义刑义杀，刑兹无赦"。

义者，宜也。义刑义杀，强调刑杀的正当性，就是说处刑杀伐时，必须是合理正当的。吴汝纶《尚书故》中，将之释为"善刑善杀"，[②] 在正当性之外，又加上了"祥刑"矜恤的色彩，亦符合思想本义。

西周对待文明程度不同的地域，采用不同的治理方法。西周的国家结构详见本章第三节，早先的国家形式，是所谓的"五服"结构，这就是《国语》中所谓：

> 夫先王之制，邦内甸服，邦外侯服，侯、卫宾服，蛮、夷要服，戎、狄荒服。[③]

到西周，由于行分封，使得"甸服""侯服""宾服"事实上已被"王化"，成为"化内人"，而"要服""荒服"一则距离西周王廷较远，一则还未服王化，所以仍旧是"化外人"。根据这样的差别，西周王廷采取不同的治理手段：

> 甸服者祭，侯服者祀，宾服者享，要服者贡，荒服者王。日

---

① 有关"祥刑"著作与传统司法思想的关系，参见邱澎生：《祥刑与法天：十七世纪中国法学知识的"信念"问题》，载（台北）"中央研究院"历史语言研究所学术讲论会文集，2002 年 4 月 29 日。

② 转引自前揭顾颉刚、刘起釪：《尚书校释译论》第三册，第 1332 页。

③ 《国语·周语》。

祭、月祀、时享、岁贡、终王，先王之训也。有不祭则修意，有不祀则修言，有不享则修文，有不贡则修名，有不王则修德，序成而有不至则修刑。于是乎有刑不祭，伐不祀，征不享，让不贡，告不王；于是乎有刑罚之辟，有攻伐之兵，有征讨之备，有威让之令，有文告之辞。布令陈辞而又不至，则增修于德而无勤民于远，是以近无不听，远无不服。①

也就是说，对于"王化"地域，西周更多强调以礼"治"之，"祭""祀""享"都是礼的反映，是文化共同体内交流的基本方式。而对于"化外"之地，则强调以礼"待"之，或者以"礼"化之，希望将之逐渐吸收进"化内"，"贡""王"是周王廷与化外地方交流的形式。总之，王庭对于各地方，总的原则就是以礼来规范。只有在各地都违礼的时候，才有"刑""伐""征""让""告"的强制形式。且强制形式，也是对于"化内人"相对严，而对于"化外人"相对宽。对于"不贡""不王"者，仅仅是用"威让之令""文告之辞"来处理。其中特别提到"序成而有不至则修刑"，可见"修刑"是在其他措施用尽的情形下，才采取的手段。对"五服"相应做区别对待，就是周王廷所谓的"义"。虽然以上两段文字出自春秋战国时期的史官，是对西周历史的追述，但是从中还是可以看出西周的"义刑义杀"的理念。

"义刑义杀"一语，最初出现于《尚书》的《康诰》一篇：

　　王曰："……罚蔽殷彝，用其义刑义杀，勿庸以次汝封。"②

如上章所述，这是西周统治者在告诫康叔封在殷商故地卫国进行治理时，不可师心自用，而得参考殷商旧法，正当地司法。西周统治者还强调商朝的先王，从成汤到帝乙，都是明德慎罚、义刑义杀的典范：

　　……乃惟成汤以尔多方简代夏作民主。慎厥丽乃劝，厥民刑用劝。以至于帝乙，罔不明德慎罚，亦克用劝。要囚，殄戮多罪，亦

---

① 《国语·周语》。

② 《尚书·康诰》。

克用劝。开释无辜，亦克用劝。[①]

大意是说只有成汤善于取得多方人士的支持，以取代夏王做了民众的君主。商汤对于用刑一事至为谨慎，民众感念其德而勤勉向善，商汤要用刑罚，必针对有罪之人，其结果是让民众引以为戒而改过迁善。从商汤直到帝乙，莫不明德慎罚，使民向善，无论是对罪小者处以幽闭，还是对罪大者处以杀戮，都能使罪刑相适应，对于无罪之人，必定开释无疑，更能劝化人心。这段话与其是追述商朝先王的事迹，不如说是周统治者的夫子自道。商汤至帝乙的事迹不可确考，但是西周统治者"义刑义杀""亦克用劝"的做法，在关于西周的各种文献记载中是相一致的。

"义刑义杀"也是上述"祥刑"思想的突出表现，既强调"宜"，也就是司法要得其"中"，罪刑要相适应。针对不同的情形，要相应作出合理适度的处罚措施。例如：

> 上下比罪，无僭乱辞，勿用不行，惟察惟法，其审克之！上刑适轻，下服；下刑适重，上服。轻重诸罚有权。刑罚世轻世重，惟齐非齐，有伦有要。[②]

这是《吕刑》中在谈到比附量刑问题时总结的经验。是说如果所犯之罪于法无其专条之时，就可以上比其重罪，下比其轻罪，在两者之间找一个合适的尺度来判定。但不能差错妄乱其供词借以为奸乱法，不能用不合理的理由罗织罪状，只能明察秋毫，以法为据，必须要慎之又慎。如果犯的是重罪，但有从轻情节，那么可以适当从宽处罚；反之，如果犯的是轻罪，但情节恶劣，那么可以适当从重处罚。既要衡量犯罪行为人个人的情形，又要照顾到时代因素。刑罚要随着时世不同而或用轻刑，或用重刑。这样刑罚或轻或重，表面上看起来并不齐一，但实质上符合法律"公正""齐一"的内在本质。犯罪与刑罚之间，自有伦次，自有纲要，比罪量刑，需要视具体情形

---

① 《尚书·多方》。

② 《尚书·吕刑》。

而定，不能一概而论。这段话，可以看作是"义刑亦杀"最好的注解，是中国传统法文化中"动态合理正义观"的突出体现。①

当然，并不是说明敬明乃罚、哀矜折狱，或者义刑义杀，就是对犯罪者的姑息。哀矜也需要辩证地来看。对罪大恶极者的姑息纵容，恰恰是对良善百姓的不负责任，是不符合人类理性的。所以西周统治者在强调明德慎罚时，旗帜鲜明地提出也要"刑兹无赦"：

> 王曰：封，元恶大憝，矧惟不孝不友。子弗祗服厥父事，大伤厥考心；于父不能字厥子，乃疾厥子。于弟弗念天显，乃弗克恭厥兄；兄亦不念鞠子哀，大不友于弟。惟吊兹，不于我政人得罪，天惟与我民彝大泯乱，曰：乃其速由文王作罚，刑兹无赦。②

这段话同样是西周统治者对康叔封的告诫，强调要严惩两种人，一种是"元恶大憝"，另外一种是"不孝不友"，前一种当然即指罪大恶极之流，而后一种则是有亏孝悌之道者，都是不能加以宽宥的。并且统治者认为，如果对这类罪行加以宽容、不给予处罚的话，那么有违天理常道，所以特别提醒康叔封要按照文王所制的刑罚，来处罚这些恶不可赦的人。

文王当然被西周人视为最高德行的化身，从"速由文王作罚"一语来看，在西周统治者那里，明德慎罚和刑兹无赦是统一的。德行的发扬并不排斥刑罚的严惩。明德慎罚针对一般的百姓和一般的罪行，而刑兹无赦则针对罪大恶极者。

那么什么罪行方能达到"刑兹无赦"的程度呢，因为系统的西周法律制

---

① "动态合理正义观"，是一种中国古代传统的正义观念，这个观念由张中秋先生提出。张中秋先生认为，这一传统正义观区别于形式公平的正义观，而强调内在的"合理性"，这一正义观内涵丰富，简言之要求等者同等、不等者不等、等与不等在一定条件下可以转换。即同样条件和同样身份的要齐一对待，不同条件和不同身份的要区别对待，条件和身份在一定条件下转换后，相应的对待也需转换，只有如此才能保证事实上的合理，合理是一种动态化的平衡。当平衡被打破后，那么就会出现不正义。参见张中秋："传统中国法特征新论"，《政法论坛》2015 年第 5 期。更为详细的讨论，见氏著：《原理及其意义——探索中国法律文化之道》，中国政法大学出版社 2010 年版。

② 《尚书·康诰》。

度并没有流传下来，所以无法对无赦的罪名作一数量的统计。但是从《礼记·王制》的相关记载中，还是可以看到一点线索：

> 析言破律，乱名改作，执左道以乱政，杀。作淫声、异服、奇技、奇器以疑众，杀。行伪而坚，言伪而辩，学非而博，顺非而泽，以疑众，杀。假于鬼神、时日、卜筮以疑众，杀。此四诛者，不以听。凡执禁以齐众，不赦过。①

《王制》虽非周王之制，而是理想化的制度，但其中应该保留有周代制度。从上面看到，断章取义曲解法律，擅改既有制度，用歪门邪道祸乱政令者，要杀掉。制作靡靡之音、奇装异服、怪诞之技、奇异之器而蛊惑民心的人，也要杀掉。言行不一，还要巧言令色，向民众灌输异端思想的，要杀掉。凡是假托鬼神、时辰日子、卜筮招摇撞骗以蛊惑人心者，仍旧杀掉。上述的四种被杀者，不再接受他们的申诉。推行禁令就是为了让民众一道遵守，所以民众明知故犯，绝不饶恕。

上述四种行为只是"刑兹无赦"中涉及的一个方面，其他"无赦"的情形必定还有。但以上四者，可能是统治者最关心的问题。第一种是政治性犯罪，针对扰乱政令者；第二种是社会性犯罪，针对离经叛道者；第三种是思想性犯罪，针对危言耸听者；而最后一种则是宗教性犯罪，针对装神弄鬼者。其中第二类也可归于第一类，而第三类也可归于第四类，这样看来，上古"国之大事，惟祀与戎"的理念，在这四类不得赦的犯罪中得到贯彻。"祀"可以理解为宗教活动，而"戎"从广义上讲就是政治。西周距夏商神权政治不远，鬼神、卜筮仍有一定的市场，这对用人文理性精神来治国的西周统治者而言，无疑是一个威胁，所以在法律上特别于此加以打击，从这一点上来看，《王制》这一段言论，庶几可以代表西周"刑兹无赦"思想的贯彻。

总之，义刑义杀、刑兹无赦这一司法思想，就是要求司法者在司法活动中贯彻理性，采取合理手段或方法进行司法，罚当其罪；同时，对于严重扰

---

① 《礼记·王制》。

乱统治秩序，破坏社会生活者，必须严惩不贷，绝不姑息。

三、非佞折狱，惟良折狱

敬明乃罚、哀矜折狱，这一司法原则要想贯彻落实，除了制度的保障外，还得仰赖司法人员的素质。所以西周统治者特别强调要择良善之士进行司法。《吕刑》篇云：

> 非佞折狱，惟良折狱，罔非在中。①

明确地表明了司法需择人而行的观念，奸佞之徒断不能使之断狱，而只有良善的人才担任断狱，良善之人断狱，才会使得刑罚合于"中道"，做到轻重不差。司法活动有其特殊性，不容差池，需要慎之又慎，《王制》云：

> 刑者侀也，侀者成也，一成而不可变，故君子尽心焉。②

就是说，"刑"定型之义，而定型，就是形成的意思。判决一经形成就不可改变，所以君子对审理案件需要非常尽心。"惟良折狱"中"良"第一要义就是要认真勤谨，即"尽心"。

西周统治者在要求臣下诸侯择贤人司法时，特别提到了一个反面的例子，要大家吸取"历史"的教训：

> 惟时苗民匪察于狱之丽，罔择吉人，观于五刑之中，惟时庶威
> 夺货，断制五刑以乱无辜，上帝不蠲，降咎于苗，苗民无辞于罚，
> 乃绝厥世。③

苗民不认真对待狱讼之事，不择善人（吉人）来司法，导致权贵横行无忌，官僚货贿夺法，随便变乱五刑残害无辜，终于引发上天降下惩罚，断了苗裔世系。这与其说是周王所列的历史典故，不如说是其有感于现实的危机，而"创造"出一个"历史"的教训，来警示臣下和诸侯，"惟良折狱"

---

① 《尚书·吕刑》。
② 《礼记·王制》。
③ 《尚书·吕刑》。

是其司法工作指示中的一大重要方面。

"良"的总体要求就是上文所述的"尽心"，怎么才算做到"尽心"呢？《吕刑》中同样从正反两个方面来诠释何为良。

从正面而言：

> 典狱，非讫于威，惟讫于富。敬忌，罔有择言在身。惟克天德……①

这是西周统治者告诫职掌刑狱的官员，不应以向民众立威为终极目标，而应以造福人民为鹄的。"富"通"福"。在执行司法事务的时候，司法人员应心存敬畏，谨言慎行，这样才能肩负起行"天德"的重任。"天德"，刘起釪先生释为："决定一个人生死寿夭之命的是天德，典刑狱的人肩任着这一天德"②，无疑在周人那里，人命关天的理念已经形成。

要做到"非讫于威，惟讫于富"，司法官必须不畏权势，追求真相，处断时哀矜勿喜，即：

> 虽畏勿畏，虽休勿休，惟敬五刑，以成三德。③

就是说司法官在处理狱讼时，当不为威屈，不为势夺，遇到权势不畏惧，治理狱讼，即便讯得真相，也应当哀矜而勿喜。且对五刑之用保持敬畏，以成三德。所谓"三德"，据刘起釪先生的解释："刑当轻为柔德，刑当重为刚德，刑不重不轻为正直之德(刚、柔、正直为'三德'，见《洪范》)"。④

做到刚柔并济，正直无私，那么就能成就"良"了。

从反面而言，就是要避免某些行为，如果司法官员有下列行为者，即可归于"佞"之列，即"五过之疵"：

> 五过之疵：惟官、惟反、惟内、惟货、惟来。⑤

---

① 《尚书·吕刑》。

② 前揭顾颉刚、刘起釪：《尚书校释译论》第四册，第2079页。

③ 《尚书·吕刑》。

④ 前揭顾颉刚、刘起釪：《尚书校释译论》第四册，第2079页。

⑤ 《尚书·吕刑》。

是哪五种行为呢？第一是"惟官"，利用权位挟势以凌下，或者只看上官的命令行事，枉法裁判；第二是"惟反"，官员滥用司法权力，公报私仇；第三是"惟内"，官员内情用事，袒护亲友；四是"惟货"，官员贪污受贿，贪赃枉法；五是"惟来"，官员接受请托，徇私枉法。

当然，"佞"肯定不止以上五种，不过以上"五过"，确实为司法腐败的典型体现。所以周王一而再、再而三地谆谆教导臣僚"祥刑"之道：

> 在今尔安百姓，何择非人，何敬非刑，何度非及！①

是说现在你们大臣、诸侯要安抚百姓，当选择什么呢？不就是选择良善之人来进行司法嘛！当敬用什么呢？不就是既定的法律嘛！应当以什么为准绳呢，不就是事实嘛！可见，统治者将"人""刑""事"（"及"）均看作司法工作中缺一不可的环节。且将择人这一环节，安排在刑和事的前面，高度看重人的问题。

这一"非佞折狱、惟良折狱"的司法思想对后世同样影响深远，孔子的"为政在人"②、孟子的"徒善不足以为政，徒法不能以自行"③、荀子的"有治人，无治法"④，无一不强调择人的重要性。后世将择人与治法两者相结合，在此基础上形成"德法兼治"的治国方略。在司法活动中，以治法为本，以治人为用，成为中华法系的一个重要特征。⑤

综上所述，到了西周，虽然"天命""神权"的影响仍然存在，但已经和夏商有了根本区别，在夏商"天命""神权"是司法活动的依据，而到西周，它们已经成为"神道设教"的工具，是为人文和理性铺路的，西周鉴于夏商

---

① 《尚书·吕刑》。

② 《论语·为政》。

③ 《孟子·离娄上》。

④ 《荀子·君道》。

⑤ 张晋藩先生认为，治法与治人是中国古代治国理政的方法、谋略与措施。中国古代政治家、思想家在长期的实践中，形成了治法为本、治人为用，二者相辅相成，综合治理国家的经验和智慧，在历史上发挥了重要作用。参见张晋藩：《论治法与治人——中国古代的治国方略》，《法律科学》2011 年第 4 期。

两朝兴亡的历史经验和教训，结合现实统治的需要，弘扬"以德配天，敬天保民"的统治思想，在此指导之下，遂逐渐形成以上司法思想，一以理性与人文为旨归。诚如西周统治者所强调的：

　　　皇天无亲，惟德是辅。民心无常，惟惠之怀。①

　　尽管西周倡导的理性和人文主义的司法思想，最终的落脚点还是为了维护统治之需，但在客观上，的确起到了"惠民"的效果，周朝国祚的绵长，莫不与此相关。

第三节　西周时期的司法制度

　　根据学界通说，西周还处于"秘密法"的状态。此时法律虽未公布出来，但并不表示不存在成文形式的法律。② 遗憾的是，因为时代久远，并无

---

① 《尚书·蔡仲之命》。

② 《左传·昭公六年》中，晋国的贤臣叔向说："先王议事以制，不为刑辟，惧民之有争心也，犹不可禁御……"很多中国法制史学教材解释为先王临事设法，不预设刑罚，是因害怕人民看到了刑书，会根据相应条款，起争斗之心。实则根据该文文意，"惧民有争心"，应该与"犹不可禁御"等下文连读。因为叔向的本意，在于强调德主刑辅、明刑弼教。所以先肯定先王临时制刑，不预设法的做法。但是同样强调"惧民之有争心，犹不可禁御"，就是临时制刑、不预设法，只是一种理想状态，而在现实生活中，这样做无法防止民有争心。单靠临时制刑，无法禁御百姓的犯罪。于是后文紧接着写道："是故闲之以义，纠之以政，行之以礼，守之以信，奉之以仁。制为禄位，以劝其从。严断刑罚，以威其淫……"从"是故"一词可知，这是因为犹不可禁御引发的一系列治民措施，这些措施有"义""政""礼""信""仁""刑罚"等，即"礼"与"法"，或者德与刑两手。所以从叔向的话中，并没有办法得出先王没有法律，或者没有既定的法律文本的做法。且叔向并不反对施用刑罚，甚至还主张有成文法，比如《左传·昭公十四年》中，晋国韩宣子问如何处理邢侯杀叔鱼与雍子于朝一案时，叔向还征引《夏书》，说"昏、墨、贼，杀，皋陶之刑也"。主张对"杀人不忌"的邢侯处死。从叔向的种种举动中，我们可以看出，叔向绝对不是议事以制，不为刑辟，也不赞成临时设法的做法，也绝对不反对使用刑罚，更不会反对制定法律。他所反对者，只是将本来由统治阶级内部才看

法典流传下来。后世欲了解周的典章制度，所能依靠最为系统的文献，仍只有《周礼》一书。《周礼》形式上最类法典，但是它不可能是周公所作，这点已经成为学术界的主流观点。关于《周礼》的作者和成书年代，至今仍众说纷纭①，一个相对可信的观点是："《周礼》一书乃是战国末年富有复古济世思想的儒家所作。当时列国纷争，兵连祸结，邪说暴行充斥世间，有儒生怀匡时救世之志，意欲拯黎民于水火，无奈道不见用，报国无门，只得退而著述，追思三代圣王之道，勾画邦国典制蓝图，藏之名山以俟后人。"②

虽然不尽为西周时期的制度，但诚如梁启超先生所说的："惟书中制度，当有一部分为周代之旧。"③ 近年来的商周考古发现，也在某些方面佐证出《周礼》中所述的部分制度确为周制。故而本节主要以《周礼》中述及法律的《秋官》一篇为基础，配合其他传世文献，来勾勒西周司法制度轮廓，至少表明理想中的西周司法制度究竟如何。至于考古方面的实证材料，留待下一节来补充。

一、司法机构

西周的司法机构，有常设司法机构，有临时性司法机构。西周实行宗法封建制，通过分封王室同姓子弟和异姓诸侯，将领土划分为周王直接统治的

得到的法律制度，公布给社会其他阶级。且反对随意更改祖制，多设法律，造成法令滋彰的做法。这和古代"学在官府"的"王官学"的思维相一致，是一种旧贵族精英式的法律观念。

① 钱玄先生的说法最为妥切，《周礼》为"理想国的官制"，载氏著：《周礼译注》，岳麓书社2001年版，封三。从这部书里，我们可以看到各种各样的官职，被有条不紊地组织起来，从而形成一整个体系精密、分工井然的国家治理结构，堪称各种典章制度的大全。关于《周礼》的作者和成书时间，最有影响的有"西汉末刘歆伪造说""末世渎乱不验说""周公之书说""战国时人作书说"这四种说法，每一种说法都有一定的根据。具体说法参见蒋伯潜：《十三经概论》，上海古籍出版社1983年版，第251—257页。

② 张晋藩、陈煜：《辉煌的中华法制文明》，江苏人民出版社2015年版，第1页。

③ 梁启超：《读书指南》，中华书局2012年版，第11页。

国畿地区和诸侯王统治的诸侯国。名义上"溥天下之，莫非王土；率土之滨，莫非王臣"。① 天下都是周王所有，诸侯王只是接受周王分封而代其统治地方的。但诚如李峰先生所论，西周国家的功能是由众多的地方代理人来执行的，而且大国诸侯有时还可以兼任周王室的官吏，如周初卫康叔封曾为周司寇，西周末期郑桓公也做过周的司徒。这些受封的地方封国，也可以当作是中央政府在地方的翻版。周王在直接统治的国畿之外，是通过诸侯的统治来实现的，周王实际上放弃了自己对这些领土的管理权。② 一开始，诸侯国君要么为周室宗亲，要么为姻亲勋贵，或者为前朝旧贵族，他们与周王室或者关系亲密，能屏藩周室，或者势单力薄，无力挑战周室权威。所以分封制在西周初期至中期，是一个比较理想的制度，但随着时间的发展，诸侯王和周王的亲缘关系不可避免越来越远，加上诸侯国自身势力的增强，逐渐形成内轻外重之势，这种封建制度的离心力就慢慢出现了，诸侯国也越来越成为诸侯王的私产，从西周中期开始，封建制就开始走上衰落一途，终于酿成西周末年的"礼崩乐坏"。

这个分封体制，也决定了西周的行政区划，主要划分为周王直接管辖区（简称"国畿"）和诸侯国。国畿和诸侯国内部的地方建制是一样的，均分为"国""野"两大块。王畿和诸侯国都将其周围的中心区叫"国"，中心区以外的地方叫"野"，类似于城市和农村的区别。与国野制度相配合的是乡遂制度，国人所在的区域实行乡制，野人所在的区域实行遂制。也即是说在周王所在的中央王畿内，以及诸侯王所在的都畿内实行乡制，而在王畿和都畿以外的边远地区实行遂制。按照文献记载，在乡制中，五家为比，五比为闾，四闾为族，五族为党，五党为州，五州为乡，那么乡内相应就有比长、闾胥、族师、党正、州长、乡大夫这样的管理人员。而在遂制中，五家为邻，五邻为里，四里为酂，五酂为鄙，五鄙为县，五县为

---

① 《诗经·小雅·北山》。
② 参见前述李峰：《西周的政体》和《西周的灭亡》二书相关章节。

遂，那么遂内相应有邻长、里胥、酂师、鄙正、县长、遂大夫这样的管理人员。

西周的司法机构，理论上应该和这种国野区划及乡遂体制相配套，国野各有专司。但如果纯粹按照《周礼》"秋官"篇所述，我们会发现书中的司法官制，很难与上述西周行政体制一一相对应。《周礼》似乎杂糅了西周封建制和春秋战国之后逐渐兴起的郡县制两种体制，一方面，强调中央周王廷的司法机构及其佐官的权威，带有某种大一统的意味；而另一方面，也给地方保留了封建的因素，且强调中央周王廷与地方诸侯的司法合作和沟通。因此，《周礼》中所描述的司法机构，较之于历史上真实存在的西周司法机构，明显要复杂得多。故而我们对西周司法机构的说明，应当同时考虑西周分封制度和《周礼》文义。

所谓"惟王建国，辨方正位，体国经野，设官分职，以为民极"，① 官职也就意味着机构，因此我们所提的司法机构，和司法官职，实质是一体两面的关系。就中央王畿而言，最重要的司法机构为大司寇。其次则是作为大司寇的副贰官——小司寇与士师，再次则是司刑、司刺等负责具体司法事务的官员。地方则相应有乡士、县士、遂士等司法官员。

（一）中央（周王廷）主要司法机构

1. 大司寇

大司寇由卿一人担任，是除周天子之外的国家最高司法官员。此官职也可由诸侯国的国君来充任。大司寇之职，"掌建邦之三典，以佐王刑邦国，诘四方。"② "三典"就是"刑新国用轻典，刑平国用中典，刑乱国用重典"，即上文"刑罚世轻世重"原则的贯彻，大司寇应用"三典"，总理司法事务，协助周王统治天下。

---

① 《周礼》中所述每一官的开篇部分，均有此语，是全书总的纲领。

② 《周礼·秋官·大司寇》。

大司寇不从事具体的司法事务，从其职能来看，他主要负责两项工作。

第一是根据社会实际情况制定相应的司法政策，最终"明刑以弼教"。除了上述的"三国三典"之外，尚有：

(1)"以五刑纠万民"。此五刑不同于前述墨、劓、刖、宫、辟传统五刑，也不纯粹是具体的司法行为，而是野、军、乡、官、国五刑，针对不同的人群，适用不同的政策，以促使野人勤力，军人奉法，乡人行孝，官员称职，国人去暴。

(2)"以圜土聚教罢民"。"圜土"狭义指圆形的监狱，而广义上则泛指拘禁之所，"罢民"，泛指疲堕无行者，针对这样一类人要进行强制性改造，将之聚集起来，关在一定的场所，并施以职事，能改正者，则释放；不能改又试图逃跑的，则要处死刑。此处大司寇行为的重点不在于刑罚，仍在于"教"。

(3)"以两造禁民讼""以两剂禁民狱"。表面上看这两条都是在讲诉讼费用的问题，似乎很具体（相关的制度详后），而实际传达的，则是劝民息讼之意，还是一种刑事政策上的指导。

(4)"以嘉石平罢民""以肺石达穷民"。前一条针对有轻微违法者，使之"坐嘉石"加以改造；后一条则针对弱势群体受迫害而告诉无门者，使之"立肺石"而获得救济的途径。这仍是政策方面的引导。

第二则是及时公布并宣传各种法令，作为司法的标准，"悬法象魏"，传达到各个邦国都鄙。针对邦国、诸侯、卿、大夫不同的行为，相应用盟约、邦典、邦法、邦成不同的标准来处理。从中可以看出大司寇有一定的立法之权。

以上两项为大司寇最主要的职责。当然，作为六官之一的国家高级官员，大司寇还要参与国家的重大祭祀和朝聘活动。总体而言，其在司法中的作用主要是领导和指示全局性的工作。

2. 小司寇

小司寇由中大夫两人担任，是王畿司法机构的次官，为大司寇之副，地位仅次于大司寇。小司寇之职，"掌外朝之政，以致万民而询焉。"① 清代孙诒让先生注曰，此处"外朝之政"上当有"建邦"二字 ②，也就是说小司寇是大司寇的副贰长官，势要协助大司寇掌全国的司法工作，而不仅限于"外朝"，此说可信。此处的"建邦之"，即为"三询"："一曰询国危，二曰询国迁，三曰询立君。""询"即"谋"，广泛听取各个阶层的意见，以辅佐大司寇及周王治国，"以众辅志而弊谋"。至于专门的司法职责，也主要有两项。

第一，贯彻落实司法政策，对司法工作予以指导。小司寇在司法方面的职能，相比大司寇显然要具体得多。大司寇立足于宏观政策方面的制定，而小司寇已经深入到司法诉讼审判领域方面，以指导性的工作居多，主要表现为：

（1）"以五刑听万民之狱讼"。此处的五刑，直接与狱讼相联系，而不像大司寇所用的五刑立足于教化，因此，此处的五刑，专指墨、劓、刖、宫、辟五刑，且后面还有"附于刑，用情讯之"的文字，从《周礼》后面的《乡士》一篇来看，似乎小司寇还有死刑复核权，是以小司寇除了司法指导之外，自身还需要负必要的审判之责。

（2）"以五声听狱讼"。具体制度仍旧留待下文解释，五声听狱讼简言之就是在审判活动中注意观察当事人的言辞、脸色、声气、反应状态、眼珠，来判断当事人供述的真伪，求得案情真相。这是在审判方式上的指导。

（3）"以八辟丽邦法"。八辟即亲、故、贤、能、功、贵、勤、宾八种司法上需要优待的对象，对这八类人，轻罪则宥，重罪则改附轻比。这是在定罪量刑尺度上的指导。

（4）"以三刺断庶民于狱讼之中"，三刺即讯群臣、群吏、万民，实际上就是要求司法官员司法需要慎重，多方研判，确定证据无误后，方能断狱。这同样是审判方式上的指导。

---

① 《周礼·秋官·小司寇》。

② 参见（清）孙诒让：《周礼正义》第十一册，中华书局 1987 年版，第 2762 页。

第二，配合大司寇的工作，进行普法宣传。《小司寇》云：

> 正月，帅其属而观刑象，令以木铎曰："不用法者，国用常刑。"令群士，乃宣布于四方，宪刑禁，乃命其属入会，乃致事。①

其中小司寇率领属僚所观的"刑象"，正是大司寇所悬象魏之法。小司寇为推行大司寇的法令，专门在木铎上声明不听大司寇命令的后果——"国有常刑"。这可以看成是对大司寇命令的落实和补充，小司寇同样派人四处宣传法令。

作为司法机构的次官，小司寇同样要参与国家的祭祀和朝聘活动，盖祭祀和朝聘在宗法社会中最重要的活动之列，诸侯、卿、大夫均有参与之责。

3. 士师

士师亦为大司寇副贰，同时亦受小司寇领导，由下大夫四人担任，手下亦有僚属多人。唐代贾公彦在《周礼注疏》中云："训士为察者，取察理狱讼，是以刑官多称为士。"②故士师一般专掌狱讼之事，所从事的司法活动较之大司寇、小司寇更为具体。其职责为：

（1）"掌国之五禁，以左右刑罚。"五禁指宫、官、国、野、军五禁，按照不同的对象设置不同的禁令，对触犯禁令者，适用相应的刑罚。

（2）"掌官中之政令，察狱讼之辞""掌士之八成"。士师与下文的乡士，均为"士"，均掌刑狱，均在"国"的范围内司法，那如何区分两者职权界限呢。从《周礼》所作的区分来看，士师主要纠察国中贵族官员狱讼之事，而乡士则主要掌国中平民——"乡民"狱讼之士。"官中之政令"置于大司寇官府中，如果贵族官员犯法，则由士师按照大司寇"官中政令"，先行处理，再报大司寇决断。而"士之八成"，按照贾公彦的说法，皆是狱官断成事品式。类似于后代的决事比或判案成例，"士师掌此八者，定百官府之刑罚，即刑官之官成、官法也。"③这八成为"邦汋""邦贼""邦谍""犯邦令""为

---

① 《周礼·秋官·小司寇》。
② 转引自前揭孙诒让：《周礼正义》第十一册，第2711页。
③ 转引自前揭孙诒让：《周礼正义》第十一册，第2787页。

邦盗""为邦朋""为邦诬",皆是危害邦国的犯罪行为。

此外,士师作为下大夫,同样要参与某些祭祀和朝聘工作,有时还要参与赈灾、军旅之事。但与其说这是司法工作的需要,不如说这是其"士"的身份使然。

(二)地方主要司法机构

此处所述的地方,指除中央周王廷之外的司法机构,包括王畿的其他"国中"部分,诸侯国的"国"部分,以及全国的"野"的部分。

1. 乡士

乡士掌国中,即中央周王廷以外的国中平民的狱讼,由上士担任,下有僚属多名。乡士各掌其乡之民数而纠戒之,听其狱讼,察其词。如果遇到死罪案件,乡士进行审理,审理后十天内要报小司寇复核,小司寇再经过"三刺"等程序,决定执行死刑后,再交由乡士负责执行,执行死刑的地点还在乡里。

当然,乡士也不纯粹是司法官员,同时还得负责国中的治安管理。比如:

> 大祭祀、大丧纪、大军旅、大宾客,则各掌其乡之禁令,帅其属夹道而跸。[1]

这实际上就是在国中有大事时,乡士得做好所辖地方的安全保卫工作。此外三公如果有邦事,那么乡士还得"为之前驱而辟",显然这也是行政性质的活动。总之,从乡士活动中,我们已经可以看到后世地方官员司法与行政合一的趋势了。

2. 遂士

遂士掌四郊,"四郊"属于"野"中靠近"国"的地区,类似于城郊,由中士担任,下有僚属多人。各掌其遂之民教而纠其戒令,听其狱讼,察其

---

[1] 《周礼·秋官·乡士》。

词，辨其讼狱。遇到死刑案件，与乡士相似，也要先行审理，然后于二十天内上报到周王廷，因为遂离开周王廷比乡要远，所以预留的时间也要长一点，待决定后就在遂中执行死刑。遂士同样要处理遂中的治安与行政事务。

3. 县士

县士掌野，此处的"野"应属"野"中较偏僻的地区，与"遂"相区别，亦由中士担任，其职责与县士大同小异，唯因为地方周王廷较远，故而死罪案件先行审理完后，放宽到三十天内报周王廷。刑杀亦于野中进行。

4. 方士

方士掌都家，"都家"一词殊不易解，旧解以为"都"为王子子弟及公卿之采地，而"家"为大夫之采地。既然是"采地"，在西周，则相当于诸侯国。诸侯国内部应该也有一套自"司寇"至"县士"的司法系统，是周中央王国这套制度的具体而微。但观《周礼·方士》一篇，"都家"之地似乎很小，且远离周王廷，方士之责与遂士、县士几乎相同，且方士品级不过中士。唯死罪案件初审完报周王廷时间扩大至三月而已。所以很难将"方士"理解为西周时期各诸侯小王庭内的"司寇"。这样的都家更类似于战国之后功臣所受的封邑，财产的成分多而权力的成分少，与西周诸侯国不可等量齐观。所以方士是否在西周真的存在，实在可疑。

另外一个可能的证据是，后世"乡""遂""县"作为行政区划用词都流传了下来，并在真实的历史中确凿存在，而唯独"方"则彻底消失，这可见"方"的设计，缺乏任何现实的基础，故而不具有生命力。

（三）特别司法机构

以上论述的"中央"和"地方"司法机构，特指周王国和各诸侯国内部的"中央"和"地方"。如果按照后世"大一统"的观念，则周王国和各诸侯之间，又构成"中央"和"地方"的关系。前者侧重于地理区划，而后者侧重于权力的分配。那么这样一来，周王国和各诸侯国之间的司法关系如何协调呢？势必牵涉到一些特别的司法机构，来处理两者的关系。① 所以我们看《周礼》"秋官"一篇，有不少机构，更像是外交机构，这倒是比较符合封建的情形的。资料所限，只能就最具可能的特别司法机构做一介绍。

1. 讶士

讶士掌四方之狱讼，论罪刑于邦国。讶士由中士担任，亦有僚属多名。"讶"，通"迎"，东汉郑众释"四方之狱讼"为"四方诸侯之狱讼"，贾公彦亦疏云"皆言诸侯之事"②，可见讶士牵涉周王室与诸侯的关系。从《周礼》本文看来，讶士负有三方面职责：

(1)"论罪刑于邦国"，即向诸侯解释法律制度和司法疑难问题。诚如孙诒让所述："谓以刑书告晓邦国制刑之本意，谓依罪之轻重制作刑法以治之，其意义或深远难知，讶士则解释告晓之，若后世律书之有疏议也。"③

(2) 接待从诸侯国来办理司法事务的人员。"凡四方之有治于士者，造焉。"如诸侯国遇到疑难案件或者需要告到中央周王廷的司法事务，先要通报到讶士那儿，由讶士再通报士师，再行处理。

(3) 受派遣巡回审判。"四方有乱狱，则往而成之。"如果诸侯国发生"乱狱"，即孙诒让所谓的"君臣宣淫，上下相虐"的案件，那么讶士就受周王廷的指派，到诸侯国地方进行审理，相当于开设巡回法庭来审理案件。

2. 朝士

朝士掌建邦外朝之法，亦由中士担任，僚属多人。从《周礼》文义来看，朝士更像是"外交人员"兼理司法。司法业务，主要是贯彻执行大司寇、小

---

① 打个不太确切的比方，这种情形有点类似于今天美国的双轨制法院系统，联邦有联邦的法院，各州有各州的法院，公民既是各州的公民，又是联邦的公民。只要不属于联邦事务的，都归各州解决。联邦依据联邦的法律来进行处理，这是全国性的。而各州依据各州自己的法律来处理州事务，这是地方性的。西周与之相区别者，是没有这样明确的权力划分，何者属于周王廷管辖范围内的，并没有确立，理论上大司寇有权处理全国的一切司法事务，但是落实到地方，必定还需要有一个协调的机制。

② 转引自前揭孙诒让：《周礼正义》第十一册，第2812页。

③ 孙诒让：《周礼正义》第十一册，第2813页。

司寇、士师的指示，具体处理司法事务。而与"讶士"相比，朝士处理的，更多是外朝的平民百姓的狱讼事务，所以《朝士》一篇中，大量出现拾得遗失物，货财，钱债，以及针对私闯民宅而进行的正当防卫等这样的处理规定。这都说明"朝士"和"讶士"一样，都是一种协调"中央"周王廷和诸侯国之间司法关系的特别司法机构。

当然，除了以上两种特别审判机构外，还有其他的形式，比如军事审判机构，或者周王派到军队监军的军法官等。这点已经得到了出土的西周青铜器铭文的证明。如西周康王时期的大盂鼎铭文中有：

王曰：而，令（命）女（汝）盂井（型）乃嗣且（祖）南公。
王曰：余乃（绍）夹死（尸）司戎，敏谏罚讼，夙夕（绍）我一人（烝）四方。①

其中的"夹死（尸）司戎，敏谏罚讼"，即是周王指派盂协助管理军戎之事，处理军中的狱讼，这自然属于一种特别的司法机构。另外在周穆王时期的师旂鼎铭文中，亦记载师旂的部下不跟随周王征伐方雷，师旂令下属弘向伯懋父控告这些不出征的部下，伯懋父最终判处被告赔偿罚金给原告。②同样是一个军事裁判的案件。

金文中亦出现周王派人到诸侯国审理案件的事例，可佐证西周存在着巡回审判这样的方式。当然，关于巡回审判最有名的事例，出自《诗经》中"甘棠"一篇：

蔽芾甘棠，勿剪勿伐，召伯所茇。
蔽芾甘棠，勿剪勿败，召伯所憩。
蔽芾甘棠，勿剪勿拜，召伯所说。③

---

① 铭文选自王沛：《西周金文资料选辑》（上），载徐世虹主编：《中国古代法律文献研究》（第七辑），社会科学文献出版社 2013 年版，第 19 页。

② 关于这个案件的介绍，参看王沛：《西周金文资料选辑》（上），载前揭《中国古代法律文献研究》（第七辑），第 30—31 页。

③ 《诗经·召南·甘棠》。

诗本身很简单，就是说不要破坏甘棠树，因为这是召伯工作过和休息过的地方。表达了百姓对召伯的敬爱与怀念。召伯究竟在甘棠树下做了何种惠民事业呢？《史记》备述本末：

> ……召公之治西方，甚得兆民和。召公巡行乡邑，有棠树，决狱政事其下，自侯伯至庶人，各得其所，无失职者。召公卒，而民人思召公之政，怀棠树，不敢伐，歌咏之，作《甘棠》之诗。[①]

可见召公在甘棠树下组织了一个巡回法庭，决民狱讼，类似于现场办公。清末王先谦比较鲁、齐、韩三家诗，认为召公"当农桑之时，重为所烦劳，不舍乡亭，止于甘棠树下，听讼决狱，百姓各得其所"[②]。是可见，"甘棠听讼"虽为口耳相传的诗歌，但还是有一定的历史根据的，这也符合召公作为西周贤士大夫的形象。

以上三种机构，构成了西周司法机构的主体，尤以前两种为要，由此，西周的司法机构体制，可以下图标志。

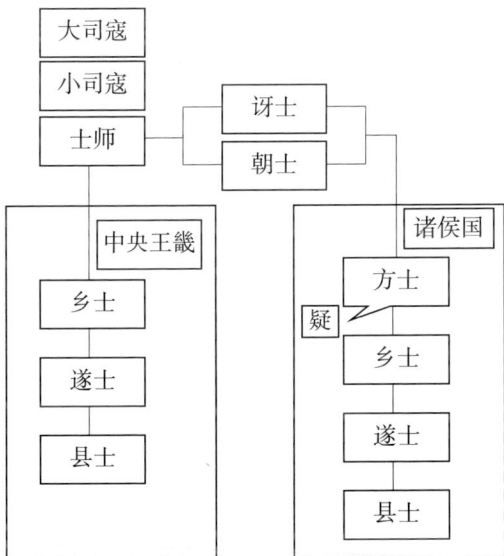

---

① 《史记·燕召公世家》。

② （清）王先谦：《诗三家义集疏》（上册），中华书局 1987 年版，第 83 页。

（四）其他司法机构

按照《周礼》记载，除了以上三类司法机构之外，尚有其他的司法机构（官职）。这些司法机构，或者为上述司法机构下属的具体部门，或者为辅助司法的相关部门。

1. 具体的司法部门

这些司法部门所从事的司法活动至为具体，专业化程度比较高，一般一个部门只负责司法程序中的某一环节。这样的机构主要有：

（1）司民。"掌登万民之数，自生齿以上皆书于版，辨其国中与其都鄙及其郊野，异其男女，岁登下其死生"①，主管司法活动中的立案和审查，同时又有当今的公安机关户籍管理的性质。

（2）司刑。"掌五刑之法，以丽万民之罪"②，负责刑事裁决的执行。

（3）司刺。"掌三刺，三宥，三赦之法，以赞司寇听狱讼"③，是协助长官进行审判的佐官。

（4）司约。"掌邦国及万民之约剂"④，负责收储证据及相关档案，侧重于契约。

（5）司厉。"掌盗贼之任器货贿"⑤，亦负责收储证据，侧重于刑事方面的。

（6）司圜。"掌收教罢民"⑥，具体执行大司寇"以圜土聚教罢民"的政策。

（7）掌囚。"掌守盗贼"⑦，针对盗贼，掌囚需要用械具收押盗贼，用何种械具视囚犯的犯罪轻重程度及罪人身份而定：上罪梏拳而桎，中罪桎梏，下罪梏，王之同族者拳，有爵者桎。如果囚犯犯死罪需要刑杀，那么掌囚还

---

① 《周礼·秋官·司民》。

② 《周礼·秋官·司刑》。

③ 《周礼·秋官·司刺》。

④ 《周礼·秋官·司约》。

⑤ 《周礼·秋官·司厉》。

⑥ 《周礼·秋官·司圜》。

⑦ 《周礼·秋官·掌囚》。

得负责其从监狱到刑场这个过程的用械情形。

（8）掌戮。"掌斩杀贼谍而搏之"[1]，相当于刽子手，当然，对待不同的死刑犯，执行的死刑也不相同，凡杀其亲者，焚之，即执行火刑；杀王之亲者，辜之，即磔杀碎尸。一般的死刑犯，则直接杀于市，如果王之同族与有爵者，则杀之于甸师氏，即不公开行刑。此外，掌戮还负责执行了墨、劓、刖、宫、髡刑后的犯人的安置工作。

（9）司隶。"掌五隶之法"[2]，所谓"五隶"，就是《周礼·秋官·司隶》篇后的"罪隶""蛮隶""闽隶""夷隶""貉隶"，这些隶有点类似后世的官奴婢，从五隶名称可以看出官奴婢的来源，罪隶可能是因犯罪而没为奴婢，而蛮、闽、夷、貉为中原对四裔边远地区族群的蔑称，大约这些人在中原地区对少数民族地区的征服战争中被俘而成为奴婢的。司隶发挥五隶之长，使之各有专司，罪隶役于百官，蛮隶养马，闽隶养鸟，夷隶养牛，貉隶养兽。

2. 其他司法辅助机构

除了以上具体司法部门之外，还有一些机构，按照当代法学角度视之，不纯为司法机构，而只是在某种程度上起到了辅助司法的作用，故在此暂且将之名为其他司法辅助机构。这些机构大体又可以分成三类。

第一类为与祭祀活动相关的机构。如：

（1）犬人。"掌犬牲。凡祭祀，共犬牲，用牷物。"[3]

（2）职金。"掌凡金、玉、锡、石、丹、青之戒令。"[4]

（3）蜡氏。"掌除骴，凡国之大祭祀，令州里除不蠲，禁刑者任人及凶服者。"[5]

（4）司烜氏。"掌以夫遂取明火于日，以鉴取明水于月，以共祭祀之明

---

① 《周礼·秋官·掌戮》。

② 《周礼·秋官·司隶》。

③ 《周礼·秋官·犬人》。

④ 《周礼·秋官·职金》。

⑤ 《周礼·秋官·蜡氏》。

齍、明烛，共明水。"①

（5）衔枚氏。"掌司嚻。国之大祭祀，令禁无嚻。"②

（6）伊耆氏。"掌国之大祭祀，共其杖咸。"③

因为西周为宗法社会，祭祀活动于国家的团结和社会的稳定关系莫大，所以在司法中也特别强调祭祀，可将之视为一类司法辅助机构。

第二类为"外交"活动相关的机构。如：

（1）司盟。"掌盟载之法。"④

（2）脩闾氏。"比国中宿互柝者与其国粥，而比其追胥者而赏罚之。"⑤

（3）大行人。"掌大宾之礼，及大客之仪，以亲诸侯。"⑥

（4）小行人。"掌邦国宾客之礼籍，以待四方之使者。"⑦

（5）司仪。"掌九仪之宾客、摈相之礼，以诏仪容、辞令、揖让之节。"⑧

（6）行夫。"掌邦国传遽之小事恶、而无礼者。"⑨

（7）环人。"掌送邦国之通宾客，以路节达诸四方。"⑩

（8）象胥。"掌蛮、夷、闽、貉、戎、狄之国使，掌傅王之言而谕说焉，以和亲之。"⑪

（9）掌讶。"掌邦国之等籍以待宾客。"⑫

（10）掌交。"掌以节与币巡邦国之诸侯，及其万民之所聚者，道王之德

---

① 《周礼·秋官·司烜氏》。

② 《周礼·秋官·衔枚氏》。

③ 《周礼·秋官·伊耆氏》。

④ 《周礼·秋官·司盟》。

⑤ 《周礼·秋官·脩闾氏》。

⑥ 《周礼·秋官·大行人》。

⑦ 《周礼·秋官·小行人》。

⑧ 《周礼·秋官·司仪》。

⑨ 《周礼·秋官·行夫》。

⑩ 《周礼·秋官·环人》。

⑪ 《周礼·秋官·象胥》。

⑫ 《周礼·秋官·掌讶》。

意志虑，使咸知王之好恶辟行之，使和诸侯之好，达万民之说。"①

因为西周为封建社会，存在着"双轨制"，在中央和诸侯国之间，存在着司法分工和合作的问题，所以这类"外交"机构也可视为一类司法辅助机构。

第三类为其他治安管理、司法技术辅助机构（人员）。

这类机构或人员，"司法"的特征较弱，属于治安管理或在技术上为司法提供服务的那类。计有"布宪""朝大夫""禁杀戮""禁暴氏""野庐氏""雍氏""萍氏""司寤氏""冥氏""庶氏""穴氏""翨氏""柞氏""薙氏""硩蔟氏""翦氏""赤犮氏""蝈氏""壶涿氏""庭氏"等，在此就不再赘述了。

以上即是西周司法机构的大概情形，虽然西周是否有如此精细的司法科层体制，依然未得确证。但根据出土的青铜器铭文以及相对可靠的史籍记载，较之夏商，西周司法机构益臻完备，应当是历史的事实。

二、管辖与起诉

（一）案件的管辖

按照现代法学理论，诉讼管辖指各级法院之间以及不同地区的同级法院之间，受理第一审案件的职权范围和具体分工，前者为级别管辖，而后者则属地域管辖。西周法制，理论上不存在级别管辖，各种案件似乎都能在各级法院中进行第一审。而按照《周礼》的记载，一定程度上存在地域管辖，大司寇、小司寇、士师掌朝中之狱，乡士掌国中之狱，遂士掌四郊之狱，县士掌野之狱，方士掌都家之狱。至于朝、国、郊、野、都家，到底是按照当事人住所地、诉讼标的物所在地还是法律事实所在地标准来确定，不得而知。考虑到西周社会是小农社会，社会生活相对简单，人员的流动性不大，故而上述三种标准重合的可能性较大。

①　《周礼·秋官·掌交》。

当然，即便说西周存在地域管辖，也不是绝对的。按照上述"讶士"和"朝士"的记载，诸侯国中的诸侯和平民，也可以经由讶士和朝士，直接将案子交到中央士师那里去，这就突破了地域管辖的限制。而且召公甘棠树下听讼的例子也可证明，西周时期诉讼管辖的观念非常薄弱。从现存的材料中，我们并没有发现管辖权异议的情形。

（二）起诉的条件

再来看起诉，西周没有公诉和自诉之分，但已经初步出现了刑事和民事之别。案件性质不同，起诉的条件也相应有别。

就民事案件而言，需要"以两造禁民讼，入束矢于朝，然后听之"①。东汉郑玄注曰："讼，谓财货相告者。造，至也。使讼者两至，既两至，使入束矢乃治之也。"②根据郑玄这一解释，民事诉讼的审判是要原被告两方都能到庭，并且缴纳诉讼费用——束矢，即一百支箭后，法庭才予以受理。但是告诉的发生是否要原被两造同时在场，则不得而知。所以这两造，更多是指审判时的情形。按照现代民事诉讼中起诉观念，起诉通常是单方的行为。而束矢，现代绝大多数中国法律史学教科书都将之理解为诉讼费用，且是案件受理的前提。按照郑玄的解释，束矢还带有证据宣誓的味道，如果不交束矢，"则是自服其不直也"，也就是通过交束矢，来宣誓自己所告不虚；而按照贾逵的说法，则是为了强调告诉的严肃性，令告诉者先交束矢，如果告诉不实的，则官府没收束矢，这是一种"禁民省事之法也"，带有息讼的味道在内。从政府治理的角度来看，这样两种说法都有一定的合理性。既通过交束矢提醒告诉人起诉要谨慎，又在一定程度上防止告诉人诬告虚告。这和现代诉讼费用的设置目的也是一致的，从这个意义来说，束矢可以理解为诉讼费用。

---

① 《周礼·秋官·大司寇》。
② 转引自前揭孙诒让：《周礼正义》第十一册，第2748页。

就刑事案件而言，则"以两剂禁民狱，入钧金"①。郑玄注曰："狱，谓相告以罪名者。剂，今券书也。使狱者各赍券书，既两券书，使入钧金。"② 和上文一样，刑事案件审判中需要双方当事人出示"剂"，"剂"字面上理解为"质剂"，即所谓契约或书券一类的东西，如《周礼·地官》中提到的"听买卖以质剂"③"大市以质，小市以剂"④，但既然争罪曰狱，那么自然不限于财产犯罪，则只强调要拿契约书券作为审判的证据，则显然失之太狭，"剂"，在此应该做广义理解，即确切的证据。以示狱重于讼之义。但是在告诉时，是否需要完备的证据，也难以推定。而作为诉讼费用的钧金，即三十斤铜，同样有息讼和宣誓两重味道。

当然，即便周人对诉讼已经有民刑之别，但也绝不可能如此判然两分。孙诒让先生即认为"狱者，讼者大者也，不必告以罪名"⑤，也就是说狱也可以是财产或其他民事纠纷，不一定牵涉到罪刑。实则古文献中常有互文见义的写法，如果我们将讼狱连在一起来读，义甚明了。比如《士师》一篇中就明言："凡以财狱讼者，正之以傅别、约剂"，很显然狱并不限于争罪，而和讼基本意思相同。故在西周，未明文规定告诉人的条件，但起诉通常需要交纳诉讼费用，诉讼费用根据所诉标的的大小不同而不同，小案件缴纳束矢，大案件缴纳钧金。到开庭时，通常需要原被双方都到场，且持有相应的证据。

以上是就起诉的一般情形而言，特殊情况下，当事人也可以不交诉讼费用，不在当地法庭起诉，而直接到王畿的"朝士"那儿起诉，再由朝士将案件转向士师那儿加以处理。这就是"以肺石达穷民"的起诉制度：

> 凡远近茕独老幼之欲有复于上，而其长弗达者，立于肺石三

---

① 《周礼·秋官·大司寇》。

② 转引自前揭孙诒让：《周礼正义》第十一册，第 2750 页。

③ 《周礼·天官·小宰》。

④ 《周礼·天官·质人》。

⑤ 前揭孙诒让：《周礼正义》第十一册，第 2750 页。

日，士听其辞，以告于上，而罪其长。①

要按照这一方式起诉，也需要符合一定条件：首先，起诉者身份是"穷民"；"茕"指"无兄弟"，"独"指"无子孙"，茕独老幼泛指贫苦无告的弱势群体，即"穷民"，他们或者因为贫困无法缴纳诉讼费用，或者因为其他原因无力按照一般诉讼条件起诉。其次，要在地方先行请求救济，而地方置之不理时，才可以赴王畿寻求救济；再次，到了王畿"朝士"那里，必须要在肺石上立满三日，朝士才予以受理。

"肺石"究为何物，现在也无法考证，但设置"立肺石"的用意，与"束矢""钧金"是一样的，兼有息讼和宣誓两重味道，均对起诉者构成一定的负担。"束矢""钧金"是金钱上的负担，而"立肺石"则是身体上的负担。必得起诉之志坚定，并不惜在肺石上站立满三日，以期能让案子得到受理。后世的"登闻鼓"等"直诉"制度，就有"肺石达穷民"的遗意。②

肺石所在之地，为朝士仕事之所，即"右肺石，达穷民焉"③，树立于天子宫城之外，外朝的门右边。如果告诉人在肺石上站满三日，则朝士就受理其案子，并上报给上级处理，如果所告属实，则还要处罚原先未为其做主的地方官员。

三、审理与判决

（一）审理的要求

案件得到受理之后，就进入了审理程序。这一程序的基本要求是"两造

---

① 《周礼·秋官·大司寇》。

② 其中历史上一个著名的事例，就是南北朝时期南梁的吉翂擂登闻鼓救父的故事。据《梁书羽分传》载："……天监初，（吉）父为吴兴原乡令，为奸吏所诬，逮诣廷尉。翂年十五，号泣衢路，祈请公卿，行人见者，皆为陨涕。其父理虽清白，耻为吏讯，乃虚自引咎，罪当大辟。翂乃挝登闻鼓，乞代父命……翂初见囚，狱掾依法备加桎梏……"吉翂擂登闻鼓，并不意味着长官就会受理他的案子。之后还需要经过拷掠，确信无诬，方能受理。

③ 《周礼·秋官·朝士》。

具备，师听五辞"①，两造具备就是原则上原被双方都要亲自到庭对质，其例外情形则是如果当事人具有一定的贵族身份，则可以不亲自到庭，可以委托代理人来参加诉讼，这就是《小司寇》中所称的：

凡命夫命妇，不躬坐狱讼。②

理论上，所谓"命夫命妇"，必须是受到周天子诰命封赐的③，然而随着西周中期中央和地方实力的此消彼长，锡命制度慢慢松弛，故而即便未经过周天子诰命赐封但拥有实力的贵族，依然可以不亲自到庭参加诉讼。所以"命夫命妇"泛指有身份有地位的贵族官僚阶层。这一制度沿用至春秋战国，贵族找人代理出庭，在当时也是普遍的情形。如鲁襄公十年（前563）时，周王室中的王叔陈生与伯舆争政，晋国国君派士匄至周王室审理这场纷争，王叔陈生和伯舆都未亲自到庭，前者派其家宰参与诉讼，而后者则派其大夫瑕禽代理出庭。④

至于"师听五辞"的"辞"，历代注经家说法不一，大体有两种意见：一种认为是"五刑之辞"，如伪《古文尚书》和南宋蔡沈《书集传》；另外一种则认为是"供辞"，即"口供"，如清代朱骏声《便读》等。⑤前者偏重于量刑，而后者偏重于定罪。但按照诉讼步骤，应该是在查清事实的基础上，再做相应的处断。故而后一种解释更为合理，但除口供之外，西周审判时还十分强调其他形式的证据，比如质剂、傅别、简册等。这符合前面提到的"敬明乃罚"的慎刑思想，且《王制》云：

司寇正刑明辟以听狱讼，必三刺，有旨无简不听。⑥

"有旨无简"，即光有诉讼请求和口头言辞，如果没有相关的简册凭证，

①　《尚书·吕刑》。

②　《周礼·秋官·小司寇》。

③　关于西周锡命礼仪制度的一般情形，参见齐思和：《周代锡命礼考》，载氏著：《中国史探研》，中华书局1981年版，第50—66页。

④　参见《左传·襄公十年》。

⑤　参见前揭顾颉刚、刘起釪：《尚书校释译论》第四册，第2002—2003页。

⑥　《礼记·王制》。

则司法官员不予采信，这就很明显说明了"师听五辞"，不单单是听取口供。而是在审查各类证据的基础上，来求得事实真相。

对于口供的审查，西周强调"五听"原则，即：

以五声听狱讼，求民情：一曰辞听，二曰色听，三曰气听，四曰耳听，五曰目听。①

司法官员在听取当事人口供时，要注意其"辞、色、气、耳、目"五种反应。第一是辞听，就是观察当事人的发言。观其出言，不直则烦。如果当事人是清白正直的，通常情况下言简意赅地表达，而如果心虚理亏，则往往辞烦意寡。第二是色听，就是观察当事人的脸色。观其颜色，不直则赧然。正直的往往脸部表情平静，而理亏的则会出现羞赧之色。第三是气听，就是观察当事人的气息。观其气息，不直则喘。正直的往往说话气息平稳，而理亏的则容易断断续续。第四是耳听，就是观察当事人对法官问话的反应情形。观其听聆，不直则惑。正直的会及时作出回应，而理亏的因为要作伪，所以反应要慢一点。最后是目听，就是看当事人的眼珠。观其眸子视，不直则眊然。理若真实，视盼分明。而理亏者往往眼珠黯淡。② 这是司法者长期审判经验的总结，和现代司法心理学相契合，虽仍带有强烈的主观色彩，但本质上是建立在人类理性的基础之上的，是理性司法的产物。③

除口供外，当事人要支持自己的主张，还得出示相应的其他证据，而法官，也得在证据链完整的情况下，再做出裁判。《士师》中称：

凡以财狱讼者，正之以傅别，约剂。④

---

① 《周礼·秋官·小司寇》。

② 参见《周礼》"贾公彦疏"，载前揭孙诒让：《周礼正义》第十一册，第2770—2771页。

③ 至战国时期，"五听"做法仍然引起当时思想家强烈的共鸣，比如孟子即云："存乎人者，莫良于眸子。眸子不能掩其恶。胸中正，则眸子瞭焉，胸中不正，则眸子眊焉。听其言也，观其眸子，人焉廋哉！"见《孟子·离娄上》。荀子亦云："请牧基，明有祺，主好论议必善谋。五听修领，莫不理续主执持。"见《荀子·成相》。可见，西周的这种司法经验，经历史证明是理性的，而为后世所接受。

④ 《周礼·秋官·士师》。

即凡是裁判事关财产的案件，要查验当事人是否持有傅别、约剂这样的证明文件。按照《小宰》"听称责以傅别"①，则傅别为借贷合同，东汉郑众解释为："若今时市贾，为券书以别之，各得其一，讼者案券以正之。"② 这样的合同一式两份，双方各执一份，作为债权债务的凭证。而"约剂"，按照《司约》的说法，则包罗甚广，有神之约、民之约、地之约、功之约、器之约、挚之约之分，不限于契约之约，而有广义的法律文书之义。"凡大约剂，书于宗彝；小约剂，书于丹图"③，这是说约剂的制作，很显然，大约剂指关于邦国的法律文书，要书写在宗庙鼎彝，也就是青铜器上，这点从众多出土青铜器铭文中可以得到证明。而小约剂，则书于丹图。因为目前无丹图保存下来，致使到汉代时，经师已经"未闻"。衡诸字面解释，大约是用朱笔写于竹帛之上的文件。孙诒让认为"书于宗彝，谓刻铭重器，丹图则著于竹帛，皆所以征信也"④。表明这些文书都是有法律效力的，都能作为狱讼的证据。《司约》又云：

> 若有讼者，则珥而辟藏，其不信者墨刑。⑤

也就是如果碰到争讼，双方对既定的证据有异议，则可到司约那里，查阅储藏在彼处的法律文书，以此为标准。可见，约剂不同于质剂，按照《小宰》"听买卖以质剂"⑥，则质剂为买卖契约，大市以质，小市以剂，质为长契，剂为短契。约剂的范围显然比质剂要广得多。而"以财狱讼者"，显然不仅仅限于借贷或买卖这样的债权行为，也应该包括对土地、田宅等财产的占有、使用、收益、处分等物权行为。傅别，应该是从契约的制作使用方法上来谈的，而约剂，则泛指一切有证明效力的法律文书。由此可知，法官在审理案件时，要查验这类书证及物证等证明文件。

---

① 《周礼·天官·小宰》。

② 转引自前揭孙诒让：《周礼正义》第十一册，第2791页。

③ 《周礼·秋官·司约》。

④ 孙诒让：《周礼正义》第十一册，第2848页。

⑤ 《周礼·秋官·司约》。

⑥ 《周礼·天官·小宰》。

审理除了需要凭借以上证据外，对于证据的审查及案情的推理，西周要求"用情讯之"，出自《小司寇》"以五刑听万民之狱讼，附于刑，用情讯之。至于旬，乃弊之"①。原意是小司寇掌五刑，尤其是死刑的最后决断，故而要慎之又慎，对证据的审查，要合乎情理，所谓"讯，言也，用情理言之，冀有可以出之者，十日乃断之"②，是慎刑恤刑的突出表现。虽偏于刑事案件的审理，但这是小司寇身份地位使然，屑小民事纠纷，应该很少能到小司寇那里，故单讲"附于刑，用情讯之"，实则以情理审查，适用于一切案件当中。《王制》云：

> 凡听五刑之讼，必原父子之亲、立君臣之义以权之。意论轻重之序、慎测浅深之量以别之。悉其聪明、致其忠爱以尽之。③

这个情理要求审案断罪，一定要从父子之亲、君臣之义的角度加以衡量；脑子里始终要考虑罪行有轻重，量刑有深浅，个案与个案不同；要竭尽自己的才智，发扬忠恕仁爱之心，使案情真相大白。毫无疑问，这个情理的标准已经带上了汉儒君臣父子三纲之义，但是考虑到西周是礼制社会，亦讲究亲亲尊尊之道，且在司法思想上强调敬明乃罚、哀矜折狱，故而将这个标准置于西周，庶几合乎事实。

一般的案件审理即如上述，如果遇到案情重大或者复杂的情形，则法官常常要启动类似于后来的"会审"程序，以集思广益，公正裁判。这就是《王制》中所说的："疑狱，泛与众共之"④，也是《小司寇》所谓的"三刺"之法：

> 以三刺断庶民狱讼之中，一曰讯群臣，二曰讯群吏，三曰讯万民。⑤

"三刺"也就是"三讯"，遇到大案疑案，首先要听取孤卿士大夫的意见，

---

① 《周礼·秋官·小司寇》。

② 前揭孙诒让：《周礼正义》第十一册，第2766页。

③ 《礼记·王制》。

④ 《礼记·王制》。

⑤ 《周礼·秋官·小司寇》。

然后要听取乡遂公封邑都鄙之官的看法，最后还要听取普通庶民的意见。当然，所谓的"群臣""群吏""万民"都不是绝对的，实际意思相当于兼听则明、偏听则暗，即要多方会审，慎重对待。且不是说所有案件都要三刺，而只是针对疑案大案而已。诚如孙诒让所说："凡平时听狱讼，自是司寇专职，讯鞫论断，盖有恒法，群士、司刑，不出本属。自非疑难不决，不必备此三刺。"[1] 否则，若所有案件都要三刺，不唯效率低下，衡诸常理也绝无可能。

（二）案件的判决

经过法庭质证等环节，案件事实查清之后，接下来就进入到判决程序了。判决主要是适用法律的过程，由于西周是礼制社会，所以不同的人员所适用的法律渊源也有不同，如《大司寇》谓：

> 凡诸侯之狱讼，以邦典定之；凡卿大夫之狱讼，以邦法断之；
> 凡庶民之狱讼，以邦成弊之。[2]

邦典、邦法、邦成具体规定，无法考证。如前所述西周法律并没有公布于世，还属于"藏于秘府"阶段，但根据这个分类，西周判决案件，必有成文的典章制度可循，而不必"临时设法"。

对于违法或犯罪事实清晰，且无宽宥赦免等情形的诉讼当事人，法官即会依据以上邦典、邦法或邦成作出裁判，可能还得制作必要的裁判文件，经过一定的期限，明确向当事人宣判，这就是《小司寇》所谓的：

> 至于旬，乃弊之，读书则用法。[3]

这是说小司寇作出裁判决定十天之后，便向当事人宣判。如孙诒让所说："此读书用法，与弊之同日。谓其狱既定，则录先后讯辞及其所当之罪为书，使刑吏对众宣读，囚不反复，听者亦无辩论，则是情罪允当，乃用法

---

[1]　前揭孙诒让：《周礼正义》第十一册，第2775页。

[2]　《周礼·秋官·大司寇》。

[3]　《周礼·秋官·小司寇》。

属其牍，明刑定也。"①

对于违法或犯罪事实清晰，但有特别情形者，则要做相应的权变处理，主要有三种情形：

第一，"八辟"，如上文所述，即对亲贵勋戚等八种身份高贵者，小罪比附法律加以宽免，大罪奏请天子再会同百官议决，司法官员不能随便作出刑罚决定。此制在魏晋之后演化成著名的"八议"之制，备载于各朝正律当中，沿用至清。

第二，"三宥"，即"壹宥曰不识，再宥曰过失，三宥曰遗忘"②，不识指愚民不识法令而偶有触犯者；过失和遗忘均是主观上未尽到充分注意而导致危害发生者，似乎前者出于过于自信，而后者则是疏忽大意。考虑到这三者均非出于行为人故意，主观恶性较小，所以实行宽宥。

第三，"三赦"，即"壹赦曰幼弱，再赦曰老旄，三赦曰蠢愚"③，幼弱指年纪较小，老旄指年龄较大，至于幼弱年龄的上限和老旄年龄的上限，则不同时期应当有不同的标准，大致说来7—8岁以下为幼弱，70—80岁以上为老旄。至于蠢愚，则是指精神病人，不能辨别和控制自己行为之人。这三者均属于弱势群体之列，司法上对其给予一定的优待，亦是西周"哀矜折狱"的表现。

至于行为人的行为于法无其治罪量刑专条时，如何处理？西周并无法无明文规定不为罪、法无明文规定不处罚的"罪刑法定"之说。从文献记载来看，这类行为一般是归入"疑狱"之列，最后由司刺协助小司寇，以上文所述的"三刺"之法来决定。诚如《王制》所云的：

> 疑狱，泛与众共之；众疑，赦之。④

如果三刺后未得确情，那么就要赦免行为人；如果都认为有罪，那么行

---

① 前揭孙诒让：《周礼正义》第十一册，第 2777 页。

② 《周礼·秋官·司刺》。

③ 《周礼·秋官·司刺》。

④ 《礼记·王制》。

为就会被定为有罪。接下来司法官员就要对此行为量刑。由于法无专条，故而需要按照"上服下服"的办法来处理。"服"通"附"，即将行为人的行为，上与比这个行为更严重的罪行相比较，下与比这个行为更轻微的罪行相比较，然后从这个幅度中选择一个适中的刑罚来处理。这十分类似于后来帝制王朝中流行的"比附"之法。①"上服下服"这一做法于先秦文献中屡屡可见，如：

> 以三刺断庶民于狱讼之中……听民之所刺宥，以施上服下服之刑。②

> 以此三法者求民情，断民中，而施上服下服之罪，然后刑杀。③

> 必察小大之比以成之。④

> 上下比罪……上刑适轻下服，下刑适重上服，轻重诸罚有权。⑤

这应该是当时对于这类案件量刑的通常做法，"上服下服"总的原则是从轻比附，即《王制》所谓的"附从轻"⑥，唐孔颖达对此疏曰："附从轻者，谓施刑之时，此人所犯之罪在可轻可重之间，则当求其可轻之罪而附之，则

---

① "上服下服"，并非明确界定"罪"的有无问题，与"类推"针对定罪不同，"上服下服"是对法无明文规定的行为如何处罚的问题，这和后代的"比附"是一致的，诚如陈新宇先生所论的"比附无需在罪与非罪的判断上面临过多压力……如果说类推的目的在于入罪，比附的主要功能则在于寻求适当的量刑。比附中相似性判断的不同，可能会使量刑出现很大的差异；这种判断，主要取决于比附者对罪刑均衡关系的把握，因此比附的主要危险是在量刑方面"。见陈新宇：《比附与类推之辨——从"比引律条"出发》，《政法论坛》2011 年第 2 期。更详细的讨论见氏著：《帝制中国的法源与适用论纲——以比附问题为中心的展开》，上海人民出版社 2015 年版。
② 《周礼·秋官·小司寇》。
③ 《周礼·秋官·司刺》。
④ 《礼记·王制》。
⑤ 《尚书·吕刑》。
⑥ 《礼记·王制》。（唐）孔颖达疏：《尚书正义》，收入《十三经注疏》第 2 册，北京大学出版社 1999 年版，第 91—92 页。

'罪疑惟轻'是也。"① 这同样体现了"祥刑"的矜恤色彩。当然，这只是针对"可轻可重"者而言，具体情形中，还得按照行为人主观恶性和情节严重程度来定，"刑罚轻重有权"，这就是上面《吕刑》中所要求的"上刑适轻下服，下刑适重上服"的精义。

总之，西周司法审判中要求当事人双方出示必要的证据，要求法官在证据的基础上进行合情合理的司法推理，在规定的期限内完成裁判，并将决定宣读给当事人听。对于大案、疑案以及身份特殊者，则适用"三刺""八议""三宥""三赦"等特别程序进行审理，并有"上服下服"之制来补充法律规范之不足，显示了高度的司法理性主义精神。

四、上诉与执行

（一）上诉程序

在司法官员对当事人进行宣判，即"读书则用法"之后，如果没有异议，判决发生效力，那么案件就进入到执行程序。如果当事人对案件有异议，则可以申请上诉。《朝士》一篇记载：

> 凡士之治有期日，国中一旬，郊二旬，野三旬，都三月，邦国期。期内之治听，期外不听。②

历来注经者对这段话理解各异，孙诒让的解释相对合理，他说："此士治有期日，盖有二义。一则民以事来讼，士官为约期日以治之；二则狱在有司而断决不当者，许其于期内申诉。"③ 由前文可知，朝士负责接待从地方，比如乡、遂、县、方等地来中央寻求司法救济的"穷民"（地方诸侯及贵族官员由讶士接待）。"穷民"或者是因为交纳不起诉讼费用且地方官员不为之

---

① 《尚书正义》，（汉）郑玄注，（唐）孔颖达疏，载《十三经注疏》第 2 册，北京大学出版社 1999 年版，第 91—92 页。

② 《周礼·秋官·朝士》。

③ 孙诒让：《周礼正义》（第十一册），第 2825—2826 页。

做主，所谓"哀苦无告"者，或者是经地方司法机构处理后觉得不直者。前者大概就是孙诒让所谓的"民以事来讼"的情形，而后者则属于"狱在有司而断决不当者"的情形。

那么很明显，后一种情形，正是"穷民"上诉的情形。并且根据以上规定，上诉期限按照上诉人距离中央周王廷的远近而有相应的不同。国中（乡）的上诉人上诉期限为十天，郊（遂）的上诉期限为二十天，野（县）为三十天，都（方）为三个月，邦国（更远更偏僻的诸侯国）为一年。在各自的期限内上诉，朝士就接受上诉人的上诉，交由士师及司寇做上诉审处理。当然，当事人要上诉，除了在期限之内，还得具备一定的条件，诸如"立于肺石三日"、持有"判书"等相应的证据材料等。① 至于上诉审是否为终审，缺乏这方面的材料，无法明确判断。

（二）判决的执行

判决经过宣读，当事人不上诉，或者经上诉到终审判决出来后，则判决就发生法律效力，于是案件进入到最后一个阶段——执行阶段。

判决的执行，主要是落实判决所确定的刑罚的过程，又大致有这么几种情形：

1. 死刑的执行

从《周礼》的"乡士""遂士""县士""方士""朝士"诸篇中，可知死刑必得经过复核。如《乡士》有云：

> 听其狱讼，察其辞，其死刑之罪而要之，旬而职听于朝。司寇听之，断其狱，弊其讼于朝，群士、司刑继而在，各丽其法以议狱讼。狱讼成，士师受中。肆之三日。②

从文中专揭"其死刑之罪而要之"来推测，非"死刑之罪"，乡士有专

---

① 如《朝士》就规定："凡有责者，有判书以治，则听"，判书显然就是一种契约文书。
② 《周礼·秋官·乡士》。

断之权。死刑案件要在十天内报到周王廷，最终由司寇复核，死刑经复核同意执行后，再由士师将执行决定发还给乡士，乡士遵照决定，于乡里负责对犯人执行死刑，并曝尸三日。遂士、县士、方士判决执行死刑的程序与乡士基本相同，不同的只是上报死刑的期限和执行死刑的地点，遂士必须在二十天内上报，县士三十天，方士三个月，这主要是考虑这些地方司法机构与中央的距离的远近而定的，至于执行死刑的地点，则还在当地，即郊、野、都等地。

在犯罪人被宣判为死刑到押赴刑场执行的这一段时间之内，犯罪人都必须戴械监禁。如前文所述，由掌囚负责，死刑犯所犯之罪，应为上罪，如果身份是平民，则"上罪梏拲而桎"①，就是头、手、足均被铐住，类似于后代双手和头部都锁在枷锁内，双脚还戴上脚镣。而如果是王之同族者和有爵者，监禁在牢中，只需要戴上手铐，只有在押赴刑场之时，才需要再戴上脚镣。且平民和有身份者行刑公开程度也不一样，平民"适市而刑杀之"，而王之同族与有爵者，"奉而适甸师氏，以待刑杀。"②"甸师氏"为《周礼》"天官"中的属官，其职为：

> ……耕耨王藉。以时入之，以共粢盛。祭祀，共萧茅，共野果蓏之荐。丧事，代王受眚灾。王之同姓有罪，则死刑焉。帅其徒以薪蒸，役外内饔之事。③

很显然甸师氏有为王室供应农产品和祭祀用品之责，其地当在偏僻的郊野。所以刑人于市，显然是公开行刑，带有羞辱的味道；而刑人于甸师氏，则是秘密行刑，带有为公族留体面的味道。

执行死刑的具体方式，也因犯罪人身份不同而有差别。犯罪人是平民的，其死刑由"掌戮"组织实施，且还要根据犯罪人犯罪所针对的对象不同，选择具体的行刑方式：

---

① 《周礼·秋官·掌囚》。
② 《周礼·秋官·掌囚》。
③ 《周礼·天官·甸师氏》。

> 凡杀其亲者，焚之；杀王之亲者，辜之。凡杀人者，踣诸市，
> 肆之三日，刑盗于市，凡罪之丽于法者，亦如之……凡军旅、田
> 役，斩杀刑戮亦如之。①

"焚"即火烧，"辜"即切割、分裂尸体（亦称"磔"刑），这两种情形都属于毁尸灭迹，因犯人所杀对象，为亲为尊，是对西周礼制"亲亲尊尊"之义最为严重的破坏，相应的处罚也就最为严重。其余如因贼盗、军旅、田役招致死刑者，则斩于市，也就是"踣"，相当于后世的斩首，并曝尸三日。这个"市"，即是以上国中、郊、野、都等地的"市"。可见，对于平民犯死刑的，都不留全尸（焚、辜更甚），且要加以刑辱。

至于犯罪人身份是王之同族和有爵者，则如上文所示，行刑的就不是掌戮了，而是甸师氏，《掌戮》中特别提到："唯王之同族与有爵者，杀之于甸师氏"②。甸师氏对此类犯人执行死刑的方法，也不同于掌戮，《礼记》对此有记载：

> 公族，其有死罪，则磬于甸人。③

这个"磬"，按照东汉郑玄的说法，就是悬缢杀之，对此古今注礼者没有多少异议。④ 后来的帝制王朝，每每赐有罪王公贵族一丈白绫，令其悬梁自缢，即仿《礼记》"磬"之遗意。保留全尸，不加刑辱，和不刑于市一样，同样是对公族体面的维护。反映了西周"亲亲尊尊"的"礼"的内涵。

2. 肉刑的执行

西周继承了之前的肉刑，《尚书·吕刑》明言：

> 墨罚之属千，劓罚之属千，剕罚之属五百，宫罚之属三百，大
> 辟之罚其属二百。五刑之属三千。⑤

---

① 《周礼·天官·掌戮》。

② 《周礼·秋官·掌戮》。

③ 《礼记·文王世子》。

④ 参见钱大群：《唐律疏议新注》，南京师范大学出版社2007年版，第17—18页。

⑤ 《尚书·吕刑》。

虽然各肉刑具体对应哪些罪名已无从考证，"五刑之属三千"，也非确数，仅言其多而已。但综合各种文献及材料，可以确知西周肉刑的确存在且多见。

首先来看墨刑，《司约》中明确说：

> 凡大约剂书于宗彝，小约剂书于丹图。若有讼者，则珥而辟藏，其不信者服墨刑。①

这点得到了考古材料的证实，在1975年出土于陕西岐山县董家村的"儥匜"铭文中，可以明确地看到其中有黥黩字样，文物及古文字专家将之释为"黑巾裹头，面颊刺字"②，很明显这就是肉刑中的"墨刑"。关于青铜器铭文（金文）中反映的西周司法文明的情形，详见本章第四节。

其次来看劓刑，虽然《周礼》一书中只有《吕刑》篇提到了劓刑，但如果根据胡朴安的说法，《周易》下经主要是讲周代的历史情形，则《周易》下经中，明确提到了"劓刑"这一刑罚：

> 九五，劓刖，困于赤绂，乃徐有说，利用祭祀。③

至于墨刑和劓刑该怎么实施，在我们前两章讨论西周之前的刑罚时曾经提到"大刑用甲兵……中刑用刀锯，其次用钻笮……"④，墨刑是用类似于针一样的东西（所谓"钻笮"）在脸颊上刺字，而劓刑应该是用薄的小刀来割鼻子。《礼记》中也提到墨劓的实施法：

> 其刑罪，则纤剸，亦告于甸人。⑤

其中的"纤"指针，而"剸"是小而薄的刀之义，这是以工具来借代墨劓之刑。

再次来看刖刑，如上文《周易》"困卦"中明确提到了刖刑，《周礼》中

---

① 《周礼·秋官·司约》。

② 参看王沛：《西周金文资料选辑》（上），载前揭《中国古代法律文献研究》第七辑，第42页。

③ 《周易·困》。

④ 《国语》卷四，"鲁语上"。

⑤ 《礼记·文王世子》。

虽然提及刖刑的地方较少，但如本文第四节将要提到的那样，出土的西周时期的青铜器，如多地出土的"刖刑鬲"以及西周晚期的"它盘"上，都铸有被实施了刖刑的人像。比如1988年11月7日，在宝鸡市南郊茹家庄西周遗址区出土的"刖刑奴隶守门方鬲"中，守门的奴隶被砍掉了左脚。而在1963年出土于陕西扶风县齐家村的"它盘"中，可以看到圈足下有四个裸体踞式男童，两手抚膝，眉眼俱全。四人均为受过刖刑的犯人，双脚都被砍掉了。这两件青铜器中的刖刑的执行方法，都是砍脚，小腿还都保留着。可能在西周时，执行刖刑就是用刀锯砍掉双脚或单脚，而不砍掉小腿或者挖掉犯人的膝盖骨（"膑"）。

再次来看宫刑，西周承继了夏商以来的宫刑（椓刑），但是具体的执行方法同样不可考，但是宫刑的目的是明确的，就是不让罪人有后，这就是《尚书·盘庚》中所谓的"无遗育，无俾易种"，不过在奉行周礼的西周社会，对于公族，则不适用宫刑，《礼记》中明确提到：

　　　　公族无宫刑，不翦其类也。①

这是为了保证公族宗法的延续，这一思想对后世影响深远，所谓"施仁政于天下者，不绝人之祀"②，文献典籍中也的确少见公族处宫刑之例。

至于对犯人执行完肉刑之后该如何处理，《周礼》也有明确的方案：

　　　　墨者使守门，劓者使守关，宫者使守内，刖者使守囿，髡者使守积。③

尽管遭受了肉刑，刑余犯仍有相应的行为能力，所以根据其能力，做这样的处理措施。按两汉经师的注疏，墨者无妨于禁御，所以使守门，此门主要是指王城及各官府厩库之门，而非宫门，宫门由宫者守。劓者使守关，截鼻者貌丑，而关在畿外，视门为远，所以守之无妨。宫者守内，以其不能人道。刖者守囿，断足无急行，禽兽在园囿，驱赶之而已，无事急行逐

---

① 《礼记·文王世子》。

② 《资治通鉴》卷六二，"汉纪五十四"。

③ 《周礼·秋官·掌戮》。

捕。① 至于髡刑，乃剃发之耻辱刑，肉体无损，特征明显，使之守粮仓积聚所在，似亦相宜。当然，西周事实上刑余犯是否完全如此处理，不得而知。而按照另一篇带有强烈理想主义色彩的文献——《王制》中的说法：

> 刑人于市，与众弃之。是故公家不畜刑人，大夫弗养，士遇之涂弗与言也。②

似乎这些刑余犯都不能进入到"公家"也就是邦国行政系统内，那就直接与以上"守门""守关"等刑余犯安排出现矛盾了，何者更属实情，殊难判断。但从上文提到的"刖刑鬲""它盘"上所铸的刖刑徒形象来看，在西周，至少是"刖者使守囿"是可信的，因为"刖刑鬲"把守的炉门，正类于园囿形象。而多种鼎彝上都出现这样的形象，似乎不太可能是铸器者凭空想象出来，必定是现实中有此情形，才为不同的铸器者在不同的鼎彝上表达"刖者守囿"之意。

3. 其他刑罚的执行

见于《周礼》及其他传世文献者，尚有其余多种刑罚。

第一类是赎刑，《吕刑》篇明确提到：

> 墨辟疑赦，其罚百锾，阅实其罪。劓辟疑赦，其罪惟倍，阅实其罪。剕辟疑赦，其罚倍差，阅实其罪。宫辟疑赦，其罚六百锾，阅实其罪。大辟疑赦，其罚千锾，阅实其罪。③

墨、劓、刖、宫等肉刑乃至死刑都可以用锾来赎，锾与后来的"两""钱""厘""毫"等计量单位的换算关系究竟如何，各家说法不一，亦无定论。不过赎刑的存在，的确是可信的。如我们将在下一节所讨论到的，出土的西周青铜器铭文中，很多"罚锾"的事例，实际上就是以锾赎罪的情形。当然，它有一定的适用条件，必须是"疑赦"的情形下，即案件存有一定的可疑点，在可赦不可赦之间的，方能用赎。

---

① 参见孙诒让：《周礼正义》第十一册，第 2880—2881 页。
② 《礼记·王制》。
③ 《尚书·吕刑》。

第二类是徒刑，前述大司寇的职责中，有：

> 大司寇之职……以圜土聚教罢民，凡害人者，寘之圜土而施职
> 事焉，以明刑耻之，其能改者，反于中国，不齿三年。其不能改而
> 出圜土者杀……以嘉石平罢民，凡万民之有罪过而未丽于法而害于
> 州里者，桎梏而坐诸嘉石，役诸司空。重罪，旬有三日坐，期役；
> 其次，九日坐，九月役；其次，七日坐，七月役；其次，五日坐，
> 五月役；其下罪，三日坐，三月役。使州里任之，则宥而舍之。①

上面出现了两类"罢民"，一类罢民是害人者，可以理解为犯罪的人，
则需要将之囚禁在监狱（"圜土"）中，并强制其服一定的苦役，以三年为限，
如果三年没有改造好且有越狱行为者，则处死刑。

这项刑罚具体由司圜这一机构（人员）负责执行：

> 司圜掌收教罢民。凡害人者，弗使冠饰，而加明刑焉。任之以
> 事，而收教之。能改者，上罪三年而舍，中罪二年而舍，下罪一年
> 而舍，其不能改而出圜土者，杀。虽出，二年不齿。凡圜土之刑人
> 也，不亏体，其罚人也，不亏财。②

很显然，徒刑分成三等，上罪三年，中罪二年，下罪一年，在服刑期
间，并强制犯人服劳役，执行时，不得体罚犯人，也不得索要犯人财物。从
最后一句"不亏财"来看，也许犯人服劳役，还会获得一定的劳动报酬。

第二类罢民则是"有罪过而未丽于法"，但对州里有危害者，相当于现
代法学中所界定的"违法但是没有达到犯罪的程度"，通常是违反治安管理
的人，则需要坐"嘉石"并服一定时间的劳役。至于"嘉石"究竟为何物，
亦无从考证。但"桎梏而坐嘉石"有点类似于后世"枷号示众"，带有一定
的羞辱之意，示众场所通常位于公开热闹的地方，示众期限按照违法情形的
轻重，由高到低分别为 13 天、9 天、7 天、5 天和 3 天。示众完毕之后，还

---

① 《周礼·秋官·大司寇》。
② 《周礼·秋官·司圜》。

要强制这类违法者服一定期限的劳役，只是服劳役的场合不在圜土中，而是到"司空"机构（人）那里服役，服役期限对照示众期限，相应也分为 1 年、9 个月、7 个月、5 个月、3 个月五等。

至于司空究竟如何具体执行，分配哪些劳役任务，因《周礼·冬官》一篇汉时已佚，而以《考工记》茸入，故无从得知，但从《考工记》所叙来看，这些违法的罢民，到司空处服劳役时，无疑需要学习专门的劳动技巧，这颇符合近代"犯罪习艺所"的做法，通过在司空处服役，从而改造自新。

第三类是身份刑，主要是将人没为奴婢。奴婢的来源有多种。其中之一就是因犯罪而没为奴婢，失去独立的人格。罪犯成为奴婢之后，可驱使其为官府服役，同样也可作为物品与人交换，在西周青铜鼎彝中，还可以发现奴婢经常被作为礼物由周王赏赐给臣下的例子。西周管理奴婢的机构（人员）为司隶，如前文所述，他得：

> 帅其民而搏盗贼，役国中之辱事，为百官积任器。凡囚执人之事，邦有祭祀、宾客、丧纪之事，则役其烦辱之事。掌帅四翟之隶，使之皆服其邦之服，执其邦之兵，守王宫与野舍之厉禁。①

显然，司隶所管理的奴婢，应该都属于"官奴婢"的范畴。西周同样存在私人畜养的奴婢，如《周易》云：

> 九三，系遁，有疾厉，畜臣妾吉。②

上面的臣妾，即奴婢，男奴称隶臣，女奴称隶妾。这类私人奴婢，不在司隶所掌范围之内。当然，司隶具体又是通过"罪隶"和"四翟之隶"机构（人员）来管理奴婢的。"罪隶"专门负责因犯罪而被没为奴婢者：

> 掌役百官府与凡有守者，掌使令之小事。凡封国若家，牛助，为牵傍，其守王宫与其厉禁者，如蛮隶之事。③

---

① 《周礼·秋官·司隶》。

② 《周易·遁》。

③ 《周礼·秋官·罪隶》。

可见"罪隶"所掌，即上文"司隶"所掌的"帅其民而搏盗贼……则役其烦辱之事"之类。而司隶掌帅"四翟之隶"，即来自"四裔"的隶，"四翟"既是一个地理概念，更是一个文化概念。上文已经提到，这些隶，处于"王化"之外，并非因犯罪而被没为奴婢的，而是在周王征伐战争中被俘虏而成为周人的奴婢的。"四翟之隶"，则是按地域所分的各地战争奴婢的头目，分别为：

第一，蛮隶，"掌役较人养马。其在王宫者，执其国之兵以守王宫。在野外，则守厉禁。"[1]

第二，闽隶，"掌役畜养鸟而阜蕃教扰之，掌子则取隶焉。"[2]

第三，夷隶，"掌役牧人养牛马，与鸟言。"[3]

第四，貉隶，"掌役服不氏而养兽而教扰之，掌与兽言。"[4]

由此可见，西周时期，有一整套身份刑罚则及其具体的执行方法。当然，罪隶和四翟之隶的区分是否真的如此严格，还是存在着疑问的。

五、司法时令

从西周的司法机构和程序中，我们可以体会到浓厚的理性和人文色彩。这种人文理性精神，不仅仅是西周统治者鉴于夏商统治的教训而作出的思想意识形态上的调整，更源于其所依赖的经济基础。种种材料表明，西周农业水平较之夏商更为发达和稳定，西周立国以农为本。而"农本主义的经济形态，对中国古代法律体系乃至司法均有深刻的影响"[5]。

农本主义的经济形态，使得人们自然而然对于四时历法非常重视。在长

---

[1] 《周礼·秋官·蛮隶》。

[2] 《周礼·秋官·闽隶》。

[3] 《周礼·秋官·夷隶》。

[4] 《周礼·秋官·貉隶》。

[5] 张晋藩：《解读中华法系的本土性》，《政法论坛》2010年第5期。

期的生产生活中，人们发现只有按照时令要求去生产和生活，才会有好的结果，正如《周易》所云："天垂象，圣人则之"，二十四节气、七十二候，都是古人生产生活的总结。而"不违农时""使民以时"等重要的古训、格言，都是强调要合乎时令，这也是后来中国传统"天人合一"思想形成的一个重要诱因。

至晚在春秋之时，人们已经关注到了司法时令的问题，如《左传》提到：

古之治民者，劝善而畏刑，恤民不倦，赏以春夏，刑以秋冬。①

这表明，当时"春夏庆赏，秋冬行刑"，已经成了一个正统的理念，且这个理念并不是当时才提出来的，极有可能在西周时，这个理念亦已流行于世。《礼记·祭统》谓：

……尝之日，发公室，示赏也；草艾则墨；未发秋政，则民弗敢草也。②

其中"草艾则墨"，意为草枯黄之后，则可对犯人行墨刑，亦可引申为执行广义上的刑罚。这就是"秋政"的一种，秋冬行刑的观念于此可见。在古文献中，最早将人事与天象时令联系起来，且说得很完备的，是《礼记·月令》一篇。里面详细地提到了在春夏秋冬四季，人们应该从事何种活动。其中与司法有关者为：

孟秋之月……是月也，命有司修法制，缮囹圄，具桎梏，禁止奸，慎罪邪，务搏执。命理瞻伤，察创，视折，审断。决狱讼，必端平。戮有罪，严断刑。天地始肃，不可以赢。③

仲秋之月……乃命有司，申严百刑，斩杀必当，毋或枉桡。枉桡不当，反受其殃。④

---

① 《左传·襄公二十六年》。

② 《礼记·祭统》。

③ 《礼记·月令》。

④ 《礼记·月令》。

季秋之月……乃趣狱刑，毋留有罪。①

《月令》很难将之作为一个法典制度来看，且《礼记》一书掺入了许多西汉中期之后的思想，带有强烈的儒家色彩，未必为西周的实际情形。但是即便这样的司法时令在西周不具有强制性，作为指导性的文件则是没有问题的，也合乎西周的经济生活和礼制主义的要求。最重要的是，这一冠以"周礼"的司法思想，本身就表达了敬明乃罚、哀矜折狱、慎重人命、公正行刑的观念，充满着强烈的理性精神和人文关怀，故对后世的司法活动，产生了深刻的影响，后来的"秋冬行刑"体制，明清的"热审""朝审""秋审"等司法制度，都可以说是直接或间接地受到西周司法时令思想的启发所致。司法时令，是中华法系独树一帜的发明，也是中华司法文明的一大典型体现。

第四节　青铜彝器中所反映的西周司法文明

以上两节，我们主要是根据传世文献的记载来讨论西周的司法文明的，但是其中有许多内容，一直存在着真伪参杂的问题，尤其是《周礼》和《礼记》诸篇，因其理想主义色彩甚浓，最受人攻讦。但随着考古发掘的深入，西周时期的青铜彝器越来越多地被发现出土，其中许多青铜器上刻有铭文。随着这些铭文被古文字专家陆续释读出来，我们对西周文明的认识也逐渐加深。更为难得的是，有一些青铜彝器铭文中传达出了重要的司法方面的信息，有些信息，可以直接和传世文献相印证，从而证实了部分的事实，而有些信息，又可以补传世文献之不足。但即便如此，青铜器铭文中的司法信息，总体上仍非常有限。故我们不能以如此有限的信息，去推翻传世文献的记载，只能在传世文献之外，加以一定的补充。

---

① 《礼记·月令》。

法律史学界早已发现了青铜彝器铭文（金文）对于法律史学研究的重要价值，中日学者都有从事金文法律资料整理者，如杨升南先生即整理出了《金文法律文献》，收入在了刘海年、杨一凡先生主编的《中国珍稀法律典籍集成》（甲编）第一册《甲骨文金文简牍法律文献》中，1994年由科学出版社出版。而日人松丸道雄、竹内康浩所撰写的"西周金文中の法制史料"一文，则系统介绍了10份（五年、六年琱生簋铭视为一份）与法律密切相关的青铜器铭文，后收录于滋贺秀三编著《中国法制史——基本资料の研究》一书，于1993年由东京大学出版会出版，这都是比较早的整理成果，学界多有援引。不过此两书所收录的铭文偏少，尤其是后者，由于对"法制"采狭义的定义，故而更为有限。近年来，王沛先生在这些成果的基础上，再参考古文献学界《殷周金文集成》《商周青铜器铭文选》等大型文献及研究成果，整理出了160余篇金文法律文献，并撰成《西周金文法律资料辑考（上）》一文发表。《辑考》一文，言简意赅，所整理的法律材料宽狭适中，便于援用，唯只整理到西周中期，西周后期的材料则付阙如。因此，本节所引青铜彝器铭文，周初至西周中期者，以王氏《辑考》（上）为准，而西周中期以后者，则引自马承源先生主编的《商周青铜器铭文选》（第三卷），该卷是对商、西周青铜器铭文进行的释文及注释，部分释文也参考了徐中舒先生主编的《殷周金文集录》（四川人民出版社1984年版）一书。因本节仅关注铭文释文，故青铜彝器的出土时间、地点以及馆藏信息等则略而不录，有意者但看上述马承源和徐中舒二氏之书即可。

一、司法思想

西周青铜彝器大多数属于礼器，铭文亦以记载周王的锡命为多，在锡命过程中，周王通常会强调与制器者的宗法渊源，并对制器者进行勉励或训诫，有时会涉及司法，从中我们可以部分地挖掘出西周主流的司法思想。

（一）法祖守礼

"敬天法祖"本为周人治理天下的基本观念，"敬天"在夏、商、周乃至后世王朝几乎是不变的基调，详见下章论述天命与德行的部分。而法祖则是要求周人尊崇文武之道、周公之礼，这点同样是西周司法活动的总的原则。在青铜器铭文中，时常可见周王对臣下作此要求。

如西周初年周武王时期的青铜器"天亡簋"（又称"大丰簋"）铭文中有：

> 乙亥，王又（有）大豊（礼），王凡三方，王祀于天室，降，
> 天亡又（佑）王，衣祀于王不（丕）显考文王，事喜（糦）上帝，
> 文王德（监？）才（在）上，不（丕）显王乍省（作省），不（丕肆）
> 王乍（作庸），不（丕）克乞衣王祀。①

此处直接指出王对天行礼，并强调周之所以能得天命取代殷商，乃是因为文王有德，这就是所谓的"文王德（监？）才（在）上"。由于此彝器为西周初年所制，即此可知周人从一开始就凸显了遵守祖制、德礼为本的治理基调。制作于成王时期的"何尊"，同样强调"尔有唯（虽）小子亡戠（识），（视）于公氏"②，"视于公氏"，也就是遵守祖制，秉承文武之道的意思。

这一法祖敬德崇礼的思想，不仅在周初的武王、成王时期强调，实也贯穿西周始终，如下列铭文所示：

> "……今我隹（唯）即井（型）（稟）于玟（文）王正德……"③

（康王时期，"大盂鼎"铭文）

> "不（丕）显朕文考鲁公夂（各）文遗工，不（丕）**譬**毕诲。"④

---

① 铭文引自王沛：《西周金文法律资料辑考》（上），载前揭徐世虹主编：《中国古代法律文献研究》第七辑，第17页。

② 铭文引自王沛：《西周金文法律资料辑考》（上），载前揭徐世虹主编：《中国古代法律文献研究》第七辑，第18页。

③ 铭文引自王沛：《西周金文法律资料辑考》（上），载前揭徐世虹主编：《中国古代法律文献研究》第七辑，第19页。

④ 铭文引自王沛：《西周金文法律资料辑考》（上），载前揭徐世虹主编：《中国古代法律文献研究》第七辑，第21页。

（康王、昭王时期，"**戥**尊""**戥**卣"铭文）

"……文王孙亡弗裹（怀）井（型）……"① （穆王时期，"班簋"铭文，意思是"作为文王的子孙不能忘记祖先的法度"，"井"作法度解）

"……子子孙孙其帅井（型）……"② （穆王时期，"彔伯**戥**簋盖"铭文）

"……叀（唯）余小子肇盅（淑）先王德……用井（型）乃圣且（祖）考，隥明（令）辟前王……"③ （恭王时期，"师**訇**鼎"铭文）

"王曰：牧，女（汝）母（毋）敢**勿囲**先王乍明井（型）用，雩乃讯庶右**替**母（毋）敢不中不井（型）……"④ （懿王时期，"牧簋"铭文）

"……女母弗帅用先王作明刑……"⑤ （宣王时期，"毛公鼎"铭文）

以上只是举鼎彝器中典型者，类似的思想在其他青铜器铭文中尚多见，常以"帅井（型，效法之意）祖考"这样的语句加以表达。尽管一个显而易见的事实是，越到西周晚期，地方诸侯越发与中央离心离德，"周礼"的实际控制力日益衰弱，但是作为王朝正统的治理或司法思想，法祖守礼始终为历代周王所强调。且法祖守礼这一思想，不仅仅是意识形态上的口号或者纯粹为宣誓性的原则，同样实际运用于西周的司法实践中，即便在礼崩乐坏的

---

① 铭文引自王沛：《西周金文法律资料辑考》（上），载前揭徐世虹主编：《中国古代法律文献研究》第七辑，第31页。

② 铭文引自王沛：《西周金文法律资料辑考》（上），载前揭徐世虹主编：《中国古代法律文献研究》第七辑，第35页。

③ 铭文引自王沛：《西周金文法律资料辑考》（上），载前揭徐世虹主编：《中国古代法律文献研究》第七辑，第37页。

④ 铭文选自马承源主编：《商周青铜器铭文选》（第三卷）"商、西周青铜器铭文释文及注释"，文物出版社1988年版，第260页。

⑤ 铭文选自前揭马承源主编：《商周青铜器铭文选》第三卷，"商、西周青铜器铭文释文及注释"，第317页。

东周，也时常可见其应用的实例。

（二）公正循法

西周统治者对臣僚的驭民之道多有指示，因为司法与民众利益息息相关，所以在金文中，也常常看见周王告诫臣僚要依法办事，公正司法。

如康王时期的"大盂鼎"中就提到：

> 王曰：余乃（绍）夹死（尸）司戎，**诛敏罚讼**。①

所谓"**诛敏罚讼**"，就是要求盂在司法时，必须通达事理，严肃认真，显含公正循法之义。这方面，更为明确的要求见于周懿王时期的"牧簋"中：

> 隹王七年十又三月既生霸甲寅。王才周，才师汙父宫，各（格）
> 大室，即立（位），公🔲**𥄎**入右牧，立中廷。王乎（呼）内史吴
> 册令牧。王若曰：牧！昔先王既令女（汝）乍嗣士。今余唯或𥳟改
> （改），令女（汝）辟百（僚）。有问吏🔲。遹多**𤔲**（乱），不用先王
> 乍井（型），亦多虐庶民。乎（厥）讯庶右督不井（型）不中，遹
> **医**之，以今𥳟司匐乎罪昏故。王曰：牧，女（汝）母（毋）敢🔲🔲
> 先王乍明井（型）用，**雩**乃讯庶督右母（毋）敢不中不井（型），
> 乃甫（敷）政事，母（毋）敢不尹，亓（其）不中不井（型）……②

这段文字大意为周王提拔之前曾任司法官员（司士）的🔲**𥄎**（人名），让他担任百僚之长，然后要此人吸取之前官吏害民的教训，这些官员不用先王的法度，常常滥施威权虐待庶民。周王希望🔲**𥄎**当上官僚之长后，要时刻遵循先王所定下的贤明法度，他当司法官员的时候，询问罪犯从来没有不明智、不公正、不循法之事。勉励🔲**𥄎**继续保持这样良好的作风，无论行政和司法，都不能不秉法办事，不能有不公正、不循法的情形。而且周王认

---

① 铭文引自王沛：《西周金文法律资料辑考》（上），载前揭徐世虹主编：《中国古代法律文献研究》第七辑，第19页。

② 铭文选自前揭马承源主编：《商周青铜器铭文选》第三卷，"商、西周青铜器铭文释文及注释"，第187—188页。

为，如果𤔲𣏒作为长官能公正循法，则其下属也不敢不公正、不循法，亦即"乃甫（敷）政事，毋（毋）敢不尹，亓（其）不中不井（型）"所指，很显然，公正循法是周懿王着重强调的。

再来看宣王时期的"兮甲盘"铭文，其中亦有这样的句子：

……淮夷旧我𪒠晦（贿）人，毋敢不出其𪒠、其（积）、其賨进人，其，毋敢不即𤳦（次）即芇（市），敢不用令，勫（则）即井（刑）扑伐，其佳我者（诸）侯、百生（姓），乒賨毋不即芇（市），毋敢或（有）入蛮宄賨，勫（则）亦井……①

"兮甲盘"全铭记述了西周的官制、战争、封赏、税赋、奴隶、贸易管理等诸多细节。以上是"贸易管理"中的司法问题，铭文中强调要人们遵循贸易法度，如果不严格按照法度来进行贸易，则要用刑法来处理。这同样反映出西周司法公正循法的思想。

最后再来看西周宣王时期的"㝬簋"铭文，其中有这样的话：

又（有）进退，寽邦人、疋（胥）人，师氏人，又（有）辠（罪）又（有）故（辜），遒骄佣即女（汝），遒繇（繇）宕，卑复虐逐乒君乒师……②

"㝬簋"铭文出土时已不完整，但从上述字句中，可知㝬为一司法官员。周王指示，如果寽邦人、疋（胥）人、师氏人有犯罪行为，就要求将之拘执到㝬处，然后按照罪行的大小加以处理。我们特别需要注意文中"又（有）罪又（有）故（辜）"一语，所谓"罪"就是一般的罪行，而"故"则是死罪，周王强调"罪"和"故"的区别，实际上就是提醒㝬要理性审判，公正循法。而公正的一个基本要求，就是要区别大罪和小罪，然后予以处理，这和现代社会"罪刑相适应"这一刑法通行原则的要求是相吻合的。

---

① 铭文选自前揭马承源主编：《商周青铜器铭文选》第三卷，"商、西周青铜器铭文释文及注释"，第 305 页。

② 铭文选自前揭马承源主编：《商周青铜器铭文选》第三卷，"商、西周青铜器铭文释文及注释"，第 312 页。

（三）谨慎用刑

上文我们从《尚书》等文献中，可以了解到西周一个基本的司法思想，就是倡导义刑义杀，在明德慎罚的前提下，如果人们的确有罪，那么一定要进行惩处，如果罪大恶极，还必须刑兹无赦。这一思想在金文中亦得到鲜明的体现。

首先来看康王时期的"奮簋"铭文，内有：

> ……井朕臣兴诲。奮敢对公休，用作父癸宝尊彝。①

据专家的考证，奮为殷遗民，"以殷遗民的身份，在周人建立的诸侯国发布教令"②，要求按照殷商成法来司法断案，这颇合乎《尚书·康诰》"罚蔽殷彝，用其义刑义杀"之义。故而，这件青铜器可以从一个侧面佐证传世文献的正确性。当然，更能说明慎刑思想的，则见于夷王时期"蔡簋"，其铭文中有：

> ……王若曰：蔡，昔先王既令女（汝）乍宰，嗣王家。今余佳
> 糰（缁）橐乃令，令女（汝）众曰，覣疋（胥）对，各（恪）从，
> 嗣王家内外，母（毋）敢又（有）不闻。嗣百工，出入姜氏令，毕
> 又（有）见又（有）即令，毕非先告蔡，母（毋）敢疾又（有）入告，
> 女（汝）母（毋）弗善效姜氏人，勿事（使）敢又（有）疾，止从
> （纵）狱。③

此铭大意为周王任命蔡伯昌为内宰，管理王家内外事务，有事要时时进闻，职司百工和出纳王后姜氏的命令。有来觐见和听候命令的，需要先报告蔡伯昌。特别是最后周王谆谆嘱咐蔡伯昌，要很好地教育"姜氏之人"，也就是王后的内官，不要做坏事，不要恣意刑狱，滥用私刑。显然蔡伯昌所

---

① 铭文引自王沛：《西周金文法律资料辑考》（上），载前揭徐世虹主编：《中国古代法律文献研究》第七辑，第23页。

② 王沛：《西周金文法律资料辑考》（上），载前揭徐世虹主编《中国古代法律文献研究》第七辑，第24页。

③ 铭文选自前揭马承源主编《商周青铜器铭文选》第三卷，"商、西周青铜器铭文释文及注释"，第187—188页。

掌，为宫内官员，负责天王宫中事务。因此王特别提到要蔡伯冏防止后宫滥用私刑——"止纵狱"，从中可以清楚地看出，西周司法强调谨慎用刑这一思想。

此外上文提到的西周宣王时期的"盨"铭文中又有这样的言论：

> 王曰：盨，敬明乃心，用辟（弼）我一人，善效（教）乃友内（纳）寏（辟），勿事（使）膩（暴）虐从狱，爰（援）夺虘行道。
>
> 率非正命，道敢疾讯人，则唯辅天降丧，不□唯死。①

这意思就是指要盨这个人忠诚王事，做好辅弼大臣应该做的事务，教导好同僚遵守法规，勿使暴虐而任意用刑狱。相比"蔡簋"铭文，此铭还特别强调了任意用刑的危害，就像是堵塞了别人走正道的机会。因此，除非有正当的命令，才能对人用刑，否则就是弃绝天命，天将会降下灾难来惩罚暴虐用刑者。在这里，谨慎用刑与以周人传统的"以德配天"观念直接相联系，凸显了西周的慎刑思想。

以上青铜器铭文中所展示的司法思想，虽然零零碎碎，并不系统，但是的确很好地证实了传世文献中所述西周司法思想的真实性，并非皆为后世加于三代的溢美之词。

二、起诉与审判

除记载周王的锡命外，西周青铜鼎彝铭文中另一个常见的主题就是记录制器者从事的某种行为。与司法相关者，又有两大方面：一是诉讼结果，二是产权归属。虽然细节通常并不清晰，但仍能从中获取部分西周起诉与审理方面的信息。

关于案件的起诉，首先来看起诉的形式，穆王时期"师旂鼎"铭文中

---

① 铭文选自前揭马承源主编：《商周青铜器铭文选》第三卷，"商、西周青铜器铭文释文及注释"，第 187—188 页。

提到：

> 唯三月丁卯，师旂众仆不从王征于方𤞷（雷）。使乒（厥）友弘以告于白（伯）懋父。在芳，白（伯）懋父乃罚得、系、古三百乎。今弗克乒（厥）罚，懋父令曰：义𢿭（宜播），𣪊！乒（厥）不从乒（厥）右征。今母（毋）𢿭（播），其又（有）内（纳）于师旂。弘吕（以）告中史书，旂对乒（厥）（劾）于尊彝。①

此铭大意为师旂的属下"众仆"不跟随周王征发方雷，师旂令其僚属弘向伯懋父控告此事，伯懋父则对得、系、古三人处以罚金。然而得、系、古并未缴纳罚金。于是伯懋父拟将三人流放，三人后缴纳罚金免于流放。师旂遂铸鼎以兹纪念。这件鼎彝铭文中有两点值得关注：第一，"众仆"的身份未必是奴婢，否则师旂不需要向伯懋父那儿去告状，自己直接处理即可。且师旂告状用的词是𡠱，即"劾"之义，至晚到汉代，如果官员因"公事"告诉，通常用"劾"义，故而可知"众仆"可能是师旂的下属官员或下级贵族。不随王征方雷，自然属于"公事"。可见，在西周时，或也存在着"公事告""非公事告"的区分，前者用"劾"，后者用"告"或"诉"。第二，师旂并未亲自去官府起诉，而是委托其属下弘代为起诉，可见《尚书》所云"凡命夫命妇不躬坐狱讼"，系西周真实的诉讼审判情形。

再来看西周中期的"曶鼎"铭文：

> 昔馑岁，匡众厥臣廿夫，寇曶禾十秭。以匡季告东宫，东宫乃曰：求乃人，乃弗得，汝匡罚大。匡乃頴（稽）首，于曶用五田，用众一夫，曰嗌，用臣曰疐、曰朏、曰奠，曰用兹四夫。頴（稽）首曰：余无卣（由）具寇正（足），不出，俊（鞭）余。曶或（又）以匡季告东宫，曶曰：弋唯朕禾赏（偿）。东宫乃曰：赏（偿）曶禾

十秭，𧷤（遗）十秭，为廿秭，□来岁弗赏（偿），则付卌秭。乃或（又）即曶，用田二，又臣，凡用即曶田七田、人五夫，曶觅匡卅秭。①

此案大意是被告匡的下属共12人抢掠了原告曶的禾苗，曶因此到东宫起诉。东宫第一次裁决，要求被告交出抢禾之人，但被告匡没有交人，而是以一定土地和奴婢为偿，试图与原告曶和解。但曶不答应，可能是觉得赔偿太少。于是再次诉至东宫，东宫最后要求匡进行赔偿，匡再次提出一个赔偿方案，以更多的田土和奴婢为偿，最终了结此案。此案的法律意蕴非常丰富②，我们仅就司法起诉这个角度来看，它暴露出了一个问题，就是如果原告对于裁判结果不满意，是可以就同一个案由再次提起诉讼的，而官府既不会以"一事不再理"的理由拒绝受理，也不会对原告的再次告诉进行处罚。这和之后"㒼匜"中原告牧牛再次告诉的情形不同，后者是因为宣誓服从判决后，再以同样事由告诉，则受到了惩罚。这是青铜器铭文对传世文献所载西周司法起诉问题的一个补充。

其次来看诉讼费用，《周礼》中提到刑民狱讼分别需交"钧金""束矢"，而在金文中，迄今无一例提及"钧金""束矢"，那么是不是意味着不需要缴纳诉讼费用呢，实不尽然，金文中多次提到"取㒼X寽""取遄X寽"字样，如下所示：

"……王乎（呼）乍（作）册尹册申命𧡧曰：更乃且（祖）服作家司马，女（汝）乃谏讯有粦（邻），取㒼十寽。"③（穆王时期，"𧡧簋"铭文）

① 铭文选自中国社会科学院考古研究所编：《殷周金文集成》，徐中舒主编，中华书局2007年版，第1521页。

② 关于"曶鼎"铭详细的法律解读，参阅黄海：《曶鼎铭文法律问题研究》，华东政法大学2016年硕士学位论文，另见黄海：《曶鼎铭"寇禾"案所见西周诉讼程序及其启示》，《山东科技大学学报》（社会科学版）2017年第4期。

③ 铭文引自王沛：《西周金文法律资料辑考》（上），载前揭徐世虹主编：《中国古代法律文献研究》第七辑，第52页。

……讯讼，取**微**五爭。① （穆王时期，"扬簋"铭文）

……王曰：**龖**，命女……**嗌**（讯）讼罚，取**邎**（颉）五爭。②（西周中期，"**龖簋**"铭文）

这"取**微**X 爭""取**邎**X 爭"究竟是什么性质，迄今并无定论。按照王沛先生的说法，"但是从取数额来看，不过五爭、十爭；身份极其高贵的毛公，取数目亦不过三十爭，而这已经是目前所见的最高额度了。"③作为官员的俸禄显然不合常理。而作为罚金，显然太低，上文"师旅鼎"中的罚金就达到了三百爭。而要理解为官员办案收入提成，则更是与西周所宣扬的德礼思想有违。王沛先生在对以上"扬簋"铭文释读时，又提到"铭文又说扬可以讯讼，即处理狱讼之事，从取五爭来看，数额较小。可能管辖的案件级别较低"④。是明显将"取**微**X 爭"与诉讼管辖级别联系起来，惟并未明确该行为的性质。笔者倾向于认为这是诉讼费用。正因为管辖的案件级别低，标的可能也小，所以诉讼费用较低。当然，即便是"三十爭"，较之"束矢"，应该还是要少。为何会有这样的差距，殊难解释。一个可能的推测是，"钧金""束矢"是一个理想化的描述，融入了后世"无讼"的理想，但西周现实情形，诉讼时有发生，必要交"钧金""束矢"，势所不能。因此，以"取**微**X 爭""取**邎**X 爭"来收诉讼费用，可能更适用现实的需要。当然，此义尚有待证实，但是西周起诉存在诉讼费用，应该是可信的。

关于案件的审理，我们先来看恭王时期的"五祀卫鼎"铭文：

隹正月初吉庚戌，卫以邦君厉告于井白（伯）、白（伯）邑父、

---

① 铭文引自王沛：《西周金文法律资料辑考》（上），载前揭徐世虹主编：《中国古代法律文献研究》第七辑，第62页。

② 铭文选自前揭马承源主编：《商周青铜器铭文选》第三卷，"商、西周青铜器铭文释文及注释"，第232页。

③ 王沛：《西周金文法律资料辑考》（上），载前揭徐世虹主编：《中国古代法律文献研究》第七辑，第53页。

④ 王沛：《西周金文法律资料辑考》（上），载前揭徐世虹主编：《中国古代法律文献研究》第七辑，第63页。

定白（伯）、白（伯）、白（伯）俗父，曰：厉曰，余执恭王恤工，于卲大室东逆𣱪二川，曰余舍女（汝）田五田。正乃讯厉曰，女（汝）䝠田不？厉乃许曰：余审（审）䝠田五田。井白（伯）、白（伯）邑父、定白（伯）、白（伯）、白（伯）俗父乃顜，使厉誓，乃令参有司：司土邑人赿、司马𩔁人邦、司工隆矩、内史友、寺刍帅履裘卫厉田四田，乃舍，寓于𢍱邑。𢍱逆强（疆）眔厉田，𢍱东强（疆）眔散田，𢍱南强（疆）眔散田、眔政父田，𢍱西强（疆）眔厉田。邦君厉眔付裘卫田，厉叔子𢽳、厉有司季、庆癸、燹屖、物人𩰯、井人偈屖、卫小子者，其卿（飨）。卫用乍朕文考宝鼎，卫其万年永宝用，隹王五祀。①

这段铭文记录了一件田土争讼案件。大意是说周恭王正月初吉庚戌这天，裘卫向邢伯等执政大臣控告邦君厉。裘卫指控说邦君厉为从事水利工程之需，征用裘卫土地，并答应补偿给裘卫五田。于是执政大臣们讯问厉："你答应过补偿给他田地吗？"厉承认答应过补偿给裘卫五田。邢伯等大臣遂公正地进行裁断，让厉发了誓言，命令有关官员前往勘定裘卫所接受厉的四田，交付田地，并在邦君厉的田邑内划定了疆界。当事人双方都派家属或臣僚参与了划界事宜。裘卫最后铸鼎纪念此事，并宣布"其万年永宝用"。这最后的"永宝用"，带有确定所有权的意味，于西周青铜鼎彝铭文中屡见。

整个审理过程虽然记载得极为简略，但我们仍可从中发现西周审理过程的基本情形。首先是裘卫提出控告，陈述案情。接着作为法官的执政群臣讯问被告，被告承认是自己违约。然后法官们判决被告败诉，要求被告履行前约，并发誓履约，厉按要求发誓。整个审判过程至此结束。

也许是记载简略之故，也许是原被双方均为贵族，视名誉高于一切，所以整个审理中未见证据的展示，仅凭借着口供就结案，不过依然有法庭质证

---

① 铭文引自王沛：《西周金文法律资料辑考》（上），载前揭徐世虹主编：《中国古代法律文献研究》第七辑，第40页。

环节，最终是以被告供述的事实作为判决的依据。值得我们注意的是，其中有让厉起誓履约的环节，这实际上就是服从判决的意思表示，类似于后世的"取具甘结"的行为。"发誓"似乎是审判过程中的一个必要的环节，且发誓是具有法律效力的行为，一旦发誓完毕，判决就进入到了执行的环节。发誓这一步骤，在其他涉及司法审判的鼎彝铭文中多有记载，如西周中期的"**儲匜**"铭文所示：

> 隹三月既死霸甲申，王才**荞**上宫。白（伯）扬父乃成**虘**曰：牧牛，**虘**！乃可湛。女（汝）敢召（以）乃师讼。女上**卭**先誓，今女亦既又**卭**誓，尃**超啬觏儲**，**穿**亦兹五夫，亦既乃誓。女（汝）亦既**卭**从辞从誓，弋可。我义**俊**（鞭）女（汝）千，**趩殷**女（汝）。今我赦女，义**俊**女千，**趩殷**女（汝）。今大赦女（汝），**俊**（鞭）女（汝）五百，罚女（汝）三百孚。白（伯）扬父乃或吏（使）牧牛誓曰："自今余敢爱乃小大史（事）"。乃师或（以）女（汝）告，则致乃**俊**（鞭）千，**趩殷**。牧牛则誓，**卑**召（以）告事、事智于会。牧牛辞誓成，罚金。用乍旅盉。①

铭文大意是说小贵族牧牛将其上级告上法庭，法官伯扬父受理此案，判决牧牛败诉，并对牧牛进行了惩罚。被告**儲**胜诉后，制作彝器以示纪念。整个铭文中，对牧牛的诉讼请求未着一词，案由也不甚明了。有的学者以为牧牛之所以败诉，仅仅是因为其所控告的是他的上级，实则不然，下级控告上级的例子，在鼎彝中并不鲜见，且伯扬父判牧牛败诉所提到的判词中，也未提到以卑告尊的问题。伯扬父的判决，与其说针对的是实体问题，不如说针对程序问题。文中反复提到"誓"这个词，从行文中，我们似乎可以推知此案原委，牧牛很可能之前和**儲**进行过诉讼，牧牛很可能在这个诉讼中败诉了，法庭要求牧牛发誓，表示服判，而牧牛的确也发过誓了。后来牧牛可能

---

① 铭文引自王沛：《西周金文法律资料辑考》（上），载前揭徐世虹主编：《中国古代法律文献研究》第七辑，第42页。

不甘心接受这样的事实，于是以同样的理由，再次将儆告上法庭，伯扬父遂认定牧牛自己推翻自己的誓言，本身即已违反程序规定，于是再次判决牧牛败诉。并且再次要求牧牛发誓，并且在誓言中，强调若再行告诉，则要处以墨面黥刺并加鞭刑。牧牛发誓遵守判决后，最终被判处罚金。

可见，此案中牧牛正是因为违背了此前自己发过的誓言，而最终败诉。同样在这次审判中，法官依然要求被告发誓，作为服判的表示。因此，"发誓"应属西周审判过程中的必要环节，至少对于贵族间的诉讼是成立的。

再来看厉王时期的"鬲从鼎"，其铭文中亦有这样的句子：

> 隹卅又一年三月初吉壬辰，王才周康宫𢨋大室，鬲从㠯攸卫牧告于王，曰：女（汝）受我田牧，弗能许鬲从。王令青，史南㠯即虢旅，道事（使）攸卫牧誓，曰：敢弗具付鬲从，其且（沮）射（厌）分田邑，则敚（夺）。攸卫牧则誓，从乍朕皇且丁公考惠公尊鼎……①

这同样是一桩田土交易纠纷，鬲从将攸卫牧告上王庭，理由是攸卫牧得了鬲从的田土，却未能按照承诺支付相应对价。周王命令史南审理此案。史南让攸卫牧发誓，如果再不履行承诺，必将受到惩罚。攸卫牧按照史南的要求发誓了。至于最后的结果，鼎内未说，但从鬲从后来将此事记录在鼎并让子子孙孙永宝用的情形来看，最终攸卫牧还是履行了契约。

誓言是服判的证明，而当案件不是以审判而是以调解方式结案的，则发誓就不再是一个必要的步骤了。孝王时期"琱生簋"铭文似可证明此点，五年和六年的"琱生簋"铭文中分别有这样的记载：

> 隹（唯）五年正月己丑，琱生又（有）事，𪔂（召）来合（会）事。余献妇氏，㠯壶。告曰：㠯君氏令曰，余老，止公仆𦈈（附庸）

---

① 铭文选自前揭马承源主编：《商周青铜器铭文选》第三卷，"商、西周青铜器铭文释文及注释"，第296页。

土田多订谏（积），弋（必）白（伯）氏从许，公宕其贰，女（汝）则宕其一……① （孝王五年"琱生簋"铭文）

佳六年（四）月甲（子），王才（在）**蒡**，**豔**（召）伯虎告曰：余告庆。曰：公氒（厥）廪贝，用狱谏（积），为白（伯），又（有）祇又（有）成，亦我考幽白（伯）、幽姜令。余告庆，余目（与）邑讯有司曰：厌令……② （孝王六年"琱生簋"铭文）

琱生簋有两件，分别是周孝王五年的和六年的，它们和五年琱生尊一同被称为"琱生三器"，五年琱生簋和五年尊用语不一，但内容相近，是以我们仅举琱生五年簋铭文。虽然各家对个别字句的理解存在着诸多分歧，但是整个事件的眉目还是清晰的。琱生三器记载了一个召氏家族的财产分割纠纷和解决，此家族的头领君氏认为琱生所占的财产超出了其身份和地位（琱生似乎属于召氏小宗），派召伯虎前去处理。此事缘何为君氏所知，不得而知，很有可能琱生是为族人所告发。但是事情最后在琱生看来得到了完美的解决，原因是召伯虎根据相关的宗法，并请出了其父母——身份较高的幽伯、幽姜出来说项，最终调解此案，因最终保住了其财产，琱生遂制此簋、尊三器，并刻铭以兹庆祝。其中与西周司法中的判决相关者，主要有两个方面：第一，判决所依赖的法律渊源有很大程度上是宗法规则，这一规则可以看成是西周整个国法"大传统"下的"小传统"，可能是以不成文方式表达出来的，所谓"幽伯幽姜令"，即或指此。第二，这一事件最终是通过调解的方式结案的，当然为了达成这一调解，五年、六年的琱生簋上都提到琱生向召伯虎奉送了很多的财产。这种奉送财产的行为，与其说是向召伯虎"行贿"，毋宁理解成为琱生让渡了一部分财产给宗族，从而保住了大部家产。

以上即是青铜器铭文中透露的西周诉讼审判一般情形，因材料所限，我

---

① 铭文选自前揭马承源主编：《商周青铜器铭文选》第三卷，"商、西周青铜器铭文释文及注释"，第208页。

② 铭文选自前揭马承源主编：《商周青铜器铭文选》第三卷，"商、西周青铜器铭文释文及注释"，第209页。

们只能勾勒出一个大致的线索：司法活动的发生，以原告起诉为开始，以
"公事"告诉为劾，以其他事务告诉为"告"或者"诉"。贵族可以不亲自赴
法庭参与诉讼，而由代理人代理。诉讼需要缴纳一定费用。法官受理案件
后，需要进行法庭质证，并以先王之法（也可理解为西周的国法）来进行审
判，之后宣判，法官还需要使被告宣誓，作为服判的表示。被告如果不宣
誓，则意味着其可能还会启动上诉的程序。但一旦宣誓，就意味着判决具有
了拘束力。还可以不经宣判，以调解的手段来结束诉讼，此时，就不必宣
誓，也可以不按照国法来处理，而代之以宗法族规。

三、判决的执行

案件经审判，当事人宣誓服判之后，就进入到执行的环节。从现存西周
青铜鼎彝铭文来看，其关于判决的执行主要包括两类。

第一类是产权的确认及财产的交割。一般发生在当事人双方有田土纠纷
的情形中，在这种纠纷中，法庭判决之后，通常会派官吏前去丈量田亩，监
督双方财产的交割，而当事人双方也会派人到现场配合官吏的执行。比如上
述"五祀卫鼎"铭文中有：

> ……乃令参有司：司土邑人趞、司马頙人邦、司工隆矩、内
> 史友、寺刍帅履裘卫厉田四田，乃舍，寓于卑邑。卑逆强（疆）眔
> 厉田，卑东强（疆）眔散田，卑南强（疆）眔散田、眔政父田，卑
> 西强（疆）眔厉田。邦君厉眔付裘卫田，厉叔子㛚、厉有司季、
> 庆癸、燹鷪、艸人叙、井人偶屖、卫小子者，其卿（饗）。卫用乍
> 朕文考宝鼎，卫其万年永宝用，隹王五祀。①

显然，法庭指派"司土邑人趞""司马頙人邦""司工隆矩""内史友""寺

刍帅"等官吏前往涉讼标的处执行判决，他们到后丈量了田亩，界定好了东西南北四至。然后监督被告交割财产。邦君厉则派"厉叔子""厉有司季""庆癸""燹𪊨""𪔲人𪔲""井人偶屖"配合官吏执行判决，并完成交割事宜。至于裘卫，则派其"卿"数人来接收交割。邦君厉和裘卫都未在执行现场出现，是以"命夫命妇不躬坐狱讼"，不仅适用于审判阶段，也同样适用于执行阶段。除了丈量土地，交割财产之外，通常在执行过程中，还伴随着交易证明或产权证书的制作，比如厉王时期的"散盘"铭文中显示：

> ……用矢𪕘（薄）散邑，道（乃）即用田眉（堳）。自浍涉（以）南，至于大沽，一奉（封）目以陟……矢人有嗣（司）眉（堳）田：鲜、且、敳、武父、西宫襄、豆人虞丂、录贞、师氏右眚、小门人𪘵、原人虞芳、淮嗣（司）工虎、孝𪘶、丰父。唯人有嗣（司）荆丂，凡十又五夫。正眉（堳）矢舍散田：司土逆寅、司马单㽙、邦人司工𪕧君、宰德父；散人小子眉（堳）田戎、敳（微）父、𪑴效父、襄之有嗣（司）橐、州𪐊、悆从𪒾，凡散有司十夫。唯王九月，辰才乙卯，矢卑鲜、且、𪔉、旅誓，曰：我既付散氏田器，有爽，实余有散氏心贼，则爰千罚千，传弃之。鲜、且、敳、旅则誓。道卑（俾）西宫襄、武父誓，曰：我既付散氏湿田、畛田，余有爽变，爰千罚千。西宫襄、武父则誓。厥受图，矢王于豆新宫东廷。厥厥左执缓，史正中农。①

此铭文记载了当时散氏、矢氏两个部族定约的过程。大意是说矢人曾经侵占散人的土地，后来两族进行谈判，矢人派出官员前来交割田土，散人亦派若干官员接收。双方划定田土的地界四至，并且矢人对散氏起誓，发誓日后守约不爽。后来散人将此约书铸于盘上，作为所有权的凭证。虽然此铭并未涉及诉讼审理的过程，但是此事因两族纠纷而起，我们亦可从中发现田土

---

① 铭文选自前揭马承源主编：《商周青铜器铭文选》第三卷，"商、西周青铜器铭文释文及注释"，第297—298页。

司法的执行情形。即首先要划定所争田土的地界四至，作成图（册），然后令一方（通常是原先的侵害方或违约方）发誓，发誓会尊重结果（判决结果或新定契约），如果不遵守，则要承受相应的惩罚，本案中这个惩罚就是罚锾。其中亦牵涉到发誓这个程序，亦可证明这一步骤的普遍适用性。

第二类则是相关刑罚的执行。如上述"**儵匜**"铭文中提到了三种刑罚，一是鞭刑，一是"**黜黥**"（墨刑），另外一个则是罚金。最终牧牛缴纳罚金，免于墨刑并鞭笞。这些刑罚执行同样在其他鼎彝器中可见，如西周中期的"大河口鸟形盉"铭文中，有：

> 乞誓曰：余某弗再公命，余自无，则鞭身、第传出。报卒誓曰：余即日余再公命，襄余亦改朕辞，出弃。对公命，用作宝盘盉，孙子其万年用。①

以上也提到了发誓这个步骤，发誓的内容是如果再违反命令，则将受到刑罚的处罚，里面指出两种刑罚，一种是"鞭身"，一种是"出弃"，前者和"匜"中的"鞭"相通，而后者则相当于后世的流刑，即遭宗族的放逐，这同样可能是由上古的"盟誓"刑发展而来的。

此外，青铜器铭文中还显示西周具有身份刑，比如西周中期的"**齨簋**"铭文中提到：

> 唯王正月辰才甲午，王曰：**齨**，命女（汝）嗣（司）成周里人众者（诸）侯、大亚，嘧（讯）讼罚，取遣（颡）五孚。易女（汝）尸（夷）臣十家，用事……②

其中"尸（夷）臣"实际上就是奴婢，是周王赏赐给**齨**的，以作为**齨**忠诚王事的报答。这些人，最大可能就是因犯罪而沦为奴婢的。

当然，除了铭文能够反映西周司法判决执行情形之外，如前所述，器形

---

① 铭文引自王沛：《西周金文法律资料辑考》（上），载前揭徐世虹主编：《中国古代法律文献研究》第七辑，第65页。

② 铭文选自前揭马承源主编：《商周青铜器铭文选》第三卷，"商、西周青铜器铭文释文及注释"，第232页。

本身有时也可直观地凸显刑罚的执行情形，如各种刑刖鬲以及"它盘"所铸刖刑徒，即为明证。这类铸像虽然不多，但其作为刑罚执行的证据，却是很能说明问题的。

当然，还有一些青铜器铭文，也集中谈到了相关的法律问题。比如"裘卫盉"铭文、"九年卫鼎"铭文、"格伯簋"铭文等，都涉及产权交易情形，尤其是恭王时期的"格伯簋"铭文，虽只有短短 82 字，却记录格伯用 4 匹好马与倗生交换土地 30 田，双方剖券为凭，实地勘定田界，具结交换事宜等整个交易过程。实为研究西周土地交易法制的第一手材料。而且，从这些铭文中，一定程度上证实了《周礼》中"小宰""司约"等机构，以及"约剂""傅别"等制度，洵非虚言。唯其未涉及具体的纠纷情形，狭义上不属于司法范畴，所以在此不予援引。

总之，青铜鼎彝铭文及器物本身中，都透露了一定的西周司法信息，使得我们可以在传世文献的基础上，加深对西周司法文明的认识。而青铜鼎彝铭文及器物本身，亦表明了西周已经发展出了高度的司法文明，开后世理性司法之先河。

小　结

春秋时期的孔子一生以"克己复礼"为己任，对西周典章制度备极推崇。他曾说：

　　周监于二代，郁郁乎文哉！吾从周。①

意即西周鉴于夏商之二代之得失，取其精华，去其糟粕，发展出一套完备的典章制度，礼乐臻于文明之域，故要"从周"。孔子生活于春秋末年（前

---

① 《论语·八佾》。

551—前 476)，距离西周灭亡之年（前 770）已有两百余年，面对着"礼崩乐坏"的时势，孔子想以复兴周礼的做法拯救世道，自然含有强烈的理想主义色彩。但其"郁郁乎文哉"的判断，自有所本。他同样说过：

> 夏礼，吾能言之，杞不足征也。殷礼，吾能言之，宋不足征也。文献不足故也。足，则吾能征之也。①

此语感慨关于夏商之礼，文献不足征，但未及于西周，可反推孔子关于周礼，是有信心"征之"的，且征诸《左传》《国语》等文献，我们可知至春秋时，周礼并未全部崩坏，尚有许多通行于世，孔子所在的鲁国，向有"周礼在鲁"之誉，保存有许多周礼原貌。加上孔子博闻强识，且亲赴周庙观过礼，孔子对周礼的认识，应该比后世之人更为完备。即此而言，即可推知《周礼》等礼书，绝非后世单凭幻想所能达致，很大程度上是有西周古礼可本。所以我们从传世文献中所了解到的西周司法文明，也绝非均为理想化的制度。

至于青铜鼎彝铭文和器物本身，更是直观地表达出了西周司法思想，证明了部分制度的真实存在，其积极意义上文已述。不过对于青铜鼎彝的证明效力，我们亦得有清醒的认识，不可人为地拔高。其局限性表现在三个方面：

第一，受青铜彝器铸造者的身份及其关注视角所限，青铜彝器铭文不可能全面反映西周的信息，更无法以此复原西周法制文明全貌。青铜鼎彝铸造者基本上都是贵族，且都是诉讼活动的胜诉者，比起诉讼的过程，他们更关注结果，所以大多数铭文对于过程的叙述都只有寥寥几笔，更不用谈具体的审理判决细节。至于平民之间的诉讼情形，更是无法从青铜鼎彝铭文中得知。这和其他考古材料的证明效力是一样的，考古材料只能证明历史上"有过"什么，没办法证明历史上"全有"什么，更没有办法证明历史上"没有"什么，仅以考古材料去推翻传世文献的记载，本身就是方法论上的一个

---

① 《论语·八佾》。

错误。它所发挥的作用，更多是佐证性的。

第二，鼎彝的绝大多数铭文内容，是记载周王对其的册命或者赏赐，或者是对交易后自己的财产所有权的宣告，故而语句中常带有自我表彰的色彩，且是为子孙后代留一个祖先辉煌的证据，所谓"抚之以彝器……明之以文章，子孙不忘"①。故而一般铭文末尾通常有"子子孙孙其永宝""其万年宝用"等格式化的语句，我们完全看不到背后事件的曲折，所以和以上第一点一样，作为案例，这些铭文都是不完整的。若完全凭借铭文去研究西周司法文明，必定会陷入一叶障目、不见泰山的危机。

第三，我们所依据的鼎彝铭文，其文字释读，本身就存在着诸多分歧，和甲骨文字一样，单凭某个字的字形或铭文上下文来推测这个字的含义，也不完全可靠。

由此可见，单独地凭借传世文献和青铜鼎彝铭文来研究西周司法文明，都存在一定的片面性。即便将两者结合起来，对于我们当代人而言，西周司法文明仍然存在着"文献不足征"的问题。在孔子之世，一定程度上还在践行着周礼，周礼部分仍以实践之学行世。而到今天，西周典章制度只能以文字的形式出现，故首先困扰我们的就是文献的真伪问题和文字释读问题，这个问题迄今未得解决。我们只能在文献和考古材料间，根据已有的相关知识，做小心翼翼地发掘求证，尽量逼近真实的西周。

但尽管存在着这样或那样的缺憾，西周司法文明作为一个整体，于我们而言却是清晰的，西周鉴于二代得失，强调敬天保民、明德慎罚，司法思想一以法祖循礼、公正慎刑为根本，司法机构齐整严密，司法程序完备合理，凡此，都体现了西周司法的人文和理性精神，确为我国理性司法之开端。

---

① 《左传·昭公十五年》。

第四章　从"礼崩乐坏"到"一断以法"

——春秋战国时期的司法文明（前 770—前 221 年）

第一节　春秋战国司法文明的文化背景

一、"礼崩乐坏"——春秋战国时代的大变局

春秋战国时代，社会动荡，兵连祸结，是世所公认的"礼崩乐坏"的时代。但这个变动剧烈的时代，却又是我国历史上少有的思想解放时代，思想文化发展到了一个前所未有的高峰状态。这个时代，德国哲学家雅斯贝斯（又译为雅思培、雅斯贝尔斯等）将之命名为"轴心时代"。雅思贝斯认为公元前 800 年至前 200 年期间发生的精神过程标志着人类历史正处于一个轴心时期，公元前 500 年是其高峰期。在此阶段，中国诞生了孔子、老子、庄子、墨子等各派思想家；在印度，那是佛陀的时代，所有的哲学派别，包括不可知论、唯物论、诡辩论、虚无主义等，都得到了发展；在伊朗，袄教（拜火教）提出了挑战性的观点，将世界视为善与恶的斗争；巴勒斯坦出现了伊莱贾、以赛亚等先知；希腊涌现出荷马、赫拉克里特、柏拉图等贤人哲士。所有这一切几乎都是同时而相互隔绝地在中国、印度和西方

产生。①

为何这个时代会出现"诸子百家"这一前所未有的思想文化解放高潮？笔者以为至少有两个方面的原因：第一，是剧变的时代刺激了思想的产生，这个乱世，给所有思想家提出了一个共同的命题：如何救世和自处？对这个问题的不同回应，构成了诸子百家各自的思想特色。同时现实与历史的经验及教训，又为思想家运思提供了丰富的素材。第二，即如后文将要论述的那样，原来为王官贵族垄断的学问，因为统治阶层控制力的衰落，逐渐流入民间，于是原本一统的"王官学"，变成了各有千秋的"百家言"，各派从逻辑和经验层面，结合自身的立场，对于共同面对的时代命题给出了不同的方案，于是就产生了诸子百家。其中肇端者，自然是孔子。孔子生于春秋末世，其一生的行为受时代与环境影响者至深至巨，不唯与孔子一生之立身行事、出处进退，有直接的关系，于其言论思想有着尤为深刻的影响。因此我们首先得明确，这个大变局到底变在哪些方面。根据江竹虚先生的归纳，主要体现在以下七个方面：

首先，周室之微弱。自平王东迁之后，周王室每况愈下，加之周室内部兄弟骨肉自相残杀，"兄弟阋于墙"却不能"外御其侮"，王臣之讼争日多，徒然损害本已脆弱的东周王室统治根基。而邦国诸侯实力剧增，于是内轻外重之局形成。导致了诸侯不朝，政教号令，施之于下，故王命不行。就思想文化而言，古代学在王官，凡百典籍，皆由官师世守之。② 周辙既东，官失其职，而其世守之业，遂散之四方。于是官守之学术，一变而为师儒之学术，孔、老二氏遂得崛起于春秋之末，各以其学传之于其徒。由是九流十家，继轨并作，以蔚成春秋战国中国学术思想史上之黄金时代。

其次，列国之篡弑。诚如孟子所云说的"世衰道微，邪说暴行有作，臣

① 参见 [德] 卡尔·雅斯贝斯：《历史的起源与目标》，魏楚雄、俞新天译，华夏出版社1989年版，第7—8页。

② 参见（清）章学诚：《文史通义》，上海世纪出版集团2011年版，第1—31页。

弑其君者有之；子弑其父者有之，孔子惧，作《春秋》"①。又如司马迁在《史记》中所说的"春秋之中，弑君三十六"②，周王室王纲不振，诸侯国内部也出现"陪臣执国命"、公室陵夷的局面。原来"王臣公，公臣大夫，大夫臣士，士臣皂"③的西周宗法等级秩序遭到巨大破坏。

第三，四裔之交侵。因为中原诸国内争不断，使得周边少数民族开始觊觎中原大地，"攘夷"之所以成为中原诸国争霸过程中常提的一大口号，正反映出西周旧的宗族共同面临的一大困局，也就是所谓的"南夷与北狄交，中国不绝如线"④。

第四，礼制之破坏。平王东迁之后，王室日微，诸侯多僭。所谓：

> 凡郊庙，军旅、朝聘、盟会之礼，与宫室、车舆之制，嫁娶、丧祭之分，衣服、饮食之度，列国无不僭而行之，不复稍有顾忌。吴楚之君，僭号称王；东方诸侯，僭号称公；诸侯之大夫，僭号称子；楚大夫之有土者，僭号称公。正所谓"周室大坏，诸侯恣行，设两观，乘大路。陪臣管仲、季氏之属，三归雍彻，八佾舞廷，制度遂坏，陵夷而不反"。⑤

在《论语》中，我们每每能发现孔子对"悖礼乱法"行为的批评，而在《左传》中，"……非礼也"的评价也不绝于书，孔子和《左传》作者都是站在原先维护周礼的立场上来评论的，各诸侯国都逐渐脱离原先周礼的束缚，而制定并公布适应时代和本国国情的新法则，所谓的"铸刑书""铸刑鼎"公布成文法的行为，都是对周礼的反动。

第五，诸侯之兼并。这个大变局给政治格局带来的最大变化就是原来封建制的破坏，导致了国家越来越少，大者兼并小者，强者欺凌弱者。所谓：

---

① 《孟子·滕文公下》。
② 《史记·太史公自序》。
③ 《左传·昭公七年》。
④ 《公羊传·僖公四年》。
⑤ 《汉书·礼乐志》。

周之兴也，姬姓之国五十有五。兴废继绝，仍有旧封者，千有

八百。其后礼乐征伐自诸侯出，大侵小，众暴寡，汉阳诸姬，楚实

晋之；霍、阳、虞、虢，灭而入晋。故春秋见于经传，通及古国，

蛮夷，无爵而为国者，凡百四十五而已。①

至春秋之末，见于年表者，仅鲁、蔡、曹、卫、滕、晋、郑、齐、秦、楚、宋、杞、陈、吴、邾、莒、薛、许、小邾十九国而已。且不仅仅是外姓诸侯吞并西周宗室姬姓诸侯，姬姓诸侯间同样存在兼并情形，如晋国所并的，大多为同宗之国。这也表明原先的宗法制度，至此已经难以为继。

第六，大国之争霸。此时，稍有实力的诸侯国都纷纷起来争雄称霸，以力争胜，而不是以德服人。先是齐桓首霸，"管仲相桓公，霸诸侯，一匡天下，民到今受其赐。"②接着晋文继起，安内攘外，城濮之战，楚氛用息。继而宋襄试图以德服人，结果身死为天下笑，霸业难成。此后秦穆霸西戎，楚庄县陈而复封。都表现了强烈的霸主气度。春秋时代的列国竞争，除齐桓、晋文之外，先有晋楚争霸，后则秦晋争霸，最终吴越也逐渐登上霸主舞台。③ 所谓"夷狄进至于爵"④，一方面说明连居于四裔、本不在"王化"之内的"要服""荒服"之国也参与中原逐鹿，可见原先礼制之衰微；而另一方面，也说明华夏文明圈的逐渐扩大，中华各族之间文化认同的增强，这就是夷狄"进于中国，则中国之"⑤，却是文明进化的表现。

最后，大夫之专政。随着时代危机的步步加深，竟然到了诸侯都无法左右自己的命运之境了，出现了"陪臣执国命"的情形。此时，诸侯专天子，

---

① （晋）杜预：《春秋释例》，转引自江竹虚：《五经源流变迁考·孔子事迹考》，上海古籍出版社 2008 年版，第 152 页。

② 《论语·宪问》。

③ 关于春秋简明历史以及争霸战争的扼要叙述，参见章书业：《春秋史》，中华书局 2006 年版。

④ 《公羊传·成公十五年》。

⑤ （唐）韩愈："原道"，载韩愈：《韩昌黎文集校注》，马其昶校注，马茂元整理，上海古籍出版社 1986 年版。

大夫专诸侯，国家大政，如会盟征伐，大夫无不专而行之。如三桓专鲁，田氏代齐，孙氏专卫，逐君如脱屣，置君如弈棋。①

附夷至战国，这种危机非但没有减弱，反而愈见深化。各国争霸手段也愈益极端，战争规模也越来越大。原来的称霸野心，现在为争取一统江山取代。原来以礼乐改造国民性的思想，现在已不为当政者所接受，而希望用更为迅捷、更为便利、更有效率的措施，来实现富国强兵。

二、诸子法律思想概述

时代进入春秋战国，越往后，礼乐越发失序，社会已然失范。儒墨道法各家就在这样严峻的局势中开始了他们的思考。应该看到，这些伟大的思想家其实也都是类似于亚里士多德的百科全书式的学者，他们的思想学说中不唯政治法律思想，还有形而上学、逻辑学、道德哲学、人生哲学、伦理学、教育学乃至科技思想等等，我们无须详考各家所有方面，只就其为因应世道而生发的法律思想概述之。

首先对改革社会、重建秩序进行系统思考的是儒家创始人孔子。其核心观念是"仁"，"仁"既是治理的出发点也是最终的归宿，最后的目标乃是"天下归仁"，其依靠的手段是"克己复礼"。表现在政治法律领域，则体现为"德化"和"礼治"，其希冀达到的效果是恢复西周的礼乐文明，表面上虽有一定的复古色彩，但实质上却渗透着深刻的普世关怀。孔子并非食古不化之人，所谓"圣之时者"，他也时刻注重根据时代调整自己的观念，但是核心的"仁"的价值，则不容更改。其所谓"德化"，即"为政以德"，强调圣君贤相能够身正令行，言传身教，推行教化，以德服人。所谓"礼治"，则是强调生活仪节，制礼作乐，笃亲兴仁，节用爱人，使民以时。在孔子看来，真正的法乃经过"正名"后的礼乐秩序。而刑罚不过是推行礼乐的工具，

---

① 参见前揭江竹虚：《五经源流变迁考·孔子事迹考》，第144—157页。

属于礼乐的下位概念。故而有"礼乐不兴则刑罚不中"之语。民国时期著名法律史学家杨鸿烈曾据孔子"听讼吾犹人也,必也使无讼乎?"一语,断言"简直不承认法律的必要了"[1],实际上是对孔子此话的一种误解。"无讼"并不意指不要法律,而只是所追求的一种境界而已。且不能因为孔子说过"道之以政,齐之以刑,民免而无耻;道之以德,齐之以礼,有耻且格"[2]这样的话,就认为孔子是"用旧的宗法封建式的政治来反对新兴的地主封建式的政治"[3]。而只是政刑和德礼在治国方略中的顺位不同而已,如果用一种较为广阔的视野视之,那么礼乐政刑其实都可以看作"法"。儒家所反对的是严刑酷法、不教而刑,而不反对良法善政,更不反对明刑弼教。继孔子之后,儒家学派最有代表性的继承人孟子和荀子,两人的司法思想留待本章第四节再述。此处仅概述其法律思想,即两人都遵从孔氏遗教,最终都主张"天下归仁",但手段上有重大分歧,孟子理论的出发点是"性善",强调人人皆有恻隐、羞恶、辞让、是非之心,所以只需要从心上扩充善端,则人人皆可为尧舜。落实到政治法律中,就是"王道""仁政",孟子的手段更多的是"内圣",取孔子"克己"之道。但是其道终孟子之世并未见用。荀子晚于孟子,其所处社会环境更为恶劣,已至战国末期,此时各国相争已经到了白热化的程度,三皇五帝之道根本难以见容于各国,于是荀子对儒家学说做了重大修正,其理论出发点是"性恶",强调人生而性恶,必须化性起伪,用外在的规矩约束人们的行为,落实到政治法律中,就是"隆礼""重法",荀子的手段因而更多的是"外王",取孔子"复礼"之道。此礼也不完全同于孔子礼乐之礼,更是基本的仪节纪律,至于重法,某种意义上更可看作法家的先声,荀子也可视作儒法结合的代表,只是因为他最终归入"仁"的境界,并强调德主刑辅,圣贤治国,所以依然列为儒家大师。总之儒家开出的药方都是以德礼来重整世道人心,用刑罚来辅弼教化,最终使"天下归仁"。

---

[1] 杨鸿烈:《中国法律思想史》,中国政法大学出版社 2004 年版,第 32 页。

[2] 《论语·为政》。

[3] 童书业:《先秦七子思想研究》(增订本),中华书局 2006 年版,第 31 页。

其次是墨家，也贡献了深刻的法律思想。当然时间上墨、道两家究竟孰先孰后仍然存在着疑问。如果认定孔子于东周洛邑见老子属实，则老子年长于孔子，则其开创的道家学派无疑还在孔子之先。而现代又有不少著名学者尚且认为老子在庄子之后，[①] 那么道家学派就较墨家学派晚出了。我们不想争辩墨、道两家孰先孰后，而单论法律思想之丰富，则墨家似更胜一筹。墨家学说的出发点是"兼爱"，认为人类可以构成一个和谐的社会的基础乃在于人人都可以并且愿意"兼相爱，交相利"。在这个前提下，墨子提出了"尚贤""尚同""非攻""节用""节葬""天志""明鬼""非乐""非命"这九大教义。其中第一第二项为其政治法律思想的核心。"尚贤"就意味着人与人在法律面前是平等的，只要此人德才兼备，则无论贵贱，都可立为三公乃至天子。"尚同"则意味着"一同天下之义"，墨子认为造成社会混乱和礼乐失序的原因，乃在于：

> 古者民始生，未有刑政之时，盖其语人异义。是以一人则一义，二人则二义，十人则十义，其人兹众，其所谓义者亦滋众。是以人是其义，以非人之义，故交相非也。是以内者父子兄弟作怨恶，离散不能相和合。天下之百姓皆以水火毒药相亏害，至有余力不能以相劳，腐朽余财不以相分，隐匿良道不以相教，天下之乱，若禽兽然。[②]

那么如果人人都能统一在某一个权威之下，即"上之所是，亦必是之；上之所非，亦必非之。""里长顺天子之政，而一同其里之义"。"天子之所是，必亦是之。天子之所非，必亦非之"[③]。所以，墨子的尚同实际上要求百姓统一于官长，官长统一于天子，天子最后统一于"天志"，为此设立礼乐刑政，一体适用于全体民众，那么天下就会得以太平。诚如倪德卫先生所云："解

---

① 代表性学者是钱穆、李石岑。参见钱穆：《中国思想史》，九州出版社2011年版，第64页；李石岑：《中国哲学十讲》，江苏教育出版社2005年版，第92页。

② 《墨子·尚同上》。

③ 《墨子·尚同中》。

决的办法是，建立国家组织，在此组织之下，每人被命令接受相同之义，相同的是非之标准，行是者得奖，为非者受罚。并且墨子假定：如果那些可能在人生观上有点弱的人被给予明显额外的物质刺激，那就不会有更进一步的困难了。命令将被服从，人们将以上者告诉他们之是为是。"①

墨家不但是一个思想的流派，还结成严密的组织，亲自实践其自己的思想，该学派有较强的纪律性和"宗教性"，首领称"巨子"，在组织中，他们敦行"尚同""尚贤""节葬""节用"等，从而吸引了很多平民百姓的加入，赫然成为一代"显学"，以致到战国前中期，孟子惊呼"天下不归于杨，则归于墨"，可见该派影响之巨。

再次是道家，其思考的重心，不在于人生日用，而在于整个宇宙。其核心观念是"道"，如何行道？需"法自然"。表现在政治法律领域是"为无为"，具体的做法乃是"绝圣弃智""绝仁弃义""绝巧弃智"，"不尚贤，使民不争；不贵难得之货，使民不为盗；不见可欲，使心不乱。"② 由老子的这些论断，可见其思想乃是讲究"仁义""尚贤"的儒、墨两家思想的反动。至于庄子，则走得更远，直接用"齐物"消弭了世间万物之间的差别，而"独与天地精神相往来"，直到不要世间之法。在老子看来，"道"乃本体，本来就不可言说，是谓玄之又玄。然而如果说道家一派未提供任何法律思想，则大错特错。诚如研究者所认为那样："（《道德经》）虽然开篇感觉会很玄妙深邃，但越往后越发现，这部书所更多阐发的是老子的圣人治世思想，即亦为统治者提供的一种治国方略。"③ 道家的法律思想更多带有一种自然主义色彩。强调人间的法必须要则天而行，最终的根据则是"自然"，统治者如果能法自然，做到无为，那么结果可以"无不为"，这一思想对后世统治者治国理政产生了重大的影响，一般认为后来的"休养生息""轻徭薄赋""不滥用民力"等

---

① ［美］倪德卫：《儒家之道——中国哲学之探讨》，万白安编、周炽成译，江苏人民出版社2006年版，第46页。

② 《道德经》第三章。

③ 王孺童：《道德经讲义》，中华书局2013年版，第6页"序"。

法律政策，乃是受到了道家自然主义法律观的指引所致。①

最后一个也是大变局中最有影响的思想派别是法家。法家不同于前三家，其思想是先秦唯一一个在国家政治生活中得到全面运用的学派，故较之于儒、墨、道，许多法家人物几乎是"理论联系实际"的典范。而集大成者韩非子的法律思想，更是在采择了此前所有各家思想精华的基础上构建的，所以可称为先秦最有逻辑感、最精致的"法治"理论。从儒家那里，法家吸收了其"正名"，综核名实的做法，将"礼"视为"人主之所以为群臣寸尺寻丈检式也"的法，把原本外延很宽的"礼"大大缩小，几等于狭义的"法"；在对人性的判断上，法家认同荀子的"性恶"论，主张以恶制恶，以刑去刑，这样法家的重刑主张就具备了人性基础的坚实证明。从墨家那里，法家吸收了其"尚同"思想，所不同的是，法家要求同一于绝对的君主专制之下，而不是"天志"之下，且将法律视为"尚同"的工具，要求一断以法。从道家那里，吸收了"无为而治"的思想，只不过其无为乃是"不烦他人为"，而是"任法"自为，同时还吸收了"顺势而为"的"势"治观念，只不过其更强调国君所处之"势"乃是法律合法性的来源。除吸收"儒、墨、道"三家之外，其他思想家也给韩非法家思想提供了养分，在他之前的法家政治家的

① 另外，道家这种自然主义的法律观，在司法上也有很明显的表现。一个典型的例子，就是在发生命案之时，法庭通常会严格计算死亡人数，实现以命相抵。为了使被案犯杀害的人命条数和判处抵命的人命条数上实现平衡，法律至少在理论上总是坚持一命偿一命，但应当限制偿命的人数，抵命的人数不应该超过为案犯杀害的人数。在有的案件中，如在两家斗殴时双方各有一命丧生，明清法律就认为双方已经扯平，而不需要进一步判人死刑。比如两家斗殴，甲方三人，乙方二人，甲方的两个人共同致了乙方一人，而乙方一人致死了甲方另一人。则对共同致死乙方的两甲方人毋庸再判死刑。再比如，疯子一般被认为没有刑事责任能力，所以对于因疯杀人，通常都会锁锢监禁，只要使其不再继续危害社会即可，一般不会判其死刑。然而，因疯杀人者所犯之罪被认为情罪重大时，杀人者依然会被处以死刑，比如在杀其亲尊长或杀一家二至三口等情形中，就如此处理。此时，不是对阻止疯犯继续为害社会的渴望，而恰恰是疯犯自己所犯下的罪行本身，成为判处其死刑的理由。只有以命相抵，才可告慰死者的在天之灵。非如此，实不足以平冤抑、慰亡灵。这种罪刑计算法，既无法用儒墨之理得出，也不符合法家的观念，而更接近于道家思想，反映了一种自然主义的刑罚观。

实践活动，如李悝、吴起等，尤其是商鞅的为政经验，构成韩非子法律思想重要来源之一，而法家申不害，强调君主的控驭之术，更是韩非子思想中不可或缺的一部分。至于惠施、公孙龙子提供的"名学"观念，则给予韩非子思想很强的形式逻辑感，使得其著作逻辑严谨、论证有力，为千古一帝秦始皇所折服。

所以后期法家思想的精致不是偶然的，是在实践经验和众多思想积淀的基础上生发的。大体而言，其思想侧重于这几个方面：其一，法的核心是"刑"，必须轻罪重刑，以刑去刑，刑去事成；其二，法乃君主控驭臣僚百姓之具，最终实现专制一统；其三，法律旨在贵公抑私，"夫立法令者以废私也，法令行而私道废矣，私者所以乱法也"①；其四，法律必须注重形式上的完善，且需要公开，所谓"法者，编著之图籍，设之于官府，而布之于百姓者也"②，这样方可使臣僚万民都震慑于法；其五，"法治"是根本目的，但法为此须与术、势结合，相辅相成。

由此看来，仅对臣民的控制和束缚这一点来看，法家的主张是最严格的；就用外力来规范秩序这一点来看，法家也是最崇尚严刑暴力的。所谓"治乱世用重典"，在春秋战国哓哓乱世中，法家学说恰恰迎合了那个时代，所以最终在诸子百家中脱颖而出，独占鳌头。但切不可以为"法治"思想为法家独有，事实上各家都对中国"法为治具"思想进行了论述，法家只不过是更强调了依法治国的价值取向而已。

总之，对于"礼崩乐坏"的局面，各派思想家都力图提供治世的药方，随着时势的趋近，"规范"在他们思想中所占比重越来越大，他们的分歧不在于要不要规范，而在于规范的形态以及如何运用规范上。法家最终将这个"规范"定于一，成就了狭义上的"法治"，从而为秦国以及后来的秦王朝"纯任法治"铺平了道路。

---

① 《韩非子·诡使》。

② 《韩非子·难三》。

三、"法治"思想在春秋战国时期的应用

春秋战国时期，只有法家的"法治"思想在国家层面上得到了切实的应用，其途径至广，几乎国家生活的方方面面都有涉及。最要者有三端：

首先是成文法的公布，主要发生在春秋时代。郑国子产首开其端，"铸刑书"，其后郑国邓析又"制竹刑"，晋国赵鞅、荀寅"铸刑鼎"，其后各国纷纷效仿，公布了成文法，这是对社会变动的强烈的反应。它加剧"礼崩乐坏"的局面，标志着旧式统治的式微，革除了"刑不可知，则威不可测"弊端。从此法律从藏于官府进入到公布于社会的阶段，为新式法制的创制和发展创造了必要条件，并为以后法家的法治理论和司法实践提供了思想数据和斗争借鉴。

其次是新式法制的创立。随着旧势力的衰弱和新势力的兴起，各国新兴的统治阶级纷纷用法制来保卫自己的胜利成果，并且为进一步统治颁布准则。于是在魏国，有李悝制定的《法经》《大府之宪》；在赵国，有公仲连《国律》；在楚国，有吴起、屈原的《宪令》和《鸡次之典》；在齐国，有邹忌的《七法》；在韩国，有申不害的《刑符》；而在秦国，有商鞅的《秦律》。其中为各国所仿的版本乃李悝的《法经》。李悝可视为早期的法家，其所定的《法经》也是一部较为严酷的刑法。分盗、贼、囚、捕、杂、具六篇，其中"盗法"和"贼法"最为重要，是主要的实体法；"囚法""捕法"两篇，则主要规定了打击盗贼的缉捕、收押、审判、执行等程序，是谓实体法。而"盗""贼"以外的其他重要犯罪，收入进"杂法"一篇内，分为"淫禁""狡禁""城禁""嬉禁""徒禁""金禁"和"逾制"这七篇，规定了政治、经济、社会等各方面的犯罪。至于罪刑的轻重加减之法，则规定在末篇《具律》中，相当于刑法的总则。虽然整个法典很简单，但是其在中华法制文明史上的地位却非同一般。它是秉承法家"法治"主义制定的第一部成文法典，背后体现了以刑去刑的思想，且其形式上具有"诸法合体"的特色，其最主要的打击对象，是对王权危害最大的"盗贼"，所谓"王者之

政，莫急于盗贼"。① 该法典几乎为商鞅全盘照搬，又增加条目，运用于秦国，终于造成秦法密于凝脂的地步。而其"诸法合体"的特色，终传统之世，从未改变。

最后是商鞅变法，则完全体现了法家"一断以法""贵公抑私"的特征，最后愈益极端，终于造成了个人的人生悲剧。

总之，法家不仅是言者，而且是行者。从早期法家管仲起下至李悝、吴起、商鞅，他们都以法为动力，推行社会改革与政治改革。他们在思想上的辉煌成就与改革实践中提供的历史经验都同样值得珍视。法家思想的合理性和严密的逻辑性，特别是他们的法制主张有助于建立专制主义的中央集权制度。因而即使在"罢黜百家，独尊儒术"以后，法家的思想主张仍然深深地嵌入"儒术"之中。以致"外儒内法"成为传统国家统治的一个传统。这是我们理解春秋战国法制文明必得了解的法律文化背景。

第二节　春秋时期司法文明的演变

以上我们交代了春秋战国时期的时代和法文化背景，这一时期的司法也就在这样的背景中相应演变。春秋时期通常从周平王东迁洛邑开始起算，止

---

① 《法经》已佚，明董说辑《七国考》根据桓谭《新书》等材料，于其《七国考》卷十二"魏刑法"部分特揭"法经"篇目及其大要，而桓谭书亡佚于宋时，今人缪文远先生以董说所引《新书》"法经"不见于宋代各家类书所引，且所言律文内容与《晋书·刑法志》所言《法经》分篇不合，所言官制与魏文侯时制度不合，断定此《法经》可能出于董说伪造，不可信据。然则古籍在流传过程中常常存在讹误错漏，条目分篇不合之处常见，不见类书所引，亦不足以断定《法经》之不存，所言官制与魏文侯制度不合，亦可能为原书流传过程中有后人增修妄改之处。不足以"伪造"定论。李悝之时代与事功，以及参诸《商君书》《睡虎地秦墓竹简》等文献，董说《法经》篇目内容或有舛讹错漏是实，但所揭示之六篇与"王者之政，莫急于盗贼"的打击重心等，绝非凭空杜撰。详参董说原著，缪文远订补：《七国考订补》（下），上海古籍出版社1987年版，第699—700页。

于公元前 476 年，一说止于公元前 453 年，韩赵魏三家灭智氏时。实则不管是哪种计算方法，都提示我们，春秋和战国之间，没有一个明确的分界，各国从旧制转向新制的时间并不相同，按照明末清初的大思想家顾炎武的说法，从《左传》终了，到六国以次称王，中间经过了 133 年，都可以算是过渡期。到周显王三十五年(前334)，诸侯均正式称王，旧时代才正式结束。①所以整个春秋时代（以及战国初期）的司法文明，都带有强烈的过渡色彩。一方面，各国继承了原先西周礼乐文明之下的司法思想和制度，另一方面，则不断突破固有"周礼"的束缚，而根据时代变化和各自的国情，确立新的司法思想和制度。

一、春秋时期的司法思想

（一）远神近人，重视人命

春秋时期的司法思想继承了西周以来的人文精神并进一步发扬光大，表现最著者为进一步远神近人，以人为本。从《左传》的记载，我们固然可以看到人们在行政、治军、司法等活动中，碰到疑难不决时，利用《周易》来卜筮决疑的例子，但总体的倾向仍很明显，就是相信人的理性判断，即便在解释《周易》卜筮结果时，也倾向于世俗化的解释。如鲁庄公十四年（前680），申繻在回答郑厉公问有没有妖的问题时，回答道：

> 妖由人兴也。人无衅焉，妖不自作，人弃常则妖兴，故有妖。②

这很能体现人文主义的精神，"妖"是人创造出来的。如果人按照常理行事，或者我们可以理解为人按照既有的礼制和规则办事，则就无"妖"存在的余地。

---

① 参见（清）顾炎武：《日知录》"周末风俗"条，见（清）顾炎武著，黄汝成集释：《日知录集释》，栾保群、吕宗力校点，花山文艺出版社 1990 年版，第 585 页。

② 《左传·庄公十四年》。

与此相类似，鲁庄公三十二年（前662）当虢公让史嚚等人去祭神时，史嚚说了这样一番话：

> 虢其亡乎！吾闻之：国将兴，听于民；将亡，听于神。神，聪明正直而一者也，依人而行。虢多凉德，其何土之能得！①

虢公本来还指望着通过祭神而获得神灵赏赐田土，但史嚚明白无误地指出虢公此举徒劳，正确的做法应该是"依人而行"，而人只有"行德"（当然此处"德"的内涵丰富，未必同于儒家的"德"），才会得到所谓神的保佑，实际上说的还是一个意思，即命运掌握在人的手里。

在周礼中，祭祀与兵戎并列为国家两件大事，但祭祀之义，并不全是祈天永命，更具有联结宗族的实用功能。即便从宗教意义上来说，祭祀也不在于幻想着神力拯救现世，而是培养人的道德性情，起着教育的作用。所以孔子尽管不语怪力乱神，但也从不排斥祭神，他说：

> 祭如在，祭神如神在。②

通过祭祀，慎终追远，培养人们虔敬精神，有助于劝化世道人心，这实际上是一种"神道设教"。如果将神理解为实有本体，则无疑是错误的，这一思想在"宫之奇谏虞公"事上表达得很清楚：

> （虞）公曰："吾享祀丰洁，神必据我。"（宫之奇）对曰："臣闻之，鬼神非人实亲，惟德是依。故《周书》曰：皇天无亲，惟德是辅。又曰：黍稷非馨，明德惟馨。又曰：民不易物，惟德緊物。如是，则非德，民不和，神不享矣。神所冯依，将在德矣。若晋取虞而明德以荐馨香，神其吐之乎？"弗听，许晋使。宫之奇以其族行，曰："虞不腊矣，在此行也，晋不更举矣。"③

此事发生于鲁僖公五年（前655），当时晋国派使臣向虞国假道伐虢，宫之奇向虞国君主进谏，称虞虢两国，唇亡齿寒，不可借道，于是有上述对

---

① 《左传·庄公三十二年》。

② 《论语·八佾》。

③ 《左传·僖公五年》。

话。虞公竟然将祭祀虔诚作为免灾的理由。而宫之奇则很明确地提到人的行为才对事件的结果具有决定性。这种远神近人的思想，在春秋各国各代都有表现，再举数例如下：

> （晋）韩简侍，曰："龟，象也；筮，数也。物生而后有象，象而后有滋，滋而后有数。先君之败德，乃可数乎？史苏是占，勿从何益？《诗》曰：下民之孽，匪降自天，僔沓背憎，职竞由人。"①（前645年，晋国）

> 太上有立德，其次有立功，其次有立言，虽久不废，此之谓不朽。②（前549年，鲁国叔孙豹语，从中可知，叔孙豹认为鬼神都无法不朽，不朽的全是人的行为）

> 士伯怒，谓韩简子曰："薛征于人，宋征于鬼，宋罪大矣"。③（前509年，晋国）

这种远神近人的思想对司法活动的最直接影响，则是重视人命。尤其在事涉幽冥之事时，全生活命是第一要义，而不是杀人祭鬼。如鲁僖公十九年（前641），发生过这样一起事件：

> 夏，宋公使邾文公用鄫子于次睢之社，欲以属东夷。司马子鱼曰："古者六畜不相为用，小事不用大牲，而况敢用人乎？祭祀以为人也。民，神之主也。用人，其谁飨之？齐桓公存三亡国以属诸侯，义士犹曰薄德。今一会而虐二国之君，又用诸淫昏之鬼，将以求霸，不亦难乎？得死为幸！"④

司马子鱼这番话是针对宋襄公该年的所作所为而发。该年宋襄公为争霸，与曹、邾等小国会盟于曹国的首都之南，会上宋襄公责滕宣公迟到，加以囚禁。又囚禁了鄫国君主鄫子，后来还强迫邾国国君邾文公将鄫子杀害，

---

① 《左传·僖公十五年》。
② 《左传·襄公二十四年》。
③ 《左传·定公元年》。
④ 《左传·僖公十九年》。

用来祭祀"次睢之社",所谓"次睢之社",乃当地民间所称的"食人社",此盖杀人而用祭。① 这就是司马子鱼所谓的"一会而虐二国之君,又用诸淫昏之鬼",可以看出司马子鱼对宋襄公此举持有强烈的批判态度,认为祭祀是为人服务的,民才是神的主人,没有用人祭鬼的道理。并且由此断言,襄公此举丧德,不仅不能争霸,能得个好死就算不错了。子鱼的这个态度,不以人祭鬼,重视人命胜过神祀,无疑是人文主义思想的高度体现。

无独有偶,鲁公文六年(前621),秦穆公去世,以子车氏的三个儿子奄息、仲行、针虎为殉,《左传》评论曰:

> 此三子皆秦之良也。国人哀之,为之赋《黄鸟》。君子曰:"秦穆之不为盟主也,宜哉。死而弃民。先王违世,犹诒之法,而况夺之善人乎!《诗》曰:人之云亡,邦国殄瘁。无善人之谓。若之何夺之?"古之王者知命之不长,是以并建圣哲,树之风声,分之采物,着之话言,为之律度,陈之艺极,引之表仪,予之法制,告之训典,教之防利,委之常秩,道之礼则,使毋失其土宜,众隶赖之,而后即命。圣王同之。今纵无法以遗后嗣,而又收其良以死,难以在上矣。君子是以知秦之不复东征也。②

上文提到的《黄鸟》,即《诗经》中的《黄鸟》一诗,诗云:

> 交交黄鸟,止于棘。谁从穆公?子车奄息。维此奄息,百夫之特。临其穴,惴惴其栗。彼苍者天,歼我良人!如可赎兮,人百其身!
>
> 交交黄鸟,止于桑。谁从穆公?子车仲行。维此仲行,百夫之防。临其穴,惴惴其栗。彼苍者天,歼我良人!如可赎兮,人百其身!

---

① 参见杨伯峻编注:《春秋左传注(修订本)》(一),中华书局1990年版,第381页。
② 《左传·文公六年》。

交交黄鸟，止于楚。谁从穆公？子车针虎。维此针虎，百夫之御。临其穴，惴惴其栗。彼苍者天，歼我良人！如可赎兮，人百其身！①

《诗经》中的"国风"，系民间百姓的心声真实流露，所谓"诗言志"，是可知当时秦国人民听到三个优秀的年轻人殉葬时，既万分惋惜（"如可赎兮，人百其身"），又对穆公这样的安排愤怒不已（"彼苍者天，歼我良人"）。且这不仅仅是秦国普通人的评价，也代表了当时士大夫阶层间主流的看法。我们需知"诗言志"，不仅有作诗者的"作诗之志"，而且还有采诗官的"采诗之志"。②采诗官并不是什么诗都采，必定要采能反映世态民风，能从正反两个方面有助于"正人心、厚风俗"者才采集下来致于王官；而采来之诗，有应用于一时一地者，有可垂范或者警示后世者，那么前者就不一定编入《诗》中，而后者才编入，这个方有裨于世道人心。③采诗官将秦风《黄鸟》采入，盖有深意存焉。而从《左传》作者的言辞中，人君应该致力于"圣哲""风声""采物""话言""律度""艺极""表仪""法制""训典""防利""常秩""礼则"等，都是事关人文理性、典章制度之事，无一及于神怪幽冥。这一远神近人、重视人命的司法思想，自西周发端，至春秋又进一步发展，以后一直成为中国司法思想的主流，尽管春秋战国时期，时或还有以人为殉，或者借神怪巫谶兴风作浪之事，但是最终都在与人文理性精神的斗争中败下阵来。④

---

① 《诗经·秦风·黄鸟》。

② 朱东润先生对"诗言志"的场合有很好的理论和例证说明，对此参见其《诗三百探故》，云南人民出版社2007年版，第80—84页。

③ 参见陈煜：《从"古微"到"师夷"——魏源的思想转型与近代思潮的开端》，《扬州大学学报》（人文社会科学版）2015年第5期。

④ 一个典型的例子是战国初年的魏文侯时期，派西门豹治邺，当地流行为河伯娶妇陋俗，而实则是官员和神巫借机敛财。西门豹以其人之道，还治其人之身，将神巫投入河中，从而消除了这种陋俗，杜绝杀人祭鬼现象，这代表了一般官员的世俗治理方式。相关经过参阅《史记·滑稽列传》。

（二）准情循理，刑罚公平

在远神近人的前提下，春秋时期司法者又倡导准情循理、罪刑相应的理念，进一步发扬了西周以来的理性精神。所谓"情"，即"实情""人情""情理"之义，所谓"理"，即事物的一般法则或规律，含有"原理""天理""道理"之义。"准情循理"合在一起，就是人们口头上常说的"合情合理"，后世司法上常常强调的"天理、国法、人情"，即是这一司法理念的延伸。

鲁庄公十年（前684），齐国进攻鲁国，鲁国曹刿觐见庄公，问庄公凭什么克敌，庄公先后说他能与众人分享财物，不敢独占；虔诚祭祀，不敢欺天。曹刿都认为这不过是小恩惠、小信用而已，不足以克敌制胜。直到庄公说出了第三项美德：

> 小大之狱，虽不能察，必以情。①

曹刿认为这才是制胜法宝，国君作为最高司法者，如此而行，可以算是恪尽职守了。庄公的意思是，大大小小的案件，即便自己没有能力一一明察秋毫，也会尽量求得实情，依照情理来审判。这是春秋司法"准情"思想的典型论述。并且"准情"中，还带有浓郁的"人情"味，即在证据不够充分时，按照《尚书》中"与其杀不辜，宁失不经"的原则来处理。这在《左传》的记载中有明显体现：

> 归生闻之："善为国者，赏不僭而刑不滥"，赏僭，则惧及淫人；刑滥，则惧及善人。若不幸而过，宁僭无滥。与其失善，宁其利淫。无善人，则国从之。②

从《左传》所涉及司法事件来看，基本上是按照这一原则来处理的。这和我们下节将要提到的战国时期的司法思想，恰好形成了一个鲜明的对比。

与"准情"相联系的是"循理"，实则两者可以看成是"互文"的表达，准情必循理，准情循理，也可说成是准循情理。准情更强调发现事实，而循

---

① 《左传·庄公十年》。

② 《左传·襄公二十六年》。

理则更强调司法推理的依据或过程。这方面，《左传》中多有记录。如鲁僖公九年（前651）：

> 公谓公孙枝曰："夷吾（晋惠公）其定乎？"对曰："臣闻之，唯则定国。《诗》曰：不识不知，顺帝之则。文王之谓也。又曰：不僭不贼，鲜不为则。无好无恶，不忌不克之谓也。今其言多忌克，难哉！"①

这是秦穆公问秦国大臣公孙枝姬夷吾（后来的晋惠公，当时因骊姬之乱出奔至秦）能否重新安定晋国局面，公孙枝认为很难。其判断的标准就是"理"，也即是文中多次提到的"则"，意思是夷吾的行为不符合为人处世的法则。并强调，只有按照"天理"（"顺帝之则"），也就是一般规律做事，才能得到好的结果。从公孙枝所采的判断标准以及对夷吾的具体评判上，我们很容易发现春秋时司法的"循理"思想。

"准情循理"具体到司法裁判之上，就要求"刑罚公平"，一秉至公，而不能同罪异罚。如：

> 晋侯有疾，曹伯之竖侯孺货筮史，使曰："以曹为解。齐桓公为会而封异姓，今君为会而灭同姓。曹叔振铎，文之昭也。先君唐叔，武之穆也。且合诸侯而灭兄弟，非礼也。与卫偕命，而不与偕复，非信也。同罪异罚，非刑也。礼以行义，信以守礼，刑以正邪，舍此三者，君将若之何？"公说，复曹伯，遂会诸侯于许。②

此事发生于鲁僖公二十八年（前632），曹人请晋国的筮史劝说晋文公，请求晋文公恢复曹国国君的地位，强调晋文公灭兄弟之国（指曹国和卫国），是不守周礼的做法；答应同时恢复卫国、曹国国君的位置，现在恢复了卫国，却没有恢复曹国，这是不守信用的做法；且卫国和曹国犯了同样的罪，却得到了不同的处罚，这是不守刑罚原则的做法。其中"同

---

① 《左传·僖公九年》。
② 《左传·僖公二十八年》。

罪异罚，非刑也"的判断，很显然是通行于列国的一项司法原则，它强调刑罚要公平，同罪同罚。故最后晋文公同意恢复曹君的地位。无独有偶，鲁襄公六年（前567）春天，宋国的一贵族乐辔以弓栝另一贵族华弱于朝，"弓栝"即张弓以贯沓其颈，颈穿于弓之中。宋平公见华弱如此狼狈不堪一击，认为其无法胜任"司武"，即军政要职，遂将华弱赶出宋国。

> 夏，宋华弱来奔。司城子罕曰："同罪异罚，非刑也。专戮于朝，罪孰大焉！"亦逐子荡。①

华弱被赶出宋国之后，夏天到达了鲁国。而宋国的司法官员（司城）子罕认为宋平公这样的做法有违公平之意，乐辔在朝堂之上羞辱贵族，同样犯了罪，也应受到处罚，于是也判处将乐辔（子荡）驱逐。我们需要注意的是，子罕判决的理由，也是"同罪异罚，非刑也"。与上面筮史说晋文公的话一模一样，只是一在宋，一在晋，时间相差65年。子罕与筮史应该没有任何交集，唯一的原因，只能是这一原则已经被列国奉为通行的准则。所以"刑罚公平"，自是"准情循理"的重要一环。

这个同样可以从出土的鼎彝铭文中得到证实，如春秋后期的"叔夷镈"铭文中，有这样的句子：

> 谏（㜋）罚朕庶民，左右母（毋）讳……旮（慎）中于罚……中尃（明）刑。②

这是齐灵公（前581—前554年在位）对制器者叔夷的告诫，"谏（㜋）罚朕庶民"在西周的"大盂鼎"铭文中出现过，即要求对待刑罚要理性谨慎，至于"旮（慎）中于罚""中尃（明）刑"，更是提倡要慎刑，使得刑罚得"中"，这正是刑罚公平之至意。

---

① 《左传·襄公六年》。

② 铭文选自马承源：《商周青铜器铭文选》第四卷，《东周青铜器铭文释文及注释》，文物出版社1990年版，第540页。

（三）法祖尊礼，渐变周制

前已述及，虽然春秋战国时期是"礼崩乐坏"，但那是一个逐渐演变的过程。尤其在春秋前期和中期，周礼的影响力还是很强的，即便是比较强势的诸侯，也不得不顾及周礼的大义名分。如鲁隐公十一年（前712），许国国君得罪周王，齐僖公、鲁隐公会合郑庄公灭了许国，许国国君逃至卫国。诸国经过决定，由郑庄公来"托管"占领的许国土地。

> （郑庄公）乃使公孙获处许西偏，曰："凡而器用财贿，无置于许。我死，乃亟去之。吾先君新邑于此，王室而既卑矣，周之子孙日失其序。夫许，大岳之胤也，天而既厌周德矣，吾其能与许争乎？"

> 君子谓："郑庄公于是乎有礼。礼，经国家，定社稷，序民人，利后嗣者也。许无刑而伐之，服而舍之，度德而处之，量力而行之，相时而动，无累后人，可谓知礼矣。"[①]

郑庄公的善后措施是这样的，他首先让许国的大夫百里氏奉许君居于许国的东部边邑，然后让郑国的公孙获居住在许国的西部边邑，以看管许君。并要求公孙获不要将财产置于许国境内，且在庄公死后就离开许国。因为庄公看到周王室已然衰弱，与周王室同宗的姬姓诸国也未必能够长久兴旺，这样安排许国，实际上是给自己留有余地。

郑庄公的安排，得到了《左传》作者的赞扬，认为他是"有礼""知礼"，因为郑庄公正是按照周礼的做法来处理这桩"国际间"的司法事务的，许国触犯了周礼，即"无刑"，故"大刑用甲兵"，许君后来认罪服法了，故宽恕即"舍之"，而且庄公还发扬了西周德礼传统，"度德处之"，又考虑到各国实力的消长情形，而预先作出安排。此事发生于春秋前期，旧制度虽已有没落之象，但新制度还没有建立起来，所以按照周礼来处理政事和司法事务，还是第一选择。

即便在西周灭亡近百年之际，当时的正统思想还是以维护周礼为己任，

---

① 《左传·隐公十一年》。

按礼来维持相应的秩序，强调：

> 王命诸侯，名位不同，礼亦异数，不以礼假人。① （前 676）

在这种思想作用下，对内行政、司法，对外朝聘、征伐，大都还是强调法祖尊礼的。如鲁闵公元年（前 661），鲁国犹在内乱（庆父之乱）之中，齐桓公想乘人之危攻取鲁国，问大臣仲孙湫的意见，仲孙湫明确表示不可，理由是：

> （鲁）犹秉周礼。周礼，所以本也。臣闻之，国将亡，本必先颠，而后枝叶从之。鲁不弃周礼，未可动也。②

鲁不弃周礼，齐师出无名，遂无法大刑用甲兵。类似这样对周礼的强调，在春秋前期和中期屡屡见到，再举数例证之：

> 十一年春，晋侯使以丕郑之乱来告。天王使召武公、内史过赐晋侯命。受玉惰。过归，告王曰："晋侯其无后乎。王赐之命而惰于受瑞，先自弃也已，其何继之有？礼，国之干也。敬，礼之舆也。不敬则礼不行，礼不行则上下昏，何以长世？"③ （前 649，晋国）

> 王以上卿之礼飨管仲，管仲辞曰："臣，贱有司也，有天子之二守国、高在。若节春秋来承王命，何以礼焉？陪臣敢辞。"王曰："舅氏，余嘉乃勋，应乃懿德，谓督不忘。往践乃职，无逆朕命。"管仲受下卿之礼而还。君子曰："管氏之世祀也宜哉！让不忘其上。《诗》曰：恺悌君子，神所劳矣。"④ （前 648，东周王室）

> 礼以行义，信以守礼，刑以正邪，舍此三者，君将若之何？⑤ （前 632，晋国）

> 夫子以爱我闻，我以将杀子闻，不亦远于礼乎？远礼不如

---

① 《左传·庄公十八年》。
② 《左传·闵公元年》。
③ 《左传·僖公十一年》。
④ 《左传·僖公十二年》。
⑤ 《左传·僖公二十八年》。

死。① （前 612，齐国）

当然，春秋的前期和中期，司法上大体法祖守礼，并不是出于新旧贵族的道德自觉，而实在是实力对比使然。当时新贵族虽然逐渐登上历史舞台，但依旧没有绝对实力颠覆旧秩序，周礼依旧有号召力，这一点在鲁宣公三年（前 606）楚国国君和周王室大臣王孙满的对话中体现得至为明显，当时新兴的大国楚国出兵伐陆浑之戎，到达洛邑，楚国国君问周鼎的大小轻重，鼎乃国之象征，楚君的问话中明显有取代周祚之意，王孙满则明确地告诉楚君：

> 周德虽衰，天命未改，鼎之轻重，未可问也。②

也就是说，当时诸侯还不具备取周代之的实力，所以我们看到春秋争霸时，还得以"尊王攘夷"作为幌子，司法过程中，自然还有法祖尊礼的做法。

但是这种情形，随着生产力的发展，各诸侯国实力的提升和王室权威的日益下降，到了春秋后期，各国纷纷制定新制度后，就难以为继了。

鲁宣公十五年（前 594），鲁国率先实行"初税亩"，规定不论公田、私田，一律按田亩收税，这是对传统生产关系的重大突破，标志着从法律的角度上确立了私有制。尽管从西周中后期开始，"普天之下，莫非王土"的情形已经受到挑战，西周后期更有"雨我公田，遂及我私"的做法，意味着土地私有现象的存在，然而在法律上对土地王有制度的正式颠覆，是从"初税亩"开始的，所以站在周礼立场上的《左传》作者对此予以强烈谴责：

> 初税亩，非礼也。③

但这无法阻止"渐变周制"的发生，继鲁国初税亩后，楚国、郑国、晋国等国家也陆续实行了税亩制，除变经济制度之外，其他如外交、法律等制度也逐渐发生变革。司法审判逐渐偏离周制，而逐渐行用新的制度，此点我们在下节叙司法制度时再作论述。总之，到春秋后期，虽然仍有旧贵族呼吁

---

① 《左传·文公十五年》。

② 《左传·宣公三年》。

③ 《左传·宣公十五年》。

遵守周礼，但是各国现实行政、司法、外交等活动中，却往往"以变为常"了，试举一例证之：

> 冬十一月，晋侯使荀庚来聘，且寻盟。卫侯使孙良夫来聘，且寻盟。公问诸臧宣叔曰："中行伯之于晋也，其位在三。孙子之于卫也，位为上卿，将谁先？"对曰："次国之上卿当大国之中，中当其下，下当其上大夫。小国之上卿当大国之下卿，中当其上大夫，下当其下大夫。上下如是，古之制也。卫在晋，不得为次国。晋为盟主，其将先之。"丙午，盟晋，丁未，盟卫，礼也。[①]

此事发生于鲁成公六年（前585），晋国和卫国的使者同时来鲁国寻求结盟，两国与鲁国都是姬姓同宗（西周初年首批分封的次序是鲁、齐、燕、卫、宋、晋，按照这个次序，卫国与鲁国似乎亲缘更近），晋国派的是执政六卿中的第三号人物，而卫国派的是执政卿大夫中的第一号人物。但是臧宣叔既不是按照宗法亲缘，也不是按照前来官员的级别来定结盟顺序，而完全是按照国家的强弱来排序。显然这已经是当时被广泛认可的一种秩序，所以连《左传》作者也承认这是"礼也"。

当然，在春秋这个过渡时代中，法律思想也在不断变化，虽然总的趋势是由旧趋新，但是它并不是线性演进的，而是呈现出新旧杂陈的情形。所以我们可以看到，即便到春秋末期，许多国家已经制定了新的法律规则，但依然有法祖尊礼的呼声，而在尚未变法的国家，则更是如此，一切都是在"渐变"的过程中。

二、春秋时期的司法制度

（一）春秋司法的法律渊源

与以上"法祖尊礼，渐变周制"的司法思想相对应，春秋司法审判中，

---

① 《左传·成公六年》。

所援用的法律渊源，前期和中期多为西周礼法，具体在处置量刑上，用的是西周的常法——"九刑"。① 到春秋后期，尤其是末年，在率先变法的国家中，往往会改用新定的法律来进行司法处理，但终春秋之世，西周礼法始终都具备一定的制约作用。

先来看援用"九刑"司法的情形。鲁庄公十四年（前680），郑厉公以其大臣傅瑕对国君怀有二心，而杀之。

> 厉公入，遂杀傅瑕，使谓原繁曰："傅瑕贰，周有常刑，既伏其罪矣。"②

显然，厉公杀傅瑕所援用的，正是西周的刑法，而根据厉公之言，我们可知，在西周刑法中，"贰"是一种罪名，要处以死刑。鲁文公十八年（前609）的另一桩案件，也说明了"九刑"对当时司法的约束作用。该年莒国的太子仆杀了莒国国君莒纪公，并盗了莒国的宝玉前来鲁国。鲁宣公（当时宣公已经即位）想接纳太子仆，但是执政的季文子则命令司寇将太子仆驱逐出境，并派太史克对鲁宣公解释这样做的原因，其中就有这样的言论：

> 先君周公制周礼曰：则以观德，德以处事，事以度功，功以食民。毁则为贼，掩贼为藏，窃贿为盗，盗器为奸。主藏之名，赖奸为用。为大凶德，有常，无赦，在"九刑"不忘。③

由此看来，以上太史克所引用的文字，出自先君周公所作的"周礼"，从此文字中，也可反映西周"出礼则入刑"的情形。按照礼的规定，要求做到"则""德""事""功"，如果违背了这些要求，就是"贼""藏""盗""奸"，

---

① "九刑"之说出自《左传·昭公六年》，原文为"夏有乱政，而作'禹刑'；商有乱政，而做'汤刑'；周有乱政，而作'九刑'"，"九刑"内容已不可考。一说为墨、劓、刖、宫、辟这五种正刑加鞭、扑、流、赎，共九种刑罚的统称，如《汉书·刑法志》颜师古注引韦昭曰："谓正刑五，及流、赎、鞭、扑也。"一说为"九刑"为西周刑法统称，和"禹刑""汤刑"呈并列的关系。实则两种说法并不矛盾，古代存在"以刑统罪"的做法。"九刑"可以理解为以刑统罪的西周的常法。这在春秋审判时司法官的言论中可以得到证实。

② 《左传·庄公十四年》。

③ 《左传·文公十八年》。

"则"是第一位的，所谓"则"，"亦礼则之义"①。违反了"则"，就是"大凶德"，按照西周常法，则要处刑，并不得赦免，而处刑的依据，就是"九刑"。现在太子仆弑君为毁则，毁则为贼，盗玉为奸，根据常法，自然必须驱逐出境。这是完全按照西周礼法来审判的。这正是所谓的：

> 礼，王之大经也……言以考典，典以志经。②

类似这种以西周常法来进行司法的行为尚有许多，再举两例，鲁昭公三十一年（前511），晋国大夫荀跞会见鲁国的季孙意如，代表晋国国君责问季孙何故将鲁君逐出鲁国，语曰：

> 何故出君？有君不事，周有常刑，子其图之！③

荀跞责季孙的理由同样来自西周的"常刑"，而季孙氏的反应则是：

> 季孙练冠麻衣跣行，伏而对曰："事君，臣之所不得也，敢逃刑命？君若以臣为有罪，请囚于费，以待君之察也，亦唯君。若以先臣之故，不绝季氏，而赐之死。若弗杀弗亡，君之惠也，死且不朽。若得从君而归，则固臣之愿也。敢有异心？"④

可见，即便是在鲁国骄横跋扈的季孙氏，对于西周的常刑，也表现得十分敬畏，至少在表面上是如此，而此时，已经到了春秋后期。同样到鲁哀公三年（前492），司法官员在司法时，仍提到：

> 命不共，有常刑……有不用命，则有常刑，无赦。⑤

此时已经到了春秋末年，仍可看出西周常刑的约束力。⑥ 所以，春秋司

---

① 前揭杨伯峻：《春秋左传注（修订本）》（二），第634页。

② 《左传·昭公十五年》。

③ 《左传·昭公三十一年》。

④ 《左传·昭公三十一年》。

⑤ 《左传·哀公三年》。

⑥ 这同样可以从这一时期的青铜器铭文中得到佐证，如晋定公时期（前511—前475）的"晋公篡"铭文中尚有："余小子，敢帅井（型）先王，秉德秩秩……"很明显是"法祖尊礼"的思想的宣扬，铭文见前揭马承源：《商周青铜器铭文选》（第四卷）"东周青铜器铭释文及注释"，第587页。

法审判时，西周礼法应属最为主要的法律渊源。

再来看援用春秋新立法制的情形。前已述及，至春秋中叶之后，随着生产力的发展，新贵族逐渐在政治和经济上占据了优势地位，他们需要通过立法的方式，将自己的地位用法律正式确定下来，于是纷纷展开"变法"的活动。春秋时期开展"变法"运动比较著名的是晋、郑二国。首先是晋国，鲁文公六年（前621）：

> 宣子（赵盾）于是乎始为国政，制事典，正法罪。辟狱刑，董逋逃。由质要，治旧污，本秩礼，续常职，出滞淹。既成，以授大傅阳子与大师贾佗，使行诸晋国，以为常法。①

其中的"制事典，正法罪"，无疑是法律上的变革，主要是刑事，也兼具其他方面。且此法制确定之后，即付诸实践，以致在晋国，取代了周礼而成为新的"常法"。但是从后面赵鞅、荀寅"铸刑鼎"来看，似乎赵盾所制新法，仍未予全面公布，还是处于"秘密法"的状态，只是由旧贵族的"秘密"转为新贵族的"秘密"而已。

其次是郑国，郑国的步伐迈得比晋国还大。鲁昭公四年（前538），郑国执政子产作"丘赋"，招致国人强烈的批评。"丘赋"乃是增加国民赋税之举，杨伯峻先生释为"疑与鲁成公元年之丘甲同意，谓一丘之人出军赋若干"②。鲁成公元年为前590年，而此前4年，鲁国刚好进行"初税亩"的改革。子产"丘赋"之举，无疑又是赋税制度的重要变革。这个变法又是对"周礼"的一次大突破。郑大夫浑罕由此批评子产，曰：

> 政不率法，而制于心，民各有心，何上之有！ ③

所谓"率法"，指的就是"周礼"，浑罕此语是批评子产师心自用，不尊成法。但子产并未就此止步，两年以后，又作出了更大的举动：

---

① 《左传·文公六年》。
② 前揭杨伯峻：《春秋左传注（修订本）》（四），第1254页。
③ 《左传·昭公四年》。

三月，郑人铸刑书。①

是子产不仅变革周礼，创制新法，而且还将新法铸于鼎上，公开了出来。从而引发晋国贤臣叔向的反对，认为此举会导致"民之争端矣，将弃礼而征于书，锥刀之末，将尽争之"②。叔向的反对也有其道理，他是站在旧道德"复礼"的立场之上，认为虽然"礼崩乐坏"已然成为现实，但是如果不用法律明确下来，就意味着这种现实是不合法的，周礼依然可以成为道德标杆以及法律准则，依然具有约束力。而现在公布出新法，那么百姓就会按照新法，认可新道德而抛弃旧道德。叔向此论含有道德理想主义色彩。这一点子产并没有反对，他给叔向的回应，只是"吾以救世也，既不承命"③，说明站在现实主义的立场上，承认变革，把现实秩序用法律表达出来。叔向和子产看待问题的角度并不一致，但是都表达了对现实某种程度上的焦虑。不过子产的做法，似乎是时势所趋，且从后来孔子对两者的评价来看，子产变革的做法适应了时代的发展，在当时的确起到了"救世"的效果。④

接着又是晋国，在子产铸刑书二十五年之后，步郑国之后尘，于鲁昭公二十九年（前513），也公布了成文法：

---

① 《左传·昭公六年》。

② 《左传·昭公六年》。

③ 《左传·昭公六年》。

④ 孔子对公布成文法的看法，与叔向的观点一致，他对叔向和子产都给予了很高的评价，对前者，他认为是"古之遗直也"（《左传·昭公二十四年》）；对后者，他认为是"古之遗爱也"（《左传·昭公二十年》）。叔向是秉持周礼来处理司法事务的，观其处理"邢侯与雍子争田案"，他"三数法官叔鱼之恶，不为末减"，叔鱼正是其弟，他的做法是西周"义刑义杀，刑兹无赦"的典范，所以孔子称赞他"治国制刑，不隐于亲"（《左传·昭公十四年》），一个"直"字反映了叔向坚持周礼的原则的形象。而子产当政，以猛为主，这是为了纠正郑国向来政宽民慢的积习，经过子产的整治，郑国一度强盛，但子产于鲁昭公二十年（前522）去世后，子大叔继任为政，走的是宽政路线，结果导致"郑国多盗"的结果。孔子有感于此，认为子产"宽以济猛，猛以济宽，政是以和"，起到了惠民的效果，可见即便孔子不赞同子产铸刑书的做法，但对子产为政的客观效果，依然是承认的，故称之为"遗爱"，益可见变法并将法律公布出来，是当时不可扭转的趋势。见《左传·昭公二十年》。

冬，晋赵鞅、荀寅帅师城汝滨，遂赋晋国一鼓铁，以铸刑鼎，著范宣子所为刑书焉。①

范宣子为用刑书，即之前赵盾（赵宣子）所定新制，其实已经在晋国行用百年，此次赵鞅、荀寅不过是把它公开出来而已。

在公布成文法的国家，司法审判即按新公布的法律来，新贵族逐渐掌握司法大权。这样在原来尊奉周礼的旧贵族那里，就意味着公族势力的进一步衰落，所谓"陪臣执国命"说的就是这一情形。春秋后期晋国公族叔向和齐国执政晏婴的一番言论，从另一个侧面反映了"周有常刑"已逐渐为"政出家门"所取代：

齐侯使晏婴请继室于晋……既成昏，晏子受礼。叔向从之宴，相与语。叔向曰："齐其何如？"晏子曰："此季世也，吾弗知。齐其为陈氏矣！公弃其民，而归于陈氏。"……叔向曰："然。虽吾公室，今亦季世也。戎马不驾，卿无军行，公乘无人，卒列无长。庶民罢敝，而宫室滋侈。道堇相望，而女富溢尤。民闻公命，如逃寇仇。栾、郤、胥、原、狐、续、庆、伯，降在皂隶。政在家门……"宴子曰："子将若何？"叔向曰："晋之公族尽矣……"②

（二）司法机构与诉讼审判程序

春秋时期的司法机构主要还是延续西周的制度，大部分国家的司法主官为司寇，这在《左传》中最为常见，司寇的副职，则为小司寇。如现藏于上海博物馆西周中期的"鲁少司寇封孙盘"铭文中，出现"鲁少嗣（司）寇封孙宅乍其子孟姬（媵）般（盘）也（匜）"③的字样。"少司寇"，即《周礼》中的"小司寇"，这可视为春秋延续西周司法机构的一个佐证。

---

① 《左传·昭公二十九年》。

② 《左传·昭公三年》。

③ 铭文选自前揭马承源：《商周青铜器铭文选》第四卷，"东周青铜器铭文释文及注释"，第521页。

但随着时代的发展，也有机构虽主司法但其名异者，比如宋国称"司城"，如"司城子罕曰……"①，楚国称"司败"，如"臣归死于司败"②，这些可能是该国变周制而自定的制度。

春秋时期诉讼审判程序和西周最大的不同，就是周王室案件管辖权的式微。正因为王室的衰弱，中央司法机构权威不再。尽管中央大司寇、小司寇、士师俱在，但地方诸侯凡遇争讼，几无赴诣士处找王室处理之例，而通常会找有实力争霸的大国加以裁判。如鲁僖公二十八年（前632），卫国国君卫成公与卫大夫元咺发生争讼，既是此例：

> 卫侯与元咺讼，宁武子为辅，针庄子为坐，士荣为大士。卫侯不胜。杀士荣，刖针庄子，谓宁俞忠而免之。执卫侯，归之于京师，置诸深室。宁子职纳橐馈焉。元咺归于卫，立公子瑕。③

由上文还可知，当事人并未到晋国参加诉讼，而是晋国派士荣作为法官到卫国去听讼，"大士"亦就是周礼"士师"之谓。结果卫侯败诉不服，竟然对另一方当事人的代理人"针庄子"施以刖刑，并杀掉了法官士荣。晋国遂将卫侯抓到京师囚禁起来。这是双方当事人都是一国的情形，而双方当事人是两个诸侯国时，同样会找大国来听断，而非至周王室，譬如：

> 楚子反救郑，郑伯与许男讼焉。皇戍摄郑伯之辞，子反不能决也，曰："君若辱在寡君，寡君与其二三臣共听两君之所欲，成其可知也。不然，侧不足以知二国之成。"④

这是郑国国君和许国国君发生诉讼，发生在鲁成公四年（前587），是由楚国执政子反来加以处理的，不过并没有最终了结此案，于是第二年，讼事又起：

> 许灵公诉郑伯于楚。六月，郑悼公如楚，讼，不胜。楚人执皇

---

① 《左传·襄公六年》。
② 《左传·文公十年》。
③ 《左传·僖公二十八年》。
④ 《左传·成公四年》。

戌及子国。①

由此看来，第一次讼争当在郑国国内，郑伯派其大夫皇戌代理他出庭，皇戌能言善辩，审判地点又在郑国境内，是以楚国执政子反不能决。于是才有第二年许灵公赴楚国起诉之举，控告郑悼公侵犯许国，郑悼公作为被告亦赴楚国应诉，结果败诉。为了让郑悼公执行判决，楚国扣押了郑国大夫皇戌和郑国公族子国。郑悼公回国后派公子偃向另一个霸主晋国请求讲和，最后在晋国的调解下，此案才告终结。

而随着内轻外重之局面的形成，连周王室与诸侯的诉讼，或者周王室内部的争讼往往也要到诸侯国去寻求解决，或者诸侯派人至王室来听讼。这类事件比比皆是：

> 周公将与王孙苏讼于晋，王叛王孙苏，而使尹氏与聃启讼周公于晋。赵宣子平王室而复之。②（前613）
>
> 晋郤至与周争鄇田，王命刘康公、单襄公讼诸晋。③（前580）
>
> 王使王叔陈生诉戎于晋。④（前568）

从诸侯讼争不赴周室而请大国来裁决，到王室争讼也得求助于大国，亦可见西周宗法制度的衰弱，这是春秋在诉讼程序上和西周最大的区别。

至于案件的审判程序，因现存案例过于简练，且集中于贵族阶层的诉讼，故而我们无从得知具体细节。不过从零星的记载上考察，基本上延续西周的程序，当然亦时有突破。

我们且来看一个案件的判决，即"晋惠公杀庆郑案"。晋惠公即公子夷吾，在晋国骊姬之乱时，出奔外国，后得秦穆公之力，回国即位。但晋惠公以怨报德，不仅不按照原先和穆公的约定给予后者五座城池，且在秦国遭遇饥荒前来借粮之际断然拒绝，终于招致秦国的报复。惠公六年（前645），

---

① 《左传·成公五年》。
② 《左传·文公十四年》。
③ 《左传·成公十一年》。
④ 《左传·襄公五年》。

秦师伐晋。当时晋惠公问大夫庆郑该如何御敌，庆郑因为当年积极劝谏惠公对秦履约、借粮而屡遭拒绝，心有所怨，故表现消极，惠公由此对庆郑产生芥蒂。惠公随后披挂上阵，在韩原这个地方抵御秦军，结果大败，惠公逃跑时要求乘坐庆郑之车，庆郑以惠公忘善背德、亲小人远贤臣为理由，拒绝载惠公逃跑。且在战场看到晋将梁由靡和韩简快追堵上秦穆公时，又让他们放走秦穆公。终于导致最后惠公被秦军俘虏。后来经晋国的外交斡旋，以晋太子为质于秦国，以及在秦国的士大夫劝说之下，穆公放惠公回国继续当国君。以下所引的内容就是在惠公从秦国返国的过程中以及回国后，晋惠公及大臣们讨论庆郑罪刑的过程以及庆郑自己的答辩之词：

> 惠公未至，蛾析谓庆郑曰："君之止，子之罪也。今君将来，子何俟？"庆郑曰："郑也闻之曰：军败，死之；将止，死之。二者不行，又重之以误人，而丧其君，有大罪三，将安适？君若来，将待刑以快君志；君若不来，将独伐秦。不得君，必死之。此所以待也。臣得其志，而使君蒙，是犯也。君行犯，犹失其国，而况臣乎？"

> 公至于绛郊，闻庆郑止，使家仆徒召之，曰："郑也有罪，犹在乎？"

> 庆郑曰："臣怨君始入而报德，不降；降而听谏，不战；战而用良，不败。既败而诛，又失有罪，不可以封国。臣是以待即刑，以成君政。"

> 君曰："刑之！"

> 庆郑曰："下有直言，臣之行也；上有直刑，君之明也。臣行君明，国之利也。君虽弗刑，必自杀也？"

> 蛾析曰："臣闻奔刑之臣，不若赦之以报雠。君盍赦之，以报于秦？"

> 梁由靡曰："不可。我能行之，秦岂不能？且战不胜，而报之以贼，不武；出战不克，入处不安，不智；成而反之，不信；失刑

207

乱政，不威。出不能用，入不能治，败国且杀孺子，不若刑之。"

君曰："斩郑，无使自杀！"

家仆徒曰："有君不忌，有臣死刑，其闻贤于刑之。"

梁由靡曰："夫君政刑，是以治民。不闻命而擅进退，犯政也；快意而丧君，犯刑也。郑也贼而乱国，不可失也！且战而自退，退而自杀；臣得其志，君失其刑，后不可用也。"

君令司马说刑之。司马说进三军之士而数庆郑曰："夫韩之誓曰：失次犯令，死；将止不面夷，死；伪言误众，死。今郑失次犯令，而罪一也；郑擅进退，而罪二也；女误梁由靡，使失秦公，而罪三也；君亲止，女不面夷，而罪四也；郑也就刑！"

庆郑曰："说，三军之士皆在，有人能坐待刑，而不能面夷？趣行事乎！"

丁丑，斩庆郑，乃入绛。①

由上文来看，庆郑算得上是一个骨鲠之臣，但有任气使性之处，最终在战场上置国君安危于不顾，终致国君被秦国俘虏。过后认识到自己的罪行，但不愿背负畏罪自杀的名声，所以等待判决。因为庆郑为晋国大夫，按照《周礼·秋官·大司寇》"凡卿大夫之狱讼，以邦法断之"，又"邦法，八法也。以八法待官府之治"。②而所谓"八法"，此即《周礼·秋官·小司寇》所称的：

以八法丽邦法，附刑罚，一曰议亲之辟，二曰议故之辟，三曰议贤之辟，四曰议能之辟，五曰议功之辟，六曰议贵之辟，七曰议勤之辟，八曰议宾之辟。③

庆郑有德有行，自属于"议贤"之列。所以尽管在庆郑自陈其罪而惠公命令"刑之"，且庆郑表示即便国君不下死刑命令自己也会自杀之后，大臣们仍有一番"议"的过程，这似乎可反映《周礼》"八辟"的情形。首先是

---

① 《国语》卷九《晋语三》。

② 前揭孙诒让：《周礼正义》，第2756页。

③ 《周礼·秋官·小司寇》。

大臣蛾析认为既然庆郑已经认罪，不如赦其一死，让他为报秦仇效力，戴罪立功。大将梁由靡则否定了蛾析的建议，认为这样处置是"不武、不智、不信、不威"之举，败坏国家，且会危及太子的性命，不如杀掉庆郑。惠公遂又下令杀庆郑，特别提出不让庆郑自杀。家徒仆此时发言，认为国君不计前嫌，大臣不畏刑罚，都会留下令名，比真正处死刑要好，实际上是委婉地建议国君赦免庆郑。梁由靡再次发言，坚持己见，认为庆郑在战场上擅自进退，违反了军纪；图一己之快而见君不救，触犯了刑律。如果任其自杀，不明正典刑，是任私意而废公刑。于是晋惠公令司马说来对庆郑执行死刑。司马乃官职，说为其名，因庆郑同时违反军纪，且在阵前，故由司马来行刑。司马说在阵前又明确地列出了庆郑所犯的罪行：第一，不守军事秩序，违反军纪；第二，在战时擅自进退；第三，误导战友作战，而使敌人逃脱；第四，国君被俘，自己却毫发无损[1]。这四项有一项都是死罪，何况庆郑四项都有，所以必须对庆郑执行死刑。司马说这样的做法，非常类似于《周礼》中"读书则用法"的规定[2]，即宣读判决，并明定刑罚。

庆郑最后的表现，也堪称骨鲠之臣的典范，认为自己既然能够坐以待毙，还怕割破脸颊吗，快执行吧。由此我们也可推测，在处死刑之前，有可能还要先对庆郑处以"面夷"的行为，以示刑辱。到丁丑这天，庆郑被斩首，惠公才进入都城绛。

大概庆郑内心中也有矛盾之处，庆郑本质上认为自己是直言直行的忠臣，虽有大过，在认罪服法后，按照西周"八议"之法，也许会被国君赦免或者轻判，最不济也会允许自己自裁，既保留全尸，还能留下很好的名誉。但是他碰到的是日趋"法家化"的时势和忌刻偏狭的晋惠公，所以最终还是免不了身首异处。

---

① "面夷"，直译为"面部受伤"，但据庆郑后文"而不能面夷"之说，"面夷"也可能为一种行为，或者为当时的一种习惯法，如果国君被俘，臣下应自己划破脸颊，以表自责或者表示与敌酋斗争到底的决心。这只是一种推测，待考。

② 《周礼·秋官·小司寇》。

由这一案件的审判，我们既可以看出春秋所继承的西周司法程序的特色，如"八辟""读书用法"等规定，又可看出其对西周制度的突破，比如按西周制度"唯王之同族与有爵者，杀之于甸师氏"①，且"磬于甸人"②，庆郑作为"有爵者"，应该在秘密的地方被处死，且应该以缢杀的方法执行，以留全尸，并保体面。但是现在则是在阵前这种公开场合被处死，且被斩首，此前可能还要经过刑辱（面夷）的过程。

从其他相关材料中，同样可以看到春秋诉讼审判这种新旧杂陈的情形。继承旧法者，如西周"凡命夫命妇不躬坐狱讼"的规定，春秋亦行用。

如前述"卫侯与元咺讼，宁武子为辅，针庄子为坐，士荣为大士……"③中，卫侯和元咺都没有出庭，前者派宁武子代理，后者则派针庄子代理。又如前述王叔陈生与伯舆争政，也各派其代理人，分别由王叔之宰与瑕禽代理。晋士匄听之。④ 再如前述郑伯与许男争讼中，"皇戌摄郑伯之辞"⑤，皇戌为郑伯的诉讼代理人。

可见这种情况为春秋诉讼审判中的普遍现象。

至于改变旧法，运用新的程序，也所在多有。如鲁襄公十九年（前554），齐国的太子光杀死了其父亲齐灵公的宠姬戎子，并将之曝尸于朝堂之上，《左传》对此事评曰：

> 非礼也，妇人无刑。虽有刑，不在朝市。⑥

这是一个典型违反周礼的行为，再来看一个案例：

> 四年，会诸侯于鸡丘，魏绛为中军司马，公子扬干乱行于曲梁，魏绛斩其仆。公谓羊舌赤曰："寡人属诸侯，魏绛戮寡人之弟，为我勿失。"赤对曰："臣闻绛之志，有事不避难，有罪不避刑，其

---

① 《周礼·秋官·掌戮》。

② 《礼记·文王世子》。

③ 《左传·僖公二十八年》。

④ 参见《左传·襄公五年》。

⑤ 《左传·成公四年》。

⑥ 《左传·襄公十九年》。

将来辞。"言终，魏绛至，授仆人书而伏剑。士鲂、张老交止之。仆人授公，公读书曰："臣诛于扬干，不忘其死。日君之使，使臣狃中军之司马。臣闻师众以顺为武，军事有死无犯为敬，君合诸侯，臣敢不敬，君不说，请死之。"公跣而出，曰："寡人之言，兄弟之礼也。子之诛，军旅之事也，请无重寡人之过。"反役，与之礼食，令之佐新军。[①]

此事发生于鲁襄公四年（晋悼公四年，前569），晋国的魏绛为中军司马，有执军法之责。晋悼公的弟弟扬干扰乱军纪，魏绛诛杀扬干的仆从，悼公认为魏绛此举侮辱了其弟扬干，等于侮辱了国君，要降罪于魏绛。魏绛不辟刑罚，上书自陈，并要自裁。悼公读魏绛书后反省，赦魏绛罪，并提拔了他。这个案例本身没有什么特别之处，唯独我们要注意的，就是魏绛在处罚公族上没有任何犹豫，丝毫体现不出"刑不上大夫"的西周风气，反而更类似于后来申商法家"一断以刑"的做法，由此可见春秋晚期法家式司法作风，这也是后来战国司法之于春秋最大的变化。

（三）执行制度

春秋时期的司法执行，主要是各种刑罚措施的施行，大致有以下种类：

1. 死刑

死刑的执行方法多样，常用者为斩、缢（绞），对罪大恶极者则还处以"镮"（车裂）刑。在《左传》中，"杀"通常为"斩"，一般是身首异处。而绞，春秋时常称"缢"，即用绳索勒死。对于王公及上层贵族，则往往会令其自缢，而对于下层贵族，如下卿，则往往绞死（缢杀）[②]。如：

十四年春，孔达缢而死。[③]（卫国，前595）

---

① 《国语》卷一三《晋语七》。

② 所谓"绞带者，绳带也，此以绞缢为下卿之罚，当为周制。春秋时，如鲁杀成得臣、公子侧，亦皆自死，始即此制也"。见《仪礼·丧服》。

③ 《左传·宣公十四年》。

郑国公孙黑作乱，子产劝其自缢以保全族，公孙黑于"七月壬寅，缢。尸诸周氏之衢，加木焉"。[1]（郑国，前540）

若其有罪，绞缢以戮，桐棺三寸，不设属辟，素车朴马，无入于光，下卿之罚也。（晋国，前493）

春秋时，对罪大恶极者还会处以"轘"（车裂）刑，如：

冬，楚子为陈夏氏乱故，伐陈。谓陈人无动，将讨于少西氏。遂入陈，杀夏征舒，轘诸栗门，因县陈。[2]（楚国，前589）

王遂杀子南于朝，轘观起于四竟。[3]（楚国，前551）

2. 肉刑

春秋时延续了此前的肉刑。首先是墨刑，按《国语·鲁语上》所载，墨刑的执行方法是"其次用钻凿"，即在脸上刻字涂墨。其次是劓刑，即割鼻，如：

公子弃疾为司马，先除王宫。使观从从师于干溪，而遂告之，且曰："先归复所，后者劓。"师及訾梁而溃。[4]（楚国，前529）

这是在军法上运用劓刑之例。再次是刖刑，即砍掉脚掌，《左传》中关于刖刑的记载非常多，比如：

郑伯治与于雍纠之乱者。九月，杀公子阏，刖强钼钼。[5]（郑国，前678）

初，鬻拳强谏楚子，楚子弗从，临之以兵，惧而从之。鬻拳曰："吾惧君以皇。兵，罪莫大焉。"遂自刖也。楚人以为大阍，谓之大伯，使其后掌之。君子曰："鬻拳可谓爱君矣，谏以自纳于刑，刑犹不忘纳君于善。"[6]（楚国，前675）

---

[1] 《左传·昭公二年》。

[2] 《左传·宣公十一年》。

[3] 《左传·襄公二十二年》。

[4] 《左传·昭公十三年》。

[5] 《左传·庄公十六年》。

[6] 《左传·庄公十九年》。

卫侯不胜。杀士荣，刖针庄子。① （卫国，前632）

齐懿公之为公子也，与邴歜之父争田，弗胜。及即位，乃掘而刖之，而使歜仆。② （齐国，前609）

公曰："何贵何贱？"于是景公繁于刑，有鬻踊者。故对曰："踊贵屦贱。"既已告于君，故与叔向语而称之。③ （齐国，前539）

根据以上第二条记载，鬻拳因为劝说楚王未果，自己把脚砍了下来，而"楚人以为大阍"，"大阍"即大殿、园囿之守门人，可见春秋延续《周礼·秋官·掌戮》"刖者使守囿"的做法。而最后一条语句中虽无"刖"字，然所谓"踊贵屦贱"者，实反映齐景公时刖刑的盛行。杨伯峻先生对此句释曰："屦，麻或革所制之鞋。踊，脚被断者所用，一说为假足，一说为挟持之杖，此言被刑者之多。"④"踊贵屦贱"这一典故后来也被韩非子收录于其著作中。⑤从中亦可见春秋时刖刑的执行是砍掉脚掌，然后用"踊"包住脚踝代替常人之鞋。

最后是宫刑，《左传》载有：

寺人披"行者甚众，岂唯刑臣"。⑥ （晋国，前636）

寺人，即"阍寺"之人，在宫殿中服役。"刑臣"，乃"刑余之臣"，指受宫刑之人。我们从中亦可见春秋延续西周"宫者使守内"的做法。

3. 徒刑

徒刑，为自由刑，是将犯人囚禁并令其服苦役之刑，有时还要戴上桎、梏等械具，《左传》中徒刑监禁的情形也所在多有：

十年春，王命虢公讨樊皮。夏四月丙辰，虢公入樊，执樊仲皮，归于京师。楚公子元归自伐郑，而处王宫，斗射师谏，则执而

---

① 《左传·僖公二十八年》。

② 《左传·文公十八年》。

③ 《左传·昭公三年》。

④ 前揭《春秋左传注（修订本）》（四），第1236页。

⑤ 见《韩非子·难二》。

⑥ 《左传·僖公二十四年》。

楛之。① （周王室，前 664）

冬，楚人伐郑，斗章囚郑聃伯。② （楚国，前 658）

怀嬴怒公子（重耳）惧，降服而囚。③ （秦国，前 637）

楚……囚晋解扬。④ （楚国，前 607）

秋，楚子重伐郑，师于汜。诸侯救郑。郑共仲、侯羽军楚师，囚郧公钟仪，献诸晋。⑤ （郑国，前 584）

晋侯观于军府，见钟仪，问之曰："南冠而絷者，谁也？"有司对曰："郑人所献楚囚也。"⑥ （晋国，前 582）

使胡姬以安孺子如赖。去鬻姒，杀王甲，拘江说，囚王豹于句窦之丘。⑦ （齐国，前 489）

当然，由于《左传》所载，多为王侯将相之事迹，以上徒刑中，被囚者都是贵族或者大臣，且除郧公钟仪的囚禁时间为三年能够确定外，其余徒刑期限，殊不可知。且此类徒刑，不具有典型性。但从中亦可反映，春秋时徒刑为最常用的刑罚之一。

4. 身份刑

身份刑即没为官奴婢之刑。与西周相同，春秋时官奴婢除来源于战争俘虏外，大量的是由刑徒转来的。如春秋齐灵公时期的鼎彝"叔夷镈"中，即可见：

余命女（汝）嗣（司）辝（台）鄝逿。或徒四千，为女（汝）敚（隶）寮。⑧

---

① 《左传·庄公三十年》。

② 《左传·僖公二年》。

③ 《左传·僖公二十三年》。

④ 《左传·宣公二年》。

⑤ 《左传·成公七年》。

⑥ 《左传·成公九年》。

⑦ 《左传·哀公六年》。

⑧ 铭文选自前揭马承源：《商周青铜器铭文选》第四卷，"东周青铜器铭文释文及注释"，第 540 页。

此语即是当时的国君齐灵公，任命叔夷为"司台"之职，并将"徒四千"，充作其手下的奴婢。"或徒"一词并无确解，但可以肯定的是，此为一类刑徒，并且作为官奴婢供叔夷差遣。

当然，即便沦为官奴婢，如果有立功的表现，也能实现"人格升等"，摆脱"隶籍"。如晋国斐豹之例：

> 初，斐豹，隶也，著于丹书。栾氏之力臣曰督戎，国人惧之。
>
> 斐豹谓宣子曰："苟焚丹书，我杀督戎。"宣子喜，曰："而杀之，所不请于君焚丹书者，有如日！"①

此事发生于鲁襄公二十三年（前550），晋国贵族宣子想铲除另一派贵族栾氏的势力，无奈栾氏一方有一个强悍的人物督戎，令晋国全国都害怕。此时身为奴婢的斐豹站出来，提出自己可以去帮范宣子杀掉督戎，条件是范宣子将他从"隶籍"中解放出来，即摆脱奴婢的身份。所谓"丹书"，字面意思是红色的本子，而"斐豹，隶也，著于丹书"，指的就是斐豹的奴隶身份，记录在丹书上。由此可见"丹书"即"隶籍"记录，有点类似于明清时期登记隶籍的"红契"。可见春秋时期已经有相对完整的隶籍管理制度，一旦从"丹书"中除名，奴婢就恢复了自由。无独有偶，鲁哀公二年（前493），赵简子率军作战时，在阵前发出宣誓：

> 克敌者……庶人工商遂，人臣隶圉免。②

这也就是说，如果奴婢在战争中能够克敌，那么就能从奴婢身份中豁免出来，重新获得自由。这从反面说明了春秋时其身份刑的存在。

5. 其他刑罚

在叙述春秋时期的史籍中，还可以看到其他刑罚。比如放逐刑，既可能出自政治斗争的需要，也可能作为死刑的替代。如

> 夏，卫侯入，放公子黔牟于周，放宁跪于秦。③（卫国，前688）

---

① 《左传·襄公二十三年》。

② 《左传·哀公二年》。

③ 《左传·庄公六年》。

秋七月壬寅，刖鲍牵而逐高无咎。① （齐国，前 574）

君曰："余不女忍杀，宥女以远。"……五月庚辰，郑放游楚于
吴。② （郑国，前 541）

此外，尚有一些刑罚，于军事场合常见，比如割耳（聝）、鞭、贯耳等
等，如：

子般怒，使鞭之。③ （楚国，前 662）

子玉复治兵于蒍，终日而毕，鞭七人，贯三人耳。④ （楚国，前
633）

城濮之战献俘授聝。⑤ （晋国，前 632）

以上乃刑罚执行情形，与西周一样，除执行刑罚之外，也有采用和解、
调解的办法结案的，此时，就不需要执行刑罚，如《荀子》所载：

孔子为鲁司寇，有父子讼者，孔子拘之，三月不别。其父请
止，孔子舍之……孔子慨然曰："呜呼！上失之，下杀之，其可乎！
不教其民而听其狱，杀不辜也。三军大败，不可斩也；狱犴不治，
不可刑也，罪不在民故也……《书》曰义刑义杀……言先教也。"⑥

此段文字来源于战国末期的荀子所著书中，《孔子家语》亦有记载，文
字与此相仿，疑是直接来源于前者。⑦《孔子家语》历史上长期以为是魏晋
时期王肃所编的伪书，可毋置论。但《荀子》此篇真伪难辨，有学者认为：
"可能是荀况或他的弟子在游说、讲学、写作时引用过的一些资料，经后人
加工整理而成，因此，也杂入了后人的一些观点。"⑧上节所述思想，确是和

---

① 《左传·成公十七年》。

② 《左传·昭公元年》。

③ 《左传·庄公三十二年》。

④ 《左传·僖公二十七年》。

⑤ 《左传·僖公二十八年》。

⑥ 《荀子·宥坐》。

⑦ 《孔子家语·始诛》。

⑧ 北京大学《荀子》注释组编：《荀子新注》，中华书局 1979 年版，第 475 页。

孔子本人是一致的，孔子本人说过：

> 听讼，吾犹人也，必也使无讼乎。①

在这样的指导思想下，孔子采用这种令其和解的方法来结案，是完全可能的。当然，荀子书中"援引"或者"创造"这则典故，本不在于表彰孔子，而在给自己"先教后刑，义刑义杀"的思想提供论据。但即便这个故事完全来自荀子的虚构，春秋时期用和解或调解的方法来结束司法程序的，也有诸多实例可循，比如前述"许灵公诉郑伯于楚"一案，就是经晋国调解结案的。这也并非春秋时期的发明，而是有其长久的历史渊源的。

至于司法时令的问题，时人有云：

> 古之治民者，劝善而畏刑，恤民不倦，赏以春夏，刑以秋冬。②

按照礼制似乎应该秋冬行刑，但是《左传》中，春夏行刑之例比比皆是：

> 春……祭仲专，郑伯患之，使其婿雍纠杀之。③（郑国，前697）

> 夏……齐人杀彭生。④（齐国，前694）

> "六月……（郑）厉公入，遂杀傅瑕。"⑤（郑国，前680）

> 夏……郑杀申侯以说于齐。⑥（郑国，前653）

> 夏……晋杀其大夫里克。⑦（晋国，前650）

> 三月……（晋文）杀颠吉以徇于师。⑧（晋国，前632）

> 五月……（楚）杀斗宜申及仲归。⑨（楚国，前617）

---

① 《论语·颜渊》。
② 《左传·襄公二十六年》。
③ 《左传·桓公十五年》。
④ 《左传·桓公十八年》。
⑤ 《左传·庄公十四年》。
⑥ 《左传·僖公七年》。
⑦ 《左传·僖公十年》。
⑧ 《左传·僖公二十八年》。
⑨ 《左传·文公十年》。

夏……晋杀其大夫赵同、赵括。① （晋国，前583）

春……王正月，齐杀其大夫国佐。② （齐国，前573）

夏五月，子尾杀闾丘婴，以说于我师。③ （齐国，前542）

夏……楚子谓成虎，若敖之余也，遂杀之。④ （楚国，前530）

春，王人杀子朝于楚。⑤ （楚国，前505）

春，宋杀皇瑗。⑥ （宋国，前477）

经过学者统计，"《左传》中明确指出行刑季节何月份的案例共113件，其中春夏刑杀者61件，占54.8%，秋冬刑杀者为52件，占45.2%。"⑦当然，《左传》所记载者，均是贵族被处死之例。对一般平民的刑杀时令，限于资料匮乏，无法统计。但即便就以上贵族处刑时令计，"秋冬行刑"的古训，也远未被遵守。这种执法上遵循司法时令的观念，至少要到西汉中期，"天人合一"思想成为正统之后，才可能成为司法执行需要遵守的原则。此后历朝法典中规定的"停刑日"，明清时期的"朝审""秋审"，正是对这一原则的制度化。当然，对于有可能影响到帝国统治以及百姓安全的穷凶极恶的犯罪，历代都不会受司法时令的影响，正所谓司法需要遵循"天理""国法""人情"，三者需相统一，如果犯罪人所犯之罪已经"悖伦逆天"，那么同样依据"天理"，即便其身处"停刑日"，也不妨碍对其的执行。诚如学者所论："即使违背自然主义原则而在停刑日执行刑罚，也比耽延其处理更加合乎天理。"⑧但尽管存在大量的例外情形，司法时令作为一项执行原则，始终为传

---

① 《左传·成公八年》。

② 《左传·成公十八年》。

③ 《左传·襄公三十一年》。

④ 《左传·昭公十二年》。

⑤ 《左传·定公五年》。

⑥ 《左传·哀公十八年》。

⑦ 徐鸿修：《西周贵族法规研究》，载氏著《先秦史研究》，山东大学出版社2002年版，第200页。

⑧ ［美］D·布迪、C·莫里斯：《中华帝国的法律》，朱勇译，江苏人民出版社1995年版，第35页。

统法所承认，体现了传统中国特有的宇宙世界观和人文道德观。

第三节 战国法家司法文明式样的确立

虽然春秋和战国同属于"礼崩乐坏"的时代，但两者还是有很大区别的，诚如顾炎武先生所述："春秋时犹尊礼重信，而七国绝不言礼与信矣；春秋时犹宗周王，而七国时绝不言王矣；春秋时犹严祭祀、重聘享，而七国则无其事矣；春秋时犹论宗族氏族，而七国时则无一言及之矣；春秋时犹宴会赋诗，而七国则不闻矣；春秋时犹有赴告策书，而七国则无有矣。"① 故战国时期的形势，较之春秋时期更为紧张，竞争更为激烈，各国为了在竞争中取得优势，纷纷展开了较之春秋时期更大规模的变法，在春秋尚有很大市场的周礼，到战国基本上被抛弃，列国都在追求一种效率更高、治理效果更为明显的统治方法，"法治"逐渐成为各国的手段和目标。在司法上，最终"一断以法"，成为列国共同的选择。所以战国时期司法文明最典型的特征，就是"法家式"司法文明的确立。所谓"法家式"司法文明，就是以法家司法思想为指导，运用法家创立的司法制度，并主要由法家人物来主导司法的文明形态。

一、战国时期的司法思想

按照孟子（前 372—前 289）的说法，在战国初期，当时思想界的显学是杨朱之学和墨家之学，即所谓"天下之言，不归于杨，则归于墨"②。杨即

---

① （清）顾炎武：《日知录》"周末风俗"条，见前揭《日知录集释》，第 585 页。

② 《孟子·滕文公下》。

杨朱（约前 450—前 370），是道家贵己学派的代表，其思想核心主张为"贵己""重生""拔一毛而利天下，不为也"①，墨即墨家学派创始人墨翟（约前468—前 376），其思想主旨已如上述。孟子对他们思想的总结是：

> 杨子取为我，拔一毛而利天下，不为也。墨子兼爱，摩顶放踵利天下，为之。子莫执中。执中为近之。执中无权，犹执一也。所恶执一者，为其贼道也，举一而废百也。②

孟子是站在儒家"中庸"立场上来批判杨、墨两家的，认为这两派学说都在走极端。杨朱是极端的个人主义，完全放弃了拯救世界的责任，太过消极；而墨家则类似狂热的宗教救世军，幻想以一己之力，绕开政府，苦行救世，做法积极却有"僭越"之嫌。所以孟子最后批判道：

> 杨氏为我，是无君也；墨氏兼爱，是无父也。无父无君，是禽兽也！③

因此孟子为"正人心，息邪说，放淫辞"④，而与这两派显学展开论辩，而从孟子的行为来看，他所坚持的价值观是"穷则独善其身，达则兼善天下"⑤，且作为君子，更不能放弃自己的社会责任，故不能像杨朱那样。但是要兼善天下，也不能像墨子那样摩顶放踵，那是"举一而废百"，正确的做法应该是说服君主行"王道"，施"仁政"，"格君心之非"，最终"一正君而国定矣"。⑥孟子将"定于一"的思想寄托在明君身上，这成为战国时期各派的主流政治法律思想。但是孟子"格君心之非"，则并不为当时诸侯所接受，且孟子关于国家和君主的关系的论述，如"民为贵，社稷次之，君为轻"⑦"闻

---

① 关于杨朱的思想学说，参见《列子·杨朱》一篇，虽然《列子》被公认为伪书，但其中所示杨朱言论却是符合道家贵己一派的思想的。
② 《孟子·尽心上》。
③ 《孟子·滕文公下》。
④ 《孟子·滕文公下》。
⑤ 《孟子·尽心上》。
⑥ 《孟子·离娄上》。
⑦ 《孟子·尽心下》。

诛一夫纣矣，未闻弑君也"① 等，更带有强烈的前卫色彩，为试图强化专制的君主所忌惮。② 所以虽然孟子辩才无碍，行事高蹈，却屡屡碰壁。这从反面也揭示了孟子时代杨墨之徒风行天下的原因，即孟子所言的"世衰道微……圣王不作，诸侯放恣"③，"放辟邪侈，无不为己"④，在这"仁义充塞，率兽食人"的时代，有些人选择逃避，以全真保生为寄托，杨朱思想就成了其精神支柱；有人选择抱团取暖，于是归于墨。

但随着各诸侯国变法的深入，至战国中期，各国公族势力都趋于式微，君主专制统治陆续在各国得以确立，且统一隐然成为历史的趋势。时代呼唤一种能够服务于统一大业，能为君主专制辩护，且能给国家竞争提供现实指导的思想出现。于是在思想界中，无论是早期的杨、墨，还是孟子以及和孟子同一时代的庄子（约前 369—前 286），其思想都逐渐被边缘化。而带有强烈功利主义色彩的法家思想，真正脱颖而出，大放异彩。到战国后期，一家独大，至秦统一，"以法为教，以吏为师"，最终实现了思想的"定于一"。

法家思想内涵丰富，其法律思想概要上文已述，本节我们单述其中的司法部分，以法家政治家商鞅、儒家思想家荀况、法家思想家韩非的思想为代表。虽杂有儒家主张，但整体看，战国时主流司法思想，都是"法家式"的，其中核心的观念或主张，主要有以下三者。

---

① 《孟子·梁惠王下》。
② 更明显的例子出自《孟子·万章下》中孟子与齐宣王的一段对话中："齐宣王问卿。孟子曰：'王何卿之问也？'王曰：'卿不同乎？'曰：'不同。有贵戚之卿，有异姓之卿。'王曰：'请问贵戚之卿。'曰：'君有大过则谏，反复之而不听，则易位。'王勃然变乎色。曰：'王勿异也。王问臣，臣不敢不以正对。'王色定，然后请问异姓之卿。曰：'君有过则谏，反复之而不听，则去。'"这段话中孟子明确主张"暴君放伐"理论，不可能为当时加强集权的君主所认同。
③ 《孟子·滕文公下》。
④ 《孟子·滕文公上》。

（一）一秉至公，一断以法

战国时期，各国变法一个共同的趋势，就是抑制旧公族的势力，强化君主个人的专制。原来的贵族政治，逐渐为专制官僚制所取代。① 商鞅（前395—前338）在秦国的第一次变法活动中（前356），就明确废除旧世卿世禄制，奖励军功，禁止私斗，颁布按军功赏赐的二十等爵制度。② 这就从法律上标志着亲贵合一的旧宗法制的灭亡，"布衣为卿相"由此成为可能。这种情形客观上也要求君主治国理政，需要遵循公开的法律标准，不得公私不分，更不能因私废公。如与商鞅同时代的另一位法家人物慎到(约前395—前315)就曾经说过：

> 礼制法籍，所以立公义也。凡立公所以弃私也。③

这就强调了法律作为公义标准的重要性。同样，在司法活动上，战国时期主流的观念，也是强调司法必须一秉至公，一断以法。

先来看商鞅与此相关的思想。④ 商鞅首先强调法律是君臣需要共同遵守的准则，在行政和司法活动中，不能释法任私，以私害法，否则法律和君主本人都将失去威信：

> 法者，君臣之所共操也……君臣释法任私必乱。故立法明分，
> 而不以私害法，则治。权制独断于君则威。民信其赏，则事功成；
> 信其刑，则奸无端。惟明主爱权重信，而不以私害法。⑤

---

① 关于贵族制和官僚制在中国的演变，参见王亚南：《中国官僚政治研究》，第39—43页。

② 参见《史记·商君列传》。

③ 《慎子·威德》。

④ 商鞅的思想主要见于《商君书》，关于《商君书》的真伪，历来也存在争议。但根据《韩非子·五蠹》篇所云："今境内之民皆言治，藏商、管之法者家有之。"是《商君书》在韩非的时代即比较流行。且《韩非子》"和氏""奸劫弑臣""内储说上七术""定法""五蠹"等篇，《战国策》"秦策一""秦策三""魏策一"等篇，《史记》"秦本纪""李斯列传""商君列传"等篇，都有许多文字直接援引或者与《商君书》相似，从这些秦汉间的篇章大量援引《商君书》来看，说《商君书》为伪，实过武断。笔者同意这样的看法，《商君书》主要由商鞅所作，在流传过程中，掺杂有后人的议论或加工，这是先秦古籍流传的常态，比如《荀子》一书，亦可作如是观。但即便如此，整部《商君书》中的思想是和商鞅本人思想若合符节的。

⑤ 《商君书·修权》。

接着，商鞅又强调人民之所以会相信法律，甚至为其牺牲，官吏之所以不敢违法，就因为其标准明确，立功受奖，违法受罚，不因私人关系而有变通：

> 夫民之从事死制也，以上之设荣名、置赏罚之明也，不用辩说私门而功立矣。①

> 靳令，则治不留；法平，则吏无奸。法已定矣，不以善言害法。②

所以，归结到最后，司法必须秉公处断，而秉公处断则要一以反映公义的法律为标准，这就是商鞅特别强调的"一断以法"：

> 故明主慎法制。言不中法者，不听也；行不中法者，不高也；事不中法者，不为也。言中法，则辩之；行中法，则高之；事中法，则为之。故国治而地广，兵强而主尊，此治之至也。人君者不可不察也。③

"一断以法"，本来是针对旧贵族凭借身份干涉政务、任意司法而提出来的，对于排除司法的随意性，保证司法活动的公平，具有重大意义，但是这一思想后来被绝对化，排斥了司法过程中其他法律渊源的适用，机械司法的结果，导致秦国后来不得不大量立法，最终秦法"密于凝脂，繁于秋荼"，又实在是商鞅所始料未及的。

再来看稍后的儒家思想家荀子（前313—前238）与此有关的思想。如前所述，荀子侧重于儒家"外王"一派，强调"治之经，礼与刑"④，他常常将"隆礼"与"重法"并举，如：

> 隆礼至法则国有常。⑤

---

① 《商君书·壹言》。

② 《商君书·靳令》。

③ 《商君书·君臣》。

④ 《荀子·成相》。

⑤ 《荀子·君道》。

隆礼尊贤而王，重法爱民而霸。①

荀子追求的"王道"理想，和孔孟是一致的，但是手段则异于后两者。孔孟是批判霸道的，而荀子却将"霸道"作为实现"王道"的一个中间阶段。在无法一步达成"王道"时，不妨由"霸"而"王"。所以在荀子看来，"隆礼"是经，而"重法"是权，关键是看何者能对规范社会秩序有用。这是荀子和孟子思想一个很大的不同。某种程度上荀子思想带有"实验主义"的味道，如他批判孟子：

今孟子曰人之性善，无辨合符验。②

"辨合符验"就是要能够用实验来证明，在荀子看来，能够用实践证明成功的理论，才是真理。而在荀子之世，在他眼中最为成功的国家就是商鞅变法之后的秦国，秦国区别于各国最大的特点就是国家"重法"，全民"守法"③，尽管秦国离开他理想中的王道还有很大的距离。④但是不妨先发展到

---

① 《荀子·强国》，另见《荀子·天论》《荀子·大略》篇，文字相同。

② 《荀子·性恶》。

③ 荀子周游列国，在比较各国兵制时，提到了三个强国：齐国、魏国和秦国，齐国凭借的是先进的军事技术，魏国凭借的是单兵素质较好的步兵，而秦国凭借的是严守军纪的士兵，荀子的结论是齐不如魏，魏不如秦，理由是："秦人其生民郏陿，其使民也酷烈，劫之以执，隐之以阨，忸之以庆赏，酋之以刑罚，使天下之民，所以要利于上者，非斗无由也。阨而用之，得而后功之，功赏相长也，五甲首而隶五家，是最为众强长久，多地以正，故四世有胜，非幸也，数也。""故齐之技击，不可以遇魏氏之武卒；魏氏之武卒，不可以遇秦之锐士。"见《荀子·议兵》。这充分说明了荀子肯定法律的力量。

④ 在以上比较齐、魏、秦兵制后，荀子紧接着又提到"秦之锐士，不可以当桓文之节制；桓文之节制，不可以敌汤武之仁义"见《荀子·议兵》。可见在荀子看来，"技击""武卒""锐士"最终都是要让位于"节制""仁义"的，而"节制"和"仁义"则属于道德的范畴。但桓文、汤武，在当时的社会而言，只能是理想化的传说。此外，荀子还提到国家确立威权的方式有"道德之威""暴察之威""狂妄之威"，而只有道德之威才能使得国家最终"安强"，而暴察之威只能使得国家免于灭亡，即"危弱"，而狂妄之威，则国家会"灭亡"。所谓道德之威，即仁义治国；暴察之威，即重法治国，即"诛不服也审，其刑罚重而信，其诛杀猛而必"；而狂妄之威，则是君臣凭个人私见治国。见《荀子·强国》。说明"重法"在荀子的思想序列中，仍是要低于"隆礼"的，不过两害相权取其轻，重法的危害性要小于释法任私，而当时许多国家，恰恰还处于释法任私的情形中。这才是荀子提倡"重法"的观念所在。

秦国这个步骤，再进而上升到王道。所以荀子思想中带有很强烈的法家色彩，其"重法"的主张也就非常自然了。

荀子重法，同样强调司法要一秉至公，一断以法：

> 刑其陈，守其银，下不得用轻私门。罪祸有律，莫得轻重威不分。①

> 刑政平而百姓归之，礼义备而君子归之。②

> 凡议，必将立隆正然后可也，无隆正则是非不分而辩讼不决。③

> 刑当罪则威，不当罪则侮。④

上述"不得用轻私门""政刑平""立隆正""刑当罪"等，莫不表明司法要公平、正直、恰当，去私情而扬公义之意。

当然与商鞅有所不同的是，荀子强调司法公平的结果外，还看重司法者本身，要求必须要由"君子"来司法：

> 故有君子，则法虽省，足以遍矣；无君子，则法虽具，失先后之施，不能应事之变，足以乱矣。不知法之义，而正法之数者，虽博临事必乱。⑤

> 师旅有制，刑法有等，莫不称罪，是君子之所以为惮诡其所敦恶之文也。⑥

荀子所称的用君子来司法，是不仅要"正法之数"，更要知"法之义"，不能机械执法，而需要真正理解法律所含深意，法致"中和"，才是一秉至公的做法：

> 故公平者，听之衡也；中和者，听之绳也。其有法者以法行，

---

① 《荀子·成相》。
② 《荀子·致士》。
③ 《荀子·王制》。
④ 《荀子·君子》。
⑤ 《荀子·君道》。
⑥ 《荀子·礼论》。

无法者以类举，听之尽也。偏党而不经，听之辟也。①

所以荀子的公正司法论中，还带有"法律漏洞技术补充"的意味，所谓"有法者以法行，无法者以类举"，这和后来《唐律疏议》中"举重明轻""举轻明重"的类推原则，颇有几分相似，属于司法过程中"法律论证"的技术。②较之商鞅的"一断以法"，具有一定的灵活性。

当然，并不是说荀子推崇用君子来司法，就等于说他对作为司法渊源的法律本身就不重视。相反，他对法律本身的要求还是很高的：

之所以为布陈于国家刑法者，则举义法也。③

也就是说，法律本身必须是"义法"，如此，君子一断以法，才能合乎中道。

最后再来看比荀子稍后的战国法家集大成者的韩非子（约前280—前233）在这个问题上的看法。韩非子也是将法律作为立公去私的产物：

夫立法令者，以废私也。法令行而私道废矣。私者，所以乱法也。④

在此前提之下，他提倡守法的重要性，如若有谁违法，当一断以法，无偏无私：

法不阿贵，绳不挠曲。法之所加，智者弗能辞，勇者弗敢争。刑过不辟大臣，赏善不遗匹夫。⑤

圣人之治也，审于法禁，法禁明著，则官治；必于赏罚，赏罚不阿，则民用。⑥

---

① 《荀子·王制》。

② 荀子在《荀子·大略》篇中，又提到了这一原则，且明确了如何"以类举"，即："有法者以法行，无法者以类举。以其本知其末，以其左知其右，凡百事异理而相守也。庆赏刑罚，通类而后应；政教习俗，相顺而后行。"

③ 《荀子·王霸》。

④ 《韩非子·诡使》。

⑤ 《韩非子·有度》。

⑥ 《韩非子·六反》。

特别需要注意的是，与商鞅多用酷法刑民不同，韩非子更强调"明主治吏不治民"①，他吸收了商鞅"法之不行，自上犯之"②的观念，十分重视对居上位者法律适用的问题，他还借助历史教训，来提醒当政者注意对大臣一断以法的必要性：

> 上古之传言，《春秋》所记，犯法为逆以成大奸者，未尝不从尊贵之臣也。然而法令之所以备，刑罚之所以诛，常于卑贱，是以其民绝望，无所告愬。大臣比周，蔽上为一，阴相善而阳相恶，以示无私，相为耳目，以候主隙，人主掩蔽，无道得闻，有主名而无实，臣专法而行之，周天子是也。偏借其权势，则上下易位矣！③

一秉至公，一断以法，在韩非看来，最后以达致公平，罪刑相应为归宿，亦即：

> 饬令，则法不迁；法平，则吏无奸。法已定矣，不以善言售法。④

> 据法直言，名刑相当，循绳墨，诛奸人，所以为上治也。⑤

那么如果司法官员"不以善言售法"，对违法者一断以法，会不会招致违法者的怨恨乃至报复呢，韩非子还专门用一则典故来回答这个问题：

> 孔子相卫，弟子子皋为狱吏，刖人足，所刖者守门。人有恶孔子于卫君者，曰："尼欲作乱。"卫君欲执孔子。孔子走，弟子皆逃。子皋从出门，刖跪引之而逃之门下室中，吏追不得。夜半，子皋问刖跪曰："吾不能亏主之法令而亲刖子之足，是子报仇之时，而子何故乃肯逃我？我何以得此于子？"刖跪曰："吾断足也，固吾罪当之，不可奈何。然方公之狱治臣也，公倾侧法令，先后臣以言，欲

---

① 《韩非子·外储说右下》。
② 《史记·商君列传》。
③ 《韩非子·备内》。
④ 《韩非子·饬令》。
⑤ 《韩非子·诡使》。

臣之免也甚，而臣知之。及狱决罪定，公愀然不悦，形于颜色，臣见又知之。非私臣而然也，夫天性仁心固然也。此臣之所以悦而德公也。"

孔子曰："善为利者树德，不能为吏者树怨。概者，平量者也；吏者，平法者也。治国者，不可失平也。"①

子皋或即孔门高徒子羔，《论语·宪问》中子路曾推荐子羔去卫国当官，受孔子批评。韩非子此处所用的典故，不见于春秋战国时其他典籍，未必为历史事实，但可视为韩非为阐明自己主张而作的"寓言"，这种创作方法亦为战国子书所常用，如《墨子》《庄子》《荀子》等，往往假托圣人言行，表达自己的观念。这个故事表达了韩非法治正义观，子皋心怀善念，但执法无私，刖犯人足，犯人刑余守囿门，并未对子皋有所怨恨，反而后来还放走了孔子和子皋。韩非子意在表达：只要一秉至公，一断以法，实现"平"，非但不会"树怨"，反而还能"树德"。

（二）轻罪重刑，以刑去刑

在一秉至公，一断以法的前提之下，司法过程中"罪"与"刑"的问题，是战国时期司法思想中又一核心命题。

战国思想家在讨论刑罚问题时，往往会和"赏"连在一起。在赏与罚的"比例"上，各思想家有分歧。商鞅主张"重刑轻赏""先刑后赏"，最好的比例是"刑九赏一"，如果赏多刑少，则国家必定昏乱，他说：

重罚轻赏，则上爱民，民死上；重赏轻罚，则上不爱民，民不死上……怯民使以刑，必勇；勇民使以赏，则死……贫者使以刑，则富；富者使以赏，则贫。……王者刑九赏一，强国刑七赏三，削国刑五赏五。②

---

① 《韩非子·外储说左下》。
② 《商君书·去强》。

在《商君书》中，他反复强调这个道理，① 实际上在表明与其让老百姓因赏而爱戴君主，不如让老百姓因刑罚而畏惧君主，这样统治更能长久。荀子对于赏罚的比例没有明确的论述，但从其提到赏罚的言论中，可推测其主张先赏后刑，赏罚分明，且赏罚都得有节制，比如：

> 勉之以庆赏，惩之以刑罚……（霸者）然后渐庆赏以先之，严刑罚以纠之……（王者）无功不赏，无罪不罚。②

> 赏不行，则贤者不可得而进也；罚不行，则不肖者不可得而退也。③

> 赏不欲僭，刑不欲滥。赏僭则利及小人，刑滥则害及君子。若不幸而过，宁僭勿滥。④

从荀子以上"宁僭勿滥"的主张中，可知最终他还是站在儒家的立场上的。韩非子则不然，他修正了商鞅"重刑轻赏"的观念，吸收了荀子赏罚分明的主张，提出"赏厚而信，刑重而必"的思想，就是重赏重罚，两者不可偏废：

> 赏厚而信，人轻敌矣；刑重而必，夫人不北矣！⑤

> 是以赏莫如厚而信，使民利之；罚莫如重而必，使民畏之。⑥

> 重刑少赏，上爱民，民死赏；多赏轻刑，上不爱民，民不死赏。⑦

---

① 如《开塞篇》云："治国刑多而赏少，故王者刑九而赏一，削国赏九而刑一。夫过有厚薄，则刑有轻重；善有大小，则赏有多少。此二者，世之常用也。刑加于罪所终，则奸不去；赏施于民所义，则过不止。刑不能去奸而赏不能止过者，必乱。"《壹言》云："夫上设刑而民不服，赏匮而奸益多。故民之于上也，先刑而后赏。"《靳令》云："重刑少赏，上爱民，民死赏。多赏轻刑，上不爱民，民不死赏。"

② 《荀子·王制》。

③ 《荀子·富国》。

④ 《荀子·致士》。

⑤ 《韩非子·难二》。

⑥ 《韩非子·五蠹》。

⑦ 《韩非子·饬令》。

> 是故欲治甚者，其赏必厚矣；其恶乱甚者，其罚必重矣……且夫重刑者，非为罪人也。明主之法，揆也。治贼，非治所揆也；所揆也者，是治死人也。刑盗，非治所刑也；治所刑也者，是治胥靡也。故曰：重一奸之罪而止境内之邪，此所以为治也。重罚者，盗贼也；而悼惧者，良民也。欲治者奚疑于重刑名！若夫厚赏者，非独赏功也，又劝一国。受赏者甘利，未赏者慕业，是报一人之功而劝境内之众也，欲治者何疑于厚赏！ ①

以上第一第二条论述，都强调了重刑重赏的重要性，第三条则强调了两者不可偏废，而在第四条中，韩非子则从理论上对重赏重罚进行了升华，阐释了重赏重罚、不可偏废之因。因为赏不独在于赏功，还在于劝民；而罚也不独在于罚罪，还在于止邪，杀一儆百，这实际上深刻地揭示了司法的示范和示警效应，韩非并以历史上成功的经验为例，以实践证明此理论的真实性：

> 古秦之俗，君臣废法而服私，是以国乱兵弱而主卑。商君说秦孝公以变法易俗而明公道，赏告奸、困末作而利本事。当此之时，秦民习故俗之有罪可以得免，无功可以得尊显也，故轻犯新法。于是犯之者其诛重而必，告之者其赏厚而信，故奸莫不得而被刑者众，民疾怨而众过日闻。孝公不听，遂行商君之法。民后知有罪之必诛，而告私奸者众也，故民莫犯，其刑无所加。是以国治而兵强，地广而主尊。②

相比较而言，韩非子在赏罚问题上的论述是最为详备深刻的。在赏罚问题上，商、荀、韩虽分歧，但是在"重刑"和"以刑去刑"方面，三者总体态度一致，只是程度略有区别而已。还是先从商鞅说起。商鞅首先认为刑是国家实力之源，所谓：

> 刑生力，力生强，强生威，威生德，德生于刑。故刑多，则赏

---

① 《韩非子·六反》。
② 《韩非子·奸劫弑臣》。

重；赏少，则刑重。①

　　刑生力，力生强，强生威，威生惠，惠生于力。举力以成勇

战，战以成知谋。②

既然"刑生力"，那么也意味着刑重则力强，表现在对罪行的处罚上，应该是刑胜于罪，轻罪也得用重刑。如果重其重而轻其轻，那么达不到刑罚的威慑效果，让轻者承受轻的违法成本，势必导致重者以后也无从停止。所以商鞅说：

　　故行刑，重其轻者，轻者不生，则重者无从至矣，此谓治之于其治者。行刑，重其重者，轻其轻者，轻者不止，则重者无从止矣，此谓治之于其乱也。故重轻，则刑去事成，国强；重重而轻轻，则刑至而事生，国削。③

进言之，如果不实行重刑，非但达不到遏制犯罪的结果，反而还会招来更大的犯罪，所谓"以刑致刑"，那就完全违反了用刑的初衷。这点商鞅说得极为明确：

　　重刑，明大制……行罚，重其轻者，轻其重者。轻者不至，重者不来。此谓以刑去刑，刑去事成；罪重刑轻，刑至事生，此谓以刑致刑，其国必削。④

由此我们可以得出商鞅"重刑"主义的核心，不在于刑罚本身，而在于用刑罚消灭刑罚，即"禁奸止过""以刑去刑"，最终实现社会稳定和国家的大治，亦即商鞅所说：

　　夫先王之禁，刺杀，断人之足，黥人之面，非求伤民也，以禁奸止过也。故禁奸止过，莫若重刑。⑤

---

① 《商君书·说民》。

② 《商君书·去强》。

③ 《商君书·说民》。

④ 《商君书·靳令》。

⑤ 《商君书·赏罚》。

以刑去刑，国治，以刑致刑，国乱，故曰：行刑重轻，刑去事成，国强；重重而轻轻，刑至事生，国削。①

……去奸之本莫深于严刑。故王者以赏禁，以刑劝；求过不求善，藉刑以去刑。②

以杀去杀，虽杀可也；以刑去刑，虽重刑可也。③

次来看荀子，荀子没有商鞅这么极端。商鞅是唯重刑论，而荀子则将刑罚和"君势""礼义""法正"等规范并列，并且"刑罚"是带有某种"补救性"色彩的措施，他说：

故古者圣人以人之性恶，以为偏险而不正，悖乱而不治，故为之立君上之势以临之，明礼义以化之，起法正以治之，重刑罚以禁之，使天下皆出于治，合于善也。④

荀子虽然认为刑罚和所犯的罪行相适应，社会就安定。但他对重刑并不排斥，甚至认为社会安定的结果正是由于刑罚重，而社会混乱则是由于刑罚轻。正是因为社会安定，一切都有规范，所以如果在这样的社会中，犯罪一定会用重典惩治；而乱世之中，一切失范，所以才可能犯了罪用轻刑。他说：

刑称罪，则治；不称罪，则乱。故治则刑重，乱则刑轻，犯治之罪固重，犯乱之罪固轻也。⑤

他并且举当时的现实，认为之所以"邪说辟言之离正道而擅作者"不止，乃因：

今圣王没，天下乱，奸言起，君子无势以临之，无刑以禁之，故辨说也。⑥

---

① 《商君书·去强》。

② 《商君书·开塞》。

③ 《商君书·画策》。

④ 《荀子·性恶》。

⑤ 《荀子·正论》。

⑥ 《荀子·正名》。

而且荀子在比较各国强弱情形后，得到一个经验，即：

> 刑威者强，刑侮者弱。①

在这种情况下，我们就很容易能够理解何以荀子提倡"隆礼"之外，又高呼"重法"的主张了。

最后我们来看韩非子的主张。韩非子完全同意商鞅在这方面的主张，甚至用语也和《商君书》所述相差无几，如：

> 重刑明民，大制使人，则上利。行刑，重其轻者，轻者不至，重者不来，此谓以刑去刑。罪重而刑轻，刑轻则事生，此谓以刑致刑，其国必削。②

韩非子在其论断中也毫不讳言此点乃有鉴于商鞅的治国实践，他说：

> 公孙鞅之法也重轻罪。重罪者，人之所难犯也；而小过者，人之所易去也。使人去其所易，无离其所难，此治之道。夫小过不生，大罪不至，是人无罪而乱不生也……公孙鞅曰："行刑重其轻者，轻者不至，重者不来，是谓以刑去刑也。"③

韩非子也同意"禁奸止过，莫若重刑"：

> 夫以重止者，未必以轻止也；以轻止者，必以重止矣。是以上设重刑者而奸尽止，奸尽止，则此奚伤于民也？所谓重刑者，奸之所利者细，而上之所加焉者大也。④

但韩非子在这方面所作的最大贡献，或者对商鞅重刑思想所作的最大突破，在于驳斥了世俗"重刑伤民"的观念，从理论上阐明了重刑是为了防止民众犯更大的罪而无法挽回，轻罪反而容易成为民众的陷阱，他说：

> ……今不知治者皆曰："重刑伤民，轻刑可以止奸，何必于重

---

① 《荀子·议兵》。
② 《韩非子·饬令》。这段话和《商君书·去强》中的记载几乎一致，由此也可佐证《商君书》早出，并非后人伪作。
③ 《韩非子·内储说上七术》。
④ 《韩非子·六反》。

哉？"此不察于治者也。夫以重止者，未必以轻止也；以轻止者，必以重止矣。是以上设重刑者而奸尽止，奸尽止，则此奚伤于民也？所谓重刑者，奸之所利者细，而上之所加焉者大也。民不以小利加大罪，故奸必止者也。所谓轻刑者，奸之所利者大，上之所加焉者小也。民慕其利而傲其罪，故奸不止也。故先圣有谚曰："不蹶于山，而蹶于垤。"山者大，故人顺之；垤微小，故人易之也。今轻刑罚，民必易之。犯而不诛，是驱国而弃之也；犯而诛之，是为民设陷也。是故轻罪者，民之垤也。是以轻罪之为民道也，非乱国也，则设民陷也，此则可谓伤民矣！①

这是先秦思想家关于刑罚与民生关系上最为透彻的论断②，由此出发，韩非认为，重刑不唯不伤民，反而是爱民的体现：

故法者，王之本也；刑者，爱之自也。③

以上三人的重刑思想，虽程度有别，但无一例外都强调在司法活动中要贯彻"重"的主张，这很能代表战国时期普遍的司法观念。④

---

① 《韩非子·六反》。

② 无独有偶，韩非子为说明重刑是爱民之道，还援用孔子和子贡关于殷刑（断手）弃灰于街之人这一问题的一段对话（可能也是韩非子虚构的寓言），该对话为："殷之法，刑弃灰于街者。子贡以为重，问之仲尼。仲尼曰：'知治之道也。夫弃灰于街必掩人，掩人，人必怒，怒则斗，斗必三族相残也。此残三族之道也，虽刑之可也。且夫重罚者，人之所恶也；而无弃灰，人之所易也。使人行之所易，而无离所恶，此治之道也。'一曰：'殷之法，刑弃灰于公道者断其手。'子贡曰：'弃灰之罪轻，断手之罚重，古人何太毅也？'曰：'无弃灰，所易也；断手，所恶也。行所易，不关所恶，古人以为易，故行之'"。见《韩非子·内储说上七术》。很明显，在韩非看来，如果不用断手之重刑遏制弃灰于街的行为，可能会引发争斗乃至残三族，断手较之残三族或毙命，还是要轻得多。这很能体现重刑乃爱民之深意。

③ 《韩非子·心度》。

④ 比如疑似荀子后学之人所作的《荀子·尧问》篇中，为荀子作为儒家大师却如此高扬重刑主张的行为进行了辩护，其中提到："为说者曰：'孙卿不及孔子。'是不然。孙卿迫于乱世，遒于严刑，上无贤主，下遇暴秦，礼义不行，教化不成，仁者绌约，天下冥冥，行全刺之，诸侯大倾，天下不治……孙卿不遇时也。德若尧禹，世少知之；方术不用，为人所疑；其知至明，循道正行，足以为纪纲……时世不同，誉何由生？不得为政，功

（三）常刑不赦，有罪必罚

同样在"一秉至公，一断以法"的前提下，战国司法思想普遍主张"常刑不赦，有罪必罚"。在赦宥观念上，战国司法思想中绝少看到如西周那样的法律矜恤主义观念，取而代之的是"常刑不赦"。还是先从商鞅讨论起，商鞅的"壹刑"思想中，一个核心的组成部分就是"常刑不赦"，犯罪人的身份和之前的功劳，都不能构成赦宥罪刑的理由，只有不赦刑，才能禁奸，才是圣人治国之道：

> 所谓壹刑者，刑无等级，自卿相、将军以至大夫、庶人，有不从王令、犯国禁、乱上制者，罪死不赦。有功于前，有败于后，不为损刑。有善于前，有过于后，不为亏法。忠臣孝子有过，必以其数断。守法守职之吏有不行王法者，罪死不赦，刑及三族……强梗焉，有常刑而不赦……圣人不宥过，不赦刑，故奸无起。圣人治国也，审壹而已矣。①

荀子也认为圣人治国，在该用刑之时，是绝不会心慈手软的。这从他对"治古无肉刑，而有象刑"的批判中可明显看出来，荀子说：

> 是不然。以为治邪？则人固莫触罪，非独不用肉刑，亦不用象刑矣。以为人或触罪矣，而直轻其刑，然则是杀人者不死，伤人者不刑也。罪至重而刑至轻，庸人不知恶矣，乱莫大焉。凡刑人之本，禁暴恶恶，且惩其未也。杀人者不死，而伤人者不刑，是谓惠暴而宽贼也，非恶恶也。故象刑殆非生于治古，并起于乱今也！②

荀子认为那种认为上古圣人治世，对待犯人不用肉刑，而只用象征性刑罚的"象刑"的说法，是无稽之谈。并认为如果上古圣人教化得好，人民不

安能成？志修德厚，孰谓不贤乎！"亦即荀子处于那样的时代，如果不从实际出发，修正儒家仁义理念，则"隆礼"之说，都很难传承，由此也可反推，在战国时期，"重刑"已经成为各国所普遍接受的司法观念。

① 《商君书·赏刑》。
② 《荀子·正论》。

犯罪，那么连象刑都不需要。而如果杀人者不死，伤人者不刑，根本是无法达到"治世"的，宽宥罪人就等于助长犯罪。由此看来，那种犯罪用象征性惩罚了事的主张，恰恰是乱世才会出现的说法。因此从荀子此番批评中，我们即可看出荀子是主张"常刑不赦"的。

至于韩非子，则更是明确地主张"不赦死""不宥刑""无赦罚"：

> 是故明君之蓄其臣也，尽之以法，质之以备。故不赦死，不宥刑；赦死宥刑，是谓威淫。社稷将危，国家偏威。①

> 故明君无偷赏，无赦罚。②

在韩非看来，之所以不能让司法人员对罪人行赦宥，那是为杜绝以对人民的小忠，而换来对君主治民的大患，亦即：

> 小忠，大忠之贼也。若使小忠主法，则必将赦罪，赦罪以相爱，是与下安矣，然而妨害于治民者也。③

与"常刑不赦"密切相关的，则是司法诚信问题，也就是"有罪必罚"。商鞅固然重视立法，但他也发现：

> 国之乱也，非其法乱也，非法不用也。国皆有法，而无使法必行之法。④

也就是说即便有法，即便用法，但如果没有使法律必行的办法，则法律不过徒具空文，这也就是商鞅所说的"民胜法"，导致人凌驾于法律权威之上。商鞅说：

> 过匿，则民胜法；罪诛，则法胜民。民胜法，国乱；法胜民，兵强。⑤

那应该如何实现"法胜民"呢，商鞅的办法就是"刑重而必"⑥，即一旦

① 《韩非子·爱臣》。

② 《韩非子·主道》。

③ 《韩非子·饰邪》。

④ 《商君书·画策》。

⑤ 《商君书·说民》。

⑥ 《商君书·修权》。

发现人犯罪，必定用重刑来惩处，而绝不姑息宽宥。为此，商鞅专门论述了何以要行"必得之法"：

> ……国皆有禁奸邪、刑盗贼之法，而无使奸邪、盗贼必得之法，为奸邪、盗贼者死刑，而奸邪、盗贼不止者，不必得。必得而尚有奸邪、盗贼者，刑轻也，刑轻者，不得诛也；必得者，刑者众也。故善治者，刑不善而不赏善，故不刑而民善。不刑而民善，刑重也。刑重者，民不敢犯，故无刑也；而民莫敢为非，是一国皆善也，故不赏善而民善。赏善之不可也，犹赏不盗。故善治者，使跖可信，而况伯夷乎？不能治者，使伯夷可疑，而况跖乎？势不能为奸，虽跖可信也；势得为奸，虽伯夷可疑也。①

如有法必依，有罪必罚，即使不赏善，恶如盗跖者也可为善，反之，善如伯夷者也会为恶。这就是司法诚信的力量。②

荀子在强调道德教化的同时，也主张有罪必罚，他说：

> 故不教而诛，则刑繁而邪不胜；教而不诛，则奸民不惩。③

严格执行法律，这才能真正布大信于天下。荀子有罪必罚的落脚点，也是在一个"信"字上：

> 故制号政令欲严以威，庆赏刑罚欲必以信。④

至于韩非子，则更是注重法律的必行性。他在给法做定义时，已经将有罪必罚置于法律的内涵之中：

> 法者，宪令著于官府，刑罚必于民心，赏存乎慎法，而罚加乎

---

① 《商君书·画策》。
② 后人对商鞅的评价，大致与司马迁对其"天资刻薄人也"的评价相似，主要针对其严刑峻法、贪狠强力、寡义趋利等方面来说的。而对其司法诚信，则未见明显非议。至北宋王安石，甚至专门作《商鞅》一诗，来赞扬商鞅的有法必依、有罪必罚的做法，诗曰："自古驱民在信诚，一言为重百金轻；今人未可非商鞅，商鞅能令政必行。"见（北宋）王安石：《王文公文集》（下），唐武标校，上海人民出版社1974年版，第777页。
③ 《荀子·富国》。
④ 《荀子·兵制》。

奸令者也。①

法律要体现出威力，必得有法必依，有罪必罚，如此则奸邪不生，否则有法也会等于无法，韩非子对此反复提到：

> 而圣人之治国也，赏不加于无功，而诛必行于有罪者也。②

> 见功而赏，见罪乃罚，而诡乃止。③

> 杀必当，罪不赦，则奸邪无所容其私。④

> 罚必，则邪臣止。⑤

> 是以刑罚不必，则禁令不行。⑥

最终，韩非子对有法必依、有罪必罚的效果，作出一个判断：

> 主施其法，大虎将怯；主施其刑，大虎自宁。法制苟信，虎化
> 为人，复反其真。⑦

文中提到的"虎"，即泛指一切邪恶之徒，"大虎"，则意指大奸大恶之人，只有对这些奸恶严施法制，才能遏制犯罪。"法制苟信"，邪恶之徒才能转变为善良之人，社会风气才能扭转。这充分说明了司法诚信的必要性。

二、战国时期的司法制度

如同明代董说所云："战国时期官制纷乱，如魏之犀首，齐之祭酒，皆缘事起名，不类周制"⑧，这个时期的司法制度，同样处于剧烈的变化当中，并不统一。至战国中期商鞅变法之后，秦国崛起，逐渐迈向统一之路，在这

---

① 《韩非子·定法》。

② 《韩非子·奸劫弑臣》。

③ 《韩非子·八经》。

④ 《韩非子·备内》。

⑤ 《韩非子·饰邪》。

⑥ 《韩非子·内储说上七术》。

⑦ 《韩非子·扬权》。

⑧ 见前揭（明）董说原著，缪文远订补：《七国考订补》（上），第 127 页。

个过程中，秦国将自己的制度施用于新征服的地区。到秦王嬴政二十六年时，终于一统天下，于是原来秦一国之制，遂为天下之制。由于各国成文法典大都没有留下来，虽鼎彝铭文间或记载了战国法律的信息，或者建国后出土的各类简牍上载有丰富的法律内容，但也远非这一时期法典原貌。① 所以对于了解战国司法制度，同样存在"文献不足征"的问题。以下我们所述的战国司法制度，主要以战国时的秦国为标准，以《史记》《战国策》等传世文献和《睡虎地秦墓竹简》所载内容为根据，并参考战国时诸子书以及新公布的《岳麓书院藏秦简》等材料，拼接而成。这样做虽然未必完全科学，但仍有其合理性。

首先，如《唐律疏议》所云：

周衰刑重，战国异制，魏文侯师于里悝（李悝），集诸国刑典，造法经六篇：一、盗法；二、贼法；三、囚法；四、捕法；五、杂法；六、具法。商鞅传授，改法为律。②

---

① 　一个典型的例子是 1986 年湖北省荆沙铁路考古队发掘出土的荆门包山 2 号墓出土的楚简，其中有 196 枚都属于战国中后期楚国司法类文书，整理者将文书分成七类，分别是"集箸"13 枚简，是有关查验名籍的记录；"集箸言"5 枚，是有关名籍告诉及呈送主管官员的记录；"受期"61 枚，是有关受理各种诉讼案件的事件与审理事件及初步结论的摘要；"疋狱"23 枚，是关于起诉的简要记录；"贷金"17 枚，是关于官员贷金籴种的记录；"案卷"42 枚，是一些案件的案情与审理情形的片段记录；"所嘱"35 枚，是各级司法官员审理或复审诉讼案件的归档登记。相关介绍参见湖北省荆沙铁路考古队编：《包山楚简》，文物出版社 1991 年版，第 1—31 页。这批楚简的发现，对于我们在秦简之外，认识战国其他国家的法制，有着非常重要的意义。所以该楚简一经公布，即引发海内外研究热潮，十余年间，成果斐然。但遗憾的是，这些司法文书，许多体例单一，更像档案卷宗名称，内容粗略，即便其中有案例，也无一件涉及整个诉讼过程，且无法了解案情始末。即便排除文字释读上的不确定性，对于"受期""疋狱"等格式化文书揭示出来的诉讼程序问题，目前的学术研究，依旧停留在"不确定性"的阶段，限于材料的不完整，对包山司法文书类楚简，有时亦难免望文生义，存在过度诠释的问题。关于这方面的研究，请参阅陈伟：《楚地出土战国简册（十四种）》，经济科学出版社 2009 年版，第 1—91 页；刘信芳：《包山楚简解诂》，（台）艺文印书馆 2003 年版，第 1—207 页；王捷：《包山楚简司法文书考论》，上海人民出版社 2015 年版。

② 　《唐律疏议》卷一"名例序"。

这说明李悝所定《法经》，并非师心自用，也并非魏国一地之法。其后商鞅受之以相秦，说明秦国的法制也并非商鞅独创，而有所本，尤其是来源于三晋法家。联系到商鞅所处时代，正是法家思想得势之时，那么可以推论，秦国的法制庶几可以代表战国时期，至少是战国中期以后的法制一般情形。

其次，《睡虎地秦墓竹简》和《岳麓书院藏秦简》，尽管都是秦统一之后的简牍，前者于1975年在湖北云梦县城关镇睡虎地出土时，根据其中的《编年纪》所显示的墓主信息，可知竹简是秦始皇三十年（前217）与墓主同时下葬的。而近年岳麓书院购藏的秦简，据整理者研究，亦是秦统一前后之简，至晚到秦二世二年（前208）。① 虽然这些简牍材料显示的许多内容，反映了秦统一后的情形。但是我们知道，统一后的法制主要还是继承了统一前的秦法制。且在岳麓简中，直接出现过秦统一前所定法制的记录。因此，用这些简牍来反映战国时期，尤其是后期的制度，应该不会谬以千里。

第三，子书和零星的鼎彝铭文，可以作为阐明战国司法制度的佐证，从中我们会发现，许多制度与传世文献及简牍记载若合符节。

当然，拼接的结果，绝非战国司法制度全貌。笔者深信，随着更多新材料的出现，以及学界对新材料解读的进一步深化，战国司法制度面貌必会进一步清晰化。此处所述战国司法制度，仍只是一个粗线条的勾勒。

（一）司法机构

战国时期，尤其是中期之后，各国都出现中央集权的趋势。而在地方，虽然各国仍对亲贵行封邑之事，但郡县化之势已然呈现。故司法机构总体可分中央和地方两大类别。

秦国中央司法机构，以丞相、廷尉、御史大夫为最主要者，其中丞相为

---

① 参见朱汉民、陈松年主编：《岳麓书院藏秦简》（三），上海辞书出版社2013年版，"前言"部分，以及陈松年主编：《岳麓书院藏秦简》（四），上海辞书出版社2015年版，"前言"部分。

综理政务的机构，廷尉则专掌狱讼，御史大夫掌风纪。遇到大案要案，廷尉需会同丞相、御史大夫共同审理。其他六国，虽其名称与秦不一，但亦有类似的分工。

首先来看作为综理政务机关的丞相。《史记》云：

> 秦武王二年，初置丞相，樗里疾、甘茂为左右丞相。①

秦武王二年为前 309 年，根据这个记载，则正式置相的时间，已经是战国晚期了。但是我们在传世文献中，屡屡可以看到"相""相邦""相国"字样，且商鞅、张仪、乐池、吕不韦都担任过相。商鞅还在秦武王世之前。则此"相"不完全等同于统一后的"丞相"，"相"最初做动词使用，其意为"辅佐"。春秋战国时期，一般由世卿辅助国君治国理政，如郑国子产、楚国子西即是，此时还呈现西周宗法的色彩。等到战国时期，各国变法，君主集权，遂逐渐去世卿，而由君主招揽的贤人来辅政，这些人无家族势力，只能依附于王权，只是官僚制上的一环，身份和职位分离，有位则尊，无位则卑。这样的人国君既可收控制之效，又无篡弑之虞。且随着兼并战争的扩大，七国土地面积增大，控制区域更广，国君（公族）亦无力独自承担统治重任。所以在这样的形势下，各国置相成为主流，而不必一定如《史记》所云，要到秦武公之际。比如齐国：

> 景公立，以崔杼为右相，庆封为左相。②

齐景公在位时间为前 547 年—前 490 年，也就是说尚在春秋末年，齐国即已经有相这一体制，但不能确定是否实际掌握行政大权。田陈篡齐后，田齐仍行相制，如：

> 齐湣王不自得，以其遣孟尝君，孟尝君至，则以为齐相任政。③

齐湣王在位时期，已经到前 300 年之后了，且文中所述"齐相任政"，

---

① 《史记·秦本纪》。
② 《史记·齐太公世家》。
③ 《史记·孟尝君列传》。

则可肯定孟尝君已经掌握行政大权，是此时的相就相当于秦的丞相。

称"相"者还有燕国，如：

> 苏秦之在燕，与其相子之为婚。①

苏秦卒于前 284 年，可证在此之前，燕国也已设相。

至于赵、韩、魏，因同源于晋，故制度上较为相似，设置"相国"，亦简称"相"，如：

> 公孙龙谓平原君曰："赵国豪杰之士多在君右，而君为赵相国者，以亲故。"②（赵国）

> ……谓韩相国曰："人之善扁鹊者，为有臃肿也"。③（韩国）

> 魏王必惧……公必为相矣。④（魏国）

最后是楚国，楚国最初不在中原文化圈内，是以其官制也最为特殊，但亦设有综理国政的官员，只是不以"相"名之，而称"令尹"，如：

> 陈轸曰："令尹贵矣，王非置两令尹也。"⑤

按照《资治通鉴》胡三省的注释：

> 令尹，楚上卿，执其国之政，犹秦之丞相也。⑥

由此可知，战国各国中央都设有总理国政的机构，名虽异实虽同，最初可能权力并不大，但到战国末期，随着中央集权的深化，其权力也越来越大，到秦统一，这一机构成为一人之下万人之上的丞相。虽并不专门处理司法事务，但如遇大案要案，丞相自然是责无旁贷的。从《史记》关于曾任秦相的商鞅、吕不韦、嫪毐、李斯等人的传记中，我们都可以看到他们参与司法活动的事例。

其次来看各国中央最高司法机构。战国时政务分工进一步细化，各国中

---

① 《史记·燕世家》。
② 《战国策·赵策三》。
③ 《战国策·韩策三》。
④ 《战国策·魏策三》。
⑤ 《战国策·齐策二》。
⑥ 《资治通鉴·周纪四》"赧王三十四年"。

央均出现了专门负责司法的最高机构。秦国称之为"廷尉",史载:

> 秦王除逐客令,复李斯官,卒用其计谋,官至廷尉,二十余年,竟并天下。①

秦国何时始置廷尉,不可考。但从李斯当上廷尉且"二十余年,竟并天下"看来,廷尉一职在统一之前早已存在。"廷尉"一词本身,带有法家"一秉至公、一断以法"的色彩,所谓:"廷,平也。治狱贵平,故以为号。""听狱必质诸朝廷,与众共之,兵狱同制,故称廷尉。"②"廷尉"一词由此得名。据《汉书·百官公卿表》:"廷尉,秦官,掌刑辟……有正、左右监,秩皆千石。"廷尉位列九卿之一,位高权重,掌管国家刑狱,负责审理"诏狱",也就是皇帝下令要求审理的案件。同时负责地方移送的疑难案件和重大案件的复审。廷尉下设"正"和"左右监"等官吏,协助廷尉处理具体事务。

齐国无"廷尉"之名,但有"士师"之称,如:

> 士师不能治士,则如之何?③

> 为士师则可以杀之。④

"士师"为西周官制,负责具体处理狱讼事务。不过我们无法从《孟子》书中这两条言论,即断定士师为齐国中央最高司法机构,其上或许还有"司寇",不过由此可以推测,齐国的中央司法机构或许继承西周制度者较多。

赵、韩三国,似乎也是延续西周制度,中央设"司寇",作为最高司法机构。如:

> 公子成为相,号安平君,李兑为司寇。⑤

而据考古学家的发现,1971 年 11 月出土于河南新郑韩国兵器上铸有"五年,郑命韩□司寇张朱"的字样⑥,很明显韩国也行司寇制。

---

① 《史记·李斯列传》。

② 《汉书·百官公卿表》。

③ 《孟子·梁惠王下》。

④ 《孟子·公孙丑下》。

⑤ 《史记·赵世家》。

⑥ 参见黄茂林:《新郑出土战国兵器中的一些问题》,《考古》1973 年第 6 期,转引自前揭(明)

魏、燕两国最高司法机构为何，目前尚未见确切记载。但因魏与赵、韩同出三晋，燕变法进程一直迟缓，推测可能亦行司寇制。

楚国的中央司法机构，传世文献中屡称"廷理"，如：

> 荆庄王有茅门之法，曰："群臣大夫诸公子入朝……马蹄践霤，廷理斩其辀而戮其御。"①

> 楚昭王有士曰石奢，其为人也，公而好直。王使为廷理。②

> 楚令尹子文之族有干法者，廷理拘之，闻其令尹之族也，而释之。子文召廷理而责之曰："凡立廷理者，将以司犯王命而察触国法也。"③

上引第一条为韩非子所作，若按其言，茅门之法为春秋楚庄王（前613年—前591年在位）时所制，则"廷理"一职在春秋即已存在。第二条出自冠在汉代韩婴名下的《韩诗外传》（鲁、齐、韩三家诗的韩诗），此书乃辑录先秦典故来阐扬自己主张的作品，许多亦可与其他传世文献相印证，如"石奢"此人，在《史记·循吏列传》《新序·节士》诸篇中都有记载，故并非全出虚构。第三条出自西汉刘向辑录的《说苑》，令尹子文之事亦有所本。楚昭王在位时间为前516年至前489年，而令尹子文于鲁庄公三十年（前664）。而按照《左传》说法：

> 臣免於死，又有谗言，谓臣将逃，臣归死于司败也。④

此语出自鲁文公十年，乃前617年，那么这么一来，是春秋时楚国的最高司法机构，又为司败，又为廷理，该作何解？笔者以为《左传》作为史部作品，可信度更高，且"司败"一词于正史并不鲜见，但"廷理"一词，则

董说原著，缪文远订补：《七国考订补》（上），第127页。

① 《韩非子·外储说右上》。

② （西汉）韩婴：《韩诗外传》卷二，屈守元笺疏《韩诗外传笺疏》，巴蜀书社1996年版，第160页。

③ （西汉）刘向：《说苑·至公》。赵善诒疏证《说苑疏证》，华东师范大学出版社1985年版，第399页。

④ 《左传·文公十年》。

在《左传》中未得一见。而汉代诸家写作，也会用当时常用的习语来指称古代官制，比如《韩诗外传》有云：

> 晋文侯使李离为大理，过听杀人……①

此事亦为《史记》所载，但只说李离为"理"②，而非"大理"。春秋时文献也不见晋国有"大理"之名，故而司马迁说李离为"理"，只是说他担任最高法官而已，并非"大理"是春秋固有官制。又如《吕氏春秋》中亦云：

> 管子复于桓公……决狱折中，不杀不辜，臣不若弦章，请置以为大理。③

而在春秋时期的典籍中，同样看不到齐国最高法官为"大理"的事例。《吕氏春秋》这样的用法和《韩诗外传》是一样的，可能都是以习语来代专名。

《包山楚简》中的司法文书大都制作于楚怀王年间（前 328 年—前 299 年在位），从中可以确证直到战国中晚期，楚国的中央司法机构正式名称仍为司败。如"集箸言"中有：

> 仆五师宵馆之司败若敢告见日……④

又如"受期"中有：

> 夏栾之月乙丑之日，鄝司败李旺受期……⑤

除此之外，"司败"一词在包山楚司法简中多次出现，因此该简所收的是原始司法文书，可信度毋庸置疑，因此我们可以确认，战国时期楚国中央最高司法机构为"司败"，而"廷理"不过是口头俗称，并非正式机构名。

至于御史大夫，根据现有资料，似乎在秦统一之后，方有这一职官，负责监察事务，在一定情形下，也参与司法活动。而在战国时期，仅有"御史"这一官职，为各国普遍设置，如：

---

① （西汉）韩婴：《韩诗外传》卷二，屈守元笺疏《韩诗外传笺疏》，巴蜀书社 1996 年版，第 178 页。
② 《史记·循吏列传》。
③ 《吕氏春秋·勿躬》。
④ 前揭湖北省荆沙铁路考古队编：《包山楚简》，第 17 页。
⑤ 前揭湖北省荆沙铁路考古队编：《包山楚简》，第 18 页。

……赵王鼓瑟。秦御史前书曰"某年某日，秦王与赵王会饮，令赵王鼓瑟"……相如顾召赵御史书曰"某年月日，秦王为赵王击缶"。①

威王大说……髡曰：赐酒大王之前，执法在旁，御使在后……②

安邑之御史死，其次恐不得也。输人为之谓安令曰："公孙綦为人请御史于王，王曰：彼固有次乎？吾难败其法。"因遽置之。③

张仪为秦连横说韩王曰……是故秦王使使臣献书大王御史……④

上引第一条即著名的秦赵"渑池会"，发生于前 279 年，由此可证战国时秦、赵均置御史。第二条则说明战国时齐国亦有御史。这两条中御史似乎都是君主的书记官员。第三条则提到安邑的御史，安邑在今山西夏县，为魏国故都，前 364 年，魏惠王将都城迁至大梁（今河南开封），故战国后期魏又称梁。那么如此看来，安邑的御史显然不在王的身边。董说引元代吴师道的观点说："六国已遣御使监郡，不自秦始也。"⑤ 可见安邑御史可能正是魏王派遣至故都监郡的。第四条则表明韩国亦设御史，且代表国君接受使节的文书。

由以上四条，我们可知，御史在战国，至少负有两项职能，一是文书记录，二是监郡。且需注意的是，第二条中将"御使"和"执法"这两个官职连用，所述的场景是齐威王和淳于髡拼酒，则可理解成如果不喝，那么由执法负责强灌，而御使负责监督。如此则御使还负责廷监察之责。

"执法"一词，传世文献少见，见于《战国策》中尚有"秦自四境之内，执法以下至于长挽者……"⑥之语，表示"秦国国内执行法令者和赶车的人"，

① 《史记·廉颇蔺相如列传》。
② 《史记·滑稽列传》。
③ 《战国策·韩策三》。
④ 《战国策·韩策一》。
⑤ 转引自前揭（明）董说原著，缪文远订补：《七国考订补》（上），第 149 页。
⑥ 《战国策·魏策四》。

原文是形容秦国长信侯嫪毐的声势之大。很难将"执法"作为一特定官职来理解。这从汉代之后，文献中绝少有"执法"一词可以佐证。所以笔者以为可能是后来的御史吸收了执法的功能，从最初的文书记录，到负有执法职能的官员，且延续了战国监察的职能。秦统一之后，御史机构的主官，就成了御史大夫，主司风纪，兼理司法。

至于地方司法机关，由于司法行政合一，不设专门司法机关。

秦国自战国后期开始，地方实行郡县两级区划。郡长官为守（郡守，太守），如：

> 昭襄王十三年，任鄙为汉中守。①

郡守"掌治其民，决讼检奸，秋冬遣无害吏案讯诸囚，平其罪法，论课殿最，岁尽遣吏上计"②。可见，郡守在本辖区范围内权限广泛，司法是其中一项主要的职掌。秦郡守还拥有对辖区内法律的整理权，比如睡虎地秦简《语书》中就记载南郡太守腾"修法律令"③。

除秦国外，史籍上亦可见六国设郡守之例：

> 齐人李伯见赵孝成王，成王说之，以为代郡守。④（赵国）
>
> 韩使上党守冯亭使者至……乃令赵胜受地，告冯亭曰："……以万户都三封太守。"⑤（韩国）
>
> 吴起为西河守。⑥（魏国）

是赵、韩、魏三晋地区是有明显的设郡行为。至于楚、燕、齐，虽亦可见"守××"字样，但那是守卫之守，侧重于军事方面，至于是否设郡，殊难确定。但越到战国后期，郡县化的程度越深，楚、燕、齐大概也不会脱离这一规律。

---

① 《史记·秦本纪》。

② 《后汉书·百官志》。

③ 睡虎地秦墓竹简整理小组：《睡虎地秦墓竹简》，文物出版社1990年版，第13页。

④ 《战国策·赵策三》。

⑤ 《史记·赵世家》。

⑥ 《史记·孙子吴起列传》。

至于郡级之下的行政区划，主要是县。县是由原来更小区划聚集起来的，如秦国：

秦集小都、鄙、乡为县，置令、丞。①

除秦国之外，各国亦普遍设县，如：

齐威王乃朝诸县令、长七十二人……②（齐国）

李兑治中山，苦陉令上计而入多。③（赵国）

西门豹为邺令。④（魏国）

而1972年出土于郑韩故城的战国铜兵器上的铭文，如"郑令韩熙""郑令赵它"等文字，更足以说明韩国设县。⑤

一般情况下县的长官为令或长，大县曰令，小县曰长，楚国是个例外，其亦设县，但县令称"公"，西晋杜预在注《春秋》时提到：

楚县大夫皆僭称公。⑥

此制一直沿用，到秦末农民战争时，沛县令长时人犹称"沛公"。县令、长同样在辖区内拥有广泛权力，"皆长治民，显善劝义，禁奸惩恶，理讼平贼，恤民时务，秋冬集课，上计于所属郡国。"⑦由于县令、长为亲民之官，所以更强调其"教民"之责。

令、长之外，县还设有县丞，作为令、长之副，协助令、长共同处理各项职务。令、长和县丞之下，设有狱掾（狱吏）、尉、令史等佐吏。这些，在岳麓秦简中都能找到相关的例证。⑧

---

① 《史记·商君列传》。

② 《史记·滑稽列传》。

③ 《韩非子·难二》。

④ 《战国策·魏策一》。

⑤ 参见前揭（明）董说原著，缪文远订补：《七国考订补》（上），第164页。

⑥ （晋）杜预：《春秋左传注》"宣公十一年"，转引自前揭（明）董说原著，缪文远订补：《七国考订补》（上），第78页。

⑦ 《后汉书·百官志》。

⑧ 比如岳麓简第1292简上，就有"尉、尉史、丞、令、令史各一盾"字样，见前揭陈松年主编：《岳麓书院藏秦简》（四），第241页。

县级以下设有乡、里、亭组织。据史料记载：

> 大率十里一亭，亭有长；十亭一乡，乡有三老、有秩、啬夫、
> 游徼。三老掌教化；啬夫职听讼，收赋税；游徼徇禁贼盗。县大率
> 方百里，其民稠则减，稀则旷，乡、亭亦如之。皆秦制也。①

总之战国时期，各国司法机构并不一致。但是随着统一趋势的增强，各国司法机构演变过程也能发现某些相同的规律：首先中央既有专司司法的机构，又有制约和监督的机构。其次，原封建制下的地方采邑制度进一步萎缩，郡县制度渐趋于规范，地方逐渐由中央直接管控。第三，地方行政司法权力合一，且权力的来源在于中央君主的直接任命。至秦统一六国，最终形成中央司法三机构、地方行政司法合一的司法体系，后世"中央三法司"以及地方司法体制，都是它的延续，而溯其源，必始自战国。

（二）管辖与起诉

材料所限，我们以下只能以秦国为代表，以云梦秦简为主要依据，再结合其他各国零星材料，来勾勒战国司法程序大体面貌。

首先我们来看战国时期的诉讼管辖。就级别管辖而言，战国时期似乎已有第一审案件的管辖分工了。根据《包山楚简》所载：

> 告所諰（嘱）于狱尹，享月戊寅，夏令蔡諆，辛巳，鄢邑人秀
> 偏、綴胷、劼逦楚。／九月癸亥，某训：乙丑，阳陵人远从志。十
> 月乙亥，阳翟人翏舉、膚桎，壬青，郘膡，霝君之人季運，戊寅，
> 正阳郘瞏、蔡步、集諰累夜……②

这段文字载于"諰所"编中，諰即"嘱"，因为文字太过简略，我们除了知道月日，以及部分官员名字，邑人名字之外，对于案情，是无从得知的，但无疑这是一件官员嘱托"尹""令"这样的地方官处理邑人之间的事。

---

① 《汉书·百官公卿表》。
② 前揭湖北省荆沙铁路考古队编：《包山楚简》，第17页。

陈伟先生认为，"所嘱"篇中，"所记内容指上级官员将讼案交付给下级官员办理的行为。"① 如果这一判断属实，那么可知战国时期楚国是有级别管辖的。从"所嘱"编反映的情形看，极有可能是告诉人直接到级别较高的衙门中提起诉讼，而衙门接受诉讼后，发现此事应该由当地政府处理，于是将词状连带着"所嘱"司法文件一并移交给下级司法部门。当然，这也不过是一种合理的推测，遗憾的是目前尚未发现一例完整的楚国起诉文书。

至于民事诉讼，从秦简以及后来居延汉简中，似乎可推知秦国民事诉讼实行三级三审制度。县为民事诉讼第一审级，州郡为第二审级，中央为第三审级。作为民事诉讼的原告，如采用正式诉讼程序解决纠纷，则需要到县廷提起诉讼，而非在乡里。乡里的啬夫虽有听讼之权，但性质上仍然类似于基层群众自治组织，而非一正式审级。乡承担的更多是协助，诸如调查取证、传达文书、记录爰书之类，而无审理判决之权。② 通常情形下，一审案件由县廷管辖，郡只审理上诉案件，而不受理寻常民事诉讼案件。《汉书·百官公卿表》载："郡守，秦官……汉景帝中元二年更名郡守为太守。凡在郡国，皆掌治民、进贤、劝功、决讼、检奸，常以春行所主县，秋冬遣无害吏，按讯诸囚，平其罪法"。③ 这里的"决讼"主要指的是审理上诉讼案。如难案、疑案及宗室皇族案件，由太守直接审理。

就管辖的地域而言，一般情形下，案件由被告所住地司法机关受理，以便于被告承担法律责任，也便于原告诉讼请求得以落实。如果被告人迁徙他乡，则以其经常居留地为住所地。包山楚简中的"所嘱"文书显示，在移交案件的时候，可能也有地域方面的考虑。

其次我们来看起诉这一环节。起诉一般要满足两个要件，一是当事人提

① 前揭陈伟等：《楚地出土战国简册（十四种）》，第81页。
② 这从居延汉简中"候粟君所责寇恩事"中表现得最为明显，较县级别更低的乡，是无权进行诉讼审判的。相关材料见甘肃居延考古队整理小组："'建武三年十二月候粟君所责寇恩事'释文"，载《文物》1978年第1期。汉承秦制，张家山汉简与云梦秦简，很多制度都相重合一致，是可以反推秦代的情形。
③ 《汉书·百官公卿表》。

起告诉，另一是要到具有管辖权的衙门呈告。秦时起诉通称为"告"，在睡虎地秦简中，就可以看到诸如"告不审""公室告""非公室告""告不听""告盗""自告""州告"等。其中关于"公室告"与"非公室告"的规定涉及对告诉人身份的限制很有时代特点：

> "非公室告"可（何）殹（也）？贼杀伤、盗它人为"公室"，
> 子盗父母，父母擅杀、刑、髡子及奴妾，不为"公室告"。①

可见，"公室告"指因杀伤或盗窃他人而提起的诉讼；"非公室告"是指对子盗窃父母，父母擅自杀死、刑伤、髡其子及臣妾而进行的告发。另一条中将"非公室告"界定为：

> 何谓非"公室告"？主擅杀、刑、髡其子、臣妾，是谓"非公室告"。②

两条简文对于非公室告的解答略有不同，但都强调的是尊长对卑幼臣妾的杀伤行为。凡属非公室告的案件，作为卑幼子、奴妾或臣妾不得控告作为尊长的父母和主。

> 子告父母，臣妾告主，非公室告，勿听。……而行告，告者罪。③

若控告者已因非公室告被治罪，其他人再行控告，也不予受理。"告（者）罪已行，它人有（又）袭其告之，亦不当听。"④ 如果经过官府审核，有证据证明是擅杀行为，则要对尊者治罪。《法律答问》有以下记载，"擅杀子，黥为城旦舂。"⑤ 可见，非公室告，一方面严格规定了尊卑贵贱之间的等级界限，不得逾越，违者治罪；另一方面也反映了秦时对于亲权还不像汉以后那样依法维护，这是和早期封建社会的历史背景以及儒家思想尚未被奉为统治

---

① 前揭睡虎地秦墓竹简整理小组：《睡虎地秦墓竹简》，第117页。
② 前揭睡虎地秦墓竹简整理小组：《睡虎地秦墓竹简》，第118页。
③ 前揭睡虎地秦墓竹简整理小组：《睡虎地秦墓竹简》，第118页。
④ 前揭睡虎地秦墓竹简整理小组：《睡虎地秦墓竹简》，第118页。
⑤ 前揭睡虎地秦墓竹简整理小组：《睡虎地秦墓竹简》，第109页。

思想有着一定的联系。

然而，对于"公室告"，如系重大犯罪，则处以重刑，如明知而不举者处以刑罚，表现了秦时奖励告发的政策。

如果案件是和赡养、抚养等家庭内部关系相关的，官府倾向于用调处息讼，而不愿意轻易准许诉讼。秦朝明确规定了"非公室告""家罪"，尤以"三环"之制最为典型。睡虎地秦简中"三环"之制如下：

> 免老告人以为不孝，谒杀，当三环之不？不当环，亟执勿失。①

对于"三环"的解释，或理解为"宽宥三次"，或理解为"返还"三次。从秦汉对于与家庭关系相关的诉讼行为的规定来看，"返还"说是比较合理的解释。就是说七十岁以上的老人（免老）如果告子女不孝，需要告三次，官府才予以受理。这是因为所告为"家罪"之故。或因一时供养有缺，或因一时言辞不逊，很有可能自行缓解，有鉴于此，官府不立即受理。如"三环"之后，仍不能解决，官府再为受理。由于官方对于民事纠纷还是倾向于"调处息争"的态度，"三环"说可以放在这样的背景下来理解。

起诉的另一条件，是"辞廷"，就是要向有管辖权的衙门起诉。如前所述，一般案件只要到县廷起诉即可，特别情况下可以向郡廷起诉。关于"辞廷"的"廷"，睡虎地秦简中有专门的解释，《法律答问》载："'辞者辞廷'，今郡守为廷不为？为殹（也）。'辞廷者不先辞官长、啬夫。'何谓'官长'？何谓'啬夫'？命都官曰'长'，县曰'啬夫'。"② 意为：诉讼者向廷诉讼，即向郡守起诉。但要先向官长、都官和县主管官员啬夫起诉。

原告在书面起诉状中，首先需要列明自己的姓名、籍贯、身份、职业等相关自然信息，睡虎地秦简《封诊式》载：

> 男子某有鞫，辞曰"士五（伍），居某里"，可定名事里……③

---

① 前揭睡虎地秦墓竹简整理小组：《睡虎地秦墓竹简》，第 117 页。
② 前揭睡虎地秦墓竹简整理小组：《睡虎地秦墓竹简》，第 115 页。
③ 前揭睡虎地秦墓竹简整理小组：《睡虎地秦墓竹简》，第 148 页。

其中"士五，居某里……"，很可能就是起诉书的固定格式，此处还要记载诉讼请求、事实和理由、证据等相关信息。《包山楚简》中的"集箸"文书，亦可证明此点：

> 东周之客许绾致胙于栽郢之岁夏层之月甲戌之日，子左尹命漾
>
> 陵邑大夫谨（察）邻室人某屋之典之在漾陵之参鈘……①

"集箸"文书并非起诉书，而是接受诉讼的官府查验当事人名籍的案件记录，是要呈交给上级部门的。但是从其中对于人物、时间、地点等大概记录情形，我们可以推知起诉书中应该有这些自然信息。

县廷受理原告的起诉之后，对于可能犯有重罪的被告实行逮捕和羁押，而对于轻微的刑事案件或者田土争讼案件则不会逮捕和羁押。

（三）审理与判决

官府在接到起诉之后，就要决定是否受理，并制作相关文书。从包山楚简"受期"文书中，我们可以看到不予受理的情形。如：

> 九月癸丑之日，偌暖之司败周惑受期，辛酉之日不将登扉以
>
> 廷，阩门又败。②

这组"受期"文书格式一致，都是以"××月××之日，××（地点）之司败××（人物）受期，××之日不将××（诉讼事由），阩门又败"的形式写成。里面涉及两个日期，一个是"受期"日，一个是宣布"阩门又败"日，关于这两个日期，学界聚讼纷纭。③

笔者以为这种受期文书，同样是要呈送上级的，受期日，应该是接到词讼的日子。后一个日期，则是接到词讼，经过审查，决定不予受理的日子。这一推测，比较符合司法实际。如同我们后文将要看到的那样，当时官府，并不是对所有案件都予以受理，尤其是民事案件，更是主张调处息争。所以

---

① 前揭湖北省荆沙铁路考古队编：《包山楚简》，第17页。

② 前揭湖北省荆沙铁路考古队编：《包山楚简》，第20页。

③ 主要的观点见前揭陈伟等：《楚地出土战国简册（十四种）》，第19—20页。

诉讼提交到官府，官府首先要进行审查，决定是否予以受理。

如果决定受理，那么诉讼就进入到审理程序，根据相关材料，我们知道战国在案件审理过程中，除讯问原被告外，最重要的是检查分析证据。

如睡虎地秦简《法律答问》：

> 盗徒封，赎耐。可（何）为"封"？"封"即田千佰。顷半（畔）"封"殴（也），且非是？而盗徒之，赎耐，可（何）重也？是，不重。①

可见私自移动用来证明地产的界石的行为，被视为侵犯官私土地所有权，应当判处耐刑，发生此类诉讼，"封"即为重要的证据。

岳麓秦简中，同样显示了官员在司法过程中，必须凭证据听断：

> 十三年六月辛丑以来，明告黔首：相贷资缗者，必券书，吏，其不券书而讼，乃勿听，如廷律。前此令不券书讼者，为治其缗，毋治其息。②

券书也就是产权的凭证，如果当事人拿不出产权的凭证，则法官不能听断，这同样是秦一秉至公、一断以法司法思想在司法程序中的体现。

又如关于债权债务纠纷，秦时已有明确的法律规定，《法律答问》："百姓有责（债），勿敢擅强质，擅强质及和受质者，皆赀二甲。'廷行事强质人者论，鼠（予）者不论；和受质者，鼠（予）者□论。"③可见秦时，凡属借贷关系都应以签订契券为前提。债务人虽违背契券规定，但债权人对债务人仍不得使用暴力，强制其为人质，违犯者，罚相当于二副铠甲的钱。即使债务人同意做人质也同样罚同等的钱。"廷行事"作为典型判例的汇集，也规定债权人若强制债务人为人质，应给予刑事处罚。但被迫做人质的债务人不应判罪处刑。如债权债务双方同意用人质作为抵押，都要论罪给予刑事处罚。

---

① 前揭睡虎地秦墓竹简整理小组：《睡虎地秦墓竹简》，第 108 页。
② 前揭陈松年主编：《岳麓书院藏秦简》（四），第 250 页。
③ 前揭睡虎地秦墓竹简整理小组：《睡虎地秦墓竹简》，第 127 页。

上述规定表明，在借贷契券中不得写有人质内容，债权人不得扣押债务人为人质，强迫还债，而应申请官府解决债务纠纷。

在婚姻关系上无论结婚、离婚都须以文书为凭，《法律答问》有：

> 弃妻不书，赀二甲"，其弃妻亦当论不当？赀二甲。[1]

就是说丈夫随意抛弃妻子，不向官府报告，取得离婚证书，应当罚交相当于两副铠甲的钱，其休妻也罚同样多的钱。通过这样的法律规定，维护婚姻关系的稳定。官府审理此类案件时首先要取得结婚或离婚的文书，然后据法予以审决。

在审讯过程中，除了检验相关书证、物证外，司法官同样采取西周以来"以五声听狱讼"的讯问方式，在这个过程中被告的供述、原告的控诉，也都作为证据记录在案。《封诊式》《讯狱》篇强调凡审理案件，必须"各展其辞"，使原被告双方都发表意见，尤其是证人的证言对于案件的审决发挥着重要的作用。

待到事实查清，审理结束，就进入到判决的环节。战国时期案件的判决情形和此前一样，也要求遵循法律进行宣判，所谓"读书如法"。通常情形下，严格遵循法律的规定，这几乎是战国各国都强调的司法规则，所谓"一断以法"，严守既定的标准。这在战国鼎彝铭文中亦有显现，如战国时齐国"子禾子釜"铭文提到：

> □□立事岁，襛月丙午，子禾子□□内者御𣃔𣂯□□命諆陞（陈）
>
> 曼：左关釜节于禀釜，关鍴节于禀釚，关人禀桿戚釜，闭粉，又□
>
> 外糷釜，而车人制之，而台以□□退。如关人不用命，𣄣寅□□，
>
> 关人□□六（其）事，中刑𠃌惩。赎台（以）金半钧。□□六（其）
>
> 赇，卒辟□惩，赎台（以）□胹。□命者，于六（其）事区夫。丘
>
> 关之……刑。[2]

---

[1]　前揭睡虎地秦墓竹简整理小组：《睡虎地秦墓竹简》，第 133 页。

[2]　铭文选自前揭马承源：《商周青铜器铭文选》第四卷"东周青铜器铭文释文及注释"，第 555 页。

子禾子即田和，《战国策·魏策四》和《吕氏春秋·顺氏》都有记载，由此可知子禾子釜是田和未立为诸侯前所铸之器，其年代在公元前404年—前385年间。该铭文大意是子禾子命令某往告陈夏，左关使用之釜以官府廪仓之釜为准，左关使用的鍴应以廪枡为准。如关吏舞弊，减少或加大其量，都当制止，不从命者则论其事之轻重，施以刑罚。所施刑罚中，还带有赎刑，金半钧，疑从《周礼》"钧金"而来。从中显示了战国时期对标准的重视。

同样1977年出土的战国时期中山国"兆域图版"中铭文载有：

> 王命赒为逃（兆）乏（法），阔狭大小之□川。有事者官图之。
> 进退这乏者，死亡若（赦）。不行王命者，殃咎子孙。①

这也说明了法律标准的严肃性，这也从一个侧面体现，战国时期各国都是在"法治主义"的框架下行事的，审判也不例外。当然，如果诉讼当事人的行为有明显的社会危害性，但是法律并无明确的定罪条文，或者虽有定罪，但没有明确的量刑标准。此时，判决时还可以适用类推定罪，比附量刑。类推定罪，即荀子所说的：

> 有法者以法行，无法者以类举。以其本知其末，以其左知
> 其右②。

所谓以类举，实际上即《唐律疏议》"举重明轻，举轻明重"的做法，参考已有的标准，核查具体案件的危害程度，来决定罪刑的轻重。

除此之外秦国还规定，若法律无量刑明文，还可以参考典型判例，即"廷行事"来裁判。睡虎地秦简《法律答问》载：

> 臣强与主奸，何论？比殴主。斗折脊项骨，何论？比折肢。③

至于比照廷行事（判例）断案，秦简中也有诸多规定，在此不赘。

---

① 铭文选自前揭马承源：《商周青铜器铭文选》（第四卷）"东周青铜器铭文释文及注释"，第582页。

② 《荀子·大略》。

③ 前揭睡虎地秦墓竹简整理小组：《睡虎地秦墓竹简》，第111页。

（四）执行程序

判决完毕之后，司法官员照例要制作文书，从《包山楚简》"疌狱"一编，可以看出一些端倪，如：

> 冬**栾**之月甲辰之日，少臧之州人**信**土石佢讼其州人**信**土石**簪**，
言谓伤其弟石……既发引，执勿游，**泟具**识之，秀夏为李。[1]

"疌狱"一编，同样都是格式化的文书。其格式为"×× 月 ×× 之日，×× 讼 ××，以（谓）其 ××（原因或事由）故，×× 识之，×× 为李"。对此司法文书的性质，学界有的解释为审案记录，有的解释为受理后等待审理的记录，还有的解释为诉讼内容的分类记录等等，并无确论。[2] 笔者以为这应该是审判完结之后的归档文书。"×× 月 ×× 之日"，是审判的时间，"×× 讼 ××"，乃原告和被告，"以（谓）其 ××（原因或事由）故"，则是说明讼争的事实和理由，至于"×× 识之"，"×× 为李"，"识"亦称"志"，"李"则训为"理"，则可理解为记录人和审判人分别是谁之意。因为"疌狱"文书也极为简略，我们无法据此得出更多信息，作为一个案卷的归档材料，可能比较接近事实的真相，也符合法家司法的"文牍主义"特点。

而凡未在规定期限内上诉，判决即生效，进入判决执行环节。

先来看刑事案件的执行，主要是对罪犯施行刑罚。从相关材料中，我们可以知道，主要有这么几类：

1. 死刑

由于战国各国都趋向于法家式司法模式，所以战国时期的死刑较之此前，种类多，执行起来也更为残酷，除延续此前的枭首、腰斩、弃市之外，尚有：

（1）族诛

秦在商鞅变法之前，已有族诛。《史记》云：

---

[1]　前揭湖北省荆沙铁路考古队编：《包山楚简》，第22页。
[2]　主要的观点见前揭陈伟等：《楚地出土战国简册（十四种）》，第38页。

秦文公二十年，法初有三族罪。武公三年，诛三父等而夷三族，以其杀出子也。①

至商鞅变法后，扩大了族刑的范围，商鞅改革中有一项重要的内容，就是发明了"连坐法"，连坐亦称"相坐"，意味古代一人犯罪株连自己家庭、家族、乡邻和其他人的刑罚制度，源起于上古的孥戮、剿殄等制，商鞅将其大大发展，形成一整套连坐体系，其种类有四：一为邻伍连坐，"令民为什伍而相牧司连坐。不告奸者腰斩，告奸者与斩敌首同赏，匿奸者与降敌同罪"；二为军事连坐，一人逃则"刭其四人"；三为家庭连坐，"一人有罪，并坐其家室"；四为职务连坐，下级逃亡则要连带处罚上级。② 至此，族刑已经不仅仅等同于灭自己亲族之族，还殃及周围。族刑和其他以残酷方式置人死亡的死刑，都是法家"重刑主义"的极端化。

（2）车裂

亦称"轘"，即将犯罪人杀死后，将四肢和头部各套在五辆车上，然后将尸体撕裂，即俗称的"五马分尸"，这种情形各国都可看到：

秦惠王车裂商君。③（秦国）

齐王大怒，车裂苏秦于市。④（齐国）

（3）磔

即肢解，亦是杀人碎尸的酷刑。秦、楚两国皆有：

甲谋遣乙盗杀人，受分十钱，问乙高未盈六尺，甲何论，当磔。⑤（秦国）

荆南之地，丽水中生金，人多窃采金，采金之禁，得而辄辜磔于市。⑥（楚国）

---

① 《史记·秦本纪》。

② 参见《史记·商君列传》。

③ 《史记·商君列传》。

④ 《战国策·楚策一》。

⑤ 前揭睡虎地秦墓竹简整理小组：《睡虎地秦墓竹简》，第136页。

⑥ 《韩非子·内储说上七术》。

（4）其他

此外，还有其他林林总总的死刑，如定杀（又称沈，指将人淹死）、凿颠（凿人头部致人死亡）、抽肋（抽骨致人死亡）、囊扑（将人装袋内扑打致人死亡）、烹（烧杀）、剖腹等等，[①] 各国皆有。但此类刑罚，与其将之看作法律规定，不如说是法外酷刑。

2. 肉刑

战国时期，各国大都继续沿用此前的肉刑，主要仍是墨、劓、刖、宫等，如：

（1）墨刑（黥刑）

　　秦太子犯法，卫鞅……黥其师公孙贾。[②]（秦国）

　　庞涓恐孙膑贤于己，疾之，则以法刑断其两足而黥之。[③]

（魏国）

（2）劓刑

　　商君既变法，行之四年，公子虔复犯法，劓之。[④]（秦国）

　　王（楚王）曰："悍哉"，令劓之。[⑤]（楚国）

　　田单宣言曰：吾惟惧燕军之劓所得齐卒……[⑥]（燕国）

（3）刖刑（剕刑、膑刑）

　　五人盗，赃一钱以上，斩左止。[⑦]（秦国）

　　齐中大夫有夷射者……门者刖跪请曰……[⑧]（齐国）

---

① 参见《睡虎地秦墓竹简》《汉书·刑法志》《晋书·刑法志》《竹书纪年》《新论》《说苑》等简牍与文献记载。

② 《史记·商君列传》。

③ 《史记·孙子吴起列传》。

④ 《史记·商君列传》。

⑤ 《战国策·楚策四》，另见《韩非子·内储说下六微》。

⑥ 《资治通鉴·周纪四》"赧王三十六年"。

⑦ 前揭睡虎地秦墓竹简整理小组：《睡虎地秦墓竹简》，第93页。

⑧ 《韩非子·内储说下六微》。

……车遂刖其足，赵成侯以为不慈……① （赵国）

庞涓恐孙膑贤于己，疾之，则以法刑断其两足而黥之。②

（魏国）

（4）宫刑

臣邦真戎君长……其有腐罪，（赎）宫。③ （秦国）

3. 徒刑（劳役刑）

从睡虎地秦简中，我们可以发现大量的因犯罪而定为城旦舂、鬼薪、白粲、隶臣妾、司寇、作如司寇、候等刑罚，这等刑罚为徒刑已经为学术界承认。徒刑名称最初是以其服刑期间所附劳役为名的。

（1）城旦舂

城旦为男刑徒，服刑期间修建城垣，舂为女刑徒，服舂米之役。一般认为是五年徒刑，可能为防止逃跑，或者为表对犯人的刑辱，往往在徒刑之外，还会加上其他刑罚，睡虎地秦简中，可以看到大量附加了刖刑、墨刑、劓刑、髡（剃发）、耐（剃鬓须）、完（头发和鬓须皆剔除）再服城旦舂的例子。此外，有时还得戴上械具再服刑，比如枷号等。

（2）鬼薪、白粲

鬼薪，乃是祠祀鬼神用的柴火，而白粲，则是祠祀鬼神用的精米。鬼薪为男刑徒，要承担为祠祀砍柴的劳役；白粲为女刑徒，则要承担拣择精米的劳役。一般认为是四年徒刑。

（3）隶臣妾

隶臣为男刑徒，隶妾为女刑徒。隶臣妾含义比较丰富。④ 不仅限于徒刑当中，身份刑中没为官奴婢者，也可称臣妾。而秦简中的隶臣妾，则多指徒刑犯人。其服役范围较广。

---

① 《韩非子·外储说左下》。
② 《史记·孙子吴起列传》。
③ 前揭睡虎地秦墓竹简整理小组：《睡虎地秦墓竹简》，第 120 页。
④ 详尽的研究参见李力：《"隶臣妾"身份再研究》，中国法制出版社 2007 年版。

（4）司寇、作如司寇

秦简中的司寇，与传世文献中的西周至战国的"司寇"，含义根本不同。此处的"司"，有侦查之义，负责监视敌人。同样男刑徒称司寇，女刑徒称作如司寇。高恒先生认为："秦刑徒司寇所服的劳役，是监督、带领服城旦舂劳役的刑徒。"① 从秦简中固然可以看出司寇有监工的意味，但这些刑徒同样有服兵役的意味。司寇刑通常被认为是两年。

（5）候

候即"斥候"，即侦察敌情。很难说是限制自由的徒刑，秦简中显示这是对有罪官僚的惩罚，有点类似于"戴罪立功"性质，一般被认为是一年的徒刑。

当然，以上徒刑的服刑时间究竟如何，始终存在争议。实际上，战国时期是否形成了这种1—5年刑期严明的徒刑，是否如学者所认为的城旦舂、鬼薪白粲、隶臣隶妾是终身服刑那样，② 目前仍无法得到确证。传世文献中也没有材料可以印证。

但所有以上徒刑名，除云梦秦简之外，都可以在近年流行的岳麓秦简中找得到，这就意味着云梦秦简展示的徒刑体系并非孤证。③

4. 身份刑

身份刑又称为"收孥"刑、"收""没"等，即将罪犯没为奴婢之刑，前述隶臣妾亦有作为奴婢的情形。除此之外，还有本人虽未犯罪，但是因亲属犯罪受牵连而被没为官奴婢的例子，这些在史籍中亦有反映，比如：

---

① 高恒："秦律中的刑徒及其刑期问题"，载氏著：《秦汉简牍中的法制文书辑考》，社会科学文献出版社2008年版，第88页。

② 参见前揭高恒："秦律中的刑徒及其刑期问题"，第87页。

③ 岳麓简第2041简有"人奴婢，黥为城旦舂"，第2011简有"当黥城旦舂以及上命者亡城旦舂、鬼薪白粲舍人"，简1965有"主匿亡收，隶臣妾"，简1975有"私官隶臣，免为士五（伍）、隐官及隶妾"，简1976有"其狱未出鞫而自出也，笞五十，复为司寇"等，此可印证睡虎地秦简中的徒刑体系，参见前揭陈松年主编：《岳麓书院藏秦简》（四），第235—238页。

事末利及怠而贫者，举以为收孥。① （秦国）

赵之法，以城叛者，身死家收。② （赵国）

5. 流刑

战国时期并没有形成如后世"流刑"那样严格的概念，但是流放的形式确早不鲜见，流刑，在战国时有时称"流"，有时称"放"，还有称"逐"，称"迁"者，都大同小异。且流之远方之后，并未交代是否要在"配所"中服役，但从屈原《离骚》等篇章看来，流刑似乎并不限制流人的自由，只是将之逐出一定的地方即可。

卫鞅曰："此皆乱法之人"，尽迁于边城。③ （秦国）

屈平既嫉之，虽放流，眷顾楚国，系心怀王，不忘欲反。④

（楚国）

魏之令，不孝弟者流之东荒。⑤ （魏国）

至于流刑的执行，《岳麓秦简》给我们提供了一些信息，第 1419 与 1425 二简中谈道：

迁者，迁者包及诸罪当输，□及会狱治它县官当传者，县官皆言狱断及行年日月及会狱治行年日月，其迁，输……⑥

第 1928 简和 0167 简提到：

法，耐罪以下迁之，妻欲去许之。⑦

前一条因缺乏上下文语境，要得确解比较困难，但大体而言，就是执行流刑，需要造册，将迁徙的时间和地点告知相关方面。而后一条则很明确，就是如果犯人迁流，其妻子愿意相陪者，可以陪同犯人共流远方。这和后世

---

① 《史记·商君列传》。

② （西汉）刘向：《列女传》卷四。

③ 《史记·商君列传》。

④ 《史记·屈原贾生列传》。

⑤ 桓谭：《新书》，转引自前揭（明）董说原著，缪文远订补：《七国考订补》（下），第 705 页。

⑥ 前揭陈松年主编：《岳麓书院藏秦简》（四），第 245 页。

⑦ 前揭陈松年主编：《岳麓书院藏秦简》（四），第 239 页。

流刑的规定，有很大相似之处。

此外，刑罚执行见于传世文献和简牍者，尚有"笞""鞭""罚金""赎罪"等等，皆是承春秋故事而有所发展。

下面再来看民事判决的执行情形。从睡虎地秦简《封诊式》所载爰书，可略知，在民事财产查封的执行中，将查封的物证与之关系密切的人证、书证等紧密衔接，充分发挥在查封财产中的证据运用，原文如下：

> 乡某爰书：以某县丞某书，封有鞫者某里士五（伍）甲家室、妻、子、臣妾、衣器、畜产。甲室、人：一宇二内，各有户，内室皆瓦盖，木大具，门桑十木。妻曰某，亡，不会封。子大女子某，未有夫。子小男子某，高六尺五寸。臣某，妾小女子某。牝犬一。几讯典某某、甲伍公士某某："甲党（倘）有它当封守而某等脱弗占书，且有罪。"某等皆言曰："甲封具此，毋（无）它当封者。"即以甲封付某等，与里人更守之，侍（待）令。

爰书大意是，根据某县县丞某的文书，查封被告人某里士伍甲的房屋，妻子，奴婢，衣物，牲畜。共计：堂屋一间，卧室二间，都有门，房屋都用瓦盖，木枸齐备，门前有桑树十株。妻名某，已逃亡，查封时不在场。女儿大女子某，没有丈夫。儿子小男子某，身高六尺五寸。奴某，奴婢小女子某，及公狗一只。查问里典某某，甲的邻居公士某某："甲是否还有其他应加查封而脱漏未加登记的财产，如果有，将是有罪的。"某等都说："甲应查封的都在这里，没有其他应查封的了。"当即将封交付某等，要求他们和同里人轮流看守，等候命令。

上述案件的民事执行，首先要求该乡负责人上交查封实录与书面检证报告，以便官府进一步查对；其次，要求里典某某、邻居公士某某作证，并强调作伪证应承担的法律责任。同时要求乡负责人正式办理移交手续，协同里人某等轮流看守封存物品，等候官府下达执行命令。

从秦简中，可知民事判决的执行，大体可以得出以下结论：

其一，民事执行一般不伴随人身强制，民事责任多以损害赔偿为主。正是由于秦汉不以人质作为履行债务的担保，起诉后，一般不控制债务人的人身自由。执行时，一般也不对人身加以执行，而只对财产执行。

其二，债权人如执行判决不便，可以请人代为执行。

其三，民事执行要以权威的文书为凭据。前已述及，官府判决书自然是权威的执行凭据。其他如相关"爰书""验问书"均可作为执行的依据。

当然，前已述及秦汉时期，对于民事纠纷，官方一般不鼓励诉讼。即便是"以法为教""一断以法"的秦朝，也不主张百姓动辄进行民事诉讼。法家集大成者韩非就曾经提到：

> 狱讼繁，则田荒；田荒，则府仓虚，府仓虚则国贫，国贫则民俗淫侈，民俗淫侈则衣食之业绝，衣食之业绝则民不得无饰巧诈，饰巧诈则知采文，知采文之谓"服文采"。狱讼繁，仓廪虚，而有以淫侈为俗，则国之伤也若以利剑刺之。①

显然，韩非认为诉讼繁多会导致百姓不事生产，田地荒芜，会使国家粮食不足，甚至还会沾染上奢靡淫侈的习俗，会给国家带来极大的危害，所以不鼓励诉讼。秦朝以法家思想立国，对于韩非这样的认识自然是认同的。睡虎地秦简中"三环"之制，都是对民事告诉的限制。这也反映了战国时各国一般的民事判决执行情形。

（五）司法责任

最后再来看法官的司法责任问题。战国时选官以能力为首要考量，所谓"审民能，以任吏"②，"因能而授官，循名而责实"③，"明主听其言必责其用，观其行必求其功"④。睡虎地秦简《为吏之道》中记载了秦官员应该遵守的一般准则，颇具史鉴价值。

---

① 《韩非子·解老》。
② 《韩非子·心度》。
③ 《晋书·刑法志》。
④ 《韩非子·六反》。

凡为吏之道，必精洁正直，慎谨坚固，审悉毋私，微密纤察，安静毋苛，审当赏罚。严刚毋暴，廉而毋刖，毋复期胜，毋以忿怒决。宽容忠信，和平毋怨，悔过勿重。慈下勿陵，敬上勿犯，听谏勿塞。审知民能，善度民力，劳以率之，正以矫之。反赦其身，止欲去愿。中不方，名不章；外不圆。尊贤养孽，原野如廷。断割不刖。怒能喜，乐能哀，智能愚，壮能衰，勇能屈，刚能柔，仁能忍，强良不得。审耳目口，十耳当一目。安乐必戒，毋行可悔。以忠为干，慎前虑后。君子不病也，以其病病也。同能而异。毋穷穷，毋岑岑，毋衰衰。临财见利，不取苟富；临难见死，不取苟免。欲富太甚，贫不可得；欲贵太甚，贱不可得。毋喜富，毋恶贫，正行修身，过（祸）去福存。①

此外，还对官吏的劝民、理政诸多方面提出了具体的要求：

戒之戒之，财不可归；谨之谨之，谋不可遗；慎之慎之，言不可追；慕之慕【之】，食不可偿。怵惕之心，不可【不】长。以此为人君则鬼，为人臣则忠；为人父则慈，为人子则孝；能审行此，无官不治，无志不彻，为人上则明，为人下则圣。君惠臣忠，父慈子孝，政之本也；志彻官治，上明下圣，治之纪也。除害兴利，慈爱万姓。毋罪毋无罪，毋罪可赦。孤寡穷困，老弱独传，均徭赏罚，傲悍戮暴……②

当然，对司法官员最大的要求，还是在"明法令"一端，尤其是秦国，官员最重要的素质就是通晓法令，并严格执法。这点在《商君书》中表现得至为明白：

各主法令之民，敢忘行主法令之所谓之名，各以其所忘之法令名罪之。主法令之吏有迁徙物故，辄使学读法令所谓，为之程式，

---

① 前揭睡虎地秦墓竹简整理小组：《睡虎地秦墓竹简》，第167—168页。
② 前揭睡虎地秦墓竹简整理小组：《睡虎地秦墓竹简》，第169—170页。

使日数而知法令之所谓；不中程，为法令以罪之。有敢剟定法令、损益一字以上，罪死不赦。诸官吏及民有问法令之所谓也于主法令之吏，皆各以其故所欲问之法令明告之。各为尺六寸之符，明书年、月、日、时、所问法令之名，以告吏民。主法令之吏不告，及之罪，而法令之所谓也，皆以吏民之所问法令之罪，各罪主法令之吏。①

战国时期，对于司法官的选任，既重视法律素养，又严定失职的惩罚。秦国以明法律令作为区分良吏恶吏的标准，所谓"良吏"明法律令，"恶吏"不明法律令。秦律确立了"不直""纵囚""失刑"等罪名，用以惩治司法官或故意或过失的失职行为。据睡虎地秦简《法律答问》：

论狱何谓"不直"？何谓"纵囚"？罪当重而端轻之，当轻而端重之，是谓"不直"。当论而端弗论，及易其狱，端令不致，论出之，是谓"纵囚"。②

凡是罪重而故意轻判，应轻判而故意重判，为"不直"；应论罪而故意不论，以及故意从轻认定案情，使其达不到判罪标准，称为"纵囚"；至于失刑，则是因过失而处刑偏于从轻。犯此三种皆要"治以律"，即依法判罪。

为了使官吏准确地援法断案，秦统治者要求官吏熟悉法律，尤其要熟悉奉职范围内的法律。每年要向中央主管法律的官吏核对法律，所谓"岁仇辟律于御史"。已经废除的律令不得再执行，否则治罪。因此，在战国时期，对于司法官的责任，显然较之以前不仅更为强化，且更加地制度化了。

---

① 《商君书·定分》。
② 前揭睡虎地秦墓竹简整理小组：《睡虎地秦墓竹简》，第115页。

小 结

春秋战国时期，是一个大转折、大变革时期。在这个时期中，西周的礼乐文明进一步趋于崩溃，表现出来的社会情形即是"礼崩乐坏"；而同时，新型的"法治文明"逐步兴起，表现在立法上，即是春秋时公布成文法，战国时变革旧贵族法，表现在司法上，则是春秋时突破西周旧礼制，而战国时厉行精神偏"严"的新"法制"，当然这个过程本身没有绝对的分界线，从礼崩乐坏到一断一法，这个转型用了将近 500 年。

尽管关于春秋战国的材料不少，但是对于我们全面理解这个时期的司法文明而言，依旧是文献不足征。表现在传世的史料，多集中于社会上层人士和时代风云人物的活动上，对于司法情形，只有寥寥几笔。而新出土的简牍文献，即便排除文字释读上的困难，所展现的司法内容，仍是零零碎碎。春秋战国时期，因为西周礼制的衰弱，象征"礼"制传统的青铜鼎彝，逐渐式微，鼎彝铭文，越来越简，到最后甚至只有"物勒工名"的趋势，即不再在鼎彝上铭刻史事，而只留器主名字及时间，因此，其反映的司法信息甚为微小。而简牍，虽然相对丰富，但所涵地域，并不广泛。这一切都注定了它们反映的司法信息，都是相对片面的。虽然笔者将文献和文物结合起来研究，但限于材料本身以及笔者的释读水平，我们所展示的春秋战国司法文明，依旧是一个粗浅的探索。但笔者深信，随着材料的进一步丰富，以及学术界研究水平的深化，春秋战国乃至整个先秦司法文明的图景，必将会得到越来越清晰的展示。

下　篇

秦汉时期的司法文明

前　言

一

本篇作为本书第一卷的第二大部分，它的研究与撰写涉及先秦与秦汉的许多内容，这里既有甲骨金文，也有夏、商、周、春秋、战国、秦、汉年间的简帛文书，既有经典文献的记述，也有前辈学人的注疏解义。而这些内容都须认真研求，审慎筛选，方能寻找出有助研究当时司法文明的内容。期间，所花费的精力与所付出的艰辛，自不待言。

本篇虽是研究秦代司法文明，但首要之义，必须先搞清何谓"文明"、何谓"司法文明"？这些基本概念问题首先要搞清，否则研究就无从谈起。

应当对中国传统文化中的"文明""司法文明"作些梳理。众所周知，我国流传至今的《易经》，是学界公认的最古老最具有学术价值的一部经世典籍，而经笔者考证，《易经》最早提出"文明"与"司法文明"的概念。

据《易经》卦二十二《贲卦》：

《彖》曰：贲，"亨"，柔来而文刚，故称"亨"。分刚上而文柔，"故小利有攸往"。刚柔交错，天文也。文明以止，人文也。观乎天文，以察时变，观乎人文以化成天下。《象》曰：山下有火，贲。君子以明庶政，无敢折狱。①

---

① 《中华传世名著精华丛书·易经》上，卦二十二《贲卦》，山西古籍出版社1996年版，第74—75页。

在《易经·贲卦》看来，文明的高度发展，体现了传统的人文精神。人文精神即是文明的充分体现。文明是人文的初级阶段，人文精神则是文明发展的结晶。所以，贤明的君子只有"观乎人文以化成天下"，而不了解民间争讼情况，不具备文明意识，或人文精神，便无从处理好诉讼审判问题。反之，细察民间争讼问题，本着人文精神与文明意识，才有可能正确折狱与理讼，而不出现宽严失当的问题。这些，正是《贲卦》所要反映的文明与司法文明之间的密切关系。

另外，《易经·上经》中的《讼卦·象》曰："讼元吉，及其二者间，以中正也。"[1] 即只有本着"中正"的文明思想与人文精神，才能得出公正公平审判的结论。

可见，中国古代先贤经过长期的社会实践与司法实践，从感性上升到理性，最终感悟到文明，特别是司法文明，充分体现了人文精神。它们对构建和谐社会，具有特别重要的意义。

此外，研究中华民族传统"司法文明"的特点，以及它与西方的异同，也是非常必要的。这有助于认识中国古代司法文明的重要价值。中国是古老的东方文明国度，其司法文明的发祥早于西方数千年。据《易经·彖》下释文说，观察天文，"可以了解时序的变化"。观察人文，"有助于推行教化，促进社会昌盛。"《象》下释文说：将人文精神推广到司法审判，即体现为司法文明，不仅强调依法"判案并应以事实为依据"，不能靠主观臆断，而且应当体现人文精神，必须和教化相结合，刚柔相济，实现教化与惩治犯罪的平衡统一。这正是中国传统司法文明的本质特征，也是中国古代司法文明区别于西方司法文明特点之所在。西方文明，乃至司法文明源于古希腊与古罗马时期，中经蛮族入侵，文明发展中断。直至 14 世纪以后，欧洲出现文艺复兴。其司法文明才得以延续。但其内涵与古代中国有很大不同，正如《现代汉语词典》人部 952 页所说："（他）反对宗教教义和中古时期经院哲学，

---

[1] 《易经·上经》·《讼卦》，山西古籍出版社 1996 年版。

提倡学术研究，主张思想自由与个性解放，肯定人是世界的中心。是资本主义萌芽时期的先进思想，但缺乏广泛的民主基础，有很大的局限性。"① 这就是说，西方的文明乃至司法文明，其关注的是个人本位，而不是古代中国的集体本位；其提倡的是个人权利和个性解放，而不是古代中国的国家权力与集体权利。但也有相同之处，即关爱生命，讲求人道精神，反对君主专制与司法专横与擅断。两种司法文明的产生，体现了东西方文明发展阶段的差别。两种司法文明的碰撞，则促进了世界司法文明的相互融合。

二

中国古代司法文明起源很早，早在尧舜禹的原始父系社会时期就已产生司法文明的萌芽。《尚书·尧典》记载尧对契说："百姓不亲，五品不逊，汝作司徒，敬敷五教，在宽。"② 在尧看来，对百姓不法的行为，惩罚是必须的。但更重要的在于预防，所以强调教化作用，用以减少或消除犯念。这种以防为主，将防惩结合，宽严相济的方式，对维护社会治安的长期稳定起到重要作用。从中体现出的早期司法文明意识，对后世也产生了深刻的影响。

到了夏代，对死刑审判执行有严格规定。据《左传·襄公二十六年》载："《夏书》曰：'与其杀不辜，宁失不经，惧失善也。'"③ 这反映出中国阶级社会的初期，讲究司法文明，特别关注犯人生命，在死刑的审判处理上，采取极为慎重态度，以防止错案发生。为此，宁可放弃用刑，也不准滥杀。应当指出，死刑是刑事处罚中的极刑，对死刑的审慎处理，反映了当时司法文明发展的一个高度，也对后世运用死刑，产生了重要影响。

另据《尚书·周书·康诰》说："王曰：'呜呼，封！敬明乃罚。人有小罪，非眚，乃惟终，自作不典，式尔，有厥罪小，乃不可不杀。乃有大罪，

---

① 《现代汉语词典》·人部，第 952 页。

② 《尚书·尧典》，《十三经注疏》上，中华书局 1980 年影印本。

③ 《左传·襄公二十六》，《十三经注疏》下，中华书局 1980 年影印本。

非终，乃惟眚灾，适尔，既道极厥辜，时乃不可杀。'"① 到了西周时期，随着社会的发展，人们的司法文明意识有了较大的提升，已经能够从法律原则的高度认识犯罪的本质以及罪与罪之间的原则区分。即说有人犯有一般的罪，但如果是故意，并且为惯犯，从不知改悔的，要处以死刑。如有人犯有重罪，但不是出于故意，而且是偶犯；或者遇到不可抗力的因素，导致犯罪的，可以不判处死刑。西周时期司法文明的发展体现在刑法总则上的创新与突破，已经明确区分故意与过失，惯犯与偶犯的界限，以及不可抗力的影响，而比较准确地运用刑罚手段，这确实是法律文明发展、司法文明发展的重大进步。其影响从春秋战国一直到清末不断，至今也不乏重要的借鉴价值。为了保障司法审判工作的有效实施，从夏代起，以大理为司法长官，以乡、遂为基层审判官的新型司法体制，负责司法审判工作，从而取代尧舜时代"士"的审判职能，完成了国家军事管理权与审判管理权的最先分离，开了阶级社会司法体制文明的先河。其后西周改称大司寇，春秋战国各诸侯国有的因袭夏，称大理；有的沿袭西周称大司寇，同时也建立了基层审判组织。

三

中国传统社会由夏、商、周至春秋、战国的不断演化，发展到秦朝终于完成了封建大一统。出于强军、富国、称霸的目的，秦嬴政建立了统一的中央集权的君主专制政体，同时也促进了法律制度，特别是司法制度的改革。在秦朝的司法改革过程中，首要的是完成了司法体制的改革。在当时封建中央集权君主专制的社会环境下，封建皇帝不但是最高的立法者，同时也是最大的司法审判官，掌管生杀予夺的审判大权。他在秦朝司法体制中占有至高无上的支配地位。但与以往王朝不同的是，秦朝中央设定廷尉掌握中央司法审判，设立中都尉，掌握中央治安管理权。替代了西周以来大司寇又掌

---

① 《尚书·周书康·诰》，《十三经注疏》下，中华书局 1980 年影印本。

司法，又兼管中央治安管理的状况，第一次完成了中央司法审判权与中央治安管理权的分离，使得廷尉有更多的精力处理国家的司法审判工作。与此同时，又设立御史大夫负责国家的行政监督与司法监督的工作。这样，在皇帝集权的环境下初步形成司法审判与司法监督的两种权力既相配合，又相牵制的制衡关系。以便减少冤、假、错案的发生。这些都反映出秦朝司法体制文明较前有比较大的发展。与秦朝司法体制改革相适应，当时也形成了一些带有司法文明性质的法律原则。例如，强调封建法律平等观，主张"刑无等级""法不阿贵"，反对奴隶制法律不平等观；强调"缘法而治"，反对奴隶制的人治与礼治；强调"法与时转"的变化观，反对固守成法的保守观。在勘验方面，注重收集犯罪痕迹，作为定罪的主要证据。在证据制度方面，主张证据客观主义，以及证据综合主义的原则。虽然，当时因袭以往，仍然保留有证据主观主义原则等问题。在审判方面以及法官责任方面，严格区分了审判不慎与审判不直的原则。在监狱管理方面，根据囚犯服刑类型与体力劳动轻重，分别供应口粮。对管狱官吏克扣囚粮者，规定了严厉的处罚措施。

综上所述，社会在发展，历史在进步，秦王朝也不例外，不但推进了司法体制的文明建设，也推进了法律原则，诉讼、审判、执行上的文明建设，这些是应当给予肯定的。不能因为秦二世而亡，而全部否定。相反，应当给以理性的客观的分析说明。

当然，秦王朝建立以后，实行了许多暴政，推行了重刑主义的各项措施，导致天怒人怨，最后归于灭亡，这也是事实。但这是一个问题的两个方面，不能只强调一个方面，而应当采取两点论或"一分为二"的方法，才能全面地评价秦王朝的功过是非。

四

历史上，西汉与东汉实现了长达四百多年的统治，这种状况的出现绝非偶然。这和汉朝君臣汲取秦亡的教训，转变秦朝暴君专制的统治方式，实行仁政德治的统治方式，推进了社会各方面（包括司法方面）的文明进步有很大的关系。例如在民生方面，汉初实行了"轻徭薄赋""与民休息"等开明政策。在统治思想上，抛弃了秦代严刑峻法的重刑主义指导思想，改变为"德主刑辅"的教化优先、教化与惩治结合的指导思想，同时又承袭了秦朝以来形成的"缘法而治"的法治思想，从而形成"霸、王道杂之"的文明治国思想。司法方面，在承袭秦代司法文明成果的前提下，进一步完善了汉代的司法改革。因袭秦代设立廷尉府作为中央司法审判机关，完善州、郡、县各级审判组织外，东汉建立完善的行政与司法监督机构——御史台。秦代御史大夫的简单化的司法监察，变为国家严密监察司法各项工作的新体制，对改善汉代司法状况，为全面推进司法体制的文明进步跨进了一大步。在勘验制度方面，据《汉书·薛宣传》载：汉代注重司法勘验工作，凡斗殴案件，要仔细勘查，凡致人"皮肤青肿，血液淤积，皮肤脱落者"，要追究犯罪者刑责，路人不相救，也要受到牵连。通过勘验，固定证据，使证据形成完整链条，这充分反映了汉代在勘验方面的文明进步。在审判方面，据《汉书》卷一下《高帝纪》载：汉高祖刘邦下诏，要求审判机关在处理复员兵与邻里争执时，"以文法教训辨告，勿笞辱。"[1] 这不能不说是文明审判的一种表现。另外，在"建武三年侯粟君所责寇恩事"这一居延汉简所载的官民债务纠纷中，受理的各级官府，并没有包庇甲渠侯官粟君，而是依法查证，最终保护了渔民寇恩的合法权利，并依法责令粟君赔偿其劳务所得。[2] 这一典型案例也反映了汉代司法审判文明的明显进步。另外汉代在执行方面，通过刘邦、吕后，直至汉文景帝的刑制改革，废除了五马分尸的"车裂"死刑，徒刑上改无期为有期，并用髡钳城旦舂等劳役刑替代了肉刑——黥刑。用笞刑等身体刑替代了斩左趾等肉刑的执行方法。同时废除了宫刑的执行方法。凡此种种，都表明汉代在刑罚的执行上有了不小的文明进步。

---

① 《汉书·高帝纪》卷一，《二十五史》，上海古籍出版社 1986 年版。

② 《建武三年侯粟君所责寇恩事》，《中国古代办案百例》，中国社科出版社 1982 年版。

五

秦、汉司法文明比较，既有同一性的特征，同时也存在着明显的差异。两者在强调法治精神与依法治国上是相同的，具有封建司法文化的同一性，具体表现在维护封建中央集权的皇权专制，以及在维护封建地主阶级私有财产不可侵犯的规定上具有相同的属性。

但二者比较，也存在着司法文化的法家化与司法文化的儒家化的区别。秦代的司法文化反映法治化的同时，过多地依赖重刑主义的举措，使其司法文明蒙上了一层刑法恐怖主义与威胁主义的浓重厚彩，而其司法文明也最终被重刑主义的各项制度所淹没。

与之相反，西汉君臣在批判秦代暴政，特别是在总结秦代重刑主义的严重后果的基础上，建立起以"德主刑辅"为核心的儒家化的司法体制与司法文化，强调伦理教化、预防犯罪的职能，反对单纯的残酷的刑事镇压。从而在封建伦理道德精神教育感化与有效的法律强制相结合，探索出一条较之秦朝更为文明的司法建设道路，体现了新的司法文明的光彩。

综合以上，秦汉司法文化建设从积极的方面来看，具有重要的价值，也是留给后世的宝贵精神财富。例如强调法治，实现"公之于法"的精神，强调司法审慎的"中道"精神，实现不枉不纵的精确审判。提倡法官廉洁自律，慎重刑狱，调处息讼，以及融天理、国法、民情为一体的平衡精神，都具有重要的启示作用。因为秦汉时期仍属于早期封建司法文化的建设时期，其司法文明建设为封建后世提供了可资借鉴的基本范式，同时也为封建后世的司法文明建设提供了重要前提。

第一章 秦代"垂法而治"法家化特征的司法文明

第一节 秦代司法文明生成的社会背景

一、秦代强军、富国、争霸的目标追求

（一）秦代的起源、建立

据史料记载，秦人是华夏族即汉族西迁的一支，秦的开国者应是非子，建国时间约在公元前891年至公元前886年。据《史记·秦本纪》载：

> 有非子居犬丘，好马及畜，善养息之。犬丘人言之周孝王，孝王召使主马于汧渭之间，马大蕃息。……于是孝王曰："昔伯翳为舜主畜，畜多息，故有土，赐姓嬴。今其后世亦为朕息马，朕其分土为附庸。邑之秦，使复续嬴氏祀，号曰秦嬴。"

非子住在犬丘（今天水市和礼县一带），非常擅于养马。犬丘的人告诉了周孝王，孝王听说后，就召非子让他给王室在汧水和渭水之间（今陕西宝鸡一带）养马。非子把马养得膘肥体健，繁殖率又高。周孝王很高兴，给非子说："以前你的祖先伯益为舜帝主掌牲畜牧养，牲畜的繁殖率很高，因此舜帝赏给他土地，并且赐姓嬴。现在你为朕养马养得这么好，朕

就封你一块土地作为附庸。让你们这一族可以在这片土地上恢复嬴氏的祭祀，称为秦嬴。"

附庸是比诸侯小的国家，到周幽王时期，犬戎有犯，攻入镐京（西周的首都，今西安市长安区西北），秦襄公因保卫周王室立功，自此正式封为诸侯国，国号"秦"。"西戎犬戎与申侯伐周，杀幽王郦山下。而秦襄公将兵救周，战甚力，有功。……封襄公为诸侯，赐之岐以西之地。"[①]

（二）秦代的发展

至战国时期，各诸侯国之间连年战争不断。为了寻求强兵富国之路，各国纷纷开始变法图强。首先自魏国魏文侯开始，任用法家李悝，李悝编撰《法经》以为治国之根本，并且制定了一系列奖励农耕、开垦田地的经济政策，魏国率先强大起来。正如司马迁所云："魏用李克，尽地力，为强君。"[②] 随后各国纷纷效仿，逐渐走上变法之路。

随着周王室势力的衰败，各诸侯国之间以武力征伐吞并。黄河和崤山以东的战国六雄局势开始形成，淮河、泗水之间也有十多个小国。而秦国地处偏僻的雍州，经济实力落后，国力不强，也没有参加中原各国诸侯的盟会，被诸侯们疏远，被像夷狄一样对待，经常被楚国、魏国等强国欺凌。

为重振秦国，改变国力微弱的境况，秦孝公（前381—前338）决定变法图强，向天下颁布"求贤令"，求奇计以强秦，对贤能之士赏以官爵、国土。即《史记·秦本纪》所载：

> 孝公元年，河山以东强国六，与齐威、楚宣、魏惠、燕悼、韩哀、赵成侯并。淮泗之间小国十余。楚、魏与秦接界。魏筑长城，自郑滨洛以北，有上郡。楚自汉中，南有巴、黔中。周室微，诸侯力政，争相并。秦僻在雍州，不与中国诸侯之会盟，夷翟遇之。

---

① 《史记》卷五《秦本纪》，中华书局2005年版。下同。
② 《史记》卷三〇，《平准书》。

孝公于是布惠，振孤寡，招战士，明功赏。下令国中曰："昔我缪公自岐雍之间，修德行武，东平晋乱，以河为界，西霸戎翟，广地千里，天子致伯，诸侯毕贺，为后世开业，甚光美。会往者厉、躁、简公、出子之不宁，国家内忧，未遑外事，三晋攻夺我先君河西地，诸侯卑秦、丑莫大焉。献公即位，镇抚边境，徙治栎阳，且欲东伐，复缪公之故地，修缪公之政令。寡人思念先君之意，常痛于心。宾客群臣有能出奇计强秦者，吾且尊官，与之分土。"

所谓"重赏之下必有勇夫"，秦孝公的"求贤令"吸引到卫国人公孙鞅（商鞅）。商鞅在魏国不受重用，听闻秦孝公广纳贤士，遂到秦国实现自己的政治抱负。商鞅携《法经》入秦，经过孝公宠臣景监的举荐，商鞅向秦孝公奉上"循名责实，信赏必罚"的富国强兵的策略，秦孝公很是认同，决定在秦国实行一系列的变法。通过颁布《垦草令》以及两次变法，秦国实力得以迅速提升。《史记·商君列传》载：

> 公孙鞅闻秦孝公下令国中求贤者，将修缪公之业，东复侵地，乃遂西入秦，因孝公宠臣景监以求见孝公。孝公既见卫鞅，语事良久，孝公时时睡，弗听。罢而孝公怒景监曰："子之客妄人耳，安足用邪！"景监以让卫鞅。卫鞅曰："吾说公以帝道，其志不开悟矣。"后五日，复求见鞅。鞅复见孝公，益愈，然而未中旨。罢而孝公复让景监，景监亦让鞅。鞅曰："吾说公以王道而未入也。请复见鞅。"鞅复见孝公，孝公善之而未用也。罢而去。孝公谓景监曰："汝客善，可与语矣。"鞅曰："吾说公以霸道，其意欲用之矣。诚复见我，我知之矣。"卫鞅复见孝公。公与语，不自知膝之前于席也。语数日不厌。景监曰："子何以中吾君？吾君之欢甚也。"鞅曰："吾说君以帝王之道比三代，而君曰：'久远，吾不能待。且贤君者，各及其身显名天下，安能邑邑待数十百年以成帝王乎？'故吾以强国之术说君，君大说之耳。然亦难以比德于殷、周矣。"孝

公既用卫鞅。

商鞅变法的核心思想：重刑、弱民、抑商和禁旅。其主要变法措施是：

第一，改革户籍制度实行什伍连坐法。规定"令民为什伍而相牧司连坐，不告奸者腰斩""匿奸者与降敌同罚""告奸者与斩敌首同赏"[1]。以稳定社会秩序，巩固统治者的统治。

第二，统一度量衡，"从令民为什伍到平斗桶、权衡、丈尺"[2]。度量标准的确立，加强了税收和贸易往来，为秦国经济发展做出重要贡献。

第三，推行县制，"集小都、乡、邑，聚为县，置令、丞，凡三十一县"[3]，即将全国的小都、乡、邑集合成为三十一个县，每个县设县令和县丞。这一举措打破了世卿世禄制，将地方官吏的任命权、人事权掌握于最高统治者手中，有利于消除地方割据势力，加强中央集权。

第四，重农抑商、奖励耕织。"僇力本业，耕织致粟帛多者复其身；事末利及怠而贫者，举以为收孥。"[4] 对努力耕作，劳动效率高者予以奖励，如"致粟帛多者"可以免除自己或家人的租税或者徭役。对不勤劳工作，没有产出的，自身及家人都要被罚为奴仆。既重赏又重罚，而民喜赏而恶罚，这一措施充分调动民众的积极性，大大提高劳动效率，使物资产出非常丰盛。

第五，禁止"同室内息"，规定"民有二男以上不分异者，倍其赋"[5]，以鼓励分家，增加赋役。这一规定与汉代之后的规定不同，秦规定必须分家，不分家的收双倍赋税，汉代受儒家"孝"思想的影响，父母在而分家的要受到刑罚处罚。

第六，废井田，开阡陌，重新丈量、划分土地的范围。杜佑《通典·田

---

① 《史记》卷五，《秦本纪》。
② 《史记》卷五，《秦本纪》。
③ 《史记》卷五，《秦本纪》。
④ 《史记》卷五，《秦本纪》。
⑤ 《史记》卷五，《秦本纪》。

制》载：

> 秦孝公用商鞅，鞅以三晋地狭人贫；秦地广人寡，故草不尽垦，地利不尽出；于是诱三晋之人，利其田宅，复三代无知兵事，而务本于内；而使秦人应敌于外。故废井田，制阡陌；任其所耕，不限多少。数年之间，国富兵强，天下无敌。

以法令承认土地私有，允许土地买卖，这是战国时期各国中唯一从国家政治的高度，官方正式的、改变土地所有制的举措。从经济基础上瓦解地方割据势力，将全国经济大权集中于中央。

第七，禁止私斗，奖励战功。"有军功者，各以率受上爵；为私斗者，各以轻重被刑大小。"[1] 军功大小是按上战场杀敌首级的数目来计算的，有大军功者可以获得贵族爵位，无军功者不能获得爵位。实行二十等爵制，按爵位的高低大小来分配田地宅邸、臣妾奴仆等。私斗者要被处以刑罚。

以军功定官爵大小的举措彻底打破世卿世禄制。在秦国，普通士兵上战场斩首敌方的一个军官就能马上晋一级爵位，同样的行为在魏国只能赏铜八两。而且秦国奖赏不分身份地位高低贵贱，即使是奴仆有军功一样获得爵位，而贵族没有军功只能享受平民待遇。秦国的普通民众，尤其是地位低下的奴仆，都想要通过获得军功改变自己的身份。因此军人成为最荣耀的职业，"民勇于公斗，怯于私斗"。秦国的官爵队伍得以重新洗牌，淘汰旧有阻碍发展者，注入大批能够为国家强盛贡献力量的新鲜血液。先后涌现出尉缭子、白起、王翦等著名军事家和将领。升官晋爵、丰厚的奖赏极大程度上刺激了秦人的生产积极性和战场杀敌的勇气，而战胜以后吞并的国家越多，秦国越有论功行赏的资本，如此循环下来，秦军自然越战越勇，越战越强，秦国的军事实力最终居于诸侯国之首。

商鞅变法是战国时期各诸侯国中最全面、最彻底、最成功的变法。尽管商鞅本人最终落得车裂的悲惨下场，但其变法思想和举措并没有随着商

---

① 《史记》卷五，《秦本纪》。

鞅的死亡泯灭，"其身虽死，其法未败"，"秦妇人婴儿皆言商君之法"①。值得注意的是，商鞅的一系列变法举措并不全是本人的独创，在秦国之前，已经陆续有一些诸侯国开始了变法运动。例如，魏国在李悝主持下进行"夺淫民之禄以来四方之士""食有劳而禄有功，使有能而赏必行，罚必当"②；齐国邹忌"谨修法律而督奸吏""谨择君子，毋杂小人其间"③，注重整顿吏治和举贤任能；楚国吴起"将衰楚国之爵而平其秩禄，损其有余而绥其不足，砥砺甲兵，时争利天下"④，意图剥夺旧贵族的利益以强国兴兵。而且采取的手段也非常严苛，"令贵人往实广虚之地"⑤"使封君之子孙三世而收其爵禄"⑥"罢无能，废无用，指不急之官，塞私门之清，一楚国之俗。"⑦ 可见在商鞅之前，其他诸侯国也运用了许多变法措施，但是这些变法大多随着主持者、支持者的死亡而宣告终结。只有秦国不同，虽然商鞅也难逃变法提倡者易亡的命运，但是其变法的举措后世君臣仍然采用。

为什么相同性质的变法，秦国作为后继者成功了，先行变法的国家反而失败了呢？有一个根本原因，是秦国严格遵守"以法治国"。首先变法的各项举措以法律形式颁布，其次以严法治吏，再通过熟悉法律、严格守法的官吏去以法治民，达到全民皆法。其他诸侯国虽然也颁布法律，但是没有从根本上做到"以法治国"，本质上仍然由旧贵族掌握国家权力的核心。比如楚国是由景式、昭氏、屈氏几大家族共同执掌，韩、赵、魏、齐的主要官吏由家室掌控。即使变法声称要尚贤任能，论功行赏，实际上却没有彻底实行。没有将变法主张以法律的形式形成具体制度，而最终深入人心。

---

① 《战国策·秦策》，中华书局 2012 年版。下同。

② 《说苑·理政》，商务印书馆 2018 年版。下同。

③ 《史记·田敬仲完世家》。

④ 《淮南子·应道训》，中华书局 2012 年版。

⑤ 《吕氏春秋·贵卒》，中华书局 2011 年版。

⑥ 《说苑·指武》。

⑦ 《战国策·秦策三》。

（三）秦代的强盛

秦国经过短短十几年的变法以后，迅速由以前的"僻在雍州"，被"夷翟遇之"的弱国变为"天子致胙""诸侯毕贺"的军事强国。"行之十年，秦民大悦，道不拾遗，山无盗贼，家给人足"，秦民皆"勇于公斗""闻战而喜"，则"乡邑大治"①。当时周天子封秦孝公为"方伯"，成为一方诸侯的领袖。其他诸侯国纷纷攀之，秦国成为实力最为强大的国家。

秦国发生的巨大变化，还可以从荀子入秦时所描述的秦井然有序、安定祥和的一幕看出。据《荀子·强国》载，荀子回答入秦后所见：

> 其固塞险，形势便，出林川谷美，天材之利多，是形胜也。入境，观其风俗，其百姓朴，其声乐不流污，其服不挑，甚畏有司而顺，古之民也。及都邑官府，其百吏肃然，莫不恭俭敦敬忠信而不楛，古之吏也。入其国，观其士大夫，出于其门入于公门，出于公门归于其家，无有私事，不比周、不朋党，偶然莫不明逐而公也，古之士大夫也。观其朝庭，其朝闲，听决百事不留，恬然如无治者，古之朝也。

荀子对秦的描述展示出其地理位置易守难攻，地势险要，自然资源丰富。民风淳朴，人民生活井然有序。官吏忠诚勤俭，士大夫不结党营私，公正严明，朝廷公事不多，办事效率高。荀子对秦评价颇高，称赞其为"古之民也""古之吏也""古之士大夫也""古之朝也"。

秦国经济迅猛发展，社会秩序井然，其军事力量更是达到战国七雄之首，可谓四海之内皆无敌手。士兵在丰厚的奖励下越战越猛，武器装备不断改进，军队数量多的时候甚至达到"带甲之士百万"，兵种已有步、车、骑之分，军事实力的强盛，使秦国综合实力很快跃居战国之首，迈出了秦朝崛起的重要一步，为之后秦始皇统一中国奠定重要的基础。

---

① 《史记》卷六八，《商君列传》。

二、法家法治思想的深刻影响

先秦时期，动荡不安、战争频发，同时不可否认这一时期又是思想大活跃、各家各派百花齐放，充满生机活力的时期。此时的社会由于生产力的高速发展，生产关系发生了重大变化，新兴阶级迅速崛起，与旧有势力的矛盾斗争日趋激烈。从大的环境来说，春秋五霸、战国七雄纷争不断，战火不息。激烈的诸侯国竞争导致各国统治者广纳贤士，以扩大自己的实力。同时，作为"先天下之乐而乐，后天下之忧而忧"的众多贤士，也积极周游列国，投身到辅助统治者一统天下、增强国力的事业中。各派的有识之士分别代表各自的利益群体，针对纷乱的时局，著书立说以阐述自己的思想理念，即"各著书言治乱之事，以干世主"①。

法家，其核心思想，认为法是调整社会各方面的唯一准则。法家思想主要有"垂法而治""轻罪重刑""法布于众"等内容。代表人物主要有春秋时期的管仲，战国初期的李悝、吴起，战国中期的商鞅、慎到、申不害，以及战国末期的韩非、李斯。

法家思想最大的功绩莫过于帮助秦国从弱小到强大，甚至一统六国，完成统一大业。而秦王朝的建立更使法家思想成为当时社会的主导思想。最终，也是随着秦王朝的覆灭，法家思想的主导地位逐渐失去。

在秦王朝建立的过程中，法家思想起到了巨大的作用。在秦国还只是"僻在雍州"的小国之时，商鞅将法家思想带到秦国，秦孝公支持商鞅的一系列变法举措，使秦国迅速强大，跻身于大国行列，位列七雄之一。之后，韩非总结了商鞅、申不害、慎到等法家思想，提出法、势、术相结合的有利于君主专制的法治学说，这一学说对秦王嬴政统一各国有很大的帮助。统一中国后，李斯运用商鞅、韩非的理论，辅佐始皇建立了中国历史上第一个君主专制的国家。

---

① 《史记》卷七四，《孟子荀卿列传》。

第二节　秦代司法文明的理论基础

秦代奉行法家思想，法家反对儒家的礼治思想，追求"刑无等级"的治世原则、"缘法而治"的法治精神、"法与时转"的变革精神以及提倡法律公开，反对法律秘密主义。从这四个方面论述了法的重要性、权威性，认为只有以法家思想为主要指导思想，国家才能迅速强盛，君主才能掌控臣民，社会得以稳定发展。

必须指出的是，法家虽然强调法律的权威性，法律面前的平等性，但是都是君本位观念下的法律论。也就是说，法律并不是至高无上的，在法律之上还有君主，君主不受法律的制约，甚至君主可以以自己的意愿更改或者破坏法律。法家思想的本质仍然是为了维护统治阶级即君主的权力，法律是君主治理国家的有力工具，属于专制集权制度下的法治理念，与西方近现代法本位的法治理念有本质区别。

法家思想的一大特点是反对儒家的"礼治""德治"及"人治"，不同于儒家"刑不上大夫"、严格维护宗法等级秩序的理念。法家主张"不务德而务法"[①]"不别亲疏，不殊贵贱，一断于法"[②]从政治角度分析，法家主张不分贵贱，一律处刑的做法，实际上是为了满足新兴阶级对旧贵族的打压，以扩大自身在国家权力中心里所占的比重。因此，法家将儒家推崇的礼、乐、诗、书、孝、悌、仁、义等价值标准，认为是不利于社会统治，不利于增强国力的根本，要求"燔诗书而明法令"[③]，其目的是以法家之言治天下。

---

① 《韩非子·易学》，中华书局 2015 年版。下同。
② 《史记》卷一三〇，《太史公自序》。
③ 《韩非子·和氏》。

一、"刑无等级"的治世原则

商鞅是法家早期的代表人物，他通过变革，将法家"刑无等级"的思想贯彻到治世实践当中：

> 所谓壹刑者，刑无等级。自卿相将军以致大夫庶人，有不从王令、犯国禁、乱上制者，罪死不赦。有功于前，有败于后，不为损刑。有善于前，有过于后，不为亏法。忠臣孝子有过，必以其数断。①

但是，不可否定的是，商鞅"刑无等级"的观点与近现代法制原则中的"法律面前人人平等"有本质的不同。商鞅的"刑无等级"观点中君主是不受法律约束的，凌驾于法律之上。《史记·商君列传》记载："太子犯法，将法太子。太子，君嗣也，不可施刑，刑其傅公子虔，黥其师公孙贾。"

韩非子在论述中明确表示反对礼治的观点，反对用仁义礼智来治理国家，"有道之主，远仁义，去智能，服之以法。是以誉广而名威，民治而国安"②。同时，他也反对儒家、墨家主张的遵循先王之道，认为：

> 孔子、墨子俱道尧舜，而取舍不同，皆自谓真尧、舜，尧、舜不复生，将谁使定儒、墨之诚乎？殷、周七百余岁，虞、夏二千余岁，而不能定儒、墨之真。今乃欲审尧、舜之道于三千岁之前，意者其不可必乎！无参验而必之者，愚也。弗能必而剧之者，诬也。故明据先王，必定尧、舜者，非愚则诬也。愚诬之学，杂反之行，明主弗受也。③

值得注意的是，韩非子反对礼治的观点，同时认为，法令的制定施行、国家的治理不能过于满足民众的欲望，必须严格推行法令。即"圣人之治

---

① 《商君书·赏刑》，中华书局2011年版。下同。

② 《韩非子·说疑》。

③ 《韩非子·显学》。

民，度于本，不从其欲。""故明主之治国也，明赏，则民劝功；严刑，则民亲法。""明君操权而上重，一政而国治。故法者，王之本也。"①

韩非子明确提出"法不阿贵"的观点，认为在执法时，必须做到不分权贵。君主必须明白，不偏袒权贵对于国家秩序稳定的重要性。即"法不阿贵，绳不挠曲，法之所加，智者弗能辞，勇者弗敢争。刑过不避大臣，赏善不遗匹夫"②。"治强生于法，弱乱生于阿，君明于此，则正赏罚而非仁天下也"③。韩非子反对礼治观念中的"刑不上大夫"，主张刑罚的锋芒指向除君主之外的其他阶层，进一步实现刑法适用平等的原则。在当时的历史背景之下，其进步性与先进性是不言而喻的。但是应当看到，韩非子所主张的"法不阿贵"与商鞅的"刑无等级"一样，都将君主置于法律之上，君主的言行都不受法律的制裁，是君本位下的平等。这是中国专制政权下法律平等观的局限性。

二、"缘法而治"的法治精神

（一）缘法而治

作为法家的先驱，管仲首先提出"以法治国"的理论。认为"所谓仁义礼乐者，皆出于法"，将法的地位提高到仁义礼乐之上。"圣君任法而不任智，任数而不任说，任公而不任私，任大道而不任小物，然后身佚而天下治。""法者不可不恒也，存亡治乱之所以出，圣君所以为天下大仪也。君臣上下贵贱皆发焉，故曰'法'。""有生法，有守法，有法于法，夫生法者君也，守法者臣也，法于法者民也。君臣上下贵贱皆从法，此之谓大治。"④"威不两措，政不二门，以法治国，则举措而已。"⑤以上可以看出，管子认为

---

① 《韩非子·心度》。

② 《韩非子·有度》。

③ 《韩非子·外储说右下》。

④ 《管子·任法》，中华书局2016年版。下同。

⑤ 《管子·明法》。

法令是一国之君最应该掌握的，圣明的君主掌握法令以后，不会劳烦忙乱，可以做到不思不虑，不忧不谋，垂衣拱手安坐而天下太平。

在君主与法令关系的问题上，管子主张：一是最高的立法和执法权必须由君王掌握；二是制定颁布法令以后，无论等级高低贵贱，"皆从法"。具体来说，"夫生法者，君也；守法者，臣也；法于法者，民也。君臣上下贵贱皆从法，此谓为大治"①。管子将君主、官吏、民众的任务区别开来，君主制定法律，官吏执行法律，民众遵守法律。制定法律的大权由君主独握，体现君主的统治意图。而官吏、民众奉行法律，则是对君主权力正常实施的最大保障。这种君权高于法令的君本位思想是管仲法治的核心特征，同时也奠定了法家学派法治思想的基本特点。"君本位"的法治思想和近代西方的"法本位"的法治思想有根本区别。

近代西方的"法本位"思想也主张"以法治国"，治理国家以法律为准则，法律是至上的，把法治作为社会生活、国家发展的目标。而中国古代法家思想中，君主的权力是在法令之上的，法律是君主统治国家、管理社会的强大武器，即"凡君国之重器，莫重于令"②。虽然管子的法治思想中也涉及"令尊于君"，但是其主张的君主遵守法令的根本目的是更加有效地维护君权，便于君权的有效运行，并没有制定防止君主违法的法令，也没有通过法令对君主的权力加以约束。简言之，"君本位"和"法本位"法治思想的差别就在于法律是否制约统治阶层的权力。

管子曰："令不高不行，不专不听。"③也就是说，君主必须要掌握最高的立法权和执法权，如果不掌握，那么臣民就不会遵守法令，法令就得不到有效实施。而君主掌握了最高的立法权和执法权，就可以"下之事上也，如响之应声也；臣之事主也，如影之从行也"④。也就是臣民会对君主言听计

---

① 《管子·任法》。
② 《管子·重令》。
③ 《管子·霸言》。
④ 《管子·任法》。

从，以保障君主权威，使君主权力至高无上。具体到法令推行上，管子主张为保障君主权力的至高性，法令实施的有效性，君主必须掌握关乎臣民人生命运的各项大权。例如，管子主张：

> 明主之所操者六：生之、杀之、富之、贫之、贵之、贱之。此六柄者主之所操也。主之所处者四：一曰文，二曰武，三曰威，四曰德，此四位者主之所处也。藉人以其所操，命曰夺柄。藉人以其所处，命曰失位。夺柄失位而求令之行，不可得也。①

商鞅提倡"明主之治天下也，缘法而治"，认为法令是治理国家的关键，"法令者，民之命也，为治之本也。"②"法者，国之权衡也。"③商鞅的法治精神，除了强调法律的重要性，更强调法令的制定以及执行要合乎实际：认为"圣人之为国也，观俗立法则治，察国事本则宜。不观时俗，不察国本，则其法立而民乱，事剧而功寡"④。"圣人之为国也，不法古，不修今，因世而为之治，度俗而为之法。故法不察民之情而立之，则不成。"⑤也就是说，立法必须适合社会发展变化的需要，同时还要与民心民情相符。"故明主慎法制，言不中法者，不听也。行不中法者，不高也。事不中法者，不为也。言中法，则辩之。行中法，则高之。事中法，则为之。故国治而地广，兵强而主尊，此治之至也。"⑥

韩非集法家之大成，在承继前辈观点的基础之上，将"缘法而治"的思想提升到新的高度。他指出："国无常强，无常弱。奉法者强，则国强。奉法者弱，则国弱。"⑦强调不仅普通民众，甚至官兵都要严格遵守法令，不能置法于不顾。只有这样，才能"以法治国，举措而已"。当然，韩非的法治

---

① 《管子·任法》。
② 《商君书·定分》。
③ 《商君书·修权》。
④ 《商君书·算地》。
⑤ 《商君书·壹言》。
⑥ 《商君书·君臣》。
⑦ 《韩非子·有度》。

观念仍然属于君本位的法治观。

韩非在论述"以法为本"的重要性时，注重总结他国的法治经验：

> 当魏之方明《立辞》、从宪令行之时，有功者必赏，有罪者必诛，强匡天下，威行四邻。及法慢，妄予，而国日削矣。当赵之方明《国律》、从大军之时，大众兵强，辟地齐、燕。及《国律》慢，用者弱，而国日削矣。当燕之方明《奉法》、审言断之时，东县齐国，南尽中山之地。及《奉法》已亡，官断不用，左右交争，论从其下，则兵弱而地削，国制于邻敌矣。故曰：明法者强，慢法者弱。①

韩非列举魏、赵、燕三国用法的实际情况，来说明"以法为本"关乎国家的兴衰。如果不推行法治，必然会导致亡国灭族。韩非进一步强调法治的重要性，认为如果实行"以法为本"，即使是只有中等才能的君主也能治理好国家，而如果不实行法治，即使君主的才能很高，也难以将国家治理得国富民强。随着法家法治思想的普及，"家有常业，虽饥不饿。国有常法，虽危不亡。若舍法从私意，则臣不饰其智能，则法禁不立矣"②。

韩非在论述"以法为本"时，批判了儒家的"礼治""德治"观点，认为国家治理"不务德而务法"③，"欲以宽缓之政治急世之民，犹无辔策而御駻马，此不知之患也。"④ 儒家主张："司寇行刑，君为之不举乐；闻死刑之报，君为流涕。"⑤ 认为刑罚尤其是死刑残酷严苛，"以德治国"应该少用甚至不用刑罚。而韩非认为，君主听闻要动用刑罚甚至死刑所以不高兴、流泪，表明君主个人有仁爱之心。但是治理国家，尤其是以法治国，刑罚是重要的手段，不能不用。即"先王胜其法，不听其泣，则仁之不可以为治亦明

---

① 《韩非子·饰邪》。
② 《韩非子·饰邪》。
③ 《韩非子·显学》。
④ 《韩非子·五蠹》。
⑤ 《韩非子·五蠹》。

矣"。① 在批判了"德治"后，韩非子进一步批判了儒、墨"尚贤"的观点，"废常上贤则乱，舍法任智则危。故曰：上法而不上贤"②。

韩非子认为人性本质上好利恶害，"夫安利者就之，危害者去之，此人之情也"③。他列举了几种关系，阐释其观点。父母子女之间的关系，"父母之于子也，产男则相贺，产女则杀之。此俱出于父母之怀衽，然男子受贺，女子杀之者，虑其后便，计之长利也。"④既然父母与子女之间都有好利恶害的特点，那么社会上其他人际关系之间的利害关系只重不轻。君主与臣民之间的关系，"君上之于民也，有难则用其死，安平则用其力。""臣尽死力以与君市，君垂爵禄以与臣市"⑤。舆人与匠人的关系，"舆人成舆，则欲人之富贵。匠人成棺，则欲人之夭死也。非舆人仁而匠人贼也。人不贵则舆不售，人不死则棺不卖，情非憎人也，利在人之死也"⑥。雇佣者和被雇佣者的关系，"夫买庸而播耕者，主人费家而美食，调布而求易钱者，非爱庸客也。曰：如是，耕者且深，耨者熟耘也。庸客致力而疾耕，尽巧而正畦陌者，非爱主人也。曰：如是，羹且美求钱布且易云也"⑦。正是由于人性好利恶害的本性，才使得以法为本、赏罚分明成为治理国家的根本。韩非的人性论不仅仅停留在利害关系上，还进一步引申到"人不乐生，则人主不尊。不重死，则令不行也"⑧。

综述之，韩非的人性论为他的赏罚论和法治论奠定了基础，"凡治天下，必因人情。人情者，有好恶，故赏罚可用。赏罚可用，则禁令可立而治道具矣"⑨。

---

① 《韩非子·五蠹》。
② 《韩非子·忠孝》。
③ 《韩非子·奸劫弑臣》。
④ 《韩非子·六反》。
⑤ 《韩非子·难一》。
⑥ 《韩非子·备内》。
⑦ 《韩非子·外储说左上》。
⑧ 《韩非子·安危》。
⑨ 《韩非子·八经》。

韩非的法治思想还体现于对立法的主张，例如立法的权威性、完备性、简明性以及法律的稳定性等。立法的权威性："明主之国，令者，言最贵者也。法者，事最适者也。言无二贵，法不两适，故言行而不轨于法令者必禁。"① 立法的完备性："圣王之立法也，其赏足以劝善，其威足以胜暴，其备足以必完法。"② 立法的简明性："明主之表易见，故约立。其教易知，故言用。其法易为，故令行。"③ 法律的稳定性："饬令，则法不迁。法平，则吏无奸。法已定矣，不以善言售法。"④

（二）轻罪重刑

商鞅强调重刑，无论犯有轻罪还是重罪，一律用重刑处罚。使民众无论轻罪重罪都不敢犯，以达到巩固政权稳定，提高统治效率，增强国家实力的目的。商鞅变法触动了旧贵族阶级的利益，自然遭到强烈的反对，但是商鞅实践了"刑无等级""重刑"的举措。史料中记载有：

> 令行于民期年，秦民之国都言初令之不便者以千数。于是太子犯法。卫鞅曰："法之不行，自上犯之。"将法太子。太子，君嗣也，不可施刑，刑其傅公子虔，黥其师公孙贾。明日，秦人皆趋令。
>
> 秦民初言令不便者，有来言令便者。卫鞅曰："此皆乱化之民也。"尽迁之于边城。其后民莫敢议令。⑤

商鞅主张重刑的目的是用重刑威慑民众，稳定统治秩序，增强国力：

> 行刑重其轻者，轻者不生，则重者无从至矣，此谓治之于其治也。行刑，重其重者，轻其轻者，轻者不止，则重者无从止矣，此谓治之于其乱也。故重轻，则刑去事成，国强。重重而轻轻，则刑

---

① 《韩非子·问辩》。
② 《韩非子·守道》。
③ 《韩非子·用人》。
④ 《韩非子·饬令》。
⑤ 《史记》卷六八，《商君列传》。

至而事生，国削。①

商鞅采取"连坐"的方式促使重刑主张的实施。"守法守职之吏有不行王法者，罪死不赦，刑及三族。""重刑，连其罪，则民不敢试。民不敢试，故无刑也。……故曰：明刑之犹至于无刑也。"②除了连坐制度，商鞅还提出了"不赦不宥"。"圣人不宥过，不赦刑，故奸无起。圣人治国也，审壹而已矣。"③

韩非赞同商鞅的重刑主张，也主张采用严刑重罚，认为："夫严刑重罚者，民之所恶也，而国之所以治也。哀怜百姓轻刑罚者，民之所喜，而国之所以危也。""夫严刑者，民之所畏也。重罚者，民之所恶也。故圣人陈其所畏以禁其邪，设其所恶以防奸，是以国安而暴乱不起。吾以是明仁义爱惠之不足用，而严刑重罚之可以治国也。"④也就是说，实施严刑重罚，可以安定国家，维护统治秩序。

韩非主张即使是小罪也要重罚，即"行刑，重其轻者，轻者不至，重者不来，此谓以刑去刑。罪重而刑轻，刑轻则事生，此谓以刑致刑，其国必削"⑤。"明君见小奸于微，故民无大谋。行小诛于细，故民无大乱。"⑥"重罪者，人之所难犯也。而小过者，人之所易去也。使人去其所易，无离其所难，此治之道。夫小过不生，大罪不至，是人无罪而乱不生也。"⑦

针对"重刑伤民，轻刑止奸"的观点，韩非认为：

今不知治者皆曰："重刑伤民，轻刑可以止奸，何必于重哉？"此不察于治者也。夫以重止者，未必以轻止之也。以轻止者，必

---

① 《商君书·说民》。
② 《商君书·赏刑》。
③ 《商君书·赏刑》。
④ 《韩非子·奸劫弑臣》。
⑤ 《韩非子·饬令》。
⑥ 《韩非子·难三》。
⑦ 《韩非子·内储说上七术》。

以重止矣。是以上设重刑者而奸尽止，奸尽止，则此奚伤于民也？所谓重刑者，奸之所利者细，而上之所加焉者大也。民不以小利加大罪，故奸必止者也。今轻刑罚，民必易之，犯而不诛，是驱国而弃之也。犯而诛之，是为民设陷也。是故轻罪者，民之坏也。是以轻罪之为民道也，非乱国也，则设民陷也，此则可谓伤民矣。①

法家的重刑思想，对于"禁奸止邪"，稳定社会秩序，保障君主权力，成果显著。使秦国由"雍州小国"迅速跨入强国之列，国富民强，"道不拾遗，夜不闭户"。但是法家的重刑观点利用严酷的刑罚震慑罪犯，尤其到李斯时更是将尊君和重刑思想发展到极致，完全否定了儒家的道德教化的作用，罪犯没有从内心深处认识感悟，只是表面驯服。同时取消减免刑、否定轻刑，依靠和迷信暴力，走向了严刑峻法的极端统治。这种统治方式，短期内有效，但不利于国家的长久统治，为社会的崩溃埋下了伏笔，最终秦二世而亡，成为中国历史上的短命王朝。随着秦的覆灭，法家思想也由当世的显学逐渐消失，最终被更有适应性、包容性的儒家学说所吸纳、取代。

（三）刑赏关系

商鞅非常看重刑罚的威力，认为刑与赏要互相结合，但是应该做到"刑多赏少"。这一点不仅与儒家"刑少而赏多"相反，甚至与法家其他代表人物的思想也不尽相同。同时，商鞅不仅主张刑多赏少，而且主张对只有犯意没有犯罪行为的人以及未遂犯进行处罚，对告奸者进行奖励，以鼓励检举揭发违法行为。

治国刑多而赏少，故王者刑九而赏一，削国赏九而刑一。夫过有厚薄，则刑有轻重。善有大小，则赏有多少。此二者，世之常用

---

① 《韩非子·六反》。

也。刑加于罪所终，则奸不去。赏施于民所义，则过不止。刑不能去奸而赏不能止过者，必乱。故王者刑用于将过，则大邪不生。赏施于告奸，则细过不失。治民能使大邪不生，细过不失，则国治。国治必强。①

值得注意的是，商鞅虽然主张重刑，但是他用重刑的最终目的是少用、不用刑罚，威慑罪犯，从而使国家强盛。即"以杀去杀，虽杀可也。以刑去刑，虽重刑可也"。"刑重者，民不敢犯，故无刑也。而民莫敢为非，是一国皆善也。"②由此可以看出，商鞅主张重刑的目的并不是要以严刑治国，而是利用重刑的震慑力让民众不敢违法，以维护国家的正常统治秩序。

韩非也提出刑赏并用、刑赏结合，但是他与商鞅刑多赏少的观点不同。韩非主张厚赏重罚、刑赏俱厚，以提高统治的效能。据《韩非子·六反》记载："赏厚，则所欲之得也疾。罚重，则所恶之禁也急。""是故欲治甚者，其赏必厚矣。其恶乱甚者，其罚必重矣。"但是韩非也反对过度奖赏，认为赏要有度，不可过繁。"刑胜而民静，赏繁而奸生。故治民者，刑胜，治之首也。赏繁，乱之本也。""故明主之治国也，明赏，则民劝功。严刑，则民亲法。"③

三、"法与时转"的变革精神

（一）顺应天道自然

管子论述了法令与天道自然的关系。中国古代的法律思想，基本都受到天道观的影响。管子的法治思想也不例外，认为：

欲王天下而失天下之道，天下不可得而王也。得天之道，其事若自然。失天之道，虽立不安。……其功顺天者天助之，其功逆天

---

① 《商君书·开塞》。

② 《商君书·画策》。

③ 《韩非子·心度》。

者天违之。天之所助，虽小必大。天之所违，虽成必败。顺天者有功，逆天者怀其凶，不可复振也。①

在这里，管子把春夏秋冬四季变化的规律视为天道，也就是法令的制定颁布都要顺应自然四季的规律。

令有时。无时则必视，顺天之所以来，五漫漫，六惛惛，孰知之哉？唯圣人知四时。不知四时，乃失国之基。不知五谷之故，国家乃路。故天曰信明，地曰信圣，四时曰正。其王信明圣，其臣乃正。②

（二）富而治之

在法与经济的问题上，管子认为经济发展后，民众过上富裕的日子，生活水平提高了，即使部分政令与民情民风不相适应，民众也不会大规模暴动反抗，不至于影响到统治的根基。所以，经济发展对于国家的长治久安以及秩序稳定有着重要的影响。

凡治国之道，必先富民，民富则易治也，民贫则难治也。奚以知其然也，民富则安乡重家，安乡重家则敬上畏罪，敬上畏罪则易治也。民贫则危乡轻家，危乡轻家则敢陵上犯禁，陵上犯禁则难治也。故治国常富，而乱国常贫。是以善为国者，必先富民，然后治之。③

凡有地牧民者，务在四时，守在仓廪。国多财则远者来，地辟举则民留处，仓廪实则知礼节，衣食足则知荣辱。上服度则六亲固，四维张则君令行。④

商鞅认为社会的发展分为上世、中世、下世和今世，即"上世亲亲而爱

---

① 《管子·形势》。
② 《管子·四时》。
③ 《管子·治国》。
④ 《管子·牧民》。

私，中世上贤而说仁，下世贵贵而尊官"。① 而商鞅论述今世与上世、中世、下世都不同：

> 今世强国事兼并，弱国务力守。上不及虞、夏之时，而下不修汤、武。汤武塞，故万乘莫不战，千乘莫不守。此道之塞久矣，而世主莫之能废也。故三代不四，非明主莫有能听也。②

总之，随着社会发展的变化，规范行为的法律制度也应该随之发生变化，即"世事变而行道异也"。所以，"圣人不法古，不修今。法古则后于时，修今则塞于势"③。

要想满足君主的强国政治需求，必须进行大规模的变法改革。商鞅在应答秦孝公的治国之策时，说道：

> 臣闻之，疑行无成，疑事无功。君亟定变法之虑，殆无顾天下之议之也！且夫有高人之行者，固见负于世。有独知之虑者，必见骜于民。语曰："愚者暗于成事，知者见于未萌。民不可与虑始，而可与乐成。"郭偃之法曰："论至德者不和于俗。成大功者不谋于众。"法者所以爱民也，礼者所以便事也。是以圣人苟可以强国，不法其故。苟可以利民，不循其礼。④

秦孝公听闻商鞅的意见，很是赞同。但是商鞅的变法观点与旧贵族利益不符，旧贵族甘龙曰：

> 不然。臣闻之，圣人不易民而教，知者不变法而治。因民而教者，不劳而功成。据法而治者，吏习而民安。今若变法，不循秦国之故，更礼而教民，臣恐天下之议君，愿孰察之。⑤

针对甘龙的反对，商鞅辩称：

---

① 《商君书·开塞》。
② 《商君书·开塞》。
③ 《商君书·开塞》。
④ 《商君书·更法》。
⑤ 《商君书·更法》。

子之所言，世俗之言也。夫常人安于故习，学者溺于所闻。此两者所以居官而守法，非所与论于法之外也。三代不同礼而王，五霸不同法而霸。故知者作法，而愚者制焉。贤者更礼，而不肖者拘焉。拘礼之人不足以言事，制法之人不足以论变。君无疑矣。①

又有旧贵族杜挚曰：

臣闻之，利不百，不变法。功不十，不易器。臣闻法古无过，循礼无邪。君其图之。②

商鞅答曰：

前世不同教，何古之法？帝王不相复，何礼之循？伏羲、神农教而不诛，黄帝、尧、舜诛而不怒，及至文、武，各当时而立法，因事而制礼。礼法以时而定，制令各顺其宜。兵甲器备，各便其时。臣故曰：治世不一道，便国不必法古。汤、武之王也，不修古而兴。殷、夏之灭也，不易礼而亡。然则反古者未必可非，循礼者未足多是也。君无疑矣。③

可见，商鞅从历史的兴替总结出，要想国家从贫弱变为强盛，必须进行变法改革，不可因循守旧。凡是不盲目循古制而勇于变法者，都迎来了盛世。相反，一味强调礼不可更者，最终都亡国灭世。

韩非主张法令的制定和施行要随着社会发展的变化而变化，社会的发展大致经历了四个阶段：上古、中古、近古、当今。每个阶段的社会运行特点不同，相应的处事原则方法也不尽相同。具体来说"上古竞于道德，中世逐于智谋，当今争于气力"④。而他所处的战国时期属于"当今"，整体社会特征是诸国并存、诸侯混战，军事实力的强弱决定了国家的存亡。在这样一种以武力得天下的社会中，如果还是按照礼治的观点，采用先王之道，那么国

---

① 《商君书·更法》。
② 《商君书·更法》。
③ 《商君书·更法》。
④ 《韩非子·五蠹》。

家实力不能提升，逆水行舟不进则退，实力不强则必然导致亡国。所以韩非主张在当今要严格实行法治，以法为本。"故治民无常，唯治为法。法与时转则治，治与世宜则有功。""故圣人之治民也，法与时移而禁与能变。"①

韩非的"法与时转"精神还表现在，随着生产力的提高，社会财富、人口以及平均寿命相较于古时都有增长。但是社会财富的增长满足不了人口增长的需求，财产的分配不均，必然导致人与人之间的争斗甚至国与国之间的战争。

> 古者丈夫不耕，草木之实足食也。妇人不织，禽兽之皮足衣也。不事力而养足，人民少而财有余，故民不争。是以厚赏不行，重罚不用，而民自治。今人有五子不为多，子又有五子，大父未死而有二十五孙。是以人民众而货财寡，事力劳而供养薄，故民争，虽倍赏累罚而不免于乱。②

因此与社会发展相适应，为了稳定社会秩序，必须严格采用法家思想，这与君主的仁慈本性无关。"是以古之易财，非仁也，财多也。今之争夺，非鄙也，财寡也。""故圣人议多少，论薄厚为之政。故罚薄不为慈，诛严不为戾，称俗而行也。"③

（三）趋利避害

管子阐述了法令与民情的关系。认为人性"好利恶害"，即"民，利之则来，害之则去。民之从利也，如水之走下，于四方无择也，故欲来民者，先起其利，虽不召而民自至。设其所恶，虽召之而民不来也"④。管子重视民心民情，认为法令要合乎民心，"法立而民乐之，令出而民衔之，法令之合

---

① 《韩非子·心度》。

② 《韩非子·五蠹》。

③ 《韩非子·五蠹》。

④ 《管子·形势解》。

于民心，如符节之相得也”①。

> 政之所兴，在顺民心，政之所废，在逆民心。民恶忧劳，我佚乐之。民恶贫贱，我富贵之。民恶危坠，我存安之。民恶灭绝，我生育之。能佚乐之，则民为之忧劳。能富贵之，则民为之贫贱。能存安之，则民为之危坠。能生育之，则民为之灭绝。故刑罚不足以畏其意，杀戮不足以服其心。故刑罚繁而意不恐，则令不行矣。杀戮众而心不服，则上位危矣，故从其四欲，则远者自亲，行其四恶，则近者叛之。②

同时认为君主治理天下的手段要符合民心所望，法令只有合乎民情，才能使天下民众安康，统治稳定。

> 人主出言不（逆）于民心，不悖于理义，其所言足以安天下者也，人唯恐其不复言也。出言而离父子之亲，疏君臣之道，害天下之众，此言之不可复者也，故明主不言也。

> 明主之治天下也，静其民而不扰，使其民而不劳。不扰则民自循，不劳则民自试。明主之动静得理义，号令顺民心，诛杀当其罪，赏赐当其功，故虽不用牺牲圭璧祷于鬼神，鬼神助之，天地与之，举事而有福。乱主之动作失义理，号令逆民心，诛杀不当其罪，赏赐不当其功，故虽用牺牲圭璧祷于鬼神，鬼神不助，天地不与，举事而有祸。

> 明主度量人力之所能为，而后使焉，故令于人之所能为，则令行；使于人之所能为，则事成。乱主不量能力，令于人之所不能为，故其令废；使于人之所不能为，故其事败。夫令出而废，举事而败，此强不能之罪也。③

尽管管子强调统治者制定政令要顺民心合民情，但是，管子的法治思想

---

① 《管子·形势解》。
② 《管子·牧民》。
③ 《管子·形势解》。

中"尊君"仍然是核心。顺应民心是为了保障政令有效实施，其最终目标是维护统治秩序，保障君主权力的稳固。君主始终位于法令之上，是法令的掌控者，而民是君主用法令这一统治工具所统治的对象，法令并非限制君主权力，也没有保障民众的权利。

在法令与伦理道德关系的问题上，管子认为国家的治理、法令的颁行及民众的管理都离不开礼、义、廉、耻，国家的长治久安亦离不开民众伦理道德水平的提高。

> 凡牧民者，欲民之有礼也。欲民之有礼，则小礼不可不谨也。小礼不谨于国，而求百姓之行大礼，不可得也。凡牧民者，欲民之有义也，则小义不可不行，小义不行于国，而求百姓之行大义，不可得也。凡牧民者，欲民之有廉，则小廉不可不修也，小廉不修于国，而求百姓之行大廉，不可得也。凡牧民者，欲民之有耻也；欲民之有耻，则小耻不可不饰也；小耻不饰于国，而求百姓之行大耻，不可得也。凡牧民者，欲民之修小礼、行小义、饰小廉、谨小耻、禁微邪，此厉民之道也。民之修小礼、行小义、饰小廉、谨小耻、禁微邪，治之本也。[1]

管子在推行法令的时候，非常注重迎合民俗民情。即"立禁有轻有重，……皆随时而变，因俗而动"。"古之欲正世调天下者，必先观国政，料事务，察民俗，本治乱之所生，知得失之所在，然后从事，故法可立而治可行"。[2] 也就是说，管子认为政令的制定和施行都要根据当地的风俗民情而变，不能过于遵循旧制而不变，颇有"与时俱进"的特质。只有与民俗民情相符，民众才能更好地理解、适应、遵守，政令才有长期切实有效的可行性。

商鞅从人性的本质——"好利恶害"论述变法的必然性和可行性。即"人情好爵禄而恶刑罚"[3]。"民之性，饥而求食，劳而求佚，苦则索乐，辱则求

---

① 《管子·权修》。

② 《管子·正世》。

③ 《商君书·错法》。

荣。"①"民勇则赏之以其所欲，民怯则刑之以其所恶。故怯民使之以刑则勇，勇民使之以赏则死。怯民勇，勇民死，国无敌者，必王。"②

（四）"法与时转"的重要性

法家提出"法与时转"的观点，主张"礼法以时而定，制令各顺其宜"③。充分认识到要根据历史发展的需要适用不同的治国之术。历史并非静止不动，而是一个不断发展变化的过程，不能恪守以前的治国模式。法并不是万古不变的，它受到时代所限制。法的作用不是向时代发布命令，而是顺应时代变化的需要，引导社会良性前进。所以说，法家坚决反对"法古""循今"两种态度，认为"法古则后于时"，"循今则塞于势"④。正确的态度是顺应天道自然、适应社会发展、合乎民心民情，这才是制定和执行法律的根本依据。

因此，面对"礼崩乐坏"、弱肉强食、战乱频发的社会现实，法家学派没有像儒家那样试图恢复先王时期的"礼"，到处奔走以呼"吾从周"；也没有像道家那样崇尚"无为"，消极避世，而是坚持以"不法古，不修今"为指导思想，积极入世，审时度势。认识到"强国事兼并，弱国务力守"的现实，和"以礼治国"的过去有着本质的区别，如果还是用"先王之政"来"治当世之民"，势必与现实需求不符，是亡国之道。奴隶制法以维护"礼制"为基本内容，以"秘密法"为特征，它在符合其适用的奴隶制环境中发挥了重大的作用。但是随着经济基础的改变，上层建筑必然也要随之改变，此乃时代之大势。面对强国称霸、弱国被吞并的社会形势，重农强军、富国兴兵是救亡图存的当务之急。变革旧的时代，自然要求改变旧有的法律制度，而新的时代自然也需要新的法律秩序与之相适应。法家思想正是适应了这一新

---

① 《商君书·算地》。

② 《商君书·说民》。

③ 《商君书·更法》。

④ 《商君书·开塞》。

时代的需要，顺应而生，又驾驭这一时代，引领进步发展，进而推动历史的前进。

"礼法以时而定，制令各顺其宜"①是一个具有普遍意义的原则，但是法家对此并未完全适用。在战国乱世时期，法家思想发挥其巨大的作用。然而一旦诸侯混战的乱世过去，法家"重刑"思想也应该顺应时代发展的潮流退去，保留积极的一面，比如"刑无等级""垂法而治"等，经过改造和修正，以适应新时代的需要。总而言之，法家思想顺应战国时期的需求，使得秦国由弱小到强大，最终兼并六国。而当秦始皇统一中国以后，社会发生了变化，连年混战结束，新的国家初步建立，此时国家和民众最需要的是休养生息，恢复生产。以重刑打击旧贵族的使命已经完成，重刑重战政策应该改变。因此应该顺应社会的需要更改"重刑""好战"的国策，实行"轻徭薄赋"。可惜秦始皇并没有认识到这一点，虽然他非常欣赏韩非子的思想，发出"寡人得见此人与之游，死不恨矣"②的感慨，但是他却对韩非"法与时转则治，治与世宜则有功""时移而治不易者乱"③的警告置若罔闻。最终，错失了"元元之民，冀得其性命，莫不虚心仰上"④的良机，违背国家和民众的需要，仍然坚持"重刑"，甚至发展成为"暴刑"。表面上看似乎秦始皇坚持"法治"，实际上他已经彻底违背法家"法治"思想的根本，不合乎民情制定法律，不执行既定的法律，以个人的意志为最高法则，随意破坏法律制度，完全成为"人治"。赋税繁重、徭役无数，繁刑严诛、暴行暴政，将国家推向了极端的血腥黑暗统治。正如陆贾所言："秦任刑罚不变，卒灭赵氏。"⑤社会矛盾空前激化，秦朝统治岌岌可危。

秦始皇不仅没有认识到建国之初社会需求的变化，甚至认为他的这一套

① 《商君书·更法》。

② 《史记》卷六三，《老子韩非列传第三》。

③ 《韩非子·心度》。

④ 《新书·过秦论》，中华书局 2012 年版。下同。

⑤ 《汉书》卷四三，《郦陆朱刘叔孙传第十三》，中华书局 2012 年版。下同。

做法要"永垂千古""垂于后世,顺承勿革"①。至秦二世时,仍然实行"繁刑严诛,吏治深刻;赏罚不当,赋敛无度"②,不能改"先帝之过",终二世而亡。彻底违背了"法与时转"的精神。因此,与其说秦亡于暴政,不如说秦亡于不知变法。秦朝统治者的做法恰如韩非所说的"欲以先王之政,治当世之民",这和法家"法与时转""礼法以时而定,制令各顺其宜"的精神完全背道而驰。③

四、倡导法律公开主义,反对法律秘密主义的精神

商鞅主张法律的制定和执行应使民众容易知晓,"行法令,明白易知,为置法官吏为之师,以道之知,万民皆知所避就,避祸就福,而皆以自治也。故明主因治而终治之,故天下大治也"④。商鞅强调"圣人为法,必使之明白易知"⑤,倡导法律的公开和容易知晓。

> 吏民知法令者,皆问法官。故天下之吏民无不知法者。吏明知民知法令也,故吏不敢以非法遇民,民不敢犯法以干法官也。遇民不修法,则问法官。法官即以法之罪告之。民即以法官之言正告之吏。吏知其如此,故吏不敢以非法遇民,民不敢犯法。如此,天下之吏民虽有贤良辩慧,不能开一言以枉法。虽有千金,不能以用一铢。故知诈贤能者皆作而为善,皆务自治奉公。民愚则易治也,此所生于法明白易知而必行。⑥

> 国之所以治者三:一曰法,二曰信,三曰权。法者,君臣之所共操也;信者,君臣之所共立也;权者,君之所独制也。人主失守

---

①　《史记》卷六,《秦始皇本纪》。

②　《新书·过秦论》。

③　贺嘉:"秦朝立法和司法的指导思想不再是法家思想",载《研究生法学》1994年第3期。

④　《商君书·定分》。

⑤　《商君书·定分》。

⑥　《商君书·定分》。

则危，君臣释法任私则乱。故立法明分而不以私害法则治。①

由此看出，公布成文法，法律成为贵贱尊卑上下皆应遵守的行为准则。使君臣民众都能清晰明了地判断是非对错，便于行使赏罚。

在执法方面，商鞅主张严格执行既定法律，执法的缘由、过程、结果都要公开。

> 法制设而私善行，则民不畏刑。君尊则令行，官修则有常事，法制明则民畏刑。法制不明，而求民之行令也，不可得也。民不从令，而求君之尊也，虽尧舜之知，不能以治。②

韩非主张法律要向民众公布，"法者，编著之图籍，设于官府而布之于百姓者也。"③阐明国家要公布成文法，使臣民皆知法、懂法，才能做到人人遵法、守法。

有学者认为法家思想是秦代政治命运跌宕起伏的内在根本原因，既造就秦迅速强盛，也促使了秦的加速灭亡。④但也有学者认为，秦代的灭亡不能简单地归结为法家思想的指导，秦灭亡是多重原因的结果，主要有赋税苛杂、徭役繁重、用人不当等原因。⑤萧公权先生认为："尊君重刑之术，商鞅用以相孝公而秦富强，李斯用以佐始皇而得天下。""其术阳重法而阴尊君。故其学愈趋发展，则尊君之用意愈明，而重法之主张愈弱。""商韩之专制思想，嬴秦之专制政府，貌似法治，而实与法治根本不相容。专制为君本位之思想，法治为法本位之思想。""依据法家思想以建立之秦政乃专制而非法治，而秦之覆亡乃专制之失败，非法治之失败。"⑥

法家思想作为主导思想只存在于战国、秦朝这一短暂时期，不像儒家思想从汉代开始以后就获得了长期发展融合的机会。儒家思想在长期发展过程

---

① 《商君书·修权》。

② 《商君书·君臣》。

③ 《韩非子·难三》。

④ 郑颖慧："关于法家学说与秦代法制关系探讨"，载《河北法学》2007年第11期。

⑤ 徐卫民："法家思想与秦王朝灭亡关系新论"，载《西北大学学报》2005年第4期。

⑥ 萧公权：《中国政治思想史》，辽宁教育出版社1998年版，第247—252页。

中不断吸取融合法家、道家等思想，使其能够随着社会发展变化的需要不断改变，以迎合统治者的需要，最终得以在中国的历史长河中长久地存在下去。相反，法家思想却没有这样的机会，不能随着时事的变化而融合其他思想，没有长远发展的过程。

第三节　秦代的司法体制

一、司法体制

春秋时期，以前由周天子掌握的最高司法权下移到各诸侯手中，司法机构相对独立，各诸侯国有了自己的司法组织。

至战国时期，新兴地主阶级逐渐掌握了司法审判权，各诸侯国建立了从中央到地方的各级司法机构。各国君主享有最高司法审判权，中央设有专门的司法机构，比如魏国设有司寇，齐国设有大理，楚国设有廷理。虽然名称不同，但是职责基本相同。而秦国则在中央设廷尉，执掌全国司法工作。地方上的司法权主要由地方行政长官拥有。各诸侯国依据各自的法律、习惯审理案件。秦国已经形成了一套较为严密的司法程序。当司法机关受理案件后，需要把涉案人员的姓名、身份、所属机构、是否有前科等汇总写成书面报告。现场调查、勘验的过程要详细地记录在案。庭审时兼听原被告双方的口供，针对不供述、供述不实的可以进行刑讯。司法机关的全部审判过程要记录在案，制成"爰书"。体现了当时秦代司法制度的先进与文明均达到了世界之最。

《汉书·百官公卿表》载："周政衰败，官制混乱，战国并争，各有变异"，及至秦始皇统一六国以后，才逐渐统一官制。中央行政机构为"三公九卿"，"三公"分别是丞相、太尉、御史大夫。丞相主要负责一国之政事，太尉负责一国之军事，御史大夫执掌监察诸事。"九卿"位列三公之下，主要负责国家各方面事务。其中负责掌管一国之司法的是廷尉。

（一）皇帝拥有最高司法权及在司法文明建设中的作用

1. 皇帝拥有最高司法权

中国自建立国家，进入阶级社会以后，成为以"王"为中心的专制政体。在西周、春秋和战国时期，"王"是天子的称号，有天下归一的寓意。商周的文献中，王的自称是"予一人"，表现了王拥有至高无上的特权。在秦始皇灭六国以前，称为"秦王"。王拥有一国最高的行政权、军事权、立法权和司法权。甲骨文中"贞，王闻惟辟""贞，王闻不为辟""兹人（刑）不"，说明王拥有最高司法权，司法的最终决定权掌握在王手中。比如，《礼记·王制》所说：

> 成狱辞，史以狱成告于正，正听之；正以狱成告于大司寇，大司寇听于棘木之下；大司寇以狱成告于王，王命三公参听之；三公以狱成告于王，王三又（宥），然后制刑。

说明商王拥有诉讼胜负的终决权。《周礼·秋官·掌囚》载："及刑杀，告刑于王，奉而适朝士。"说明西周时王还是各个诸侯国之间法律纠纷的最高裁决人。随着社会发展的需要，国家机构进一步扩大，西周时期王以下还建成了中央司法机关——司寇、士师以及地方司法机关——乡士、遂士、县士等。

自秦王嬴政统一中国，建立中央集权制国家以后，皇帝制度开始形成。秦王嬴政灭六国，统一中国以后，认为"王"的称号已经不能表现他的权势。嬴政认为："寡人以眇眇之身，兴兵诛暴乱，赖宗庙之灵，六王咸扶其辜，天下大定。今名号不更，无以称成功，传后世，其议帝号。"[①] 自此，皇帝成为国家最高权力的象征，在"溥天之下，莫非王土；率土之滨，莫非王

---

① 《史记》卷六，《秦始皇本纪》。

臣"①的基础上，认为"六合之内，皇帝之土；人迹所至，无不臣者"②，意思是世界上所有的土地以及土地上的臣民都属于皇帝，可见皇帝权力范围之广之大，"全国之事无大小皆决于上"③。

皇帝不仅拥有最高的立法权、行政权，也拥有最高的司法权，原来由各国君主、诸侯共有的司法权全部集中到皇帝一人手中。司法权高度集中于皇帝手中具体表现为两个方面：第一，皇帝本人亲自审理案件，如秦始皇"躬操文墨，昼断狱，夜理书，自程决事，日悬石之一"④。意思是始皇白天审理案子，晚上翻阅法律文书，每天不看完一石重的简牍就不睡觉。第二，建立整套以皇帝为首的司法机关体系。国家事务繁多，皇帝一个人不可能亲自处理完每一个事情。所以有丞相和御史大夫协助皇帝来行使最高司法权，并在中央设有专门司法机关廷尉。而在地方主要是行政长官兼理司法。

2.皇权体制在维护司法文明上的作用

（1）严明吏治

国家政权能否正常有序地运转除了有最高统治者——皇帝的因素外，还有全国的官吏，官吏是否清廉正直，是否在其位谋其政，都决定了一国秩序的稳定和国家机器的正常运转。法家充分认识到官吏的重要性，主张"明主治吏不治民"，秦代以法家思想为主导，自然贯彻这一理念。自商鞅变法以后，秦非常注重吏治的建设，终秦一世，都沿用"严法治吏"，对官吏的统管以严格著称，要求所有官吏都要无条件地效忠皇帝，严格遵守制定的各条律令，做到"细大尽力，莫敢怠荒"⑤。

秦代推行一系列措施来规范官吏，以达到强化司法的目的：

---

① 《诗经·小雅·北山》，中华书局 2015 年版。
② 《史记》卷六，《秦始皇本纪》。
③ 《史记》卷六，《秦始皇本纪》。
④ 《史记》卷六，《秦始皇本纪》。
⑤ 《史记》卷六，《秦始皇本纪》。

①规范官吏任职标准。秦代开始规范官吏任职的标准。据《内史杂》记载："令赦史毋从事官府。非史子殹（也），毋敢学学室，犯令者有罪。"可见像"史"这样位卑的官吏，也要在任职做官以前接受教育，那么可以想见官职地位越高的，自然其受过的教育越高、掌握的学识越多。这为秦代官吏从事法律的学习和适用，打下了基础。如张苍，由于"好书律历"，才能"为御史，主柱下方书"①。

除了要受过基本教育，还有年龄和身体条件的限制，《内史杂》："除佐必当壮以上"即任命佐必须用壮年以上的人，也就是要用青中年以上身体健康的人。有一定阅历，身体健康的人是能够长期任职的基本保障。秦简《语书》中，详细记载了为官者应该具备的品质：

> 凡良吏明法律令，事无不能殹（也）；有（又）廉洁敦悫而好佐上；以一曹事而不足独治殹（也），故有公心；有（又）能自端殹（也），而恶与人辩治，是以不争心。

意即好的官吏都能熟练掌握律令，没有不能办的事务；官吏要廉洁忠诚能够为君主效力；也不会独断专行，拥有公正之心；也能够弥补自己的缺点，不和别人做无谓的辩解，就不会存有恶性竞争的念头。

可见秦代对官吏的品德要求较高，忠诚、公正、自我改正等的人才能成为一名"良吏"，否则即使做官也是"恶吏"。满足受过教育，年龄身体条件以及道德条件以后，才有了做官的资格。

秦代制定了明确的法律，以规制官吏的选任。以秦王时期的"三重法"（一重客士，贤能之人；二重军工，有军事才能之人；三重法律，懂法的人）为基础，确定了一系列的任官制度，即选官守则。提倡选用有能力、贤能的人做官，"审民能，以任吏"②。在高尚品德和能力卓越并存的情况下，要更加注重实际才能，"因能而授官，循名而责实"，这一点和后世强调重视为官

---

① 《史记》卷九六，《张丞相列传》。

② 《韩非子·心度》。

者的德行不同。以做到"明主听其言必责其用，观其行必求其功"①。

睡虎地出土的秦简《为吏之道》中记载了秦官员应该遵守的准则，以及选拔官吏的标准：

> 凡为吏之道，必精洁正直，慎谨坚固，审悉毋私，微密纤蔡，安静毋苛，审当赏罚。严刚毋暴，廉而毋刖，毋复期胜，毋以忿怒决。宽容忠信，和平毋怨，悔过勿重。慈下勿陵，敬上勿犯，听谏勿塞。审知民能，善度民力，劳以率之，正以矫之。反赦其身，止欲去愿。中不方，名不章，外不圆。尊贤养孽，原野如廷。断割不刖。怒能喜，乐能哀，智能愚，壮能衰，勇能屈，刚能柔，仁能忍，强良不得。审耳目口，十耳当一目。安乐必戒，毋行可悔。以忠为干，慎前虑后。君子不病也，以其病病也。同能而异。毋穷穷，毋岑岑，毋衰衰。临财见利，不取苟富；临难见死，不取苟免。欲富太甚，贫不可得；欲贵太甚，贱不可得。毋喜富，毋恶贫，正行修身，祸去福存。

同时，《为吏之道》还对官吏的立世、做人等方面提出了具体的要求：

> 戒之戒之，财不可归；谨之谨之，谋不可遗；慎之慎之，言不可追；慕之慕〔之〕，食不可偿。怵惕之心，不可〔不〕长。以此为人君则鬼，为人臣则忠；为人父则慈，为人子则孝；能审行此，无官不治，无志不彻，为人上则明，为人下则圣。君鬼臣忠，父慈子孝，政之本也；志彻官治，上明下圣，治之纪也。

> 除害兴利，慈爱万姓。毋罪毋罪，〔毋罪〕可赦。孤寡穷困，老弱独转，均徭赏罚，傲悍戮暴，垦田仞邑，赋敛毋度，城郭官府，门户关钥，除陛甬道，命书时会，事不且须，贳债在外，阡陌津桥，囷屋墙垣，沟渠水道，犀角象齿，皮革囊突，久刻识物，仓库禾粟，兵甲工用，楼椑矢阅，枪蔺环殳，庇藏封印，水火盗贼，

---

① 《晋书·刑法志》，中华书局 2015 年版。

金钱羽旄，息子多少，徒隶攻丈，作务员程，老弱癃病，衣食饥寒，靳渎，漏屋涂墍，苑囿园池，畜产肥毳，朱珠丹青。临事不敬，倨骄毋人，苛难留民，变民习俗，须身遂过，兴事不时，缓令急征，决狱不正，不精于财，废置以私。

处如斋，言如盟，出则敬，毋施当，昭如有光。施而喜之，敬而起之，惠以聚之，宽以治之，有严不治。与民有期，安驺而步，毋使民惧。疾而毋谡，简而毋鄙。当务而治，不有可茝。劳有成既，事有几时。治则敬自赖之，施而息之，密而牧之；听其有矢，从而则之；因而征之，将而兴之，虽有高山，鼓而乘之。民之既教，上亦毋轿，孰道毋治，发正乱昭。安而行之，使民望之。道易车利，精而勿致，兴之必疾，夜以接日。观民之诈，罔服必固。地修城固，民心乃宁。百事既成，民心既宁，既毋后忧，从政之经。不时怒，民将姚去。长不行，死毋名；富不施，贫毋告也。贵不敬，失之毋□①，贯子敬如始。戒之戒之，言不可追；思之思〔之〕，谋不可遗，慎之〔慎之〕，货不可归。

凡治事，敢为固，谒私图，画局陈棋以为藉。宵人愱心，不敬徒语恐见恶。凡戾人，表以身，民将望表以戾真。表若不正，民心将移乃难亲。操邦柄，慎度量，来者有稽莫敢忘。贤鄙既义，禄位有续孰上？邦之急，在体级，掇民之欲政乃立。上毋间陓，下虽善欲独何急？审民能，以任吏，非以官禄决助治。不任其人，及官之岂可悔？申之义，以去畸，欲令之具下勿议。彼邦之倾，下恒行巧而威故移。将发令，索其政，毋发可异使烦请。令数究环，百姓摇贰乃难请。听有方，辩短长，囷造之士久不阳。②

可见，选拔官员的标准有：

---

① 注：此处"□"为原简残缺，简文不可释。下同。

② 《睡虎地秦墓竹简·为吏之道》，文物出版社1978年版（以下该书只引篇名）。

第一，有职位所需的执政能力。秦代主张"因能授官"，反对世卿世禄制，要求做官最基本要具备相应的管理能力。

第二，必须有牢固的忠君政治思想。如果对皇帝不忠，即使有大才能之人，也绝对不得被任用。《为吏之道》有言："为人君则鬼，为人臣则忠。"

第三，具备优秀的道德品质。做人正直，谨慎行事，意志坚定，心态平和，心地纯良。

第四，具备丰富的法律知识和掌握熟练的法律技能。终秦一世，极力主张"缘法而治"。不仅在选拔官员时注重挑选具备法律知识掌握法律技能的人，而且平时要求官吏不断学习加强法律知识。

秦代的中央官吏和地方官吏，具体到县一级的县令或县长都由皇帝亲自任免。以高度集中的皇权保障官吏的选任权掌握在皇帝一人手中，客观上最大程度遵循了官吏的选拔标准。

秦代官吏入仕的途径有多种，一般来说，中央到地方的长官由朝廷直接选任，郡县的属吏由各级主管负责选任。无论是荐人为官抑或任人为吏，秦规定了严格的"保举制"，以防止官员之间结党营私、朋党相争，举荐不实，任用恶吏。保举又称为"任"，《汉书·汲黯传》中注曰："任，保举。""举其显，复保其微；举其始，复保其终"①，保举人对被举者的为官能力要有保证，同时对日后被举者为官的表现作担保。如果被举者表现不好，定为恶吏，不仅被举者个人要受到严惩，举荐者也要受到同样的惩罚。秦国丞相范雎就因为其举荐的人被诛杀而受到牵连被处罚。② 这一制度对后世官吏选任产生了一定的影响。保举制最早见于《史记·范雎蔡泽列传》："秦

---

① （宋）王安石：《择吏》。

② 林剑鸣先生认为，据云梦秦简《编年纪》云："（秦昭王）五十二年，王稽、张禄死。"张禄即范雎在秦国的化名，可见，当秦昭王五十二年（公元前 255 年），秦军攻打邯郸失败、范雎保举的郑安平投降赵国、河东失守后，按秦国"被保举的人犯罪则保举者一起受刑"的法律，被秦昭王处死（见《秦史稿》第 222—223 页的第 24 条注释，中国人民大学出版社 2009 年版）。也有认为范雎受牵连后自称重病，退位让贤，最终病死。[《中国通史》第三卷"上古时代"（下册）]

之法，任人而所任不善者，各以其罪罪之。"睡虎地秦简《除弟子律》规定："当除弟子籍不得，置任不审，皆耐为侯（候）。"意思是如果不适当地除弟子的名字，或者任用保举弟子不恰当的，都要被处以耐为候。说明秦时期对官吏弟子的任用也在保举的范围内，保举的范围非常广泛。可以说，所有官吏的任职都建立在保举的基础上，每个官吏都要对别的官吏负责，任何一个官吏犯事，都有举荐者负责。当然，受牵连也是有范围限制的，否则会出现一个官吏犯事，满朝官吏都要受罚的情况。秦律对此作了详细规定："任人为丞，丞已免，后为令，今初任者有罪，令当免不当？不当免。"意思是保举他人为丞的，丞已经被免职，之后他为令，如果原来保举过他的人犯有罪，问令是不是应该免职？不应免职。这一制度的实施，效果立竿见影，避免了任人唯权、唯亲、唯财。同时保障每个岗位上都是真才实干的官员。

官吏被授予官职以后，要按照规定到指定岗位就职，秦简《置吏律》："除吏、尉，已除之，乃令视事及遣之，所不当除而敢先见事，及相听以遣之，以律论之。"意思是，任用为吏或者尉，必须在正式任命以后，才能行使职权和派其就任，如果不能任用而敢先使用职权的，以及私下谋划委派就任的，要依照法律论处。可见，如果不按秦律的规定就任的，属于越权，按律要受到处罚。同时，官吏调任的，不能带之前的手下一块到新的岗位，"啬夫之送见它官者，不得除其官佐，吏以之新官。"[1] 意思是，啬夫被调任到其他地方做官的，不能将之前的佐、吏一块带到新官府处。目的是防止官吏形成个人势力，以防止结党营私。

②严明官吏的考核。严格规范官吏的考核，考核方式主要有上计法和考课法。

第一，"上计"主要针对官员所辖范围内的经济活动的考察，由县一级向中央进行书面汇报。

---

① 《睡虎地秦墓竹简·置吏律》。

第二，"考课"是对官吏进行定期考核，并依据考核结果进行奖励和惩处。有大考(集中考核)和平时考核两种。大考的结果有两个，"最"和"殿"。"最"者给予奖励和升迁，"殿"者要惩罚并且处以笞刑。例如据秦简《厩苑律》所载：

> 以四月、七月、十月、正月肤田牛。卒岁，以正月大课之，最，赐田啬夫壶酉(酒)束脯，为旱(皂)者除一更，赐牛长日三旬；殿者，谇田啬夫，罚冗皂者二月。其以牛田，牛絜，治(笞)主者寸十。有(又)里课之，最者，赐田典日卣殿，治(笞)卅。

意为，在每年的四月、七月、十月、正月评比耕牛。满一年时，在正月进行大规模考核，成绩最优秀的会奖励田啬夫酒食，免除养牛者一次更役；成绩最差的，斥责田啬夫，罚养牛者劳动两个月。如果用田耕牛，牛腰围小了，每小一寸要笞主事者十下。又在乡里考核，成绩最优秀的赏赐里典，成绩差的笞打三十下。

平时考核的内容是"五善五失"，《为吏之道》中还规定了为吏的"五善"与"五失"，即：

> 吏有五善：一曰忠信敬上，二曰清廉毋谤，三曰举事审当，四曰喜为善行，五曰恭敬多让。五者毕至，必有大赏。

> 吏有五失：一曰夸以迣，二曰贵以泰，三曰擅裚割，四曰犯上弗知害，五曰贱士而贵货贝。一曰见民倨傲，二曰不安其朝，三曰居官善取，四曰受令不偻，五曰安家室忘官府。一曰不察所亲，不察所亲则怨数至；二曰不知所使，不知所使则以权衡求利；三曰兴事不当，兴事不当则民指；四曰善言惰行，则士毋所比；五曰非上，身及于死。

秦奉行法家思想，统治者非常重视制定法律以及法律的执行情况。要求官吏平时要熟悉法律，尤其要熟悉自己职务范围内的法律规定。每年都要向中央主管法律的官吏进行核对，防止有已经废除的法令，"岁仇辟律于御史"。已经废除的律令不得再执行，否则要治罪。官吏审判案件时，必须以颁布的律令，或者以"廷行事"① 依据。《法律答问》载：

> 告人盗百一十，问盗百，告者（可）何论？当赀二甲。盗百，
> 即端盗驾（加）十钱，问告者可（何）论？当赀一盾。赀一盾应律，
> 虽然，廷行事以不审论，赀二甲。

即控告他人盗窃一百一十钱，审问的结果是盗窃一百钱，问控告者应该怎么处刑？应该处罚赀二甲。盗窃一百钱，控告者故意增加了十钱，问控告者怎么处罚？应该赀一盾。赀一盾的处罚符合法律的规定，但判例是以控告不实罪论处，赀二甲。

廷行事的效力与制定的律令相同，在法律不完善的情况下，依据廷行事判案，既可以弥补法律的缺陷，又可以符合社会发展新兴社会关系的需要，同时大大提高了司法官吏的审案效率。秦简《语书》云：

> 今且令人案行之，举劾不从令者，致以律，论及令、丞。有
> （又）且课县官，独多犯令，而令、丞弗得者，以令、丞闻。

即派人巡视监察各郡县的官吏民众，发现有不遵守法令的民众，依法论处，同时对所属的县令、县丞（地方长官）处以惩罚。对县官进行考核，发现有不遵从法令的官吏，所属县令、县丞（上司）又没有依法查处的，要对县令、县丞进行上报以治罪。

可见，秦朝对官吏要求较高，即使本人不违法，如果所辖范围有违法的官吏民众，自己又没有依法处置的，都要受到严厉的惩罚。这种下属民众犯事，负责人连坐的制度，虽然一定程度上过于严苛，但是对吏治清廉、稳定社会治安客观上有积极的促进作用。

---

① 注：《廷行事》，为秦朝法律形式的一种。《广雅·释诂》："廷，平也。"王念孙《读书杂志》四之十二《行事》："行事者，言已行之事，旧例成法也。汉世人作文言'行事''成事'者，意皆同。"秦简《法律答问》："辞者辞廷。"廷，最初可能指朝廷或中央最高司法机关"廷尉"。郡守也称廷，是后来的事情。如秦简中有"今郡守为廷不为，为也"。《后汉书·郭太传》注引《风俗通》云："廷，正也。言县廷、郡廷、朝廷，皆取平均正直也。"司法机关的判例，就是已行的成例。《法律答问》多次提到"廷行事"。这说明《廷行事》在司法实践中已成为原律文之外可兹援引的成例。

秦朝对官吏没有履行职责义务，或是履行不实的，规定了处罚措施：一是"谇"（斥责），针对轻微过失的官吏。比如将故意杀人罪误判成斗殴伤人罪，就要对案件的审判官进行斥责。二是"赀"，缴纳一定财物。《效律》规定，在清点核对物资的时候，损失的物资"值百一十钱到二百廿钱，赀官啬夫；对二百廿钱到千一百钱，赀啬父一盾；过千一百钱以到二千二百钱，赀官啬父一甲。过二千二百钱以上，赀啬父二甲"①。对官吏处罚赀的多少，由过错的大小以及应负责任的多少来决定。三是"免"，免除官职。《秦律杂抄》："县毋敢包卒为弟子，尉赀二甲，免。"②四是"废"，免官后废除官籍永不录用。《除吏律》："任废官者为吏，赀二甲。"③可见，一旦被废，不能再被选任为官。

对官吏犯罪，尤其是利用手中职权枉法裁判、徇私舞弊的，是秦律严厉打击的对象。一是利用职务特权贪污公款，按律"与盗同法"④，对官吏贪污的按盗窃罪处罚。二是内外勾结，与其他人合伙骗取国家赏金或官爵的。《捕盗律》："捕人相移以受爵者，耐。"⑤把抓捕的犯罪者交给其他人，以骗取官品爵位的，处以耐刑。三是官吏玩忽职守，有损国家利益的。《秦律杂抄》："故大夫斩首者，□（迁）。"意思是"大夫"的职责是指挥作战，如果为了谋取私利而亲自上战场杀敌以斩敌首图谋官爵，并且没有履行自己的本职即指挥责任的，处以"迁"刑。四是司法官员枉法裁判，秦律规定有"失刑"罪、"不直"罪和"纵囚"罪。如果裁判案件量刑不当，则构成"失刑"罪。"不直"罪，"罪当重而端轻之，当轻而端中之，是谓'不直'。"⑥即官吏在审判案件时，罪重的故意判轻，罪轻的故意判重，该官吏应该以"不直"罪论处。《法律答问》载："吏为失刑罪，或端为，为不直。"可见，区分失刑罪与不直罪的关键点在是否故意而为之，故意为不直罪，过失为失刑罪。如果司法官吏

① 《睡虎地秦墓竹简》。
② 《睡虎地秦墓竹简》。
③ 《睡虎地秦墓竹简》。
④ 《睡虎地秦墓竹简》。
⑤ 《睡虎地秦墓竹简》。
⑥ 《睡虎地秦墓竹简》。

故意有罪却不判，或者故意隐瞒案情致使罪犯逍遥法外、逃避审判的，构成"纵囚"罪。这些犯罪都是"致以律"的"大罪"，处刑也颇重，始皇三十四年，"适治狱吏不直者，筑长城及南越地。"① 地方上专门负责抓捕的亭长以及管理监狱的狱卒，如果徇私枉法则要加重处罚。这些罪名的设立，客观上促使司法公正，司法官员严格依法办事。

对官吏的严格要求，本质是为了保障统治者的权力，巩固统治者的统治地位，同时客观上也促进了官吏与民众、管理者与被管理者之间的融洽，对于司法文明的推进大有裨益。

（2）统一法令

在战国七雄共存的时代，每个诸侯国都制定有各自国家适用的法令，国与国之间不共通，出现许多同罪异罚、罪与非罪的情况。这对于司法的适用也造成一定的困扰。

至始皇帝统一中国，为了解决法律适用标准不一的问题，开始推行法令的统一。首先，进行统一法令的立法活动。由于嬴政在扫灭六国后面临许多统治上的问题，使其无暇大规模地制定编纂法典，主要是将之前秦国的法律推向全国，统一前的秦国法律主要是商鞅以魏国李悝的《法经》为基础，结合秦国实际进行修订和补充而制定的秦律。统一后基本继承在全境范围内广泛实施，成为整个秦朝广泛适用的国家基本法律。同时制定颁布一些单行法令，比如统一文字、货币、驰道、车轨、度量衡等的法令。其次，将皇帝的"命"规定为"制"，"令"规定为"诏"，赋予"制""诏"至高无上的权威地位，使君主发布的命令的效力超越国家基本法律的效力，"制""诏"可以破律。最后，秦始皇通过巡游名山大川，巡视封禅及勒石刻辞等进行制定或者公布法律、命令。② 即史书记载：秦朝"明法度，定律令，皆以始皇起"③。

---

① 《史记》卷六，《秦始皇本纪》。
② 《史记》卷六《秦始皇本纪》所载各地石刻辞文中，有"皇帝临位，作制明法"；"大圣作治，建定法度"；"秦圣临国，始定刑名"等内容。
③ 《史记》卷八七，《李斯列传》。

秦琅邪台石刻有对秦始皇歌功颂德的碑文：

> 端平法度，万物之纪。以明人事，合同父子。……日月所照，舟舆所载。皆终其命，莫不得意。应时动事，是维皇帝。匡饬异俗，陵水经地。忧恤黔首，朝夕不懈。除疑定法，咸知所辟。方伯分职，诸治经易。举错必当，莫不如画。①

从中可以看出秦始皇统一法令，"事断于法"的作风。

①"法网严密"。秦朝加强成文法的制定，以完善法制，推动司法文明。"治道运行，诸产得宜，皆有法式。"② 通过研究《睡虎地秦墓竹简》，可以窥探到秦代司法制度的一斑。出土的简文内容，有十个部分，包括《秦律十八种》《效率》《秦律杂抄》《法律答问》和《封诊式》。从这些法律中可以看出，秦代的立法技术很高，而且内容全面。《秦律十八种》包括有金布律、关市律、工律、效律、置吏律、军爵律、传食律、厩苑律、仓律、田律、徭律、工人程、均工、司空、行书、尉杂、内史杂、属邦。其中，司空律是规定司空职务，即管理刑徒和工程的官员的职责的法律。尉杂主要规范廷尉职责的法律。《效律》主要规定了管理、审核物资账目，尤其是军备物资的法律。《秦律杂抄》是墓主人生前摘抄的部分律文。《法律答问》类似于法律解释，采用问答的形式对秦律的立法精神、条文内容和专业用语给出官方解释。《封诊式》主要规定文书程式和审判的程序，包括调查案件、勘验现场、审讯过程结果、执行查封等方面的书面记录。

学者对秦律的评价，多集中在轻罪重罚以及法网严密上。秦简《法律答问》中记载有："或盗采桑叶，赃不盈一钱，何论？赀三旬。"赀三旬折算下来罚款数目应为盗窃数额的二百四十倍以上。只是偷采了不足一钱的桑叶，就要罚二百四十倍以上的钱财，可见秦律中贯彻的轻罪重罚的理念。而秦律以"法网严密"著称，可以说为后世法律所不及。秦代的法律规定了社

---

① 《史记》卷六，《秦始皇本纪》。

② 《史记》卷六，《秦始皇本纪》。

会生活的方方面面，例如"敢有挟书者族"①"有敢偶语者弃市"②，甚至规定步伐的大小"步过六尺者有罚"③，以及穿鞋的标准"毋敢履锦履"，可见法律规范范围之广、内容之密。后世对其评价："秦法繁于秋荼，而网密于凝脂。"④

②司法适用原则。虽然秦律中有应批判的地方，但是不可否认，秦律中也存在体现法律文明进步发展的一面。例如秦律已经有了类似于现代刑法中定罪量刑原则的内容，这无疑在当时的法制环境中不失为文明的表现。

第一，以身高来确定刑事责任。秦简《法律答问》中有一个案例：

> 甲小未盈六尺，有马一匹自牧之，今马为人败，食人稼一石，
> 问当论不当论？不当论及偿稼。

即一个身高不足六尺的少年，在放马的途中，马受到惊吓吃了别人的庄稼，问应该怎样处置。答不处置也不用赔偿。

可见秦律规定身高不足六尺的，不需要负刑事责任。《法律答问》中还有一个案例：

> 甲盗牛，盗牛时高六尺，系（囚禁）一岁，复丈，高六尺七寸，
> 问甲可（何）论？当完城旦。

即甲盗牛的时候身高是六尺，达到刑事责任年龄，应该负刑事责任，关押一年后，再次测量身高，发现长到了六尺七寸，问应该怎么处置甲？答应判处完城旦。

可见身高六尺就达到刑事责任年龄，应负刑事责任。虽然按照身高来确定刑事责任年龄从生理心理学角度来说都是不科学的，但是用历史环境的分析方法，以当时所处的社会发展水平来说，有一定的合理性。在秦代，一般以 15 岁为成年，而 15 岁人的身高大约为六尺左右。秦代徭役繁重，为防止

---

① 《汉书》卷二，《惠帝记》。

② 《史记》卷六，《秦始皇本纪》。

③ 《史记》卷八，《商君列传》。

④ 《盐铁论·刑德》，中华书局 2015 年版。

民众虚报年龄而逃避徭役，采用身高六尺作为判断成年的标准，一目了然，便于快速有效的判定。再者，能够注意到主体的犯罪能力和根据不同能力来划分是否犯罪的标准，这无疑是司法进步的体现。为后世根据刑事责任年龄定罪量刑，确立了基本概念和理论。

同时，对未成年人有一定的保护措施。比如《法律答问》记载有一个案例：

> 甲谋遣乙盗杀人，受分十钱，问乙高未盈六尺，甲可（何）论？

当磔。

即甲主谋教唆乙盗窃杀人，分得十钱，乙身高不足六尺，那么甲应该判处什么刑罚？答应该处磔刑。

可见成年人教唆未成年人犯罪的，对该成年人的判刑比较重，说明立法者认识到教唆未成年人犯罪的行为，社会危害性非常大，对这类犯罪以重刑震慑潜在有此犯罪意图的人，客观上有利于对未成年人的保护。

第二，区分有无犯罪意识。秦律开始关注罪犯在作案时有没有犯罪意识，认为具有犯罪意识的要定罪处罚，而没有犯罪意识的不应该定罪。通过对比《法律答问》中记载的两个案件，第一个：

> 甲盗，臧（赃）直（值）千钱，乙智（知）其盗，受分臧（赃）不盈一钱，问乙可（何）论？同论。

即甲盗窃，赃物价值千钱，乙知道甲盗窃，获得赃款不到一钱，问对乙怎么判处？答乙与甲都定盗窃罪，处刑相同。

第二个案例：

> 甲盗钱以买丝，寄乙，乙受，弗智（知）盗，乙论可（何）也？

毋论。

即甲盗窃钱财去买丝绸，把丝绸寄存在乙那，乙并不知道丝绸是甲盗窃所得，问对乙怎么判处？答乙无罪。

两个案例中对乙的判决一个有罪一个无罪，关键的区别点在于"智（知）其盗"以及"弗智（知）盗"，也就是乙主观上有没有犯罪意识。有犯罪意识，定罪处罚；无犯罪意识，即使行为上触犯了法令，也按无罪论。表明司法人员经过长期的司法实践认识到无犯罪意识的人没有主观恶性，虽然客观上对社会有危害性，但是鉴于没有主观恶性而定无罪，符合人道思想，具有进步性。

第三，区分故意与过失。对罪犯进行定罪量刑的时候，注意区分罪犯主观上是故意犯罪还是过失犯罪，二者对社会危害性程度不同。如果是故意犯罪，应该加重处罚；过失犯罪，应该减轻处罚。西周时期统治者已经认识到此点，秦朝继承这一原则并在此基础上进一步发展。秦律中将故意称之为"端"，过失称之为"不端"。《法律答问》中的案例：

> 甲告乙盗牛若贼杀人，今乙不盗牛、不杀人，问甲可（何）论？
> 端，为诬人；不端，为告不审。

意为甲控告乙偷盗了牛或者杀了人，现在查明乙即没有盗窃牛也没有杀人，问对甲怎么判处？答如果甲是故意的，判诬告罪；过失的，属于控告不实。

秦朝对诬告罪的量刑是诬告反坐，以其罪罪之。即诬告对方何罪的，以该罪的量刑处刑。而"告不审"，一般处赀二甲。可见端，判刑重，不端，判刑轻。能够贯彻故意从重、过失从轻的量刑原则，可见，秦律并不是一味实行"轻罪重罚"。

第四，共犯加重。共同犯罪的社会危害性比较大，处罚更重。秦律规定五人及五人以上共同犯罪的，构成共犯，所有参与犯罪的人员均加重处罚。《法律答问》载：

> 五人盗，脏一钱以上，斩左止（趾），又黥以为城旦；不盈五
> 人，盗过六百六十钱，黥劓以为城旦。

意思是，五个人共同盗窃的，盗窃赃款一钱以上，就判斩左趾，墨刑后服"城旦"（劳役）；如果不超过五个人，只有盗窃赃款达到六百六十钱，才处以墨、劓刑后服"城旦"。

可见共犯的处刑要大于单独犯罪。虽然共犯与单独犯罪的量刑差距较

大，有不合理之处。但是以当时社会所处的环境来分析，共同犯罪也就是团伙犯罪对统治政权的稳定性危害最大，为防止犯罪团伙势力逐渐壮大以颠覆政权，所以统治者严厉打击共同犯罪，以重刑震慑民众，以防民众加入犯罪组织中。同时也应看到，秦律将共犯人数定为五人，共犯的可适用范围并不大。

第五，自首减刑。自首是罪行被发现以前，罪犯主动到官府自述罪行。秦律中将自首称为"自出"或者"自告"。秦律规定自首可以减轻处罚。《法律答问》：

> 把其假以亡，得及自出，当为盗不当？自出，以亡论。其得，
> 坐臧（赃）为盗；盗罪轻于亡，以亡论。

意思是，携带所借官有物品逃亡的，被抓捕或者自首了，是否应以盗窃罪论处？答如果是自首的，以逃亡罪论处；如果是被抓捕的，按照赃额以盗窃罪论处。如果按照盗窃罪处罚轻于逃亡罪的，以逃亡罪论处。

秦律中，盗窃罪的量刑一般较逃亡罪重。该案例中，"自出"和"其得"的处刑不同，"自出"量刑要轻于"其得"。《法律答问》还记载了两个案例："司寇盗百一十钱，先自告，可（何）论？当耐为隶臣，或曰赀二甲。""士五（伍）甲盗……臧（赃）直（值）百一十，以论耐。"《睡虎地秦墓竹简》注："耐，据下条即指耐为隶臣。"对比这两个案例，士伍甲（普通民众）盗窃一百一十钱处以"耐为隶臣"，而作为司法官员的司寇盗窃一百一十钱，官吏知法犯法，按律应当处以比"耐为隶臣"更加重的刑罚，但是由于该官吏自首，所以没有加重处罚，而是从轻论处，被判"耐为隶臣"或"赀二甲"。

秦朝统治者充分认识到自首的意义，设立自首制度，对罪犯自身而言，能够提供其改过自新的机会；对司法工作而言，有利于迅速破案，提高工作效率；对社会秩序而言，有利于分化瓦解犯罪，减少不安定因素，巩固统治者的统治。

第六，合并论罪。一人犯有两个及两个以上的罪时，秦律规定将数罪合并一块处刑。《法律答问》载：

诬人盗值廿，未断，又有它盗，值百，乃后觉，当并赃以论。

一个人诬告他人盗窃赃物价值二十钱的东西，还没有判决时，又发现该人盗窃价值一百钱的东西，按照法律应当将两个罪合并处罚。

现代刑法中规定了构成数罪并罚的时间限制，并罚的计算原则也是不同的。虽然这些规定在秦律中并没有体现，但是能够在当时的历史条件下，规定合并论罪，表明秦朝法律制度有很大的进步性，法制发展较快。

第七，诬告反坐制度的确立。诬告反坐，以其罪罪之。是指如果故意诬告陷害他人，就以诬告的罪来定罪量刑。《法律答问》记载："完城旦，以黥城旦诬人，何论？当黥。"即该罪犯本来判处了完城旦，但是他又诬告别人应"黥城旦"，问怎么处刑？答应该判处黥城旦。秦律称诬告为"诬人"，诬告罪成立的条件是"端告"，也就是诬告他人的行为主观上是故意而为之，故意捏造事实，控告他人有罪或者罪重。如果是过失控告他人犯罪，经查明与事实不符的，称为"告不审"。《法律答问》载："甲盗羊，乙知，即端告曰甲盗牛，问乙为诬人，且为告不审？当为告盗加赃。"即乙明知甲盗窃的是羊，而乙故意控告甲盗了牛。这种情况下，乙是诬告，不是告不审，应该以盗窃罪并且增加赃数来处理。

无论是战国七雄之一的秦国时期还是秦始皇统一中国以后，都大力提倡检举、揭发犯罪，且告奸者与斩敌者同赏，告奸的奖赏巨大，这种情况下容易出现诬告陷害他人的行为。统治者制定诬告反坐制度，针对这一行为规定了严厉的处罚。而且以欲害人之罪罪之，符合法家思想的"罚当其罪"的主张。一定程度上遏止了随意诬告的犯罪，也减少狱讼，免于占用过多司法资源，提高司法工作效率。

第八，关于时效的规定。时效是追究犯罪分子刑事责任的法定有效期限。秦律已经有关于时效的具体规定，据《法律答问》载：

甲杀人，不觉，今甲病死已葬，人乃后告甲。甲杀人审，问甲当论及收不当？告不听。

甲杀人，当时没有被发现，现在甲已经病死而且埋了，有人控告甲杀人的事实。问该案子是否受理，答不受理。

说明罪发时，罪犯已经死亡的不再追究其刑事责任，家属等也不用受到牵连。还规定"或以赦前盗千钱，赦后尽用之而得，论可（何）？毋论"。即有人在赦令颁布前盗窃了一千钱，赦令颁布后钱花光了，此时被捉拿，应该怎么论处？不论处。可见发生在赦令发布以前的罪行不再被追究刑事责任。"高有大罪，秦王令蒙毅法治之。毅不敢阿法，当高罪死，除其官籍。帝以高敦于事也，赦之，复其官爵。"① 说明秦朝严格遵守赦令的规定。

第九，实行连坐制度。② 自商鞅变法以来，秦开始实行连坐制。主要分为亲属连坐、邻里连坐、职务连坐。亲属连坐，"秦法，一人有罪，并坐其家室。"③ 如，"僇力本业，耕织致粟帛多者复其身。事末利及怠而贫者，举以为收孥。"④ 涉及农耕生产，如果某人不积极农耕而没有收成的，其妻子和亲属都要受到牵连，依法没为官奴婢。邻里连坐，"令民为什伍，而相牧司连坐。不告奸者腰斩，告奸者与斩敌首同赏，匿奸者与降敌同罚"。⑤ 秦律规定十家之间互为邻里，如果有一家犯罪，其他九家必须检举告发，否则要受到株连。职务连坐，主要适用于官员之间，一个官员犯罪的，任用该人的官员以及需要负责的官员都要受到牵连。后世王朝对该制度多有继承，如隋律中规定有选举不实罪，进行职务连坐的处罚。"会国子博士何妥奏恭懿尉迥之党，不当仕进，威、恺二人朋党，曲相荐举。上大怒，恭懿竟得罪，配

---

① 《史记》卷六八，《蒙恬列传》。

② 按：连坐又称缘坐、从坐、随坐。《说文解字》："连，负车也。"《段注·说文》："负车各本作负连，今正连即古文辇也。周礼乡师奉辇，故书辇作连。大郑读为笨巾。车连车，本亦作单车。坐，古文壁，今古文行而小篆废矣。止必非一人，故从二人。"止：《说文》曰像草木出有趾。《左传》："庄子为坐，凡坐狱讼必两造也。"坐，这里是承担罪责。《一切经音义》引《苍颉篇》曰："罪也"。连坐概括起来说就是指本人无罪，因他人犯罪受牵连而入罪。

③ 《史记》卷一〇，《孝文本纪》集解引应劭语。

④ 《史记》卷八，《商君列传》。

⑤ 《史记》卷八，《商君列传》。

防岭南。"① 隋文帝时，礼部尚书苏威因朋党罪被免官，"上以《宋书·谢晦传》中朋党事，令威读之。威惶惧，免冠顿首。上曰：'谢已晚矣。'于是免威官爵。知名之士坐威得罪者百余人。"②

但是秦规定的连坐制并不是盲目随意的株连，其能在秦施行多年，且"秦人大悦"，肯定有其合理之处。《法律答问》中记载了一则案例：

> 甲盗不盈一钱，行乙室，乙弗觉，问乙论可（何）（也）？毋论。

其见智（知）之而弗捕，当赀一盾。

意思是，甲盗窃不满一钱后到乙家，乙不知道甲盗窃的事，问对乙怎么处置？答乙无罪。但是乙如果知道甲盗窃而不抓捕，就要罚乙缴纳财物。

可见，只要乙主观上不知情，就无罪，不会因为甲的犯罪而受到牵连；只有知道甲犯罪而不捕，才会被处罚。

秦建立统一的法制，对以农业经济为基础的封建经济的发展，专制主义中央集权的建立，都起到了重要的作用，便于在全国范围内推行统一的经济、政治、文化等政策，为统一的多民族国家的建立奠定了重要的基础。

秦代的法律由于当时特定的社会、政治、经济和文化条件，具有特定的价值基础。秦律在定罪量刑中所确立的一系列法律原则彰显了人道精神，反映了社会道德的要求和法律对人们行为规范的要求。

（二）秦代审判机构的设立及在司法文明建设中的作用

1. 中央审判机构的设立

廷尉，是秦朝在中央设立的最高司法审判官职。据《汉书·百官公卿表》所载："廷尉，秦官，掌刑辟，有正、左右监，秩皆千石。""廷，平也。治狱贵平，故以为号。""听狱必质诸朝廷，与众共之，兵狱同制，故称廷尉。"这就是"廷尉"一词的来历。廷尉位列朝廷的"九卿"之一，位高而权重。

---

① 《隋书》卷三八，《循吏列传》，中华书局1973年版。下同。
② 《隋书》卷四一，《苏威列传》。

廷尉的职能是掌管国家刑狱，主要负责审理"诏狱"，也就是皇帝下令要求审理的案件。同时负责地方移送上来的疑难案件和重大案件的复审。廷尉下还设有"正"和"左右监"等官吏，其职责是协助廷尉处理具体事务。廷尉本应做到公平公正，不偏不倚，但是在君主专制的体制下，廷尉的审判工作都要受到来自皇权的影响。最重要的一点，国家的最高司法权本就掌握在皇帝手中，所以廷尉的所有司法工作都要经过皇帝的认可、批准。廷尉实质上是皇帝的最高司法权的具体行使者。

2. 地方司法机构的设立

秦朝地方司法的权力掌管在地方行政长官郡守、县令或县长的手中，体现了地方上司法权与行政权不分的特色。这种地方上司法与行政职能合一，地方行政机关监理司法的制度，一直在中国沿用到民国时期。

郡守是地方司法长官，负责狱讼。秦简《法律答问》记载："今郡守为廷不为？为也。"由于地方政务繁杂琐碎，而且颁布的法令多而复杂，需要好"刑名法术"的专业人士负责司法工作。因此，一个郡除了郡守之外，有专门负责司法的官吏，称为决曹掾，负责审理案件，但是郡守有案件的最终审判决定权。

《汉书·百官公卿表》中记载了秦朝时期县一级官吏的官职设置：

> 县令、长，皆秦官，掌治其县。万户以上为令，秩千石至六百石。减万户为长，秩五百石至三百石。皆有丞、尉，秩四百石至二百石，是为长吏。百石以下有斗食佐史之秩，是为少吏。

县令或县长是县一级的行政长官，同时负责本县的司法工作。县令的属官县丞和令史协助县令进行狱讼，据《续百官志》："丞署文书，典知仓狱。"可以说是治理刑狱、审理民讼的具体办事工作人员，具有专门的侦查和法医检验的知识和经验，《睡虎地秦墓竹简》之《封诊式》的《争牛》式例：

> 某里公士甲、士五（伍）乙诣牛一，黑牝曼（麋）有角，告曰："此甲、乙牛（也），而亡，各识，共诣来争之。"即令令史某齿牛，牛六岁矣。

意为某里公士甲和士伍乙一起带来牛一头，是黑色的母牛，套有长套绳，有角。报告说："这是甲或乙的牛，丢失了，甲、乙认为是自己的，将牛一起带来争讼。"当即命令史某检查牛的牙齿，牛已六岁。

《盗自告》：

某里公士甲自告曰："以五月晦与同里士伍丙□某里士伍丁千钱，毋它坐，来自告，告丙。"即令令史某往执丙。

意思是，某里公士甲自首说："于五月末和同住一里的士伍丙盗窃了某里士伍丁一千钱，没有其他过犯，前来自首，并告发丙。"当即命令史某前往将丙逮捕。

《贼死》：

某亭求□甲告曰："署中某所有贼死、结发、不智（知）可（何）男子一人，来告。"即令令史某往诊。

意思是，某亭的求盗甲来报告说："在所管辖的范围内某一个地方，发现一名被杀死的梳有发的无名男子，特前来报告。"当即命令令史某前往检验。

"即令令史某往诊""即令令史某往执""即令令史某齿牛"的记载，说明令史还承担有法医法检、缉捕犯人等工作。《贼死》《经死》及《穴盗》三篇中记载了案件发生后，令史第一时间被派往现场，进行勘验检查，将现场勘验所得制作成文书。其工作在县令或县长的领导下进行，案件的最终裁判由县令或县长做出。

县以下设有啬夫、三老、游徼等基层行政长官，其职责是直接处理所辖区域的民事纠纷，如啬夫"职听讼，收赋税"①，协助郡、县缉捕罪犯，查封罪犯财产以及看守罪犯家属等。

由于秦朝史料较为缺乏，考证秦朝司法体系，大多只能由部分史料中零星窥得。如在秦简《法律答问》中有一组问答是："辞者不先辞官长、啬夫"，

---

① 《汉书》卷一九，《百官公卿表》。

何谓"官长"？何谓"啬夫"？命都官曰"长"，县曰"啬夫"。① 有学者认为此段问答表明秦朝的县令是被禁止听取诉讼的②，而另有学者认为此处"辞者不先辞官长、啬夫"，是截取秦律中的一部分，秦律完整原文应为"辞者不先辞官长、啬夫，勿听"，即狱讼要先经过基层长官审理，如果越级诉讼，不予受理该案。③

秦律规定了"奏谳"④ 制度，要求对本级中不能审决的案件要逐级上报：乡不能决断，报县，由县令或县长审理；县不能决断，报郡，由郡守审理；死刑和重大疑难案件郡不能决断的，报廷尉；廷尉仍不能决，奏请皇帝，最终由皇帝决。保障全国的司法权最终都划归到皇帝的手中。

---

① 《睡虎地秦墓竹简》，文物出版社 1990 年版。下同。

② 朱红林：《张家山汉简〈二年律令〉集释》，社会科学文献出版社 2005 年版，第 94 页。

③ 郭洪伯："郡守为廷——秦汉时期的司法体系"，载 2012 年《第八届北京大学史学论坛论文集》，第 20 页。

④ "谳"古写为"讞"，对之有不同的解释。许慎《说文》释为："议罪也，从水献，与灨同义。"《广雅》曰："讞，疑也。"《汉书·景帝纪》颜师古注曰："讞，平议也。"《后汉书·申屠蟠传》注曰："讞，请也。"《后汉书·百官志》注引胡广曰："讞，质也。"张建国先生认为，"奏谳"一词应当分别理解：奏书不存在基层审判机关在定罪量刑方面的疑难之处，事情已经得出了明确的结论，向上级奏请为的是获得批准，是法定的例行公事。也就是说，请求上级批准是这类文书的特性；至于"谳书"，上报的目的，是要求上级解答疑问，所以一般都明确地在文书尾部缀上"疑 X 罪""疑罪"的字样，完整的文书还有"敢谳之"的带谳字的文句。参见氏文："汉简《奏谳书》和秦汉刑事诉讼程序初探"，载《中外法学》1997 年第 2 期（总第 50 期）。彭浩指出："汉代司法制度的规定，县道、郡官吏断治狱事有疑难不能决者，均须经县（道）——郡——廷尉——皇帝逐级呈报，再议罪、断决。这种制度就是奏谳。"参见氏文："谈《奏谳书》中的西汉案例"，载《文物》1993 年第 8 期。张琮军在其专著《秦汉刑事证据制度研究》一书中指出："奏谳"具有三层含义，其中前两层含义与张建国先生的观点类似：第一，程序性的要求，即案件证据确凿，法律明确，奏请上级批准执行刑罚。如《奏谳书》所载第十四、十五两则案例，"狱史平舍匿无名数大男子""醴阳令恢盗县官米"；第二，"疑狱上报"，即案件审理过程中，在法律适用上遇到难题，不知应当如何定罪量刑，故需向上级官吏请示决断。《奏谳书》中所记载的案例大多为此类；第三，已断决的案件，即使合于法令，如果当事人不服，承审官也须"谳报"，由上级官吏决断。

二、监察体制

我国古代的监察制度是组成我国政治制度的重要组成部分，监察机构的主要任务是负责监察中央各部门、地方各级机构的日常工作以及各级官吏的违纪违法行为。监察机构是伴随着国家的发展而产生发展的。

尧、舜、禹时期以及夏、周时期，为官者并不多。因此，当时的"监察"主要是靠王的"巡视"，据《尚书·尧典》记载：尧"三载考绩，三考黜陟幽明"，舜"五载一巡守，群后四朝，敷奏以言，明试以功，车服以庸"。尧、舜巡视所属部落，部落首领向其汇报情况，根据巡视的情况来评定功过，有功则赏，有过则罚。到西周时期，除了周王巡视各诸侯国外，还要求各诸侯国按时"朝觐"，主动向周王汇报统治情形。根据巡视和朝觐的情况，来赏功罚过。

秦国时，以法家思想为主导思想，主张"明主治吏不治民"，以严刑峻法管理官吏，要求官吏学法、用法、遵法、守法。此时，随着国家体制逐渐由奴隶制向封建制过渡，监察机构逐渐形成。

（一）设置监察机构

秦代设在中央的监察机关是"御史台"：

> 御史大夫，秦官，位上卿，银印青绶，掌副丞相。有两丞，秩千石。一曰中丞，在殿中兰台，掌图籍秘书，外督部刺史，内领侍御史员十五人，受公卿奏事，举劾按章。①

御史台的最高长官就是国家的最高监察官吏，主要职责是纠察百官，称为御史大夫。下设有御史中丞，其职责是掌管朝廷书籍以及监察朝廷中有无违法的官员。

地方上负责监察的官吏为监御史，主要负责监察所属辖区内官员犯罪

---

① 《汉书》卷一九，《百官公卿表》。

的情况。“监御史，秦官，掌监郡”①。监御史隶属御史台，不属于地方官吏，其工作重心、地点都在地方。

除了中央和地方设置监察机构以监察百官外，秦代还采取皇帝巡行的方法。据《史记·秦始皇本纪》记载，始皇在位的头二十年中，就曾五次巡行全国，实地考察和监察各个地方的官吏的管理水平。由于秦始皇“兼听万事，远近毕清，运理群物，考验事实，各载其名，贵贱并通，善否陈前，靡有隐情”。使各级官吏无不“尊卑贵贱，不俞次行；奸邪不容，皆务贞良；细大尽力，莫敢怠荒；远迩辟隐，专务肃庄”②。说明秦始皇在巡行的时候注意查看全国各地的实际情况，对中央和地方的官吏有功有过的都要了解，严格要求各级官吏遵守法令，不越级行事，做好本职工作，不能懈怠。因此，从全国到地方各级官吏都勤于职守，官风廉洁正派，官场秩序井然。

秦代实际上开了中国监察制度的先河，此后的朝代都沿袭，并在此基础上不断加强完善监察制度。

（二）初创监察立法

随着中央集权的强化，秦王朝为监察法律的制定创造了条件。《吏见之不举令》规定，官吏见知“有敢偶语诗书”或“以古非今”而“不举者，与同罪”，为监察活动提供了法律依据。《睡虎地秦墓竹简·语书》明确了良吏与恶吏的标准：

> 凡良吏明法律令，事无不能殹（也）；又廉洁敦悫而好佐上；以一曹事不足独治殹，故有公心；又能自端殹，恶与人辨治，是以不争书。恶吏不明法律令，不智（知）事，不廉洁，毋以佐上，偷惰疾事，易口舌，不羞辱，轻恶言而易病人，毋公端之心，而有冒抵（抵）之治，是以善斥（诉）事，喜争书。争书，因恙（佯）瞋目

---

① 《汉书》卷一九，《百官公卿表》。
② 《史记》卷六，《秦始皇本纪》。

扼腕以视（示）力，讦询疾言以视（示）治，……故如此者不可不
为罚。

由于秦朝处于监察法的初创时期，专门的监察法律尚未显现，但是从其
具有监察性质的法律中不难看到，秦王朝的监察立法已渐趋独立。

（三）明确监察职能

秦王朝初步建立了以御史大夫为首的监察体系，监察包括丞相在内的百
官的行为。《史记》记载："凡郡国皆掌治民、进贤、劝功、决讼、检奸。常
以春行所主县，劝民农桑，振救乏绝。秋冬遣无害吏案讯诸囚，平其罪法，
论课殿最。岁尽遣吏上计。"① 秦朝主要通过三种方式进行行政监察：第一，
审查公卿百官的奏章，从而实现对公卿百官的言论、行为的监察；二是御史
大夫派遣监御史对郡县两级进行就地监察；三是审查上计簿，对上计簿中所
列项目如户田、垦田、粮谷出入、赋税收入、徭役征派、灾变、治理情况等
进行审查，从而确定官吏政绩的优劣，提出赏罚的建议，上报皇帝。② "上
计"制度是具体的监察途径，如《睡虎地秦墓竹简·仓律》所载：

县上食者籍及它费大（太）仓，与计偕。都官以计时雠食者籍。

即各县向太仓上报领取口粮人员的名籍和其他费用，应与每年的账簿同
时缴送。都官应在每年结账时核对领取口粮人员的名籍。

行政监察的另外一种重要的方式是审查"文书簿籍"，《睡虎地秦墓竹
简·行书》记录了关于此类的监察制度：

行命书及书署急者，辄行之；不急者，日毕，勿敢留。留者以
律论之。行传书、受书，必书其起及到日月夙莫（暮），以辄相报
殹。书有亡者，亟告官。隶臣妾老弱及不可诚仁者勿令。书廷辟有
日报，宜到不来者，追之。

---

① 《史记》卷七九，《范雎列传》。

② 张晋藩：《中国监察法制史稿》，商务印书馆 2007 年版，第 66 页。

第四节 诉讼与审判

一、司法勘验

勘查是证据采集与检验的核心环节。通过勘查形成现场勘验报告，它是侦查和司法人员对案发现场、物品、人身及尸体等检验后写出的报告材料。这种取证方式，为剖析案情、判断案件性质、确定侦查方向和最终破案提供线索和依据。同时，勘验报告也是伤情鉴定书，根据它可以确定被害人受伤害的程度，并以此对被告人作出相应的处罚。

勘验制度在中国古代起源很早，就目前所掌握的资料来看，至迟在西周时期已经实行了这种制度。《礼记·月令》记载："孟秋之月……命理瞻伤、察创、视听、审断，决狱讼，必端平。"也就是说，发生伤害案件以后，司法官要对受伤害者的身体进行检验，根据伤害的程度，做出伤皮、伤肉、断骨和骨肉皆断的检验结论，以便于司法官定罪科刑。

秦代继承了西周以来的勘查检验制度，并对之加以发展。秦代的司法官吏已懂得通过细致的勘查和检验来发现、收集犯罪的痕迹，寻找物证。秦代的勘验鉴定技术已经取得很大成就，官方将勘验鉴定作为取证的重要手段。睡虎地秦简《法律答问》记载：

> 或自杀，其室人弗言吏，即葬狸（埋）之，问死者有妻、子当
>
> 收，弗言而葬，当赀一甲。

秦简《封诊式》中有两个具有典型性的关于司法鉴定的式例。

其一，对麻风病患者的鉴定。《疠》爰书记载，某里的里典甲怀疑该里士伍丙是麻风病，将其送到官府，官吏讯问丙：

> 辞曰："以三岁时病疕，眉突，不可知其何病，无它坐。"令医
> 丁诊之，丁言曰："丙无眉，艮本绝，鼻腔坏。刺其鼻不嚏。肘膝

> □□□到□两足下蹐，溃一所。其手毋胈。令号，其音气败。疠
> 殹。"

该鉴定的意思为，丙没有眉毛，鼻梁断绝，鼻腔已坏，探刺到他的鼻
孔，不打喷嚏，臂肘和膝部……两脚不能正常行走，有溃烂一处，手上没
有汗毛，叫他呼喊，其声嘶哑。根据以上特征，鉴定人丁得出结论：是麻
风病。

其二，对妇女小产及小产婴儿的鉴定。《出子》爰书记载，某里士伍甲
已怀孕六个月，因与同里大女子丙殴斗而小产。甲带小产胎儿到官府对丙提
出控告。官吏听取甲的控告后，当即命令史某前往捉拿丙。并随即检验婴儿
性别、头发的生长和胎衣的情况。又命曾经多次生育的隶妾对甲阴部的血和
创伤情况进行检验。原文为：

> 令令史某、隶臣某诊甲所诣子，已前以布巾裹，如衃血状，大
> 如手，不可知子。即置盎水中摇之，衃血子殹。其头、身、臂、手
> 指、股以下到足、足指类人，而不可知目、耳、鼻、男女。出水
> 中又衃血状。其一式曰：令隶妾数字者某某诊甲，皆言甲前旁有
> 干血，今尚血出而少，非朔事殹。某尝怀子而变，其前及血出
> 如甲□。

意为甲带来的小产儿像一团血，怎么分辨它是不是小产儿呢？有经验的
令史和隶臣将其放入水中摇荡，血块便出现胎儿的形状，其头、身、臂、手
指、大腿以下到脚、脚趾都已像人，但分不清眼睛、耳朵、鼻子和性别。从
水中取出后又凝一团血块。此外，又命曾多次生过孩子的隶妾某某对甲进行
检验，都说甲阴部旁边有干血，现在仍小量出血，并非月经。他们还说，某
人曾怀孕流产，其阴部及出血情况与甲相同。通过鉴定，能够得出两项明确
的鉴定结论，即甲曾小产，带来的是小产胎儿。

此外，《争牛》爰书中，甲乙两人争一头牛，都认为是自己的，争执不
下而牵牛到官府确认权利归属。官吏让令史通过检查牛的牙齿来鉴定牛的年
岁，以次核对甲乙两人所报牛的年岁，确定牛的主人。

即"令令史某齿牛，牛六岁矣"。这种鉴定牛年岁的方法很有效果，至今仍被广泛应用。

通过以上所列式例，可以了解到，秦代在审断案件的过程中注重通过勘验鉴定来验明案件事实，将其作为重要的证据来源。秦代进行鉴定的人员分为两类，一类是官方指定的人员，另一类是专门人员。一般情况下，他们具有相关方面的实践经验。检验过程很细致、全面，作出的鉴定结论亦具有相当的科学价值，是查明案件，作出判决的决定性依据。

秦简《封诊式》中还记载了三个较为典型的现场勘验报告，即《贼死》《经死》《穴盗》。勘验由县司法机构指派令史带领牢隶臣进行。在现场勘验时，要求有见证人在场，一般由当事人的家属、邻居和基层组织的负责人担任。见证人有义务向司法机构的官吏提供与案件有关的真实情况。

秦代勘验制度可以概括为以下三个方面：

1.详细记录现场的方位、死者的形状和衣着

案件中需要进行专业技术鉴定的，必须由掌握该专业知识的技术人员进行鉴定，并做好详细记录。通过《封诊式·贼死》这则案例来看秦朝时司法检验具体情况：

> 某亭求盗甲告曰："署中某所有贼死、结发、不智（知）可（何）男子一人，来告。"即令令史某往诊。令史某爰书：与牢隶臣某即甲诊，男子死（尸）在某室南首，正偃。某头左角刃痏一所，北（背）二所，皆从（纵）头北（背），袤各四寸，相奠，广各一寸，皆中类斧，脑角出皆血出，被（被）污头北（背）及地，皆不可为广袤；它完。衣布襌、襦各一。其襦北（背）直痏者，以刃夬（决）二所，（应）痏。襦北（背）及中衽□污血。男子西有秦綦履一两，去男子其一奇六步，一十步；以履履男子，利焉。地坚，不可智（知）贼。男子丁壮，析（晳）色，长七尺一寸，发长二尺；其腹有久故瘢二所。男子死（尸）所到某亭百步，到某里士伍丙田舍二百步。令甲以布群貍（埋）男子某所，侍（待）令。以襦、履

诣廷。训甲亭人及丙，智（知）男子可（何）日死，闻（号）寇者
不殹（也）？

即某亭的求盗甲报告说："在辖地内某处发现被杀死的梳髻无名男子一人，前来报告。"当即命令史某前往检验，令史某爰书：本人和牢隶臣某随甲前往检验，男子尸体在某家以南，仰身，某头上左额角有刃伤一处，背部有刃伤两处，都是纵向的，长各四寸，互相沾渍，宽各一寸，伤口都是中间陷下，像斧砍的痕迹，脑部、额角和眼眶下都出血，污染了头部、背部和地面，都不能量出长宽，其他部位完好无伤，身穿单布短衣和裙各一件，其短衣背部伤口相对处，有两处被刃砍破，与伤口位置符合，短衣背部和衣襟都染有污血，男子系壮年，皮色白，身长七尺一寸，发长二尺，腹部有灸疗旧疤两处，男子尸体距某亭一百步，距某里士伍丙的农舍二百步，命甲用布裙将男子掩埋在某处，等候命令，把短衣和履送交县廷，讯问甲同亭人员和丙是否知道男子死在哪一天，有没有听到呼喊有贼的声音？

《经死》爰书载：

> 丙尸系其室东内中北癖杈，南向，以枲索大如大指，旋通系劲，旋终在项。索上终杈，再周结索，余末衰二尺。头上去杈二尺，足不傅地二寸，头北傅癖……杈大一围，衰三尺，西去堪二尺，堪上可道终索。

丙的尸体的位置与形状为：悬挂在其家东侧卧室北墙的房梁上，用拇指粗的麻绳做成绳套，束在头上，绳套的系束处在头后部，绳在房檐上，绕檐两周后打结，留下了绳头长二尺，尸体的头上距房檐二尺，脚离地面二寸，头和背贴墙……房椽粗一围，长三尺，西距地上土台二尺，在土台上面可以悬挂绳索。

这两篇勘验报告，详细记载和说明了死者的外形、衣着、现场的方位以及死者周围的情况等，对死亡现场的基本情形作了复原，有利于案件的查明和侦破。

2. 注意痕迹查检和记录

例如，《贼死》爰书载：

> 某头左角刃痏一所，背二所，皆纵头背，袤各四寸，相奥，广各一寸，皆骨中类斧，脑角出皆血出，被污头背及地，皆不可为广袤；它完。衣布禅、襦各一。其襦背直痏者，以刃决二所，应痏。襦背及中衽□污血。

该爰书详细记载了死者被伤害的部位、伤口大小，出血情况及似何物所致等。

《经死》爰书还特别记载了死者的舌及致死的索沟情况：

> 舌出齐唇吻，下遗矢溺，污两脚。解索，其口鼻气出喟然。索迹椒郁，不周项二寸。它度无兵刃木索迹。

意为舌吐出与嘴唇齐，流出屎溺，沾污了两脚，解开绳索，尸体的口鼻有气排出，像叹息的样子，绳索在尸体上留下淤血的痕迹，只差头后两寸不到一圈，其他部位经检查没有兵刃、木棒、绳索的痕迹。

《穴盗》爰书中对洞穴的位置、大小形状、土壤堆放情况以及犯罪留下的其他痕迹的记载更为详尽：

> 内后有小堂，内中央有新穴，穴彻内中。穴下齐小堂，上高二尺三寸，下广二尺五寸，上如猪窦状。其所以垝者类旁凿，迹广□寸大半寸。其穴壤在小堂上，直穴播壤，破入内中。内中及穴中外壤上有膝、手迹，膝、手各六所。外壤秦墓履迹四所，袤尺二寸。其前稠墓袤四寸，其中央稀者五寸，其踵稠者三寸。其履迹类故履。内北有垣，垣高七尺，垣北即巷殴。

以上三篇有关勘验的爰书，详细、具体记载了各种痕迹，说明秦代司法机关对勘验取证的重视和细微，从中也可以看到，有关犯罪痕迹方面的取证经验和技术，在秦时已达到了相当高的水平。

3. 勘验报告中记载了检验尸体时应注意的事项

例如，《经死》一案的爰书中写道：

诊必先谨审视其迹，当独抵尸所，即视索终，终所党有通迹，乃视舌出不出，头足去终所及地各几何，遗矢溺不殹？乃解索，视口鼻喟然不殹？及视索迹郁之状。道索终所试脱头；能脱，乃□其衣，尽视其身、头发中及篡。舌不出，口鼻不喟然，索迹不郁，索终急不能脱，□死难审殹。即死久，口鼻或不能喟然者。自杀者必先有故，问其同居，以答其故。

意思是检验时必须首先查看现场的痕迹，应独自到尸体所在的地点，观察系绳的地方，系绳处如有绳套的痕迹，要看舌是否吐出，头脚离系绳处和地面各有多远，有无屎尿流出，然后解下绳索，看口鼻有无叹气的样子，并看绳索痕迹淤血的情况。再试验死者的头能否从系在颈上的绳套中脱出；如能脱出，便剥下衣服，彻底检查尸体各部分、头发内及会阴部；如果舌吐不出，口鼻没有叹气的样子，绳子的痕迹不淤血，绳索紧紧系颈上不能将头脱出，就不能确定是自缢。如果死去已久，口鼻也有不出现像叹气样子的。一般自杀的人必有前因，要讯问他的同居，听他们回答是什么缘故。

此外，《奏谳书》中也记载了有关伤情检验的案例，显示了勘验取证对于证明案件事实的重要作用。"毛诬讲盗牛案"是一起乞鞫案，司法官吏经重新查证案件事实后，认定罪犯毛系经刑讯而被迫诬告讲与其共犯，最终讲被据证改判为无罪。在覆审过程中，有关毛的伤情勘验发挥了关键作用。现将勘验报告摘录如下：

诊毛北（背）笞绔瘢相质五（伍）也，道肩下到要（腰），稠不可数，其臀瘢大如指四所，其两股瘢大如指。①

即检验毛的背部、肩以下至腰部、臀部及大腿处，显现伤痕累累、斑迹叠加。此案说明，秦代不仅对案发时的现场、身体及尸体进行勘验，对罪因

---

① 该案例，文中有"二年十月癸酉朔戊寅"的记述，合于秦始皇二年（前245年）。参见《张家山汉墓竹简》，文物出版社2006年版，第102页。

的伤情也通过检验加以核实。

由上可见,经过长期实践的摸索,秦代已确立了一套细微、科学的勘验方法。在遥远的两千多年前的秦,勘查取证的经验和技术能达到这种程度,不能不让人深感惊讶。

二、证据

(一)秦代证据制度的理论规则

证据的理论问题非常复杂,经过研究发现,以法家法制思想为基础,秦代的证据理论已初现轮廓。经过对秦简中《法律答问》《封诊式》及《奏谳书》等相关史料的考证,初步认为秦代的证据理论呈现出综合性的特征,既有客观性的一面、也有主观性的一面。

1.刑事证据理论的客观性规则

秦代建立了封建中央集权的君主专制政体,出于强化社会管理的需要,加大了民事法律关系的调整力度,较前更加重视民事证据制度的建设,从而推进了民事证据理论的发展。在民事证据理论方面,证据客观性原则得到比较充分的展现。例如,在秦朝土地所有权归属的争讼中,突出强调证据客观性原则的指导意义,确认地界石——"封",这一物证的客观与真实的属性,用来保护土地所有者的权益,并惩罚通过偷移地界石而企图侵占他人土地权益的犯罪行为。即所谓:"盗徙封,赎耐。"①

刑事证据方面,在法家"缘法而治"的法治思想指导下,秦朝进一步丰富了客观性规则,其主要表现在如下方面:

第一,据证系狱。

在秦代的刑事诉讼过程中,只有在犯罪证据较为充分的前提下,才可以对被告人执行逮捕系狱的强制措施。在《封诊式·盗自告》爰书中,因盗窃

---

① 《睡虎地秦墓竹简·法律答问》。

共犯甲自首，自告曰：

> 以五月晦与同里士五丙某里士五丁千钱，毋它坐，来自告，
> 告丙。

甲为揭露盗窃共犯丙的罪行提供了物证与人证，于是司法官吏作出"令令史某往执丙"的决定。可见，只有掌握了一定的证据，司法机关才会缉捕犯罪嫌疑人。据秦简记载，在秦的司法机关中设有宪盗、求盗、亭校长一类的侦捕犯罪的专职官吏，他们只能在握有相应证据的前提下，才能捕送现行的犯罪分子。《封诊式·盗马》爰书中记载：

> 某里曰甲缚诣男子丙，及马一匹，骓牝右剽；缇覆衣，帛里莽
> 缘领袖，及履，告曰："丙盗此马、衣，今日见亭旁，而捕来诣。"

求盗甲在捕送盗窃马匹的犯罪分子的同时，送上了为该犯罪分子所盗窃的马匹、衣服、鞋子等赃物，作为犯罪的证据。秦简中还记载有奖励百姓捕送罪犯的法律规定，而且有高额奖赏，但必须同时交出足以证明被捕送者有罪的证据。如《封诊式·群盗》爰书中记载：

> 某亭校长甲、求盗才某里曰乙、丙缚诣男子丁，斩首一，具弩
> 二、矢廿……

亭校长甲和求盗乙、丙捕送武装犯罪集团分子丁时，除了全套弩具两具、箭二十支外，还有一颗被箭射杀的武装犯罪团伙成员的首级，这些均作为捕送丁的证据。

由上可见，在秦代的诉讼过程中，无论是官府、司法官吏或百姓，只有在掌握相应罪证的情形下，才可以缉捕或扭送犯罪嫌疑人，这是刑事证据的客观性特征在拘捕环节的体现。

第二，据证审断。

通过对秦律的研究可以发现，犯罪嫌疑人的供词是断案的重要依据，案件的审判过程很大程度上就是围绕犯罪嫌疑人的口供进行的。但是，经过考证秦简的相关式例可知，犯罪嫌疑人的供词并不是定罪科刑的最终依据。《封诊式·亡自出》爰书中记载，前来自首的逃犯甲供认，"以乃二月不识日去

亡，无它坐，今来自出。"负责审理该案件的司法官吏并没有仅仅根据这一供词来确定罪行，而是对案件进行具体地核实，按真实情况定罪科刑。据核实，该人于二月丙子为逃避三月份应承担的二十天修筑宫室的劳役而逃亡，而且还有前科。在档案中，秦始皇四年三月丁未日的记载，该人那时就曾逃亡过一次，共五个月零十天。最后把核实的结论，送交里典验视之后，才交法庭审判，依法论处，"毋它坐，莫覆问。以甲献典乙相诊，今令乙将之诣论。"即没有其他过犯，无须再行查问。将甲送交里典乙验视，现命乙将甲押送论处。

秦代这种客观性的刑事证据规则，张家山流简从《奏谳书》中记载的"为君治食不谨"案①也能够得到印证。该案起因于"宰人大夫说进炙君，炙中有发长三寸；夫人养婢媚进食夫人，饭中有蔡长半寸，君及夫人皆怒，劾"。"炙"为烤肉；"蔡"，《说文》："草也"；"劾"为告劾之意，相当于现代意义

---

① 注：此案例没有载明发生的具体年代，但从案件内容的表述情况以及整个《奏谳书》排列的时间顺序来看，该案应该发生于秦统一以前的战国时代。由于本文所述"秦代"，涵盖秦王国至秦帝国的发展阶段。从发生的时间上来讲，此案与秦代相距不远，与秦代的司法审判制度密切相关，故引用于此。笔者认为，该案并非是一则实案，应该是虚拟的故事，在《韩非子》中也有记载，"文公之时，宰臣上炙而发绕之，文公召宰人而谯之曰：'女欲寡人之哽邪？奚为以发绕炙。'宰人顿首再拜请曰：'臣有死罪三：援砺砥刀，利犹干将也，切肉，肉断而发不断，臣之罪一也；援木而贯脔而不见发，臣之罪二也；奉炽炉，炭火尽赤红，而炙熟而发不烧，臣之罪三也。堂下得无微有疾臣者乎？'公曰：'善。'乃召其堂下而谯之，果然，乃诛之。"文中还记载了一例与此类似的案件，"一日。晋平公觞客，少庶子进炙而发绕之，平公趣杀炮人，毋有反令，炮人呼天曰：'嗟乎！臣有三罪，死而不自知乎？'平公曰：'何谓也？'对曰：'臣刀之利，风靡骨断而发不断，是臣之一死也；桑炭炙之，肉红白而发不焦，是臣之二死也；炙熟又重睫而视之，发绕炙而目不见，是臣之三死也。意者堂下其有嬖憎臣者乎？杀臣不亦蚤乎！'公曰：'善！'乃召其堂下而谯之，果然，乃诛之。"（陈奇猷：《韩非子新校注》，上海古籍出版社2000年版，第640—642页。）

《韩非子》中记载的案例与《奏谳书》中记载的案例，两者叙述的侧重点不同。前者没有对案件进行客观查证，当事人从人性的角度为自己的行为予以辩解，洗清冤情；而后者则对案件展开详细的勘验、调查，重点在于分析、论证客观事实。最终通过勘验获取的客观证据确定了案件事实，反映了据证断案的客观性原则。

上的起诉。即宰人大夫说给国君进献烤肉时肉中有长达三寸的头发，几乎同时国君夫人的侍婢媚在给国君夫人进食饭菜中有长达半寸的草，国君和夫人大怒，命令治二人的罪。史猷负责审理此案。经过一番仔细调查后，史猷提出的判决意见是："说毋罪，媚当赐衣。"国君听后，非常诧异，责问史猷依据什么作出如此判决。史猷便向国君讲述了整个案件的详细侦查过程：首先，对宰人大夫说使用的切肉刀和俎进行勘验，发现说使用的刀新磨过，非常锋利，切肉时肉筋能一刀切断，炙肉有一寸见方，而炙肉上的头发长达三寸，这说明炙肉上的头发不是切肉时留下的。其次，在勘察烤肉的工具时，发现"桑炭甚美"，烤肉用的铁炉很洁净，在铁炉上烤炙的肉均有焦痕，而炙肉上发现的长达三寸头发却无任何炙烤过的焦痕。据此，史猷推定炙肉上的头发应是在宰人大夫说进献炙肉时，热气腾腾的炙肉熏烤得国君身上发热，国君便命人为其掌扇，脱落的头发便随扇风飞入炙肉之中。为证实史猷推定是否正当，在征得国君的同意后史猷作了一次现场再现实验，将炙肉端到国君面前，后有人掌扇，结果发现有两枚头发飞入炙肉之中。史猷再对君夫人饭中有草的事情进行调查，首先，对君夫人吃饭的饭厅进行了勘验，发现墙壁洁净，帷幕、窗帘等整洁完好，饭厅中无草，也未发现草可以进入饭厅的通道。其次，通过对侍婢媚的住室进行勘验，发现婢媚所用的草席破旧，编织草席的绳子已断裂，席草破碎。再次，察看养婢媚，养婢媚的衣袖破旧且已露出棉絮，破碎的席草粘在棉絮上，长达半寸席草就有六枚。最后，将席草与饭中发现的草进行比对，两者相同。据此，可以推断，饭中之草是养婢媚在给君夫人进食时不慎落入的。穿着破旧衣服，睡卧破碎的席子，衣服上粘满破碎的席草，在这种状态下为君夫人服侍饮食，而使席草不飘入饭菜之中，实难做到。基于上述分析，宰人大夫说和养婢媚两人主观上均无过错，炙肉中的发和饭中的草是由于个人意志以外的原因造成的。[①]

[①] 参见程政举："《奏谳书》所反映的先秦及秦汉时期的循实情断案原则"，载《法学评论》2007年第6期。

2. 刑事证据理论的关联性规则

秦朝在依法解决民事争讼案件中,注重运用证据关联性规则,指导审判工作的进行。据《睡虎地秦墓竹简·封守》中载:秦代在执行民事财产查封时,将本案查封的物证与该物证关系密切的人证以及书证,紧密衔接,形成证据链条,并且固定化,从而使证据关联性规则及其在查封财产中的证据运用,具有了典型性的示范作用。据该《封守》文说:查封的某里士五(伍)甲家的物证有"依器、畜产";"一宇(房)二内(间),各有(窗)户,内室皆瓦盖,木大具,门桑十木"等。与之密切相关的人证有"妻、子、臣妾";"子大女子某,子小男子某,……臣某,姜小女子某","典某某,甲伍公士某某"等。① 在本案中,人证涉及广泛,有亲属为之作证;有家庭奴隶为之作证;也有本地里典长为之作证。这些人证均与物证密切关联。与此同时,该《封守》又将查封实录、查验文书等作为与本案密切相关的书证,用来证明查封财产的实况,当此次查封财产过程,将物证与相关联的人证、书证相结合,就使得证据链条牢固,发挥了确凿的证明作用,表明查封财产的合法有效,不容置疑。

在刑事证据方面,关联性规则更加明显。在此原则的引导下,秦代的证据制度既强调客观性,也有浓厚的主观性倾向。在客观性方面,秦律重视证据在司法实践的各个环节中的应用,强调"据证系狱""据证量刑"以及"据证重审与改判";在主观性方面,我们必须认识到秦代还处在封建社会的早期,在其审判环节口供依然是基本的证据形式。一般情况下,不取得被告人的口供是不得定罪的。虽然法律规定中对刑讯逼供的适用作了限制,但由于缺乏具体的约束措施,依靠野蛮残酷的刑讯方式获取口供普遍盛行,司法实践中刑讯依然恶性泛滥。

下面通过一则具体案例对此论点进行详细论证:

《奏谳书》中的第二十二则案例——"得微难狱",记载了秦始皇六年(前

---

① 罗振玉:《罗雪堂先生全集·初编》(第十五册),大通书局 1976 年版,第 5220—5223 页。

241 年）八月发生的一起劫财案件。女子婢从集市回家途中被人刺伤，劫取其钱财后不知去向。案件中，司法官吏首先询问了被害人女子婢，获知案件的基本情况，并得到物证"笄刀"与"荆券"。随后，司法官吏根据被害人的描述，循着两件物证对案件展开了细微、缜密的调查。经过侦查发现了犯罪嫌疑人孔，并观察到其身上与案件相关的一处细节，"衣故有带，黑带，带有佩处而无佩也……"即衣带上有佩带刀的系物，但没有佩刀。司法官吏并未因为怀疑对其进行逼供，仅仅简单询问即作罢。随后围绕嫌疑人展开调查，寻找与其相关的物证与人证。随着证人走马仆的出现，案件取得实质性进展。走马仆呈交物证"白革鞞系绢"——系着绢的白皮革刀鞘，并提供证言："公士孔以此鞞予仆，不知安取。"言证此刀鞘得于孔处。司法官吏"以婢背刀入仆所诣鞞中，袛。珍视鞞刀，刀环唅旁残，残傅鞞者处独青有残，类刀故鞞也。"即证人提供的物证——"刀鞘"与案发现场犯罪嫌疑人遗留物证——"笄刀"合为一体，案件关键的物证印证相吻合。嫌疑人孔的妻女也提供证词说："孔雅佩刀，今弗佩，不知存所。"接下来要做的就是将物证、证人证言同犯罪嫌疑人的口供相印证，以完成案件事实的最终认定，这是案件的核心环节。于是，司法官吏开始反复讯问嫌疑人孔。孔百般狡辩，拒不认罪。直到司法官吏以刑相吓"即就讯碟，恐猲欲答"，孔才如实供述了自己劫取钱财的犯罪事实。至此，案件大白，司法官吏据律作出判决："孔完为城旦"[①]，即宣判孔服"完城旦"刑。

狱吏从追查作为凶器的刀与走马仆提供的无刀刀鞘的关联着手。将刀插入鞘中，证其为同套刀具；又取得犯罪嫌疑人妻女及走马仆的证言，故能多次推翻犯罪嫌疑人的狡辩，致其最终认罪服法。此案中，我们看到秦代运用多种证据形式断决案件，既有客观性的证据——物证、证人证言，也有以刑讯相威吓逼取的主观性证据——口供。司法官吏将两类

---

① 《张家山汉墓竹简·奏谳书》《张家山汉墓竹简·盗律》规定，"盗赃值过六百六十钱，黥为城旦春。六百六十到二百二十钱，完为城旦春。"该案经核"赃为千二百钱"，故判"孔完为城旦"。

证据相互印证，使主观与客观证据相比对，最后得出审判结论。这一过程实际上运用了主观与客观相结合的方法，体现了刑事证据的综合性特征。

综合以上，秦代在证据理论问题上，继承了西周以降各个历史时期的相关内容。与此同时，根据缘法而治的时代要求，又有所发展，较以往更多地体现了法家主张的证据理论精神。

（二）秦代证据种类

1. 民事证据种类

（1）地产证据

自商鞅变法以来，秦王国面貌为之一大变。废井田，开阡陌，逐步建立起新型的封建土地所有权制度。其中，既有国有土地所有权制度，也有迅速发展起来的私有土地所有权制度。针对这一变化，秦始皇三十一年（公元前216年）正式颁布"使黔首自实田"。[①] 以此鼓励天下百姓耕植土地并自行占有，实现土地私有制的法律化与制度化，促使土地所有权逐渐由国有为主到私有为主的转变，并加强对封建土地所有权的法律保护。"封"，是秦代田界，地产物权的标志和土地所有的证据，这种证据具有充足的证明力，并得到法律的保护。《睡虎地秦墓竹简·法律答问》："盗徙封，赎耐。可（何）如为'封'？'封'即田千佰。顷半（畔）'封'殹（也）且非是？而盗徙之，赎耐，可（何）重也？是，不重。"[②] 私自移动用来证明地产的界石的行为，被视为侵犯官私土地所有权的行为，应当判处耐刑，从法律规定上看，并不为重。

（2）借贷证据

秦代运用证据解决借贷纠纷的事例很多，例如《睡虎地秦墓竹简》一书的内容就可以得到证明。其中，该书第214至215页就规定："百姓有责

---

① 《史记》卷六《秦始皇本纪》，裴骃《集解》引徐广语。
② 《睡虎地秦墓竹简》。

（债），勿敢擅强质，擅强质及和受质者，皆赀二甲。廷行事强质人者论，鼠（予）者不论；和质者，鼠（予）者□论。"① 在秦代凡属借贷关系都应以签订契券文件为前提，不履行者视为非法。债务人虽违背契券规定，但债权人对债务人不得使用暴力，强行掠劫为人质，违犯者，罚相当两副铠甲的钱。债务人同意做人质的也同样罚相当两副铠甲的钱。廷行事作为典型判例的汇集也有规定：债权人强行劫掠债务人为人质已触犯法律，应该给予刑事处罚。但被迫做人质的债务人不应该判罪处刑。而债权债务双方同意用人质作为抵押的，都要论罪给予刑事处罚。这则规定表明，在借贷法律关系中，借贷契券起着关键性的证明作用。首先，在此证据中不得写有人质抵押的内容，在使用证据时，也不得违犯国家法律，由债权人扣押债务人为人质，强迫还债。必须按国家法律的要求，申请官府解决债务纠纷。否则，违法劫掠债务人为人质，或者债务人私下同意为人质者，都要受到相同的处罚。

（3）婚姻契券

秦汉时期注重婚姻制度的完善，并主张严格管理夫妻的婚姻关系。据《睡虎地秦墓竹简》记载：（秦代）"弃妻不书，赀二甲"，"其弃妻亦当论不当？赀二甲"。即说丈夫随意抛弃妻，不向官府报告登记，取得离婚证书，应当罚交相当两副铠甲的钱款，其休妻也应当罚交相当两副铠甲的钱款。

2. 刑事证据种类

（1）言辞证据

①被告供述。即"口供"，在诉讼活动尤其是刑事诉讼中，具有十分重要的意义。口供往往被视为"证据之王"，记录在司法文件之中，成为侦查和定罪科刑的主要依据。对口供的重视在认识论上源于形而上学的唯心主义。正如《资治通鉴》记载，"狱辞之于囚口者为款。款，诚也，言所吐者皆诚也。"② 但是，对于被告人的供认，只有从多方面核实，才可以作为证据

---

① 《睡虎地秦墓竹简》。

② （宋）司马光撰：《资治通鉴》卷二四〇，中华书局 2009 年版。

加以使用。同时，还必须由原审讯机关以外的机构和专人进行复核，方可作为证据使用。[1] 这就要求"以诘者诘之"，即反复讯问，直至核实清楚案情疑问为止。因为如果本人推翻供词，口供就失去了证据的效力。前文提到过的"得微难狱"案例，在物证、证人证言等客观性证据相对已经确凿的情况下，仍然反复讯诘犯罪嫌疑人，以取得其认罪的供词，并最终定案。"李斯被诬案"中，为了获得李斯最终确定的认罪供词，反复对之施加酷刑，直至其"终不敢更言，辞服"。方才定其死罪。

可见，被告人的供词是秦代刑事审判中的重要证据形式，一般情况下，只有获得确定的认罪供词，才能最终对案件作出判决。这从《封诊式》中所记载的式例中可以得到印证。这些式例的爰书中几乎都有对被告供辞的详细记录，其对案件的断决具有重大影响。例如，"告子"爰书中记载被告供曰："甲亲子，诚不孝甲所，毋它坐罪。"

即供称是甲亲生子，并承认其父对其不孝罪的指控。再如，"告臣"爰书中记载被告供曰："甲臣，诚悍，不听甲。甲未赏身免丙。丙毋病殴，毋它坐罪。"即承认自己是甲的奴隶，确系强悍，不听从甲，甲没有解除过丙的奴隶身份，丙没有病，没有其他过犯。

②原告控述。这被看作基本证据之一，记录在司法文件之中，成为立案、侦查和拘捕犯人的主要依据，也是定罪科刑的重要证据。但是，原告的控述只是提起诉讼，启动法庭的调查取证程序，对原告的身份与起诉的内容要进行核实。待认定案件事实后，方能作为可靠的证据加以使用。

例如，前文所列举的《奏谳书》案例"得微难狱"，在案件调查过程中，司法官对被害人进行了多次询问，被害人每次就询问所作的回答，作为证据对案件侦破起了关键作用。摘录如下，以便分析：

> 婢曰：但钱千二百，操箓，道市归，到巷中，或道后类暂（暂）
> 拊，婢偾，有顷乃起，钱已亡，不知何人之所。其拊婢疾，类男

---

[1] 参见栗劲：《秦律通论》，山东人民出版社 1985 年版，第 306 页。

子。呼盗，女子龀出，谓婢背有笄刀，乃自知伤。

这是被害人就自己被"夺钱"的过程向法官所作的陈述，向法官提供了犯罪嫌疑人的轮廓，并指明案发现场证人"龀"的存在。

> 讯婢：人从后，何故弗顾？曰：操篓，篓鸣匈匈然，不闻声，弗顾。讯婢：起市中，谁逢见？曰：虽有逢见，弗能□。讯婢党有与争斗、相怨，□□取葆庸，里人知识弟兄贫穷，疑盗伤婢者，曰：无有。

司法官吏接着就案件疑点及可能发生的原因向婢发问，婢逐一作了回答。根据其陈述，结合相关物证与证言展开对抢劫案件的侦查，一点点揭露案情，最终使案件大白，查获凶犯。

《封诊式》记载的爰书中，"告子""黥妾""告臣""迁子"等多篇都有关于原告起诉内容的记录。文中多有述及，在此不加列举。

③证人证言。证人证言是指与案件相牵连的人、知情人等向司法官吏或司法机关所提供的证词，即诉讼双方以外的第三者的言辞。证人证言在诉讼审判过程中承担着重要的作用，"证人之证言为证据之一，其证言如何，关于诉讼当事者之利害甚巨，故为证人，须为真实之陈述，理之当然也。"[1]西周时期的案例中已存在关于证人的记载。在《曶鼎》铭文记载的"曶诉匡季寇禾案"中的匡季的众臣二十人就是人证。《散氏盘》铭文记载"矢氏侵犯散氏土地使用权的赔偿案件"中，记载的证人共计达25人之多。其中嗇、且、武夫、万、贞、右、眚等15人是矢氏一方的证人，而其余十人则是散氏一方的证人。因为这25人都参与了田界的划定，了解田界的四至，所以，他们作为证人，有利于澄清事实。

在秦代，证人证言在侦查与审判的过程中发挥着不可替代的功用。《奏谳书》记载的"得微难狱"中，女子龀、走马仆及犯罪嫌疑人孔的妻女都是证人，通过前文的分析可知，他们提供的证言对案件的侦破起到了至关重要

---

① 徐朝阳：《中国诉讼法溯源》，（台湾）商务印书馆1973年版，第48页。

的作用。同样，在《奏谳书》记载的著名乞鞫案件——"毛诬讲盗牛案"中，证人士伍"和""牝"及讲父"处"提供的证言，对重新认定案件事实，平复冤案影响重大。

秦简《封诊式》的爰书中有多则关于证人证言的记载，印证了证言在案件查审中的重要作用。当中的证人证言又可以作如下划分：

其一，检举人的揭发。即案件的知情人就自己知道的有关案件的事实情节向官府做的报告。"盗铸钱"案爰书载："告曰：丙盗铸此钱，丁佐铸。"即士五甲和士五乙就发现男子丙、丁铸钱的经过向官府作的陈述。"奸"一案爰书中："告曰：乙、丙相与奸，自昼见某所，捕校上来诣之。"即士伍甲就男子乙、女子丙相奸向官府作的陈述。

以上是第三者作为案件知情人的身份，客观地陈述他们所了解的事实及结果，这些证言均被作为定案的依据加以引用。

其二，见证人的证言。即亲历案件发生的人就其所见向司法机关提供的证明。"经死"爰书记载了对一名男子吊死现场的勘验情形。在对男子的尸体进行了一番仔细的勘验之后，为进一步落实其死因，指出自杀必有原因，应当询问其"同居"："自杀者必先有故，问其同居，以合（答）其故。"该处所言的"同居"，就是这起案件的证人。他们是死者最亲近的人，应当对其死亡原因有所了解。"穴盗"爰书记载，被害人丢失一件"绵裙"。司法官吏向被害人的邻居作调查，得到的证言是："见乙有结複衣，缪缘及纯，新殿。不知其里□何物及亡状。""封守"爰书记载："凡讯典某某、甲伍公士某某：'甲党（倘）有（它）当封守而某等脱弗占书，且有罪。'"某等皆言曰："甲封具此，毋它当封者。"即乡负责人某奉命清点了被告人士伍甲的家室、财产及人口之后，向在场的里典和同伍的公士交代说，士伍甲家的财产和人口如有当查封而脱漏不报未加登记的，作为里典和在场的人都是有罪的。里典和同伍的公士当场作出保证，说甲家应当查封的都已在这里，无其他应查封的了。里典和同里公士所提供的便是见证人的证言。

此外，"贼死"爰书中，令史等对现场进行了详细的勘验之后，就死者的死亡时间和案发情况向其同亭的人和士伍丙进行了询问，这是在寻求证人证言，以便侦破案件。

（2）物证

物证是指能够以其外部特征、物质属性、所处位置以及状态证明案件真实情况的各种客观存在的物品、物质或痕迹。古今中外，物证在诉讼中一直是重要的证据形式，对于确定案件事实及最终的决断作用巨大。

物证制度从西周时期就已经开始实行。《周礼·秋官·司厉》记载，"司厉，掌盗贼之任器、货贿，辨其物，皆有数量，贾而楬之，入于司兵"。郑玄注："任器、货贿，谓盗贼所用伤人兵器及所盗财物也。"司厉对伤人之器、所盗之物，要分类别、数量、价格，加以标签，缴纳于司兵。西周之所以对之如此重视就因为它是刑事诉讼定罪科刑的重要证据。出土的西周文物印证了这一点，《曶鼎》铭文记载了一起"寇攘"（抢劫）罪的提起、审判过程，曶把匡季告于官府，司法官东宫说："女（汝）匡罪大"（匡季应受到很重的惩罚），虽然最后以调解的方式了结，没有处匡季以重刑，但在记载中，看到了给匡季定"寇攘"这种重罪的证据是匡季从曶那里抢劫的"禾十秭"。即"禾十秭"是东宫给匡季定罪的物证。

秦代继承了这种证据形式并进一步将之加以完善。秦简《封诊式》中涉及物证的式例很多：盗案要赃物、群盗要武器、私铸钱币要验钱范，凶杀现场要验凶器等。例如：

"盗铸钱"爰书载：

> 某里士伍甲、乙缚诣男子丙、丁及新钱百一十钱、镕二合，告曰：丙铸此钱，丁佐铸。甲、乙捕索其室而得此钱、镕，来诣之。

即将犯罪嫌疑人丙、丁，连同"新钱百一十钱"与"镕"一并送至官府。

"群盗"爰书载：

> 某亭校长甲、求盗才某里曰乙、丙缚诣男子丁，斩首一，具弩二、矢廿，……。此弩矢丁及首人弩矢殹。

意为某亭校长甲、求盗者某里人乙、丙在缚诣丁的同时，送上"具弩二、矢廿"。

以上两则式例中的新钱、钱镕、具弩、矢等均是犯罪过程中使用的工具，成为量刑断罪的物证。又如：

"盗马"爰书载：

> 市南街亭求盗才某里曰甲缚诣男子丙，……告曰：丙盗此马、衣，今日见亭旁，而捕来诣。

即押解犯罪嫌疑人，并呈上其所盗马和衣物。

"出子"爰书载：

> 某里士伍妻甲告曰：甲怀子六月矣，自昼与同里大女子丙斗，甲与丙相捽，丙偾屏甲。里人公士丁救，别丙、甲。甲到室即病腹痛，自宵子变出。今甲裹把子来诣自告，告丙。

即某里士伍妻甲在告发同里大女子丙将其殴至小产的同时，送到的成血块状的小产儿。

在这两则案例中，马、衣服和小产胎儿是犯罪行为所侵害的客体物。再如"贼死"爰书中，死者头部、背部的伤痕，身上、地下留的血迹；"穴盗"爰书中，犯罪人在墙上凿开的洞穴，洞穴旁的新土，洞穴上留下的凿痕，新土上留下的手、鞋、膝等印痕。这些犯罪时留下的痕迹，均被作为物证采纳。

同时，秦简《法律答问》还大量记载了以"赃"[①]的形式存在的物证。其中直接使用作为认定盗罪的"赃"证有十三次之多。此处的"赃"是折算成"钱"的价值来认定的。兹举例如下：

---

① 按："赃"，依《说文解字》解释"赃私字，古亦用臧"，《正字通·贝部》对"赃"的解释："赃，盗所取物，凡非理所得财贿皆曰赃。"本义指盗窃所得的赃物，也指贪污受贿等财利。"赃"本身不仅成为认定罪名成立的证据，而且获得"赃"数的多少、价值的大小也成为量刑的标准之一。"赃"作为认定盗罪、赃罪等罪的证据，应该从广义上理解，不仅包括作为货币的"钱"，还包括各种"物"，甚至包括没有人格权的"奴婢"。

五人盗，赃一钱以上，斩左趾，又黥以为城旦。

即五人共同行盗，赃物一钱以上，先断去左足，再施以黥刑，并罚做城旦。

或盗采人桑叶，赃不盈一钱，何论？赀徭三旬。

即有人盗采别人的桑叶，赃值不到一钱，如何处罚？罚服徭役三十天。

甲盗，赃值千钱，乙知其盗，受分赃不盈一钱，问乙何论？同论。

即甲盗窃，赃值一千钱，乙知道甲盗窃，分赃不满一钱，问乙应如何论处？与甲同样论处。

甲乙雅不相知，甲往盗丙，才到，乙亦往盗丙，与甲言，即各盗，其赃值各四百，已去而偕得。其前谋，当并赃以论；不谋，各坐赃。

即甲乙素不相识，甲去丙处盗窃，刚到，乙也去丙处盗窃，两人交谈，然后各自行窃，其赃物各值四百钱，在离开丙处后被同时拿获。如有预谋，应将两人赃数合并一起论处，没有预谋，各依所盗赃数论罪。

《法律答问》中也存在不直接以"赃"的形式出现，而是以赃物如钱、羊、牛、具（供物）等直接认定盗罪成立的。如：

夫盗千钱，妻所匿三百，何以论妻？妻知，夫盗而匿之，当以三百论为盗；不知，为收。

即丈夫盗窃一千钱，在其妻处藏匿了三百钱，妻应如何论处？妻若知道丈夫盗窃而藏匿，应按盗钱三百论处；不知道，作为收藏。

士伍甲盗一羊，羊颈有索，索值一钱，何论？甲意所盗羊也，而索系羊，甲即牵羊去，议不为过羊。

即士五甲盗窃一只羊，羊脖子上系有绳，绳值一钱，问应如何论处？甲所要偷的是羊，绳是用以拴羊的，甲就把羊牵走了，不应以超过盗羊议罪。

人臣甲谋遣人妾乙盗主牛，卖，把钱偕邦亡，出徼，得，论各何也？当城旦黥之，各畀主。

即男奴甲谋划让婢女乙偷主人的牛，把牛卖掉，带着卖牛的钱一同逃越国境，出边塞时被拿获，各应如何论处？应当按罚做城旦的样子施以黥刑，然后分别交还主人。

> 公祠未阕，盗其具，当赀以下耐为隶臣。

即公室祭祀尚未完毕，将供品盗去，即使是应处赀罚以下的刑，均应耐为隶臣。

此外，在"为君治食不谨"案中的"三寸发""半寸蔡""莞席"和"敝衣"均属于物证。史猷就是围绕这些物证进行现场勘查、实验，最终使案件大白。《奏谳书》的最后一则案例——"得危难狱"，对案件侦破起到关键作用的"笄刀""荆券""白革鞭"等也都是物证。可见，在客观性的刑事证据原则的引导下，秦代的司法官吏已经形成了重视物证的意识，在司法实践中注重广泛使用和收集物证，用以查明和断决案件。

（3）司法函调爰书

为了查清案件事实，审判机关指示犯罪嫌疑人原籍所在的县、乡负责人对犯罪嫌疑人的姓名、身份、经历进行核实，或者为了执行判决而指示查封嫌犯资产的文书。其在秦代也是定罪科刑的重要依据，《封诊式》中记载的式例可以对此加以印证。其中"有鞠"与"覆"是县的上级机构要县负责人派员对提出的问题进行了解，然后写出证明材料上报。

"有鞠"载：

> 敢告某县主：男子某有鞠，辞曰："士伍，居某里。"可定名事里，所坐论云何，何罪赦，或覆问无有，几籍亡，亡及逋事各几何日，遣识者当腾，腾皆为报。

原籍在甲县而在乙县犯罪的"男子某"被审讯，为了核实他的供词和查明他的具体情况，乙县审理机关向甲县发送此函调文件。所以，函件的内容，一开头即点明受函单位——"敢告某县主"；接着说明男子某被审讯——"有鞠"，供称：他是士伍，住在某里。请核实其姓名、身份、籍贯、曾犯有何罪，判过什么刑罚或经赦免，还有无其他犯罪行为，要派了解情况的人依法查封看守其家财，据实登记，将所录全部回报。类似于此，"覆"载：

> 敢告某县主：男子某辞曰："士伍，居某县某里，去亡。"可定
> 名事里，所坐论云何，何罪赦，或覆问无有，几籍亡，亡及逋事各
> 几何日，遣识者当腾，腾皆为报。

即谨告某县负责人，男子某供称，他是士伍，住在某县某里，逃亡。请确定其姓名、身份、籍贯、曾犯有何罪，判过什么刑罚或经赦免，再查问还有什么问题，有几次在簿籍中记录逃亡，逃亡和逋事各多少天，派遣了解情况的人确实记录，将所录全部回报。这也是要求调查犯罪嫌疑人具体情况的函件。

"告臣""黥妾"是县丞要乡负责人对报告人的情况进行了解的函件。两者相当于现代的调查信。这种索取文字证明材料的函件，当然也属于证据的一种，对于案件的查明及断决意义重大。

"黥妾"爰书载：

> 其问如言不然？定名事里，所坐论云何，或覆问无有，以
> 书言。

即询问是否和所说的一样，确定其姓名、身份、籍贯，曾犯有何罪，再查问还有什么问题，用书面回报。

"告臣"爰书载：

> 其定名事里，所坐论云何，何罪赦，或覆问无有，甲尝身免丙
> 复臣之不殹？以律封守之，到以书言。

这份函件的内容是，县丞要乡负责人对士伍甲控告其家臣的有关事实、姓名、身份、籍贯，曾犯过什么罪，被判过什么刑或经赦免，是否还有其他什么问题，以及甲是否曾解除过丙的奴隶身份然后又奴役他等事项进行调查。最后要求将调查情况写成文字材料回报。

通过函件调查犯罪嫌疑人的姓名、年龄、籍贯以及有无犯罪记录等有关事实，不仅在于核实案情，更为主要的是这些具体情况可能会影响到对嫌疑人施加刑罚的轻重。《急就篇》"籍受证验，记问年"一节所附的颜师古注曰：

簿籍所受计其价直，并显证以定罪也。记问年者，具为书记，抵其本属，问年齿也。幼少老耄，科罪不同，故问年也。

即接受簿籍的处所，计算其价值，并以确切的证据来定罪。"记问年"就是详细书写下来，并送达其本属，询问年龄。幼少、老耄科罪不同，所以要询问年龄。

可见，作为证据使用的函调爰书影响重大，其不仅在于核实嫌疑人的"名事"，认定案件事实，更为重要的是根据嫌犯的年龄、身份及一贯表现的不同，作出轻重不同的判决结论。

三、审判

(一) 民事审判程序

秦朝注重证据在民事诉讼审判活动中的灵活运用，以期合理解决各种法律问题。我们以查封财产及证据应用为例，论证秦朝的民事审判文明，据睡虎地秦简《封诊式·封守》载：

乡某爰书：封有鞫者某里士五（伍）甲家室、妻、子、臣妾、衣器、畜产。甲室、人：一宇二内，各有户，内室皆瓦盖，木大具、门桑十木。妻曰某，亡，不会封。子大女子某，未有夫。子小男子某，高六尺五寸。臣某，妾小女子某。牝犬一。几讯典某某、甲伍公士某某说："甲党（倘）有它当封守而某等脱弗占书，且有罪。"某等皆言曰："甲封具此，毋（无）它当封者。"即以甲封付某等，与里人更守之，侍（待）令。

即某乡爰书：根据某县县丞某的文书，查封被审讯人某里士，伍甲的房屋，妻子，奴婢，衣物，牲畜。甲的房屋、家人计有：堂屋一间，卧室二间，都有门，房屋都用瓦盖，木具齐备，门前有桑树十株。妻名某，已逃亡，查封时不在场。女儿大女子某，没有丈夫。儿子小男子某，身高六尺五寸。奴某，奴婢小女子某。公狗一只。查问里典某某，甲的邻居公士某某：

"甲是否还有其他应加查封而某等脱漏未加登记，如果有，将是有罪的。"某等都说："甲应查封的都在这里，没有其他应查封的了。"当即将封交付某等，要求他们和同里的人轮流看守，等候命令。

秦简上述有关民事执行的案件中，反映出当时注重证据的特点。首先要求该乡负责人上交查封实录与书面检证报告，以便官府进一步勘验。其次，要求里典某某，甲的邻居公士某某，作证并提供证言，并强调作伪证应承担的法律责任。第三，与乡负责人正式办理移交手续，并协同里人某等轮流看守封存物品，等候官府下达执行命令。

（二）刑事审判程序

1. 起诉

起诉即诉讼的提起，俗称告状，是诉讼程序的开始。中国古代没有起诉的概念，一般称为"告"，许慎《说文》曰："诉，告也。"① 秦代刑事案件的起诉形式主要有自诉、告发、自首与举劾。除自首以外，其他诉讼方式的提起，都必须有相应的理由或依据，即必须具有支持其诉的证据。否则，官府不予受理，自诉与告发者还可能承担"告不审"或者诬告的法律责任。所以，提起诉讼是一个证据运用的过程。以下围绕这几类诉讼方式的证据运用进行论述。

（1）"告诉"

"告诉"即受害者或者其亲属向官府控诉的行为。同当代刑事诉讼法的规定相类似，对于轻微刑事案件司法机关一般不主动干预，而由当事人自己提起诉讼。根据对秦简的分析，自诉人的控诉事由主要有以下两种：

第一，行为人因人身权益受到侵害而提起诉讼。这在自告案件中应当属于性质最严重的一类。《封诊式》中有关于此类自告案件的记载，如"出子"爰书："甲裹把子来诣自告，告丙。"

---

① 高敏指出："在《秦律》中虽然没有'起诉''诉讼'等法律用语，但有接近于'起诉'的概念，当时谓之'告''辞'"。（高敏：《云梦秦简初探》，河南人民出版社1979年版，第305页。）

这是一起典型的自告案件，即怀孕六月的孕妇甲与同里丙殴斗，甲被丙摔倒，导致其小产。甲现在带着小产儿到官府控告丙。该自告案件中，"小产儿"是甲进行自诉的证据。因而，官府立即检验小产儿，查验甲的身体，并拘捕被告人丙。

再如"黥妾"爰书中，某里伍大夫乙派家吏甲捆送其婢女丙到官府起诉，控告婢女丙凶悍，请求对之处刑。通过该起案例，还可以了解到，秦律允许地位高的有爵位者派人代替其起诉。

此外，"迁子"与"告子"两则式例也属于此类自诉案件。

第二，行为人因财产受到侵害而提起诉讼。此类案件往往作案人不明，即自诉时不能提供明确的被告，秦代的司法机关对此类案件要立案侦查取证，然后审理。"穴盗"就是这样一起案件。被害人因一件"绵褚衣"被盗而到官府自告。司法机关受理案件后，对案发现场进行了勘查取证。

（2）"告奸"

即被害人及其亲属以外的、与案件无关联的他人向官府检举犯罪嫌疑人及其犯罪情况的行为。这是启动诉讼程序的一种重要方式。因为提起诉讼的是案外人，所以他们的诉言和提供的相关证据，具有更强的真实性与客观性，是案件审断的重要依据。

睡虎地秦简《法律答问》中有多篇关于告发的规定，其中有的是举告盗窃金钱的，如"告人盗千钱""告人盗百一十钱""甲告乙盗直（值）"等；还有的是举告盗窃财物的，如"甲告乙盗牛，今乙盗羊，不盗牛"，"甲告乙盗牛若贼伤人"。这些都是对告发行为中出现的常见问题的解答。《法律答问》对匿奸与告奸行为作出了明确的惩治和奖励的规定。当中规定，如果明知他人犯罪而为其隐匿赃物，当治罪；如果不知是犯罪所得之物而隐匿者，则不为罪。例如："甲盗不盈一钱，行乙室，乙弗觉，问乙论何殴？毋论。其见知之而弗捕，当赀一盾。"即甲盗窃钱物置于乙处，若乙不知是盗窃而来，不承担罪责；若知道而不加捕拿，则罚一盾。《法律问答》中也有对告发者给予奖赏额的规定，例如："捕亡完城旦，购几何？当购二两。"捕获逃亡的完城旦，应奖励黄金二两。这已是非常高的奖额了。

睡虎地秦简《封诊式》中也记载了几则关于告发的式例，例如《奸》爰书记载的内容便是一则较为典型的告发案例。

可见，从秦代的法律规定到具体的案例记录都说明了告发是当时提起诉讼的一种重要形式。告发者提供的言证及发现的其他证据，是案件的侦查与断决的重要线索与依据。

（3）"举劾"

"举劾"是指官吏代表官府对犯罪活动进行举告的行为。这是官方主动举证犯罪、缉拿案犯及审断案件的活动。官告在西周时已出现，《周礼·秋官·司寇》载，"禁杀戮"官"掌司斩杀戮"，其职责为"凡伤人见血而不以告者，攘狱者，遏讼者，以告而诛之"。即凡伤害他人流血而被害人无法提起诉讼，官吏包庇不予受理，以及行凶者胁迫被害人不能告发的，禁杀戮官应当将其举告于司寇，诛之。西周时还设有专门负责举告的官吏，称为"禁暴氏"。"禁暴氏，掌禁庶民之乱暴力正者，挢诬犯禁者，作言语而不信者，以告而诛之。"① 其大意为禁暴氏职责是禁止庶民以暴力侵害别人，凡是有矫诬犯禁、妄言欺诈等行为的，禁暴氏应当向司寇举报而诛之。

以上是我们见到的较早的关于官告的记载，虽然缺乏系统与规范性，但是已显现出官告制度在初始阶段的特征。春秋战国时期，官告制度进一步发展。最典型的案例便是鲁国司寇孔丘诛少正卯一案。②

至秦代官告制度趋于规范化。秦律规定举告犯罪是官吏的义务，如有失职将受法律制裁。睡虎地秦简《语书》记载了南郡郡守腾于秦始皇二十年四月向其所管辖下的各县、道官吏发布的命令，令他们严格举告犯罪活动：

---

① 《周礼·秋官·司寇》，中华书局2014年版。
② 鲁国司寇孔丘举告大夫少正卯，诉其五大罪行，即"心达而险""行辟而坚""言伪而辩""记丑而博""顺非而泽"。并将其诛杀。见《史记》卷四七，《孔子世家》"诛鲁大夫乱政者少正卯"。

"自从令、丞以下知而弗举论，是即明避主之明法殹，而养匿邪僻之民。"意为县令、丞以下的官员明明知道犯罪活动而不加检举处罪，这是公然违背君上的大法，包庇邪恶的人。紧接着令中对官吏知而不举的行为，下达了处断规定："若弗知，是即不胜任、不智殹；知而弗敢论，是即不廉殹。此皆大罪殹。"即如果不知道，是不称职、不明智；如果知道而不敢处罪，就是不正直。这些都是大罪。如果说这只是郡守下达的一道命令，在秦代不具有普遍适用的效力，那么睡虎地秦简《法律答问》中的内容，则是秦代具体的法律规范。当中对基层组织官吏举告犯罪的义务作了明确规定："贼入甲室，贼伤甲，甲号寇，其四邻、典、老皆出不存，不闻号寇，问当论不当？审不存，不当论；典老虽不存，当论。"典指"里典"，老指"伍老"，均是秦代的基层组织负责人。若贼入室伤人，四邻确实不在家的，不应论处；而里典、伍老即使不在家也要论处。通过这样严格的法律规定，督促官吏尽心履行举告犯罪的义务。

睡虎地秦简《封诊式》当中记载了多则官告式例，如前文述及的《群盗》"贼死""盗马""经死"等案件都是由基层组织官吏举告的。

秦代还有一种官告形式，那就是监察机关的纠举。秦代的监察制度开始规范化，御史官吏主要负责纠举官吏的犯罪行为，这当然也属于官告。

2. 对起诉状的据证审核与处理

秦代统治者出于维护统治秩序的需要，一方面积极鼓励告奸，以打击犯罪活动，化解矛盾；另一方面又制定了一些限制性的规范，以防滥告，激化矛盾。因此，对于起诉行为，官府首先要查看诉状，审核诉讼理由，确定其是否符合相关诉讼法律规范的要求。如果与法律规范不符，即使其举告具有充分的理由与证据，官府也不予以受理，对坚持告发者还要给予制裁。同时，秦律对诬告与告不审的行为规定了相应的处罚措施。

（1）限制卑幼控告尊长

秦代限制子女对父母、奴妾对主人进行控告的行为，这体现在秦律有关"公室告"与"非公室告"的规定当中：

公室告何殹？非公室告何殹？贼杀伤、盗它人为公室；子盗父母，父母擅杀、刑、髡子及奴妾，不为公室告。①

该律条对公室告与非公室告作出了较为明确的区分。"公室告"指因杀伤或盗窃他人而提起的诉讼；"非公室告"指对子盗窃父母，父母擅自杀死、刑伤、髡其子及臣妾的行为进行的告发。另一条文中将"非公室告"界定为：

何谓非公室告？主擅杀、刑、髡其子、臣妾，是谓非公室告。②

这里指出非公室告为家主擅自杀死、刑伤、髡剃其子或者奴婢而提起的诉讼。两条简文对于非公室告的解答略有不同，但都强调是尊长对卑幼的杀伤行为。

秦律针对卑幼对尊长的控告行为作出了限制性规定，即凡属非公室告的案件，作为卑幼子、奴妾或臣妾不得控告作为尊长的父母和主。若坚持控告，对卑幼治罪。

子告父母，臣妾告主，非公室告，勿听。……而行告，告者罪。

而且，若控告者已因非公室告被治罪，其他人再行控告，也不予受理。即"告（者）罪已行，它人又袭其告之，亦不当听"。也就是说，对于公室告，秦律鼓励告奸，而且还要对明知不举的行为进行处罚；而对于非公室告则予以限制。秦律之所以对非公室告进行限制，是出于维护封建等级特权的考虑。同时也反映出，秦代还处于封建统治的初期，封建法制尚未健全，仍然保留有奴隶制的残余。

当然，对于非公室告的限制并非是绝对的，不可能将卑幼的权利置于完全无保护的状态之下，导致对卑幼的恶意伤害。如果经过官府审核，有证据证明是擅杀行为，则要对尊者治罪。《法律答问》中对尊长擅杀伤卑幼的行为以答问的形式作出了惩治规定，例如"擅杀子，黥为

---

① 《睡虎地秦墓竹简·法律答问》。
② 《睡虎地秦墓竹简·法律答问》。

城旦舂"。

(2) 禁受"投书"与"州告"诉状

"投书"即以匿名信的方式举告犯罪行为。这种举告方式,证据无法确信,案件事实难以查明,审理以这样方式提起的诉讼案件容易造成冤错。同时,这种方式容易引起社会不安,扰乱统治秩序。所以,秦律对"投书"举告不仅不接纳,如果发现投书人,还要对之进行惩治。

> "有投书,勿发,见辄燔之;能捕者购臣妾二人,系投书者鞫审谳之。"所谓者,见书而投者不得,燔书,勿发;投者【得】,书不燔,鞫审谳之之谓殹。①

意为一经发现投书,不得拆阅,立即销毁。对捕获投书人的给予奖励;投书人若已被拿获,则保留投书,作为对其审讯定罪的证据。

秦简中还记载了关于"州告"的法律规定:

> 何谓"州告"?"州告"者,告罪人,其所告且不审,又以它事告之。勿听,而论其不审。②

州告就是指控告他人犯罪,经审核不成立而被拒绝审理,后又以其他事由控告。对此,不予受理,并且以所告不实论处。即官府经过对诉状审勘后认为所诉没有依据,或者诉讼理由不能够成立,因而驳回其诉讼请求。之后,为了达到起诉目的又更换诉讼理由,再行起诉。这种行为不仅扰乱了社会秩序,也给司法工作的正常进行造成了妨碍。为了约制告发的这种随意性,防止滥告而对之采取拒绝乃至制裁的措施,以避免司法官吏被繁碎的诉讼活动所拖累,从而影响案件审判的质量。

(3) 严惩诬告

所谓诬告,就是编造虚假的诉讼理由,罗列伪造的证据举告他人犯罪,意图诬陷他人,使其受到法律追究。秦代诬告行为不在少数,一则是由于仇

---

① 《睡虎地秦墓竹简·法律答问》。

② 《睡虎地秦墓竹简·法律答问》。

隙使然，二则也是商鞅变法鼓励告奸所致，受奖赏驱使，以致"告风"盛行。为了保持社会秩序的稳定，秦律对诬告行为予以严厉制裁，一般以"诬告反坐"的原则加以处治。这从秦简中可以得到印证，"伍人相告，且以辟罪，不审，以所辟罪罪之。"即控告同伍的人，并加以罪名，若控告不实，则应以所加之罪名对控告者予以论处。《睡虎地秦墓竹简·法律答问》中关于处罚诬告的记述很多，例如：

> 诬人盗值廿，未断，又有它盗，值百，乃后觉，当并赃以论，
>
> 且行真罪、又以诬人论？当赀二甲一盾。

意为诬告他人犯盗窃罪，尚未判决，其本人又另犯盗窃罪，然后被发觉，应当将两项盗罪的赃值合并，还是先按照实际盗窃的赃值判处，再追究其诬告罪责？应当罚两甲一盾。案件呈现出复杂性，既有诬告他人盗窃，同时本人又犯盗窃罪，为了使官吏能够正确判罚而进行的答问。类似的答问还有：

> 上造甲盗一羊，狱未断，诬人曰盗一猪，论何殴？当完城旦。

上造盗了一只羊尚未判决，又诬告他人盗窃了一头猪，怎样论处？应当使其承担完城旦刑。这是关于已犯其他罪在先，又犯诬告罪的处罚规定。再如：

> 当耐司寇而以耐隶臣诬人，何论？当耐为隶臣。当耐为候罪诬
>
> 人，何论？当耐为司寇。

应判处耐为司寇刑的人，以耐为隶臣的罪名诬告他人，怎样论处？诬告者应耐为隶臣。应判耐为候的人，以……的罪名诬告他人，怎样论处？应当耐为司寇。

秦简中还记载有一种"控告不实"的情形，即"告不审"。"告不审"与上述诬告行为的最大区别在于行为人主观是否出于故意。

> 甲告乙盗牛若贼伤人，今乙不盗牛、不伤人，问甲何论？端
>
> 为，为诬人；不端，为告不审。[①]

---

① 《睡虎地秦墓竹简·法律答问》。

意为甲控告乙盗牛或者杀伤人，经查证乙未盗牛、伤人，怎样论处甲？如果出于故意，以诬告他人罪论处；如果不是出于故意，作为控告不实论。也就是说，秦律以主观动机来确定控告者是诬告还是告不审。

此外，秦律中还禁止"告盗加赃"的行为。

> 甲盗羊，乙知，即端告曰甲盗牛，问乙为诬人，且为告不审？
> 当为告盗加赃。①

意为乙明知甲盗窃羊，却故意控告甲盗窃牛，问对乙应该是以诬告还是以告不审论处？应以控告盗窃增加赃数论处。可以看出，"告盗加赃"与"告不审"的区别也在于控告者主观上是否故意轻罪重告。其后的一条答问简文对此也有印证：

> 甲盗羊，乙知盗羊，而不知其羊数，即告吏曰盗三羊，问乙何
> 论？为告盗加赃。②

即乙知道甲盗窃羊，但不知道盗窃的数目，却控告说甲盗窃了三只羊，对乙如何论处？应以控告盗窃增加赃数论处。

同时，为了打击重大的犯罪行为，秦律也规定，若所控告的是盗窃数额达到"大误"标准③或者系杀伤人等严重的犯罪案件，即使控告不实也不追究告发者的法律责任。列举《睡虎地秦墓竹简·法律答问》中几条相关的解答：

> 告人盗千钱，问盗六百七十，告者何论？毋论。
> 诬人盗千钱，问盗六百七十，诬者何论？毋论。
> 甲告乙盗牛，今乙贼伤人，非盗牛殹，问甲当论不当？不当
> 论，亦不当购。

通过这三条答问，可以看出，如果是"盗六百六十钱"以上或者杀伤人

---

① 《睡虎地秦墓竹简·法律答问》。
② 《睡虎地秦墓竹简·法律笞问》。
③ 《睡虎地秦墓竹简·法律答问》："何谓'大误'？人户、马牛及诸货财值过六百六十钱为
　'大误'，其他为小。"

等重案，即使控告者告不审，甚至诬告均不追究其法律责任。秦代之所以有如此规定，在于鼓励告发重大刑事犯罪案件，保持统治秩序的稳定。

（4）禁止举告死者

秦代司法机关拒绝受理对死者提起的诉讼，即使告发者能够提供确凿的定罪证据，官府也不予受理。这体现出秦代诉讼制度理性的一面。睡虎地秦简《法律答问》中的解答能够具体印证这一点：

> 甲杀人，不觉，今甲病死已葬，人乃后告甲，甲杀人审，问甲当论及收不当？告不听。

甲杀人后未被发现就死亡了，已经被埋葬，事后有人对其进行控告，经审查甲杀人行为属实，问是否应当对甲论罪并没收其家属？对控告不予受理。

这一规定对我们正确认识秦代的"连坐"制度有重要意义。商鞅变法确立了秦代的族刑连坐制度，《史记》卷八《高祖本纪》裴骃《集解》引张晏曰："秦法，一人犯罪，举家及邻伍坐之。"但是，通过简文可知，在秦代的具体司法实践中，却并非如此。被告杀人后死亡，即不予追究，也不株连其家属。当然，这应当是对于普通的刑事案件，若是欺君盗国的重大案件，并不按此项法律处理。例如，《史记·秦始皇本纪》记载：

> （秦始皇）八年，王弟长安君成蟜将军击赵，反，死屯留，军吏皆斩死，迁其民于临洮。将军壁死，卒屯留，蒲鶮反，戮其尸。

将军虽然已经死亡，但是仍然被戮尸处刑。可见，禁止控告死者，不追究其刑事责任只是一般性的规定。

综上可见，秦代已经确立起一套审核严密、类别齐全的诉讼制度。各类诉讼的提起方式虽然不同，但归根到底都是证据的具体运用过程，诉状本身将成为案件审理的重要证据。司法机关对起诉要进行审核，查验其诉讼的理由与依据是否成立，如果同法律所规定的禁止性要求相违背，则拒绝受理，甚至要追究起诉者的刑事责任。

3. 审判

由于秦代处于我国司法文明的早期，未建立完整、明确的民事与刑事审判程序，民事案件的裁断往往借助于刑事程序。故此部分将论证重点置于刑事审判制度方面。

秦朝审判过程主要由两步骤组成：第一步是质证，即对案件相关的证据进行核验，以便认清案情；第二步是决断，根据质证环节核实的证据，确定的事实，对案件事实作出判决。也就是说，审判环节由质证和据证判决两部分组成。它是整个刑事证据链条中的核心环节。

（1）庭审中的质证

秦代继承了西周以来法庭审理的质证程序，并使之制度化。官吏在侦查环节收集到证据之后，在庭审过程中还需要对证据进行确认，即质证程序。虽然秦律中没有规定刑事被告人辩护的权利，但是，在庭审过程中，原告、被告及判官所作的陈述和辩护，是要记录在案的。如前所述，睡虎地秦简《封诊式》"讯狱"篇强调凡审理案件，必须"各展其辞"，使受审者各自陈述。在睡虎地秦简《封诊式》中记载了多则有关原被告双方到庭受审的案例。如"毒言"爰书中，一方面，记录了某里百姓20余人联合控告同里百姓丙"口舌有毒"的事实，另一方面，也全面系统地记录了被告人的陈述：

> ……外大母同里丁坐有宁毒言，以卅余岁时迁。丙家即有祠，召甲等，甲等不肯来，亦未尝召丙饮。里即有祠，丙与里人及甲等会饮食，皆莫肯与丙共杯器。……丙而不把毒，毋它坐。

即被告人辩称，他之所以被指控"口舌之毒"，是因为早年外祖母曾被以"口舌之毒"的罪名，在30岁时受到流放的处罚。因此，他本人很早就被同里人怀疑为"口舌有毒"的人，在祭祀和日常交往中，同里的人都不肯同他"会饮食"，但他为自己"不把毒"而辩解。

当然，听取和记录辩护词，并不等于承认被告人对自己的行为所进行的辩护，但在客观上某种程度地默认了刑事被告人的辩护权利。在睡虎地秦简《法律答问》中，有"告人盗百一十，问盗百"，"告人盗千钱，问盗六百七十"，"甲告乙盗牛若贼伤人，今乙不盗牛，不伤人"，"甲告乙盗牛，今乙盗羊，不盗牛"等记载。法庭之所以能作出与原告不同的判决，其中就包括有被告人对自己行为所进行的辩护，并在查实中得到法庭的尊重和承认这样的因素。对于刑事被告人的供词进行查证核实以及听取和记录本人为自身行为的辩护，在一定程度上反映了客观性的刑事证据原则。

（2）据证断决

前文所述，秦代司法官吏为收集证据而进行的听取控告、讯问被告、询问证人及勘查和检验活动，最终是为查明案件、据证断决提供客观依据。在审判过程中，司法官吏就是依据事实去适用相关法律，这是秦代断狱的基本原则。

睡虎地秦简《封诊式》中的"告子"和"告臣"爰书中，记载了父亲控告儿子、主人控告奴婢这类特殊类型的案例。即使是这样的案件，也应当通过相关证据查明案件事实，然后根据法律进行判决。"告子"爰书中，既有父亲对其子犯不孝罪的控告词："甲亲子同里士伍丙不孝，谒杀，敢告。"也有儿子"诚不孝"的供述："甲亲子，诚不孝甲所，无它坐罪。""告臣"爰书中，既记录有主人控告奴隶："骄悍，不田作，不听甲令。谒卖公，斩以为城旦，受价钱。"也记录有奴婢对自己罪行的招供："甲臣，诚悍，不听甲。甲未尝身免丙。丙无病殹，无它坐罪。"通过对原被告双方言辞证据进行核验，确认案件事实之后，方据证作出判决。由此可见，秦代司法官吏在审判过程中，是重视证据、尊重事实并依据法律进行定罪科刑的。

通过对睡虎地秦简《封诊式》和睡虎地秦简《奏谳书》中记载的秦代案例来看，在秦代的司法审判实践中，对大多数案件的判决都是在审定证据、认定案情的基础上依据相关律文作出的。前文列举过的发生于秦始皇八年的女子婢被劫案就是较为典型的一例。官吏将全案证据——被害人控诉、证人证言、物证及被告人的供述等反复进行印证，直至证据确凿充分，案件事实确定无误才作出判决。

《奏谳书》记载的第十八则案例，是一例较为复杂的复审案件，经过查寻证据，认定事实，最终做出了断。该案发于秦始皇二十七年。当时苍梧县出现叛乱，带兵前去镇压的攸县令史义等人已阵亡，带领去的士卒、新黔首怕受惩罚，便携带所发的武器隐藏山中。另外一位随同令史因害怕被制裁，而将装有战败新黔首名册的公文箱丢弃逃跑了，这导致应当拘捕的战败新黔首的名册与最后征发新黔首的名册混乱于一起，没办法分别开，以致难以对战败逃跑者予以制裁。最先审理此案的攸县令未按法律规定及时制裁溃逃的新黔首。复审官吏对应当承担责任的相关官吏分别进行了讯问，经过一番较为复杂的质证之后，核实了案件的证据，查清了案情，确认了相关官吏的罪责。同时，逮捕了丢弃名册逃跑的官吏，并将其押赴攸县，确认应当捕拿的战败新黔首，以便对他们施加刑罚。最终，复审法官在事实清楚、证据确凿的基础上依律据证作出判决：

　　律：儋乏不斗，斩。纂遂纵囚，死罪囚，黥为城旦，上造以上耐为鬼薪，以此当麇。当之：麇当耐为鬼薪。麇系。讯者七人，其一人系，六人不系。不存皆不讯。

《律》："儋乏不斗，斩。"按照此律对他们论处。"纂遂纵囚，死罪囚，黥为城旦，上造以上耐为鬼薪。"按此律文论麇的罪。断决：麇耐为鬼薪。麇在押，已审讯的共七人，其中一人拘押，六人未拘押。尚未传讯到庭的，均未审问。按此律文论麇的罪。

可见，在审判定罪过程中，秦代司法官吏奉行了客观定罪的原则，依据法律、注重证据。为了保证法官能够依律据证断案，秦律中还规定了失刑罪、不直罪和纵囚罪，对司法官吏从法律上加以约制，避免其违背事实和法律进行枉法裁判。《睡虎地秦墓竹简·法律答问》中有关于此的定义：

　　论狱何谓"不直"？何谓"纵囚"？罪当重而端轻之，当轻而端重之，是谓"不直"。当论而端弗论，及易其狱，端令不致，论出之，是谓"纵囚"。

意为断狱中什么情形为"不直"？什么情形为"纵囚"？罪重而故意轻判，

应轻判而故意重判，称为"不直"。应当论罪而故意不论，以及故意从轻认定案情，使其达不到判罪标准，于是判其无罪，称为"纵囚"。

《法律答问》中还记载有对纠正错误判决的答问，例如：

> 士伍甲盗，以得时值赃，赃值过六百六十，吏弗值，其狱鞫乃值赃，赃值百一十，以论耐，问甲及吏何论？甲当黥为城旦；吏为失刑罪，或端为，为不直。

意为甲盗窃，若在捕获时估其赃值超过六百六十钱，但吏当时未估价，到审讯时才估，赃值为一百一十钱，因而判处耐刑，问如何论处甲和吏？甲应当黥为城旦；吏以用刑不当论处，若是出于故意，则以不公论处。

另外一例同此例恰好相反：

> 士伍甲盗，以得时值赃，赃值百一十，吏弗值，狱鞫乃值赃，赃值过六百六十，黥甲为城旦，问甲及吏何论？甲当耐为隶臣，吏为失刑罪。甲有罪，吏知而端重若轻之，论何殴？为不直。

意为甲盗窃，若在捕获时估其赃值应为一百一十钱，但吏当时未估价，到审讯时才估，赃值超过六百六十钱，因而将甲黥为城旦，问如何论处甲和吏？甲应耐为隶臣，吏以失刑论罪。

上述两则答问，都是由于司法官吏未及时清点赃物和估价赃值而发生的错判。前一例低估了赃值，对应判处黥为城旦刑的重罪而轻判耐为隶臣；后者则高估了赃值，对应判处耐为隶臣的轻罪重判为黥为城旦刑。通过核验，重新断决，一则纠正了错判，将黥为城旦改判耐为隶臣，将耐为隶臣改判黥为城旦；二则区别主观上故意或过失的不同，对办案有误的吏，作出不同处罚：若为故意，以"不直"论处；若是过失，则以"失刑"论处。这体现出秦代的司法审判中具有据证改判、维护司法公正的一面。

最后，引《江陵张家山汉简奏谳书》中记载的最后一则案例"得微难狱"为例，以图表的形式展示秦代刑事证据在诉讼审判各环节的具体运用：

《奏谳书》得微难狱中刑事证据在诉讼审判环节的具体运用

总称	程序		案件文辞举例	备注
治狱	举劾		六月癸卯，典赢告曰：不知何人刺女子婢最里中，夺钱，不知之所。（简197）	本案原告为官吏，故为举劾
	讯狱	被害人陈述	婢曰：但钱千二百，操簝，道市归，到巷中，或道后类埾拊，婢偾，有顷乃起，钱已亡，不知何人之所。其拊婢疾，类男子。呼盗，女子齗出，谓婢背有笄刀，乃自知伤。（简198—199）	侦查
		证人证言	唅曰：病卧内中，不见出入者。（简203） 走马仆曰：公士孔以此鞞予仆，不知安取。（简215—216） 孔妻女曰：孔雅佩刀，今弗佩，不知存所。（简218）	取证
		嫌犯供述	孔曰：为走士，未尝佩鞞刀、盗伤人，毋坐也。（简214） 孔曰：未尝予仆鞞，不知云故。（简216）	
		诘问	诘讯孔，改曰：得鞞予仆，前忘，即曰弗予。（简217） 诘讯女孔，孔曰：买鞞刀不知何人所，佩之市，人盗绁刀，即以鞞予仆。前曰得鞞及未尝佩，谩。（简218—219） 诘孔：何故以空鞞予仆，谩曰弗予，雅佩鞞刀，又曰未尝，孔毋解。（简219—220） 即急讯磔，恐猲欲答，改曰：贫急毋作业，恒游旗下，数见卖人券，言雅欲剿盗，佯为券，操，视可盗，盗置券其旁，令吏求卖市者，毋言。孔见一女子操簝但钱，其时吏悉令黔首之田救蠚，邑中少人，孔自以为利，足刺杀女子夺钱，即从到巷中，左右瞻毋人，以刀刺夺钱去走。前匿弗言，罪。（简220—224）	质证
		复问	问如辞。（简224）	确认证据
		据证鞫案	孔端为券，贼刺人，盗夺钱，置券其旁，令吏勿知，未尝有。黔首畏害之，出入不敢，若斯甚大害也。（简225）	确定案件事实
	具证上报		六年八月丙子朔壬辰，咸阳丞、礼敢言之。为奏廿二牒。（简227—228）	
	据证判决		孔完为城旦。（简224）	

四、审判复核

法官对案件作出事实上和法律上的认定，即判决之后，为防冤假，维护当事人的合法权益，允许犯人及其家属在满足法定条件的前提下，请求重审。秦汉时期，将之称为乞鞫。由于犯罪行为的复杂性，加之时代所限，审判技术和水平相对落后，造成错判、误判的情况是难免的。因此秦在程序上设置复审，允许乞鞫，如果有确凿证据证明确属错判、误判，则依法改判。这种司法监督程序的存在，为当事人提供了一条权利救济途径，使一些错误的案件得以纠正，并为依法断案提供制度保障。[①]从目前所发现的资料来看，最早有关乞鞫的法律规定，见于《睡虎地秦墓竹简·法律答问》，其对乞鞫作出如下法律规定：

> 以乞鞫及为人乞鞫者，狱已断乃听，且未断犹听殹？狱断乃听之。

意为已请求重审及为他人请求重审的，是在案件判决以后受理，还是在尚未判决之前就受理？在案件判决之后再受理。

该项法律规定证明在秦代司法程序中确实存在乞鞫制度。该规定涵盖了如下内容：第一，当事人对判决不服，有权提出重新审判的请求；第二，该请求可以由本人提出，也可以由他人代为提出；第三，司法机关对于乞鞫的请求，在判决之后才能受理。《史记》中的记载也印证了秦代乞鞫制度的存在，如《史记·夏侯婴列传》（索隐）注曰："案晋灼云：狱结竟，呼囚鞫语罪状，囚其称枉欲乞鞫者，许之也。"

《奏谳书》记载了一则典型的乞鞫案件——"毛诬讲盗牛案"。该案件较为鲜明地展示了秦代的乞鞫过程中的证据运用制度。据李学勤先生考证，该案件发生于秦王政元年（公元前246年）和二年（公元前245年）[②]，复审法官对案情重新进行考查，经过核实证人证言，勘验被告被笞掠的伤情，最终

---

① 参引刘海年：《战国秦代法制管窥》，法律出版社2006年版，第200页。

② 参见李学勤："《奏谳书》解说（下）"，载《文物》1995年第3期。

认定被告讲系被诬告，原审法官确系误判，并据证改判。

现将该案例归纳为图表的形式，以便能够更加详细、透彻地进行分析，具体了解秦代刑事证据在诉讼复审各环节的运用情况：

《奏谳书》毛诬讲盗牛案中刑事证据在乞鞫复审环节的具体运用

总称	程序		案件文辞举例	备注
乞鞫复审	乞鞫		四月丙辰，黥城旦讲乞鞫，曰：故乐人，不与士伍毛谋盗牛，雍以讲为与毛谋，论黥讲为城旦。（简99）	乞鞫案中原告为原审案中被告
	覆视其狱	被告供述	毛曰：盗士伍牝牛，毋他人与谋。（简100） 毛改曰：乃已嘉平可五日，与乐人讲盗士伍和牛，牵之讲室，讲父士伍处见。（简100—101） 讲曰：践更咸阳，以十一月行，不与毛盗牛。（简103） 毛改曰：十月中与谋：南门外有纵牛，其一黑牝，类扰易捕也。到十一月复谋，即识捕而纵，讲且践更，讲谓毛勉独捕牛，买（卖），分讲钱。到十二月已嘉平，毛独捕，牵买（卖）雍而得。它如前。（简104—105）	原审案被告为两人，即毛与讲
		证人证言	牝曰：不亡牛。（简100） 处曰：守洴邑南门，已嘉平不识日，晦夜半时，毛牵黑牝牛来，即复牵去。不知它。（简101） 和曰：纵黑牝牛南门外，乃嘉平时视，今求弗得。以毛所盗牛献和，识，曰：和牛也。（简102—103）	质证
		诘问	诘讯讲，讲改词如毛。（简105）	
		据证鞫案	鞫曰：讲与毛谋盗牛，审。（简105—106）	确定案件事实
		据证断狱	二月癸亥，丞昭、史敢、铫、赐论，黥讲为城旦。（简106）	原审判决
	覆狱	原告陈述	讲曰：践十一月更外乐，月不尽一日下总咸阳，不见毛。史铫初讯谓讲，讲与毛盗牛，讲谓不也，铫即磔治（笞）讲背可十余伐。居（？）数日，复谓讲盗牛状何如？讲谓实不盗牛，铫有（又）磔讲地，以水责（渍）讲北（背）。毛坐讲旁，铫谓毛，毛与讲盗牛状何如？毛曰：以十月中见讲，与谋盗牛。讲谓不见毛弗与谋。铫曰：毛言而是，讲和弗□。讲恐复治（笞），即自诬曰：与毛谋盗牛，如毛言。其请（情）讲不与毛谋盗牛。（简106—109）	再审案原告为原审案被告

总称	程序		案件文辞举例	备注
乞鞫复审	覆狱	复双方质辩	毛曰：十一月不尽可三日，与讲盗牛，识捕而复纵之，它如狱。（简110—111） 讲曰：十一月不尽八日为走马魁都庸，与皆入咸阳，入十一月一日来，即践更，它如前。（简111） 毛改曰：诚独盗牛，初得□时，史滕讯毛谓盗牝牛，腾曰：谁与盗？毛谓独也，腾曰非请（情），即答毛北（背）可六伐。居（？）八九日，谓毛：牝不亡牛，安亡牛？毛改言请（情），曰：盗和牛，腾曰：谁与盗？毛谓独也。腾曰：毛不能独盗，即磔治（答）毛北（背）臀股，不审伐数，血下汙池。毛不能支治（答）疾痛，即诬指讲。讲道咸阳来。史铫谓毛：毛盗牛时，讲在咸阳，安道与毛盗牛？治（答）毛北（背）不审伐数。不与讲谋，它如故狱。（简112—115）	再审
		再审证言	和曰：毛所盗牛雅扰易捕。它如故狱。（简115） 处曰：讲践更咸阳，毛独牵牛来，即复牵去。它如（故）狱。（简115—116） 魁都从军，不讯，其妻租言如讲。（简116）	质证
		再审诘问	诘毛：毛苟不与讲盗牛，覆者讯毛，毛何故不早言请（情）？ 毛曰：覆者初讯毛，毛欲言请（情），恐不如前言，即复治（答），此以不早言请（情）。 诘毛：毛苟不与讲盗，何故言曰与谋盗？ 毛曰：不能支疾痛，即诬讲，以彼治罪也。（简116—118）	
		验证	诊讲北(背)，治(答)纠大如指者十三所，小纠瘢相质伍也，道肩下到腰，稠不可数。（简109—110） 诊毛北（背）答纠瘢相质伍也，道肩下到腰，稠不可数，其臀瘢大如指四所，其两股瘢大如指。（简118—119）	
		旁审	腾曰：以毛谩，答。它如毛。（简119） 铫曰：不知毛诬讲，与丞昭、史敢、（赐）论盗牛之罪，问如讲。 昭、敢、赐言如铫，问如辞。（简119—120）	
		据证鞫案	鞫之：讲不与毛盗牛，吏答谅（掠）毛，毛不能支疾痛而诬指讲，昭、铫、敢、赐论失之，皆审。（简120—121）	再审确定案件事实
		据证判决	覆之：讲不盗牛。讲系于县，其除讲以为隐官，令自常（尚），畀其於於。妻子已卖者，县官为赎。它收已卖，以买（卖）畀之；及除坐者赀，赀已入环（还）之。（简122—123）	再审重新定案

372

这例完整的秦代乞鞫案件，使我们较为透彻地了解了秦代的乞鞫制度。透过该案件，可以概括出秦代乞鞫制度中刑事证据的运用具有如下特点：

首先，注重主客观证据之间的相互印证。该乞鞫案件告诉我们，秦代法官在审理案件时注重主观证据与客观证据之间的相互印证。例如，在讲、毛陈述了自己被笞掠之后，随即对他们被刑讯的伤情进行查验；并且经过询问相关证人——讲父处、妻租等人，通过他们的证言，验证了讲、毛陈述的真实性，这是最终认定案件事实的关键因素。

其次，全面核验案情。在该例乞鞫案件中，复审法官首先对案件原审材料进行仔细审查，随后仔细讯问了乞鞫者讲与共同被告人毛，让他们重新供述案件事实。并且询问与案件相关的证人讲父处、讲妻租，以及被盗牛的主人和。案件的另一重要证人魁都因在军队服役而无法进行询问，但在爰书中对此作出了特别说明。

最后，复审法官不仅讯问两位被告人，询问相关的证人，还对原审官吏丞昭、史腾、史敢、史赐等人员进行调查、讯问。他们是案件原审判决结论的作出者，调查他们对认清案件事实至关重要。并且，他们的言辞也是复审案件证据的一部分。通过他们的言辞也能够对两位被告人口供的真实性起到一定程度的印证作用。当然，这也可以证明，秦代乞鞫制度存在的价值，不仅在于平复冤、错案件，也在于对法官审断案件进行监督，促使司法官吏"据证依律"决狱，否则将承担"失刑""不直"及"纵囚"等法律责任。这在下面所引案例中得到了进一步的印证。

1989年在湖北省云梦县发掘的龙岗六号秦墓中，出土了大量秦简。根据出土器物，可以确定该墓的年代为统一的秦王朝的最末期。[①] 其中，还出土了一枚木牍。该木牍记载的也是一则秦代的乞鞫案例。该案例的内容分为三行被记录于木牍的正反两面，其文如下：

---

① 　湖北省文物考古研究所、孝感地区博物馆、云梦县博物馆：《云梦龙岗秦汉墓地第一次发掘简报》，载《江汉考古》1990年第3期。

　　·鞫之，辟死论不当为城旦，吏论失者已坐以论。九月丙申，

沙羡丞甲、史丙免辟死为庶人，令（正面）自尚也。（反面）①

　　确定罪状，所下辟死为城旦的判决不妥当，量刑有误的官吏已承担了罪责。九月丙申日，沙羡县丞甲、史丙宣布免辟死的刑徒身份，恢复其庶人的地位，并使他自由。②

　　该木牍所载内容，应该是复制记录乞鞫结果的文书。经过分析可知，此则案例的内容与上述"毛诬讲盗牛案"相类似，两者均是乞鞫案件。两则案例的共同之处在于，经过乞鞫复审，案件事实被重新认定，宣告被告无罪。同时，原审官吏受到了制裁。

　　经过以上论证可知，在秦代刑事诉讼程序中，乞鞫制度占有重要的地位。尽管时代所限，该项制度不够完善与成熟，但其历史意义重大。通过这一司法审判环节，我们再次看到秦代司法官吏在刑事案件的审理过程中，不轻纳口供，而是重视物证、证人证言、勘验伤情等客观性证据在认定案件事实中所发挥的决定性作用。在复审环节，全面核验案件证据，排除案件疑点，重新认定案件事实，平复冤滞。该制度不仅为当事人设置了一条权利救济的途径，同时也对法官"据确证""循实情"断案在法律上与程序上起到了制约作用。这在一定程度上维护了专制下的司法公正。

五、执行

　　案件经过判决之后，即步入"行刑"阶段，开始执行刑罚。秦代的监狱称为"囹圄"，由于秦代崇尚法家的法律思想，注重"轻罪重刑""以刑去刑"，所以"赭衣塞路，囹圄成市"③。秦代中央和地方上都设有监狱，京师地区有

---

① 中国文物研究所、湖北省文物考古研究所：《龙岗秦简》，中华书局 2001 年版，第 145 页。

② 该译文参引：[日] 籾山明：《中国古代诉讼制度研究》，李力译，上海古籍出版社 2009 年版，第 118 页。

③ 《汉书》卷二三，《刑法志》。

隶属廷尉的咸阳狱，各郡县也有隶属于郡县的监狱。如"秦狱吏程邈……得罪始皇，因于云阳狱"。[1]《史记》中蒙恬"系于阳周"，也就是上郡阳周狱。郡监狱由都狱管理，县一级监狱由狱掾专门负责。但是由于徭役繁重，修建宫殿、陵墓、城防、军事要塞等，以及官营的矿山、农场、手工业作坊等都需要大量劳动力，所以大部分的犯人被拉去服各种劳役。而且完成的劳役还要保障质量，如果质量不达标，要受到相应的惩罚。"城旦为工殿者，笞人百。大车殿，此司空啬夫一盾，徒笞五十"。[2] 被判城旦刑的刑徒所做的工质量被评为下等，每人要笞打一百；所造的大车被评为下等，罚管理刑徒的司空啬夫一盾，刑徒每人各笞打五十。

从现有的秦简上看出，秦朝的监狱管理制度已经比较严密：

首先，根据犯人的身份地位和犯罪性质，对应不同的着装、刑具。秦时期的犯人囚衣为"赭衣"即红褐色的衣服，并戴木械、黑索、胫钳等狱具。但是，有一定官品爵位的囚犯，无论犯有轻罪还是重罪，都可以不穿囚衣，不戴刑具。而一般民众服刑期间，无论轻罪重罪，一律要穿囚衣，戴刑具。

其次，根据囚犯服刑的类型及所从事的体力劳动的轻重，来供应不同的口粮和衣服。秦律规定，在官府服役的隶臣每月口粮是二石[3]，隶妾为一石半。同时根据劳动强度增加或者减少口粮的供应。例如，服城旦刑的犯人如果从事的是轻体力劳动，则要减少口粮的供给；相应地，从事筑墙等重体力劳动的，早饭增加半斗，晚饭增加三分之一斗。囚犯如果生病的，由狱卒酌情发放口粮。服役期限没有满月的，要按照日期扣除口粮。看管囚犯的管理者如果违规增加或者减少口粮，要受到处罚。

囚衣分为夏衣和冬衣，夏衣在每年的四月到六月发放，冬衣在九月到十一月发放，过此时间段的，不再发放。在咸阳服劳役的，由大内凭券发放，其他县服役的，由所在县负责发放。

---

① （唐）张怀瓘：《书断》，浙江人民美术出版社 2012 年版。

② 《睡虎地秦墓竹简·秦律杂抄》。

③ 按：秦一石 120 斤，约合今 60 斤。秦一斗约合今二升。

再次，建立严密看管机制。监狱中负责看守监督囚犯的是"署人"和"更人"。秦简《司空律》载："舂城旦出徭者，毋敢之市及留舍阓外；当行市中者，回，勿行。"即秦律规定，刑徒如果要外出服役的，不能进入市场，也不能在市场外面休息停留。如果必须经过市场，也要绕行，不能直接穿过市场。

除监狱官吏监守犯人外，兼有轻刑囚犯管理重刑囚犯。主要由"城旦司寇"（劳役三年以上的囚犯）监管其他犯人。一般一人可以监管 20 名囚犯。如果城旦司寇的人数不够，就由隶臣妾监管。

最后，依法制裁狱吏的违法行为。秦时不仅对官吏犯罪从重处罚，而且对掌管监狱的狱吏违法的处罚也较重。"捕觱罪，即端以剑及兵刃刺杀之，何论？杀之，完为城旦；伤之，耐为隶臣。"① 即官吏抓捕罪犯后，故意用剑和兵刃杀或伤犯人的，要依据伤害的轻重判处不同的刑罚。之所以对狱吏犯罪严加处罚，一方面是秦奉行法家思想的结果，另一方面囚犯众多，尤其是承担重体力劳役的囚犯最多，这些囚犯遭受着沉重的劳役和苛刻的待遇，对违法狱吏进行严厉制裁一定程度上可以防止囚犯揭竿而起，发生暴乱。

第五节　秦代司法文明的价值评析

一、秦代司法文明的价值

秦代的司法文明，在法家"法制主义"的引导之下，无论是司法理论原则，还是具体的司法活动，都较前有重大的进展。这充分表明秦统一天下后，司法制度得以全面确立，对整个后世产生了深远影响。

---

① 《睡虎地秦墓竹简·法律答问》。

秦帝国是我国古代司法制度发展的奠基时期，西周以来零散的司法制度经由这一历史阶段，步入规范与系统的发展轨道。经过上文的论证可以得出这样的结论，秦代是我国古代司法制度的全面确立时期，为后世刑事证据制度的发展奠定了基础。汉代对之承袭并加以发展变化，经过三国两晋南北朝的演化，至唐宋时期趋于完善，促使司法制度的定型。具体来讲，秦帝国司法制度对后世产生的贡献主要表现在两个方面：奠定了后世司法制度的理论基础；确立了司法制度的基本流程与框架。

（一）奠定了后世司法制度的理论基础

秦统一后，建立了中央集权的君主专制制度，实现了空前的社会变革。即以专制集权的政治体制取代了诸侯分封制；以官僚行政管理体制取代了世卿世禄制度；以国家经济统一的管理体制（包括农业、手工业经济等）取代了分散的各自为政的经济管理制度。社会的巨大变革需要法制的强力支撑与有效保障，秦王朝的法治改革与完善具有极端重要的历史意义。秦朝法制的不断改革，又推动了当时诉讼制度的发展。而作为秦代司法活动的灵魂与基础工程的证据制度尤其是刑事证据制度的完善，又保障了司法活动的正常开展。可见，秦朝司法制度的发展变化不是偶然的，而是具有历史的必然性与必要性。

证据是司法活动的核心与灵魂，整个司法活动都是围绕证据制度展开的。秦朝司法制度的发展首先表现在证据理论的形成与发展上，归结起来，秦代刑事证据理论具有双重属性：既有客观性的方面，也有主观性的倾向，是一种综合性的证据的制度。所谓证据的客观性，是指秦朝在"垂法而治"的历史环境下，通常在判断案情过程中，重制度、重勘验、重原始证据的客观效力，主张据证定案的倾向；所谓的证据主观性，主要指先入为主或因政治权力之争，或因经济利益之争，或因案情复杂、证据不足时偏离证据客观方面，主观认定，甚至罗织罪名、伪造证据，动用刑讯手段陷人于罪的倾向；其综合性即是指将证据的客观性与主观性相结合，来判断现有证据是否合法有效，以及在案情认定上所具有的证明力的大小等。刑事证据的客观性强调若能以确凿的书证、物证及勘验报告等证明嫌疑人的踪迹与言行，而不是通过刑讯取得真实口供、验证确实案情的，是最好的方法；刑事证据的主观性则强调当没有确凿的证据证明嫌疑人有罪，不动用刑讯手段又不能取得口供时，就在主观认定其有罪的前提下，使用刑讯手段逼求口供，最后定案。这正是秦代有时不得不采用主观性的证据理论的主要原因。同时，由于当时科技手段的落后，确定案件事实的方法匮乏，不得已而采取的一种证据理论，以解决审判定性的问题。但这种主观性的证据理论倾向是很危险的，可能导致被刑讯的犯罪嫌疑人因刑讯过重，不得不说乃至乱供、乱说，以致案情进一步复杂化，导致冤假错案的出现。

在研究过程中，发现秦代在案情复杂的情况下，往往采取综合性的刑事证据规则，来解决具体案件的审理工作。如在遇到案件能以确凿物证定罪的情形，则可以不用刑讯手段，加以定罪。在遇到案件不能以物证定罪的情形，则须动用刑讯手段，逼迫犯罪嫌疑人交代口供，以求定罪。秦代正是以这种证据理论为指导，运用各种审判方法，处理形形色色的案件，从而形成了秦代证据理论的一大特色、一大亮点。这种综合性的证据理论对封建后世产生了重大的影响，其中，唐律的规定体现得最为鲜明，《唐律疏议》载："若赃状露验，理不可疑，虽不承引，即据状断之"。[1] 该项类似于零口供定案的明确规定，表明唐律不仅承袭与发展了秦客观主义的刑事证据理论，而且使其趋于完善。《唐律疏议》还载："诸应讯囚者，必先以情，审察辞理，反覆参验；犹未能决，事讯问者，立案同判，然后拷讯。违者，杖八十。"[2] 这说明唐代对证据的主观主义理论，与秦相比，采取了更加慎重的态度。对这一理论的采用设定了若干前提条件，即先调查案情，再审察口供，反复推敲，然后办理刑讯手续，与同僚共同拷讯犯人。可见，唐代在审理复杂案件

---

① 刘俊文撰：《唐律疏议笺解》卷二九《断狱》，中华书局 1996 年版，第 2036 页。

② 刘俊文撰：《唐律疏议笺解》卷二九《断狱》，第 2035—2036 页。

时，通常将证据的客观性与主观性相结合，采取综合性的证据理论来指导司法实践。这表明秦代全面确立的刑事证据理论，不仅得到了后世的承认，而且被进一步发扬光大。

（二）确立了司法制度的基本框架

秦汉王朝不仅开创了古代司法活动的理论原则，而且构筑了司法制度的基本框架。包括起诉、通过勘察检验手段采集证据，刑事审判中证据的质对与据证定案以及覆狱中的证据应用等制度。这一司法制度基本框架的确立，对中国封建社会后世司法制度的发展产生了深远影响。后世历代王朝的司法制度就是在其框架的基础上，不断向前演化，直至唐宋时期趋于成熟。

在考察秦代司法活动的过程中，发现证据成为司法活动的基础与核心内容，并且已经形成了完整的链条，从而为诉讼审判活动提供了重要保障。通过研究，笔者总结出证据运用于司法活动的全过程，即起诉是依据证据提起控诉的过程；勘验是收集和鉴别刑事证据的过程；官府的受理是审查与质对刑事证据，加以立案的过程；官府的庭审活动是鉴别证据，由原被告双方进行质证的过程；审案官吏的判决是据证定案的过程；乞鞫是司法机关验证再审，平复冤狱的过程；行刑则是据判执行刑罚的过程。

总之，秦代奠定了我国古代司法制度的基础，具有重要的历史地位与影响。其证据规则的确立、证据类别的完善以及证据在司法中运用模式的架构，都表明当时初步架构了司法制度的体系。其历史贡献是巨大的，影响到整个后世封建社会。

二、野蛮司法的批判反思

纵观秦汉司法制度，它积聚了时代的精华，也沉淀了历史的糟粕。其为我们提供的正、反两方面的经验与教训，值得我们深刻总结与吸收。我们在弘扬秦代司法文明的同时，也不能忽视其司法制度当中落后的一面。

口供依然是基本的证据形式，尽管在制度中作了约束，但在司法实践中审讯方式的随意性较大，为了获取犯罪嫌疑人的供词，往往使用酷刑。而且，对原告和证人动用刑具也甚为常见。血肉横飞、哀号不尽之中导致冤狱丛生。

秦代案件的审断是围绕录取被告人的真实供词进行的，并规定可以有条件地进行刑讯。虽然秦律中对刑讯作出了较为严格的约束，但是，在专制极权制度下，司法实践中审讯的随意性较大，司法官吏为获取口供滥施拷掠的事例史不乏载。"李斯被诬案"便具有代表性。丞相李斯有大功于秦朝，被人诬告"谋反"而入狱。"二世乃使高案丞相狱，治罪，责斯与子由谋反状，皆收捕宗族宾客。赵高治斯，榜掠千余，不胜痛，自诬服。"李斯上书二世以后，不仅未得到赦免，反而招来更加严酷的毒打，"赵高使其客十余辈诈为御史、谒者、侍中，更往复讯斯。斯更以其实对，辄使人复榜之。后二世使人案斯，斯以为如前，终不敢更言，辞服。"① 作为一朝丞相况且遭此酷刑，对于普通人的刑讯逼供就更惨不忍睹了。当然，这时的秦朝已进入末期，阶级斗争异常激化，其统治出现变异，所以，不应该以李斯案件看待整个秦王朝。但是，不可否认，在秦代司法审判的实践中刑讯是普遍现象。这种带有主观色彩的刑事证据的采集之所以被重视，其原因是多方面的，有技术上的原因，也是观念趋导的结果。如戴炎辉先生所言"招认之被重视，盖被告对自己的行为最为清楚，作为判断的基础，亦最有价值；且裁判要使被告心服，而心服宜以被告自招为印证"②。这种观点既指出重视刑讯是由于追求快速结案所致，也是重视口供定案的结果。这有奴隶制残余思想影响的因素，但更主要是缘于主观唯心主义的取证观念。

在重视法制，推动法制文明前进的时候，证据制度也就会相应获得

---

① 《史记》卷八七，《李斯列传》。

② 戴炎辉：《中国法制史》，（台湾）台北三民书局1967年版，第170页。

进步，这是值得后人借鉴的重要内容；奉行人治，践踏法制，司法制度就会遭到严重破坏，就会出现"捶楚之下何求不得""欲加之罪何患无辞"的情形，这是值得后人深刻总结的历史教训。几千年的专制制度流毒深远，刑讯取证观念深入骨髓，在当代司法实践中依然屡禁不止。我们应当总结历史的经验与教训，大力弘扬法治精神，消除封建专制的影响，提高法律意识。只有这样才能不断推动司法制度的完善，实现司法的公平与正义。

第二章 汉代"德主刑辅"具有儒家化特征的司法文明

第一节 汉代司法文明生成的社会背景

一、批判秦朝暴政，推行司法文明改革

汉代司法文明的发展经历了复杂过程，这一过程又是有破有立的过程。它的发展大致可归纳为三个历史阶段。第一个阶段，是以高祖刘邦"斩蛇起义"为标志，进入了武器批判秦朝暴政时期，进而完成推翻秦朝暴政的历史使命。第二个阶段，是理论上的批判，通过批判法家的"重刑主义"，相继确立了"无为而治"的黄老文明思维，以及董仲舒"大德小刑"的具有儒家化特征的法制文明的指导思想。第三个阶段，是制度批判的时期，而这一时期几乎贯穿于汉朝兴衰的整个过程。纵观整个汉代，武器批判的时期毕竟比较短暂，但却奠定了汉代政权的基础。然而，对于汉代社会文明与司法文明而言，理论批判与创制，制度批判与重构，则显得更加重要。

以下分别加以说明：

（一）武器批判对创建文明国度的重要意义

刘邦为首的农民起义军，通过浴血奋战，首先进入咸阳，推翻了秦朝暴

政，而保留了秦朝各项文明成果。所以这场武器批判是文明的进步的。相反，项羽起义军焚烧咸阳皇宫与屠城，则破坏了社会文明。在此后的楚汉对抗与斗争中，主张文明的刘邦义军，最终战胜了项羽义军。这在一定程度上是刘邦义军在武器批判上比较文明进步，得以最终战胜项羽义军的野蛮落后。

（二）思想批判对理论文明建设的重要意义

汉初对秦朝暴政及其所体现"任法弃礼"的重刑主义思想多有批判。这种批判直指秦始皇和秦代法家代表人物李斯等人。即所谓：

> 秦始皇设为车裂之诛，以敛奸邪，筑长城于戎境，以备胡越。征大吞小，威振天下，将帅横行以服外国。蒙恬讨乱于外，李斯治法于内。事逾烦天下逾乱，法逾滋而奸逾炽。兵马益设而敌人逾多。秦非不欲为治，乃举措暴众，而用刑太极故也。①

汉初高祖、吕后、文帝、景帝时期在批判秦代"重刑主义"理论的同时，最先确立黄老"无为而治"的文明思想，以此推动汉代的社会文明与司法文明的发展。这主要体现在"休养生息""宽省刑罚"与"与民休息"②的思想理论与各项举措上。他们认为秦代在治理国家的根本方针上是完全错误的。秦代横征暴敛，在于残民。而汉代奉行黄老之学，认为"为治之本，务在于安民"。而"安民之本，在于足用；足用之本，在于勿夺（农）时；勿夺（农）时之本，在于省事；省事之本，在于节欲"。③即在大乱之后，把"安民"等"休养生息"的方针，作为治国的根本；把对统治阶级无穷欲望的有效约束作为治国的重要内容，从而在批判秦代的基础上重新确立了"民本主义"的社会文明与司法文明的思想与理论。

西汉武帝时期以文景帝盛世文明为改革的基础，其思想理论的批判与建树升华至新的高度。即用新儒学的"德主刑辅"的思想理论批判秦朝，建构

---

① 《汉书》卷二七《杂文志》，中华书局 2012 年版。
② 《汉书》卷二三《刑法志》，中华书局 2012 年版。
③ 《淮南子》卷一四《诠言训》，中华书局 2011 年版。

起"君本位"的新儒学，取代了春秋战国时期孔孟为代表的"民本位"的传统儒学，从而统一与融汇了各家学说，成为汉王朝占统治地位的国家指导学说。即以新儒学的伦理道德观（三纲五常观）教化民众，并作为治民主要手段，建立起预防犯罪的精神堤坝。同时辅之以法律强制的各项措施与制度，形成稳定的有效的综合治理社会的模式。其理论基础正如董仲舒所总结的：

> 阳为德，阴为刑；刑主杀而德主生。……王者承天意以从事，故任德教而不任刑。刑者不可任以治世，犹阴之不可任以成岁也。为政而任刑，不顺于天，故先王莫之肯为也。今废先王德教之官，而独任执法之吏治民，毋乃任刑之意与！孔子曰："不教而诛谓之虐。"虐政用于下，而欲德教之被四海，故难成也。①

汉初君臣上下所进行的这场规模巨大的思想批判运动，具有重要意义。这场批判运动，使汉代彻底摆脱了秦代暴君式的统治方式，从而开始了开明统治的新的时代。与此同时，也使汉代打破了秦时的精神禁锢，从而进入了思想解放的重要时期。先是运用顺应自然与社会规律的黄老"无为而治"的思想理论，扫除了秦朝极端专制的法家意识。此后，又确立了新儒学在国家意识形态上的统治地位，用"德主刑辅"文明治世思想取代了秦朝单纯的法家路线，为汉代社会文明与法制文明（包括司法文明）的发展奠定了坚实的理论基础。

（三）制度批判对法制文明、司法文明建设的重要意义

有关制度方面的批判，最早源起于刘邦义军占领秦都咸阳时期。据《汉书》卷一上《高帝纪》载："（元年）十一月，（刘邦）召诸县豪杰曰：'父老苦秦苛法久矣，……与父老约法三章耳，杀人者死，伤人及盗抵罪。余悉除

---

① 《汉书》卷五六《董仲舒传》，中华书局 2012 年版。

去秦法.'"① 而《汉书》卷二三《刑法志》也说:"汉兴,高祖初入关,约法三章曰:'杀人者死,伤人及盗抵罪.'蠲削烦苛,兆民大悦."② 可见,汉代的制度批判,首先着眼于秦法苛酷性与烦杂性,通过对秦法的有力批判,提出"宽省刑罚"的思想,并将最初的立法制度化为三条.从而获得了民众的普遍欢迎.这场最初的制度批判,既是"黄老思想"贯彻实行的结果,又成为刘邦起义军合法存在重要依据.同时也开了有汉一代批判秦朝苛酷法制,构建汉代新式法制的先河,对汉朝以后的法制文明和司法文明的建设具有重要的开创作用.刘邦建立汉王朝以后,进一步推进汉代的制度批判与建设工作.曾经以"三章之法不足以御奸"为由,命令萧何择取秦法有益的内容,"作律九章".③ 其后又令叔孙通制《傍章律》十八篇.④ 从而进一步稳固了汉代法制文明与司法文明建设的成果,并影响了后世.

此后,伴随西汉武帝年间法律制度儒家化的演进过程,以及批判秦朝法律制度的深化,又相继制定了体现"君为臣纲"精神的《朝律》六篇,以及全力维护皇帝与国家安全的《越宫律》二十七篇.至此,对秦朝法制的批判与对汉朝的法制构建告一段落,最终形成以《九章律》《傍章律》《越宫律》《朝律》六十篇为主干的汉代法制系统.上述法律的制定,反映出秦汉法制的巨大差异,秦朝法律是以法家的极端思想作为理论基础,而汉朝法律则把新儒学这一包罗万象的学说作为理论基石,使得汉朝法制具有更大的包容性与时代的适应性.从而保证汉朝的可持续发展.这场制度批判的意义重大,通过汉代长期的批判与探索,在吸纳法家法制思维方式,道家顺势而为的思考方法,阴阳家阴阳平衡统一的思想观念的基础上,丰富与发展了新儒学,推进了儒家化的法制建设,反映出封建时代的法制文明与司法文明的程度.同时,找寻到预防犯罪的教化形式与法律惩办的强制措施相结合的治国模

---

① 《汉书》卷一《高帝纪》,中华书局 2012 年版.
② 《汉书》卷二三《刑法志》,中华书局 2012 年版.
③ 《汉书》卷二三《刑法志》,中华书局 2012 年版.
④ 《汉书》卷二三《刑法志》,中华书局 2012 年版.

式，进而开创了中国封建时代文明管理的新样式，与秦朝横征暴敛，重刑泛滥的状况，形成了鲜明的对照，这是中国法制史上文明进步的体现，应当予以肯定。

二、汉文景帝时期的社会文明对法制文明、司法文明的影响

（一）汉初的社会文明状况

衡量社会文明发展的尺度，通常是根据社会群体的人文素质高下，社会管理水平的高低，以及社会经济可持续发展的程度等内容加以比较，从而得出比较客观的结论。依据上述标准，汉文景帝时期，形成了我国封建社会的第一个盛世，其社会文明程度明显高于秦朝。

1. 统治阶层人文素质有较大幅度的提升

根据史书记载，刘邦义军较之项羽义军，虽战斗力有所不足，但人文素质明显胜于后者。《史记》卷八《高祖本纪》载：刘邦义军入咸阳不烧宫室，不杀降王子婴。正所谓："始怀王遣我，固以能宽容；且人已服降，又杀之，不祥"。"乃以秦王属吏，遂西入咸阳。"同时："封秦重宝财物府库，还军霸上。"从中反映出刘邦等领袖人物宽容大度与目光长远的特质，这与烧秦宫，抢劫财货、宫女，杀秦王子婴的项羽相比，文明程度远高于后者。与此同时，注意民生，安抚遭受动乱之苦的贫民百姓，用以争取民心。即所谓"凡吾所以来，为父老除害，非有所侵暴，无恐！且吾所以还军霸上，待诸侯至而定约束耳"。与此同时，"乃使人与秦吏行县乡邑，告谕之。"致使"秦人大喜，争持牛羊酒食献飨军士。沛公又让不受，曰：'仓粟多，非乏，不欲费人。'人又益喜，唯恐沛公不为秦王"[1]。此外，刘邦集团的主要成员也同样具有比较高的人文素质。以萧何为例，从刘邦起义前拜沛令时起追随左右，"沛公至咸阳，诸将皆争走金帛财物之府分之，何独先入收秦丞相御史

---

① 《史记》卷八《高祖本纪》，中华书局 2012 年版。

律令图书（包括户籍）藏之。"其后，刘邦被封为汉王，当项羽和诸侯屠烧咸阳过后，只有汉王与萧何等"具知天下厄塞，户口多少，强弱之处，民所疾苦者，以何具得秦图书也"①。由此可见，作为刘邦集团的主要成员，萧何所具备的不贪财而重国事的品格，不仅比之同时代各诸侯与高官有着更高的人文素质，较之刘邦集团的其他成员也同样略胜一筹。

2. 统治集团管理社会能力比较强

汉刘邦具有统领天下英杰的帅才，具备比较强的驾驭与管理全局的能力，正如他自己总结的：

> 夫运筹策帷帐之中，决胜于千里之外，吾不如子房。镇国家，抚百姓，给馈饷，不绝粮道，吾不如萧何。连百万军，战必胜，攻必取，吾不如韩信。此三者，皆人杰也，吾能用之，此吾所以取天下也。项羽有一范增而不能用，此其所以为我擒也。②

其情也如刘邦部下王陵所说：

> 陛下使人攻城略地，所降下者因以予之，与天下同利也。项羽妒贤嫉能，有功者害之，贤者疑之，战胜而不予人功，得利而不予人利，此所以失天下也。③

从中可见，刘邦集团能够战胜项羽集团，不是偶然的。项羽集团单凭强大的武力可能称雄于一时，但最终归于失败，其原因是多方面的。仅从刘邦统治集团管理能力上看，前者就高于后者。管理本身就是一门科学，科学的管理也是刘邦集团战胜项羽集团的重要因素。

汉朝建立后，社会经济残破不堪，以至"民失作业，而大饥馑。凡石五千，人相食，死者过半"。④ 严重的社会经济形势，考验着汉初统治集团的政治智慧与社会管理能力。刘邦君臣把社会管理的重点放到恢复农业生

---

① 《史记》卷五三《萧相国世家》，中华书局 2012 年版。
② 《史记》卷八《高祖本纪》，中华书局 2012 年版。
③ 《汉书》卷四〇《王陵传》，中华书局 2012 年版。
④ 《汉书》卷二四《食货志上》，中华书局 2012 年版。

产，保障民生等最急迫的方面。正如《汉书·食货志上》所说：

> 上于是约法省禁，轻田租，什五而税一，量吏禄，度官用，以
> 赋于民。而山川园池，市肆租税之入，自天子以至封君汤沐邑，皆
> 各为私奉养，不领天子之经费。①

即通过统治阶层的节俭自律，不扰百姓生计；以及采取轻徭薄赋的
方略，迅速恢复与发展经济；通过让利于民的方针，使得藏富于民成为
现实。

汉自高祖刘邦至景帝，历经七十余年。由于连续几代的努力，特别是采
取了恰当的管理方案，实施了有效的管理，迅速扭转了恶化的经济形势，使
汉朝社会经济进入了可持续的发展时期，形成了史上有名的"文景之治"。
当然，文景盛世的出现，又和臣僚坚持安民方针与适度地实行社会管理密不
可分。以曹参、贾谊、晁错为例，就可以说明这一问题。

汉朝建立后，曹参先任齐国相，曾召集"长老诸生"研究如何实施有效
的社会管理。其间，齐国盖公提出的"贵清静而民自定"的方策。曹参毅然
加以采纳，并坚持9年，终于达到"齐国安集"的社会效果。② 其后，刘邦
过世，惠帝即位，不久丞相萧何也过世。依照刘邦的遗嘱，曹参继任相国，
他依然遵照刘邦与萧何的管理方策，坚守"无为而治"的各项措施。其情又
如当时民谣所说："萧何为法，讲若划一；曹参代之，守而勿失。载其清靖，
民以宁一。"③

惠帝之后的文帝、景帝也相继采纳了贾谊与晁错的建议，同样采取了
"清静无为"的管理方针，重点在于"务民于农桑、薄赋、广蓄积以实仓廪，
备水旱"④。与此同时，进一步完善管理措施。第一，倡导农耕，抑制行商。
第二，免收天下农田租税十二年，减少口赋，减少徭役。第三，实施卖爵，

---

① 《汉书》卷二四《食货志上》，中华书局 2012 年版。
② 《汉书》卷三九《曹参传》，中华书局 2012 年版。
③ 《汉书》卷八八《儒林传》，中华书局 2012 年版。
④ 《汉书》卷二四上《食货志》上，中华书局 2012 年版。

减少农民负担,增加国家粮食储备。①

由于汉初管理社会的方法,适时适度,符合社会经济发展要求,故取得明显的治世效果。

3. 实现了社会经济的可持续发展

从社会经济可持续发展考虑,汉朝从高祖刘邦起,开始实行释放商业奴婢的开明措施,曾经宣布凡因家庭饥寒而卖身为奴婢者,一律释免为平民。一方面有利于争取民心;更重要的是解放生产力,使之投身于农业经济。不但提高了他们的生产积极性,也增加了农业收成和国家的田赋。

惠帝之后,文帝、景帝坚持"以民为本"的民本主义精神,推行"轻徭薄赋""与民休息"的方针,在减轻农民负担的同时,实施国家售卖爵位的制度。凡捐粟六百石者,授二等爵"上造";捐粟四千石者,授九等爵"五大夫";捐粟一万二千石者,授第十八等爵"大庶长"。另外,还规定一般犯罪人员,也可以捐粟赎免。以此充实国库,防备水旱之灾。②

另外,汉初各帝都经历了秦末农民大起义,深知"君者,舟也;庶人者,水也。水则载舟,水则覆舟",故"欲安,则莫若平政爱民","节俭自律"。③其中,以汉文帝为例。他在位二十三年,宫中各项用具,从无增加。又以修建露台花费百金,抵折中产之家十家的财产,而宣布停建。从文帝到皇后,穿着简单,以示淳朴,为天下先。修皇陵,使用瓦器,一律不用金银铜锡做装饰,而且依山势而修,并不另起坟地。④综上汉代各项措施的贯彻实施,产生了明显的效果。据史书记载:汉文帝"专务以德化民,是以海内殷富,兴于礼义,断狱数百,几致刑措"⑤。另据《汉书》卷二十三《刑法志》所载:

　　　　及孝文即位,躬修玄默,劝趣农桑,减省租赋。而将相皆旧

---

① 《汉书》卷二四《食货志》(上),中华书局 2012 年版。
② 《汉书》卷四《文帝纪》,中华书局 2012 年版。
③ 《荀子·王制》《诸子集成》卷二,中华书局 2012 年版。
④ 《汉书》卷四《文帝纪》,中华书局 2012 年版。
⑤ 《汉书》卷四《文帝纪》,中华书局 2012 年版。

臣，少文多质，惩恶亡秦之政，论议务在宽厚，耻言人之过失。化行天下，告讦之俗易。吏安其官，民乐其业，畜积岁增，户口寝息。风流笃厚，禁罔疏阔。①

当时政局稳定，经济恢复发展，百姓遵纪守法，社会秩序良好，逐渐形成了经济可持续发展的局面。

至景帝末年，"京师之钱累百巨万，贯朽而不可校。太仓之粟陈陈相因，充溢露积于外，腐败不可食"。②

综上可以看出，汉文景帝时期采用了社会文明的管理模式，造就了社会经济可持续发展的态势，适应了当时社会发展的需要，取得了前人所未有过的显著成就。应予以充分肯定。

（二）汉文景时期社会文明对法制文明与司法文明的影响

1. 汉文景时期社会文明的发展

社会文明的发展必将促进法制文明与司法文明的发展。反过来，法制文明与司法文明的形成与发展，又对社会文明发挥了重要的保障作用。两个方面相辅相成，形成了文明的完整体系。汉代文景帝时期的历史实践就有力地证明了这一点。

汉文景帝时期承袭高祖刘邦以来的治国方针与路线，并在批判秦朝"任法弃礼"的重刑主义错误路线的基础上，逐渐形成了带有社会文明标志的新型治国方针与路线。这一方针体现在奉行"以安民为本"的思想上。汉文帝前元十三年指出"农，天下之本，务莫大焉"③。《淮南子·诠言训》也说："为治之本，务在于安民；安民之本，在于足用；足用之本，在于勿夺时；勿夺时之本，在于省事；省事之本，在于节欲。"④"安民为本"的思想是对传

---

① 《汉书》卷二三《刑法志》，中华书局 2012 年版。
② 《汉书》卷二四《食货志》（上），中华书局 2012 年版。
③ 《史记》卷一〇《孝文本纪》，中华书局 2012 年版。
④ 《淮南子》卷一四《诠言训》，中华书局 2012 年版。

统人文主义文明思想的继承与发展。据《尚书·五子之歌》载："夏王追溯，大禹祖训"，"民为邦本，本固邦宁。"① 追述了大禹视民为国本的重要人文思想。影响后世深远。孟子也说："民为贵，社稷次之，君为轻。"② 他本着人文主义的高度，从精神文明的视角，把作为集体本位的"民"，提升到社会人群中的最高位置，但如何落实"民"的至上地位，也没有来得及说明。汉文景时期的"安民为本"的思想，则具有丰富的内涵及其具体落实的步骤。这就是先使百姓生活由贫致富，藏富于民，先富民而后富国。富民的步骤则要尊重作物生长规律，按节气种植、收割，不违农时。不违农时，即不影响农民生产活动，则在于减少赋税与劳役，使他们安心务农。而轻徭薄赋，减省农民负担，则在于统治阶级（包括最高统治者）清心寡欲、不妄生事端，干扰生产。从高祖刘邦、吕后到文帝、景帝的社会实践都证实了这一方针和思想的正确性以及所取得的显著成效。这和秦朝横征暴敛、重刑处断的暴君式的野蛮统治方式做了严格的区分，体现了当时人文主义的文明管理思想发展的新高度。

文景帝时期本着"安民为本"的方针，在不断的探索中，形成了有利于农业社会发展的："富之"，"教之"，"编户齐民"，"绳之以法"的综合治理的治国路线。所谓"富之"，就是为政的重点在于富民。富民不是最终目的，对富裕起来的百姓进行礼义道德的教化，是预防犯罪的重要手段。教化不是万能的，对于民众和百姓必须通过保甲或里甲制加强管理。社会管理也不是万能的，总是会有少数人违法犯罪，所以必须依法惩治，这样就把富民与礼、乐、政、刑相结合，实现了综合的文明的社会治理。这种综合性的整体推进社会文明与法制文明、司法文明改革的路线，是汉文景时期造就盛世的有力保障。同时也体现了社会文明的"富之"，"教之"，"编户齐民"，与法制文明与司法文明的"绳之以法"的有机协调与统一。

---

① 《尚书·五子之歌》，中华书局 1998 年影印版。

② 《孟子·尽心下》，中华书局 1986 年版。

2. 汉文景帝时期社会文明对法制文明与司法文明的影响

应当指出，汉文景帝时期的社会文明对法制文明与司法文明具有明显的促进作用。同时后者对前者也具有重要的保障作用。

第一，汉文景帝时期的法制与司法文明的改革，受到社会文明影响表现最突出的方面，首先是吸取了秦朝重刑泛滥的教训，进行删除罪名，并且改革刑名的工作。其实，这项工作早在刘邦登基称帝后就开始，但只是限于大赦斩刑以下罪犯的狭小范围。据《汉书》卷一下《高帝纪下》载："（汉高帝五年）春正月，……又曰：'兵不得休八年，万民与苦甚，今天下事毕，其赦天下殊死以下。'"韦昭曰：'殊死，斩刑也。'师古曰："殊，绝也，异也，言其身首离绝而异处也。"① 又据《汉书·刑法志》载："至高后元年，乃除三族罪，妖言令。"② 即废除了夷三族这种灭绝三族的酷刑，删除了秦代妖言令。至汉文帝时期，对秦朝沿袭下来的酷刑进一步进行反省。（文帝）即位第十三年（在看到淳于缇萦上书后，感愧万分），令曰：……今法有肉刑三（黥、劓、斩左右趾），凡三也。而奸不止，其咎安在？③ 文帝指出：

> 非乃朕德之薄，而教不明与！吾甚自愧。故夫训道不纯而愚民陷焉。诗曰："恺弟君子，民之父母。"令人有过，教未施而刑已加焉，或欲改行为善，而道亡由至，朕甚怜之。夫刑至断肢体，刻肌肤，终身不息，何其刑之痛而不德也！岂称为民父母之意哉？其除肉刑，有以易之；及全罪人各以轻重，不之逃，有年而免，具为令。④

这实际上是批判秦朝刑罚苛酷，而进行汉初刑罚制度改革的宣言书。也是汉初刑罚制度改革的行动纲领。即以比较文明的笞刑和徒刑代替了残酷野

---

① 《汉书》卷一《高帝纪》，中华书局 2012 年版。
② 《汉书》卷二三《刑法志》，中华书局 2012 年版。
③ 《汉书》卷二《刑法志》，中华书局 2012 年版。
④ 《汉书》卷二《刑法志》，中华书局 2012 年版。

蛮的黥刑、劓、斩左趾。但斩右趾则改为弃市重刑，而宫刑未能废除。至景帝时，进一步改革刑制。即将文帝黥刑改为髡钳城旦春保留下来；另外，将劓刑笞三百，最终改为笞一百；将斩左趾笞五百，最终改为笞二百。同时规范刑具，减少犯人痛苦。又规定执刑者，一人行刑到底，不得中途换人。从而使"笞者得全"，①即虽受刑，但又不过重，得以保全。汉文景帝时期的刑制改革，是中国传统刑罚制度在社会文明发展的大背景下，实现的一次带有文明性质的法制改革，也是残酷肉刑转向劳役刑与身体刑的文明改革的标志。它对隋唐时期封建五刑的形成有着重要影响。

第二，从人道主义立场出发，本着"仁政""德治"的理念，对老、幼、鳏、寡、孕者、师、侏儒等有罪当戴刑具的，不须戴，采取宽容的原则，体现了法制文明的一面。如汉景帝后元"三年复下诏曰：'高年老长，人所尊敬也，鳏寡不属逮者，人所哀怜也。其著令：年八十以上，八岁以下，及孕者未乳，师、朱儒，当鞠系者，颂系之。'如惇曰：'师，乐师盲瞽者。朱儒，短人不能走者。'师古曰：'颂读曰容。容，宽容之，不桎梏'"②。

第三，汉文帝时期张释之依法办理犯跸案，最终得到汉文帝的肯定，同样体现了当时的法律至上、文明审判的司法文明的特征。《史记·张释之传》载："上行出中渭桥，有一人从桥下走，乘舆马惊。于是使骑捕之，属廷尉。释之治问。曰：'县人来，闻跸，匿桥下。久，以为行过，既出，见车骑，即走耳。释之奏当：'此人犯跸，当罚金。'"③汉文帝开始时有愤怒的心情，曾说："此人亲惊吾马，吾马赖柔和，令他马，固不败伤我乎？而廷尉乃当之罚金！"张释之回答说："法者天子所与天下公共也。令法如此而更重之，是法不信于民也。且方其时，上使立诛之则已。今既下廷尉，廷尉，天下之平也，一倾而天下用刑皆为轻重，民安所措其手足？唯陛下察之。"想过之

---

① 《汉书》卷二三《刑法志》，中华书局 2012 年版。
② 《汉书》卷二三《刑法志》，中华书局 2012 年版。
③ 《史记》卷一〇二《张释之传》，中华书局 2014 年版。

后，汉文帝回答说："廷尉当是也。"①

同样是张释之，按照文帝命令审理偷盗高祖庙座前玉环案。从中再次体现出依法公平办案的司法文明特征。张释之依据《汉律》将盗窃犯定为弃市死刑。文帝大怒，认为盗窃神器，应当处以灭族之刑。张释之据法力争说："法如是足也。"并说人盗宗庙一器便族诛，如盗长陵一抔土，如何加等处罚呢？过一段时间，文帝征求太后意见，最终同意了张释之代表廷尉府作出的判决。②

第四，文景帝时期社会文明也促进了司法文明的发展。据《汉书·刑法志》载："及孝文即位，……惩恶亡秦之政，告讦之俗易。吏安其官，民乐其业，畜积岁增，户口寝息。风流笃厚，禁罔疏阔。选张释之为廷尉，罪疑者予民，是以刑罚大省，至于断狱四百，有刑错之风。"③由上可见，在汉文景帝时期，特别是在文帝后期，由于吸取亡秦的深刻教训，改弦更张，"以安民为本"，使民众生活普遍得到改善，由贫穷到逐渐富足，减少了由于贫困而发生的盗窃犯罪；由于废除秦朝告奸之法，使民风改观，消除了告奸之风；由于实行宽省刑罚的方针，又能任用循吏张释之为廷尉，掌管天下刑狱，最终出现疑罪从轻、从赦的局面，使得刑事处罚有了大幅度下降，全国年审刑案四百件左右。而真正实施死刑处罚的却寥寥无几。从天下大乱，实现了天下大治，充分体现了社会文明对司法文明的促进作用。同时也可以看到，当司法步入相对文明阶段后，法制对犯罪的有效约束，又对汉文景帝时期的社会文明发展起到了保障作用。

当然，汉文景帝统治时期，因特定的历史环境下，所产生的社会文明、法制文明和司法文明状况，并不完全带有普遍性。汉代的不同时期，就有不同的表现。例如武帝即位后，"外事四夷之功，内盛耳目之好"，加剧了社会矛盾，又错误地任用酷吏张汤等为廷尉。这些酷吏又专以武帝意旨

---

① 《史记》卷一○二《张释之传》，中华书局 2012 年版。
② 《史记》卷一○二《张释之传》，中华书局 2012 年版。
③ 《汉书》卷二三《刑法志》，中华书局 2012 年版。

办事，使西汉王朝又出现了"死人之流血离于市，大辟之计岁以万计"①的严重局面。以致西汉后人评价说："秦有十失，其一尚存，治狱之吏是也。"② 可见，汉初的法制文明与司法文明，其产生是有其重要原因的。但随着社会形势与治安状况的变化，也会随之发生变化。汉武帝后期从原有的司法文明又重回不文明，乃至陷于野蛮残酷的境地。这的确发人深省，值得后人警惕。

第二节　汉代司法文明的理论基础

一、黄老道家学说的理论基础作用

这里的黄，指轩辕氏黄帝，老，指道学的创始人李耳。黄帝与老子的尊重自然、尊重规律，力图实现阴阳合一、天地人合一的学说，对汉初产生了重要影响。特别是老子的《道德经》，这部道家学说的经典之作，对汉初的影响更加显著。本于老子道学的庄周，对道学也多有贡献。他的《胠箧》《在宥》《天道》《天运》《天地》等篇都对后世产生了较大的社会影响。它们在汉朝法制文明与司法文明的建设中，起到了重要的理论奠基作用。下面结合汉代，特别是西汉初期的社会实际，说明道家学说的重要作用。

第一，道家讲"天道"，并以这种"天道"精神作为理论的指导思想。老子在《道德经》第一章中，开篇就说："道可道，非常道；名可名，非常名"③，"无名，天地之始；有名，万物之母。故常无欲，以观其妙；常有欲，以观其徼。此二者，同出而异名。同谓之玄，玄之又玄，众妙之

---

① 《汉书》卷五一《路温舒传》，中华书局 2012 年版。
② 《汉书》卷二三《刑法志》，中华书局 2012 年版。
③ 《道德经注》下篇，中华书局 2011 年版。

门。"① 老子讲的道，不是一般的道理，而讲的是天地与自然界发展的整体规律，宣传与弘扬这种规律，依照这种规律治理国家，就无往而不胜，有如"治大国，若烹小鲜"② 一样。为了运用这一顺势而为的理论，他又讲到"有"与"无"的辩证关系，对统治者来说，保持清静无为的无欲状态，就是顺应了百姓的普遍要求，而不侵扰百姓，是达到长治久安，可持续发展的最好办法。因此，应当从俭去奢，从仁去残，从礼而去不义。和无欲相对应的是有欲，有欲是指有节制控制统治者欲望，而应以无欲为标准，减少统治者个人的妄为。此二者同义而名不同而已，其道理虽深，而价值无限。魏源在《老子本义·论老子》一文中，深刻指出：汉初文景帝时期，因总结亡秦教训，深入研究了老子学说，才成就了汉代盛世。他认为："文景曹参之学，岂深于嵇、阮、王何乎？而西汉、西晋、燕、越焉。则晋人以庄为老，而汉人以老为老也。岂独庄然。"魏源通过历史分析，得出汉文景时期远胜西晋时期的根本原因，则在于汉文景时期是本于黄帝与老子的"无为而无不为"的治世学说，而不效法"虚""玄"的庄子之学。也正如魏源所说："（推行老子学说）（文景）之世，而去甚去奢，化嬴秦酷烈为文景刑措，不啻后世羲皇矣。岂若刑名清谈长生之，小用而小弊；大用而大弊邪！"③ 他还说："夫治，始黄帝，成于尧，备于三代，歼于秦。迨汉气运再造，民脱水火。登衽席，亦不啻太古矣。则曹参文景，断绸为朴，网漏吞舟，而天下化之。盖毒痛乎秦，酷剂峻攻乎项，一旦清凉和解之渐进饮食，而勿药自愈。盖病因药发者，则不药亦得中医。"他还说："老氏书赅古今，通上下。上焉者，羲皇、关、尹，治之以明道。中焉者，良参文景以济世。"在这里，魏源运用历史的解剖刀，分析西汉刘邦成功，而秦亡与项羽兵败乌江的原因，是因为运用老子的"无为无不为"的理论，以柔弱胜刚强，以无为胜有为。关键是在于治乱世，能够对症下药。这剂药，就是遵从由乱而治的规律，清静无为，以

---

① 《道德经注》下篇，中华书局 2011 年版。
② （清）魏源：《老子本义·论老子》，中华书局 1986 年版，第 1 页。
③ （清）魏源：《老子本义·论老子》，中华书局 1986 年版，第 1 页。

安民为要，实行"轻徭薄赋""宽省刑罚""与民休息"的方策，赢得了民心，赢得了天下。从中体现了魏源这位大师对汉文景之治的内涵有着深刻正确的认识与把握。

第二，道家主张也存在一些消极因素。运用"一分为二"的辩证观点，考察黄老之学对汉代的影响。应当说，以柔弱胜刚强的黄老学说，无疑奠定了汉文景时期法制文明与司法文明的理论基础。但随着社会与历史的发展，老庄之学的理论上的消极性，在文景后期已经表现得愈益凸显。汉景帝虽然平息了吴楚七国之乱，打击了地方诸侯王的分裂势力，但分布在各地的诸侯王国和地方豪强，尾大不掉的情况，并未根本改变。汉朝中央集权的统治仍然面临着地方的分离势力的威胁，各诸侯王的割据自立，骄横不法，与地方豪强的蛮横行为，都对完成"大一统"理想的汉武帝形成挑战。而对匈奴的"和亲"政策，也屡屡受挫。窦太后为首的统治阶层因"好黄帝、老子言，（武）帝及太子诸窦不得不读《黄帝》《老子》，尊其术"。① 这种阻碍国家发展的倾向愈益严重。随着西汉武帝即位，国家实现了政治上高度统一，经济上已具有雄厚的实力，军事力量愈益强大的形势。凡此种种，都呼唤着一种新的积极上进的思想的诞生，进而完成更辉煌的历史使命。与时代要求相适应的新儒学应运而生，从而取代了黄老学说的统治地位，一跃而成为显学，上升为国家的统治学说。

二、法家学说的理论完善作用

汉朝在建设法制文明与司法文明的过程中，深刻地批判了法家重刑主义的极端思想，但同时并没有否定法家的法制学说对汉代理论的完善作用。景帝中元五年曾下诏说："法令度量，所以禁暴止邪也。"② 这就是说，在黄老

---

① 《史记》卷四九《外戚世家》，中华书局 2012 年版。
② 《汉书》卷五《景帝纪》，中华书局 2012 年版。

学说盛行的文景帝时期，依然重视法家学说的理论完善作用，重视法制在惩治犯罪上的不可或缺的补充功能。从而弥补了单纯的伦理道德的教化职能的缺陷与不足。以后汉宣帝也说："汉自有天下，霸王道杂之。"① 这清楚地表明汉王朝始终坚持德刑并用，以德为主的方针，而没有根本改变。此后，《汉书·刑法志》也通过历史的总结概括地说："故制礼以崇敬，作刑以明威也。圣人既躬明哲之性，必通天地之心。制礼立教，立法设刑"，而"刑罚威狱，以类于天之震曜杀戮也；温慈惠和，以效天之生殖长育也"②。《汉书·刑法志》借用天学之说，进一步论证了"则天制礼"与"则天用刑"的相辅相成，密不可分的紧密关系。对此，《汉书·刑法志》曾经总括说："天生五材，民并用之；废一不可，谁能去兵。鞭扑不可弛于家，刑罚不可废于国，征伐不可偃于天下。用之有本末，行之有逆顺耳。"③ 从以上总结中可以看出，不但在建汉之初，而且贯穿了两汉的始终，都坚持道德教化的预防犯罪职能，与法制的惩办犯罪职能的结合使用，用以巩固王朝统治。所以，无论在指导思想上，还是在实际运用上，都是德礼为先，刑法为次，具有主、次与本用的严格区分。

三、阴阳家学说的理论强化作用

阴阳之学，同样活跃于春秋、战国时期，虽然经过秦朝焚书，但它的精神与影响仍延续到汉朝。据《诸子集成》卷三·《列子》载有永始三年刘向校刊，晋张湛注《列子·天瑞第一》篇，把列子列为阴阳学家。其身世，为郑国人。和郑国的郑缪公为同一时期的人。"盖（为）有道者也。"但作为世之大隐，"四十年无人识者"。后到卫国，聚徒讲学，他的学说由弟子整理，形成《列子》一书的雏形。（列子）学本于黄帝、

---

① 《汉书》卷八《宣帝纪》，中华书局 2012 年版。
② 《汉书》卷二三《刑法志》，中华书局 2012 年版。
③ 《汉书》卷二三《刑法志》，中华书局 2012 年版。

老子。① 但列子的阴阳之学，虽本于黄老的道学，却有重要发展。据《列子卷一·天瑞第一》记载：列子认为万物无不处在变化当中，"故常生常化，常生常化者，无时不生，无时不化。阴阳尔，四时尔。"② 列子在归纳万物处于变动的规律时，找寻出根本原因。这就是自然界的四时变化所引发的，也是阴阳合一而产生的中和结果。借用列子的话说，即是："昔者，圣人因阴阳以统天地。"③ 列子把阴阳之学提高到治国理政的新高度：

> 故有生者，有生生者；有形者，有形形者；有声者，有声声者；有色者，有色色者；有味者，有味味者。生之所以生者，死矣。而形形者，未尝有声。之所声者，闻矣。而声声者，未尝发。色之所色者，彰矣。而色色者，未尝显。味之所以味者，尝也。而味味者，未尝呈，皆无为之职也。能阴能阳，能柔能刚，能短能长，能圆能方，能生能死，能暑能凉，能浮能沉，能官能商，能出能没，能玄能黄，能甘能苦，能膻能香，无知也，无能也。而无不知也，而无不能也。④

列子以辩证的方法，阐述阴阳合一的治国之道。从法哲学的角度看，列子学说中的"一分为二"，即把阴阳作为万物存在的两极，这两极是对立的，有分的，这是一个量变的过程。但是，应对宇宙万物的变化，处理人群社会矛盾的纷争，终归要由分转为合，进而完成"一分为二"到"合二而一"的质变过程。由上可见，列子的阴阳之学，在春秋战国的学术争鸣时代，是颇具特色的一家之言，既有着辩证思维，也有朴素的唯物主义精神。他的影响是客观存在的，他对中华民族精神的形成，特别是对汉代法制文明与司法文明的形成，都产生了深远的影响。西汉武帝时期的儒学大师董仲舒，是"罢黜百家，独尊儒术"的倡议者。在他阐述新儒学的观念时，总是把列子的阴

---

① 《列子》目录，中华书局 2018 年版。
② 《列子·天瑞第一》，中华书局 2018 年版。
③ 《列子·天瑞第一》，中华书局 2018 年版。
④ 《列子·天瑞第一》，中华书局 2018 年版。

阳学说作为自己理论的有机构成，以此强化自己理论的影响。据《汉书·董仲舒传》载：董仲舒曾在对策时，对汉武帝讲述自己的观点。他说："臣闻天之所大奉使之王者，必有非人力所能致而自至者，此受命之符也。天下之人同心归之，若归父母，故天瑞应诚而至。"本来汉武即皇位，是汉朝皇位继承制度确定的。而董仲舒在引用阴阳之学说明这一事实时，则赋予了神权色彩。把汉帝即位说成了"天命所归"，"天瑞应诚"所致。他在《春秋繁露》的奏文中进一步说：

> "王者欲有所为，宜求其端于天。天道之大者在阴阳。阳为德，阴为刑；刑主杀而德主生。是故阳常居大夏，而以生育养长为事；阴常居大冬，而居于空虚不用之处。以此见天之任德不任刑也。天使阳出布施于上而主岁动；使阴入伏于下而时出佐阳；阳不得阴之助，亦不能独成岁。终阳以成岁为名，此天意也。王者承天意以从事，故任德教而不任刑。刑者不可任以治世，犹阴之不可任以成岁也。为政而任刑，不顺于天，故先王莫之肯为也。今废先王德教之官，而独任执法之吏治民，毋乃任刑之意与。"①

董仲舒在论证自己新儒学观念时，为强化自己理论的说服力，将神化了的阴阳学说加以包装，使自己"大德小刑""阳德阴刑"的观点，说成是"天意"的反映，使西汉武帝相信并接受这些观点，以为是奉天而行，是"天道"的体现。可见，董仲舒的新儒学，不但得到阴阳之学的有力支撑，也成为神化自己理论的重要工具。

四、新儒学的理论变革与综合性的功能效用

汉初倡导儒学的理论学说，促进统治方式改变，首推陆贾和贾谊。他们结合汉初实际提出儒学的治世理论，并认为汉朝统治者首要之举，在于转变

---

① 《汉书》卷二四《董仲舒传》，中华书局2012年版。

统治的思维模式。陆贾在回答汉高祖刘邦"乃公居马上得天下，安事《诗》《书》"①的问题时，讲了一句警世名言："居马上得之，宁可马上治之乎?"②接着，进一步分析说："汤武逆取而顺守之，文武并用，长久之术也。……秦代刑法不变，率灭赵氏。使秦已并天下，行仁义，法先圣，陛下安得而有之?"这使笃信黄老之学的刘邦为之耳目一新，于是令陆贾总结"秦所以失天下，吾所以得之者"的历史教训，从而完成了《新语》一书。③

贾谊则进一步指出儒家"礼义等差"的思想在社会生活中的重要作用。即："夫立君臣，等上下，使父子有礼，六亲有纪，此非天之所为，人之所设。"④又说："夫礼者禁于将然之前，而法者禁于已然之后，是故法之所用易见，而礼之所为生难知也。"但是，礼者"贵绝恶于未萌，而超教于微渺，使民日迁善远罪而不自知也"⑤。他在这里强调了儒家伦理道德对强化犯罪意识的防范，所具有的其他学说无法比拟的重要作用。由于汉初经济极度衰败，而恢复经济，安定民生，成为首要问题。加之，汉初统治者在暴秦亡后，大多信奉黄老之学。所以儒学理论观念虽有教益，但没有引起统治阶级的重视。与此同时，这又表明当时的儒学理论尚不完善，需要有进一步的理论升华。

到西汉武帝时期，较之汉初时期，社会情势发生了深刻变化。当时的黄老学派，因自身的消极性与保守性，已无法适应社会变革的需要，而董仲舒的新儒学理论应运而生，并最终取代了黄老之学。汉武帝为代表的统治阶级之所以抛弃黄老之学，而改奉新儒学，究其原因，首先在于董仲舒变革了原有的儒学理论，形成新的儒学理论框架。先秦的孔孟儒学强调"民为国本"的人文主义，把集体本位"民"，作为国家的根本。所以要求统治者对"民"

---

① 《史记》卷九七《郦生陆贾列传》，中华书局2014年版。
② 《汉书》卷四八《贾谊传》，中华书局2012年版。
③ 《史记》卷九七《郦生陆贾列传》，中华书局2014年版。
④ 《史记》卷九七《郦生陆贾列传》，中华书局2014年版。
⑤ 《汉书》卷四八《贾谊传》，中华书局2012年版。

或"百姓"，应施加"仁政""德政"。孔子曾说："礼以行义，义以去利，利以平民，政之大节也"；① 又说："克己复礼为仁。"② 孟子对于"民本"学说又有重要发展。他说："三代之得天下也，以仁；其失天下也，以不仁。国之所以废兴存亡者，亦然。"③ 为此，他强调："民为贵，社稷次之，君为轻。是故得乎丘民而为天子；得乎天子为诸侯，得乎诸侯为大夫。"④

董仲舒生活在汉代，活跃于汉武帝当政时期，社会情势的变化，特别是适应汉武帝强化中央集权，施展雄才大略的需要，董仲舒对先秦儒学基础理论做了重大变革。他在《春秋繁露·基义》中说："君臣、父子、夫妇之义，皆取诸阴阳之道。君为阳，臣为阴；父为阳，子为阴；夫为阳，妇为阴。"⑤ 而《白虎通义》则使之法典化与神秘化，"谓君臣、父子、夫妇也。……故《今文嘉》曰：'君为臣纲，父为子纲，夫为妻纲'"⑥，"三纲法天地人，……君臣法天，取象日月屈信（申），归功天也。父子法地，取象五行转相生也。夫妇法人，取象六合阴阳，有施化端也。"⑦ 由上可见，西汉中期以董仲舒为代表的新儒学，对春秋战国时期的儒学理论作出重大变革，即把以"民本"为核心的人文主义精神，变化为以"君本"为核心的集权主义的专制精神，而且披上了阴阳学说的外衣，使之成为经久不变的教条。也正是因为以董仲舒为代表的新儒学变革了传统儒学的基本理论，使之适应了汉武帝强化中央集权的君主专制的需要，这才获得最高统治者的首肯，从而从一般的学说，上升为占统治地位的国家学说，长期占据着意识形态的统治地位。

董仲舒为代表的新儒学，之所以能成为汉代显学，指导国家的思想与精

---

① 《左传·成公二年》，中华书局 2007 年版。

② 《论语·颜渊》，中华书局 2006 年版。

③ 《孟子·离娄上》，中华书局 2015 年版。

④ 《孟子·尽心下》，《诸子集成》卷一，中华书局 2015 年版。

⑤ 董仲舒：《春秋繁露·基义》，中华书局 1994 年版。

⑥ （清）陈立（撰）编，吴则虞校：《白虎通义·三纲六纪》，中华书局 1994 年版。

⑦ （清）陈立（撰）编，吴则虞校：《白虎通义·三纲六纪》，中华书局 1994 年版。

神文明建设，其原因还在于董仲舒所建立的新儒学，是以儒学为母体，吸收并综合了道家、法家、阴阳等各家所长，构建起一个庞大的包容的思想体系。这一思想体系，是以儒家的"三纲五常"为思想核心；以遵从道家的"天道"精神作为依从；以法家的"缘法而治"的思想作为补充与完善，以阴阳家的"阴阳合一"学说作为强化手段。从而适应了西汉中期复杂的内外形势的需求，满足了封建统治阶级积极上进的政治愿望，因而顺理成章地登上意识形态的顶端，成为整个国家的指导学说。也如董仲舒本人所说："王道之三纲可求于天。"①"天不变，道亦不变。"②又说："王者承天意以从事，故任德教而不任刑。"③但教化不止，犯罪不停时，"天子之所宜法以为制，大夫之所当循以为行也"④，为此，他主张："圣人法天而立道，亦薄爱而忘私，布德施仁以厚之，设谊立礼以导之。春者天之所以生也，仁者君之所以爱也；夏者天之所以长也，德者君之所以善也；霸者天之所以杀也，刑者君之所以罚也。由此言之，天人之征，古今之道也。"⑤

对于董仲舒的理论建树，及其对汉代法制文明、司法文明的影响，《汉书》卷五十六《董仲舒传》的评述有所说明："仲舒所著，皆明经术之意，及上疏条教，凡百二十篇。……皆传于后世，掇其切当施朝廷者，著于篇。"⑥刘向之子刘歆则说："仲舒遭汉承秦灭学之后，《六经》离析，下帷发愤，潜心大业，令后学者有所统壹，为群儒首。"⑦这些评价都是符合汉朝实际的。但也不得不指出，董仲舒的新儒学由于过分地强调纲常礼教的作用，以期使之成为千古不变的信条。这自然会产生一些消极的影响，使得儒学在封建专制的轨道上愈行愈远，也愈益僵化。终至在其相关的思想领域中停滞

---

① 董仲舒：《春秋繁露·基义》，中华书局 2012 年版。
② 《汉书》卷五六《董仲舒传》，中华书局 2012 年版。
③ 《汉书》卷五六《董仲舒传》，中华书局 2012 年版。
④ 《汉书》卷五六《董仲舒传》，中华书局 2012 年版。
⑤ 《汉书》卷五六《董仲舒传》，中华书局 2012 年版。
⑥ 《汉书》卷五六《董仲舒传》，中华书局 2012 年版。
⑦ 《汉书》卷五六《董仲舒传》，中华书局 2012 年版。

不前，不仅对封建后世产生消极影响，而且对法制文明与司法文明的近代发展带来了阻碍与桎梏作用。

第三节　汉代司法体制

一、皇帝掌握全国司法组织及在司法文明建设中的作用

（一）皇帝掌握全国司法组织

公元前221年，秦始皇统一六国后，建立起第一个统一的中央集权的君主专制国家，极大地加强了封建皇权制度。秦始皇总揽全国行政、立法、司法等各项大权，掌控全国各级司法组织，成为全国最高的司法审判官，行使生杀予夺的最高权力。甚至"躬操文墨，昼断狱，夜理书，自程决事，日悬石之一"①。亲自审理大案要案，使"天下之事无小大皆决于上"②。

汉朝承袭秦制，皇帝仍是全国最高行政长官，也是最大的司法审判官。不仅掌管国家各级司法机构，同时也亲临审判机构，行使审判大权。此外，还要求遇有重大疑难案件，均报请皇帝"裁决"。汉高祖七年曾降诏御史，把上奏皇帝裁决的程序作出明确规定："自今以来，县道官狱疑者，各谳所属二千石官，二千石官以其罪名当报之，所不能决者，皆移廷尉，廷尉亦当报之，廷尉所不能决，谨具为奏，傅所当比律令以闻。"③汉朝还规定，犯罪官吏须"上请"皇帝才能作出判决。不仅如此，汉朝皇帝还亲自行使审判权，例如，宣帝"常幸宣室，斋居而决事"④。东汉光武帝也"常临朝听讼，躬决

---

① 《史记》卷六《秦始皇本纪》，中华书局2014年版。
② 《史记》卷六《秦始皇本纪》，中华书局2014年版。
③ 《汉书》卷二三《刑法志》，中华书局2012年版。
④ 《汉书》卷二三《刑法志》，中华书局2012年版。

疑事"。①

（二）皇权体制在维护司法文明上的作用

1.通过选用循吏与儒臣来推进司法文明工作

汉代司法文明首先体现在健全与完善了司法体制，确立了以皇帝为核心各级司法组织，从而形成了全国统一的协调的司法体制。在汉朝中央司法组织中，皇帝不但是国家的最高行政长官，而且是最大审判官。他执掌中央司法官吏的任免权，通过选任循吏和儒臣来推进司法改革等司法文明建设的工作。并采取依法惩办赃吏等方式，来纠正司法审判中所存在的冤假错案问题，从而实现司法审判符合法律的公正公平的要求。汉文帝在位期间任命良臣张释之为中央司法长官——廷尉。张释之忠诚法律，严格依法办案，甚至不怕因此而触犯皇帝，在审理"犯跸案"和"盗高祖庙座前玉环案"时坚持法律原则，终于使两案得到合理公正的解决，至今为人所称颂。这不但反映出张释义执法公平的为人，而且也反映出汉文帝知人善任以及勇于修正错误，维护法律尊严与司法文明的一面。②后汉光武帝刘秀有鉴于京师洛阳治安混乱，世家大族子弟逞凶作乱，而任命董宣为洛阳令。据《后汉书》卷六七《董宣传》载：

> （光武帝）后特征为洛阳令，时湖阳公主苍头白日杀人，因匿主家，吏不能得及。主出行而以奴骖乘。宣于夏门亭候之，乃驻车叩马，以刀画地，大言数主之失，叱奴下车，因格杀之。主即还宫诉帝，帝大怒，召宣欲箠杀之。宣叩头曰："愿乞一言而死！"帝曰："欲何言？"宣曰："陛下盛德中兴，而纵奴杀良人，将何以理天下乎？臣不须箠，请得自杀。"即以头击楹流血被面。帝令小黄侍持之，使宣叩头谢主。宣不从，强使顿之，宣两手据地，终不肯俯

---

① 《晋书·刑法志》，中华书局 2015 年版。

② 《史记》卷一〇二《张释之传》，中华书局 2014 年版。

主，曰："文叔为白衣时，藏亡匿死，吏不敢至门，今为天子，威不能行一令乎!"帝笑曰："天子不与白衣同。"因敕强项令出，赐钱三十万。宣悉以班诸吏，由是搏击豪强，莫不震栗，京师号为卧虎。

由此可以看出光武帝刘秀选任董宣为洛阳令，是得乎其人，得乎其才。在处理该案件时又能够自己纠正错误，支持董宣的做法，这表明光武帝在地主阶级整体利益与家属利益冲突矛盾中，保持自我克制的态度。并最终支持了董宣依法处罚，反映出他在这一问题的正确态度，以及维护法律尊严与坚守司法文明的精神。而董宣在担任洛阳县令时，通过击杀不法苍头，为被害人伸张正义，不仅维护了法律的公平正义，也维护了司法文明的标准。

当然，汉代帝王也有任用佞臣，酷刑处断等不文明的执法方面。例如在西汉武帝后期，因为社会动乱，任用张汤等人为廷尉，而这些人"专为深刻"，西汉王朝又产生了"死人之血流离于市，被刑之徒比肩而立，大辟之计以万数"①的悲惨情况。

这表明汉代的体制文明不是固定不变，而是随着社会治安状况的优劣而发生变化的。此后，时人曾因此发出了"秦有十失，其一尚存，治狱之吏是也"②的感叹。直至汉宣帝地节三年(前67)，为挽救陷于深刻社会危机的西汉王朝，在廷尉之下增设廷尉平，专门负责平反冤狱的工作，使狱政危机的局面才有所和缓。

2.通过颁布法令，清除弊端，促进司法文明建设

皇帝作为中央最高司法审判官，依据皇权体制，有权发布各种法律形式，清除以往法律弊端，加强全国司法审判的监督与管理，防范与惩办司法腐败，促进司法文明工作。汉高祖在十二年四月病逝后，"五月丙寅，太子

---

① 《汉书》卷二三《刑法志》，中华书局 2012 年版。
② 《汉书》卷二三《刑法志》，中华书局 2012 年版。

即皇帝位，（宣布）民年七十以上，若不满十岁，有罪当刑者，皆完之"。①
即汉惠帝登基后，通过颁布命令的形式，对年七十以上老人和不满十岁的
幼童犯罪应当处刑罚者，一律从轻判处完刑。汉景帝后元三年进一步规
定："高年老长，人所尊敬也。鳏寡不属逮者，人所衷怜也。其著令：'年
八十以上，八岁以下，及孕者未乳，师、侏儒当鞠系者，颂系之'。"② 即
在惠帝规定的基础上，景帝对年龄在八十以上，八岁以下的老幼，以及怀
孕未产的妇女、老师、侏儒实行宽待政策，应当加戴刑具看管的，一律去
掉刑具、散禁。到汉平帝元始四年，发布命令说："眊悼之人刑罚所不加，
圣之所制也。惟苛暴吏多拘系犯法者亲属，妇女老弱，构怨伤化，百姓苦
之。其明敕百寮，妇女非身犯法，及男子八十以上，七岁以下，家非坐不
道，诏所名捕，它皆无得系。其当验者，即验向，定著令。"③汉平帝在承继
景帝规定的前提下，又严格规定不得因拘捕罪犯而牵连无辜老幼与妇女。只
要不是犯不道重罪的，对亲属一律不得逮捕；应当讯问的，当时讯问，不得
关押。

到后汉建武三年秋七月庚辰，光武帝命令说："男子八十以上，十岁以
下，及妇女从坐者，自非不道，语所名捕，皆不得系，当验问者即就验。女
徒雇山归家。"④

由上述汉朝皇帝颁布的各项命令当中可以看出，在皇权体制下的汉代最
高统治者，在对待老幼、鳏寡、侏儒，特别是对妇女等特殊人群的犯罪或牵
连犯罪的处理上，采取了"仁政"、"德治"的方针，或实行散禁，或不加拘
禁，甚至允许刑徒女犯返家，令家人出钱，国家雇人劳役的方式，以取代
之。这些多少反映出汉代皇权体制在维护司法文明中的重要作用。

应当指出，在汉朝皇权体制下，司法文明建设的状况并不平衡。每当社

① 《汉书》卷二《惠帝纪》，中华书局 2012 年版。
② 《汉书》卷二三《刑法志》，中华书局 2012 年版。
③ 《汉书》卷一二《平帝纪》，中华书局 2012 年版。
④ 《后汉书》卷一上《光武帝纪》，中华书局 2012 年版。

会出现动荡，统治者出于强化镇压的需要，往往使用严酷的手段对付民众的反抗，导致司法状况严重恶化。据《汉书》卷二十三《刑法志》载：西汉武帝后期，"外事四夷之功，内盛耳目之好，征发烦数，百姓贫耗，穷民犯法，酷吏击断，奸宄不胜。于是招进张汤、赵禹之属，条定法令，作见知故纵、监临部主之法，缓深故之罪，急纵出之诛。其后奸猾巧法，转相比况，禁罔寖密。律令凡三百五十九章，大辟四百九条。千八百八十二事，死罪决是比万三千四百七十二事。文书盈于几阁，典者不能遍睹。是以郡国承用者驳，或罪同而论异。奸吏因缘为市，所欲活则傅生义，所欲陷则予死比，议者咸冤伤之。"这与西汉武帝早期与中期相比，其后期发生了急剧的变化，不但内外矛盾加剧，犯罪现象也日益严重，法律日益严苛，司法镇压日益残酷。加之任用佞臣酷吏，无视法律，以狱为市，终致国家出现动乱，冤狱丛生，从而改变了此前的司法文明状况，重新走上秦朝践踏司法文明之路，造成恶劣的影响。

3. 确定终审复核程序，通过疑狱奏谳的方式，推进司法文明工作

汉朝皇权体制在司法文明建设中的重要使用，还反映在皇帝设定了国家最后一道审判复核程序，即疑狱奏裁制度。用以解决臣民提出并直达皇帝的各类案件。以此监督各级审判，使狱讼比较公平地加以解决。这项制度最早起自汉高祖刘邦，他在谳疑狱诏中强调："狱之疑者，吏或不敢决，有罪者久而不论，无罪者久系不决。自今以来，县道官狱疑者，各谳所属二千石官，二千石官以其罪名当报之。所不能决者，皆移廷尉，廷尉亦当报之。廷尉所不能决，谨具为奏，傅所当比律令以闻。"①刘邦为了平治狱讼，规定了对疑狱不决者，逐级上报，直到上请皇帝奏裁的制度。这种直达皇帝的奏裁制度，为疑难案件的解决提供了最终的解决途径。也是汉朝统治者慎重刑狱，注重司法文明建设的一种体现。但是，效果尚不明显，各级"（官）吏犹不奉宣"。到汉景帝中元五年再次下诏说："诸疑狱，虽文致于法而于人心

① 《汉书》卷二三《刑法志》，中华书局 2012 年版。

不厌者，辄谳之。"①即要求各地司法官吏，将虽表面合乎法律规定，而实际民众反映强烈的疑案，要及时上奏，以求公平解决。但官吏都加以回避，担心有误或被追究责任，不肯实心推行。于是，汉景帝又下诏说："狱，重事也。人有愚智，官有上下。狱疑者谳，有令谳者已报谳而后不当，谳者不为失。自此之后，刑狱益详，近于五听三宥之意。"②这就是说，当汉朝彻底免除官吏疑狱上奏失当之责后，这项谳疑狱制度才真正推行开来，取得了类似西周"慎刑狱"，实施三宥后的良好结果。这一有利于推进司法文明以及审理疑案平反冤狱的制度，当然有皇帝本人强化国家司法控制与监督的意图，但对当事人的疑案解决来说，仍不失为一种开明的措施，从这一意义上说，还是应当肯定的。

二、汉代审判机构的设立及在司法文明建设中的作用

（一）汉代中央审判机构的设立

在秦汉封建专制主义中央集权的环境下，产生了执掌中央司法审判权的廷尉之官，不是偶然的，是适应了全国统一适用法律的需要，最终产生的专司中央审判的职能的官员。其与西周以降的司寇之职存在明显的不同。

西周奴隶制国家的司法官吏称为司寇，也有的称为士。《礼记·曲礼》："天子之五官曰：司徒、司马、司空、司士、司寇，典司五众"，《正义》："司寇除贼寇"。③又《周礼·秋官·大司寇》："大司寇之职，掌建邦之三典，以佐王刑邦国，诘四方"，小司寇，"以五刑听万民之狱讼。"④又《周礼·地官·大司徒》："凡万民之不服教而有狱讼者……其附于刑者归于士"。⑤关于

---

① 《汉书》卷二三《刑法志》，中华书局 2012 年版。
② 《汉书》卷二三《刑法志》，中华书局 2012 年版。
③ 《礼记·曲礼》，中华书局 1980 年影印版。
④ 《周礼·秋官·大司寇》，中华书局 1980 年影印版。
⑤ 《周礼·地宫·大司徒》，中华书局 1980 年影印版。

记载西周的典籍，特别是《周礼》，大概是后人所作，不能被认为是完全可靠的史料。但是春秋战国时期的文献资料对"士"与"司寇"也有记载，其史料价值较前更高一些，也是比较可信的。例如《左传·昭公十四年》："晋邢侯与雍子争畜田久而无成，士景伯如楚"；①《左传·成公十五年》："向为人为大司寇，鳞朱为少司寇"；②《左传·成公十八年》："齐侯使士华免以戈杀国佐于内宫之朝"，《正义》曰："士者，士官也，掌刑政。"③ 由此我们可以明显地看出，"士"与"司寇"之名，不仅遍及于上古典籍，而且它们作为当时的司法长官，其名称一直沿用到春秋时代，因此大体是可信的。有必要指出，上古时代兵刑不分，无论"士"或"司寇"既是司法长官，又是军事长官，兼有司法镇压与军事镇压的职能，这是符合早期国家的特点的。

秦汉时期廷尉是战国时期秦国制度的延续，属下有左右正、左右监及掾史等。廷尉府是秦汉时期中央审判机构，其职能是审理皇帝下令交办的疑难案件，也就是诏狱，不再管理治安与军事方面的事务。这方面的职务则由专设的中都尉等来执掌。所以，廷尉与中都尉官职的出现，说明秦汉时期出于统一国家职权管理的需要，在中央实现了司法审判权与治安管理权和军事管理权的分离，这是一个重大的变化，影响了封建后世两千余年。这也是当时司法体制文明发展的重要表现。

汉朝初期，在皇帝以下，设置廷尉一职，作为中央司法机关的长官，位列九卿之一。由于汉朝慎重断狱与行刑，故廷尉一职是当时重要的官职之一。

汉成帝时首开先例，在尚书台中又"置三公曹，主断狱"，开始掌握部分司法审判权。另外，汉朝遇有重大案件时，还实行丞相、御史大夫、廷尉等高级官吏共同审理，称之为"杂治"。通过"共治"或"杂治"的方式，加强中央与地方审判的监督管理。至东汉时期，"事归台阁（尚书台）"，在尚书令、

---

① 《左传·昭公十四年》，中华书局 2007 年影印版。

② 《左传·昭公十四年》，中华书局 2007 年影印版。

③ 《左传·昭公十四年》，中华书局 2007 年影印版。

仆射以下分设六曹，其中 2000 石曹"主辞讼事"，为隋唐创设刑部行使审判复核权，提供了前提。尽管如此，成帝以后，汉朝仍以廷尉为中央司法长官，负责审理皇帝交办的重大案件，即所谓的"诏狱"，以及地方上报的重大疑难案件。廷尉属下有左右正、左右监、左右平等官佐，负责审理具体案件。

（二）地方司法机构的设立

中国古代地方官制，自春秋战国之交逐步完成了从封国制向郡县制的过渡，最终确立了封建化的地方官僚政权体制。在 2000 余年的封建社会发展历史上，各级地方政权始终是封建皇帝直接统治百姓的工具。历代王朝在各地方分设官职以掌兵、刑、钱、谷之事，但其中尤以兵、刑之事，即对广大人民实行军事管制和司法镇压为首要任务。各级地方长官作为封建皇帝委派而分驻各地的主要代表，是该地方的最高行政长官，也相应地成为当地的最高审判长官。因此，形成了中国封建社会地方行政与司法合一的体制。汉承秦制，在地方郡县也分别设置行政长官，同时也是各地司法长官。他们作为皇帝在地方的代表，采取"一身二任"的方式，管理各地的行政与司法工作。

1. 京畿地区的司法机构

京畿地区的政权机构，既是封建中央政府的直辖机构，也带有地方政权的性质。但由于京畿地区"内奉京师，外表诸夏"，维系着最高统治集团的安全，又对全国具有广泛的影响，因此，处于特殊重要的地位。在中国封建社会的历史上，京师地区的行政长官不仅兼有行政与司法的双重职权，而且往往兼有中央和地方审判官的双重职权。按照秦汉法律规定，由内史"掌治京城"[①]。内史作为京师地区的行政长官，既行使地方行政大权，同时也兼任京畿地区司法长官，行使当地的司法审判权。至汉武帝太初年间，将内史更名为京兆尹，又设左冯翊、右扶风，号称"三辅"，分别管辖长安以东，长陵以北，渭城以西三个地区，并审理辖区的各类案件。正如沈家本《历代

---

① 《汉书·刑法志》卷二三，中华书局 2012 年版。

刑法考》所说，"京师之内，三辅分治之，其讼狱自论之，不之廷尉也"。这就是说，京师地区的案件，由京兆尹、左冯翊、右扶风三辅分别处理，不必上达中央廷尉。即便是中央百官的案件，京兆尹也可以依据皇帝诏令进行审问，审判结果直达皇帝，而不必上报廷尉。汉宣帝地节年间，赵广汉为京兆尹时，因丞相府婢女自杀一案上书皇帝，控告丞相府死人之罪，宣帝制令"下京兆尹治"①。京兆府成为审理丞相案的唯一机构，只对皇帝本人负责。这就形成了垂直领导关系，进而防止权贵干扰京畿司法审制工作。从中体现了京师审制工作的文明和进步。

2. 郡县等地方司法机构

秦朝沿袭战国时期地方行政长官兼理司法的传统，地方郡县也实行行政与司法合一的体制。秦朝按照郡、县制，将地方司法机构分为两级。郡守作为一郡的司法长官，拥有重要案件的审判权，以及对各县上报案件拥有批准权与呈报中央的权力。郡守以下设法曹等助手，协助审理郡内发生的各项案件。

县令作为一县的司法长官，负责本县重要案件的审理工作。其下设有县丞、曹等官职，负责本县案件的具体审理，但审判的批准与上报，必须经县令批准，才能执行。故县令对本县案件具有批准权与上报权。

县以下设置基层社会组织机构，如乡和里等。乡设啬夫，负责本乡民事案件与轻微刑事案件的调解与审理工作，但结果必须上报县令及其有关县府人员。里长负责本里的治安管理，以及一般民事案件的调解工作。乡里组织还负责本地区游徼、巡察以及缉捕贼盗罪犯等项工作，成为稳定地方治安的重要基层组织。

汉朝和秦朝相同，地方实行行政与司法合一体制，分为郡县两级。郡守既是一郡行政长官，也是本郡司法长官。但是，下设"决曹掾"，协助郡守具体审理案件。县令是一县行政长官，又是本县司法长官，而下设"曹"，协助县令审理具体案件。对比看来，秦汉地方司法长官的副手的称谓有些变化。汉朝

---

① 《汉书》卷七六《赵广汉传》，中华书局 2012 年版。

地方审判机关司法权限比较大，郡守不仅掌握案件的批准权与疑难案件的上报权，而且掌握死刑案件的判决执行权。但重大案件须呈报皇帝裁决后执行。

汉初各封国具有审判权，由内史辅佐诸侯具体承办案件。景帝以后，封国地位降同郡县，各封国改为丞相执掌司法权。东汉灵帝时，原先负有监察地方职责的州变为地方最高行政机关，州刺史与州牧同时掌握司法大权，变为廷尉以下与郡县以上的一级审判机构，负责郡县的上诉案件与州辖地区案件的审判工作。这同秦朝地方司法机构相比，汉代审判组织得到进一步完善，审级也有重要变化。

（三）审判组织在维护司法文明上的作用

汉朝初期承袭秦朝，建立了负责中央诉讼、审判与复核工作的廷尉府。其后，"景帝中元六年更名大理"，"武帝建元四年复为廷尉。宣帝地节三年初置左右平，秩官六百石。哀帝元寿二年复为大理。王莽改曰作士。"[1] 上述历史记载表明，汉代中央司法审判机关的称谓，不断变更，直至新莽政权被推翻以后，才最终固定下来。然而它承担的职能却没有多少变化。

廷尉府作为中央审判机构，在掌握全国审判工作标准，维护司法文明的尺度上，发挥了重要的作用。

据《汉书》卷五十一《路温舒传》载：西汉昭帝元凤中期，作为廷尉府长官的路温舒比较系统地提出了中央司法机关审判的标准。他在给刚即位的汉宣帝上奏中指出："夫狱者，天下之大命也，死者不可复生，绝者不可复属。"并引证《尚书》说："与其杀不辜，宁失不经。"他进一步强调了审判工作应遵循的重要原则。即所谓："尚德缓刑"，"崇仁义，省刑罚"。[2] 在路温舒看来，廷尉府作为中央司法审判机关，应当掌握审判工作标准，慎重对待刑狱，特别是慎重对待关乎人的生命安危的死刑案件。为

---

① 《汉书》卷一九上《百官公卿表》，中华书局 2012 年版。
② 《汉书》卷五一《路温舒传》，中华书局 2012 年版。

了防止错杀无辜，宁可暂缓执行死刑，也不能草菅人命。审判工作，特别是刑事审判工作，应当贯彻德治精神，实施宽省刑罚的措施，维护司法文明的尺度。他坚决反对"狱吏专为深刻，残贼而亡极"的破坏法制文明的劣行。他斥责为"不顾国患，此世之大贼也"①。

这和先前文帝时的廷尉张释之的看法是一致的。张释之说："廷尉天下之平也，壹倾，天下用法皆为之轻重。"②正是因为作为中央司法机关的廷尉府，重视刑狱，恰当掌握审判工作的标准，有效地维护了司法文明的尺度，所以汉代在一些时期中出现了秦朝没有的盛况。即"今汉道至盛，历世二百余载，考自昭、宣、元、成、哀、平六世之间，断狱殊死，率岁千余口而一人。耐罪上至右趾，三倍有余"。在汉朝昭帝以下六代间，每年判死刑的有千人，但真正实施死刑的只有一人；判处耐罪以上的，也只有三千多人。③虽然这些统计可能有出入，但从中仍不难看出当时司法文明的一般状况，这和廷尉府掌握审判标准，维护司法文明尺度有直接的关系。

但是，不同时期，不同的廷尉掌管狱讼时，也表现出很大的差异。西汉武帝时任命杜周为廷尉，掌握天下刑狱。就有人批评杜周说："君为天下决平，不循三尺法，专以人主意指为狱，狱者固如是乎？"即批评作为廷尉长官的杜周，不依法审判，完全根据汉武帝个人的意志与指令办事，丧失了应有的审判标准以及司法文明的尺度，造成了严重的后果。而杜周诡辩说："三尺安出哉！前主所是著为律，后主所是疏为令，当时为是，何古之法乎！"④杜周在掌管廷尉府期间，无视国之大法，全凭汉武帝个人意志行事，破坏了司法文明，导致审判工作的混乱。据史书记载："至（杜）周为廷尉，诏狱亦益矣，二千石系者，新故相因，不减百余人。郡吏大府举之廷尉，

① 《汉书》卷五一《路温舒传》，中华书局 2012 年版。
② 《汉书》卷二三《刑法志》，中华书局 2012 年版。
③ 《汉书》卷二三《刑法志》，中华书局 2012 年版。
④ 《汉书》卷六〇《杜周传》，中华书局 2012 年版。

一岁至千余，章章大者，连逮证案数百，小者数十人。远者数千里，近者数百里。会狱，吏因责如章告劾，不服以掠笞定之。于是闻有逮证，皆亡匿。狱久者，至更数赦，十余岁而相告言，大抵尽诋以不道以上，廷尉及中都官诏狱，逮至六七万人，吏所增加十有余万。"①杜周在汉武帝后期，秉承皇帝个人意旨，大兴诏狱，每年处理二千石州官达百余人，牵连证人入狱，多至数百，少至数十。牵连相告，而罪名都是十恶"不道"罪以上，总计关押廷尉与中都狱者有六七万人，狱吏增加者达到十多万人。这些史料反映，当时酷吏掌控，滥用司法审判权，致使司法文明遭到严重破坏，对审判工作也产生了严重影响，和文景帝时期的司法文明状况，形成鲜明的对照。

三、汉代审判监督组织的设立及在司法文明建设中的作用

（一）汉代中央审判监督组织的形成与变化

1. 汉代中央审判监督组织的形成

中国汉代监察官一般通称为御史。汉承秦制，建立了负责审判监督工作的御史组织，同时也成为国家机器的重要组成部分，这是中国封建专制政治法律制度的一大特色。御史组织作为"天子耳目之司"，其职能是监督法律和法令的实施，对违反朝廷纲纪的官吏进行弹劾，实质上也就是进行告发和纠举；监督中央司法机关对重大案件的审判活动；在全国范围内或在特定地区，对地方司法机关的审判工作进行监督和检查。因此，汉代御史组织在封建君主专制条件下，又成为替皇权专制服务的国家机器。同时，汉代御史组织在监督约束司法审判活动，减少冤假错案，维护司法文明上也起到了重要作用。

御史的名称，最早见于《周礼》②。春秋战国时，也有"御史记事"的

---

① 《汉书》卷六〇《杜周传》，中华书局 2012 年版。

② 《周礼·春官》，"御史掌邦国都鄙及万民之治令以赞冢宰"，中华书局 1980 年影印版。

记载①。那时，御史的地位较低，职权也与后世不同，相传西周的御史只是冢宰的属官，春秋战国的御史为史官。

中国古代专职监察机构，是在秦汉中央集权的封建专制国家形成以后才建立和发展起来的。封建皇帝为了君临天下，需要加强对中央和地方各级官吏的监督，以保证封建国家机器的运转，从而提高了御史的地位，确定并扩大了御史的职权。秦始皇统一中国，以御史大夫位列三公，处于国家中枢的地位，御史大夫既是丞相的副职，又是最高监察长官。汉承秦制，以御史大夫为副丞相，"凡丞相有阙，则御史大夫以次序迁。"②《汉书·薛宣传》说，御史大夫"内承本朝之风化，外佐丞相统理天下"，清楚地说明了御史大夫作为行政和审判监督长官的性质和地位。秦及汉初，还设有御史中丞，为御史大夫的佐官，专"居殿中……察举非法"③，并督领属下各御史。中丞以下，秦设侍御史（或柱下御史）、监御史（或监察御史）。汉增设治书侍御史，以及因特别使命而设的绣衣直指御史、符玺御史、监军御史等，分别行使御史的职权。可见，由于汉代加强行政与审判监督的需要，进一步发展了御史的组织机构，使之趋于完善。

2. 汉代中央审判监督组织的变化

汉朝以官名为署名，监察机构称御史大夫寺或御史府，亦称宪台。西汉末年，宰相由三公制改为三司（司徒、司马、司空）制，为了适应这种职权的变化，专设了御史台。东汉亦设御史台，或称兰台寺。御史台的建立，并非单纯名称的更易，它是封建监察机构逐步发展并趋于完备的重要标志。首先，御史台改大夫制为中丞制，专司纠察。汉成帝绥和元年（公元前8），改御史大夫为大司空，作副相管理土木营造，其监察职权移交御史中丞掌管。东汉御史台即"以中丞为台率，始专纠察之任。其后历代或复置大夫，或但设中丞，规制各殊，要皆中丞之互

---

① 《史记》卷八一《廉颇蔺相如列传》，载《二十五史》，中华书局 2014 年版。
② （清）黄本骥：《历代职官表》，中华书局 1965 年版。
③ （唐）杜佑：《通典》卷二四，中华书局 1988 年版。

名"①。我国封建法制历史上，即以东汉成帝为起点，最终确立了御史中丞专司审判监督与行政监察的长官地位。并实现了中央审判监督权与中央行政管理权的两权分离，从而体现了司法体制文明的发展与变化。其次，御史台的创设，确立监督机构的规模和职权，为其进一步发展奠定了基础。御史中丞作为台主，到东汉时权势日受尊重，"与司隶校尉、尚书令会同，专席而坐，故京师号曰三独坐"②。中丞下设治书侍御史二人，承西汉之制"选明法律者为之，凡天下诸谳疑事掌以法律，当其是非"并"参主台事"③。侍御史十余人。"掌察举非法，受公卿群吏奏事，有违失举劾之；凡郊庙之祠及大朝会、大封拜则二人监威仪，有违失则劾奏"④，并担负出使州县、从驾行幸、出督军旅、慰抚属国、监护东宫等各项事务。此外，还有兰台令史，"掌奏及印工文书"⑤。东汉的御史台名义上属于少府，实为独立的监察机构，它与尚书台、谒者台并称为"三台"。魏晋以后，御史台不再隶属于少府，机构也日渐扩大，有侍御史、检校御史、督运御史等名目，分掌其职。地方则不再如汉初那样设置专职监察机构而由朝廷不定期地派出巡御史进行监察。这表明魏晋在传承汉代御史体制的基础上，又有所变化。

（二）汉代地方审判监督组织的设立

汉朝地方监察组织的重要变化，主要体现在十三刺史部和司隶校尉部的建立上。秦及汉初，监御史（或监察御史）在内隶属中丞，对外监察诸郡；以监督地方为主要任务。汉武帝为了加强中央对地方的控制，防止郡守与地方豪强勾结形成地方割据，于元封五年（前106）除京师附近七郡外，把境内分为豫州、兖州、青州、徐州、冀州、幽州、并州、凉州、益州、荆州、扬州、交

---

① （清）黄本骥：《历代职官表》，中华书局1965年版。
② 《后汉书》卷五七《宣秉传》，中华书局2012年版。
③ 《后汉书》卷三四《百官志》，中华书局2012年版。
④ 《后汉书》卷三四《百官志》，中华书局2012年版。
⑤ 《后汉书》卷三四《百官志》，中华书局2012年版。

趾、朔方十三个监察区，各置刺史一人，每年秋分巡视州内地方行政与司法和强宗豪右的不法犯罪，统称为十三刺史部。这是汉代中央政府加强地方行政管理与审判监督的重要举措。这些措施不仅有助于消除地方割据势力，也起到约束监督地方司法审判，促进各地司法文明建设的作用。东汉以后，虽然州的性质发生变化，即从监察区变为一级行政区，刺史也为州牧所代替，但汉朝刺史部的建立对后世地方监察制度的发展乃至督抚制度的形成，仍有深刻的影响。汉武帝征和四年（前89），又以京师附近七郡为司隶校尉部，设司隶校尉为主官，维护京城治安并监察京师和属郡官吏，形成与御史组织并行的监察机构。东汉以后，凡朝廷百官，除三公外，都可由司隶校尉纠察。从而进一步完善了汉代地方审判监督的体制，加强了地方监督的职能。

（三）汉代审判监督组织在司法文明建设中的作用

1. 审判监督组织地位显赫

在封建君主专制政体下，对官吏的最高处置权属于皇帝。监察机构则可对各级官吏进行弹劾。皇帝以监察御史的劾奏为前提，对违法犯罪官吏作出最终的处理。在中国封建社会，监察机构行使弹劾权的范围十分广泛。即所谓："相有依违顺旨，蔽上罔下，贪宠望谏，专福下威，御史府得以纠绳之；将有凶悍不顺，恃武肆害，玩兵弃战，暴行毒民，御史府得以弹劾之"，"相与将至贵也，且得……纠劾之，余可知也。"①总之，除皇帝以外，御史的弹劾权几乎没有什么限制。汉朝以"御史大夫典正法度，总领百官，上下相监临"②，即使丞相有罪，也由御史大夫按劾。如此，就将各级官吏都置于御史的监督与制约之下，使他们全面地受到皇权的制约，这既是巩固皇权的需要，也有助于限制暴政与不法审判，减少冤狱，用以维护汉代的行政与司法秩序和司法文明。

---

① （明）邱濬：《大学衍义补·重台谏之任》，京华出版社1999年版。
② 《汉书》卷五三《朱博传》，《百官志》，中华书局2012年版。

为了发挥封建审判监督机构的作用，历代王朝非常重视提高监察机构的声威，以使各级官吏有所畏惮。相传秦始皇灭楚，以楚王冠赐御史大夫，冠状如獬豸，表示对任何不法者即可抵触之，这就是秦汉御史所戴的法冠。东汉时，御史中丞"执宪中司，朝会独坐"①，与尚书令相比肩，权势十分显赫。

2. 在司法文明建设中发挥了重要作用

汉代审判监督机构在司法活动中，具有重要的作用。因此，历史上常常称御史官为"法吏"。

第一，具有监督法律实施，维护法律尊严的作用。

汉代封建统治集团所制定的法律、法令是整个地主阶级整体意志的体现，是朝廷纲纪的主要内容和形式。所以，将监督法律、法令的实施，维护国家法律、法令的统一，以及维护司法文明，作为监督机构的重要任务。古代文献中所说的御史"掌律令"，其主要含义就在于此。同时，中国古代法律是以刑为主的，因此监督机构的活动又偏重于对官吏实施刑律或对刑事法令执行的监督。在《睡虎地秦墓竹简·秦律十八种》·《尉杂》中记载有"岁雠辟律于御史"的话，意思是说，廷尉每年都要到御史处去核对刑律。这就是御史执掌法律的一种形式。汉宣帝时，选"高第明法律"的官员二人，任治书侍御史，"掌以法律当天下奏谳，定其是非"的工作②。治书侍御史作为皇帝审查天下奏报案件的高官，不仅审察监督各地上报疑难案件的处理情况，而且通过司法审察，了解各地执行法律的情况。监察机构不仅可依法对官吏"定其是非""当其轻重"，而且对皇帝亲自审处的案件，如有不当，也可依法进行规谏。法律当然不全是"王者所与天下共也"，但是它是统治阶级意志的体现，所谓御史执法正是封建地主阶级利益的需要，因此有时也得到皇帝的尊重，但是在皇权至上的专制政权下，御史因此"冒犯龙颜"而获罪的也不乏其人。

---

① 《后汉书》卷三四《百官志》，中华书局 2012 年版。

② （清）黄本骥：《历代职官表》，中华书局 1965 年版。

御史监督机构是以监督官吏守法为主要任务的，对违法犯罪的官吏，不仅可以弹劾，而且可交由皇帝直接审判。同时，对审判机构的监督，诸如审核审判官是否守法，审理案件是否合乎法律程序，通常是通过参与审判活动来实现的。这是中国古代监察制度的显著特点，也是监察机构行使的审判监督职能，约束不法审判，在一定程度上维护了法律与司法文明，有其重要的作用。

第二，通过参与诏狱的审判，监督大理寺的司法工作。

汉代对因违法犯罪而受弹劾的官员，或由皇帝亲审，或由大理审判，但也常常交由御史鞠审。这可看作御史弹劾权的延续和深化。汉朝的御史中丞，奉皇帝之命审理诏狱，侍御史还担负拘捕人犯的责任。作为京师和属郡监察官的司隶校尉也有类似的权力。东汉灵帝光和年间，太尉段颖有罪，司隶校尉阳球"就狱中诘责之"①，是一个显著的例子。御史组织奉命对权贵与高官进行监察、纠举，乃至审判，多少体现了在封建法律面前的平等性，也是对法律制度与司法文明的有力维护。另外，汉武帝时颁诏令绣衣直指御史，"出讨奸猾，治大狱"②，也即依据皇帝的指令，作为特使，赴郡国审理重大案件。体现了御史组织对地方官吏的不法行为的有力监督，对维护地方司法文明发挥了重要作用。

第三，通过平反冤狱，减少错杀、错判，维护司法文明。

审核重案疑案，是监察机构、监督审判机构活动的重要途径，也是执行法律、维护法律的重要手段，因此，为历代王朝所重视。汉代专设治书侍御史以后，就担负了"与符节郎共平廷尉奏罪，当其轻重"③的任务，在审查廷尉奏报的死刑或疑难案件中起到约束与监督的作用。

当事人对刑案处理不当，甚至由此造成冤案提出申诉，对违法犯罪的官吏提出控告，御使受理并且进行复核复审工作，也是监察机构重要职责，他们通过审查监督，来平反冤狱，维护法制文明与司法文明。

---

① 《后汉书》卷五五《段颖传》，中华书局 2012 年版。
② 《汉书》卷一九上《百官公卿表》，中华书局 2012 年版。
③ 《册府元龟·刑法》，中华书局 1960 年版。

第四节　起诉制度

一、刑事起诉

汉朝与秦朝相似，因处理刑事案件的需要，比较早地确立了刑事起诉制度。汉代把起诉称之为告劾。沈家本曾考证说："告、劾是二事，告属下，劾属上。"[1] 这就清楚地说明汉代起诉有两种方式：第一种，是当事人作为原告方，将侵害方直接告之官府，以求得法庭的依法判决，这相当于自诉。第二种，是政府官员，主要是监察官员（御史或司隶校尉）"举劾（官员）犯罪"，"察举（各类）非法"。前者主要以民间下层人员的不法或犯罪作为起诉对象。后者则主要以不法官员为起诉对象，并涉及上层官员。这类似于公诉。汉代刑事起诉的形式包括有：①被害人告诉；②一般人告诉；③犯罪人自首；④官府察举等4种。这些起诉形式也包含了一些文明执法的因素。

（一）司法文明在被害人告诉方面的表现

汉代同以往各代相同，把被害人告诉，作为提起刑事诉讼的主要方式，实行"告乃论"的原则。按照汉代规定，原告提起刑事诉讼后，有证据可以证明者，官府应当依法受理。汉高祖刘邦因做过秦代泗水亭长与沛县县令，他懂得以往官府在受理民间起诉时的种种弊端，他曾在汉五年，夏五月，遣散多余的兵士还家时，下诏说："今天下已定，令各归其县，复故爵田宅，吏以文法教训辨告，勿笞辱。"[2] 即对返乡士兵与邻里争执时，受理官吏尽量

---

[1]　沈家本：《历代刑法考》之三，中华书局1985年版。

[2]　《汉书》卷一下《高帝纪》，中华书局2012年版。

用义理和法律教育来感化，而不要轻易运用笞掠等刑讯手段，以避免造成冤案。高祖刘邦用下达诏令的形式，要求各级官府汲取秦朝教训，以文明的方法，处理刑事起诉案件，这在以往确实少见，值得肯定。

（二）在犯罪人自首方面的表现

汉代统治者把犯罪人自首也作为刑事起诉的特殊形式。因为鼓励犯罪人自首，可以分化瓦解犯罪集团，查明案情，及时破案。与此同时，自首的犯罪人也可以获得宽大处理。为此，汉律规定："先自告，除其罪。"① 这即是说，犯罪后主动自首，享受免于追究罪责的待遇。这既是中国古代刑事诉讼的重要特色，也体现了汉代对自首这类特殊起诉形式的文明处理方法。另外，据《后汉书》卷六十四《吴祐传》载："（吴）祐政唯仁简，民有争讼者，辄闭阁自责，然后断其讼，以道譬之。或身到闾里，看相和解。自是以后，争隙省息，吏人怀而不欺。啬夫孙性私赋民钱，市衣以进父，父得而怒曰：'有君如是，何忍欺之！'促归伏罪。"② 这段史料表明，汉代规定并实施自首者宽大处理的制度，贯穿于两汉始终。对吴祐自首行为，以及对其他人自首的依法处理，充分表明当时已经形成一种文明理性的思维。并寻找到一种文明地解决自首问题的途径。本案中的啬夫孙性因"擅赋敛"并以税钱买衣而构成刑事犯罪。但由于其父的劝说而主动自首。这按汉律规定，在归还擅收税钱后，免于刑事罪责的追究，就是明证。

（三）在官员主动纠举方面的表现

汉代官员主动纠举犯罪表现为两个方面：

第一，是监察官员对犯罪人的弹劾与纠举，其中，以对违法犯罪官员的弹劾与纠举为主要职责。第二，是其他各类官员发现犯罪和犯罪人而主动

---

① 《汉书》卷四四《衡山王传》，中华书局 2012 年版。
② 《后汉书》卷六四《吴祐传》，中华书局 2012 年版。

进行的纠举工作。对于监察官员的弹劾与纠举，西汉武帝曾规定了《六条问事》，即所谓："一条，强宗豪右田宅逾制，以强凌弱，以众暴寡。二条，二千石不奉诏书遵承典制，倍公向私，旁诏守利，侵渔百姓，聚敛为奸。三条，二千石不恤疑狱，风厉杀人，怒则任刑，喜则淫赏，烦扰刻暴，剥截黎元，为百姓疾，山崩石裂，祆详讹言。四条，二千石选署不平，苟阿所爱，蔽贤宠顽。五条，二千石子弟恃怙荣势，请托所监。六条，二千石违公下比，阿附豪强，通行货赂，割损正令也。"① 由上可见，汉朝出于强化中央集权的君主专制的考虑，赋予监察官员——御史、司隶校尉等，弹劾纠举违法犯罪官吏的充分权力。其对于年俸二千石的高级官吏尤其严厉，凡不奉皇帝诏书，违犯典制，不审疑狱任性杀人；任人唯亲，排斥贤良；鱼肉百姓，贪污受贿；勾结豪强，割据地方者，均在监察官吏弹劾与纠举的范围。同时，二千石官员的不法子弟，以及地方豪强等，也在纠举的范围内。上述六条的规定，既明确了监察官吏纠举、弹劾的职责，又对二千石等不法官员与豪强势力进行了有力的震慑。这对于维护正常的统治秩序，维护法制文明与司法文明的成果，发挥了不可替代的作用。其情有如《文献通考》卷五十三《职官·御史台》所载："初，汉御史大夫有两丞，一曰中丞，亦谓中丞为御史中执法。中丞在殿中十五员，受公卿奏事，举劾按章，盖居殿中，察非法也。"②

此外，汉代又通过设立司隶校尉，强化官吏不法犯罪的弹劾与纠举。据史料记载：汉元帝曾任诸葛丰为司隶校尉，而诸葛丰"刺举无所避，京师为之语曰：'间何阔，逢诸葛。'师古曰：'言间者何久阔不相见，以逢诸葛故也'。时侍中许章以外属贵幸，奢淫不奉法度，宾客犯事，与章相连。丰按劾章，欲奏其事，适逢许侍中私出，丰驻车举节诏章曰：'下！'欲收之。"章迫窘，驰车去，丰追之。许侍中因得入宫门，自归上。丰亦上奏，于是收

① 《汉书》卷一九上《百官公卿表》师古注引，中华书局1992年版。
② 马端临：《文献通考》卷五三《职官·御史台》，华东师范大学出版社1985年版。

丰节。司隶去节自丰始。① 由上可以看出，司隶校尉与御史一样具有弹劾与纠举不法官吏的权力，这对震慑官员不法与犯罪，维护汉代法制文明与司法文明的成果，发挥了重要的补充作用。

由于刑事被害人或亲属自诉案件材料缺乏，所以，本文暂不做描述。待到有了新的发现，再做补充说明。

汉王朝由于统一司法的需要，在民事诉讼审判制度上，规定得更加明确细致，比起西周有明显进步。

二、民事起诉

在民事诉讼起诉方面，汉王朝承袭西周、春秋、战国、秦国等各时期的传统规定，明确区分民事诉讼与刑事诉讼的界限，坚持"以两造禁民讼""以两剂禁民狱"。正如郑玄所注："讼，谓以财相告者"，"狱，谓相告以罪名者"；"争罪曰狱，争财曰诉"②。即把民事诉讼归纳为财产等方面的诉讼活动，以示同刑事诉讼的区别。

有关汉王朝民事起诉制度的历史记载，文献资料比较缺乏，存留下来的内容更是非常稀见。这既同历代封建统治者奉行"重农抑商"的政策，"重刑轻民"的方针有关；同时也与时间久远，战乱不息，文书档案损坏严重有关。这些原因造成研究汉民事起诉制度的诸多困难。

通过考古发掘出土的居延汉简中有一项十分珍贵的民事起诉材料，即"建武三年侯粟君所责寇恩事"。这份材料记述的是东汉建武三年（公元27），甲渠侯官粟君以客民寇恩欠钱不还为由，向居延县廷和都尉府提起民事诉讼，请求居延县廷和都尉府责令寇恩归还其钱物。这起民事诉讼案由居延县廷和都尉府按照一审、二审程序相继立案。当地都乡啬夫官按照居延县

---

① 《汉书》卷七七《诸葛丰传》，中华书局 2012 年版。
② 《周礼·秋官·大司寇·乡土》及郑玄注，中华书局 1980 年影印版。

廷的指令，两次传讯被告寇恩，查明案件真相，写出案情报告。

　　事实是：甲渠侯官粟君雇佣客民寇恩去卖鱼。双方事先约定，寇恩卖出五千条鱼要归还粟君价钱四十万钱；粟君给寇恩一头公牛和二十七石谷作为其工钱。寇恩到觻卖鱼得到的钱不足四十万，便将牛卖掉凑齐三十二万钱交给粟君的妻子，还欠八万钱。此外，寇恩给粟君籴谷一石，大麦二石，买肉十斤，寇恩儿子钦为粟君捕鱼获得工钱谷二十石，也用来抵债。这样算来，寇恩除偿还所欠粟君的八万钱外，还余下二万钱。但甲渠侯官粟君不但不归还给寇恩二万钱余款，还扣留了属于寇恩的许多物品，并向居延县廷、都尉府提出诉状，控告寇恩欠钱不还。

　　为说明这一情况，特节选部分内容以为佐证：

　　建武三年侯粟君所责寇恩事（节选）：

　　　　建武①三年十二月癸丑朔乙卯②，都乡啬夫③宫④以廷⑤所移⑥甲渠侯⑦书召恩⑧诣乡⑨。先以"证"⑩财物故不以实，臧五百以上，辞已定，满三日而不更言请⑪者，以辞所出入，罪反罪⑫之律

----

① 建武：汉光武帝刘秀年号。建武三年，公元27年。

② 癸丑朔乙卯：中国古代以干支记日，阴历每月初一为朔，癸丑朔，即癸丑是初一，据此推算，乙卯是初三日。

③ 都乡啬夫：《日知录·都乡》："都乡之制，前史不载，按都乡盖即今之坊厢也"，据此说，都乡应是县所在之乡。啬夫，指乡官，《汉书·百官公卿表》："乡有三老，有秩啬夫、游徼、三老掌教化；啬夫职听讼，收赋税；游徼循禁盗贼"。都乡啬夫，县城所在地的乡官。

④ 宫：人名，就是直接调查"粟君债寇恩事"的乡啬夫。

⑤ 廷：此指县廷。

⑥ 移：转。

⑦ 甲渠侯：甲渠，地名；在今内蒙古自治区额济纳旗西南约二十四公里的破城子。侯，官名，《汉书·百官公卿表》："戊己校尉，元帝初元元年置，有丞、司马各一人；侯五人，秩比六百石。"防守边疆的侯同校尉下的候相同，其级别大致同县令相当。

⑧ 恩：此案被告寇恩。

⑨ 诣乡：到都乡来。

⑩ 证：证据，证词，此指被告人自己提供的证词，今谓口供。

⑪ 请：通情。

⑫ 辞所出入，罪反罪：供词与事实不符之罪反及自身。

辨告①，乃爰书验问。

恩辞曰：颍川昆阳市南里②，年六十六岁，姓寇氏。去年十二月中，甲渠令史③华商④、尉史⑤周育⑥当为侯粟君载鱼之觻得⑦卖。商、育不能行。商即出牛一头，黄、特、齿八岁⑧，平价⑨值六十石，与它谷十五石，为谷七十五石，育出牛一头，黑、特、齿五岁，平价值六十石，与它谷卅⑩石，凡⑪为谷百石，皆予粟君，以当载鱼僦⑫直。时，粟君借恩为僦，载鱼五千头到觻得，价值：牛一头、谷廿七石，约为粟君卖鱼沽出时行钱⑬卅万。时，粟君以所得商牛黄、特、齿八岁，以谷廿七石予恩顾对直。后二、三［日］当发，粟君谓恩曰："黄特微瘦⑭，所得育牛黑特虽小，肥，价直俱等耳，择可用者持行"⑮。恩即取黑牛去，留黄牛，非从粟君借牛冈牛⑯。恩到

---

① 辨告：辩告，《汉书·高帝纪》："吏以文法教训辩告"。师古注："辩告者，分别处理以晓谕之。"从居延汉简有关材料看，在审判时，审判人员必需首先向被告把有关法律讲清楚，警告被告，要如实交代。自己的口供如与事实不符，三日内不请求更改者，将依法科罪。

② 颍川昆阳市南里：颍川，郡名，秦置，辖今河南省中部及南部地区；昆阳，县名，汉置，今河南省叶县，里是汉代的基层政权组织。市南里，古代县城内划定固定的区域作市，市南里，里名，在市之南，因以为名。

③ 甲渠令史：甲渠候官的属吏。

④ 华商：人名。

⑤ 尉史：甲渠候官的属吏。

⑥ 周育：人名。

⑦ 觻（路）得：县名，汉武帝太初元年置，属张掖郡，在今甘肃省张掖市西北。

⑧ 黄、特、齿八岁：特，公牛。齿，古代看马的年龄从马的牙齿辨别。黄、特、齿八岁，是指黄颜色的公牛八岁。

⑨ 平价：指当时正常的市价。"价值"，原写为"贾直"，本书一律改为"价值"。

⑩ 卅（音细）：四十。

⑪ 凡：总共。

⑫ 僦：租赁。

⑬ 沽出时行钱：沽，卖。行（音航），行钱，指当时市场上通行的官铸钱。

⑭ 原释为庚，应为瘦。

⑮ 持行：持，执。持行，牵走。

⑯ 牛冈：《说文》："特牛也。"特牛，就是公牛。

穌得卖鱼尽，钱少，因卖黑牛，并以钱卅二万付粟君妻业①，少八岁（注：应为少八万）②。恩以大车半侧③轴一，直万钱；羊韦④一枚为橐⑤，直三千；大筒⑥一合，直千；一石去卢⑦一，直六百，牛库索⑧二枚，直千，皆置业车上。与业俱来还，到第三置⑨，恩籴⑩大麦二石付业，直六千，又到北部⑪，为业卖（买）肉十斤，直谷一石，石三千，凡并为钱二万四千六百，皆在粟君所⑫。恩以负粟君钱，故不从取器物⑬。又恩子男钦⑭以去年十二月廿日为粟君捕鱼，尽⑮今（年）正月、闰月、二月，积作三月十日⑯，不得价值⑰。时，市庸⑱平价大男⑲日二斗，为谷廿石。恩居穌得付业钱时，市谷决⑳石四千。以钦作贾谷十三石八斗五升，直穌得钱

---

① 业：人名，粟君的妻。
② 岁：释文者原注："应为'万'"。
③ 侧：音义均不详，据简文分析，应为大车某一形制的轴。
④ 韦：熟治之兽皮。
⑤ 橐：口袋。
⑥ 筒：盛饭及存衣之竹器。
⑦ 去卢：《仪礼·士昏礼》郑注作箕卢。《广雅·释器》："匠筒也。"应是指竹或柳条编织的饭器。
⑧ 库索：不详。或指缰绳。
⑨ 置：《广雅·释诂》："置、驿也。"《汉书·文帝纪》注："置者，置传驿之所，因以名置"。第三置，第三个驿站。
⑩ 籴：买进粮食。
⑪ 北部：地名，在居延至穌得之间。
⑫ 所：处。
⑬ 器物：指寇恩留在车上的东西。
⑭ 钦：人名，寇恩的儿子。
⑮ 尽：止、终。
⑯ 积作三月十日：总计作工三个月又十天。
⑰ 价值：工钱。
⑱ 市庸：庸，《汉书·司马相如传》注：后世多写作佣，即谓赁作者。市庸，市场中户所雇用的人。
⑲ 大男：居延汉简中，称十五岁以上的男青年为大男。
⑳ 决：断，判。市谷决石四千，意思应为市上的谷子定价每石四千。

五万五千四，凡为钱八万，用偿所负钱毕。恩当得钦作贾余谷六石一斗五升付①。恩从觻得自食为业将车②到居延，[积]③行道廿余日，不计价值。时，商、育皆平牛直六十石与粟君，粟君因④以其贾予恩已决，恩不当予粟君牛，不相当⑤谷廿石。皆证也，如爰书。⑥

建武三年十二月癸丑朔辛未⑦，都乡啬夫宫敢言之⑧。廷移甲渠候书："去年十二月中，取客民⑨寇恩为觻，载鱼五千头到觻得，就贾用牛一头，谷廿七石，恩愿沽出时行钱卅万。以得卅十二万。又借牛一头以为辆，因卖，不肯归以所得就直牛，偿不相当廿石。书到⑩。验问。治决言⑪。前言解廷邮书⑫曰：恩辞不与候书相应，疑非实。今候奏记⑬府，愿诣乡爰书自正⑭。府录⑮：令明处更详验问。治决言。谨验问，恩辞，不当与粟君牛，不相当谷廿石，又以在粟君所器物直钱万五千六百，又为粟君买肉，籴三石，又子男钦为粟君作价值廿石，皆[尽][偿][所][负]粟君钱毕。粟君用

---

① 付：支付。

② 将车：赶车。

③ 本文方括号内的字为原释文者所加，以下不再注。

④ 因：于是。

⑤ 不相当：从后面所录甲渠候书"偿不相当廿石"而来，略有语病。此句意思为"不应当给粟君牛，也不应当给粟君谷廿石"。

⑥ "皆证也，如爰书。"：当时爰书的格式的常用语。

⑦ 癸丑朔辛未：指建武三年十二月十九日。

⑧ 敢言之：战国秦汉时文书程式中的套语，用于下级对上级。

⑨ 客民：指外地迁至居延的人口，从两个爰书中可知寇恩是从颍川郡昆阳县迁居延的。

⑩ 书到：指县转来的控告书和县廷关于审讯寇恩的指令转到都乡。

⑪ 治决言：治，理；决，断、判。治决言，作出了判断。

⑫ 前言解廷邮书：解，送，达。邮书，指寄送的文书。《汉书·京房传》注："邮，行书者也，若今传送文书矣。"前言解廷邮书，指前两次送到县廷的文书。

⑬ 奏记：上书陈事。此指甲渠候粟君不服上书到县的上一级太守府。

⑭ 正：证。此句意思是候粟君表示愿意到都乡作证。

⑮ 府录：敦煌简把候官之令称为"官录"。"府录"应是指太守府的命令。

恩器物敝败①，今欲归恩，不肯受。爰书自证。②

　　写移爰书③，叩头死罪死罪敢言之。右爰书。

　　十二月己卯④，居延令⑤，守丞⑥胜⑦移甲渠候官⑧。候[所]责男子寇恩[事]，乡□辞⑨，爰书自证。写移书[到]□□□□□辞⑩，爰书自证。须以政不直⑪者法亟极⑫。如律令⑬。掾党⑭、守令史赏⑮。

　　建武三年十二月候粟君所责寇恩事⑯。⑰

居延县廷按照都乡啬夫勘察，向上级报告并获批准，依法判处粟君败诉，并责令其赔偿寇恩余款。另以粟君"为政不直"，依法予以处理。

这篇内容系原始的档案材料，它真实地反映了这起民事诉讼案件的形成过程，反映出居延县廷依法审理民事诉讼案件的原貌，以及维护法律公正、

---

① 敝败：毁坏。

② 自证：证，凡事物足以有助于断者谓之证。自证，被告人自己提供的证明，此指口供。

③ "写移爰书"：意思是谨抄录并上送爰书。

④ 十二月己卯：建武三年十二月二十七日。

⑤ 居延令：此指居延县令。

⑥ 守丞：守，官之署理者，非实任而护视之曰守。守丞，此可能指代理县丞或兼县丞。

⑦ 胜：人名，即居延县守丞。

⑧ 甲渠候官：指甲渠候的官署。

⑨ 乡后辞前缺一字，简文不清。

⑩ 此处"□"号中的字简文不清。

⑪ 不直：秦汉时罪名，《史记·秦始皇本纪》："三十四年，适治狱吏不直者，筑县城及南越地。"《睡虎地秦墓竹简·法律答问》："论狱（何谓）'不直'？""罪当重而端轻之，当轻而端重之，是为'不直'。"不直也就是故意出入人罪。

⑫ 极：据原简，此字应释为"报"（见《文物》1978 年第 1 期，第 23 页、第 35 简）。据《汉书·张扬传》："传爰书，讯鞫论报。"从它与讯鞫论并列看，报是指一种司法程序，下级机关将审判结果报请上级批准，以便执行。

⑬ 如律令：按照律令办事。

⑭ 掾党：掾，此指狱掾。《后汉书·百官志》：郡守、丞、县令，丞下都可以"署诸曹掾史"。党：人名，即，狱掾的名字。

⑮ 守令史赏：守令史，指代理令史。赏，人名，即代理令史的名字。

⑯ 此系原宗的标题。秦汉行文习惯。标题一般均在文书的末尾。

⑰ 引自《中国古代办案百例》，中国社会科学出版社 1980 年版。

公平、当事人合法权益的事实，以及当时的法制文明与司法文明的实况。这一材料显得弥足珍贵。由此可以窥见秦汉民事起诉制度的一个重要侧面。

第五节　勘验

勘验是汉代官府采集与检验证据的核心环节，也是提起诉讼的必经手段。通过现场勘查形成勘验报告，对发案现场、物品、人身及尸体检验等作出登记说明并写出鉴定意见，这种取证方式，为剖析案情、判断案件性质、确定侦查方向和最终破案提供线索和依据。同时，勘验报告也是伤情鉴定书，根据它可以确定被害人受伤害的程度，并以此确定被告人的犯罪性质、情节，作出相应的处罚。

勘验制度在中国古代起源很早，就目前所掌握的资料来看，早在西周时期已经实行了这种制度。《礼记·月令》记载："孟秋之月……命理瞻伤、察创、视折、审断，决狱讼，必端平。"① 也就是说，发生伤害案件以后，司法官要对受伤害者的身体进行检验，根据伤害的程度，作出伤皮、伤肉、断骨和骨肉皆断的检验结论，以便于司法官定罪科刑。

秦代的司法官吏已意识到证据在定罪量刑中的重要性，因而在刑侦过程中注重对证据的收集，经过长期实践的摸索，已确立了一套细致、科学的取证方法。不仅强调口供的重要性，也非常重视物证、人证、勘验结论等客观证据的运用。

汉代继承了秦代重视勘查检验制度的传统，刑事案件案发后，在抓捕逃犯的同时，官府要立即指派法司对现场进行勘查检验，采集证据。通过梳理分析传世经典文献和出土法律文献的相关内容，可以发现汉代的勘验制度已

---

① 《礼记·月令》，中华书局 1980 年影印版。

趋于规范。经过勘查检验获取证据，已成为常态化的制度，并为断罪量刑提供了有力依据。《汉书·薛宣传》记载了有关伤情的"痕""痏"等词语，"廷尉直以为：律曰'斗以刃伤人，完为城旦，其贼加罪一等，与谋者同罪'。诏书无以诋欺成罪。传曰：'遇人不以义而见痕者，与痏人之罪钧，恶不直也'。"① 东汉应劭在《汉书集解》注："以手杖殴击人，剥其皮肤，肿起青黑而无创瘢者，律谓'痕痏'。"以手杖斗殴造成人的皮肤青肿，血液淤积，皮肤脱落，要追究犯罪者的刑责，路人不出手相救，也要承担相同的责任。从这些简单的记述中，我们可以看到汉代已具备了一定的检验意识和技术，法律中也根据鉴定结论对伤害行为作了相应的处罚规定。

在《居延新简》中记录了诸多对现场勘查，对人身、尸体检验的爰书，说明汉代司法官吏的勘验取证行为已是通行的做法。他们通过勘验来发现、收集犯罪的痕迹，作为物证，为正确分析案情、判断案件性质、确定侦查方向以及最后破案提供线索及根据，现摘录如下，以作分析：

　　□□内郡荡阴邑焦里田亥告曰：所与同郡县□□□□死亭东内
　　中东，首正偃、目宵、口吟、两手卷握、足展、衣□，□□当时
　　死，身完，毋兵刃、木索迹。实疾死，审皆证口。②

该简文虽然简短、残缺。但还是可以看出，该勘验文书由三部分组成：第一，告诉人的告诉——田亥报告说：同郡县的人死于亭东内中，东首；第二，仵作勘验——仰身、双目闭合、闭着嘴、双手紧握、脚伸展、尸体完好，没有兵刃、木棒、绳索的痕迹；第三，检验结论——确系疾病而死，勘验者一致验证。该项勘验爰书与《封诊式》中的《贼死》爰书所记录的情形类似，法司经过仔细查验，得出勘验结论，系因病致死，排除凶杀犯罪的可能性。"

　　……夏侯谭争言斗，宪以所带剑刃击伤谭匈一所，广二寸、长
　　六寸、深至骨。宪带剑持、官六石、具弩一、禀矢铜镞十一枚，持

---

① 《汉书》卷八三《薛宣传》，中华书局 2012 年版。

② 《居延新简——甲渠候与第四燧》，文物出版社 1990 年版。

大□橐一，盛糒米三斗、米五斗，骑马阑越燧南塞天田出……

此简意为，夏侯谭因争吵，被宪以佩剑刺伤谭胸部一处，伤口宽二寸、长六寸、剑伤深至骨头。宪持着剑，带着官薪六石、弩一具、禀矢铜镞十一枚，持一大驼皮口袋，里面装着三斗糒米、五斗米，骑马私自穿越烽燧出南方边塞逃亡……①

这是一则守备边塞的官员因饮酒而与他官发生争斗的案件，其中一方以剑刺伤对方，随后逃亡。简牍中对该案记载很完整，其中有对剑伤细致的勘验记录。这为审理宪持剑伤人犯罪提供了客观依据。

汉代司法官吏已具有普遍性的勘验意识，并在长期的实践中积累了较为丰富的勘验技术，将勘验得来的物证运用于随后进行的诉讼与审判工作，成为其最有说服力，也最具决定意义的法律依据。汉代广泛使用勘查技术、采集、检验刑事证据的做法，不仅凸显了理性的司法观念和勘验文明的水准，同时重视客观性的刑事证据，不轻易采纳主观性的刑事证据。

这种勘验文明的进步也直接带动了汉代诉讼与审判文明的进步，故具有重要的作用。

第六节　证据

一、刑事证据

（一）刑事证据原则的文明体现

1. 依证定罪原则

汉代继承了秦代刑事证据客观性的认识，并将其具体运用于证据的收

---

① 《居延新简——甲渠候与第四燧》，文物出版社 1990 年版。

集、分析及定案过程中，并在此基础上，结合其特定的实情状况，促进了该原则的发展。戴炎辉认为秦汉律的客观性源于"罪刑法定主义"，并对之作了阐释："我国旧律对犯罪的处罚，采取客观的、具体的态度。盖由于罪刑法定主义的要求，以防止官司的擅断。这种主义，自秦汉以来，一直保守到清末的现行刑律。故同一罪质的犯罪，依其主体、客体、方法、犯意、处所、数量（日数、人数、赃数等）及其他情况，而另立罪名，各异其刑。如阑入（明清律为擅入）及其他犯罪，视其为宫、殿、上阁内、御在所，以及宫城、皇城、诸处守当、州镇戍城、县城等，各立罪名，亦异其刑；盗罪之刑，亦视其客体而异。于殴伤杀，则视伤害程度及方法、主体、客体及责任形式（谋、故、斗、戏、过失等），其刑互异。"①

戴炎辉先生的论断是有道理的。秦汉时期，特别是汉朝统治时期，属于封建地主阶级的上升时期，具有蓬勃向上的进取精神，在批判西周以来奴隶主阶级法律不平等的基础上，确立并实施了封建法律面前平等的原则，采取了一系列依证定罪原则与措施，逐渐在证据理论上形成带有司法文明属性的客观性原则，并对封建后世形成了深远的影响。

2. 汉代刑事证据原则的客观性

（1）据律定罪

汉司法审判制度强调依证断案、据律定罪。首先，汉代已经有了较为完备的实体法律和程序规范。西汉的法律包括汉初编撰的《九章律》，惠帝时的《傍章律》十八篇，文景时的《酎金律》、"铸钱伪黄金弃市律"，武帝时的《越宫律》二十七篇、《朝律》六篇以及《上计律》等，后世对这些法典

---

① "罪刑法定主义"是欧洲资产阶级革命的产物，体现了近代资产阶级弘扬的个人自由精神及以此为本位的自由、民主、秩序和人权的价值追求。笔者认为，近现代资产阶级倡导的这种罪刑法定主义不可能存在于以家族宗法制度为基础、以君主专制为核心的中国古代法之中。但是，从春秋时期公布成文法开始，中国古代统治者便通过明晰、严谨的法律条文来抑制犯罪，将之作为定国安邦、维持社会秩序的工具。故带有封建罪刑法定的含意。正如戴氏所说：中国古代罪刑法定主义从秦汉以来，一直保守到清末的现行刑律。（戴炎辉：《中国法制史》，三民书局1966年版，第30—31页。）

的修改和补充则以令的方式进行。汉武帝时"律令凡三百五十九章，大辟四百九条，千八百八十二事，死罪决事比万三千四百七十二事"①。除去实体法律外，汉代又制定了程序规范，如《张家山汉简·二年律令》中"具律""告律""捕律"就规定了程序法方面的内容。此外，《汉书》《后汉书》中有关"时令诉讼""巡案""录囚""谳狱"等方面的规定，都包含了程序方面的内容。这些较为完备的实体法和相应程序法规范的制定，为汉代司法官吏据证断案、按律定罪提供了法律依据。

据考证，汉代主张严格依据证据、按律定罪处罚。《奏谳书》中所记载的案件皆以证据为推导方向，并附以相应的律文条款，做出判决，如：

　　……符曰：诚亡，诈自以为未有名数，以令自占书名数，为大夫明隶，明嫁符隐官解妻，弗告亡，它如。解曰：符有名数明所，解以为无恢人也，娶以为妻，不知前亡，乃后为明隶，它如符。诘解：符虽有名数明所，而实亡人也。律：娶亡人为妻，黥为城旦，弗知，非有减也。解虽弗知，当以娶亡人为妻论。何解？解曰：罪，无解。明言如符、解。问解故黥劓，它如辞。鞫：符亡，诈自占书名数，解娶为妻，不知其亡，审。疑解罪，系，它县论，敢谳之。吏议：符有数明所，明嫁为解妻，解不知其亡，不当论。或曰：符虽已诈书名数，实亡人也。解虽不知其情，当以娶亡人为妻论，斩左止为城旦。廷报曰：娶亡人为妻论之。②

本案证据为原被告双方的言辞、证人"明"的证言"明言如符、解"，并经过反复质证，从而确定了案件事实。最终依律"娶亡人为妻，黥为城旦，弗知，非有减也"，作出判决"娶亡人为妻论之"。汉代"据证定案""依律科刑"，反映出当时证据原则的客观性，体现出证据文明的特性。

《汉书》所载张释之断"犯跸"案，也可以作为例证：

---

① 　丘汉平：《历代刑法志》，群众出版社 1988 年版，第 18 页。
② 　《张家山汉墓竹简》，文物出版社 2006 年版。

上行出中渭桥，有一人从桥下走出，乘舆马惊。于是使骑捕，属之廷尉。释之治问。曰："县人来，闻跸，匿桥下。久之，以为行已过，即出，见乘舆车骑，即走耳。"廷尉奏当，一人犯跸，当罚金。文帝怒曰："此人亲惊吾马，吾马赖柔和，令他马，固不败伤我乎？而廷尉乃当之罚金！"释之曰："法者天子所与天下公共也。今法如此而更重之，是法不信于民也。且方其时，上使立诛之则已。今既下廷尉，廷尉，天下之平也，一倾而天下用法皆为轻重，民安所措其手足？唯陛下察之。"良久，上曰："廷尉当是也。"①

此案，廷尉张释之通过相关证据审核案件，查明了事实，并依律作出"当罚金"的处罚，虽然张释之的判决意见，同汉文帝的差异很大，但证据确凿，依据充分，符合公正、公平的原则，最终取得了皇帝的认同。从中不难看出证据文明对司法文明的重要价值与功能作用。

(2) 讯验明白、理无可疑

同时，汉代对于重大的刑事案件，"讯验明白、理无可疑"是重要的标准，这一准则在汉刑事审判实践中也确实得到了较好的贯彻。当然，证据在当中扮演着至关重要的角色，从出土的汉代简牍法制文献中可以找到诸多的案例对此进行印证。例如：

乃九月庚辰甲渠第四守候长居延市阳里上造原宪与主官人谭与宪争言斗，宪以剑击伤谭匈（胸）一所，骑马驰南去。候即时与令史立等遂捕到宪治所，不能及。验问燧长王长，辞曰："宪带剑，持官弩一，箭十一枚，大橐谭革驼一，盛糒三斗、米五斗，骑马荫越燧南塞天田出，西南去。以此知而劾无长吏教使，劾者状具此。"②

这是甘肃居延出土汉简中记载的一起刑案。案件证据包括勘验到谭胸部

---

① 《汉书》卷五〇《张释之列传》，中华书局 2012 年版。
② 《居延新简——甲渠候官与第四燧》，文物出版社 1990 年版。

的剑伤；剑、弩、箭十一枚等物证；包括在劾状之中的证人证言等。从该案卷的记载来看，汉代司法官吏非常注重证据之间的相互印证，并固定成证据链条最终认定案件事实，依据法律定罪。

《后汉书·郭躬列传》也载：

> 有兄弟共杀人者，而罪未有所归。帝以兄不训弟，故报兄重而减弟死。中常侍孙章宣诏，误言两报重，尚书奏章矫制，罪当腰斩。帝复召躬问之，躬对"章应罚金"。帝曰："章矫诏杀人，何谓罚金？"躬曰："法令有故、误，章传命之谬，于事为误，误者其文则轻。"帝曰："章与囚同县，疑其故也。"躬曰："周道如砥，其直如矢。君子不逆诈。君王法天，刑不可以委屈生意"。①

显宗最终同意，并迁升郭躬为廷尉正。此案中，显宗担心孙章与囚犯同县，矫诏是其故意所为。郭躬认为孙章属于宣诏失误，非故意矫诏，并劝显宗效法于天道的公平、公正量刑。不仅仅凭乡邻关系，而轻易定罪。

由上可见，汉代的证据原则中存在着显而易见的客观性成分。在案件的侦查、审理过程中，注重各项证据的收集、检验，并将之相互印证，固定成证据链条。以证明案件真相，并依据相应的律条作出刑事判决。汉代"循证断狱""依律量刑"的证据客观性原则，体现了当时的人文关怀，反映出当时的司法文明水准。

3. 证据原则综合性的文明体现

汉代刑事证据的原则继承了秦代。其中既有客观性的因素，也有主观性的因素，整体来看，其奉行的是综合性的刑事证据原则。值得重视的是，在汉代综合性证据中，存在着客观属性的这一类证据内容。这一部分内容，无疑带有司法文明的属性，应当加以肯定。

汉代在刑事案件的审判过程中，口供虽然被列为重要内容，但是司法官

---

① 《后汉书》卷四六《郭躬列传》，中华书局 2012 年版。

吏也注重多种证据形式的综合应用，以排除疑点，达到定案的准确性。"以往各代为了求得口供，确认了刑讯手段的合法性。但是对于刑讯手段的使用，都有严格的限制"。①《礼记·王制》篇记述："司寇正刑明辟，以听狱颂。必三刺；有旨无简不听。附从轻，赦从重。凡制五刑，必即天论，邮罚丽于事。凡听五刑之讼，必原父子之亲，立君臣之义以权之。意论轻重之序，慎测浅深之量以别之。悉其聪明，致其忠爱以尽之。疑狱，氾与众共之；众疑赦之。必察小大之比以成之。"

按西周规定，司寇之官应依法断罪，凡是制定五等轻重的刑罚，必须考虑到君臣大义与天伦关系，同时定罪量刑必须遵从客观事实，查明罪行的大小，根据法律规定定罪。凡是受理五等刑事处罚的案件，必须体察父子之亲和君臣之义，考虑其主观上是否为孝、忠而犯法，仔细探究其罪行浅深的分量。也就是说，判官量刑既要考究行为人的主观动机，看其是否符合纲常伦理，同时，也要尊重客观事实，依据礼教精神和证据材料，依法定罪。

这种综合性的证据原则在汉代司法中多次被证明。如《汉书·淮南衡山王传》记载，证明淮南王刘安谋反后，赵王彭祖、列侯臣让等四十三人商议："淮南王刘安大逆不道，谋反之罪证据确凿，理当处死。"胶西王刘端说："淮南王刘安无法无天，不走正道，心怀叵测，扰乱天下，惑乱百姓，背叛祖宗，妄作妖言。《春秋》曰：'臣毋将，将而诛。'"即是说，刘安的罪行首先是有谋反之心，有谋反的动机，就应当处死。现今证据证明谋反已是事实。将其谋反罪行公诸天下，即可正法。②胶西王刘端议论本案，除引《春秋》"君亲无将，将而诛之"的纲常伦理之义对其声讨之外，还提出谋反具有"其书节印图"等物证。这使得客观证据与主观心证相结合，法与理交互印证，形成了综合性的证据链条，从而使判决理由更加充足。

从《奏谳书》为我们提供的案例来看，汉代判官断狱非常重视对告诉人

---

① 杨一凡、徐立志主编，俞鹿年等整理：《历代判例判牍》第 1 册，社会科学文献出版社 2005 年版，第 7—8 页。

② 《汉书》卷四四《淮南衡山王传》，中华书局 2012 年版。

的告言、被告人的供述以及证人证言等主观性证据的确认；同时，注重将这些主观证据与书证、物证、勘验报告等客观证据进行相互印证，使得主、客观证据统一，以便准确地定罪量刑。现将《奏谳书》中所载汉高祖十一年发生的一则案件录写如下，通过该案的分析说明，来了解汉代司法审判中综合性刑事证据的具体作用。

（高祖）十一年八月甲申朔乙丑，夷道介、丞嘉敢谳之。六月戊子发弩九诣男子毋忧，告为都尉屯，已受致书，行未到，去亡。毋忧曰：蛮夷，大男子，岁出五十六钱以当繇赋，不当为屯。尉窖遣毋忧为屯，行未到，去亡。它如九。窖曰："南郡尉发屯有令，变夷律不日勿令为屯，即遣之，不知亡故，它如毋忧。诘毋忧：律，变夷男年岁出賨钱①，以当繇赋，非日勿令为屯也，及虽不当为屯，窖已遣毋忧，即屯卒，已去亡，何解？"毋忧曰："有君长，岁出賨钱，以当繇赋，即复也，存吏，毋解。"问：如辞。鞫之：毋忧变夷大男子，岁出賨钱，以当繇赋，窖遣为屯，去亡，得，皆审。疑毋忧罪，它县论，敢谳之，谒报，署狱吏曹发。吏当：毋忧当要（腰）斩，或曰不当论。廷报：当要（腰）斩。②

该份"奏谳书"所上报的案例可分为三部分：第一，"十一年八月甲申朔己丑，夷道介、丞嘉敢谳之"。这部分主要说明的是上奏的时间和上奏人；第二，"六月戊子发弩九诣男子毋忧……得，皆审"。这部分为案件事实的认证部分；第三，"疑毋忧罪，它县论，敢谳之，谒报，署狱史曹发。史当：毋忧当要（腰）斩，或曰不当论。廷报：当要（腰）斩"。为议罪定刑部分。下面对该案件查证情况予以分析：

该案例中，首先是举告人控告毋忧应征屯边，在接到屯边的通知后未到达屯边地却逃跑。随后是被告人毋忧供述（或辩解），即蛮夷成年男子

---

① （东汉）许慎撰，（清）段玉裁注：《说文解字》，中华书局 2004 年版。
② 《张家山汉墓竹简》，文物出版社 2006 年版。

每年上缴五十六钱作为免服徭役的赋税钱，不应再屯边，县尉窖派发毋忧屯边，未到目的地即逃走，其他与发弩九所说一致。接着案件的证人提供证言，根据南郡尉颁发的屯边令派遣毋忧屯边，蛮夷法律没有规定蛮夷人每年出五十六钱可免除徭役，不再屯边。因而就派遣毋忧屯边；其逃跑的原因不详，其他如毋忧所述。此环节结束之后，审案官吏根据被告供述和证人证言对被告进行讯问，被告毋忧进行回答。"问，如辞。"他的回答与前述供词相同。之后，法庭作出对案件事实的认定，即"得，皆审"。即通过审理，"事实清楚，证据确实充分"。但对被告毋忧如何定罪存有疑惑，因而将此案件事实及相关证据呈报上级官吏。最终廷尉作出决断"当要（腰）斩"。从该案例的事实论证部分来看，注重告诉人的告诉、被告人的供述或辩解、证人证言之间的相互印证；同时，审判官吏还根据案件情况对被告人进行反复诘问，弄清案件事实，上报中央司法机关复核，最后以腰斩结案。该案件展示了汉代刑事证据在案件诉讼审理中的应用情况，其中较为充分地表现了刑事证据的综合性特征。其中客观性证据的展示与运用，就属于证据文明方面的内容，应予以肯定。以此定案使案件经得起推敲。

另《奏谳书》中还记载了汉高祖七年发生的一起盗米案：

> 七年八月己未江陵丞言：醴阳令恢盗县官米二百六十三石八斗，恢秩六百石，爵左庶长□□□□从史石盗醴阳己乡县官米二百六十三石八斗，令舍人五兴、义与石卖，得金六斤三两，钱万五千五十，罪，它如书。兴、义皆言如恢。问：恢盗臧过六百六十钱，石亡不讯，它如辞。鞫：恢，吏，盗过六百六十钱，审。当：恢当黥为城旦，毋得以爵减免赎。①

该案的证据材料包括三个部分：第一部分，江陵丞告诉与查证部分，以及核实证人兴、义二人的证言和被告人恢的口供和审核查证情况。由此说明

---

① 《张家山汉墓竹简》，文物出版社 2006 年版。

醴阳令恢的秩、爵等品级及盗县官米的具体地点、数额，参与盗米的人员及销赃获款的证据；第二部分，通过讯问，肯定了证人兴、义的证言与被告人恢的供述的一致性；第三部分，审问查证恢盗县官米的价值超过六百六十钱可以据实定罪。另一证人石在逃，无法讯问，则记录在案。通过对以上三部分证据的分析，可以看出，汉代判官在审判的过程中，注重证据之间的相互印证，固定证据链条。最后在查证属实与证据充分的基础上据证依律定罪量刑，判处恢黥为城旦刑，并不得以爵位减免赎刑。

董仲舒的"春秋决狱"也有运用综合证据的原理定罪的例证。从现存的实例中，可以看出他在定罪量刑时，并非全置客观事实于不顾，也并非唯主观意念而论。他所谓"必本其事，而原其志"的意思是，审理案件时应当以犯罪的客观事实为根据，但更加重视推究行为人的主观意念。台湾学者黄源盛指出，"虽然在做结论时，可以清晰地嗅出，他是比较倾向主观方面的，但这种强调'志'的善恶是合宜的，不能因此得出为动机论的结论。讲白些，他只不过是想跳脱当时僵化而严酷的律条，主张从案件的实际出发，综合考量行为人主客观方面的情状而后作最后的裁决。"①

他举董仲舒一则"春秋决狱"的判例，加以分析：

> 甲为武库卒，盗强弩弦，一时与弩异处，当何论？论曰：兵所居比司马，阑入者髡，重武备，责精兵也。弩藁机銊，弦轴异处，盗之不至，盗武库兵陈。论曰：大车无视，小车无轨，何以行之？甲盗武库兵，当弃市乎？曰：虽与弩异处，不得弦不可谓弩，矢射不中，与无矢同，入与无镞同。律曰：此边鄙兵所藏直百钱者，当从弃市。②

董仲舒指出，虽然只盗弩弦，未盗走弩，但依据汉律规定边关所藏作战兵器价值超过百钱者，当判处弃市死刑。从此例可以看出，春秋决狱并非置

---

① 黄源盛：《两汉春秋折狱"原心定罪"的刑法理论》，载《传统中国法律的理念与实践》（柳立言主编），台北"中央研究院"历史语言研究所 2008 年版，第 75 页。

② 程树德：《九朝律考》，中华书局 2006 年版，第 164 页。

法律于不顾,一味主观臆断。

综上,我们通过司法审判中的典型案例的剖析,了解了汉代刑事证据理论原则的客观性、主观性及其整体所表现出的综合性特征。不难发现,汉代,无论是正常的刑事诉讼审判过程,还是董仲舒春秋决狱的过程,虽然侧重点有所不同,前者比较重视客观证据,后者比较重视主观动机。但是据证定案还是相同的。这种据证审判的文明方式,对后世王朝运用证据规则进行审判案件产生了重大影响。相较于秦代而言,汉代刑事证据制度更具有典型性。

(二)刑事证据原则的消极性

汉对秦刑事证据客观性原则的继承与发展的同时,也承袭了证据消极性的内容。其证据原则的主观性倾向也是显而易见的。汉代刑事证据原则的主观性表现在两方面:首先,"口供"依然是汉代定罪量刑所运用的首要证据,这是其主观性原则的表现之一;其次,"春秋决狱"倡导"论心定罪",这为汉刑事证据的主观性原则增加了一项新内涵——心证。即在定罪量刑环节上,更侧重考究行为人的主观意念。以下就围绕这两方面来分析、论证。

1. 刑讯逼供,反映出证据原则的消极性

汉代把被告人的供述作为澄清案情的关键,也是定罪量刑的重要证据:无被告人供认,一般不能定罪。通过审讯问案,获取当事人有关案件事实的陈述和有关证据,其中最主要的是获取被告的供词;审讯过程中,判官根据已经了解的案情讯问犯罪嫌疑人,由犯罪嫌疑人供述事实经过。如无法获取口供,法官认为需要继续诘问,可以依法刑讯,逼求口供,直到"辞服"为止。

被告的供词之所以被重视,有当时侦查技术的落后的因素,但更主要的是缘于主观主义的取证观念。"招认之被重视,盖被告对自己的行为最为清楚,作为判断的基础,亦最有价值;且裁判要使被告心服,而心服宜以被告自招为印证"。① 汉继承了秦"勿笞掠而得人情为上"的治狱方略，在讯问犯罪嫌疑人时注重贯彻秦代的"讯狱"规则。但更重要的是，汉代司法官吏依据口供定罪，有针对性地讯问犯罪嫌疑人，以获得被告人的有罪供词。

在断狱过程中，讯问要反复进行，直至对犯罪嫌疑人"诘之极"，方才罢休。《奏谳书》记载的一则案例可以窥见汉代如何讯问被告，节选原文如下：

> 十年七月辛卯朔癸巳，胡状、丞嘉敢谳之。

> 劾曰：临淄狱史阑令女子南冠缟冠，佯病卧车中，袭大夫虞传，以阑出关。

> 今阑曰：南齐国族田氏，徙处长安。阑送行，娶为妻，与偕归临淄，朱出关得，它如劾。

> 南言如劾及阑。

> 诘问，阑非当得娶南为妻也，而娶以为妻，与偕归临淄，是阑来诱及奸，南亡之诸侯，阑匿之也，何解。

> 阑曰：来送南而娶为妻，非来诱也。吏以为奸及匿南，罪，无解。

> 诘阑：律所以禁从诸侯来诱者，令它国毋得娶它国人也。阑虽不故来，而实诱汉民之齐国，即从诸侯来诱也，何解。

> 阑曰：罪，毋解。……②

这是关于狱史阑擅娶齐国被迁徙女子为妻的一起案件。在案件的审理过程中，判官首先围绕告劾的内容进行讯问，在被告初步回答所问之后，判官对其供词进行诘问，经过反复审问直至澄清案情，使犯罪嫌疑人理屈词穷，供认有罪，不再翻供。即所谓"罪，毋解"。

汉代在刑事审判中为获取供词，通常采取刑讯的方法。如果在讯问过

---

① 戴炎辉：《中国法制史》，三民书局1966年版，第170页。
② 《张家山汉墓竹简》，文物出版社2006年版。

程中，犯罪嫌疑人供词不实，或者其供词与官府已掌握的事实不符，判官就可以"动刑"，威逼其如实供述。正如陈顾远所言："刑讯者，讯问狱囚以刑求之之谓。盖在昔并不重视证据，而惟取于口供，从而法官对于狱囚，遂得以榜掠之，而为法之所许；尤其关于盗命重案，为录口供，视为当然有刑讯之必要。"① 在汉代通过刑讯获取口供是法律所允许的，但对其作出了限制性规定。景帝中元六年，专门制定了《垂令》，对刑讯工具及如何行刑作出了具体的规定："笞者，垂长五尺，其本大一寸，其竹也，末薄半寸，皆平其节。当笞者，笞臀。毋得更人，毕一罪乃更人。"在处于文明盛世的汉文景帝时期，比较深刻地认识到刑讯逼供对审判造成的恶劣影响，从减少刑讯的次数，规范刑具的规格和禁止中途更换行刑人等三个方面，限制滥施刑讯，以此减少刑讯带来的恶果。② 东汉章帝在诏书中也曾说："律云：掠者唯得榜、笞、立。"③ 可见，汉代法律是允许刑讯审案的，并且将其写入律文之中。但严格限制以上三种，反对非法刑讯。但在司法实践中刑讯逼供相当严重。据《陈书·沈沫传》载："范泉今牒述《汉书》云：'死罪及除名罪证明白，考掠已至而抵隐不服者，处当列上。'杜预注曰：'处当证验明白之状。列其抵隐之意。'"，应当说汉代在断狱过程中，比较普遍采取刑讯逼录供词的手段，如杜周所言："会狱，吏因责如章告劾，不服，以掠笞定之。"④ 西汉武帝后期由于长期对匈奴用兵，导致社会经济凋敝，内外矛盾突出，统治者任用酷吏审案，造成刑讯断狱成风，官吏以苛暴为能，制造了大量冤狱。《汉书·杜周传》记载，武帝时"狱久者至更数赦十余岁而相告言，大抵尽诋以不道以上廷尉及中都官，诏狱逮至六七万人，吏所增加十有余万"。即依据汉武帝诏令，朝廷酷吏光逮捕官吏就有六七万人，地方官吏为邀功又巧文致罪的增加十余万人。宣帝时廷尉路温舒上书皇

---

① 陈顾远：《中国法制史概要》，三民书局 1964 年版，第 174—175 页。
② 《汉书》卷二三《刑法志》，中华书局 2012 年版。
③ 《后汉书》卷三《肃宗孝章帝纪》，中华书局 2012 年版。
④ 《汉书》卷六〇《杜周传》，中华书局 2012 年版。

帝，指斥这种凄惨情景："今治狱吏……上下相驱，以刻为明；深者获公名，平者多后患。故治狱之吏皆欲人死，非憎人也，自安之道在人之死。"因此，被判罪处死的人，鲜血流淌满市，因罪受刑的人到处都是。每年被处以大辟死刑的人数以万计。他进一步指出，"夫人情安则乐生，痛则思死。箠楚之下，何求而不得？"所以，被囚受审的人，难以忍受拷打的痛苦，就假造供词，承认罪过。讯审官吏觉得如此得来很便利，就指划、引导他招供。上报的时候害怕被发现，就对奏书反复修改，使之没有破绽。奏书上所定罪名，即使是狱神皋陶来断狱，也会认为被审讯者死有余辜。为什么会如此？因为奏书经过多次修改，以法律条文罗织的罪名清楚无误。所以断狱之官援引法律陷人于罪，刻薄残酷，没有限度，不顾国患。他还引用俗语说："画地为狱，议不入；刻木为吏，期不对。"以此形容人们痛恨执法苛暴官吏的悲愤之情，最后他痛斥道，"故天下之患，莫深于狱；败法乱正，离亲塞道，莫甚乎治狱之吏"。①

环顾在汉武帝后期这一特定的历史环境，路温舒看到的是，狱吏在断案过程中普遍使用刑讯，造成冤狱丛生，严重破坏了司法审判的正常秩序。汉代这种惨烈的刑讯之风，使得最高统治者皇帝也不能坐视不问了，开始下令禁止。章帝元和元年（公元84）下了一道禁令："自往者大狱以来，掠考多酷，钻缵之后，惨苦无极。念其痛毒，怵然动心。《书》曰：'鞭作官刑'岂云若此？宜及秋冬理狱，明为其禁。"②汉章帝以最高统治者的身份，下令禁止滥用刑讯。这不仅表明酷刑处断的严重危害，也表明当权者开始反思限制刑讯逼供的必要性，及其研究改正的途径与方法的重要性。

2."论心定罪"原则的消极性

汉代自董仲舒起，开始奉行"春秋决狱"的方针，在司法审判中开始运

① 《汉书》卷五一《路温舒传》，中华书局 2012 年版。

② 《后汉书》卷三《肃宗孝章帝纪》，中华书局 2012 年版。

用论心定罪的原则。这一原则强调究查行为人的"主观心念"①，即以儒家的纲常伦理为标准，考究犯罪嫌疑人主观动机为"善"抑或"恶"，并以"心证"作为确定其罪行成立与量刑多少的依据。作为一种法律原则，原心定罪的历史可谓源远流长。《尚书·舜典》中记载："眚灾肆赦；怙终贼刑。"②据孔颖达疏，眚灾指因过失误致危害；肆赦，即缓刑赦免。怙终，指故意犯罪与累教不改的惯犯；贼刑，轻者判刑，重者处死。可见，根据主观心理状态来决定刑罚的轻重，是古人定罪量刑的重要原则，并从西周时期就有明确规定。在《尚书·康诰》中，周公教导康叔："人有小罪，非眚，乃惟终……有厥罪小，乃不可不杀。乃有大罪，非终，乃惟眚灾……时乃不可杀。"③可见动机善恶，以及主观上有无犯意，成为刑事处罚的重要标准之一。它贯穿于传统刑法思想之中，与《舜典》可谓一脉相承。将论心定罪这种思想明确提出，并成为一项定型化的刑事处罚的原则，是由汉儒董仲舒所倡议的。两汉将论心定罪则具体落实于理论与实践当中，可以有董仲舒断狱的二则案例为证：

一则：

> 甲夫乙，将船。会海风盛，船没溺，流尸亡不得葬。四月，甲母丙即嫁甲。欲皆何论？或曰：甲夫死未葬，法无许嫁，以私为人妻，当弃市。议曰：臣愚以为，《春秋》之义，言夫人归于齐。言夫死无男，有更嫁之道也。妇人无专制擅恣之行，听从为顺，嫁之者归也。甲又尊者所嫁，无淫衍之心，非私为人妻也。明于决事，皆无罪名，不当坐。④

本案虽夫死未葬，法不许嫁，但该女再嫁是出于尊长之意，并非淫心所趋。根据儒家纲常，尊者有教令权，该女遵守教令，由甲母许嫁，无私欲的主观动机，所以不构成犯罪。以现代的法学观点来看，或许可以解释为缺少

---

① 黄源盛："两汉春秋折狱'原心定罪'的刑法理论"，柳立言主编：《传统中国法律的理念与实践》，台北"中央研究院"历史语言研究所 2008 年版，第 77 页。

② 《尚书·舜典》，中华书局 1980 年影印版。

③ 《尚书·康诰》，中华书局 1980 年影印版。

④ 程树德：《九朝律考》，中华书局 2006 年版，第 164—165 页。

犯罪构成的主观要件。

董仲舒对下一则案件也有类似释解：

> 甲父乙与丙争言相斗，丙以佩刀刺乙，甲即以杖击丙，误伤乙，甲当何论？或曰殴父也，当枭首。论曰：臣愚以父子至亲也，闻其斗，莫不有怵怅之心，扶杖而救之，非所以欲诟父也。春秋之义，许止父病，进药于其父而卒，君子原心，赦而不诛。甲非律所谓殴父，不当坐。①

董仲舒之断，是从考察甲救父的为孝动机出发，故认定他误伤自己父亲，这和法律上规定故意殴伤父亲不同，所以，并未机械地引用律条，除了看行为后果之外，更关注主观动机，原心而断。可见，考察行为人的主观动机的善恶，成了行为人的有罪无罪乃至生死的关键。若仅从客观行为的角度论断，甲故意"殴父"，依律当"枭首"；若考究心证，是欲行孝而误殴父。原心而论，不应当给予刑事处罚。

论心定罪原则的影响，起于两汉，经由魏晋南北朝至隋，司法实践中一直存在着以心证决狱的"春秋决狱"现象。直至唐代实现了礼刑的有机统一，这种断狱方式才最终衰止。《史记》《汉书》及《后汉书》中均记载有此类的案件。试例如下：

《史记·梁孝王世家》记载"悉烧梁之反辞"案，怒所谓："故《春秋》曰君子大居正，守之福，宣公为之。"②《史记·儒林列传》记述的"吕步舒治淮南狱"案里也说："以春秋之义正之，天子皆以为是。"③《汉书·淮南王传》记载的"淮南王安谋反"案中，胶西王端在议淮南王安的行为时说："《春秋》曰：'臣毋将，将而诛。'安罪重于将，谓反形已定，当伏法。"④《汉书·孙宝传》载有"非造意者放归田里"案，记述："自劾矫制，奏商为乱首，

---

① 程树德：《九朝律考》，中华书局 2006 年版，第 164 页。
② 《史记》卷一七《梁孝王世家》，中华书局 2014 年版。
③ 《史记》卷六一《儒林列传》，中华书局 2014 年版。
④ 《汉书》卷四四《淮南王传》，中华书局 2014 年版。

春秋之义，诛首恶而已"。①《后汉书·赵熹传》所载"余党徙京师近郡"案，"熹上言，恶恶止其身"。②《后汉书·张皓传》记载的"春秋采善书恶"案，曾说"暗上疏谏曰：'《春秋》采善书恶，圣主不罪刍荛……'帝乃悟，减腾死罪一等，余皆司寇"，③ 等等。

以上所列举典籍中的案例，论断中均引儒家经义来考究行为人的主观动机，以"心证"为依据，确定犯罪人罪与刑的轻或重。

通过以上可以看出，汉代强调探求心证，并依此定罪量刑，成为审判的惯例，通常又以纲常伦理为依据，区分其内心的"恶与善""故意与过失"，并作出罪的有无、宽严的处理。这种主观倾向性明显的证据原则，尽管为秦以来苛酷的刑罚注入了一股轻刑化、人性化的新意，但其危害性也是显而易见的。这种"心证"的考究方法，由于操作形式的不可控性，加之监督制约机制的缺乏，从而为审断官吏提供了过大的自由裁量空间，并为贪官污吏滥罚擅断大开了方便之门。最终造成了司法审判的不确定性与不可预测性，引发了司法制度的混乱。

（三）刑事证据的种类

通过汉简及传世文献的研究发现，汉代注重证据制度的运用，使证据在侦查和诉讼审判的诸环节中，都发挥着重要的作用，同时注意运用各类证据来证明犯罪嫌疑人罪行的成立。由于对证据的认识和理解程度的提高，促使刑事证据种类不断得以发展，初步形成了以言辞证据为核心，以其他证据为依托的综合性的证据类别，并且开始系统化和规范化。

1. 汉代言辞证据

（1）被告人供述

被告人供述，即口供。指被告人在诉讼中就其被指控的犯罪事实及其他

---

① 《汉书》卷七七《孙宝传》，中华书局 2014 年版。

② 《后汉书》卷五六《赵熹传》，中华书局 2014 年版。

③ 《后汉书》卷八六《张皓传》，中华书局 2014 年版。

案件事实，向司法官所作的陈述。在中国古代司法审判中，口供制度可谓源远流长。早在西周时期，法官的审判中已开始强调"听狱之两辞"①。没有被告的供词，一般不能定案。《周礼》中有关当时的法官以"五听"断案的论述。"五听"包括：辞听（理屈者则言语错乱）；色听（理屈者则面红耳赤）；气听（无理则喘息）；耳听（听不清法官的问话）；目听（双目呆滞）②。其中的"辞听"即听取犯人口供，法官在庭审中可以凭自己的判断认定这类证词，并辅之其他证据判决案件。用"五听"方式审理狱讼，深刻地影响了后世的审判。口供开始成为诉讼审判不可或缺的证明内容。汉代诉讼过程中，口供成为法定的证据种类。在审判过程中，通过法官的询问得出的犯人口供，被告的口供不是一次讯问形成，而是通过多次反复讯问得出的。司法官通常针对被告的初次交代进行反复诘问，然后被告申辩，司法官再诘问，直至事实澄清，被告服罪在供词上画押为止。在此过程中，如果被告不招供，或者招供不实，法官就可以采取刑讯的方法。这点在前面介绍主观证据的时候已作过论述，不再复述。

被告人的供述在汉简中多有显现，例如：

《奏谳书》案例四比较典型，记录了一位名为"符"的逃亡女子，归案以后，在审断过程中，自我交代的供述：

> 诚亡，诈自以为未有名数，以令自占书名数，为大夫明隶，明嫁符隐官解妻，弗告亡……③

符的自我供述表明，她是逃犯，自以为没被通缉，欺骗官府改变身份，成为大夫明的奴婢隐瞒身份被娶为妻，而自己并未说明自己逃人的身份。她的供述成为对其定罪量刑的重要证据。

---

① 原文为《尚书·吕刑》："民之乱，罔不中听狱之两辞，无或私家于狱之两辞！"参见（清）阮元校刻，李学勤主编：《十三经注疏》上册，《尚书正义》，北京大学出版社1999年版，第552页。

② （清）阮元校刻，李学勤主编：《十三经注疏》上册，《周礼注疏》，北京大学出版社1999年版，第914—915页。

③ 《张家山汉墓竹简》，文物出版社2006年版。

汉代司法官吏在侦查案件的过程中重视录取被告人的口供，并将之作为定罪量刑的重要根据。但是，审讯严格依照法律程序进行，首先要向被告人告知：如实供述的法律内容，以及不如实所承担的法律责任。并非如人们所想象的，古代司法官吏可以随意地讯问犯罪嫌疑人，可以随意地对之进行刑讯。

（2）原告控述

原告控述是指案件原告，就其所了解的案件有关情况向司法机关所作的陈述。原告对案件的起因和具体过程了解清楚，其陈述对案件的侦破和案犯罪行的确定关系重大，因而在诉讼过程中也是一种重要的言辞证据。在汉代简牍法律文献中，作为言辞证据的原告陈述多有记载。法官一般要反复询问受害人亲身经历的各种细节，并以此为查证线索展开调查。如《奏谳书》中，"十二月壬申，大夫所诣女子符，告亡"。即十二月壬申日，大夫明押来一名叫符的女子，控告她是逃犯。随后案审官吏就原告大夫的控述对女子符进行讯诘，展开对案件事实的调查。

另外，《汉书》记载了王尊为美阳县令时，一女子告假子以其为妻，王尊以原告陈述为证据，断定假子有罪而将其射杀。案件具体内容为：

> 春正月，美阳女子告假子不孝，曰："儿常以我为妻，妒笞我。"尊闻之，遣吏收捕验问，辞服。尊曰："律无妻母之法，圣人所不忍书，此经所谓造狱者也。"尊于是出坐廷上，取不孝子悬磔着树，使骑吏五人张弓射杀之，吏民惊骇。①

可见，本案被害人陈述，成为结案的重要言辞证据，是案件侦查工作得以展开的首要一步。正是受害人美阳女子，亲自控告养子的强奸犯罪，最终使该养子受到严厉的处罚。这在侦查技术相对落后的汉代，被害人控告这种言辞证据的作用，显得至关重要。

（3）证人证言

证人证言，是言辞证据的重要种类。所谓证人，汉代称其为"左""证

---

① 《汉书》卷七六《王尊传》，中华书局2012年版。

左"①。证人证言是侦破案件、裁断案件的重要依据之一，证言对断案的意义重大。汉代法律相比秦律而言，更加重视询问证人，求得证人的言辞证据，作为审案的重要证据材料。为此要求证人必须据实陈述。《汉书·高帝纪》记载：刘邦严令"吏以文法教训辨告，勿笞辱"。刘邦要求各级官吏，在受理返乡士兵与邻人的纠纷时，要教化为先，并听取他们辩驳意见，与证人证言，加以审理，不要轻易动用刑讯手段。同时，即在审讯前，官吏要向原、被告及证人宣告相关法律。对证人讲明如实质对案情的责任。证人如果作伪证，则"以辞所出入罪反之"。②即以其增减之罪实行反坐。《二年律令·具律》曾有明确规定：

> 证不言请（情），以出入罪人者，死罪黥为城旦舂，它各以
> 其所出入罪反罪之。狱未鞫而更言请（情）者，除。吏谨先以辨
> 告证。

其意为证人在陈述事实时，受案官吏应预先告知相关的规定。证人没有反映真实案情，对所述他人之罪轻重不实，除诬告死罪者判黥城旦舂外，诬告其他罪皆以所诬告罪反坐之；在案件事实未确定之前更正其不实证词的，不予处罚。此外，在简牍法律文献记载的案例中也多有记载：

据《居延汉简释文合校》③：

> 先以证不言请（情）出入罪人辞。（3·35）

> □官，先以证不言请（情）出入罪。（38，27）

> □先以证不言请（情）出入罪□。（7.20）

> 官先以证不言请（情）出入。（38.27）

《居延新简》：

---

① 《汉书》卷六六《杨敞传》，中华书局 2012 年版。

② 《建武三年侯粟君责寇恩事》简文，《居延新简——甲渠候与第四燧》，文物出版社 1990年版。

③ 谢桂华、李均明、朱国熠：《居延汉简释文合校》，文物出版社 1987 年版。（下文简称《合校》，不复注）

□先以证不[言]请（情）律辨告，乃验问定……（E·P·T52：417）

而更不言诏（情）书律辨告。乃讯由辞曰：公乘，居延肩水里，年五十五岁，姓李氏，乃永光四年八月丁丑……（E·P·S4·T2：7）

建武五年二月丙午朔甲戌，掾谭召万岁候长宪诣官，先以证不言请（情），辞已定，满三……（E·P·F22：288）①

从上述记载中可知，证人证言作为一种重要的言辞证据形式，汉代已经广泛应用，作为审断案件的证明材料。另外，敦煌悬泉汉简中有一则关于调查证人证言属实与否的记载：

天凤二年四月癸未朔丁未，平望士吏安士敢言之。爰书：戍卒南阳郡山都西平里庄疆友等四人守候，中部司马丞仁、史丞德，前得勿赍卖财物敦煌吏，证财物不以实，律辨告，乃爰书。疆友等皆对曰：不赍卖财物敦煌吏民所，皆相牵证任。它如爰书，敢言之。②（悬泉汉简Ⅱ0314②：302）

此简是平望部士吏安士整理上报的一份法律文书。平望部接到爰书，要求对四名戍卒赍卖财物之事进行调查取证，四名戍卒"皆相牵证任"，互相作证并担保该事。是汉代的一种特殊的证人证言，即通过当事人互相作证并彼此担保，制成文书，上报法司可以作为有力的证明材料。③

作为言辞证据的证人证言，对案件事实的认定，起着至关重要的作用。简牍文献中记录的诸多案例可以证明这一点。

据《居延汉简译文合校》中载：

---

① 同上书，以上所录简文，有的是该律文的概括，如"证不言请（情）出入罪"；有的是该律文的残篇，如"□先以证不言请（情）出入罪□"；有的是该律文的节录，如"□先以证不言请（情）出入罪□"。

② 胡平生、张德芳：《敦煌悬泉汉简释粹》，上海古籍出版社2001年版，第26页。

③ 关于"相证"的解释参见连劭名："西域木简所见'汉律'中的'证不言情'律"，载《文物》1986年第11期，第42—47页。

史商敢言之。爰书：鄣卒魏郡内安定里霍不职等五人
□□□□敝剑庭刺伤状，先以"证不言请（情）出入罪人"辞□
乃爰书：不职等辞县爵里年姓各如牒。不职等辞曰：敝实剑庭自刺
伤，皆证，所置辞审它如……（合校简3，35）

该简说：史商曾报告说，按照爰书：鄣卒魏郡内安定里霍不职等五人证
明，□□□□发生敝拔剑刺伤一案。职官首先宣示"不如实反映案情"的
法律责任，然后根据爰书验问了不职等五人，其各所居县、里及年龄、姓
名，其情均如附册所载。根据不职等供述的证言，均证明确实是敝拔剑刺伤
了自己。所有的证明材料实属供述均无谎言。

这表明汉代对证人证言的审核，是由法律规定，职官必须认真执行。

《新简》中也记载有多人作证的案例，例如：

建始元年四月甲午朔乙未，临木侯长宪敢言之。爰书：杂与
侯史辅，验问隧长忠等七人。先以"从所主及它部官卒买□三日
而不更言请（情）书"律辨告，乃验问，隧长忠等辞皆曰名郡县
爵里年姓官除各如牒。忠等毋从所生卒及它□。（新简E，P·T51：
228）

此例说明，因成卒赏等六人出具证言证明，隧长忠等七人没有犯询问所
涉罪行。其交代的所据县、里及年龄等同官册记载相同，没有疑点。再如：

建武四年三月壬午朔己亥，万岁侯长宪敢言之。官记曰：第一
隧长秦恭时之俱起隧取鼓一，持之吞远隧，李丹、孙诩证之状。验
问，俱言前言状。（新简E·P·F22·329）

此案记录了李丹、孙诩两名证人提供证词，证明第一隧长秦恭时举隧告
警一事属实的情况。

由于犯罪嫌疑人的供词可信度不高，尤其是刑讯得来的口供，多值得怀
疑。这就需要其他证据加以证明或予以补充，从而固定成为完整的证据链，
增强定罪量刑的准确性。这样，证人证言就显得尤为必要。因此，汉代对比
较简单的案件也要求有证人出具证言。至于重大案件则要求获取众多证人提

供证言。以上列举的案例都是多人提供的证言，在此提升其证明力。为了获取证人的有力证言，官府不顾路途的遥远，异地传讯证人到案发地或罪犯拘押地，作为证人出庭作证。如：合校简181·2A所载：

> 元延二年八月庚寅朔甲午，都乡啬夫武敢言之……褒葆俱送证
> 女子赵佳张掖郡中。谨案户……留如律令，敢言之。八月丁酉居延
> 丞……

这枚汉简如实记述了汉代出于证实案情的需要，出具护送证人前往张掖郡作证的通行证，这不仅表明汉代规定了异地传讯证人，以证明案情的法律；而且还规定了出具通行证护送证人出庭的制度。

值得注意的是，汉代法律儒家化也影响到了诉讼中的举证制度。汉宣帝时颁布的"亲亲得相首匿"诏，对于亲属间的举证义务作出限制性规定。诏曰：

> 父子之亲，夫妇之道，天性也。虽有患祸，犹蒙死而存之。诚
> 爱结于心，仁厚之至也，岂能违之哉！自今子首匿父母，妻匿
> 夫，孙匿大父母，皆勿坐。其父母匿子，夫匿妻，大父母匿孙，
> 罪殊死，皆上请廷尉以闻。师古注："凡首匿者，言为谋首而藏
> 匿罪人。"①

按此诏令，对亲属间的举证义务做出限制性规定，亲属中有一般性犯罪，其余人可以相互隐瞒，而不受法律追究或加刑。故诏令所规定的亲属成员犯罪，其余人可以不出庭，不必作为证人提供证言。诚如瞿同祖所说："法律上既容许亲属容隐，禁止亲属相告奸，同时也就不要求亲属在法庭上作证人。"②但应指出这项诏令只具有相对意义，如遇反、叛等政治性大罪，则不适用，一样牵连亲属，不容许容隐犯罪。

因为证人的证言对认定事实、判定案件的走向作用重大，所以，若证人

---

① 《汉书》卷八《宣帝纪》，中华书局2012年版。
② 瞿同祖：《中国法律与中国社会》，商务印书馆1947年版，第43—44页。

拒绝作证，或提供虚假证词，汉代司法官吏还会对证人进行刑讯，即"反拷证人"。其中，《后汉书》记载的戴就受刑一案就比较典型。

> 该书说：幽囚考掠，五毒参至。就慷慨直辞，色不变容。又烧娱斧，使就挟于肘腋。就语狱卒："可熟烧斧，勿令冷。"每上彭考，因止饭食不肯下，肉焦毁堕地者，掇而食之。主者穷竭酷惨，无复余方，乃卧就覆船下，以马通熏之。一夜二日，皆谓已死，发船视之，就方张眼大骂曰："何不益火，而使灭绝！"又复烧地，以大针刺指爪中，使以把土，爪悉堕落。①

汉朝酷吏为获取戴就证言，反复动用酷刑拷讯，以至无所不用其极，达到逼取证言的目的。但戴就秉持公正，拒绝做伪证。他宁愿忍受酷刑，也不作不利于当事人的证言。从而反映他证言的真实性。汉代酷吏这种酷刑逼供的做法，反映出当时证据制度的野蛮与残酷的一面。

由上不难发现，汉代证人的言辞证据在案件审判中发挥着不同的作用。既有证明事实真相的一面，同时在特定环境中也有刑讯逼供，制造伪证，故意致人于有罪的一面。但因没有言辞证据，尤其是被告人的口供是不能定罪的。被告人的"辞服"，即承认有罪在状纸上签字画押，成为司法官吏定罪量刑的重要依据。所以动用刑讯，逼取犯人口供，成为常用的手段。

2. 物证

物证是指能够以其外部特征、物质属性、所处位置以及状态证明案件真实情况的各种客观存在的物品、物质或痕迹。古今中外，毫无例外，物证都是诉讼审判中的重要证据形式，对于案件事实确定及最终判决的做出，具有关键性的作用。中国的物证制度从西周时期就已经开始实行。《周礼·秋官·司厉》记载，"司厉，掌盗贼之任器、货贿，辨其物，皆有数量，贾而褐之，入于司兵"。郑玄注："任器、货贿，谓盗贼所用伤人兵器及所盗财物也。"司厉对伤人之器、所盗之物，要分类别、数量、价格，加以标

---

① 《后汉书》卷一一一《戴就传》，中华书局 2012 年版。

签，缴纳于司兵。西周之所以重视，就因为它是刑事诉讼中定罪科刑最重要的证据。西周出土的文物就印证了这一点，《曶鼎》铭文记载了"寇攘"（抢劫）罪的提起、审判过程，曶把匡季告于官府，司法官东宫说："女（汝）匡罪大"（匡季应受到很重的惩罚）。此案虽然最后以调解的方式了结，没有处匡季以重刑，但在记载中，看到了给匡季定"寇攘"重罪。其中，重要的证据显示，匡季从曶那里抢劫的"禾十秭"。这成为东宫给匡季定罪的铁证。[①]

汉代非常重视物证的作用，将其广泛用于诉讼与司法审判活动当中，成为断罪量刑的重要证据。证明盗类等犯罪的物证，通常称为"赃状""赃物"，主要包括作案工具和赃物等。

西汉时期，淮南王刘安、江都王刘建谋反案件的审判中，均是在掌握了重要物证后进行定罪处罚的。淮南王刘安谋反时，"吏因捕太子、王后，围王宫，尽捕王宾客在国中者，索得反具以闻"。其中的"反具"，就是谋反的物证，包括淮南王刘安制造的为其当皇帝使用的各种符、玺、图、印等。这中间有"皇帝玺""丞相、御史大夫、将军、吏中两千石、都关令、丞印，及附近郡太守、都尉印"等。[②]这些物证充分确凿证明了刘安谋反犯罪的罪行。因而大臣们议曰："淮南王安大逆无道，谋反明白，当伏诛。"[③]江都王刘建谋反是在汉官起获其"兵器玺绶节反具"，才"请捕诛建"的[④]。即是当谋反的"兵器玺绶节"等物证归案后，才能最终定案，处死江都王刘建。

《奏谳书》所载的案例中，其量刑断罪，有多项物证的运用。例如"醴阳令恢盗县官米"案中，总计所盗，"官米二百六十三石八斗""金六斤三两"及"钱一万五千零五十"，这些都成为定罪的物证。

① 胡留元、冯卓慧：《长安文物与古代法制》，法律出版社 1989 年版。

② 《汉书》卷四四《淮南王传》，中华书局 2012 年版。

③ 《汉书》卷四四《淮南衡山济北王传》，中华书局 2012 年版。

④ 《汉书》卷五三《景十三王传》，中华书局 2012 年版。

《新简》中记载了一起客民盗窃边塞官兵钱、具、穿越边境，企图逃亡他国的刑事案件，为确定客民的犯罪，列举了诸多的物证：

> 常及客民赵阆、范翁一等五人具亡，皆共盗官兵，臧千钱以上，带刀、剑及铍各一，又持锥、小尺白刀、箴各一，……。（新简 EPT68.60—63）

常及客民赵阆及范翁一行五人"共盗官兵"钱、具，查获物证"臧千钱以上"及"刀""剑""铍""锥""小尺白刀""箴"各一件。现均已死亡，故不再追究其刑事责任。

《合校》中也有关于犯罪物证的记载，如：

> □君单衣厂领□二十三，弊橐絮三枚，革屦二两夜亡去□。（合校简 346・30，346・43）①

盗犯携带君单衣一领、驼絮三枚及皮革二两逃亡而去。而该犯盗窃的单衣、驼絮及皮革，则成为定案的重要物证。

可见，汉代在继承秦代物证制度的基础上，又有所发展，使其趋于完善。汉代在诉讼审断各环节中非常重视物证的作用，使其刑事证据原则的客观性得以充分彰显。

3. 汉代司法函调爰书

司法函调爰书，是指秦汉时期地方政府为审判案件而向犯罪嫌疑人原籍所在郡县发出的协助调查的文书。

通常是在对犯罪嫌疑人作出判决前，必须要通知其原籍所在郡县②，协助调查嫌疑犯的真实姓名、身份、经历以及家庭资产的情况，核实清楚后，制成爰书，送达原审机关。

司法函调爰书早在秦代就成为定罪科刑的重要依据，《封诊式》中记载的式例可以证明。其中《有鞫》与《覆》是县的上级机构要县负责人派员对

---

① 《张家山汉墓竹简》，文物出版社 2006 年版。

② ［日］官宅洁：《秦汉时代裁判制度——张家山汉简〈奏谳书〉所见》，载《史林》1998 年第 81 卷第 2 号，第 55 页。

提出的问题进行了解，然后按要求写成爰书，作为证明材料上报。

汉代也存在司法函调爰书这类调取证据的形式。在《新简》有一则汉代司法函调爰书的记述：

> 移人在所县道官，县道官讯狱以报之，勿征逮。征逮者以擅移
> 狱论。（新简 E.P・S4・T2—101）

即案件有关人员（包括证人）如途经其他县时，该县则无权逮捕拘系，而是请此人所在郡县将讯问爰书发来，以为参考。如果私自逮捕拘系，将以擅自受理不属于自己管辖的案件罪论处。这是一项关于函调文书的法律规定。

《奏谳书》中也有函调爰书的记录。如"问媚：年四十岁，它如辞"。即有关部门发出司法函调爰书，专门了解媚的年龄。媚原籍所在郡县经过核查，证明媚年龄为四十岁，并回复爰书，证明其他情节与供述相同。

此外，《合校》214.124载：

> □武（或）覆问毋有，云何？得盗械。（合校 214・124）

该简说，职官经过核查，不存在武所陈述的事实，作何解释呢？函调爰书回复，应当为其戴上刑具。这支简当是汉函调文书的残篇，故记述的内容也不完整。

由此可见，汉承秦制而产生的司法函调爰书，当是各级审判机构为核实犯罪嫌疑人真实情况，而发给其原籍所在地的郡县机构的官方函件。该受理郡县回复的爰书，对案情核查提供证明材料，对审判案件起到了证据的补充作用。

二、民事证据

（一）民事证据原则的文明特性

汉承秦制，民事证据原则有新的发展，同时也为后世证据理论的完善奠定了基础。

1. 民事证据原则的客观性

汉代建立了封建中央集权的君主专制政体，出于强化社会管理的需要，加大了民事法律关系的调整力度，较前更加重视民事证据制度的建设，从而推进了民事证据理论的发展。早在秦朝，有关土地所有权归属的争讼中，便强调证据客观性原则的指导意义，确认地界石——"封"，这一物证的客观与真实的属性。用来保护土地所有者的权益，并惩罚通过偷移地界石而企图侵占他人土地权益的犯罪行为。即所谓"盗徙封，赎耐"①。

汉朝统治时期继承了秦朝民事证据制度，与此同时，也有新的发展变化。在民事证据理论方面，也同样如此。在当时最大的不动产——土地的权属争讼中，充分发挥了证据客观性原则的指导作用，把买卖土地的"铅券"这一重要物证，作为裁决土地权益纠纷的核心证据，而把证人、证言等其他证据作为辅助证据，最终作出裁判。这可以从东汉灵帝光和七年（184）《樊利家买地铅券》中可以得到证明。据该铅券："平阴男子樊利家从雒阳男子杜诃子，弟□买石梁亭部桓千东，比是佰北田五亩；三千并直万五千钱，……"②从上述铅券的内容上看，汉朝对证据客观性的要求较秦朝更加严格规范，也更加全面。除去在铅券中写明买田的亩数，卖田的田主，以及确切钱数外；还要铅券中注明该田的四至，见证人乃至对争议问题的预先调解安排等都一一加以标明。即所谓"即日异田中根土著上至天下至黄皆□□行，田南尽佰北，东自比诃子，西北羽林孟□，若一旦田为吏民秦胡所名有（卖主），诃子自当解之。时傍人杜子陵、李秀盛，沽酒各半，钱千，无五十。"③汉代为保障购地交易的安全，特别制作铅板作为契证，记录买地客观过程，表明当时的民事交易注重证据的客观性。这种尊重物权交易的规律的做法反映出汉代民事证据原则的文明性。

---

① 《睡虎地秦墓竹简·法律答问》，文物出版社 1978 年版。
② 《罗雪堂先生全集·初编》，第 13 册，第 5220—5223 页。
③ 《罗雪堂先生全集·初编》，第 13 册，第 5220—5223 页。

2.证据的关联性原则

秦汉时期在依法解决民事争讼的案件中，注重运用证据关联性原则，推进审判工作的进行。据《睡虎地秦墓竹简·封守》中载：秦代在执行民事财产查封时，将本案查封的物证、与该物证关系密切的人证以及书证，紧密衔接，形成证据链条，并且固定化，从而使证据关联性原则及其在查封财产中的证据运用，具有了典型性与示范性。据该《封守》文说：查封的某里土五（伍）甲家的物证有"依器、畜产"；"一字（房）二内（间），各有（窗）户，内室皆瓦盖，木大具，门桑十木"等。与之密切相关的人证有"妻、子、臣妾"；"子大女子某，子小男子某，……臣某，姜小女子某"，"典某某，甲伍公士某某"等。① 在本案中，人证涉及广泛，有亲属为之作证；有家庭奴隶为之作证；也有本地里典长为之作证。这些人证均与物证密切关联。与此同时，该《封守》又将查封实录、查验文书等作为与本案密切相关的书证，用来证明查封财产的实况，当此次查封财产过程，将物证与相关联的人证、书证相结合，就使得证据链条牢固，发挥了确凿的证明作用，表明查封财产合乎法定程序，其证明效力不容置疑。汉代承袭了秦代证据原则关联性的内容，也做了相似的规定。有关内容另行说明。

3.证据原则的消极性

秦汉时期，特别是西汉武帝奉行"春秋决狱"的特定时期，证据的主观性原则有了充分的发挥，而且对案件的判决与执行走向产生了关键性影响。其原因是，董仲舒的亲断判词不是根据证据的客观性，而是依据《春秋》的大义，也就是儒家所倡导的伦理道德精神，主观地判断证据的属性，从而影响了对证据客观真实的认识，也不可避免地影响判决与执行的走向。

据《通典》载：西汉武帝年间（前140—前85）有董仲舒亲断判词一例：

甲有子乙以乞丙判。②

---

① 《罗雪堂先生全集·初编》，第 15 册，第 5220—5223 页。
② （唐）杜佑：《通典》卷六九，"礼二十九，嘉礼十四"引东晋成帝咸和五年散骑侍郎贺乔妻于氏所上表，中华书局校点本 1988 年版。

甲有子乙以乞丙，乙后长大而丙所成育。甲因酒色谓乙曰："汝是吾子。"乙怒，杖甲二十。甲以乙本是其子，不胜其忿，自告县官。

仲舒断之曰：甲生乙①，不能长育，以乞丙，于义已绝矣。虽杖甲，不应坐。

在董仲舒亲断的判词中，依据孔子笔削的《春秋》的精神，主观地认为甲生乙，而不能抚育成人，而交付丙来养育，已经断绝父子之情义，故乙杖甲二十，不应受到法律的处罚。这是依据证据主观性原则而制作判词的典型事例。因为甲乙本是血脉相连的父子关系。尽管甲将乙送给丙抚养，但他们之间存在血缘关系是客观现实，并不因送去别人养育而丧失。故从这一意义上讲，乙杖父二十，应受法律处罚。不过，可以因为不知情，减轻处罚。此外，甲酒后对乙说出父子之情的真相，违背了承诺，对不知情的乙造成刺激。对此，甲应受到道义上的谴责。但无论从何种角度乙杖击甲二十，都是违法的，而应当受到法律追究。不加处理，在法律上是立不住脚的。

（二）公证及其证明效力

秦汉建立统一的中央集权的君主专制政体后，在承袭先秦的基础上，又有重大发展。秦建有治粟内史，"掌谷货，有两丞。"② 即是说治粟内史及其下属两丞等，是秦中央通过郡县征收粮食、货物，并出具公证文书的单位，他们所发出的公证文书具有国家法律所认可的证明效力。

此外，秦设少府一职，掌握"山海池泽之税，以给共养"。注引应劭曰："名曰禁钱，以给私养，自别为藏，少者，小也，故称少府。"师古曰："大司农供国之用，少府以养天子也。"③ 这表明秦代为国家征收粮、税的机构，

---

① 甲生乙：《通典》，中华书局校点本 1988 年版。《校勘记》："'甲'下原衍'能'，据北宋本，傅校本，明抄本，明刻本，王吴本删。"
② 《汉书》卷一九上《百官公卿表》，中华书局 2012 年版。
③ 《汉书》卷一九上《百官公卿表》，中华书局 2012 年版。

为治粟内史,汉称大司农,是出具征收国税的公证文件的机构。而秦代少府是专为供养皇室征收粮、税的机构,所出具的是征收皇税的证明文件。故二者的性质与功用有所不同。

到了汉代景帝元年,将治粟内史"更名大农令,武帝太初元年更名大司农。属官有太仓、均输、平准、都内、籍田五令丞"。孟康曰:"均输,谓诸当所有输于官者,皆令输其地土所饶,平其所在时贾,官更于它处卖之,输者皆便,而官有利也。"即说,"均输"丞是中央负责征收田赋税与商业税以及平抑物价的主管机关,他们在征收农业税与商税货税的同时,下发公证文书,并对从法律上确认完粮与完税的农户与商户,具有重要的功能效力。

此外,又设"斡官、铁市两长丞"。如淳曰:"斡音笔,或做干。斡,主也,主均输之事,所谓斡盐铁而榷酒酤也。"晋灼曰:"此竹箭于之官长也。均输自有令。"师古曰:"如说今是也。纵作于读,当以干持财货之事耳,非谓箭干也。"① 即是说斡官与铁市两长丞,专门负责管理盐铁专营与酒业专卖各项事务,同时对业者征收税钱,出具有法律效力的公证文书,具有官方的证明效力。据《通典》卷一〇二二《职官·尚书省》载:汉武帝"以为中书之职"。到汉成帝建始四年(前29)设立尚书一职,取代中书,使尚书"出纳壬命,政赋四海",使仆射及右丞"分掌廪假钱谷"。即是说从汉成帝建始年间以后,中央机关变更,开始设立尚书台制度,尚书台中的仆射与右丞,取代大司农的均输丞,掌管国家的"赋政"与"钱谷",并负责出具有证明力的公证文书。

另外,汉代"郡国诸仓农监、都水六十五官长丞皆属焉"。② 即是说,中央大司农及其所属均输等丞,又直接管理各地"诸仓农监",通过地方机构的郡丞与县丞督促所属农户、商户的完粮完税的工作,并出具当地官府的公证文书,证明其有效性。秦汉县下设乡,乡实行自治。以秦为例,地方设置乡级,乡级三老,即"有秩、啬夫、游徼",而"啬夫职听讼,收赋税"③。

---

① 《汉书》卷一九上《百官公卿表》,中华书局2012年版。
② 《汉书》卷一九上《百官公卿表》,中华书局2012年版。
③ 《汉书》卷一九上《百官公卿表》,中华书局2012年版。

这就是说，秦代基层设置啬夫一职，除去管理所辖调处息讼外，还负责赋税征收与出具公证文件加以证明的工作。其公证文书也有法律所赋予的证明效力。汉承秦制也有相似的制度。

另据《睡虎地秦墓竹简·金布律》载："有责（债）于公及赀，赎者居它县，辄移居县责之。公有责（债）百姓未赏（偿），亦移其县，县赏（偿）"，[①] 这就是说，凡欠国家的债物、钱物尚未偿还者，以及被法律判决应交罚金和罚物而得到赎刑处理者，凡迁移到其他县的尚未偿还国家债务的，应由原县出具公证文书，移交新居住县啬负责征偿。凡偿还完者，县里也应发给公证文件，同样具备证明效力。

（三）私证及其证明效力

1. 物权证据及其证明效力

（1）地产证据及证明效力

应当指出，自商鞅变法以来，秦国面貌为之大变。废井田，开阡陌，逐步建立起新型的封建土地所有权制度。其中，既有国有土地所有权制度，也有迅速发展起来的私有土地所有权制度。针对这一变化，秦始皇三十一年正式颁布"使黔首自实田"。[②] 以此鼓励天下百姓耕植土地并自行占有，实现土地私有制的法律化与制度化，促使土地所有权逐渐由国有为主到私有为主的转变，并加强对封建土地所有权的法律保护。"封"，是秦代田界，地产物权的标志和土地所有的证据，这种证据具有充足的证明力，并得到法律的保护。《睡虎地秦墓竹简·法律答问》："盗徙封，赎耐。"可（何）如为"封"？"封"即田千佰。顷半（畔）"封"殹（也）且非是？而盗徙之，赎耐，可（何）重也？是，不重。[③] 秦代私自移动用来证明地产的界石行为，被视为侵犯官私土地所有权的行为，应当判处耐刑，从法律规定上看，

---

① 《睡虎地秦墓竹简·金布律》，文物出版社 1978 年版。

② 《史记》卷六《秦始皇本纪》，裴骃《集解》引徐广语，中华书局 2014 年版。

③ 《睡虎地秦墓竹简·法律答问》，文物出版社 1978 年版。

并不为重。

（2）物权交易的证据及其效力

汉朝承袭了秦朝确立土地所有权的界石制度，同时又确认了土地所有者的产权证明——土地券书的证明效力。据《罗雪堂先生全集》，《初编》第13册，载有《王未卿买地铅券》："建宁二年（169）八月庚午朔廿五日甲午，河内怀男子王未卿，从河南街邮部男子袁叔威，买罩门亭部什三百陌，袁田三亩，亩贾钱三千一百，并直九千三百钱，即日毕，时约者袁叔威沽酒半，即日丹书铁券为约。"①这项铅铁混合制成的券书，成为袁叔威转让三亩田地给王未卿，王未卿给付全部价款九千三百钱，完成土地产权的转移的证明文书，是具有充分的证明效力的。从这则铅制券书的内容上看，具有物权交易证据的一些基本特征。即有确定的时间，东汉灵帝建宁二年（169）；有交易双方的姓名与地址；有交易的具体位置；交易总金额；当天交易完成饮酒相庆；并制丹书铁券作为交易成功的证据。这类混合铅铁成分制成的券书，有相当长的保存价值，当发生争议时，可以作为拥有三亩土地的有效证明。

至东汉灵帝光和七年（184）的《樊利家买地铅券》，作为买地证据，证明的形式与内容更加详细。内中记载：

> 光和七年九月，癸酉朔，六日戊寅，平阴男子樊利家从雒阳男子杜诃子，弟□买石梁亭部桓千东，比是佰北田五亩；三千并直万五千钱，即日异田中根土著上至天下下至黄皆□□行，田南尽佰北，东自比诃子，西比羽林盂□，若一旦田为吏民秦胡所名有（卖主），诃子自当解之。时旁人杜子陵、李秀盛，沽酒各半，钱千，无五十。②

从这一则铅铁混制的土地产权交易的证据文件中，不但标明交易双方名

---

① 《罗雪堂先生全集·初编》第13册，第5218—5219页。
② 《罗雪堂先生全集·初编》第15册，第5220—5223页。

称与地址，交易的时间与金额，而且增加了交易地产的四至，添加中间人作保，并对其他争议者预作调解安排等，都在券中标示出来，表示交易地产的成功，以及后续的安排的完成。这表明至东汉时期，对丹书铁券（丹书铅券）这类证据的运用已比较普遍，而所证明的土地产权交易的程序日益严密，格式愈益统一，内容愈益全面，从而反映出当时民事证据制度的新发展。

上述运用券书这种证据形式完成地产的交易，不仅在中原地区有充分表明，在西北边疆地区也有所反映。如《居延汉简考据·契据》记载：

□置长乐里受奴田卅五亩，贾钱九百，钱毕已，丈田即不足，计亩还钱，商人淳于次儒王兄郑少卿沽酒商二斗，皆饮之。①

这则券书虽然行文简单一些，但基本程序已完成，故有充分的证明力。与前面几则不同的是，交易中间出现瑕疵，即钱已付但土地亩数不足，故须计算欠缺的亩数，返还卖家应得的款项，最终完成了地产交易过程，该契据同样具有证据的证明效力，只不过证明的内容比较复杂一些。这里饮酒不但有庆贺交易成功的意思，同时也有饮酒起誓的含义，表明双方签订协议，信守承诺，永不反悔之意。

2. 债权交易的证据及其证明效力

（1）借贷证据及其证明效力

秦汉时期运用证据解决借贷纠纷的事例很多，例如《睡虎地秦墓竹简》一书的内容就可以得到证明。其中，该书第214至第215页规定："百姓有责（债），勿敢擅强质，擅强质及和受质者，皆赀二甲。廷行事强质人者论，鼠（予）者不论；和质者，鼠（予）者□论。"②在秦代凡属借贷关系都应以签订契券文件为前提，不履行者视为非法，应受法律上的处罚。债务人虽违背契券规定，但债权人对债务人不得使用暴力，强行劫掠为人质或债务人自

---

① 《居延汉简考据·契据》，文物出版社1987年版。

② 《睡虎地秦墓竹简》，文物出版社1978年版。

愿的都罚相当两副铠甲的钱。债务人同意并偿还的，不作处罚。帮忙偿还债务者，和偿还债务人一样对待。廷行事作为典型判例的汇集曾有规定：债权人强行劫掠债务人为人质已触犯法律，应该给予赀罚二甲的处罚。自愿做人质的债务人也应该判处赀二甲。凡债务人偿还，或有人帮忙偿还债务的，不作处分。这则规定表明，在借贷法律关系中，借贷契券起着关键性的证明作用。首先，在此证据中不得写有人质抵押的内容，在使用证据时，也不得违犯国家法律，由债权人扣押债务人为人质，强迫还债，或债务人自愿充当人质抵债的都要受到经济制裁。必须按国家法律的要求，申请官府解决债务纠纷。否则，违法掠夺债务人为人质，或者债务人私下同意为人质抵债者，都要受到相同的处罚。只有偿还债务者，或帮忙偿还者，免责。

汉承秦制，同样承认借贷证据及其证明效力。在借贷证据的内容上，增加了利息的条件。汉代规定借贷利息，月息三分，并不准"取息过律"。但实际上，高利贷广泛存在。月取息高达 10% 以上，史称高利贷者，俗称为"子钱家"。由于汉代官府和富人都向外放贷，借贷者多为贫民，一旦因无钱还贷，就有沦为债奴的可能。同时借贷还要求有质押物或其他的保证条件。

官方放贷，比较严重的是王莽在位时期，据《汉书·王莽传》载："（始建国）二年，……又令市官收贱卖贵，赊贷于民，收息百月三。"如淳曰："出钱百与民用，月收其息三钱也。"[1]王莽当政时期，以国家名义，强行建立借贷法律关系，并且同债务人签订借贷百钱，月息三钱的契券文书，到期强制执行，导致不少贫民借贷沦为债务奴隶。因此，这类借贷契券文书，成为贫民借贷的催命符，导致家庭破产与妻离子散的悲惨窘况，也同时是导致贫民造反的重要原因。

私人放贷情况也同样严重。据《汉书·食货志》载："当具有者半贾而卖，师古曰：'本直千钱者，止得五百也。贾读曰价'。'亡者取倍称之息'。如淳曰：'取一偿二为倍称'。师古曰：'称，举也，今俗所谓举钱者也。''于

---

[1]　《汉书》卷九九中《王莽传》，中华书局 2012 年版。

是有卖田鬻子孙以偿责（债）者矣。"① 这表明汉代放贷严重时，凭借一张借贷证据，借千而得五百钱，借贷利息却可以贷一偿二，也就是借一而偿还二倍的高额利息，这必然导致百姓无钱偿还高利贷，而出卖田产、出卖子女的惨况。

汉代为保障放贷的可靠性，往往要求借贷者在借贷契券中标明中等之家为保人的字样。否则，很难借贷到钱款。《后汉书·桓谭传》载："今富商大贾，多放钱贷。中家子弟，为之保役。"注曰："中家犹中等也。保役，可保信也。"② 也就是说，只有在借贷契券中，标明中等家庭的子弟，作为还贷的"保役"，借贷者才能取得所需贷款。而还贷时，必须有保人在场，以期起到监督还贷的作用，这是借贷契据内容上的重要变化，并对后世产生了深远影响。

（2）买卖奴婢的契券及其证明效力

据《太平御览·契券》载：《王褒约僮》曰：汉代"蜀郡王子渊，以事到渝，止寡妇杨惠舍。惠有夫时奴名便。子渊倩奴行酤酒。便拽大杖上冢巅曰：'大夫买便时，不要为它人男子酤酒'。子渊大怒曰：'奴宁欲卖邪？'惠曰：'奴方讶人，人无欲者'。子渊即决买券之。奴复曰：'欲使上券，不上券，便不能为也。'子渊曰：'诺'。券文曰：'神爵三年正月十五日，资中男子王子渊，从成都安志里女子杨惠买亡夫时户下髯奴便，决贾万五千，奴当从百役，不得有二言。……奴不听教，当笞一百'"。以上表明，秦汉时期，特别是汉朝鼎盛时期，仍然存在奴婢买卖的契券关系。在汉宣帝神爵三年（公元 63），来自蜀郡的王子渊，在留宿寡妇杨惠的商铺期间，决意要买其家奴婢便时，作为家奴的便除去要求子渊买奴，只为陪其一人吃酒外，还要在契券上写明这一条件。这一契券的内容证明：其时虽然存在买卖奴婢的契券关系，但奴婢在被买卖时也可以提出有利自己的某些条件，并在契券上标明。这同先秦时期奴隶只是"会说话的工具"，而没有任何权益的状况相比，

① 《汉书》卷二四上《食货志》，中华书局 2012 年版。
② 《后汉书》卷二八上《桓谭传》，中华书局 2012 年版。

汉朝的奴婢状况还是有所改善的。奴婢便敢于要求在契券上写明自己的合理要求，而且实现了自己的目的，这从另一方面表明契券在当时除具有证明效力外，还具有被卖奴婢达到自身要求的可能性。

（3）租佃契券及证明效力

汉代已出现租佃契券制度，并产生了证明效力。

据《汉书·食货志》载："（汉代）或朝：豪民之田，见税什五。师古曰：'言下户贫人，自无田而耕垦豪富家田，十分之中，以五输本田主也。故贫民常衣牛马之衣，而食犬彘之食。"①即是说贫苦农民要租佃地主土地，须在租佃契券上写明每年收成粮食要交付地主一半的条款，才可能租种到地主的土地。而交付收成一半的佃农，其全家生活必然陷于贫困无告的境地，以致吃穿无着，过着牛马不如的生活。如果发生租佃纠纷，官府则可以凭借租佃契券断案。从而显现出租佃契券有利于业主的证明作用。

另据《汉书·酷吏·宁成传》载：汉武帝即位后，酷吏宁成"徙为内史。外戚多毁成之短，抵罪髡钳。是时九卿死即死，少被刑，而成刑极，自以为不复收"。如淳曰："以被重刑，将不复见收用也。""乃解脱，诈该传出关归家。"师古曰："辄解脱钳钛而亡去也。传，所以出关之符也"，"乃贳贷陂田千余顷"，师古曰："贳贷，假取之也"，"假贫民，役使数千家。"②即是说，酷吏宁成在武帝即位后，被人揭发，获罪处刑。自以为不会被朝廷收用，在服役期间，挣脱钳镣，伪造通关符书，逃脱而归家。其后，宁成与上千家农户签订租佃契券文书，出租千余顷土地，令众多农户为其耕种，并收取租金与租粮。而租佃契券也成为宁成收取租金租粮的证明文书，具有重要的效力，并受到法律的保护。

（4）合伙证据及其效力

据《文物》1982 年第 12 期刊载宁可：《关于〈汉侍廷里父老僤郸买田约

---

① 《汉书》卷二四上《食货志》，引董仲舒语，中华书局 2012 年版。

② 《汉书》卷六〇《食货志》，中华书局 2012 年版。

束石券)》一文中讲到当时汉侍廷里父老结成私人团体"僤"，树立约束石券，券中标明"所买田地"收益为大家共有，成员有使用权，所有权则属于"僤。"这件出土文物表明，汉代已产生合伙契券，并作为重要证据，证明合伙人的共有权利。

1973 年河南偃师县缑氏公社郑瑶大队南村出土了《汉侍廷里父老僤买田约束石券》，其全文如下：

> 建初二年（77）正月十五日，侍廷里父老僤祭尊（1）
>
> 于季主疏，左巨等廿五人，共为约束石券里治中（2）
>
> 乃以永平十五年（72）六月中造起僤，敛钱共有六万（3）
>
> 一千五百，买田八十二亩。僤中其有訾次（斗）
>
> 当给为里父老者，共以客田借与，得收田（5）
>
> 上毛物谷实自给。即訾下不中，还田（6）
>
> 转与当为父老者，传后子孙以为常（7）
>
> 其有物故，得传后代户者一人，即僤（8）
>
> 中皆訾下不中父老，季、巨等共假赁（9）
>
> 田，它如约束。单侯、单子阳、尹伯通、锜中都、周平、周兰（10）
>
> [父?] [老?] 周伟、丁中山、于中程、于李、于孝卿、于程、于伯先、于孝（11）
>
> 左巨、单力、于稚、锜初卿、左中、[文] □、王思、锜季卿、尹太孙、于伯和、尹明功（12）①

从这一石刻约束券文内容看，汉代合伙契券制度已经产生，而且具有很强的证明效力。其证明方面：第一，汉侍廷里父老结成私人团体"僤"，其所购买的田地，为僤属下二十五名成员所共有；第二，凡是僤下成员充当里父老者，应该共同出借共同管理八十二亩田地的租佃工作；第三，僤下成员不再担任里父老时应即退出，转交新任里父老承担管理责任；第四，

---

① 宁可：《关于〈汉侍廷里父老僤买田约束石券〉》，载《文物》1982 年第 12 期，第 21 页。

八十二亩土地的所有权归属于僤，实行全体成员共有，僤的成员只拥有使用权。这项石刻的契券所展现汉代合伙管理与租佃土地的全景风貌，使人看到这种证据形式在汉代已经有相当的发展，并对后世封建王朝产生深刻影响。

3.婚姻契券及其证明效力

秦汉时期注重婚姻制度的完善，并主张严格管理夫妻间的婚姻关系。据《睡虎地秦墓竹简》记载：（秦代）"弃妻不书，赀二甲"，"其弃妻亦当论不当？赀二甲"。即说丈夫随意抛弃妻，不向官府报告登记，取得离婚证书，应当罚交相当两副铠甲的钱款，其休妻也应当罚交相当两副铠甲的钱款。

汉代也承袭了秦代的做法，主张对离婚手续严格管理。据《大戴礼记·本命篇》记载：凡夫家有以下七项证据的，法律才准许将其妻子强制离婚。

"一为不顺父母。推丈夫志在四方之义，亲闱奉养，系妻是赖，设任其不顺，不唯妇职有亏，且以钟庶气矣。

二为无子。古人最重宗祧，是以父子与夫妇并列为五伦，无子列为七出者以此。惟人之生理不同，无子似难诬为妻之责任。

三为淫。溱洧相期，风人所刺，不为制止，将生乱族之嫌。

四为妒。生齿长例，女多于男。妾媵之制，绵历久远，若诟谇之声时闻，则贞顺之声益远。

五为恶疾。乃自绝于天，疢（音书，指病）疾难疗，贻忧毕世。

六为多言。三党以敦睦为贵，多言乃召衅之归轫也。

七为窃盗。人生于世，宜别义利。窃盗乃贼义之尤，矧其为女子耶。"①

与此同时，《大戴礼记·本命篇》又说汉代对女方离婚有三不去的规定：有证据证明妇女有下述三项者，可以不离婚。即所谓："有所娶无所归不去，

---

① 《大戴礼记·本命篇》，中华书局1980年版。

与更三年丧不去，前贫贱后富贵不去。"

综上可见，汉代在婚姻关系上，特别是离婚问题，因担心家庭解体影响社会生产生活，采取严格管理的方针。男方只有具备七方面证据，例如，证明妇女有不顺父母、无子、淫、妒、恶疾、多言、窃盗七项者，才准许强制离婚。但是，女子有证据证明，曾经为父母（公婆）守孝三年的，不能离婚；贫穷时同丈夫奋斗，富贵时不能离弃妻子；娶时女方嫁妆丰厚，送到男家，而离异时无处安身的，则不准许离婚。这两方面规定表明汉代在婚姻关系上注重男方离婚提供的证据，同时也关注到女方反对离婚所出具的证据，在两者之间采取重男方而又兼顾女方的方针，以利于家庭的稳定，以及有利于社会经济的发展。

此外，《大戴礼记·本命篇》还载有汉代身份特殊的女子不得订立婚约的规定。凡有证据证明的五种特殊身份的女子，不得登记结婚。即所谓"女有五不娶：逆家子不取、乱家子不取、世有刑人不取、世有恶疾不取、丧妇长子不取"。其原因是"逆家子者，为其逆德也；乱家子者，为其乱伦也；世有刑人者，为其弃于人也；世有恶疾也，为其弃于天也；丧妇长子者，为其无所受命也"。[①] 即是说，叛逆家庭、淫乱家庭、受刑家庭的女子，以及患有绝症和早年丧母的长女，均不得订立婚约，以上汉代的这些限制性规定，说明汉律对于女子订立婚约有了更加严格的规定。

4.遗嘱证明及其效力

据历史文献及出土文物的记载，汉代已经出现遗嘱继承方面的争讼，同时也有确认遗嘱证明效力并且执行遗嘱的案例。《太平御览》卷八三六引应劭《风俗通》说："沛中有富豪，家訾三千万，小妇子是男，又早失母，其大妇女甚不贤。公病困，恐死后必当争财，男儿判不全得，因呼族人为遗令，云悉以财属女，但以一剑与男，年十五以付之。儿后大，姊不肯与剑，男乃诣官诉之。司空何武曰：'剑，所以断决也；限年十五，有智力足也。女

---

① 《大戴礼记·本命篇》，中华书局 1980 年版。

及婿温饱十五年已幸矣！'议者皆服，谓武原情度事得其理。"① 这篇文献记载表明：汉代就有当事人（富豪）生前召集族人公开宣布遗嘱的事实。因考虑妾生男孩岁数小、当年无继承财产的能力，而正妻生长女岁数大而不贤惠，故在遗嘱中故设伏笔，一方面宣布把全部财产给其女，另一方面宣布把剑付男，而且年十五岁给付。富豪过世，其子长大，其姊仍不付给男子剑。于是其子依据生父遗嘱赴官府起诉，要求归还剑。主持审判的司空何武经过核查事实，验对遗嘱，判明富豪遗嘱的真意：其剑，表示断决的意思。其子年龄达到十五岁，其智力足以承受与管理遗产。因之将富豪的全部遗产宣布由其子所继承。而其女与婿已享受遗产多年，已相当幸运了，故应当取消遗产继承权。时人都认为是依遗嘱执行判决，所以，比较公正。

第七节 审判

一、质证

汉代司法官吏通过侦查环节收集与确定证据之后，便进入庭审程序。在庭审过程中，首先要展开质证过程。法庭通过原、被告双方出具证据，以及当场质对证据的真伪，判明证据的真实与有效。体现了去伪存真，追求事实真相的证据客观主义的精神，反映出审判文明的一个侧面。

汉代承袭秦代的质证制度，将原告的陈述、证人证言与被告的口供进行质对，以证明他们提供证据的真伪以及证明效力，进而澄清案件真相。在审讯过程中，原、被告双方代理人必须到庭接受法官的讯问，进行质对。同时，由于证人提供的证言是判定事实的重要的证据，对审判案件确定案件性

---

① 《太平御览》卷八三六《风俗通》，中华书局 1960 年版。

质与情节有重要意义。因此，证人必须出庭作证，并参与质对。根据庭审对象身份的不同，汉代法庭对质证程序做了区分，采用两种讯问方式，一种针对的是普通身份的原、被告；另一种是针对权贵重臣这类特殊身份的原被告。前者由法官主持，在对质中，双方各自陈词质对，再由法官进行询问对质。如《奏谳书》中的第二则案例所载：

> 大夫禄辞曰：六年二月中买婢媚士五点所，价钱万六千，乃三月丁巳亡，求得媚，媚曰：不当为婢。
>
> 媚曰：故点婢，楚时去亡，降为奴，不书名数，点得媚，占数复婢媚，卖禄所，自当不当复受婢，即去亡，它如禄。
>
> 点曰：媚故点婢，楚时亡，六年二月中得媚，媚未有名数，即占数，卖椽所，它如禄、媚。
>
> 诘媚：媚故点婢，虽楚时去亡，降为奴，不书名数，点得，占数媚，媚复为婢，卖媚当也。去亡，何解？
>
> 媚曰：楚时亡，点乃以为汉，复婢，卖媚，自当不当复为婢，即去亡，无它解。[①]（简8—12）

这是原告禄、被告媚及证人点三者在法官的主持下进行质证的实情记录。禄控诉说，自己以万六千钱从点处买得媚，三月丁巳日逃跑了，抓获她后，她说：自己不应当是奴婢。媚辩解道，她以前是点的婢女，楚时期就逃脱了。到了汉朝没有上户籍。点逮住她后，仍将她作为奴婢，报了户口，卖给禄。她认为自己不应该还是奴婢，就逃跑了。其他情况，和禄所说的相同。证人点提供证言说：媚以前是他的婢女，楚时期逃跑了。六年二月中找到她，她没有户口，给她报了户口，卖给了禄。其他情节，和禄、媚所说相同；法官诘问媚，你以前是点的奴婢。虽然楚时逃跑了，可是到汉朝后，并没有申报户籍。点逮住你后，仍将你作为奴婢报了户口，将你卖予他人，符合法律。逃跑掉了，怎么解释？媚回答道，楚时候她已经逃跑，点认为到了

---

① 《张家山汉墓竹简》，文物出版社2006年版。

汉朝后她仍是他的奴婢，卖了。她认为自己不应当还是奴婢，就逃跑了。没有其他要辩解的。

这则案例较为清晰地记录了汉代庭审过程中的质证情形，首先是法庭要求原告提出指控，其次是法庭指令被告对原告指控做出辩解，在双方争执不下时，法庭要求证人提供证言。然后法官进行讯问，当事人与证人分别回答，从而形成了庭审质证的全过程，法庭允许原、被告面对面对质，要求证人出庭作证，通过充分质证，可以辨别证据真伪，以便去伪存真做出公正判决。

《奏谳书》的第四则案例也对法庭的质证过程进行详细的记录：

大夫所诣女子符，告亡。

符曰：诚亡，诈自以为未有名数，以令自占书名数，为大夫明隶，明嫁符隐官解妻，弗告亡，它如所。

解曰：符有名数明所，解以为无恢人也，娶以为妻，不知前亡，乃疑为明隶，它如符。

诘解：符虽有名数明所，而实亡人也。律：娶亡人为妻，黥为城旦，弗知，非有减也。解虽弗知，当以娶亡人为妻论。何解？

解曰：罪，无解。①（简28—31）

即大夫控告女子符逃亡；女子符辩称，她是逃跑，并谎称自己户籍，依照法令的规定去报了户口，成为大夫明的奴隶。被嫁给隐官解为妻，但没有告诉他自己逃跑的事。其他情况和大夫控告的相同。解辩解说，符在明家有户口。他认为符没有什么特殊之处，不知她从前曾逃跑过，以为她是明的奴婢，其他情节与符所说相同。法官诘问解，虽然符在明家有户籍，而实际上是一个逃亡的人。法律规定：娶亡人为妻，黥以为城旦，不知情，也不能减刑处理。你虽然不知道，仍应该按照娶逃亡者为妻论处。你有什么可以辩解的？解答道，自己认罪，没有要辩解的了。

---

① 《张家山汉墓竹简》，文物出版社2006年版。

与上不同的是，针对的是权贵、重臣之间的庭审质证。这种庭审质证程序往往由最高统治者皇帝亲自主持，或者由皇帝派特使主持讯问：原、被告双方可以在庭上展开质辩，这同普通身份者之间的质证是不同的。《史记》中记载了一则著名的案例——"东朝廷辩"案，此案即由汉武帝主持，魏其侯窦婴和武安侯田蚡之间针锋相对的质辩。

事件起因于任丞相的武安侯田蚡在酒宴上姿势傲慢，大将军灌夫依酒骂座，招致田蚡的报复。田蚡指责灌夫在宴席上辱骂宾客、侮辱诏令、犯了不敬之罪，将他囚禁在室内。还想借机追查灌夫以前的错事，并派人逮捕其亲属，拟判斩首示众重罪。魏其侯窦婴挺身而出，拼力相救，上书于汉武帝，皇上认同了他的意见。令双方："东朝廷辩之。"即在朝堂中当场质证辩论。廷辩中，窦婴大力称道灌夫的长处，说他是酒后犯错误，而丞相却"以他事诬罪之"。田盼则"盛毁灌夫所为横恣，罪逆不道"。魏其侯"度不可奈何，因言丞相短"。武安侯反驳说：天下幸而太平无事，我才得以做皇上的心腹，爱好音乐、狗马和田宅。我所喜欢的不过是歌伎艺人、巧匠这一些人，不像魏其侯和灌夫那样，招集天下的豪杰壮士，不分白天黑夜地商量讨论，"腹诽而心谤，不仰视天而俯画地"，窥测于东、西两宫之间，希望天下发生变故，好让他们立功成事……[1] 双方廷辩与质证后，汉武帝又让在座的大臣们研究双方证对，最后根据廷辩确认灌夫"犯有腹诽心谤"之罪，将其本人与家属处死，同时牵连判处魏其侯窦婴弃市死刑。这一案例充分说明，廷审定案必须通过当场质证，就连皇亲重臣涉案也不例外。从而表现出汉代质证在审判中的重要性。

二、法庭调查

汉代通常在质证结束之后，法官就需要对案件事实作出归纳总结，这一

---

[1] 《史记》卷一〇七《魏其侯窦婴武安侯田蚡列传》，中华书局 2012 年版。

环节在汉代被称为鞫①。如有关研究者所言："鞫是审判人员对案件调查的结果，也就是对审理得出的犯罪的过程与事实加以简单的归纳总结。"②其在程序中处于质证结束之后，判决作出之前的阶段。《尚书》卷十九《吕刑》正义曰："汉世问罪谓之'鞫'，断狱谓之'劾'，谓上其鞫劾文辞也。"

《奏谳书》所记载的秦汉审判案例，印证了"鞫"的存在及其性质。例如，其（简14—15）记载：

> 鞫之：媚故点婢，楚时亡，降为汉，不书名数，点得，占数，复婢，卖禄所，媚去亡，年四十岁，得，皆审。③（简14—15）

即经过鞫审，确定媚原是点的奴婢，楚时逃亡。到了汉朝后没有申报户籍。点逮住她，仍以奴婢上了户籍，并将她卖给禄，后又逃跑被抓获。现年四十岁。经审讯，均属实。

另有（简45—47）载：

> 鞫之：武不当复为军奴，□□□弩告池，池以告与视捕武，武格斗，以剑击伤视，视亦以剑刺伤捕武，审。④（简45—47）

通过鞫审确认被告武不应当再做军的奴隶。军以武私自逃亡向校长池告发，根据控告，池带领求盗视去逮捕武。武拒捕，用剑击伤视，视回击，用剑刺伤，并逮捕武。一切经审讯属实。

通过上述案例不难发现，"鞫"的过程是法官对案件事实的反复认定过

---

① 鞫，亦作鞫，史籍对其多有注释。如《尚书·吕刑》："输而孚。"传："谓上其鞫劾文辞。"疏："汉世问罪谓之鞫，断狱谓之劾。"《周礼·秋官·小司寇》"读书则用法"注引"郑司农云：'读书则用法，如今时读鞫已乃论之'。"疏："鞫谓劾囚之要辞，行刑之时，读已乃论其罪也。"《汉书·刑法志》："今遣廷史与郡鞫。"如淳注："以囚辞决狱事为鞫。"李奇注："鞫，穷也，狱事竟穷也。"《汉书·景武昭宣成功臣表》："新畤侯赵弟，坐为太常鞫狱不实。"如淳注："鞫者以其辞决罪也。"以上所释"鞫"，核心含义为"穷"，即"穷竟其事"。

② 张建国："汉简'奏谳书'和秦汉刑事诉讼程序初探"，《中外法学》1997年第2期（总第50期），第55页。

③ 《张家山汉墓竹简》，文物出版社2006年版。

④ 《张家山汉墓竹简》，文物出版社2006年版。

程。是判断事实真伪的推敲过程，而不是作出判决的过程。法官把事实认定作为判决的前提。而判决则是把事实认定作为重要基础，作出裁决。两者之间，相辅相成，相互为用。汉代的事实认定类似于当代刑事判决书中的"经法庭审理查明"部分。该程序的内容当不包含原、被告行为的定性、法律条文的适用等方面。其中，结尾处的"审"或"皆审"，意味案件已调查清楚属实，审判官吏对此表示确认。其类似于当代刑事判决书中的"以上事实清楚、证据确实充分"。法庭调查，为公正判决提供了充分的条件，所以也是审判文明的一种表现。

三、判决

在汉代，判决多以"论"的形式表现。据有关研究者说："'论'实际才相当于判决。"① 有的学者提出："断狱无疑是以'论断'终结，但是更具体地说，'论'与'断'；是指怎么样的程序呢？这一点恐怕还不太清楚。'断'似乎不是文书用语，它仅作为描写用语在法律条文以及相关注释等出现。"② 实际上，"论"是根据鞫之后的犯罪事实，寻找相适应的法律条文，对案件作出决断。例如，《兴律》所列"论"可以证明：

> 县道官所治死罪及过失、戏而杀人，狱已具，勿庸论，上狱属所二千石官。二千石官令毋害吏复案，问（闻）二千石官，二千石官丞谨录，当论，乃告县道官以从事。彻侯邑上在所郡守。（简397）③

简文中"勿庸论""当论"之"论"即为"处治""定罪"之意。

---

① 张建国：《汉简〈奏谳书〉和秦汉刑事诉讼程序初探》，载《中外法学》1997年第2期，第56页。
② [德]陶安：《试探"断狱"、"听讼"与"诉讼"之别》，载《理性与智慧：中国法律传统再探讨》，中国政法大学出版社2008年版，第70页。
③ 《张家山汉墓竹简》，文物出版社2006年版。

《后汉书》李贤注说"决罪曰论"，就是说司法官根据法律规定确定某人应判某罪，以及给予某种处罚。《奏谳书》中的案例能够印证此点。例如第以上四则案例，经过质证之后，确定了案件事实，并上报廷尉，廷尉据证依律判决为"娶亡人为妻论之"。简文中的"论"显然具有依律"定罪"或者依据皇帝诏令，将某人"定罪"之意。

汉代规定判决文书的有效与否，必须遵循引用法律条文的原则。这体现了审判的文明。但这项原则又要视情况而变。即所谓"法之设文有限，民之犯罪无穷，为法立文，不能网罗诸罪，民之所犯不必与正法同，自然有危疑之理"①。故汉代在具引法条判罪的同时，也规定了"比附类推"的判例定罪的方法。文如《汉书》卷二三《刑法志》所说。由于汉朝开始法律儒家化引起了"春秋决狱"的盛行，而在这类审判中，儒家经典大义也成为判决的依据。这就表明具引法条审案的文明制度是不稳定的。可能因法无规定而受到比附类推的冲击。也可能因"春秋决狱"的影响，被儒家经典的见解所替代。这项规定，直至唐律真正实现了"礼法合一"后，才最终得到解决。

四、法官责任

汉代沿袭西周和秦朝，同样规定了法官的责任制度，用以保障司法审决的结果符合法律上的规定。西周法律曾规定："五过之疵，惟官、惟反、惟内、惟货、惟来，其罪惟均。"②即是法官依仗官僚权势，根据个人恩怨，受夫人影响，接受贿赂与接受请托而导致案件错判的，法官要承担因错判同等的刑事处罚。

秦朝对法官的错判也规定了应当承担的法律责任。即把法官因过失而错误判决的，称为"失刑"。对此，处理从轻。而法官因故意而错判的，或称

---

① 《春秋左传·昭公六年》，孔颖达疏，中华书局1980年影印版。
② 《春秋左传·昭公六年》，孔颖达疏，中华书局1980年影印版。

为"不直"，或称为"纵囚"，对此，处罚从重。①

汉代基本承袭了秦朝的法官责任制度，但在称谓上有所不同。例如，把故意减轻处罚的法官犯罪行为，称作"出罪为故纵"。把法官故意加重处罚的犯罪行为，称作"入罪为故不直"。②《汉书·功臣表》注曾载：戚圉侯季信成"坐为太常纵丞相侵神道，为隶臣"。商利侯王山孝"坐为代郡太守故劾十人罪不直免"③。汉代承袭以往，加强法官审判责任的规定，反映出汉代依法审判，追求审判质量，从而严格追究法官冤假错案的责任，是审判文明的具体表现，应予以肯定。

第八节　审判监督

在中国古代的诉讼审判中，罪犯判刑后，如果不服判决，可以提出申诉，请求复审。在秦朝则被称为乞鞫。秦朝《法律答问》说："以乞鞫及为人乞鞫者，狱已断乃听，且未断犹听殹（也）？狱断乃听之。"④ 即是说判决后，当事人或代理人提出重审请求的，法庭应当再审。如没有审决的，当事人提出重审的，在判决送达后，才可以再审。秦末刘邦，因开玩笑伤及夏侯婴，被人告发。由于刘邦担任亭长，拟被加重处罚。刘邦不服，乞鞫说自己没有犯伤害罪，而夏侯婴也为他作证，案件重新审理，刘邦被宣判无罪。⑤

---

① 《睡虎地秦墓竹简·法律答问》，文物出版社 1978 年版。
② 《汉书》卷十九上《功臣表》，中华书局 2012 年版。
③ 《汉书》卷十九上《功臣表》，中华书局 2012 年版。
④ 《张家山汉墓竹简》，文物出版社 2006 年版。
⑤ 《史记》卷九八《樊郦滕灌列传》，中华书局 2014 年版。其中有："高祖戏而伤婴，人告高祖，高祖时为亭长，重坐伤人，故告不伤婴，婴证之。后狱覆，婴坐高祖系岁余，掠笞数百，终以是脱高祖。"《集解》：邓展曰："律有故乞鞫，高祖自告不伤人。"

汉代承继了秦朝的乞鞫制度，在案件作出判决之后，加强了审判监督工作，允许当事人及其亲属在遵照法律规定的前提下提出复审要求。经过当事人乞鞫，启动复审程序，上级司法官吏通过核实各项相关证据，重新审视案情，并作出复审处理决定。但同时，汉代又规定，凡判处两年徒刑的，被判刑者及家属，均可以乞鞫。但以判决生效的三个月内为有效期限。即"徒论决满三月，不得乞鞫"①。如果相关证据证明案件确属冤、错，法官当据证重新判决，并追究原判法官"审判不实"的责任。如果原判决准确，乞鞫者理由不成立，则其应承担相应的法律责任：汉代乞鞫制度较之秦代，进一步趋于规范化。《二年律令·具律》中对乞鞫制度作了较为详细的规定：

> 罪人狱已决，自以罪不当，欲气（乞）鞫者，许之。气（乞）鞫不审，驾（加）罪一等；其欲复气（乞）鞫，当刑者，刑乃听之。死罪不得自气（乞）鞫，其父、母、兄、姊、弟、夫、妻、子欲为气（乞）鞫，许之。其不审，黥为城旦春。年未盈十岁为气（乞）鞫，勿听。狱已决盈一岁，不得气（乞）鞫。气（乞）鞫者各辞在所县道，县道官令、长、丞谨听，书其气（乞）鞫，上狱属所二千石官，二千石官令都吏覆之。都吏所覆治，廷及郡各移旁近郡，御史、丞相所覆治移廷。②（简114—117）

这一规定就明确了乞鞫成立的前提条件、主体、提起的期限等。

细致讲，即是由犯罪人自身提起申请，请求启动审判监督程序，司法官应当准许。但判处死刑者，则由亲属提出再审请求。再审一般由上一级审判机构进行，以至可以移送御史与丞相，最终上报皇帝。强调皇帝对重大复审案件的终审裁判权。

同时也规定了申诉不实所应承担的法律责任，即所谓"乞鞫不审，驾

---

① 《周礼·秋官·朝士》注，中华书局 1980 年影印版。
② 《张家山汉墓竹简》，文物出版社 2006 年版。

（加）罪一等"。以此减少累讼等问题所带来的困扰。以下分别说明：

从汉代完善审判监督程序，受理并解决判决所存在的问题来看，不但是司法文明的表现，更是审判监督文明的表现。

一、扩大申诉范围，以利于再审

秦简规定："自以罪不当"，即已被判刑的罪犯自认为判决不当，可以提起审判监督程序，即请求乞鞫。这是古今通例。也是被押犯人的普遍心理。这是犯罪人提起乞鞫的前提条件。而允许申请，加以受理解决，这也是审判监督文明的体现。

有资格向上级审判机关提出乞鞫的行为人，根据法律的规定有两类：一为被判处刑罚的罪犯，其可以"自乞"，但被判死刑者除外；二为罪犯的亲属，包括其父、母、兄、姊、弟、夫、妻、子等人。同时，排除了年龄未满十岁儿童的乞鞫权。从以上《具律》的规定中可以解释为，被告人若被判死罪，其乞鞫权被剥夺，该权利可以由其亲属代为行使。①《汉书·赵广汉传》记载了一则由亲属提出复审请求的案件：

> 广汉使长安丞案贤，尉史禹故劾贤为骑士屯霸上，不诣屯所，乏军兴。贤父上书讼罪，告广汉，事下有司覆治。禹坐要斩，请逮捕广汉。有诏即讯，辞服，会赦，贬秩一等。②

由于扩大了申诉人员的范围，苏贤的父亲才有可能提出复审请求，而上级官吏下达重新审理案件的指令，苏贤才能获得解脱，而赵广汉因劾不实获罪，后获赦，受到降一级俸禄的行政处罚。

《晋书·刑法志》记载了三国时魏国对该律文作出修改，进一步限制了亲属的乞鞫权，"改汉旧律不行于魏者皆除之……二岁刑以上，除以家人乞

---

① 《张家山汉墓竹简》，文物出版社 2006 年版。
② 《汉书·赵广汉传》，中华书局 2012 年版。

鞠之制，省所烦狱也"。① 曹魏政权在继承汉代的基础上，为了消除汉代复审程序上的弊端，限制了亲属的乞鞠权。凡被告人被判处两年以上徒刑的，限制亲属，不得为犯罪人乞鞠，不得再次启动审判监督程序。

二、申诉期限的审判监督

根据汉朝《具律》的规定，被告人或其亲属必须在判决结果作出后，一年之内提出乞鞠请求，超过此期限，则不得提出乞鞠请求。在《周礼·秋官·朝士》中已有关于听审期限的记载："凡士之治有期日：国中一旬，郊二旬，野三旬，都三月，邦国期。期内之治听，期外不听。"《十三经注疏》注引郑司农云："谓在期内者听，期外者不听，若今时徒论决满三月，不得乞鞠。"② 乞鞠期限的设定，一则在于督促行为人即时行使乞鞠权利，时间长久会导致相关证据的流失或难以确认，妨碍清楚认定案情；二则乞鞠拖沓时间过长，会造成案件的过度积压，增加司法审判机关的压力，耗费司法成本。所以，有关乞鞠期限的规定，既有利于当事人的请求复审权利的及时行使，而且也为审判机关高效审理再审案件提供了方便。所以，这项规定，体现了再审制度的文明。

汉代把申诉再审不实者，称为"乞鞠不审"。

汉代法律严惩无端累讼，无理要求再审的行为，如果是被告人请求复审的诉讼理由不成立，则对其"驾（加）罪一等"；如果是亲属提出复审的理由不成立，则会被"黥为城旦舂"。汉代通过此法律规定，以防止乞鞠的随意性，减少诉讼资源的耗费与时日的拖累。汉代强调提升再审的效率，充分发挥审判监督的作用，既节约了诉讼成本，也有助于提高司法文明水准。

---

① 《晋书·刑法志》，中华书局 2015 年版。

② 《周礼·秋官·朝士》，中华书局 1980 年影印版。

三、再审管辖的审判监督

汉律对乞鞫的管辖主体及处理程序也作出了明确的规定。乞鞫者受到当地州县的管辖，应当各到其居住地所在的县、道提交上诉状。县道之令、长、丞应谨慎受理，将乞鞫的内容记录下来，并将狱案上呈其所辖的二千石官。二千石官将案件交给都吏负责再审。都吏对案件进行复审之后上报，郡守以文书的形式将再审结果报送到廷尉；廷尉报送御史、丞相复审，其结果再以文书的形式转交廷尉。廷尉最终上报皇帝，由皇帝做出最终裁决。

通过对汉代审判监督程序的分析，可以看出，汉代在承继秦代乞鞫制度的基础上，又进一步加强了法律上的规制。从制度上而言，乞鞫之制确实能够对司法审判进行有效监督，减少冤滞案件的发生，保障罪犯的合法权益。充分反映了当时司法审判的文明程度。汉代国祚长久，数度兴盛，与司法监督制度关联甚大。但是，到东汉末期，国事混乱，动荡不安，乞鞫制度名存实亡。正如《潜夫论·述赦》所言：

> 奸猾之党，……令主上妄行刑辟，高至死徒，下乃论免，而被冤之家，乃甫当乞鞫告故以信直，亦无益于死亡矣。

王符对当时缺乏监督而随意判刑，或滥施赦行的做法进行深刻剖析与抨击：指出被冤之家刚刚"乞鞫"，而害人者即被"论免"，这对于蒙冤死去之人而言，简直是莫大的讽刺。从中反映了，东汉末年社会动荡，法律秩序荡然无存，当时的司法活动遭致严重破坏，乞鞫制度已完全丧失了存在的价值。

《奏谳书》江陵余、丞骜敢谳案中刑事证据在各环节的具体运用

总称	程序	案件文辞举例	备注
治狱	纠劾	乃五月庚戌，校长池曰：士五军告池曰，大奴武亡，见池亭西，西行。池以告，与求盗视追捕武。武格斗，以剑伤视，视亦以剑伤武。（简36—37）	本案原告为官吏，故为举劾

续表

总称	程序		案件文辞举例	备注
治狱	讯狱	被告供述	武曰：故军奴。楚时去亡，降汉，书名数为民，不当为军奴。视捕武，诚格斗，以剑击伤视，它如池。（简37—39）视曰：以军告，与池追捕武，武以剑格斗，击伤视，视恐弗胜，诚以剑刺伤武而捕之，它如武。（简39—40）	质证
		证人证言	军曰：武故军奴，楚时亡，见池亭西。以武当复为军奴，即告池所，曰武军奴，亡。告诚不审，它如池、武。（简40—41）	
		诘问	诘武：武虽不当受军奴，视以告捕武，武宜听视而后与吏辩是不当状，乃格斗，以剑击伤视，是贼伤人也。何解？（简41—42）武曰：自以非军亡奴，毋罪，视捕武，心恚，诚以剑击伤视，吏以为即贼伤人，存吏当罪，毋解。（简43—牡）诘视：武非罪人也，视捕，以剑伤武，何解？（简44）视曰：军告武亡奴。亡奴罪当捕，以告捕武，武格斗伤视，视恐弗胜，诚以剑刺伤捕武，毋它解。（简牡5）	
		审问	问武：士伍，年卅七岁，诊如辞。（简45）	确认证据
治狱	讯狱	据证鞫案	鞫之：武不当复为军奴，军以亡弩告池，池以告与视捕武，武格斗，以剑击伤视，视亦以剑刺伤捕武，审。（简45—47）	确定案件事实
	举证谳狱		疑武、视罪，敢谳之，谒报，署狱如庱发。（简47）	县上谳疑狱
	据法断狱	郡府吏当	吏当：黥武为城旦，除视。（简47）	断狱包括论、当。《奏谳书》其他各案可证。本案为上谳案，故郡府吏议与廷报亦应属断狱
		廷报	廷以闻，武当黥为城旦，除视。（简47—48）	廷尉批复

第九节　执行

判决如何执行，取决于判决的内容，并根据处罚罪犯的刑罚内容不同为转移。中国古代的刑罚，就刑事判决而言，包括种类甚多，大致划为剥夺生命的死刑，强迫劳动的劳役刑，以及击打犯人身体的身体刑等。其中，笞、杖属于身体刑，徒刑、流刑属于劳役刑，在执行上有所不同。死刑则是生命刑，执行方法与上面均不同。下面分别就死刑、身体刑、流刑与徒刑等劳役刑的执行略加叙述。

一、死刑执行的文明体现

（一）废除"夷三族"的行刑方法，减少死刑的执行

死刑在商、周时称为"大辟"，春秋战国时期有杀、烹①、醢（hǎi 海）②、轘(huán 环)③、枭首④ 等各种方式；秦代为车裂、腰斩、枭首、磔(zhé 哲)⑤ 和弃市⑥；汉代废除了车裂和磔刑，使刑罚改革走上文明之路。这源于汉初注重反思，并在批判秦朝严刑峻法的重刑主义原则的基础上，建立了比秦代文明的判决执行制度。据《汉书》卷一《高帝纪下》载：刘邦曾于在位期间以"兵不得休八年，万民与苦甚，今天下事毕，其赦天下殊死以下。"韦昭曰："殊死，斩刑也。"师古曰："殊死，绝也，异也，言其身首离绝而异处也"。⑦ 即在刘邦登基天下安定后，他郑重宣布原判处斩刑以下（包括斩刑）的罪犯实行大赦，不再执行死刑。此后汉代又废除了五马分尸的车裂死刑，以及碎断人身的磔刑。这是死刑执行走向文明的起始，对后世产生了重要影响。到吕后当政之时，认为"夷灭三族"（杀死父族、母族、妻族的三族之刑）的族刑过于残酷，曾于高后元年"乃除三

①　烹：用锅煮人的酷刑。

②　醢：古代把人剁成肉酱的酷刑。

③　轘：车裂。古代用车裂人体的酷刑。

④　枭首：古代把人头砍下悬挂起来的一种刑罚。

⑤　磔：古代分裂肢体的酷刑。

⑥　弃市：古代执行死刑，并把尸体示众于市。

⑦　《汉书》卷二三《刑法志》，载《二十五史》，上海古籍出版社1986年版。

族罪，妖言令"。①

另据，《汉书》卷四《文帝纪》载，汉文帝前元十一年五月下诏说："古之治天下，朝有进善之旌，诽谤之木，所以通治而谏者也。今法有诽谤妖言之罪，是使众臣不敢尽情，而上无由闻过失也。将何以束远方之贤良？其除之。"②汉文帝不愧为开明君主，他以诽谤妖言而处死刑的法律，为恶法，必须废除。如此，才能朝野政治通达，臣僚、民众才能直言敢谏，救治国家过误，达成盛世。这些见解与作为反映了他文明的死刑执行观，以及开明的治世思想。

另外，汉文帝二年，"昭丞相、太尉、御史，法者，治之正，所以禁暴而卫善人也。今犯法者已论，而使无罪之父母、妻子、同产坐之，及收。朕甚弗取其议。左右职责相周勃、陈平奏言：'父母、妻子、同产相坐及收，所以累其心，使重犯法也。收之之道，所由来久矣，臣之愚计，以为如其故便'。文帝复曰：'朕闻之，法正则民悫罪，当则民从。且夫牧民而道之以善者，吏也。既不能道，又以不正之法罪之，是法反害于民，为暴者也。朕未见其便宜，孰计之。'"陈平、周勃则说："陛下幸加大惠于天下，使有罪不收，无罪不相坐，甚盛德，臣等所不及也。臣等反奉诏，尽除收律相坐法。"③汉文帝君臣有关族刑连坐相收之法讨论及其废除缩小了死刑执行的范围，使无罪亲属不再处死，使执行文明进入了一个新的阶段，反映出当时人本主义思想发展的高度，以及关注生命的人道主义的新水平。

其后，由于"新坦平谋为逆，复行三族之诛"。④这表明当时的死刑执行又有所倒退。但毕竟在中国刑罚执行史上作了一次重要而有益的尝试。

---

① 《汉书》卷二三《刑法志》，中华书局 2012 年版。
② 《汉书》卷四《文帝纪》，中华书局 2012 年版。
③ 《汉书》卷四《文帝纪》，中华书局 2012 年版。
④ 《汉书》卷四《文帝纪》，中华书局 2012 年版。

（二）实行"秋冬行刑"制度，以利于农业生产

注意行刑时机的选择。起源于周朝的"协日刑杀"，①"协，合也，和也，和合支干善日"，② 就是刑杀要选择适合的日期。

中国古代的天命思想认为，把犯人处死是在执行"天罚"。什么时间执行"天罚"，也要合乎天意。《礼记·月令》载："刑者，阴事也。……人君奉天出洽，当顺天道肃杀之威，而施刑害杀戮之事。"

死刑的执行，具体要选在什么时间，各个历史时期是不同的。在秦汉之前，死刑的执行，据《左传》记载，选择在秋、冬两季，即所谓"尝以春夏、刑以秋冬"。③ 据《礼记·月令》记载，则选择在三秋季节："孟秋之月……凉风至，白露降，寒蝉鸣，鹰乃祭鸟，始行戮。……戮有罪，严断刑，天地始肃，不可以赢"；"仲秋之月……乃命有司，申严百刑，斩杀必当，毋或枉桡，枉桡不当，反受其殃"，"季秋之月……乃趣狱刑，毋留有罪"。孟秋、仲秋、季秋，各为农历的七、八、九月，是秋天的三个阶段。七月，是一年之中开始"行戮"的时间，不得有丝毫的懈怠；八月，可以大兴杀伐，但要"斩杀必当"，违法曲断或有理不申，都是法所不允许的，九月是杀戮扫尾的月份，要求"毋留有罪"。总之，先秦时期，行刑的季节是秋季或秋冬两季。

但在秦朝，死刑的执行，并不拘泥天时，而是随时可以杀戮。④

西汉初，行刑时间定在季秋和三冬，⑤ 即以农历九月、十月、十一月、十二月四个月作为刑杀时间。到了立春，就停止刑杀，东汉章帝时改变行刑

---

① 《周礼·秋官》，中华书局1980年影印版。"乡士掌国中；……狱讼成，士师受中，协日刑杀"，"遂士掌四郊，……狱讼成，士师受中，协日就郊而刑杀"，"县士掌野，……狱讼成，士师受中，协日刑杀。"

② 《周礼·秋官》"协日刑杀"郑注。

③ 《左传·襄公二十六年》，中华书局2007年版。

④ 《后汉书》卷三六《陈宠传》，中华书局2012年版。"秦为虐政，四时行刑。"

⑤ 《后汉书》卷三六《陈宠传》，中华书局2012年版。"萧何草律，季秋论囚，但避立春之月。""汉旧事，断狱报重，常尽三冬之月。"报重：就是处决死囚。

时间，十一月、十二月不再行刑。[1]

汉时，刑杀还要选在“望后利日”[2]才施行。望是月亮最圆的日子，每月农历十五日或十六日为望。利日，本意是吉利日，这里是指最合适的日子。所谓望后利日，就是要在一个月的农历十五日或十六日以后的适当日子，在望日之前，是不准刑杀的。

如前所述，汉代注重行刑时机的选择，反映了中国传统农业社会生产活动的客观要求，不仅适应了农业生产的规律，也使死刑的执行符合了农业文明与自身文明的要求，在当时的历史条件，是值得肯定的。

二、劳役刑的执行

（一）徒刑执行文明

徒刑，是一种拘禁人的身体，役使人的劳役的刑罚。“徒者，奴也”。“徒者，隶也”，[3]因而徒刑又可称为约束犯人的身体强制其劳役的刑罚。

徒刑在我国古代早已有之。殷商之时称为“胥靡”，[4]周代称为“置圜土”和“坐嘉石”，[5]秦汉称为“罚作”[6]，即强迫刑徒犯人服劳役的制度。但徒刑已作为名词出现，“隐宫徒刑者七十余万人，乃分作阿房宫，或作丽

---

[1] 《后汉书·章帝纪》，中华书局 2012 年版。“其定律，无以十一月、十二月报囚”。

[2] 《周礼·秋官》郑注，中华书局 1980 年影印版。“协日刑杀，协，合也。和也。和合支干善日，若今时望后利日也。”田疏：“若今时望后利日也者，月大则十六为望，月小则十五为望。利日，即合刑杀之日也。”

[3] 《广韵》，中华书局 2012 年版。

[4] 《史记·殷本纪》，中华书局 2014 年版。“是时，（傅）说为胥靡，筑于傅险。”

[5] 《吕氏春队·求人》，中华书局 2009 年版。注：“胥靡，刑罪之名也”，《汉书》师古注：“联系使相随而服役之，故谓之胥靡，犹今役囚徒以索联缀耳。”《周礼·秋官·大司寇》；“以圜土聚教罢民”，“以嘉石平罢民”。

[6] 《睡虎地秦墓竹简》，《汉书·刑法志》。又《史记·淮南王安传》注：苏林曰：“一岁为罚作，二岁刑以上为耐，耐，能任其罪。”

山。"① 南北朝各国，有的叫"耐罪"，有的叫"刑罪"，北魏则称为徒刑。②
到北周之时，才正式把徒刑分为五等。③ 此后隋、唐至于明、清，一直沿用
下来，只是刑期有所改变。④

我国古代徒刑执行时，犯人既受严格的人身束缚，又要从事十分繁重的
劳役。

据说商朝的名相傅说，原先被禁闭在北方最边远的一个荒岛上，周围筑
起高高的围墙，他身穿十分粗糙的布衣，与其他徒刑囚犯同拴在一根绳索
上，共同修筑傅岩的城池。⑤

周朝时，徒刑的执行，要将犯人的手、脚甚至颈项拘系牢靠，或者令其
坐在宫门以外的专为反省罪行而设的"嘉石"上，或者关入牢房，还让他们
从事不同期限的劳役，如筑城、铺路、手工业等。《周礼·秋官·大司寇》载：
"凡害人者，实之圜土而施职事焉"，"桎梏而坐诸嘉石，役诸司空"。⑥ 在当
时，坐嘉石服劳役则分五等：最重的要坐十三天，服役一年。其次是，坐九
天，服役九个月。其次坐七天，服役七个月。再次，坐五天，服役五个月。
最轻的是坐三天，服役三个月。

秦汉曾规定"髡钳城旦舂"刑等劳役刑，就是把徒刑犯人剃光头发，用
铁钳锁住颈项，强迫男犯去修筑长城，妇犯做舂米等后勤工作。另有鬼薪白
粲刑，即到国家寺庙等处劳役，男犯上山拾柴烧炭，女犯舂米服务。近年洛
阳出土的东汉年间大批的刑徒墓砖，就是刑徒们服劳役过于繁重而致死的历

---

① 《史记·秦始皇本纪》，中华书局 2014 年版。

② 《魏书·高祖本纪》："太和十六年五月癸未，诏群臣于皇信堂更定律条，流徒限制，帝亲
临决之。"《甄琛传》，"不实不忠，实合贬黜，谨依律科徒"。

③ 《隋书·刑法志》，中华书局 1997 年版。载：北周的五刑之中，"三曰徒刑五：徒一年者，
鞭六十，笞十，徒二年者，鞭七十，笞二十，徒三年者，鞭八十，笞三十，徒四年者，
鞭九十，笞四十，徒五年者，鞭一百，笞五十。"

④ 隋、唐、明、清，徒刑五等为：一年、一年半、二年、二年半、三年。

⑤ 《墨子·尚贤》，中华书局 1993 年版。"昔者，傅说居北海之州，圜土之上，衣褐带索，
庸筑于傅岩之城"，北海，是北方边远地方的泛称。

⑥ 《周礼·秋官·大司寇》，中华书局 1980 年影印版。

史见证。

关于刑徒劳役的期限，《汉旧仪》卷下有所记载："凡有罪，男髡钳为城旦。城旦者，治城也。女为舂。舂者，治米也。皆作五岁。完，四岁。鬼薪，三岁。鬼薪者，男当为祠祀鬼神伐山之薪蒸也；女为白粲者，以为祠祀择米也。皆作三岁。罪为司寇，司寇，男守备，女为作如司寇，皆作二岁。男为戍罚作，女为复作，皆一岁到三月。"①

汉代经文景帝刑制改革后，将西周以来肉刑中的墨刑，这种终身耻辱而阻绝再生之道的野蛮刑罚，改革成为劳役刑，使犯人经过几年的劳役，可以返回故里。这种刑罚既使受刑人免除耻辱的肉刑，又发挥了劳动能力，创造了劳动价值，而且使受刑人在刑满之后，可以同正常人一样地生活。这与野蛮的肉刑相比，在刑事执行上，不能不说是一个进步，同时也体现了中国汉代在执行上的文明特征。

（二）流刑执行文明

古代流刑，有时叫徙，又叫迁。这种刑罚起初是作为死刑代用刑来使用的。据《后汉书·明帝纪》载：东汉明帝时曾发布诏令，将死罪囚犯减刑一等，发遣到西北敦煌、武威、张掖、酒泉等边塞要地去屯戍。②另据《后汉书》载："躬上封事曰：'圣恩所以减死罪，使（徙迁罪犯）戍边者，重人命也。'"这段史料表明汉代把流刑作为死刑的代用刑，由来已久。但是，到了东汉，社会矛盾突出以后，犯罪现象日趋严重，流刑的执行情况也发生了重要变化。即所谓："今死罪亡命无虑万人，又自赦以来，而诏令不及，皆当重论。伏惟天恩莫不荡宥，死罪已下并蒙更生，而亡命捕得独不沾泽，臣以为赦前犯死罪而系在赦后者，可皆勿笞诣金城，以全人命，有益于边。"③ 这就是说，东汉后期被判死罪而私下逃亡的犯人，不少于

---

① （东汉）卫宏：《汉礼器制》，中华书局 1985 年影印版。
② 《后汉书》卷二《明帝纪》，中华书局 2012 年版。
③ 《后汉书》卷四六《郭躬传》，中华书局 2012 年版。

万人。他们往往赶不上皇帝赦令的下达，就被从重处罚。于是臣僚建言说，可以让皇帝赦令前犯死罪者，而在赦令下达后被捕获的，有生还的机会。都可以不用笞刑，迁发边塞要地，服劳役。这样不仅全活其生命，也有益边防的守卫。这种建言，反映了东汉时期流刑执行上的一些重要变化，而这种变化，正好反映了以流刑执行代替死刑执行，文明的执行表现。

当然，在流刑执行上也有例外情况。东汉末年，皇帝年幼，宦官把持朝政，对正直官员诬陷打击报复。汉灵帝时，"司徒刘郃与阳球议收案张让、曹节，节等知之，共诬白郃等。遂收球送洛阳狱，诛死，妻子，徙也"。①东汉末年，十常侍张让、曹节等欺上瞒下，为非作歹，造成朝政严重混乱。作为司徒的刘郃与狱官的阳球商议拘捕十常侍问罪。但消息漏泄，反遭十常侍的诬陷。其中阳球先被收监洛阳狱，后被判处斩刑。其妻与子等被判处徙边流刑。由此可见，同是汉代，到了东汉灭亡前夕的灵帝年间，刑罚的执行出现了严重的混乱。无罪的官吏受诬陷判处死刑，而妻与子无故被发遣至边塞，服苦役。从而反映出流刑执行的重大变化。

三、身体刑的执行

汉代在文景时期刑制改革之后，有一个重大的进步，就是以往劓刑、斩左趾等摧残肌体的残忍的执行方法被废除。最终代之以比较文明的身体刑执行方法。

这种执行方式也经历了一个改革的渐进与实验的过程。起初汉文帝由于缇萦上书，认识到"令人有过，教未施而刑已加焉，或欲改善行为，而道亡由至"。他痛斥以往肉刑的执行方法："刑至断支体，刻肌肤，终身不息，何其痛而不德也。"他下令："其除肉刑，有以易之；及令罪人各以轻重，不

---

① 《后汉书·酷吏传·阳球传》卷七七，中华书局2012年版。

亡逃，有年而免，具为令。"其后，正式公布为："诸当完者，完为城旦春；当黥者，髡钳城旦春；当劓者，笞三百；当斩左趾者，笞五百；斩右趾者……弃市。"① 但执行的结果不理想，反而有副作用。即所谓"外有轻刑之名，内实杀人。斩右趾者又当死，斩左趾者笞五百，当劓者笞三百，率多死"②。

其后，景帝进一步改革身体刑的执行方式，使身体刑的执行走向文明。其主要表现为：第一，对执行笞刑的刑具——笞板，作出严格规定。"笞者，箠长五尺，其本大一寸。其竹也，末薄半寸，皆平其节。"③ 即统一刑具——笞板的规格，用定制竹板，并磨平竹节，用来执行，减少对犯人身体的伤害。

第二，对行刑的部位也有明确的规定，《汉书·刑法志》载："当笞者，笞臀。"唐颜师古注说："然则先时笞背也。"这说明先秦时笞的受刑部位是背，汉朝笞的受刑部位是臀。在臀部用刑，恢复快，不有碍观瞻，不失为文明之举。

第三，通过文景帝的刑制改革，减轻了击打次数。规定劓刑最终改为笞一百，斩左趾最终改为笞二百。并严格要求行刑人，一人执行到底，不得中途换人。这样，就使得西周以降的墨刑、劓刑、刖刑等残酷摧残人的肌肤与肉体的酷刑，改变为用规范笞板击打犯人身体的身体刑。这种改变是刑罚执行上的文明表现，不但保存了犯人的劳动力和创造劳动价值的能力，而且使他们减轻了因肉刑所带来的终生耻辱与各种痛苦，这不能不说是历史上的进步。

---

① 《汉书》卷二三《刑法志》，中华书局 2012 年版。
② 《汉书》卷二三《刑法志》，中华书局 2012 年版。
③ 《汉书》卷二三《刑法志》，中华书局 2012 年版。

第十节　监狱管理

一、具有文明色彩的狱政思想

汉代从高祖开始，在"天下苦秦酷法久矣"的社会历史条件下，从仁政的角度提出了"宽缓刑狱"这一总的法律思想。这一法律思想在狱政思想上得到具体的体现，进而形成了汉代"恤刑、悯囚"等原则和实施措施，并最终得到法律上的肯定。

（一）恤刑悯囚的人道思想

所谓"恤刑"，也就是"慎刑"，就是说，用刑要慎重而不滥用，以免造成冤狱。《尚书·舜典》："惟刑之恤哉。"唐人孔颖达疏曰："忧念此刑，恐有滥失，欲使得中也。"按孔氏"恐有滥失，欲使得中"① 的解释，则所谓"恤刑"者，是说既不要造成冤枉，也不要放纵罪犯，使得不滥不失，刑罚得中。不过，从汉代有关"恤刑"的一些法令中可以看出，它具有"慎刑"和"悯囚"这两层的含义。一是对尚未判定的狱案，特别是疑狱，要详慎，务使不滥不失，刑罚得中；一是对已经判定的狱案，也要本着"任德教而不任刑""以仁义教化为主，刑罚为辅"的精神原则，体恤或宽容囚徒。汉代从高祖开始，在"宽缓刑狱"这一总的狱政思想的支配下，"恤刑悯囚"的措施和立法日见增多，如《汉书·景帝纪》载景帝后元三年（前141）令"年，八十以上八岁以下，及孕者未乳师侏儒当鞠系者，颂系之"。对上述各类人犯罪，实行宽待措施，而不加施械具。又如《汉书·宣帝纪》载宣帝地节四年（前66）九月诏："今系者或以掠辜若饥寒，瘐死狱中，何用心逆人道

① 《尚书·舜典》，中华书局1998年影印版。

也，朕甚痛之。其令郡国岁上系囚以掠笞者所坐名县爵里，丞相御史课殿最以闻"。这就为散禁老幼的颂系制以及定期审查再押人犯的录囚制的建立奠定了法律基础。此外，还有宽待狱囚的一些具体措施。例如对死囚无子者，允许妻子入狱，待怀孕后，妻子可以回归生子。"鲍昱为沘阳长，县人赵坚杀人系狱，其母诣昱，自言年七十余，唯有一子，适新娶，今系狱当死，长无种类，涕泣求哀。昱怜其言，令将妻入狱廨止宿，遂妊身有子"①。《后汉书·吴祐传》也有类似的记载。又如"虞延除细阳令，每年岁时伏腊辄遣囚各归家，囚并感其恩，应期而还"②。这多少反映出这一狱政思想在监管实践中的重要作用。

（二）"秋冬治狱、春夏缓刑"的狱政思想

鉴于秦代二世而亡，汉初君臣曾深刻批判秦代暴政，认为："秦为虐政，四时行刑"③。即认为秦代不分时间、场合，滥用刑杀手段，是其暴政残民的具体表现，必须从理论与实践两个方面加以改革。其中，在治狱的理论上，提出用阴阳五行、天人感应的学说来阐明监管的理念，并指导治狱的实践，从而逐步实现了狱政思想与实践的儒家化。"秋冬治狱、春夏缓刑"这一思想最早为萧何所倡导。"肖何草律，季秋论囚"④，但是，汉代"秋冬行刑"的制度，最终是在汉武帝"独尊儒术"之后正式形成。汉代从中央到地方，各级司法机关多在秋冬治狱，从逮捕、审判到处决，多在秋冬进行。据《后汉书·章帝纪》载：元和二年汉章帝诏谓"王者生杀，宜顺时气，其定律无以十一月十二月报囚"。这表明汉代秋冬论囚的制度已经开始法律化、制度化。傅贤迁廷尉，"每断冬至狱，迟徊流涕"⑤。《后

---

① 《太平御览》卷六四三，中华书局 1960 年影印版。

② 《太平御览》卷六四二，中华书局 1960 年影印版。

③ 《后汉书》卷三六《陈宠传》，中华书局 2012 年版。

④ 《后汉书》卷三六《陈宠传》，中华书局 2012 年版。

⑤ 《太平御览》卷二三一，中华书局 1960 年版。

汉书·虞诩传》也说："祖父经为郡县狱吏，案法平允，务存宽恕，每冬月上其状，恒流涕随之"。这两个案例反映出汉代狱官慎重刑杀，关注生命的人道主义的文明意识。汉代的"秋冬治狱"，一方面是"春生秋杀、重德轻刑"思想的具体应用，另一方面也是"劝农"的需要。"方春东作，宜及时务。二千石勉农桑，弘致劳来。……罪非殊死，须立秋案验"①。这说明汉代治狱与农业生产规律相适应，故有利于农业生产。汉初治狱，沿袭秦代常常牵连很广，"一人犯罪，禁至三属"②，不仅本犯要逮捕入狱，凡与该案有涉者，有时甚至证人，也要入狱验证。而且治狱时间长，久拖不决。对农业生产造成严重影响。因而，秋冬治狱，春夏缓刑。既是汉代改革秦代暴政的重要举措，也符合农业生产的季节性要求，是有益的举措。但这一规定又具有相对的意义，它只适用于一般性的死罪囚犯。凡是危及皇权的刑狱要犯，也就不分春夏秋冬，实行决不待时的原则，立即处死。

由上可知，"秋冬行刑"的思想，原本是汉代为消除秦代暴政而确立的刑杀思想。汉代统治者奉行"秋冬行刑"的狱政思想，虽本于"天人感应""阴阳五行"之说，用以表明自己的统治为"代天行道"与"君权神授"，并由此证明自己的刑杀制度的合理性与合法性。而在自给自足的中国传统农业社会中，这一思想则在客观上反映了农业季节性生产的客观要求，适应了农业生产的规律。

所以汉代"秋冬行刑"的思想，较之秦代"四时行刑"的思想，是比较文明的狱政思想。因为这种思想不仅符合农业生产"春播、秋收、冬闲"的客观要求，而且也不因审理杀人罪犯，牵连证人与亲属，而影响到农事活动。所以，从客观上讲，这种思想有其值得肯定的文明性质。

---

① 《后汉书》卷三《章帝纪》，中华书局 2012 年版。
② 《后汉书》卷三《章帝纪》，中华书局 2012 年版。

二、东汉的狱制改革

东汉光武皇帝，长于民间，颇达情伪。他深知西汉武帝后期，乃至西汉末年，由于用刑深刻，造成大量的冤假错案。他决心改革承秦而来的西汉狱政体制以及管理制度，用以减少监狱弊端，改善监管人犯的待遇。他在即位之初的建武二年，曾下诏大赦天下，并说："顷狱多冤人，用刑深刻，朕甚愍之。"① 建武五年复下诏说："狱多冤结，元元愁恨，……务进柔良，退贪酷。"在东汉光武帝统治期间，经常留心监狱情况，"常临朝听讼，躬决疑事"，② 即根据冤狱丛生，在押人犯惨遭虐待的具体情况，决心改变用人机制，通过吸纳贤良儒臣治狱，清退贪酷狱吏的用人制度，改善监狱的状况。与此同时，进一步改革狱政体制，加强狱政管理。

东汉光武帝变革狱制的中心问题，是要撤销西汉武帝以来建置的二十六所中都官狱，只留下廷尉诏狱和洛阳诏狱。这次狱制的变革，不仅精简了司法机构，而且在官员和职掌方面也都进行了调整。廷尉狱是国家直属监狱。廷尉寺，是掌管刑狱的最高司法机关。凡郡国上奏重大疑难案件（谳疑罪），都归廷尉处理并将结果上报皇帝。即"廷尉当理疑狱"③，还掌平决诏狱事宜。即还负责平反冤假错案的重任。西汉时，廷尉卿一人，下设正、左右监各一人，宣帝地节三年（前 67）增设左右平四人。到光武帝时省去右监、右平，而只留下左监、左平各一人。在职掌上，汉初廷尉狱先是具有主治将相大臣狱案的权限，如绛侯周勃有罪，逮下廷尉诏狱。武帝设置中都官狱后，则改由若卢诏狱主理将相大臣的案件。东汉光武帝撤销中都官狱，把若卢诏狱主理将相大臣案件的职权交还给了廷尉狱，使狱政管理重返正确的轨道。西汉的长安县狱，原非诏狱，光武帝将属于河南尹的洛阳狱升为主理庶人的诏狱。和帝永元六年（公元 94）因洛阳监狱冤案丛生，决定驾临洛阳寺，录

---

① 《后汉书》卷一《光武帝纪》，中华书局 2012 年版。
② 《后汉书》卷一《光武帝纪》，中华书局 2012 年版。
③ 《汉官六种·汉官解诂》，中华书局 2008 年版。

囚徒、举冤狱，收洛阳令下狱抵罪，与之相关联的司隶校尉、河南尹皆左降一级。沈家本说："不幸廷尉而但幸洛阳寺，殆寻常狱讼皆归洛阳不之廷尉也"①。其意是说，汉和帝不赴廷尉寺狱，而去洛阳寺狱，原因是一般狱讼出现冤案都是洛阳寺监狱造成的，与廷尉寺狱无关，没有录囚平反的必要。

经过这次狱制变革，一是监狱由多而少，由繁而简。这也反映了东汉初年，天下初平，慎重刑狱，狱情较为平缓的现实。二是改变了中都官狱由各官署长官兼理刑狱随意处置的弊端，而复由专职的刑官来管理，改变了"鸿胪之诏狱，则是置狱于少府之属，不复典于刑官矣"②的状况。这使得专职狱官管理狱政，从而再次进入汉代正常有序的司法轨道。减少了不少冤案错案。到了和帝永元九年（公元97），复置若卢狱官。不过，这次复置的若卢狱，由西汉属之少府而改为属于廷尉。是由于当时寻常讼狱渐多、洛阳一狱不能容纳而恢复的。这是一种正常的调整，有助于一般案件的审理结案。安帝永初二年（108），邓太后驾临洛阳寺及若卢狱录囚徒，说明若卢狱同洛阳狱一样，因一般人犯罪的数量变大，其职能不得不做出变更。东汉末年，党锢之狱再起，又设黄门北寺狱，由宦官中常侍主管。宦官干预司法，主持审判，形成了司法活动严重混乱的局面，光武帝狱政改革的成果付之东流。

光武帝省并中都官狱后，而中部官狱之名，又屡见于以后诸帝的诏令中，如"诏中都官、三辅、郡、国出系囚"。这里的中都官与西汉的中都官，其含义已有不同。如东汉的中都官狱，是包括设在京师的廷尉诏狱和洛阳诏狱，以及后来复置的若卢狱和黄门北寺狱。

此外，光武帝变革狱制，还在监狱管理上体现了"平缓刑狱"的精神。建武二十八年（公元52）以前，屡次下诏减刑和弛刑。如建武五年、七年下令"出系囚，罪非殊死，一切勿案，见徒免为庶人"。建武二十二年令：

---

① 《沈寄籍先生遗书》甲编《狱考》，中国书店1990年版。

② 《大学衍义补·制刑狱之具》，吉林出版社2005年版。

"徒皆弛解钳,衣丝絮。"有条件地让服劳役的刑徒脱免刑具,即于受伤处裹上帛丝,减轻痛楚。这些宽待在押犯,释放轻刑犯,脱解刑具等方式,改善了狱囚的待遇,减轻他们的刑期。建武二十八年和三十一年,接连两次诏令"死罪系囚皆一切募下蚕室,其女子宫"。即宣布用宫刑代替死刑。[①] 宫刑固然残酷,但毕竟是以轻代重,化死为生。这些措施虽然是临时的规定,而不是长久的制度,但明帝永平八年、章帝建初七年、和帝永元八年,均有以宫代死的诏令。表明汉代统治者继文景帝后,又开始继续探索死刑代用刑的办法,这在东汉的历史条件下,具有其积极的意义和文明的价值。此外,东汉的帝、后多次录囚徒、理冤狱,州、郡、县的官吏也都以录囚、理冤狱而为史书称道。

东汉的狱制改革与录囚活动的制度化,表明当时的改革是成功的,也是狱政管理走向文明的具体表现。并且深刻地影响了封建后世。

三、监狱管理

(一)监管人员的职业化

汉代属于早期封建国家,当时的监狱管理有着时代的特色。是在秦朝的基础上,逐渐形成一套比较完备的监狱管理制度,并最终实现了监管人员的职业化。西汉武帝以后,伴随法律的儒家化,汉朝统治者在选人治狱方面有重要变化,不再由军尉治狱,而改为儒臣与贤良治狱,使监管人员的素质有了很大提升,监管的水平也有所提高。从而开始了监管的职业化的进程,对后世也产生了深刻的影响。

两汉监狱有一个完整系统的管理网络。从中央到地方的各级监狱,各由其上级机关管辖,中央廷尉寺长官有正卿少卿;中都官各狱有署令与署丞,下面附属少府、宗正各职;京畿长安县狱有长安令;东汉洛阳各狱有司隶校

① 《后汉书·光武下》卷一,中华书局 2012 年版。

尉、河南尹和洛阳令等分别统辖。地方有郡县两级。郡有郡守，县有县令，他们都是行政官兼理刑狱，一身而二任。此外，各级大小监狱均有专职的管理人员，如狱吏、狱掾等专职负责监狱的管理工作。从而从中央到地方构建起职业化的监狱管理网络。这与以往的粗放管理和军尉治狱相比，有明显进步。

（二）监管文明

1. 监管活动的规范化

汉代对于监管工作日益规范化。首先规定了监狱范围，凡徒刑犯人到指定地点后，先规定了劳役范围，并在规定区域中劳役。只有待决的人犯才入监看管。即所谓"罪已定为徒，未定为囚"[①]。犯人逮捕入狱后，拘禁在监牢里。在押人犯统称之为"系囚"，也称之为囚徒。对囚徒有严格的系囚制度。

为了防止犯人逃亡，囚犯一般都戴狱具，着囚衣，"魏其，大将也，衣囚衣。关三木"[②]。魏其侯窦婴是位大将，在狱中也要穿上囚衣，戴上桎梏等三种狱具。近年来在景帝阳陵的刑徒墓中发现了钳钛，说明刑徒在服役劳动期间，仍要戴上狱具。根据汉朝规定："诸囚徒私解脱桎梏钳赭，加罪一等；为人解脱，与同罪。"[③]汉朝出于强化狱政管理的需要，严格了警戒制度，凡是狱中囚徒私自解脱狱具囚衣者，据律罪加一等，为他人解脱者与同罪。

与此同时，汉律明文禁止囚徒与人交往，违者治罪。东汉时，河东太守焦永"以事被考，诸弟子皆以通关被系"[④]，另外，"陈咸知云亡命罪人，而与交通，上于是下咸、云狱，减死为城旦"[⑤]，陈宠"坐诏狱吏与囚交通抵罪"[⑥]。系囚在狱监禁，允许家属探监，但探监受到严格的限制。凡涉及政治

---

① 《太平御览》卷六四二《张斐律序》注，中华书局 1960 年影印版。

② 司马迁："司马迁报任少卿书"，载《中国成语翻译》，中华文本库版，第 46 页。

③ 《汉书》卷九〇《酷吏传·义纵传》孟康注，中华书局 2012 年版。

④ 程树德：《九朝律考·汉律考》，商务印书馆 2010 年版。注：通关，谓交通，关涉也。

⑤ 《汉书》卷六七《朱云传》，中华书局 2012 年版。

⑥ 《后汉书》卷三六《陈宠传》，中华书局 2012 年版。

性的重大犯罪，往往禁止亲属申请入狱探视，以防不测。

2. 管理文明的表现

（1）"呼囚"制度

即在结案的时候，传呼囚徒，宣读判决，向他宣布罪状。如狱囚觉得冤枉，可以请求再审。申请再审的，应当允许。即"狱结竟，呼囚鞠语罪状，囚若称枉欲乞鞠者，许之"①。

（2）颂系制度

颂（音容）系，为汉朝监狱管理文明上的重要体现。要求对老幼残疾人犯，实施不戴桎梏散禁的制度。颜师古注："颂读曰容，容，宽容之不及鳏寡等人桎梏。"② 如淳注："颂者容也，言见宽容，但处曹吏舍，不入狴牢也。"③ 即说对他们不监禁在牢房，而是放在监管人员的宿舍加以看管。汉朝有关颂系的监狱立法始于景帝。景帝后元元年（前143）下诏："高年老长，人所尊敬也；鳏寡不属逮者，人所哀怜也。其著令：'年八十以上，八岁以下，师、朱儒当鞠系者，颂系之'。"④ 宣帝元康四年（前62）也下诏令："朕念夫耆老之人，发齿堕落，血气即衰，亦无暴逆之心，今或罹干文法，执于囹圄，不得终其年命，朕甚怜之。自今以来，诸年八十非诬告杀伤人，它皆勿坐"⑤。由于受到儒家尊老怜幼的德政思想的影响，汉代从景帝开始对老幼、师长、侏儒、鳏寡等弱势人员实施带有文明性质的宽待措施，从而体现了监管的人道主义精神。与此同时，也应看到颂系诏令所宽容的对象，都是一些幼弱、老耄、盲人乐师和侏儒等老弱残疾，对他们实施宽容措施不致危及封建统治。这对于统治者来说，是利大于弊的，有利于社会秩序

---

① 程树德：《九朝律考·汉十考》，商务印书馆2010年版。

② 《汉书》卷二三《刑法志》，中华书局2012年版。注。师古曰："械在手曰梏，两手用械曰挚，在足曰桎"。

③ 《汉书》卷二《惠帝纪》，中华书局2012年版。

④ 《汉书》卷二三《刑法志》，中华书局2012年版。师古注曰："师系师盲瞽者，朱儒，短人不能走者。"

⑤ 《汉书》卷二三《刑法志》，中华书局2012年版。

的稳定。

（3）孕妇缓刑制

景帝后元三年（前141）下诏："孕者未乳，当鞠系者，颂系"①，即对孕妇未生待乳者，应监禁的实行散禁。如"王莽执（其子）宇送狱，饮药死。宇妻焉怀子，系狱，须产子已杀之"②。即规定女犯怀孕未产，必须产后依法执行死刑。而不得怀孕期间行刑，否则要追究有关人员的刑事责任。另外，汉代还有弛刑的规定。弛刑就是罪人罪轻，看管时不加戒具钳钛。后汉光武帝建武二十二年，"令徒皆弛解钳，衣丝絮"③。谓弛者：即解除钳与脚镣交保而散禁。同时也改变旧法的规定，凡属徒役者有伤者可以身穿丝絮，而不必着囚服。

（4）录囚制度

录囚，肇始于西汉。它是汉代皇帝皇后以及各级长官巡视监狱，监督监狱管理，平反冤狱的一项制度。西汉时期"京兆尹隽不疑，每行县录囚徒，不疑多有所平反"。同时，他对"县邑囚徒皆阅录视，参考辞状，实其情伪，有侵冤者即时评理"④。隽不疑在担任京兆尹官职时经常巡视各县监狱，查阅口供有冤案的，及时平反。而皇帝与皇太后审录囚徒的制度，则起自东汉明帝时期，明帝率先垂范，亲临断狱，录囚徒，平反冤狱。楚王叛乱后，被逮入狱，由于捕系人众，造成大量冤案，寒朗极力谏诤，马后也乘间言劝，明帝有所省悟，遂到洛阳诏狱录囚徒。赦免了一些无故被牵连的亲属和百姓。此后，汉代帝、后亲临录囚，理冤平反者，形成了一种固定的制度，屡见而不鲜。

汉朝的官僚贵族犯罪，一般说来，不仅可以享受年老者犯罪的各项宽容

---

① 《汉书》卷二三《刑法志》，中华书局2012年版。师古注曰："乳，产也。"
② 《汉书》卷九九《王莽传》，中华书局2012年版。
③ 《九朝律考·汉律考》，商务印书馆2010年版。
④ 《汉官解诂》引《续汉志补注》《隋书·经籍志》《新唐书·艺文志》《二十五史》，上海古籍出版社1986年版。

措施，而且因为他们有不同于众庶的身份和地位，可以依据"官当"或"上请"的规定，得到更为宽容的待遇。诸如有罪先请而后逮，汉高祖刘邦曾经"令郎中有罪耐以上，请之"①。即对郎中以上犯罪官吏，实行宽待，允许他们向皇帝提出请求，减轻处罚，在狱中不加钳钛等械具，安置在曹吏舍而不入狴牢。惠帝即位之初，"爵五大夫吏六百石以上，及宦皇帝而知名者，有罪当盗系者，皆颂系"②。即当长吏、贵族以及做官而为皇帝所知名，有罪恐其逃亡而着械者，都宽容之不加钳钛刑具。

（5）医疗制度

囚徒病于狱中或服役的处所，官府给医药治疗。死于狱中或服役处所，无家归葬者，由官府埋葬。桓帝建和三年（149）诏："又徒在作部，疾病致医药，死亡厚埋葬"③。洛阳东汉刑徒墓中发现了大量的刑徒墓砖，这表明刑徒死后，汉代实行官葬刑徒制度，并为死去的刑徒立一墓砖，表明埋葬之处。为了对狱吏的虐囚行为加以限制，宣帝制定了"岁上死囚，课以殿最"的制度。地节四年（前66）他下诏："今系者或掠辜若饥寒，瘐死狱中，……其令郡国岁上系囚以掠笞若瘐死者所坐各县爵里，丞相御史课殿最以闻"④。也就是规定了狱吏考核制度，凡是掌狱官吏对囚犯狱囚，笞掠过当或使之饥寒、疾病而死者，每年将死者姓名、所居各县、邑、爵位上报，丞相御史考核狱吏优劣，上奏皇帝加以严肃处理。

汉朝监狱管理是在结束秦代暴政之后，而开启文明监管的新时期，也为隋唐各代狱制的完备奠定了重要基础。

（三）监管存在的弊端

两汉监狱管理有进步文明的方面。与此同时，还须指出，当时的监狱管

① 《汉书》卷一《高帝纪》，中华书局 2012 年版。
② 《汉书》卷二《惠帝纪》，中华书局 2012 年版。注，"五大夫，第九爵也"。
③ 《后汉书》卷七《桓帝纪》，中华书局 2012 年版。
④ 《汉书》卷八《宣帝纪》，中华书局 2012 年版。

理也存在着严重弊端。

第一，在一些时期两汉狱官以狱为市场，公开收受贿赂，狱治表现得十分黑暗。汉文帝后元四年（前160），有人告绛侯周勃欲反，逮下廷尉诏狱，深受狱吏的侵辱。周勃在别人指引下，才明白用钱贿赂的方法。于是以千金贿赂狱吏。狱卒告诉他只有以财宝贿赂窦太后的长公主，才能摆脱牢狱之灾。周勃照此办理，得以走出监狱。他对此感慨万分，曾说道："吾尝将百万军，安知狱吏之贵也。"① 韩安国是梁孝王的中大夫，其后坐法抵罪。狱吏田甲侮辱安国。安国说："死灰独不复燃乎"？田甲说："燃即溺之"②。贿赂狱吏，就可以免去牢狱之灾，反之，就可能被折磨致死。

第二，摧残犯人，手段无所不用其极。汉武帝后期，李陵得不到后方援军，苦战不脱，被迫投降匈奴，司马迁为之辩解，武帝怒将司马迁下狱并使他受腐刑的折磨。司马迁在狱中深受狱吏之苦，深知狱吏之害。他在《报任少卿书》中说："猛虎在深山、百兽震恐。及在槛阱，摇尾而求食。……今交手足，受木索，暴肌肤，受榜箠，幽于圜墙之中。当此之时，见狱吏则头抢地，视徒隶则心惕息。周勃因于清室。魏其衣赭衣，关三木，季布为朱家钳奴。灌夫受辱于居室。"从司马迁和其他大臣的遭遇中，可见监禁手段的严酷。就连汉初的开国将相大臣，一旦入狱就遭酷刑折磨。狱吏对待一般狱囚，就更残酷。对于监管上的弊端，汉代君臣心知肚明，只能处理个别狱官了事，根本无法解决监狱管理上的贪腐与刑讯逼供等严重问题。东汉安帝时，邓太后驾临洛阳寺，以便省察庶狱，平反冤狱。有名叫做杜泌的囚犯，因拷掠过于残酷，被迫自诬杀人。见邓太后仍畏吏不敢自白。太后察觉后，讯问清楚，了解到这起案件是洛阳令严刑逼供所致。于是将洛阳令下狱抵罪，河南尹受左迁处分③。汉宣帝时，廷尉路温舒上疏论监狱弊端时说："秦有十失，其一尚存。治狱之吏是也……《书》曰：'与其杀不辜，宁失不经。'

① 《汉书》卷四〇《周勃传》，中华书局2012年版。
② 《汉书》卷五二《韩安国传》，中华书局2012年版。
③ 《太平御览》卷六四二，中华书局1960年影印版。

今治狱吏则不然，上下相驱，以刻为明，深者获公名，平者多后患。故治狱之吏皆欲人死，非憎人也，自安之道，在人之死。……故天下之患，莫深于狱"。①揭露了汉朝治狱之吏的腐败和手段的严苛。应当指出，汉代曾经总结秦朝十大为政失误，其一为狱吏严酷。对此，曾选择儒臣贤良充当狱官，改善狱政，使监狱管理有了明显进步，也表现出文明的特点，但到社会动乱，或矛盾尖锐，犯罪现象严重，或统治阶级内部矛盾激化，监狱成为折磨摧残狱囚的人间地狱，不仅贪污贿赂公行，而且为求自保，狱官采取各种手段拷打犯人，无所不用其极，给狱囚带来了无尽的苦楚，充分反映了当时狱治的黑暗状况。

---

① 《汉书》卷五一《路温舒传》，中华书局 2012 年版。

第三章　秦汉司法文明精神及其影响

第一节　秦汉司法文明比较

一、理论原则的异同

（一）秦代司法原则的法家化

1."以法为本""事断于法"的司法原则

秦国在商鞅变法以后，法家的思想理论一直占据国家的统治地位。到秦始皇统一中国，建立秦王朝后，崇尚韩非等法家代表的学说，厉行封建法治，形成了有别以往的司法原则。

战国时期的商鞅、慎到、申不害等法家代表人物，都从不同角度论证了封建的法制原则，对当时的秦国产生了重要影响。韩非则集法家思想的大成，提出更加完备的封建法治理论。他说："先王以道为常，以法为本，本治者名尊，本乱者名绝"①。"国，无常强，无常弱。奉法者强则国强，奉法者弱则国弱"②，"明法者强，慢法者弱。"③韩非的理论最能符合秦始皇的意

---

① 《诸子集成·韩非子集解》，《韩非子·饰邪》，中华书局 1954 年版。
② 《韩非子·有度》，引同上书。
③ 《韩非子·饰邪》，引同上书。

愿，当他见到韩非所著《孤愤》《五蠹》等论著时，曾兴奋地说："嗟乎！寡人得见此人与之游，死不恨矣！"韩非"以法为本"的理论得到秦始皇的肯定后，不但成为秦朝的立法、行政的原则，也成为司法的重要原则。他主张封建法律是司法机构审判案件的唯一标准，坚决排除儒家"礼治""德治"以及"息讼"学说的影响。韩非就明确提出："儒者以文乱法"，他主张对儒家学说采取禁绝的方针，即"禁其行"，"破其群"，"散其党"，不容许儒家学说扰乱司法审判工作。另外，秦朝不但奉行"以法为本"的原则，而且要求坚决贯彻"事断于法"的精神。秦朝主张"治道运行，诸产得宜，皆有法式"，建立诉讼审判所应遵循的各项原则与制度。要求各级审判官吏坚决加以执行。《睡虎地秦墓竹简·尉杂》中录有"岁雠辟于御史"的规定，要求廷尉等中央司法长官每年都需去御史府核对刑律。其《内史杂》则录载了"县各告都官在其县者，写其官之用律"的法律规定，即要求治理京师的内史下辖各县长官应通知设在该县的都官，抄写该官所使用的法律，以便于对县级官吏是否依法处刑进行司法监督。

与此同时，要求各级司法官吏本着"以法为本""事断于法"的原则，正确处理各类案件，如有违背，要追究司法官吏的法定责任。为此，还专门规定了"不直"罪、"纵囚"罪与"失刑"罪等，用以维护法律的严肃性以及"事断于法"的精神。

2."重刑处断"的原则

秦国自商鞅变法以来，一直奉行"重刑处断"的原则，不但在立法上如此，在司法上也同样如此。秦国强调在处罚犯罪上，坚持"行刑重其轻者，轻者不生，则重者无以至矣"的处刑方针，从重惩轻罪入手，严厉处断各类犯罪案件。韩非则认为"重刑处断"原则的实行，还可以起到威慑犯罪的作用。他认为"刑盗，非治所刑也。治所刑也者，是治胥靡也。故曰：重一奸之罪而止境内之邪，此所以为治也。重罚者，盗贼也；而悼惧者，良民也；欲治者，奚疑于重刑"①。在这一原则的指导下，秦朝司法制度愈益表现出严

---

① 《诸子集成·韩非子集解》，《韩非子·六反》，中华书局1954年版。

酷性。以至于实施"有敢偶语《诗》《书》者弃市，以古非今者族。吏见知不举者与同罪"①。另外，《秦简》中随处可见"黥劓城旦"及"斩左右趾"的规定。桓宽《盐铁论》载："秦时，劓鼻盈累，断足盈车"。《三国故事》也说："始皇时，隐宫之徒至七十二万：所割男子之势，高积成山"。这类记载可能有夸大之处，但秦王朝在司法上"乐以刑杀为威"，动辄使用酷刑，确实是存在的，而且造成了严重的后果。正如后汉班固所总结的那样，"至于秦始皇兼吞战国，遂毁先王之法，灭礼谊之官，专任刑罚"②。而至秦二世，刑罚使用更加酷滥，进一步加剧了社会矛盾，促使秦王朝二世而亡。

3."无小大皆决于上"的原则

商鞅、韩非作为法家代表人物，坚持认为统治的大权必须总揽于皇帝，而不能旁落臣下之手。并认为这是巩固地主阶级专政，预防各种社会犯罪的关键。商鞅以为欲要顺利推行垂法而治，必先树立君主绝对权威，使君主集各项大权于一身。即所谓"君尊则令行"③，"权者君之所独制也"，"权制独断于君则威"④。只有君主执掌立法、行政、司法等刑赏生杀大权，"秉权而立"⑤，才能"垂法而治"。君主必须"操权，一正以立术"⑥，与"专其柄"⑦，才能确保君主专制政体的巩固，而不被臣下的谋反叛乱所颠覆。

韩非较之商鞅更进一步，他认为，"法""术""势"结合既是治世的关键，又是统一国家的利器。而其实施须由君主"抱法""擅势"，集权于一身。他以为"势重者，人主之渊也"⑧，"势重者，人主之爪牙也"⑨，"主之所以尊者，

---

① 《史记》卷六《秦始皇本纪》，中华书局 2014 年版。

② 《汉书》卷二三《刑法志》，中华书局 2012 年版。

③ 《商君书·君臣》，中华书局 1954 年版。

④ 《商君书·修权》，中华书局 1954 年版。

⑤ 《商君书·壹言》，中华书局 1954 年版。

⑥ 《商君书·算地》，中华书局 1954 年版。

⑦ 《商君书·算地》，中华书局 1954 年版。

⑧ 《诸子集成·韩非子集解》，《韩非子·内储说下》，中华书局 1954 年版。

⑨ 《诸子集成·韩非子集解》，《韩非子·人主》，中华书局 1954 年版。

权也"①。只有君主"抱法处势则治"，相反，"背法去势则乱"②。

商鞅、韩非这些法家代表人物的思想与原则深刻地影响着秦朝的统治者。君主个人专断的原则，不仅成为秦朝立法的重要原则，也成为司法的重要原则。秦始皇为了巩固秦朝的一统天下，并使之"至于万世，传之无穷"③，决心统一全国立法与司法，实行"天下之事无小大皆决于上"④的原则。秦始皇在位期间成为全国至高无上的司法审判官，总揽全国司法大权，他对一切重大案件的裁决，拥有最终的决定权。另外，他还通过直接审理案件，加强对司法审判机关的监督与控制。

（二）汉代司法原则的儒家化

汉朝建立后，经过对秦朝败亡的历史总结，在西汉武帝期间确立了儒家化的司法原则。

《春秋》是儒家学派创始人孔子笔削过的一部鲁国编年史，反映出儒家思想观念与是非标准。自西汉武帝确立"罢黜百家，独尊儒术"的方针后，董仲舒创立的新儒学便成为封建国家唯一认可的统治学说。同时汉朝封建法律也开始了儒家化的进程。它反映到司法领域，便出现了《春秋决狱》。其方法是依据《春秋》等儒家经典大义审判刑民案件，而不是依据汉朝法律审理案件。从而使汉朝司法审判制度发生重大转变，即由原来司法机关依据法律实行审判转变为既依据法律，又依据儒家经典大义实行二元化审判方式。这和秦代法家化的司法原则形成了明显的差别。汉代《春秋决狱》，董仲舒起了重要推动作用，他曾专门编定《春秋决狱》二百三十二事，成为引经决狱的示范与标准。

《春秋决狱》依据"论心定罪"的原则，在司法上偏重于主观方面认定。

---

① 《诸子集成·韩非子集解》，《韩非子·心度》，中华书局1954年版。

② 《诸子集成·韩非子集解》，《韩非子·难势》，中华书局1954年版。

③ 《史记》卷六《秦始皇本纪》，中华书局2014年版。

④ 《史记》卷六《秦始皇本纪》，中华书局2014年版。

犯罪人凡主观动机符合儒家"忠""孝"精神的，即使其行为造成严重的危害后果，也可以依据儒家学说精神给予减轻处罚或免予处罚；相反，犯罪人主观动机严重违反儒学经典大义精神，即使违法，不具有严重危害后果的，也要认定犯罪，给予惩罚。据董仲舒《春秋繁露》载：父亲与人发生纠纷，双方殴斗时，被对方以佩刀刺杀，其子持杖援救，不慎伤父。依据法律，子伤其父应论死罪，实行枭首。董仲舒认为："父子至亲"，儿子眼见父亲生命受威胁，出于孝心持杖救助，其主观动机不是故意伤害父亲，故不能处死刑。相反，依据"论心定罪"原则和儒家经义，应认为无罪免刑。由于《春秋决狱》在司法上不重视客观方面的认定，只注重主观方面定刑，故容易背离法律原则，只凭审判官员主观臆断审理案件，这就使审判带有较大的随意性与擅断性，不能不对正常的司法审判产生严重的冲击，并给封建后世带来严重的影响。

（三）秦汉司法原则的同一性

秦汉统一的中央集权的封建君主专制政权确立后，为保障封建国家机器正常运转，维护以地主土地所有权为核心的封建财产制度，无论在立法方面，还是在司法方面都采取了维护封建国家与地主财产不可侵犯的原则，制裁或者惩办侵犯财产的各类犯罪或者侵权行为。据《睡虎地秦墓竹简·司空律》规定："有罪以赀赎及有债于公，以其令日问之，其弗能入及偿，以令日居之，日居八钱；公食者，日居六钱。"即欠负官府债务，无力交纳者，要同有罪应赀赎而无钱交纳者一样，以劳役抵偿债务。具体执行办法，每劳役一天，折抵八文钱，用劳役场所提供的饭食者，每劳役一天，除去饭费，折抵六钱。可见秦朝为追偿国家债务，要求执法者严格追缴欠负国家的各种债款，甚至明确规定强制劳役折抵债务的内容，以便于司法机关的执行工作。

此外，《睡虎地秦墓竹简·法律答问》还曾规定："盗徙封，赎耐。"即是说通过移动地界标志，侵犯地主土地所有权的行为，已构成犯罪，国家司法机关应当遵循对侵犯者"赎耐"（剃掉犯人的胡须为耐刑）的原则，加以制裁。《法律答问》还规定"或盗采人桑叶，臧（赃）不盈一钱，可（何）论？赀繇（徭）三旬"。即对盗采桑叶不足一钱者，要由司法机关强制劳役三十天，从而表现出维护封建私有财产不可侵犯的原则性。

汉承秦制，对于侵犯封建国家与地主财产的犯罪行为采取严厉镇压的方针。汉朝法律规定："盗马者死，盗牛者加"①，对入室盗窃与抢劫犯罪，允许当场格杀而不追究责任。②

二、实施状况的比较

（一）秦朝的实施状况

秦王朝在"灭诸侯，成帝业，为天下一统"③时，体现了新兴地主阶级蓬勃向上的气势与强烈的进取心。当时立法比较适应改革与统一要求，令行禁止，风行万里，司法虽有严酷的缺点，但基本状态还是正常的，并在社会承受的范围内运行。如同《史记·秦始皇本纪》引泰山刻石语说："皇帝临位，作制明法，臣下修饬……治道运行，诸产得宜，皆有法式"。④这一司法实施状况，反映出当时的带有法家化的司法文明特点，这是应当给予肯定的。

但是，实现统一的秦王朝面临着重大抉择：一种是顺应时代要求，更改统治政策，恢复久经战乱的社会经济，发展生产，稳定社会。另一种是继续因循横征暴敛、酷刑处断而不顾及百姓存活的战时政策。不幸的是，秦王朝被统一六国的巨大胜利冲昏了头脑，因循后者，而没有在统治政策的制定上与国家法律的实施上，实行根本性的转变。这不仅违背了"礼法以时而定，制令各顺其宜""法与时转则治，治与世宜则有功"司法文明精神，而且违

---

① 桓宽：《盐铁论·刑德》，中华书局 1992 年版。
② 《周礼·秋官·朝士》，中华书局 1980 年影印版。疏引郑玄注。
③ 《史记》卷八七《李斯列传》，中华书局 2014 年版。
④ 《史记》卷六《秦始皇本纪》，中华书局 2014 年版。

背社会经济发展规律。这不能不说是个惨重的教训。因为全国统一后，战争已不再是严重威胁，惨遭战乱的百姓盼望有一个休养生息的社会环境。加之以重刑反对旧贵族的任务已基本完成，转变战时政策，建立安定社会的法律新秩序已成为时代的要求。这些都对当时的司法制度与司法文明提出了适应性的要求。同样需要进行转变与提高。但从秦始皇到二世胡亥，反其道而行之，征发频繁，赋敛无度，动辄几十倍于古，进一步加重百姓负担，激化了社会矛盾。秦朝统治者不知反省，反而把个人意志凌驾于国家意志之上，凌驾于百姓之上，"专任刑罚"，"繁刑严诛"，实行严酷的法律统治和司法镇压。

晚年，秦始皇全凭个人好恶与一时喜怒行事。秦始皇三十五年（前212）只因内侍太监泄露秦始皇对李斯扈从车辆太多的不满意见，结果下诏逮捕随侍的所有内侍太监，并全部处死。① 同年，方士侯生、卢生相互议论秦始皇专横暴戾，秦始皇闻讯大怒，认为儒生多以妖言惑乱民众，于是下令御史把京城咸阳方士、儒生数百人提讯审问，最后，秦始皇所圈定犯禁者四百六十人，全部被坑杀。②

秦二世元年（前209），胡亥初登帝位，以其年少，担心诸公子与之争权，便听从赵高建议，罗织罪名，将十二公子戮死于咸阳市，将六公子、十公主在社处以磔刑，并逼迫公子将闾兄弟三人拔剑自杀。③ 凡此种种，不便一一列举。这些充分说明，不知因时变更政策与法律的秦始皇父子，在他们的残暴司法高压下，统治者个人意志恣意横行，任意践踏体现统治阶级整体意志的秦朝法制，把不法状态变为常态化，随意杀戮政治上的反对派与严刑镇压敌对阶级的反抗，其结果，如《汉书·食货志》所说："民愁亡聊，亡逃山林，转为盗贼，赭衣半道，断狱岁以千万数。"④ 而统治集团内部因最高统治者的滥杀政策，人人恐慌，造成秦朝法律秩序荡然无存，其统治前期所

---

① 《史记》卷六《秦始皇本纪》，中华书局 2014 年版。
② 《史记》卷六《秦始皇本纪》，中华书局 2014 年版。
③ 《史记》卷八七《李斯列传》，中华书局 2014 年版。
④ 《汉书》卷二四《食货志》，中华书局 2012 年版。

积累的依法治国的经验与司法文明的成果全被抛弃，最终导致政治制度与法制的崩溃，而短命的秦王朝也被淹没在农民起义的洪流之中。

（二）汉朝的实施状况

综观两汉法律制度，特别是司法制度的沿革状况，可以看出其法律实施，在不同阶段，表现得并不完全相同，反映出汉朝立法与司法发展不平衡的特点。例如，西汉初年，以及东汉初年，统治阶级接受农民起义的教训，改弦更张，强调自我约束，采取开明专制方针，实行缓和阶级矛盾的社会改革政策与司法措施，很快由乱变治，取得良好的治世效果。以汉文帝、汉景帝为例，由于实施包括刑制改革在内的一系列改革措施，使农业生产得到迅速恢复与发展，国家粮食储备充足，财政收入明显增加。至景帝末年，"京师之钱累百巨万，贯朽而不可校。太仓之粟陈陈相因，充溢露积于外，腐败不可食。"[1]与此同时，奉行减少刑杀的方针，实行释放奴婢的措施，宣布命令：凡庶民因饥饿而卖身为奴婢者，一律释免为平民。这不仅为封建国家发展生产提供了劳动力，同时也调动了农民的积极性。从而增加了国家赋税收入，有力地稳定了封建社会的经济基础与生产生活秩序，减少了社会上的普遍犯罪，缓解了社会上的不满情绪。体现了社会文明与政治文明、司法文明同步发展的良好态势。

当时的社会稳定，除上述因素外，还与统治者严格自我约束，带头遵法守纪，带动社会形成良好的法制环境有直接的关系。据《史记·张释之冯唐列传》载：西汉文帝时，有人盗窃高帝神庙内座前玉环，被捕送廷尉张释之审理。张释之依据汉律有关盗宗庙服御物者弃市的规定，主张把犯人判处弃市死刑，文帝听报大怒，坚持要将犯人全族诛灭。张释之对答说："法如是足也，且罪等，然以逆顺为基。今盗宗庙器而族之，有如万分一，假令愚民取长陵一抔土，陛下且何以加其法乎？"汉文帝在个人意志与体

---

① 《汉书》卷二四《食货志》，中华书局 2012 年版。

现地主阶级整体意志的法律发生冲突时，采取了克制态度，采纳了张释之的意见，依律处罚罪犯本人，而没有诛灭其族。由于上行下效，使汉初很快形成遵法守法的社会文明与司法文明的风气，有力地遏制了社会犯罪的上升。

一般说，汉朝盛世法备，执法情况就比较正常。但也不排除某些特定情况下出现冤案。西汉景帝三年（前154），听从御史大夫晁错削藩建议，削夺吴、楚等诸侯国的封土。吴王刘濞以"请诛晁错，以清君侧"为名，召集各地发动"七国之乱"。景帝听从袁盎意见，决定杀晁错，以平诸藩之乱，并且退还诸侯被削夺的郡县，请七国罢兵。于是使丞相陶青等劾奏晁错犯有离间君臣百姓关系，并将城邑割给反叛的"大逆无道"罪，使晁错身穿朝服被斩于长安东市，并株连父母妻子，不论老幼一律处死。[①] 这是一起典型的人为制造的冤案。连位列三公的晁错都没有权利申辩便被处死，而且满门抄斩。这充分说明专制主义盛行的特定环境下，汉代不仅百姓不知民主为何物，就连统治集团高层人物也谈不上人身权利的保障。由此可以看出，即便是盛世，司法文明状况也不是一成不变的。为了统治需要，封建皇帝不顾法律制度规定，不讲任何司法程序，就可以剥夺大臣的性命。这不但不讲司法文明，而是滥杀无辜，反映出封建司法的专横特征。

同是汉朝，也出现过乱世法峻，冤狱丛生，司法败坏的情况。例如，东汉明帝永平十三年（公元70），发生楚王英谋反大案，朝廷派遣官吏按验属实，上报皇帝裁决。明帝宣布罢黜刘英王位，迁徙丹阳泾县，刘英到丹阳后自杀。此案牵连甚众，据《通鉴纪事本末·楚王英之狱》载："是时，穷治楚狱，遂至累年。其辞语相连。自京师亲戚、诸侯、州郡豪杰及考察吏，阿附坐死。徙者以千数。而系狱者尚数千人。……诸不胜掠治，死者大半。"当时由于侍御史寒朗以死相谏，才理出囚徒千余人，并多有宽赦。至袁安迁仕楚郡太守时，又理冤释放出四百余家。直至章帝时诏连坐楚、

---

① 《汉书》卷四九《晁错传》，中华书局2012年版。

淮阴事徙者四百余家。① 另外，东汉末年，党锢之狱再起，桓帝延熹九年，司隶校尉李膺等二百余人被诬为党人，接连下狱，灵帝时下诏州郡，大举钩党。李膺、范滂等都惨死狱中。其株连死徙禁锢者六七百人，妻子徙边；附从者也禁锢至五服内亲。② 汉朝乱世，迭兴大狱，随意牵连，无辜冤枉致死者甚众。统治者自行破坏法制，使司法完全失去规矩与标准，导致非法状态取代了正常执法的状态，原有的司法有益经验与司法文明成果荡然无存。最后终于激化社会矛盾，加速了王朝崩溃的速度。及至黄巾农民大起义发生后，东汉王朝很快就土崩瓦解，给后世留下值得总结的深刻教训。

第二节　秦汉司法所体现的精神

一、"中道"精神及其影响

"中"及其体现的"中道"精神，是中国古代哲学（包括法哲学）的最高境界。反映到司法领域，则凸显了司法文明的特征，成为贯穿诉讼、审判以及行刑全过程所能达到的最精准的度，变为衡量司法活动的最重要的标准。中国古代比较早地领悟到实施"中道"精神的重要性，这在西周司法活动中得到集中的体现。他们在批判商纣王滥用酷刑的倒行逆施中，比较早地提出了宽严适中的司法精神与原则。

并且强调伦理道德的犯罪预防与法律制度惩治犯罪的有机结合，实施"明德慎罚""庶狱庶慎"③ 的法律思想，在司法中强调"中罚""中道""中正"

---

① 《通鉴纪事本末·楚王英之狱》，改革出版社 1994 年版。
② 《通鉴纪事本末·楚王英之狱》，改革出版社 1994 年版。
③ 《尚书·康诰》，中华书局 1980 年影印版。

的原则。《尚书·立政》也说："兹式有慎，以列用中罚"。① 兹为此，式为用；列为布陈、施用；中罚指宽严适中之刑罚。表明用刑要谨慎，因而要实施宽严适中的刑罚原则。

《尚书·君陈》载："宽而有制，从容以和。殷民在辟（刑），予曰辟；尔惟勿辟；予曰宥，尔勿宥，惟厥中。"② 这里面的宽，为宽缓、宽宥；制为法度、禁止、限度。"宽而有制"，即宽宥而适合法度。从容为适中；和，谓刚柔相合，即各项司法活动必须刚柔相合。执法行刑必须遵循中道精神。

《尚书·吕刑》则说："非佞折狱，惟良折狱，罔非在中。"③ 佞，有口才善辩；良，善良有才干；折狱，断狱，司事审判；中为中道，即不偏不倚，不轻不重之意。总起来说，有口才善辩为断狱的一方面，但不是全面。唯有良善有才能的人才可断狱，才能使断狱之事归于中正。又说："察辞于差，非从惟从"。"哀敬折狱，明启刑书胥占，咸庶中正"。辞为当事人的言辞口供；差为差错；非从为不从其伪词，惟从即惟从其本情；启为开启；胥为相；占为互相口授即议论意；咸为皆；庶为近。是说察因之讼词，其难于解决言语与事实之间的区别，断狱者不要轻信其伪词，唯依从其原情。断狱时，当哀怜下民之犯法，敬慎不要错断，以免发生冤案。必令典狱诸官，明启刑书，相与研讨，使整个司法达于中正。又《吕刑》："士制百姓，于刑之中。"疏："中之为言，不轻不重之谓也。"④

这就是说司法官在处理百姓纠纷时，应本于"中道"的司法文明精神，使得最终的判决能够宽严适中，取得百姓的认可。这种既不轻纵犯罪，也不无故加重处罚的精准判罪方式，才能达到中罚的要求。

到了春秋时期，道家创始人老子承袭以往，并用自己的思维方式，肯定了"中道"精神。他说："道生一，一生二，二生三，三生万物。万物负阴而

---

① 《尚书·立政》，中华书局1998年影印本。
② 《尚书·君陈》，中华书局1998年影印本。
③ 《尚书·吕刑》，中华书局1998年影印本。
④ 《尚书·吕刑》，中华书局1998年影印本。

抱阳，冲气以为和。"① 在老子看来，"道"是天地与自然界发展的根本规律，它是因阴与阳的冲撞而合为一体的。而阴阳各种形式的激烈冲撞，最终产生世界万物。

他用阴阳合一的辩证分析方法，说明自然界两极的对立与统一，最终形成"中道"。他认为"中道"精神最终体现为"正"或"致正"。他强调："以正治国，以奇用兵，以无事取天下。"② 即以"正道"的方法去治国，用奇巧的方法去领兵，就可以不必扰害百姓而获取天下。这就是古代中国所倡导的"大中致正"的治理原则，将其运用于司法，就会产生以"中道"为核心的中罚思想，以中罚思想为指导，就会取得预期而良好的司法审判效果。从而使各项司法活动步入文明的发展阶段。

西汉武帝时期，儒学大师董仲舒也用自己的方式，积极倡导"中道"精神。他说："求王道之端，得之于正。正次王，王次春。春者，天之所为也；正者，王之所为也。其意曰，上承天之所为，而下以正其所为，正王道之端云尔。然则王者欲有所为，宜求其端于天。天道之大者在阴阳。阳为德，阴为刑；刑主杀而德主生。是故阳常居大夏，而以生育养长为事；阴常居大冬，而居于空虚不用之处。以此见天之任德不任刑也。"同时又指出："阳不得阴之助，亦不能独成岁"；"刑者不可以任以治世，犹阴之不可任以成岁也。"他还批判秦朝背离"中道"精神，是"废先王德教之官，而独任执法之吏治民，毋乃任刑之意与"。③

盛唐时期由于推崇"中道"精神，取得了司法建设的辉煌成就。七世纪的唐律集以往立法与司法成果的大成，成为中华法系的代表作，具有封建成文法典的示范性与典型性。曾在元朝出任儒学提举的柳赟，在其所撰的《唐律疏议序》中，对唐律的精确性做出如下的评价："然则律虽定于唐，而所以通极乎人情法理之变者，其可画唐而遽止哉？非常无古，非变无今，然而必择乎唐者，

① 《道德经注》第 42 章，中华书局 2011 年版。
② 《道德经注》第 56 章，中华书局 2011 年版。
③ 《汉书》卷五六《董仲舒传》，中华书局 2012 年版。

以唐揆道得其中，乘之则过，除之即不及，过与不及，失其均矣。"在柳贇看来，经百年多锤炼而成的唐律，已达到"得其中"的精准程度，以至在基本精神上，想超越或者舍弃它都是办不到的，因为失去了法律准确性。

曾担任过清朝刑部尚书的薛允升也在其所撰的《唐明律合编·序》中，总结说："（唐律）繁简得其中，宽严亦俱得平，无可再有增减者矣。"也就是认为唐律因在繁简上达到最精准的度，故在量刑的宽严方面也比较公平。

上述评论难免会有溢美之词，但是唐律无论在立法，还是司法上所体现出的"得乎其中"，即达到比较精确的度，是没有异议的。其中《新唐书·刑法志》的记述可以作为参考例证："（贞观四年）天下断死罪二十九人"，①"（开元）二十年间，是岁刑部所断，天下死罪五十八人"。②应当指出上述情况是出现在唐的升平时期。因为当时统治者奉行"可杀可不杀者，不杀"的刑事政策，所以运用死刑比较精准。

但在武则天当政时期，由于内部权力争夺达到白热化程度，据《旧唐书·酷吏传》载：武则天一反前制，重用酷吏周兴、来俊臣，"每鞫囚，无问轻重，多以醋贯鼻，禁地牢中"，并"绝其粮饷"，"令寝处粪秽，备诸苦毒"，以至"每有赦令，俊臣必先遣狱卒尽杀重囚"。以至唐中宗也不能不承认，"（当时）冤滥之声，盈于海内。"③

可以想见，即便在唐朝，司法活动"得乎其中"也只有相对的意义。不同的时期则有不同的表现。

二、"公之于法"的精神

早在《礼记·礼运篇》当中就明确提出："大道之行也，天下为公。"④中

---

① 《旧唐书·刑法志》卷五〇，中华书局 1975 年版。
② 《新唐书·刑法志》卷五六，中华书局 1975 年版。
③ 《旧唐书·刑法志》卷五〇，中华书局 1975 年版。
④ 《礼记·礼运》，中华书局 1980 年影印版。

华民族的先贤把推行"天下为公"的理念看成是发扬大道精神的重要前提，也是华夏先民追求的最高的理想境界。体现在司法活动当中，则集中反映在他们对"公之于法"的精神风貌的认识上。

据《汉书》列传第四十二《张释之传》载：汉文帝时任廷尉之职的张释之在处理犯跸案时，对当事者采取了"罚金"的处罚，并没有顺从文帝的旨意采用重罚。当时他引用的法理根据是："法者天子所与天下公共也。"又说："今法如此而更重也，是法不信于民也。且方其时，上使立诛之则已。今既下廷尉，廷尉，天下之平也，一倾而天下用法皆为轻重，民安所措其手足？"①

在张释之看来，法律是公正之器，天子同百姓都必须遵守，如一味顺从文帝采取重罚，有违公正执法的精神，并会造成法律审判失信于民的严重影响。他的据理力争，反映出"公之于法"的"大道"精神，使得文帝在深思良久后，不得不认可这一审判的结果。他的这一思想曾经深刻地影响后世。以唐朝为例，唐朝贞观时期的朝臣魏徵也有相似的认识。他从"天人合一"的观念出发，提出"天道"与"人道"的统一观，并以"并无私覆"的天道观要求人间的道德观与之相一致，进而认为无论在立法，还是在司法审判中，都必须倡导"公之于法"的大道精神。

据《贞观政要·公平》载：魏徵曾向唐太宗明确提出"公之于法，无不可也，过轻亦可。私之于法无可也，过轻则纵奸，过重则伤善"。② 在他看来，秉持"公之于法"的大道精神，即便惩恶过重，或对灾民违法处理从轻，都可以为民众所接受。因用法为公，会得到百姓的理解。

三、廉洁自律的自省精神

秦代强调为官清廉自律，忠于职守。在秦简《为吏之道》中规定"吏有

---

① 《汉书·张释之传》卷五〇，中华书局 2012 年版。
② （唐）吴兢：《贞观政要·公平》，中华书局 2003 年版。

五善：一曰中（忠）信敬上，二曰精（清）廉毋谤，三曰举事审当，四曰喜为善行，五曰龚（恭）敬多让。五者毕至，必有大赏。"①秦代通过奖励清廉，重惩贪腐来维护封建国家机器的正常运转。

汉承秦制，不断强化廉政措施。西汉武帝曾手书《六条问事》，令监察御史与各州刺史巡行查访，惩办贪腐官吏。其中，第六条为："二千石违公下比，阿附豪强，通行货贿，损割正令也。"②二千石官员凡勾结地方豪强势力，收贿索贿，破坏政令实施者，都在查办之列，而不能有丝毫松懈。秦汉时期倡导廉洁自律的精神，对司法腐败有所遏制，对后世也产生了良好的影响。

武则天为大周天子后曾亲撰《臣轨》一书，在其《廉洁章》中，强调清廉之德是为官首要的操守，司法官员自当如此。即所谓："理官莫如平，临财莫如廉，廉平之德，吏之宝也。"又说："非其路而行之，虽劳不至；非其有而求之，虽强不得。……故君子行廉以全其真，守清以保其身，富财（贵）不如义多，高位不如德尊。"③她在文中清楚表明，清廉操守对正确行使立法与司法权力的极为重要性。

此外，据《明史·曹端传》载，明朝循吏曹端总结自己一生行政与司法经验，得出的警世名言是："吏不畏吾严，而畏吾廉；民不服吾能，而服吾公。廉则吏不敢慢，公则民不敢欺。公生明，廉生威。"④在他看来，唯有秉持廉洁的道德操守，才能震慑贪吏，赢得民心。而公正平允地处理好行政与司法事务，才能使人心服口服。

清代被康熙帝封为"天下第一廉吏"的于成龙，曾亲撰《亲民官自省六戒》，其中把廉洁拒贿视为重要的一戒，他认为廉洁是为官的基本操守，受贿则"一文不值"。他告诫自己在内的所有司法官员说："夫受人钱而不与干

---

① 《睡虎地秦墓竹简·为吏之道》，文物出版社 1978 年版。
② 《汉书》卷十九上，中华书局 2012 年版。《百官公卿表》，师古注引。
③ 武则天："臣轨"，《官箴书集成》第 1 册，黄山书社 1997 年版。
④ 《明史》卷二八《曹端传》，上海古籍出版社 1986 年版。

事，则鬼神呵责，必为犬马报人。受人财而替人枉法，则法律森严，定为妻孥连累。清夜自省，不禁汗流。是不可不戒。"① 于成龙在这里不仅讲明清廉司法的重要性，也阐明了贪腐受贿其后果的严重性，从而引申出只有廉洁自律，才能正确有效地行使司法权的道理。

四、慎重狱讼的恤刑精神

在中国传统司法文化中，慎刑之德一直受到推崇。

秦代主张在司法活动中，慎重处理狱讼问题。对司法官吏明确规定了法律责任。官吏因过失而误判，要承担"失刑"的责任。所谓"吏为失刑罪"。而司法官故意加重或减轻罪犯的刑期者，则以"不直"罪论处。② 与此同时，还规定审讯时，尽量搜寻证据，依证定罪。对不交代者，尽可能不用刑讯手段逼供，用以避免冤狱发生。即所谓："治狱，能以书从迹其言，毋治（笞）谅（掠）而得人请（情）为上；治（笞）谅（掠）为下，有恐为败。"③ 汉初强调黄老"宽省刑罚"的指导原则，对于狱讼案件秉持慎重的态度。据《汉书》卷五十一《路温舒传》载：路温舒任廷尉时，对当时刑狱混乱的状况提出尖锐的批评意见。他认为："夫狱者，天下之大命也。死者不可复生，绝者不可复属。"他把狱讼看成是关乎百姓性命的头等大事，他强调被处死的犯人，不可能复活，被宫刑的犯人不可能再生育。唯其如此，不能不慎重对待狱讼问题。

秦汉这一司法文明思想，有助于消除冤案，稳定社会秩序，所以受到后世的推崇和效法。

清代是最后一代封建王朝，一些有政治远见的执法与司法官员，总结历代特别是本朝的经验，深刻指出遵行慎刑之德的极端重要性。例如乾隆

---

① 于成龙："亲民官自省六戒"，载《官箴书集成》第 3 册，黄山书社 1997 年版。
② 《睡虎地秦墓竹简》，文物出版社 1978 年版，第 166—167 页。
③ 《睡虎地秦墓竹简》，文物出版社 1978 年版，第 245—251 页。

年间的河南巡抚尹会一曾在《健余先生抚豫条教》卷一中说："凡问刑衙门自应虚衷研讯，惟明惟允，庶几狱成而孚乃。若以刻深为明察，以严厉为才能，任意残虐，罔恤民命"，必然造成严重后果。而"据供定罪，援律成招，出入之间，生死攸关，更宜详慎"。所以，"该州县审理事件，必须心平静气，悉秉虚公，度理揆情，务归平允。"①他认为唯有秉承慎刑之德，才有可能公平公正地处理好司法事务，才能得到百姓的理解，并获得他们的支持。

此外，熊宏备在其《居官格言》中指出，违背慎刑之德，为谋私利而滥施酷刑就会造成"一人入狱，中人之产立破；一受重刑，终身之苦莫赎"②的悲惨后果，从而告诫各级司法官员用刑不能不遵从慎刑之德的深刻道理。

五、调处息讼的和谐精神

在自给自足自然经济基础上产生的中国古代司法文化，非常注重推广和睦宗族、家庭，亲善邻里的乡间自治的理念，并主张从这一理念出发，强调所在各地乃至整个国家，在处理民事案件和轻微刑事案件时，首先采用调处与和息的方式，化解基层社会的争端，以利于社会的稳定。

《论语·颜渊》中记载孔子对运用调处息讼方式的看法，他说："听讼，吾犹人也，必也使无讼乎。"从而表明他对此支持拥护的态度。

中国古代诉讼中，就有调处息讼的过程。儒家创始人——孔子就憧憬和谐社会。为此，他主张："道之以德，齐之以礼，（百姓）有耻且格"③，他的思想对后世产生了重要影响。秦汉时期出于化解民间纠纷的需要，赋予官吏息讼调处的权力。县以下的乡里基层组织虽然没有司法审判的要求，但也有义务调解民间讼争，防止矛盾激化。

---

① 尹会一：《健余先生抚豫条教》卷三，载《官箴书集成》，黄山书社1997年版。

② 《居官格言》，载《官箴书集成》第2册，黄山书社1997年版。

③ 《论语·颜渊》，中华书局1980年影印版。

其中，《睡虎地秦墓竹简》中，就有乡啬夫"职听讼"，进行调处的职责。秦汉时期提倡的调处息讼的和谐精神，反映出当时的司法文明特征，对魏晋隋唐乃至宋元明清都产生了重大影响。

后世各代多将受理讼案的多少作为官吏政绩考核的标准，故各级州县官员必先采取"调处息讼"的方术，解决本地户婚、田土、钱债等民事案件以及轻微的刑事案件。对此，清代保存下来的文献资料记述得比较详尽。例如清道光年间徐栋编辑的二十三卷《牧令书》中说："乡党耳目之下，必得其情；州县案牍之间，未必尽得其情，是以在民所处（进行调处和息），较在官所断为更公允矣。"①

另外，在宗法势力比较强大的地区，凡宗族内部的民事纠纷或轻微的刑事纠纷，必先经由族长组织族众进行调处。凡族员违背调处的规定，擅自告官者，都要受到家法族规的惩处。值得指出的是，清朝康熙皇帝为稳定基层社会，加强其管理，在其《圣谕十六条》中，以国家法令的形式，确认"如乡党以息争讼"的族规条文的法律地位，以及它在协调宗族与家庭乃至乡土社会中的重要作用。

值得注意的是，顺天府宝坻县所存道光元年至三十年（1821—1850）22件完整的户婚田土案件的原始档案中，按调处息讼之术处理的就有11件之多，已占据半壁江山，不能不说其在当中诉讼纠纷的解决上所具有的重要地位。

六、融天理、国法、民情为一体的平衡精神

在中国古代社会中，在天理、国法、民情三者的矛盾中，采取了平衡之术，力求达到既符合天理，又符合法律，同时也顺应民情的要求，在此三者之间找到相互平衡的连接点，并运用到司法实践中，得到为社会所能认可的

---

① 徐栋：《牧令书》，载《官箴书集成》第 7 册，黄山书社 1997 年版。

上乘的审判结果。

据《后汉书·鲁恭传》："鲁恭为河南中牟县令，专以德化为理，不任刑罚。有亭长借人牛不具还之。牛主诉于恭。恭召亭长，敕令归牛者再三，犹不从。恭叹曰：'是教化不行也！'欲解印辞官而去。掾史泣涕共留之。亭长乃渐愧，还牛，诣狱受罪。恭赦其罪，于是吏人信服。"①鲁恭为县令时，运用平衡之术，将审判融入天理与人情的内容，同时也反映了国法的基本要求，最终化解纠纷，和缓了矛盾，增强了官民间的亲和力。

《元史·周自强传》也记载有相似的情况，文中说："自强为婺州路义乌县尹，周知民情，而性笃宽厚，不为深刻。民有论争于庭者，一见即能知其曲直，然未遂加以刑责，必取经典之语，反复开譬之，令其咏诵讲解。若能悔悟首实，则原其罪。若迷谬怙恶不悛，然后绳之以法不少贷。"②周自强任县令，使用平衡的方术，使审判过程兼容天理、人情，并通过反复的开导与感化，促进犯罪者改过自新获得宽宥。而对屡教不改者绳之以法。这类处理方法合天理，顺民意，故能得到社会的认可，也能起到稳定社会的作用。

综合以上六个方面的简略分析，可以看出秦汉司法文化中确实凝聚了不少优秀的精神文明成果，而且又被后世承袭与发展。这其中既有像"公之于法"等体现出"大道"精神的指导性内容，也有清廉司法等伦理道德方面的内容，同时还有调处息讼等实施方面的内容。这些内容表明中国传统司法文化在精神文明领域中已形成比较系统完整的思想体系。而其内容有必要进一步研究。

此外，人们从上述的分析中，可以看出沉淀于中华民族心灵深处的司法文明成果是丰富多样的，其影响也是广泛的，难能可贵。在这方面，我们先人丝毫不逊于西方，而且还对世界司法文明的发展做出了重要的贡献。

这些成果的出现，不仅对当时的司法实践活动产生了重要的影响，时至

---

① 《后汉书》卷五五《鲁恭传》，中华书局 2012 年版。
② 《元史》卷一九二《周自强传》，中华书局 1976 年版。

今日，对当前的司法改革以及今后完善中国特色的社会主义司法制度仍具有重要的借鉴价值与启示意义。正所谓"前事不忘，后事不师"，"以史为鉴，可知兴替"。

与此同时，我们也不能回避中国司法制度史上产生过种种司法专横、司法擅断的丑陋现象，由此出现了各种非法酷刑，制造了大量的冤假错案，这是君主专制与实施人治的结果。这些不绝于史书的历代教训，展现出我国司法制度史中消极、野蛮、落后的一面。对此，我们有必要站在理性客观的立场上加以分析批判，从而唤起民族的深刻记忆，以利于我国社会主义司法文化事业的发展。

第三节　秦汉司法文明的影响

秦汉时期是中国早期封建社会形成与发展时期，与社会文明、政治文明相适应，司法文明也得到一定程度的发展。其中，秦代是中国封建中央集权的君主专制的构建时期，在法家"缘法而治"的法治思想的引导下，以诉讼审判制度为核心的司法制度在这一阶段趋于规范化，包括刑事证据制度在内的各项制度也开始确立。汉承秦制，在承袭秦代各项法律制度成就的基础上，促使了司法制度的进一步发展。随着指导思想的转变，汉代的诉讼审判制度开始发生重大变化，包括其证据制度在内的各项制度也形成了新的特点。后世王朝沿着秦汉开创的轨道不断演进，至唐宋时期诉讼审判制度日益走向完善，明清时期的司法制度也步入了成熟阶段，封建社会的司法文明程度愈益提高。

在中国古代司法制度发展的过程中，秦汉时期是我国古代司法审判制度的奠基阶段。也是中国司法文明的重要形成期。这一时期不仅确立了我国司法文明的理论原则，而且奠定了诉讼审判的各项制度的重要基础，其主要影响表现为：

一、为后世王朝完善司法制度与发展司法文明提供了重要前提

汉王朝承袭秦朝，形成并发展了中国古代司法审判制度，使得"据证定罪"的原则深入司法实践，获得广泛的运用。这中间既有重物证、重勘验报告等司法文明的特征，也有偏重口供的主观性特点。与此同时，汉代也很重视物证与口供相结合的综合性证据的运用。汉代出于司法统治的实际要求，一方面承认特定条件下使用刑讯手段的合法性，另一方面又对刑讯的使用都有严格的限制。秦汉时代，既有反映司法文明要求的证据的客观性方面的内容，强调以确凿的物证、勘验报告印证犯罪嫌疑人的踪迹与言行，最终确定案件事实依法作出判决。同时也存在证据的主观性方面的内容，强调口供为最基本最主要的证据形式。一般情况下，没有犯罪嫌疑人的亲笔供词，即使其他证据确凿，也不能作出最终判决。在处理重大疑难案件时，秦汉时期又推行"众证定罪"的原则，即在当事人交代口供的前提下，还要通过相关物证、现场勘验报告及证人证言等多种证据来印证口供的真实性，把各种证据相联系，固定为证据链条，进而确定案件事实，作出终审判决。

秦汉时期倡导的各项司法原则与创建的各项司法制度，奠定了中国封建时代司法原则与制度的基础。尽管它们还存在着消极与落后的内容，但其所反映出来的司法文明成果，还是非常显著的。并且对后世王朝产生了深远影响。三国两晋南北朝时期在继承的基础上，使司法制度建设不断深化，唐宋时期使司法制度进一步地完善，明清时期司法原则与制度发展到成熟阶段。

具体讲，三国时期，虽然政事动荡，法制飘忽，但其承袭了秦汉时期的诉讼审判制度。庭审活动仍然坚持"据证定案、依律科刑"的审断过程，除重视供词证据之外，也注重探求客观证据来确定案件事实。其中的"走马楼吴简"所记载的"盗卖官盐"案，也能够反映当时据证定案的司法审判原则和相关的司法制度。三国时期还兴起了一股反对刑讯的呼声，《三国志·魏书·司马芝传》中记录了曹魏大理正司马芝反对刑讯取证制度的观点："夫

刑罪之失，失在苛暴，今赃物先得而后讯其辞，若不胜掠，或至诬服。诬服之情，不可以折狱。"① 至西晋，传统律学滥觞，极大地推动了中国古代法学理论的发展。随着封建"罪刑法定主义"的发展，促使诉讼审判制度步入新的历史阶段，司法文明程度也有所提高。

唐宋时期，随着司法理念的进步，司法文明程度的提升，勘验取证技术的提高，客观性证据在定罪量刑中发挥的作用越来越大，而作为主观性证据的口供，虽然依旧是基本的证据形式，但其在案件断决中的决定性作用被弱化。唐朝法律中明确作出了"据状断之"的类似于当代"零口供"的规定。宋朝沿袭唐朝的同时，进一步发展了较为完整、规范的综合性刑事证据理论原则。形成了主观上"察情"与客观上"据证"相结合的推鞫制度。

《宋刑统》中引用的宋太祖建隆三年（962）十二月六日的一道诏令，鲜明地显示了宋代对取证方式的严格制约：

"宜令诸道州府指挥推司官吏，凡有贼盗刑狱，并须用心推鞫，勘问宿食行止，月日去处。如无差互，及未见为恶踪绪，即须别设法取情。多方辨听，不得便行鞭拷。如是勘到宿食行止与元通词款异同，或即支证分明及赃验见在，公然拒抗，不招情款者。方得依法拷掠，仍须先申取本处长吏指挥。余从前后制敕处分。"②

在这期间，客观性证据被重视的程度越来越高。宋朝发达的法医学勘验技术，充分印证了证据的客观性。宋朝不仅客观性证据的采集技术领先于当时世界，而且依据物证、勘验报告定罪的意识远远高于同时期的世界其他国家。

明清时期，由于步入封建社会的晚期，阶级矛盾有所激化，刑事处罚愈益显现酷滥的倾向。但是，出于强化司法统治与稳定社会秩序的需要，又在承袭以往综合性的刑事证据原则的基础上，促进了这一原则与制度平稳发展。这一时期，作为主观性证据的口供依然是断罪科刑的基本依据，明律

---

① 《三国志》卷一二《魏志·司马芝传》，中华书局 2006 年版。
② 《宋刑统》卷二九《不合拷讯者取众证为定门》，中华书局 1984 年版。

肯定拷讯的合法性的同时，又对刑讯行为作了限制性的规定。"其重罪犯，赃证明白，抗拒不招者，众官圆坐，明立案验，方许用讯"。① 但是众所周知，明朝的司法实践中，刑讯酷烈。《明史》中记载了酷吏经常采用的各种酷刑，"酷吏辄用挺棍、夹棍、脑箍、烙铁及一封书、鼠弹筝、拦马棍、燕儿飞，或灌鼻、钉指，用径寸懒杆、去棱节竹片，或鞭脊背、两踝"。② 明代的厂卫特务组织更是拷掠逼供，令人发指，"罪无轻重皆决杖"，"少不如意，榜笞之，名曰乾酢酒，亦曰晋儿，痛楚十倍官刑。"③ 但是，我们也不能就此一面而否定其整个司法审判制度。在明代的证据制度中，也存在着重视物证，依据物证定罪科刑的另一面。例如，明律明确规定"凶器"是审断命案的主要依据，州县官"凶器验明，便摘取凶犯认凶器认状，亲笔花押，免其日后展辩。将认状附卷，凶器上用白棉纸裹束，上写某案某人凶杖，官用朱笔点过贮库，库吏随持贮库凶器赃物簿，注明某案某人某凶器，前件下于某年月日收贮讫"。④ 而在盗窃案件的审断中，赃物是最主要的物证，"夫强盗，必须以赃为确据"。故《大明律》规定说："'审有赃证明确，及当时现获者，照例即决。'如赃迹未明，招扳续缉，涉于疑似者，不妨再审，正恐冤诬良善无辜而陷于大辟也"。⑤ 可见，明朝在司法审判中奉行的依然是秦汉以降的司法审判原则及相关制度。既有严刑拷讯、逼取供词的一面，也有重物证、据证定案的一面。

　　至清代，秦汉开创的司法审判的传统得到延续与发展。案件的审断既依赖口供，也注重物证、勘验报告等客观证据，这对认定案件事实发挥了决定性作用，《大清律例》规定："凡狱囚，鞫问明白，追勘完备……审录无冤，

① 《大明令·刑令》，"狱具"条，法律出版社1999年。
② 《明史》卷九四《刑法二》，中华书局1974年版。
③ 《明史》卷九四《刑法二》，中华书局1974年版。
④ 黄六鸿：《福惠全书》卷一四《刑名部·人命上·印官亲验》，载《官箴书集成》第3册，黄山书社1997年版。
⑤ 黄六鸿：《福惠全书》卷一八《刑名部·贼盗上·起赃》，载《官箴书集成》，黄山书社1997年版。

依律议拟，转达刑部、定议奏闻回报。"①这是一则有关断狱程序的完整法律规定。同时，清律也规定，特殊情况下，案情查验明白，证据确凿，即使没有嫌犯的口供也可以依律决断。如"若犯罪事发而在逃者，众证明白，即同狱成，不须对问"。②

明代思想家丘濬在深入研究的基础上，对秦汉以降各代的体现司法文明的原则与制度做了进一步总结。他指出，审理案件，"必备两造之辞，必合众人之听，必核其实，必审其疑"。"盗贼之名，天下之至恶者也，一旦用以加诸其人，非真有实情显迹者，不可也"。所以，对于抢劫与盗窃案件，应当采集物证，以此认定案件事实。"欲知其实情显迹：必须穷其党与、索其赃仗焉。盖为劫盗必有党与、必持器仗、必得货财，货财物同也……是以验其党与必历审其家世、居止、性习之异，离合、聚散、图谋之由；验其赃仗，必详究其制造、物色、形状之殊，小大、新陈、利钝之实，某物因某而得，某人因某而来，某执某器械，某得某货财；所经由也何处，所证见也何人。既访诸其邻保，又质诸其亲属。"③这种断案的主张，既是以往司法原则制度的继承，又是新的发展。反映出证据客观主义的文明观，是对秦汉依法判案而重物证、重勘验，不轻信口供的理论的进一步发展。

通过上述不难发现，秦汉王朝开创司法审判原则与制度对后世影响深远。经由魏晋、唐宋，直至明清，既有承袭整合，又有所发展，使其日益成熟稳定。

二、为后世完善与发展勘验制度积累了经验

如前文所述，秦简与汉简中记载了多则勘验取证的案例，让我们见识了秦汉的司法官吏重视勘查检验的意识以及细微的勘查检验的取证方法。这种

①　《大清律例·刑律·断狱》，"有司决囚等第"条，法律出版社1999年版。

②　《大清律例·名例律》，"犯罪事发在逃"条，法律出版社1999年。

③　（明）邱濬：《大学衍义补·谨详谳之议》，京华出版社1999年版。

取证方式自秦汉以来，一直受到司法机关的重视与推崇。秦汉称为"勘验"、唐代称为"参验"，至宋代，勘查检验的取证技术达到了巅峰。明清时期在勘验取证方面也颇有建树。

通过简牍文献的记述，我们了解到秦汉时期已经初步形成了一套较为系统的勘验程序。由具有相关经验的人员对包括人的身体、尸体、凶器及犯罪现场等与案件有关的各方面进行勘查检验。其为后世王朝勘查检验活动提供了经验。魏晋时期也注重通过勘验获取证据，进而认定事实。例如，《吴国志》中载：孙权长子孙登，别名子高，定为太子。曾经骑马出游，忽有弹丸飞过，左右求之。见一人操弓佩丸，都认为是该人所为。该人辞对不服，从者欲捶之，登不听，命随从寻找飞过的弹丸加以比对，不是同类弹丸，遂释放之。[①] 这充分表明勘验现场的极端重要性，重视勘验是减少冤案的重要手段，因此，不可或缺。

我国古代的勘验技术发展至唐朝已渐趋成熟，至宋朝步入鼎盛。宋朝特别重视通过勘验取证，查明案情。宋朝之所以取得如此巨大的勘验成就，是由于其善于总结前人的勘验成果，并以此为基础在实践中不断推动其发展。宋慈编著的《洗冤集录》为宋朝勘验成就的典型代表，这也是我国古代勘验取证活动的最高成果。它是对公元前3世纪至公元13世纪我国勘查检验活动的经验总结。他对人的生前、死后及自杀、他杀的损伤鉴别，都有卓越的见解。在其著作中他还阐释了用动物试验来认定案件事实，进而断决狱讼的情形：他根据当时文献的记载，利用"红油伞"检验尸骨上的损伤痕迹。他还依据历代文献有关人的血液具有遗传性的民间传说，提取出滴血，注入死者骨骸，以此来认定彼此之间是否具有血亲关系。[②] 这应当是现代亲子鉴定的先声。其后出现的《平冤录》《无冤录》，尤其是清代在1694年编订的《洗冤录》都是以《洗冤集录》为底本编著而成的。宋慈在司法勘验上取得了非凡的成

---

① 《三国志·吴国志》卷五九《孙登传》，中华书局2006年版。
② （宋）宋慈：《洗冤集录》，军事医科出版社2008年版。

就，并且对世界法医学的发展起到了重大的推动作用，《无冤录》也曾流传至朝鲜被译成朝文，再流传至日本被译成日文，《洗冤集录》则流传至欧洲，被译为荷兰文、英文、法文及德文等多国文字。① 产生了世界性的重要影响。

至明清，勘验取证制度已经完整载入律文，形成了严密、规范的勘查检验的法律制度。通过勘验获取证据，查清案件事实并依法作出决断，这成为当时司法实践通行做法。明律中对勘验人员、勘验程序及勘验办法均作了具体的规定，明代主要对三类刑事案件进行勘验——命案、盗案及斗殴案件。死伤案件一旦案发，官吏即须赶赴现场对死伤情况展开勘查检验，并作详细记录，将之作为认定案件事实和最终决断的依据。明律中明确规定，"检验尸伤有定法"。② 明代将宋慈的《洗冤集录》作为命案中勘验尸体的依据，并且制作了"检尸图式"。《大明律》中规定，"凡检尸图式，各府刊印，每副三幅，编立字号，半印刊发，发下州县"。③ 要求勘验人员依照该图示对尸体进行检验。命案关天，要求官吏必须据实检验，否则将承担相应的法律责任。《大明律》中设有"检验尸伤不以实"条，处置不据实勘验的行为，"其仵作受财，增减伤痕，符同尸状，以成冤狱，审出实情，赃至满贯者，查照诓骗情重事例，枷号问遣"。④

《大清律例》为中国传统法律的集大成者，它吸收了以往法律的精华，并结合本朝所处的具体社会背景，对以往法律，主要是明律作了大量的修改完善。其中关于勘察检验活动方面，作了进一步细致、严密的规定。清代勘验制度仍然以宋慈《洗冤集录》为蓝本，并有所发展。康熙时期为此专门制定了《律例馆校正洗冤录》，当中规定："凡检验，以宋慈所撰之洗冤录为主准，刑部题定验尸图格，颁行各省"。⑤ 清律中规定了较为细致的勘验程序，

① 陈康颐："中国古代的法医学检验"，载《法医学杂志》1985 年第 1 期，第 5 页。
② 《明史》卷九四，《刑法志二》，中华书局 1974 年版。
③ 《大明令·刑令》，"狱具"条，法律出版社 1999 年版。
④ 《大明律·刑律·断狱》，"检验尸伤不以实"条，法律出版社 1999 年版。
⑤ 《清史稿》卷一四四《刑法志三》，中华书局 1977 年版。

"人命呈报到官，地方正印官随带刑书、仵作，立即亲往相验。仵作据伤喝报部位之分寸，行凶之器物，伤痕之长短浅深，一一填入尸图"。① 在勘验工作结束之后，要对勘验情况作详细记录，填写"尸格"，将其作为认定案件事实以及适用法律做出判决的客观证据。

总之，秦汉时期在司法实践中形成的勘验取证制度，对后世历代王朝刑事案件的侦查活动产生了深远影响。从整体上看，自秦汉经唐宋，迄明清，中国古代的勘验取证制度呈现出鲜明的承袭与演进关系。随着勘验取证方式日益受到重视，勘验技术不断得以进步与完善。至清代已将宋明时期先进的勘验理论转化为严密、细致的法律规定，如康熙时期编订的《律例馆校正洗冤录》，并普遍地运用于司法实践当中，在审断案件中发挥了重要的作用。

三、为后世诉讼审判提供了基本模式

司法审判制度是依据法律和围绕证据展开的，司法审判的各环节都离不开证据的具体运用。秦汉朝不仅确立了司法审判原则，而且构筑了司法审判的基本框架。为在司法的具体运用打下了基础。秦汉时期确立的刑事证据运用的框架为：起诉中的证据运用制度；受理案件中的证据审查制度；侦查中的证据采集制度；审判中的质证与据证断决制度；乞鞫中的俱证案验制度以及俱证奏谳与据证录囚制度等。后世王朝在承袭的基础上，不断对该制度框架进行完善，至唐宋朝架构起了较为成熟的司法审判体系，明清时期则促使这一体系趋于完备与定型。

总之，秦汉社会奠定了我国古代司法审判制度的基础，具有重要的历史地位与影响。伴随司法审判制度的发展，当时的司法文明水准也随之提升，成为整个司法活动中的闪光耀眼的一道风景线，对以后各代都产生了重要的影响。

---

① 《清史稿》卷一四四《刑法志三》，中华书局 1977 年版。